CH01085366

Tijdschrift Voor Nederlandsche Taal-en Letterkunde, Volumes 3-4

Maatschappij der Nederlandse Letterkunde te Leiden

TIJDSCHRIFT

VOOR

NEDERLANDSCHE

TAAL- EN LETTERKUNDE,

UITGEGEVEN VANWEGE DE

MAATSCHAPPIJ DER NEDERLANDSCHE LETTERKUNDE
TE LEIDEN.

DERDE JAARGANG.

LEIDEN. — E. J. BRILL.

1883.

REDACTIE

INHOUD.

MIDDELNEDERLANDSCHE FRAGMENTEN,

MEDEGEDEELD DOOR

M. DE VRIES.

I.

NIEUWE FRAGMENTEN VAN DEN ROMAN DER LOBREINEN.

De Middelnederlandsche bewerking van het reusachtige gedicht, dat het verhaal bevatte van de bloedveete tusschen de
geslachten van Bordeaux en van Lotharingen, „cette grande et
belle épopée des Lohérens", zooals P. Paris het noemde [1]),
komt allengs bij stukken en brokken uit den nacht der vergetelheid te voorschijn. Nadat Dr. Jonckbloet in 1844 de destijds
bekende overblijfselen in het licht had gegeven, t. w. de 19
bladen der Universiteits-bibliotheek te Giessen en de in Massmann's *Denkmäler* gedrukte fragmenten, werden gaandeweg
nieuwe gedeelten gevonden van het groote werk, dat meer en
meer belangstelling wekte, naarmate men den rijken inhoud
beter begon te overzien. Terwijl de vijf door Dr. Jonckbloet
uitgegeven fragmenten alle behoorden tot het Tweede van de
drie Boeken, waarin het gedicht gesplitst was, werd in 1861
een fragment van het Derde Boek ontdekt en medegedeeld door
C. Hofmann in het Tweede Deel der *Sitzungsberichte* van de
Koninklijke Beiersche Academie der Wetenschappen te München
(bl. 59—74). Een zesde fragment van het Tweede Boek werd

---

1) *Li Romans de Garin le Loherain*, Préf. p. XVI.   1

in 1869 bekendgemaakt door Frommann in de *Germania* (XIV, 434—439), met aanmerkingen van J. Lambel. En niet lang daarna werden in het Archief van den Dom te Utrecht vijf bladen gevonden, te zamen drie fragmenten bevattende, die tot het Eerste Boek behooren. In 1876 gaf Dr. Matthes deze Utrechtsche bladen in het licht [1]), en liet tevens de door Hofmann en Frommann gevonden fragmenten herdrukken. Zijne uitgave bevatte derhalve alles wat sedert het werk van Dr. Jonckbloet bekend was geworden. Men bezat nu in 't geheel 10 fragmenten: drie uit het Eerste Boek, zes uit het Tweede, en één uit het Derde.

Maar de reeks der gelukkige vondsten was nog niet gesloten. Bij het Vierde Eeuwfeest der Universiteit te Tübingen, in 1877, werd haar door het bestuur der Koninklijke Bibliotheek te Stuttgart een „*Festschrift*" gewijd, waarin een artikel voorkomt van den Bibliothecaris Prof. Dr. H. Fischer, getiteld: „*Zwei Fragmente des Mittelniederländischen Romans der Lorreinen*" [2]). Het was alweder eene belangrijke bijdrage tot de kennis van ons dichtwerk. Twee perkamentbladen, afkomstig uit de nalatenschap van Gräter en thans in de Bibliotheek te Stuttgart berustende, te zamen 716 verzen bevattende. Prof. Fischer geeft een zeer nauwkeurigen tekstafdruk en eene met zorg bewerkte inleiding, waarin hij de plaats bepaalt, die deze fragmenten in het geheele werk hebben ingenomen. Beide hebben deel uitgemaakt van het Tweede Boek.

Zoo was dan het getal fragmenten tot twaalf gestegen. Ik heb thans het genoegen dat cijfer tot veertien te vermeerderen door de uitgave van twee nieuwe gedeelten, die ons weder een paar stappen verder brengen tot een overzicht van het groote geheel.

1) Naar een afschrift van Dr. Jonckbloet. De bladen zelve zijn, helaas! zoekgeraakt. Zie Dr. Matthes, bl. III.

2) *Festschrift zur vierten Säcular-Feier der Eberhard-Karls-Universität zu Tübingen dargebracht von der königlichen öffentlichen Bibliothek zu Stuttgart.* Stuttgart, 1877. 4to. Bl. 69—87.

Het eerste werd mij medegedeeld door mijn vriend Mr. C. J. Fokker te Zierikzee, die het gevonden had in den band van een register, behoorende tot het archief dier gemeente. Het zijn de overblijfselen van een perkamenten blad, dat aan elke zijde twee kolommen van 46 regels bevatte. Het blad is van boven naar beneden in drie reepen gesneden, van welke alleen de twee eerste geheel bewaard zijn gebleven, terwijl van den derden nog maar een stukje aanwezig is. Wij hebben dus de eerste en vierde kolom geheel, maar op de tweede en derde slechts halve regels, waarvan echter een tiental aan beide zijden door het kleinere strookje wordt aangevuld. Alles te zamen bevatten de drie reepen 112 geheele en 72 verminkte verzen. Het schrift is net en duidelijk, maar zonder eenig sieraad, vermoedelijk niet ouder dan het begin der 14de eeuw.

Het Gemeentebestuur van Zierikzee heeft de welwillendheid gehad, het fragment aan de Leidsche Maatschappij der Nederlandsche Letterkunde af te staan, in wier boekerij het thans berust.

Dat het tot den *Roman der Lorreinen* behoort, en wel tot het Eerste Boek, kon geen oogenblik twijfelachtig zijn. De gang van het verhaal en de namen, die er in voorkomen, wijzen dit terstond aan. Met volkomen zekerheid laat zich de plaats bepalen, die het eenmaal in het dichtwerk heeft ingenomen, want de inhoud wordt geheel wedergevonden in den door P. Paris uitgegeven *Garin le Loherain*, van welken het Eerste Boek der *Lorreinen* de vertaling bevatte. Ons fragment beantwoordt aan Deel I, p. 278—284 van die uitgave [1]). De drie Utrechtsche fragmenten komen overeen met II, p. 240—244, p. 248—257, en III, p. 15—26 [2]). Het blijkt derhalve, dat ons blad tot een vroeger gedeelte behoorde dan de Utrechtsche bladen en in rangorde het eerste fragment bevat, dat ons van de *Lorreinen* bekend is.

---

1) In het overzicht van den *Garin* bij Mone, *Untersuchungen zur Geschichte der Teutschen Heldensage*, komt de inhoud van ons fragment voor op bl. 213.

2) Met Deel III bedoel ik *La Mort de Garin*, uitg. door Edélestand Du Méril.

Hoeveel er in het handschrift aan ons fragment voorafging, laat zich met vrij groote waarschijnlijkheid berekenen. Op den bovenkant van het blad staat aan de voorzijde het cijfer XXXIX, aan de keerzijde XL. Het zijn dus de nommers geweest, niet der bladen, maar der bladzijden. Vóór ons fragment moet derhalve het handschrift 19 bladen bevat hebben. Elke bladzijde telde 92 regels. Rekent men voor eene sierlijke hoofdletter aan het begin des gedichts eene ruimte van enkele regels, dan zijn dus vóór den aanvang van ons blad nog ongeveer 3490 verzen verloren.

Het tweede fragment, dat ik heb mede te deelen, is door den te vroeg overleden germanist Dr. Fr. Apfelstedt in 1880 ontdekt in de Nationale Bibliotheek te Parijs, in eene verzameling van stukken uit de nalatenschap van Oberlin (*Ms. allem.* 118 a [1]). Een afschrift, door Apfelstedt vervaardigd, werd mij door Prof. Bartsch te Heidelberg toegezonden, om in het Tijdschrift onzer Maatschappij te worden uitgegeven.

Het te Parijs gevonden blad is aan elke zijde met drie kolommen van 60 regels beschreven en bevat dus in het geheel 360 verzen. Blijkbaar heeft het deel uitgemaakt van hetzelfde handschrift, waartoe ook de Giessensche bladen en de door Massmann, Hofmann, Frommann en Fischer bekendgemaakte fragmenten behoorden. Van dien codex zijn nu in het geheel 26 bladen teruggevonden, waarvan 19 in de bibliotheek te Giessen berusten, twee te Tübingen, één te München, één te Neurenberg, twee te Stuttgart en één te Parijs. Merkwaardig, hoe de bladen van één handschrift verstrooid zijn geraakt! Alle zijn zij uit het Zuiden van Duitschland afkomstig, waar dus het boek indertijd uiteengesneden moet zijn. Zouden al de andere bladen van het kolossale werk voorgoed verloren zijn gegaan? Het is niet waarschijnlijk, en wij mogen dus met eenigen grond hopen, dat bij nauwkeurig onderzoek in Zuid-Duitsche bibliotheken en archieven nog wel enkele overblijfselen aan het licht zullen komen.

1) Verg. *Germania*, XX, 336, en XXVI, 95, waar andere — Middelhoogduitsche — stukken uit dezelfde verzameling vermeld worden.

In het geheel kennen wij nu het bestaan van drie handschriften van ons gedicht, die wij gemakshalve het Giessensche, het Utrechtsche en het Zierikzeesche mogen noemen. Het eerste — en oudste — telde op elke bladzijde drie kolommen van 60 regels, het tweede twee kolommen van 41 regels, en het derde insgelijks twee kolommen, doch van 46 regels. Voor het herkennen van bladen, die later wellicht gevonden kunnen worden, is het nuttig op deze uiterlijke kenmerken opmerkzaam te maken.

Wat nu het nieuwontdekte Parijsche fragment betreft, de merkwaardige inhoud daarvan is in 't kort de volgende. De koningin Helena komt te Jerusalem, meldt zich bij den patriarch aan, doet hare biecht en begeeft zich in eene kluis, om hare zonden te boeten. Yoen volvoert zijn voorgenomen tocht naar het land van Siten [1]), komt met zijne vloot in den Hellespont aan, landt bij de stad Gardeterre, die juist door de Grieksche heirscharen belegerd wordt, en wordt door Hugelijn, die daar het bevel voert, binnengelaten en feestelijk ontvangen. Hij ontbiedt van alle kanten zijne getrouwen om hem ter hulpe te snellen, en laat aan de Grieksche keizerin Yrene weten, dat hij 's anderen daags tegen haar ten strijde zal komen. Yrene, bijgestaan door hare broeders, Fromondijn en Haerdreid, en haren zoon Leo, doet haar leger, in acht benden afgedeeld, voor den slag in gereedheid brengen. Yoen van zijnen kant schaart zijne troepen in zes afdeelingen en spreekt den zijnen moed in. Het fragment eindigt met de vermelding, hoe de schildwachten van Yoen en die van Yrene, in elkanders nabijheid ter wederzijde van een water geplaatst, met elkander in twist raken. Vermoedelijk werd die twist de aanleiding tot het begin van den strijd. Doch hier breekt het fragment af.

Uit deze inhoudsopgave laat zich gemakkelijk bepalen, tot

---

1) Met het land van *Siten* wordt niet *Provence* bedoeld, gelijk Dr. Jonckbloet (bl. XXVI) en Dr. Matthes (bl. XI) gisten, maar, blijkens de geheele beschrijving in ons fragment, het oude *Scythia* aan de Zwarte Zee, de omstreek der *Palus Maeotis.* Verg. vs. 255 en Fragm. I, vs. 2123—2126.

6

welk gedeelte van het gedicht ons blad behoort. Het is een deel van het Tweede Boek en vindt zijne plaats tusschen de beide fragmenten, door Prof. Fischer uitgegeven: zóó echter, dat het aan geen van beide aansluit. Tusschen ons blad en het tweede bij Fischer moet ten minste nog één blad ontbreken. In ons fragment is de strijd ophanden: in het tweede Stuttgartsche loopt die ten einde. Het Grieksche leger wordt verslagen, Yoen rukt zegevierend Gardeterre binnen. Van de bevelhebbers der Grieksche krijgsmacht, in ons fragment genoemd, zijn eenigen gesneuveld, anderen gevlucht. Aan Alardijn wordt in ons fragment door Yoen het bevel over zijne vijfde legerschaar opgedragen: in het Stuttgartsche blad wordt zijn lijk op het slagveld gezocht, gevonden en met alle eer begraven. En dezelfde eer bewijst Yoen daar aan het stoffelijk overschot van den jongen keizer Leo, Yrene's zoon, die in ons fragment het bevel over de achtste bende van het Grieksche leger aanvaardde.

Wij hebben dus het verhaal van 't begin en van 't einde van den veldslag. Tusschen beide moet nog een blad ontbreken, dat de beschrijving van het gevecht zelf bevatte [1]).

De volgorde der veertien fragmenten, die wij thans bezitten, kunnen wij nu met voldoende zekerheid vaststellen. Ik houd mij aan de cijfers, door Prof. Fischer gebezigd, om de verschillende bladen aan te duiden, en voeg er n°. XIII en XIV aan toe. De cijfers beteekenen dan:

I, II. De Giessensche bladen.
III, IV, V. De bladen door Massmann uitgegeven.
VI, VII, VIII. De Utrechtsche fragmenten.
IX. Het door Frommann uitgegeven blad.
X. Het door Hofmann medegedeelde blad.

---

1) Uit het tweede Stuttgartsche fragment blijkt verder, dat met dezen veldslag bij Gardeterre de oorlog nog niet geëindigd was. Yrene blijft nieuwe plannen smeden om haren vijand aan te vallen. Dat werkelijk de krijg later hervat werd, leert ons het fragment van het Derde Boek, waarin verhaald wordt van een nieuwen strijd tusschen Yrene en Yoen bij Gardeterre, in welken Frederik van Denemarken sneuvelde.

XI, XII. De twee bladen door Fischer bekendgemaakt.

XIII. Het Zierikseesche fragment.

XIV. Het Parijsche fragment.

Prof. Fischer heeft afdoende betoogd, dat het eerste der door hem uitgegeven bladen (XI) voorafging aan het Neurenbergsche blad, door Frommann in de *Germania* medegedeeld (IX). Aan dat betoog ons aansluitende, mogen wij thans de bekende fragmenten in de volgende orde rangschikken:

Eerste Boek. XIII, VI, VII, VIII.

Tweede „ I—V, XI, IX, XIV, XII.

Derde „ X.

Alles te zamen geteld, hebben wij nu van den *Roman der Lorreinen* ongeveer 9800 geheele en 200 halve verzen teruggevonden. Zeker is dat bedrag nog gering in vergelijking met den omvang, dien het gedicht eenmaal moet gehad hebben; maar het is toch groot genoeg, om eens aan eene nieuwe uitgave der gezamenlijke fragmenten te gaan denken. Vooraf echter zal men wèl doen, een opzettelijk onderzoek in te stellen naar de bladen van het Giessensche handschrift, die nog wellicht in Zuid-Duitschland verscholen liggen. Aan de jongere beoefenaars van het vak zij die taak aanbevolen.

Ik laat nu de beide nieuwgevonden fragmenten (XIII en XIV) in naauwkeurigen afdruk volgen, en geef tevens een herdruk van de beide reeds door Prof. Fischer uitgegeven bladen (XI en XII). Van het Tübingsche „*Festschrift*" bestaan hier te lande slechts enkele exemplaren: de daarin medegedeelde fragmenten zijn aan de beoefenaars onzer Mnl. letterkunde nagenoeg onbekend gebleven. Dr. Penon vestigde er in den *Nederl. Spectator* (1878, bl. 332) de aandacht op, en sprak den wensch uit, dat de Redactie der *Bibliotheek van Mnl. Lett.* die nieuwe gedeelten zou laten herdrukken, om ze „bij wijze van supplement" aan de uitgave van Dr. Matthes toe te voegen. Aan dien wensch werd echter niet voldaan. Ik mocht dus niet verzuimen, bij de mededeeling van nieuwe vondsten, ook deze vroegere aanwinst aan mijne landgenooten bekend te maken.

Omtrent de door mij gevolgde wijze van uitgeven heb ik weinig op te merken. Ik rangschik de fragmenten in de orde, waarin zij in het gedicht zelf op elkander volgden (XIII, XI, . XIV, XII), en geef den tekst letterlijk, zooals ik dien vond, doch in leesbaren vorm, en dus met de vereischte interpunctie en zonder de verkortingen, die in de handschriften worden aangetroffen. Wat weggesneden of niet te ontcijferen was, is door stippen aangeduid; het onzekere, twijfelachtige of bij gissing ingevulde cursief gedrukt [1]). Gelukkig bedraagt dit slechts weinig in betrekking tot de meer dan 1150 ongeschonden verzen, die ik mocht mededeelen.

---

1) Enkele woorden, bij Prof. Fischer cursief gedrukt, omdat zij in het handschrift onzeker waren, heb ik weggelaten en door stippen vervangen, t. w. wanneer de lezing mij aan te veel bedenking onderhevig scheen. Het is beter niets te geven dan eene verkeerde lezing, en niets is bedrieglijker dan het ontcijferen van halfuitgewischte letters in oude handschriften.

Het afschrift van het Parijsche fragment, dat ik bij mijne uitgave volgde, mocht nog wel eens nauwkeurig met het handschrift zelf vergeleken worden. Doch daartoe ontbrak mij de gelegenheid. Wie later de gezamenlijke fragmenten opnieuw zal bewerken, zal ook daarvoor behooren te zorgen. In 't geheel zij hem aanbevolen, alle handschriften nog eens goed te vergelijken. Zoo zijn zelfs in Dr. Jonckbloet's uitgave een paar onnauwkeurigheden ingeslopen. In Fragm. II ontbreekt (volgens opgave van Prof. Fischer, bl. 74) tusschen vs. 90 en 91 een vers, in het hs. aldus luidende:

Ende hoe die vrouwe starf der ave.

En in den laatsten regel van Fragm. V leest men bij J.: „Dat gi hadt hier mi." J. volgde den afdruk bij Meijer. Doch deze had een woord overgeslagen. Bij Massmann leest men: „Dat gi *ontboden* hadt hier mi."

A.

Fragment te Zierikzee.
Uit het Eerste Boek.
(Garin le Loherain, I, p. 278—284).

r^0. *a.* Ende hare inganc was hem benomen
Van spisen ende van wine mede [1]).
Nu hort wat Fromont dede.
Hi ginc in die grote sale
5 Ende ontboet die princen altemale.
— »Ghi heren," seit hi, »geeft mi raet,
Ghi siet wel hoet hier nu staet:
Wi sijn besloten harde vaste,
Ende buten hebwi sware gaste
10 Ende te starke viande.
Ware elc in sinen lande
Ende warneerde sine castele,
Wi souden met betren hele
Onsen vianden doen leit."
15 — »In welker manieren?" seide Ysoreit:
»Ic ate vele eer mijn rosside,
Eer valsch raet teneghen tide
Liden soude minen mont [2])!"
— »Neen, neve," seide Fromont:
20 »Ghine verstaet mi niet wel."
Nu hort vanden verradre fel
Barnaerde van Naisel, die was
Ins conincs hachte, als ic las,

---

1) T. w. bij de belegering van St.-Quentin. — *Garin:*
    Que nus n'en puist né entrer né issir;
    Léans ne vint né pains né char né vins,
    Ains lor convint à mangier lor roncins.
2) *Garin:* Ains mangeroie mon auferrant de pris,
       Que de ma bouche nuns mauvais plais issit.

Daerne Begge ghevaen brachte.
25 Nu hort wat die verradre dachte.
Hi seide: »Her coninc, hort na mi.
Karle Marteel, die coninc vri,
Die so menich lant verwan
Ende Gheraerde, den edelen man,
30 Van Rosselioen, dien hi verdreef,
So dat hi int lant niet en bleef,
Hi verarmde so sine riddren coene
Met orloghen ende sine baroene,
Dat si niet en hadden in die hant.
35 Doe quamen die Hunen int lant
Entie Wandelen [1]) ende wonnen Riemen.
Het en conste gheweren niemen,
Het moeste al meest gaen in hant.
Die coninc conste selve sijn lant
40 Cume verweren met pinen
Vanden quaden Sarrasinen,
Want die riddren waren arm sere.
Doe moeste Karle, die grote here,
Den paus claghen sinen noet.
45 Die paus hem doe geboet,
Dat hi name moelne ende rente,
δ. Die hilden . . . .
Hare offer . . . .
Daer si Gode m . . . .
50 Ende gaeft . . . .
Here, dit en . . . .
Want die s . . . .
Sijn anschi . . . .
Siet hier F . . . .
55 Die rike es . . . .
Ende machtic . . . .

1) *Garin :*   Adonques vinrent li Wandre en cest païs.

Wildine, here, uten lande jaghen [1])
Ende emmer doen rumen altemale,
So sal hi met hem voeren wale
60 Driewerf dusent riddren coene,
Sonder sine andre baroene:
So en es onder Gode man,
Die jeghen hem ghestaen can
No lant soude houden moghen.
65 U selven soude hi genoech orloghen [2]).
Ghi sijt noch jonc ende kint [3]),

---

1) Vs. 43—57. *Garin:*

> A l'apostoile un parlement en prist:
> Par son congié et por ce que il dist,
> As chevaliers donna fours et moulins,
> Donna lor dimes et rentes à tenir,
> De coi li moine estoient lor saisis.
> Frans chevaliers, ne faites pas ensi;
> Qui son néz coupe il déserte son vis.
> Vez-ci Fromont de Lens, le poesti,
> Sé le chaciez et déboutez ensi, *etc.*

Jammer dat vs. 52 en 53 zoo verminkt zijn. Daar zouden wij gezien hebben,
hoe het spreekwoord: *wie zijn neus schendt, schendt zijn aangezicht*", naar het
Fransche voorbeeld in 't Mnl. werd uitgedrukt.

2) Vs. 62—65. *Garin:*

> Soz ciel n'a terre où ne puisse garir.

3) Vs. 66—90. *Garin:*

> "Vos estes jones et chevalier meschins;
> Sé ciaus déchasses qui te doivent servir,
> Tu en verras tes regnes apovrir;
> Sor toi venront Paien et Sarrasin,
> Ne te porront Loherenc garentir
> Que ne te fassent tes bons chatiaux croissir.
> Mande Fromont par conduit vengne à ti,
> Lui et sa gent et trestoz ses amins.
> S'il ont forfait, soient prets et garnis
> De l'amander tot à vostre plaisir."
> Et dist li rois: "Merveille puis oïr;
> Il ne me prise vaillant un paresi,
> Né il à moi ne dengnera venir."
> Et dist Bernars: "Il fait mout que chétis."

Hets beter dat . . . .

Ende alle uwe h . . . .

Die u souden h . . . .

70 Dienen ende staen . . . .

Maer wouddi die . . . .

Ghi soudt noch . . . .

Van quaden Sar . . . .

Die u niet en l . . . .

75 Borch, stat no c. . . . .

Maer gheeft vaste . . . .

Fromonde ende si . . . .

Dat si tote u co . . . .

Op selc convent . . . .

80 Dat hijt betre . . . .

Dits ene wonde . . . .

Seide die coninc P. . . . .

Fromont noch di . . . .

Achten min op m . . . .

85 Noch en willen e . . . .

Noch en kinnen n. . . . .

Iet en twint ho . . . .

Mer, levic, het sal h . . . .

Barnaerd seide e . . . .

90 Dat dinct mi gro. . . . .

Die coninc keerde do [1]). . . . . . .

Ende Barnaerd h. . . . .

v^0. a. . . . .

---

1) Vs. 91—104. *Garin:*

Li rois s'en torne, Bernars remaint ici.
Un chapelain apelle, si li dist:
„Fais unes letres or en droit, biaus amins,
Si les envoies Fromont le poesti."
Il les devise, cil les met en escrit.
Quant ce fu fait, saélé et basti,
Un garsonnet apella mout petit:
Envoia li Fromont à Saint-Quentin;
Trouva Fromont séant en un jardin.

```
. . . . . . . . . . . . . . . . reve
95  . . . . . . . . . . . . . . . e
. . . . . . . . . . . . . . . . .
. . . . . . . . . . . . . . oude
. . . . . . . . . . . . . . screven
. . . . . . . . . . . . . . ghegeven
100 . . . . . . . . . . . . . onde
. . . . . . . . . . . . . . stonde
```

Maer liep . . . . t
Daer hi Fromonde doe vant
Sittende in een praieel,
105 Ende met hem sire vriende een deel.
Hi knielde ende gaf den grave
Die lettre, die hem vraeghde waer ave
Die lettre quame ende wiese sende.
Die bode seide met ghenende:
110 »Here, u sendse, dat wet wel,
U oem Barnaerd van Naisel."
Die lettren Fromont lesen dede [1]

[1) Vs. 112—144. *Garin:*

> Les lettres tend son chapelain Landri
> Et il les print, de chief en chief les lit.
> — „Sire", dist-il, „parlez un pou à mi:
> Bernars vous mande, li sires de Naisil,
> Come musart vous estes céans mis;
> Qui bien guerroie, il ne fait mie ensi.
> Alez au roi, si li criez merci,
> Que il vous doint un petit de respit
> De faire droit et de droit recoillir;
> Que sé estiez de ce borc departi,
> Le sien dangier priseriez-vous petit;
> Puis porriez-vous guerroier à loisir.
> S'ensi nel faites, vous estes tuit honi."
> Et dist Fromons: „Jel vous avoie dit,
> Mout est mes sires toujors de sens garnis."
> — „Mal dahés ait," dist Isorés li gris,
> »Parmi le col, qui le fera ensi,
> Tant com je aie pallefroi né roncin,

. . . .

. . . . elkijn

115 . . . . mijn

. . . . en musaert

. . . . aert

. . . . iet moghen

. . . . hen

120 . . . . bidt genade

. . . . ende stade

. . . . baroene

. . . . recht te doene

. . . . stat ghevaren

125 . . . . chten twaren

. . . . p die sine

. . . . viande dine

. . . . t bewaren

. . . . t sal u daren

130 . . . . ijfdi altemale

. . . . ijn oem seegt wale

. . . . harde vroet

. . . . dit doet

. . . . derwaert

135 . . . . hebbe een paert

. . . . drie die leven

. . . . niet begheven

. . . . e dat ware quaet

b. Dit es vele die beter raet.''

140   Doe sendde Fromont ter vaert

  Twee boden ten coninc waert.

  Deen was van Verdoen Lancelijn,

  Dander Heinrijc, die neve sijn,

Né que des dis en soient li troi vis.''

— „Si ferons, niés, ou nous sommes tuit prins.''

Il en envoie de Verdun Lancelin,

Henri avec, celui qui Grantpré tint.

Van Grantpreit die grave.

145 Dese voeren die borch ave.

Sonder beiden so voeren si

Tes keisers ') tente, geloeves mi.

    Den keiser gruette Lancelijn

Van Fromonds weghen, des neven sijn.

150 — »Here," seit hi, »die grave Fromont,

Die u ghedient heeft talre stont

Ende u man es ende houdt van u

Sijn lant, hem heeft wonder nu,

Waer. omme ghi hem doet selke scande,

155 Dat ghine wilt jaghen uten lande.

Hine heeft jeghen u niet mesdaen."

    — »Entrouwen, hi doet," seide Puppijn saen.

    — »Here," seide Lancelijn,

»Sind ghijt segt, so maegt wel sijn.

160 Ende es hi jeghen u mesdadech dan,

So geeft hem hier vore u man

Vast geleide ende vrede,

Te u te comene teneger stede,

Te beterne sine mesdaet

165 Na uwen wille ende uwen raet."

Begge seide: »Here, dit seldi doen.

Heeft mesdaen die baroen

Jeghen u te eneger tijt,

Wat het si, ende wille hijt

170 Betren na die riddren van uwen lande,

Ghi selt, vonnesse te hande

Ontfaen: daer ane so doedi wel."

    Doe seide Barnaert van Naisel:

»Dit es dbeste dat men doen mach.

175 Ghebenedijt si die dach

---

1) Pippijn, die vroeger *coninc* heette, maar hier eenige malen *keiser* genoemd wordt, heet in 't Fransch altijd *rois*.

Entie ure dat leeft selc man,
Die selken raet gheven can ¹)!"
Doe loveden sijt alle mede
Die daer waren te dier stede,
180 So dat sijt alle den keiser rieden.
Doe seide die keiser te hen lieden:
»So doetene mi comen voren:
Ic wilt van sinen monde horen."
Doe andwordde Lancelijn:

B.

Eerste fragment te Stuttgart.
Uit het Tweede Boek.

rº. a. Quamen ende selken hancst daden.
Haddix geweest wel beraden,
En ware also gesceden niet.
Maer doch dat ic hen daer behiet
5 Dies en gaic hen niet af,
Noch sgeleits dat ic hen gaf.
Maer weet wel dat si Roelande
Ende minen boden daden scande;
Dies so en willict te waren
10 Niet also laten varen.
Ic wille porren al te hant
Ende varen te Bordeas in tlant
Ende onterven, weet wale,
Haer geslach'e altemale.
15 Niet men c' nicker toe gedoen.
Ic hebbe Her . . . e den baroen

---

1) *Garin :*   Et dit Bernars: „Droit jugement à ci,
Benoite soit l'oure que ces hons vit!"

... lijf genomen. . . . .
. i . hadd. . . . .
Dat ics den her. . . . .
20 Hi en hadde. . . . .
Noch . . . lant. . . . . . *g* . . .
. aer he . . . . . et . . . e . . .
Ritsart ende sine mage
Mogen *over* mi doen clage,
25 Dat ic hen een . . . . te *si.*
Nochtan sijn si altoes bi mi
Ende te minen dienste *gereet.*
Ic doet hem betren, godweet,
Dat hem heeft in si*n*en . . .
30 . . . der vonnesse *ende* . . . . .
   Gelloen die . . . .
Heeft, andworde . . . .
» *Ge*recht keyser en*de* here,
Gi . . . .t u op Robbrecht sere:
35 En*de* hadde hijs verdient, godweet,
Dat ware mi utermaten leet;
Maer ic hope, neen hi niet.
Maer hoe dat hier es gesciet,
Men spreke tenen peise wart.
40 En haddic mine helege vart
Niet gevaren alsic dede,
Wi hadden gehadt pais ende vrede.
Maer nu eest hier anders comen:
An beiden siden es scade genomen,
45 *Maer* die meeste heeft Robbrecht,
Alse u alle*n* dunket recht.
Niet en weetic wel wat si,
Maer, dor God, her keyser vri,
Maect den peis enti*e* soene,
50 Want gijt sculdech sijt te doene,
Ende laet ons dorloge begeven

2

Ende vort in rasten leven.

Daer ane doedi alemoeseue [1]) groet,

.en .... e die dede vor dor sijn doet [2]),

55 So en sagedi noit, her keyser coene,

Vor hen tween so scone soene.

Noch sal Robbrecht, die neve mijn,

Geven den stouten Rigaudijn

Ogieven, sire dochter, te wive,

60 Die die scoenste es van live,

b. Die men vonde in *uwen* rike.

Hi machse wel nemen sekerlike,

Want die maechscap van hen beden

Die es op hem . . . . eden.

65 Al dat lant van *Montferraet*,

Dat in Robbrechts han*de* staet,

Sal hi hen der mede geven:

So mogen si met rasten leven.

Ende hier sal Rigaudijn nochtan

70 Ave werden Robbrechts man.

Men sal die maget hier ontbieden

Ende gevense hem vor al die lieden.

Die joncfrouwe van Marchia

Sal hier mede comen na,

75 Die sal men leveren Ritsarde,

Dat hise bestade na haerre warde.

Al wassi Robbetsoene gegeven,

---

1) *Aelmoeseue doen*, hier in ruimere opvatting gezegd voor *een goed, een godgevallig werk doen* in 't algemeen: eene merkwaardige uitdrukking, noch door mij,
noch door Dr. Verdam in 't *Mnl. Wdb.* vermeld. Men leest ze ook in *Limb*. 9, 155
(waar men *Si dede* in *So dedi* verbetere), *Lanc*. 2, 25075 en 3, 8984, welke laatste
plaats V. onder de gewone beteekenis aanhaalt. Doch het verband doet zien, dat
daar een *godgevallig werk* in 't algemeen bedoeld wordt: de *almoesene*, waarvan
sprake is, bestond in het dooden van Gods vijanden. Ook in 't Ofr. werd *faire
aumosne* in dien zin gebezigd: *aumosne* gold als tegenstelling van *pechié*. Zie La
Curne de Sainte-Palaye, *Dict. Hist.* 2, 318 *a.*

2) Aldus in het Hs.

Sies emmer noch maget bleven,
Dit wilt hem Robbrecht doen te eren.
80 Oec wilt hi vor al dese heren
Sweren, dat hi nemmermeer
En soeket noch wech noch keer,
Daer hi in wegen ochte in warde
Verwerken mede waent Ritsarde
85 Ochte enegen van sinen magen,
Maer hi wilt hem hulpen dragen,
Ende mede sine baroene,
Wat laste si hebben te doene.
Vor dat hi u, here, heeft mesdaen,
90 So wilt hi u te dienste staen
Altoes met live ende met goede;
Ende *omme tuwen* goeden moede
Te corñene, her keyser vri,
Ende te versoenne, so wilt hi
95 Uwen sadel dragen van Parijs
Altoe tote Sent Denijs [1]).
Sint hi mesdaen heeft, willic wale
Dat hijt betre altemale."
    Die Fransoise die stonden daer,
100 Si seiden alle oppenbaer,
Dat dit ene scone soene ware,
Ende rieden den keyser oppenbare
Dat hise wilt aldus ontfaen,
Want die noit niet heeft mesdaen

---

1) Verg. Fragm. II in de uitgave van Dr. Jonckbloet, vs. 1485 vlgg.:
    Dies willic wllen ende barevoet,
    Om te hebbene haren goeden moet,
    Dragen haren sadel fetijs
    Van Montmarters te Parijs,
    Ende weder bringen daer,
    Dat mi sal sijn te doene swaer.
Verg. verder Dr. Jonckbloet, *Gesch. d. Mnl. Dichtk.* II, 66.

105 En heeft te beterne gene dinc.
   Doe seide Karel die coninc:
»Sekerlijc, dits waerhede."
Te Ritsarde hi doen seide:
»Her hertoge, wat radi hier toe?
110 Ic rade wale dat ment doe,
Ende die soene aldus blive,
 · Ende Rigaudijn hebbe die maegt te wive.
Weet wale, her hertoge coene,
Dat ic gerne sage die soene,
115 Want dat weet, hertoge here,
Dat mijn rike cranket sere
Op dat inde te Spaengen wart."
  — »Here, her keyser", seide Ritsart,
»Wat souden wi peise vele maken?
120 Si en houden en gene saken,
 c. Noch soene noch vorwarde,
Wanneer si sijn in hare warde:
Dies en gelovic hen en geen,
Want haer ja dats haer neen."
125   Karel seide: »Bi mire trouwen,
Braken sijt, het soudemi ¹) rouwen.
Ic sout rechten so hoge . . . .
Over hen allen gemeene,
Men souder af spreken ewelike."
130 Ritsart seide: »Her coninc rike,
Gi hebbes wale minen moet,
Op dat Rigaudijn gerne doet,
Die hier hevet meest verloren
Ende gehadt den meesten toren."
135 Die keyser seide: »Gi segt waer."
Do vragedijs Rigaudine daer,
Die andworde herde boude,

---

1) Denkelijk te lezen: soudem.

Dat hijs hem gerne beraden soude.
Die keyser andworde heme saen,
140 Dat ware wel gedaen.
    Do [1]) riep die stou*te* Rigaudijn
Te gadere die mage sijn,
Ende vragedem wat si hem rieden,
Na dien dat die dinge gescieden.
145 Do seide die grave Olivier:
    »Ic segge wel vor *hen* allen hier,
Dat die soene scone si,
Na dien dat ic vers*ta* mi;
Want die penitentie es groet,
150 Entie scade entie noet,
Die Robbrecht *heeft* van Meilaen
Van uwes . . . . et ontfaen.
Mochte altoes . . . .
Ons comen al . . . .
155 Alse hier ave es gesciet,
In soude *mi beclag*en niet.
Toe wilt hi u die dochter sijn
Ogieven geven, die maget fijn,
Ende tlant van Montferraet:
160 Weet dat seker ende verstaet,
Dat die gifte scone si.
Ende oec so biet hi, dunct mi,
Dat graefscap van Marchia,
Dat dat meest . . . . . .l na
165 Dat nu onder . . . . . . *eet*,
Ja tmeeste rike dat men weet,
Entie scone maget daer toe.
Ic rade wale dat ment doe;
Ende genoegede die scone maegt,

---

1) In de uitgave staat eene groote R, gevolgd door een sterretje, aanduidende
eene onleesbare letter. De R zal eene D moeten wezen. Er kan wel niets anders
bedoeld zijn dan *Do* (*Doe*).

170 Die elken mensce wel behaegt,
    Ritsarde, hi mochtse trouwen.
    Ic waens hem niet en soude rouwen,
    Want tlant dat hare soude sijn,
    Dat houdende was haer oem Alquijn
175 Sonder dat rike van Marchia,
    Dat dwanc Spaengen altoes wel na.
    Neemt dese soene ende vrede,
    Wi werden alle gestaerct daer mede."
       Ritsart seide: »Bi Gode, here,
180 Gi segt wel, het es onse ere,
v° a. Sint gijt raet, wil ment angaen."
    Rigaudijn hi seide saen:
    »Hets waer, ic mach mi verdragen,
    Alsic werke met minen magen,
185 So hebics te mindere scande,
    Waer mens gewaget in elken lande.
    Maer weet wale, wat mijns gesciet,
    Robbrechts man en werdic niet,
    Want hijs quaet ende valsch sere,
190 Ende jegen minen gerechten here
    En willic striden nemmermeer,
    Maer ic wille hem dienen eer;
    Ende sagic dan dat Robbrecht dade
    Enege valsce dinc ocht quade
195 Minen vrienden ende minen magen,
    Dat en mochtic niet verdragen
    Ic en sout op hem wreken
    So, men soudere ave spreken."
       Ogier die coninc seide doe,
200 Als die van den warde was vroe:
    »Twaren, lieve neve mijn,
    Gi magt [1]) wel een groet man sijn

---

1) Aldus. Doch men leze: *moget* of *moegt.*

Ende een here, mogedi leven.
God moets u oec gratie geven!
205 Ic rade wel dat men die soene ontfa;
Maer dit, dat gi hier segt na,
En willic niet dat gescie,
Noch oec alle onse partie.
Willent [1]) Robbrecht ende Gelloen
210 Dit laten varen, wi selent doen."
    Dus sijn die heren onververt
Weder gekeert ten keyser wert.
Ritsart seide: »Her keyser, here,
Ons heeft Robbrecht mesdaen sere,
215 Alst kenlijc es oppenbaer.
Maer men seget, ende hets waer:
Die noit en mesdede niet,
Waer toe sal hi betren iet?
Hets waer, dits die eerste mesdaet
220 Die ons Robbrecht, dat verstaet,
Heeft mesdaen, maer tonderste niet,
Dat ons van sinen vordren es gesciet,
Want si ons noit hilden trouwe,
Al eest hem dicken vergaen met rouwe.
225 Wat hulpt dat wi soene maken,
Die si margen weder braken?
Si en soude bliven niet gestade;
Ende so es beter die eerste scade
Dan altoes in verdriete tsine.
230 Wi willen nemen die eerste pine
Ende makens, mogen wi, een inde.
Dit es tcorste dat ic vinde."
    Gelloen seide: »Her Ritsart, here,
Hort een luttel dor u ere.
235 Ic ben dies seker ende coene,

---

1) Lees: *Willen*.

Op dat wi hier nu maken soene,
Dat wise en breken nemmermeer,
Noch daertoe en soeken keer
Daer si iet vernuwe bi.
240 Ons verwasses, geloves mi,
  b. Want onse scade die es groet
Ende onse vriende bliven doet.
Wi willen in waerre dinc
Hier geloven vor den coninc,
245 Dat wi nemmermeer en staen
In steden daer wi avegaen,
Noch bi warden noch bi rade
U selen doen enege scade.
Wi sijn u man ende willent bliven,
250 Ende van ons dat niet verdriven.
Doen wijt oec, so willen wi
Dat die keyser goet rechtere si
Over ons ende wreke soe,
Dat wijs alle werden onvroe."
255   Doe seide van Graven her Wernier:
»Ic hore nu goede redene hier.
Gerecht keyser ende here,
Maect desen pais, het es u ere."
Doe seide Karel die baroen:
260 »Magic, dat sal ic gerne doen."
Doe seide *hi:* »*Ritsart*, dor *mi*ne bede,
Ende dor der *baro*ene mede,
So biddic u dat gi ontfaet
Die soene hier van der mesdaet,
265 Die her Robbrecht heeft mesdaen."
  Ritsart andworde saen:
»Here, dat doen wi gerne dor u.
Maer dat verstaet wale nu,
Dat ict gebringen daertoe niet can,
270 Dat Rigaudijn werde Robbrechts man.

Maer anders, heefti die joncfrouwe,
Wilt hi hem sijn altoes getrouwe."
Gelloen seide: »Ter goeder uren,
Noch so willen wijt aventuren."
275   Gelloen, die oit verradere quaet
Geweest heeft, decte sine daet,
Die hi droech in therte binnen ¹).
Hi en rochte in welken sinnen
Hi verdorve sinen viant,
280 Al soudire omme verderven tlant.
Daer omme laet hi al . . .gaen
Die soene, die si willen ontfaen.
Hi hoept noch op enen dach,
Op dat hijt geleven mach,
285 Te siene in sijn selves lande
Sinen wille over sine viande,
Over Ritsarde ende Rigaudine,
Dien hi nu geeft die nichte sine.
    Karel seide: »Her Ritsart,
290 Verstadi nu des graven wart?
Wildi u genoegen laten hier bi?
Mi dunct dat harde scone si."
Ritsart seide: »Her keyser, here,
Sint gi die soene gert so sere,
295 So dunken wise gerne te doene.
Wi en willen niet dat die baroene
Seggen dat wi. . . . . . . .ech
Noch onsen vianden . . . . . .ech,
Wi willen altoes met redene vort."
300 Doe wart gesproken menech wort
  c. Onder die heren: van Ritsarde
Spraken si harde goede warde,
Dies hem die here wiste danc.

_____

1) Bij F. dinnen.

Doe en was daer die *beide* niet lanc,
305 *Men*[1]) ginc besegelen ende bescriven
Die soene, om dat si soude bliven
In gedinke *seker*like.
Dit dede selve die keyser rike,
*O*m dat hi woude dat men hier naer
310 *W*eten soude oppenbaer,
*H*oe dat ware gemaect die soene,
*D*ies men te voren niet plach te doene.
    Dus wart daer die soene gestade,
Entie keiser wart te rade
315 Dat hi Robbrechte van Meilaen
Verliet dat hi hadde mesdaen,
Ende . . . . . . em . . . .
 . . . .
 . . . .
320 Daer dede hi hem *allen genoech.*
    Banderside seide die *coninc,*
Dat hi wilt vor alle dinc
. . . . die *magede* daer.
Hi woude selve, weet vor waer.
325 Beide die scone magede sien,
Entie *brulocht* vor hem gescien,
Dies die heren willech waren.
*Doe sendem*en henen sonder sparen
Om die magede te Nerboene.
330 Nu *hort wie dat* waren die goene
Die voeren om die scone joncfrouwen.
Dat was *Ay*. . . . , bi mirer trouwen,
. . . . ende Rigaudijn.
. . . . die *grave* fijn
335 . . . . *lieve* wart.
Nu latic staen dese vart.

———————

1) Hs. *He.* .

Si reden *tes* si quamen daer,
Ende Ritsart, weet vor waer,
Liet die liede *thuus*wert varen,
340 Die van verren comen waren,
Ende bleef ter feesten in Vrankerike,
Die men daer soude houden blidelike.

  Ende oec was Ritsarde doen verstaen,
Hoe scone ende hoe wel gedaen
345 Die maget ware van Marchia,
Datter hem sere langede na.
. . . . herten *mede.*
Dus . . . . hi te Parijs in die stede
Entie genote altemale,
350 Gelloen ende Robbrecht, weet dat wale,
Tote dat die magede souden keren
Te Parijs met a . d . . . heren.

  Die heren, die nu sijn gevaren
Te Nerboene wart te waren,
355 Leden te Bleves [1]) die Geronde.
Daer na redense so lange stonde,
Datsi te Nerboene quamen,
Daer si vrou Ermengarden vernamen,
Diese ontfinc blidelike.
360 . *o d*aden beide die s . . e . like

---

1) D. i. te *Blaye*, mlat. *Blavia*. Verg. Dr. Jonckbloet, Inl. op *Lorr*. **XXV**.

C.

Fragment te Parijs.

Uit het Tweede Boek.

r⁰ a. Es te Jherusalem wert,
    Daer sijt hadde lange begert.
    Ten helegen grave esse gegaen,
    Daer si haer bedevart heeft gedaen.
5 Ten patriarke so ginc si
    Te biechten, geloves mi,
    Ende seide hem al haer begeren,
    Dat haer mochte ane *d*ie ziele deren:
    Wie si was ende wanen si quam;
10 Ende hoemense in denen nam ¹)
    Die coninc, daer si hadde af
    Enen sone; ende hoe hise gaf
    Vort sinen broeder, daer si an
    Noch enen andren sone gewan,
15 Die Segenfrijt geheten was,
    Entie andre, geloeft mi das,
    Heet Rollo: »aldus heeft mi doen
    Dolen die valsce grave Gelloen.
    Ute sinen rade eest al comen,
20 Dat ic luttel te minen vromen
    Ende te minen eren mede
    Moet dus varen van stede te stede."
    Die patriarc, die *ver*staen
    Heeft die vrouwe wel gedaen,
25 Ontfermede sere harer trane,
    Ende sprac dus der vrouwen ane:

---

1) Aldus het afschrift. Denkelijk te lezen:
    Ende hoe datse in dende nam

»Segt mi, vrouwe, wats die raet,
Na dien dat u nu dus staet?
Seldi trecken te lande wart,
30 Ochte hier bliven in den art?"
Die vrouwe seide: »Twaren, here,
Ic begere te beterne sere
Mine sonden *al* dat ic can.
Ic woude dat ic ware man,
35 Ende ic in eenen cloester ware,
Ende ic moeste ene hare
Altoes naest minen live dragen,
Dat ic den lieden moeste behagen.
Gelloen heeft mi verdriet gedaen
40 Ende scanden vele gedaen ¹).
Nu laet mi gebetren onse Here!"
Den patriarke ontfermede sere
Der scoender vrouwen rouwe,
Ende sede: »Scone vrouwe,
45 Wildi in enen cloester gaen,
Ic sal u doen wel ontfaen;
Ochte wildi hebben ene cluse
Aldernaest desen Gods huse,
Daer salic u inne doen.
50 Geonneert werde die grave Gelloen,
Die u aldus dolen dede!"
— »Dor God ende siner moeder mede,"
Seide die vrouwe, »ochtic hebbe vonden
Gratie nu te desen stonden,
55 So biddic u dat ic gecrige
Ene cluse, daer ic Gode in nige,
Ende mijn cnecht ende mijn joncwijf
Met mi bliven al haer lijf.

---

1) De gelijke rijmwoorden zijn zeker niet in orde. Het tweede moet eene ver-
schrijving zijn. Misschien voor: *doen ontfaen.*

Wi hebben wale in tgevoech
60 Onsen tijt te verterne genoech."
 b.   Die patriarke seide mettien:
      »Twaren, vrouwe, dit sal gescien."
· Harde cortelinge daer naer
   Settise in ene cluse daer,
65 Daer hise inne vaste sloet,
   Ende daer si inne clene no groet
   En sach daer si sprac jegen,
   Sonder die gene die hars plegen.
   Doch lach die vrouwe, dats waer,
70 In die cluse tien jaer,
   Ende leide een helech leven.
   God die moete haer vergeven
   Hare sonden ende hare mesdaet,
   Want si heeft kerstenhede quaet
75 Gedaen ende menege pine sware,
   Ende gemaect menegen martelare,
   Die haer dolen sere ontgout,
   Al en hadsijs gene scout,
   Maer bi Gelloene, diet beriet,
80 So eest altemale gesciet.
      Die patriarc hi dede al
   Bescriven bede groet ende smal
   . . . . hart,
   Van den tiden dat si wart
85 Irst Otten te wive gegeven.
   Dit so heefti al bescreven,
   Gelijc dat si hem selve seide,
   Van inde te orde die waerheide,
   Ende legt bescreven in die sacristie,
90 Dat so wie dat wille besie.
   Maer niet en seidi oppenbare,
   Dat die selve vrouwe ware
   Die in die hermitage lage,

Want hem ware leet dat mense sage.

95   Ghi hebt, gi heren, ane mine wort
Hier te voren wel gehort,
Hoe dat Yoen sine vart
Bereit heeft te Siten wart.
Doe hi die waerheit vernam das,

100 Dat hem *Elene ontfaren* was
Hemelike, doe was hi
Droeve daer omme, geloves mi,
Ende clagede haer dolen sere,
Als hi wale mochte, die here,

105 Want sere was om sinen wille.
Hi hads in sine herte stille
Groten rouwe ende verdriet,
Dies hi nochtan en seide niet;
Maer vaste bereide hi sine vart

110 Rechte henen te Siten wart.
Haestinge [1]), dat es waer,
Liet hi in den lande daer,
Dien hijt altemale gaf,
Want hi en woudere nemmer af.

115   Dus so es hi henen twaren
Met .xx. scepen henen [2]) gevaren,
Ende in elc .III.^{M} mans.
Nemmer en begerdi des lans.
Hi voer in dien wille wege,

120 Dat hi nemmer nien gecrege
c. Van dien goede een *pennincwert*,
Werde hoet moge achterwert.

---

1) T. w. zijnen zoón *Haestinc*. Zie het verhaal van diens geboorte (en de verklaring van zijnen naam) in Fragm. II, vs. 2130—2153.

2) De herhaling van *henen* zal wel niet in orde zijn. Vermoedelijk is het eerste
misschreven. Wellicht mag men daar verbeteren: „Dus so es *die here* twaren."
Verg. vs. 104.

Die hoge zee ¹) so voer hi
Vaste henen, geloves mi.
125 Te Sent Jorijs Arme quam *hi* toe,
Dat Ellespontus hiet doe.
Al die zee te Anays
So voer hi, geloft mi dys,
Tes hi quam also verre
130 Dat hi vernam Gardeterre,
Den hogen torre, die daer stoet,
Die so vast was ende so goet.
    Teerst dat hi den torre versach,
Dede hi haesten wat hi mach,
135 Ende overvloech sceen ²) gene zewe.
Sijn teken metten roden lewe
In ene baniere van lasure,
Daer witte bastoene gingen dure,
Dede hi op die maste setten.
140 Dus voer hi wech sonder letten.
Tierst dat hi bi der stat daer quam,
So versachi ende vernam
Waer dat heer van *Grieken lach.*
Doe dochtem dat hi noit en sach
145 So vele heers, dat weet *wale,*
Te gadere liggen tenen ma*le.*
    — »God, Here," seide die coninc Yoen,
»Ende wat selen wi mogen *doen?*
Dit heer dat es al te lanc
150 Te verdrivene ane sinen *danc.*
Nochtan moet wesen, in we*et* wat."

---

1) De vergelijking van dit *die hoge zee*, als acc. bij het ww. *varen*, met *al die zee* in vs. 127, levert een nieuw en afdoend bewijs van de juistheid mijner verklaring van *al* in zijne latere opvatting als voorzetsel. Zie *Ned. Woordenb.* op *Al* (4ᵈᵉ art.), kol. 84.

2) Aldus het afschrift. Is de lezing juist, dan zal *sceen* als elliptische uitdrukking in den zin van *tsceen*, d. i. *naar het scheen*, moeten opgevat worden.

Die wile sochten si die stat,
Maer si en haddenre niet an.
Ende Hugelin, die stoute man,
155 Dede hen harde menege scade
Dicwile bi vroeden rade,
Ende moeste over hen winnen;
Want sekerlike hi hadde *binnen*,
Sonder die portren van der stat,
160 xx.ᴹ mans, geloeft *mi dat*,
Daer hi mette voer ute doe.
Nu comter heme noch daer toe
xxx.ᴹ met Yoene ¹),
Die alle waren vrome ende coene.
165 Nu es Yoen die coninc
Gearriveert, in warer dinc,
In die havene van Gardeterre,
Dies lichte mach Yrene erre
Werden ende haer sone, weet dat,
170 Eer si gewennet dese stat,
Want Yoen die comet daer,
Die hen sal sijn al te swaer.
Een cnecht, die op dien torne stoet
Ende gesien heeft in der zee *vloet*
175 Die scepe comen haestelike,
Liep henen neder vardelike
Tote daer hi Hugeline vant,
Dien hijt vertelde al te hant.
Oec seide hi heme overwaer,
180 Dat op die scepe oppenbaer
v⁰. a. Sconincs Yons teken stoede;
Niet *en* wisti ocht ware in goede
Ochte *om* verranesse gedaen.
Hugelijn andworde saen:

1) Volgens vs. 116 vlg. bracht Yoen op zijne vloot niet 30,000, maar 60,000 man mede.

185 »Wat *wa*endi dat si willen landen?"
Die gene hi andworde te handen:
»Mi dunct, here, in minen sin,
Dat si willen sijn hier in."
Doe andworde Hugelijn:
190 »Ter *g*oeder tijt so moet sijn.
Wi selense inne laten comen,
Si hebben mes*s*cien iet goeds vernomen.
Me*n* laetse dor die barbacanen.
S*i* mo*g*en messcien comen danen
195 Si *s*elen ons willecomen wesen,
Si mo*g*en oec van danen wesen
Si sijn hier te haren lede."
Die cnecht ginc henen gerede
Ende liet die scepe inne varen.
200 Den coninc verkinde hi te waren
Taldereerst dat hine sach.
En wege liep hi wat *hi m*ach
Daer hi Hugeline *vant*,
Ende verteldem al te hant,
205 H*oe daer* ware in waerre dinc
Yoen *s*elve die coninc.
Doe warts in die zale mare
Ende in die stat, dat comen ware
Weder in die stat die coninc Yoen.
210 So blide waren die lieden doen,
Dat *swaer*lijc te vertelne si.
Si liepen alle, geloves mi,
Besien te stride den coninc Yoene.
Maer Hugelijn, die grave coene,
215 Was blidere vele dan ic u
W*a*le mochte vertellen nu.
Daer was die coninc wel ontfaen
Ende feesten vele gedaen.
Wat holpt dat ic vele seide?

220 Daer was joie ende feeste mede,
    Ende Hugelin verteldem sciere
    Al *die* redene entie maniere
    Ende *d*orloge daer hi ware inne,
    Dat hem dede die keserinne.
225 Y*oen* seide: »Bi mire trouwen,
    *H*aer mochts noch wale rouwen."
      Nu es Yoen die coninc
    In Siten, daer men wel ontfinc,
    Ende hi deet vort weten dat,
230 Dat hi te Gardetere in die stat
    Ware, ende ontboet daer
    Van verren sine liede ende van naer,
    So dat hi tenen male
    C^M [1]) volcs hadde wale.
235   Om Ritsarde al dies gelike
    Heefti gesent in Vrankerike [2]).
    Bathias di*en* grave mede,
    Die *te* Pharat was in die stede,
    Ontboet hi haesteleke bi Gode.
240 Vort so sende hi sinen bode
  b. Nederwaert met groter haest
    Te Jorise te Alternaest [3]);
    Van daer tote Orcastroen
    Om Cursoude den baroen;
245 TEsmeridoen so sende hi
    Om den grave Esmari;

---

1) Er staat in het afschrift *X*^{M}, ofschoon onduidelijk en onzeker. Doch blijkbaar moet het *C*^{M} zijn. Yoen had zelf 60,000 man medegebracht; de bezetting van Gardeterre bedroeg 20,000 man (vs. 160). Nu dus, met nieuwe hulptroepen, moet zijne macht gestegen zijn tot 100,000 man, en dit wordt volkomen bevestigd door vs. 289 —807, waar hij zijn leger afdeelt in zes scharen, vijf van 15,000 en ééne van 25,000 man.

2) Verg. het verslag van die zending in het volgende fragment (bl. 44, vs 181 vlgg.).

3) Hier moet een plaatsnaam bedoeld zijn. Maar welke?

Te Alardine sende hi daer na
In die stat van Susa,
Ende en ontboet hem niet el,
250 Dan si hare stede besetten wel
Metten portren van der stat,
Ende te hem comen na dat.
Hi wilt te velde sekerlike
Comen jegen tkeiserike.
255 In dien beemt Meotides
Toech liggen Yoen, des sijt gewes,
Metten sinen altemale.
Cᴹ ¹) wasere wale;
Nochtan was dit lut*tel* al
260 Jegen der keserinne*n* getal.
    Der keserinnen dede doen
· Ontbieden di*e coninc* Yoen,
Dat hi des *ander dage*s betide
Comen woude jege*n* haer tstride.
265 Doe Yrene dat verstoet,
Dat Yoen, die coninc *vroet*,
Selve ware comen daer,
So hadde sijs te meerren vaer,
Ende riep te rade hare broedere beide,
270 Fromondine ende Haerdreide,
Diese troesten. Doe seide Yrene,
Dat si daer omme gave cleine.
Haer heer dede si bereiden daer,
Alse die sander dages daer naer
275 Emmer striden woude twaren,
Ende besette dus hare scaren:
Vijf scaren so maketsi
Van heidenen, geloves mi,
Van tien coningen die daer

---

1) In het afschrift *Xᴹ*, maar onduidelijk en onzeker, evenals in vs. 234.

280 Comen waren, weet vorwaer:
Telken horden *twee* coninge toe.
Daer na besette si doe
Die van Grieken in tween scaren,
Daer hare broeders leidren af waren,
285 Ende haren sone, heren Leone,
Gaf si ene scare scone
Van xl^m mans allene.
Dus besette dat volc Yrene.
    Yoen die coninc, die banderside
290 Woude jegen haer comen tstride,
Besette die scaren sijn.
Die ene leide Hugelijn,
Daer xv^m volcs in was.
    Die andre die grave Bathias
295 Met also vele lieden wel.
    Die derde leiden twee riddren snel,
Jorijs ende Cursout van Orcastroen,
Oec met also menegen baroen.
    Esmeridoen leide, weet wale,
300 Die vierde, ende hadde tenen male
c. xv^m, alse die andre daden,
Die hem staen souden in staden.
    Die vijfte scare so beval hi
Alardine ende Esmari,
305 Ende also vele liede mede.
    Die seste ware hi selve dede,
Ende xxv^m baroene.
Dus besette die coninc coene
Sine scaren ende seide:
310 »Gi heren, dor u edelhede,
Sijt goede liede margen al.
Wat gi moecht wennen, groet ende smal,
Eest op Grieke ocht op Paiene,
Dat houde elc wel over sine.

315 Ic en wils no groet no clene,
   Sonder die ere al moederene."
   Si seiden: »Edel coninc rike,
   Vaert toe ende strijt coenlike!
   Die u margen af sal gaen,
320 Moet van Gode sijn ontaen!"
      Dus was Yoen getroest sere.
   Navonts dede Yoen, die here,
   Die sciltwachte doen her Cursoude
   Ende Jorise, dien hi woude.
325 Ende banderside, in waren dingen,
   Dadense vier heidene coningen:
   Van Neder Egypten, van Colcos,
   Van Tarsen ende van Ceraunos,
   Ende gingen tenen passe houden,
330 Daer si over liden souden.
   Wart dat menre soude striden,
   So moester emmer deen dore liden,
   Entie andere moeste plaetsce maken,
   Ochte qualeke souden si geraken.
335 Dat water en was niet harde wijt,
   Daer si op hilden te dier tijt
   In beiden siden op douver daer.
      Cursout, diese hem sach so naer,
   Sprac aldus den heren an,
340 Ende seide: »Verscufte ¹) man!
   Twi comdi aventuren u lijf
   Hier om een hoverdich wijf?
   Waerdi wel vrome ende wijs,
   Gi en sout om geens wijfs prijs
345 Ochte om haer dreigen so verre comen.
   Wert u hier u lijf genomen,
   Wie sal u gelden? een wijf hoverdich,

---

1) *Verscuft*, hetzelfde wat elders *verscubt* of *verscoven* heet.

Die alre eren es onwerdich?

Si es fel ende comen van den fellen:

350 Niement soude hem an haer gesellen."

Die coninc *R*abanus van Colcos

. . d . . . . . vrouwen lachterde dos,

Ende *seide*: »Wie dat segt tote mi,

Dat fel mijn vrouwe ochte valsch si,

355 Dien segic dat hi qualike

Lieget ende valscelike!"

— »Sijs quaet ende valsch," seide Cursout,

»Al waerdi noch also stout!"

Rabanus seide: »Dats gelogen!

360 Warent coninge ochte hertogen

D.

Tweede fragment te Stuttgart.

Uit het Tweede Boek.

*r*⁰. *a.* Ende heeft hem daer sijn hoeft

Toten tanden toe ge*c*loeft,

Entie coninc viel doet in tsant.

E . . si . . . . . . e te hant

5 Ha . . . . ridoen

Sla . . . . er es wat doen

Si sij*n* . . . . temale

Doe vo. . . . . *w*eet wale

Met enen . . . . t groet was,

10 Entie heiden*e*, *ge*lo*e*ft mi das,

Worden doe in han*x*ste groet,

Wan*t* haer here die was doet,

Ende si waren in sorgen mede,

Ende setten hem ter vlocht ter stede,
15 Ende vloen ter *ander scaren* wart,
Daer Yoen was jegen bewart,
Bathias ende Hugelijn;
Ende teerst dat si vergadert sijn,
Wart die strijt *crachtech* daer,
20 Maer Esmari es hen naer,
Entie sine die willech waren.
Daer was gestreden sonder sparen
Van eerst so overvromelike,
Ic en mochte u niet sekerlike
25 Vertellen die waerheide.
   Yoen vergaderde ane Haerdreide,
Die hem ondersloegen sere;
Maer her Yoen die here
Gaf Hardreide enen slach
30 Op den helm, die hem wach,
So dat hi verducelt sat.
En ware sijn ors, sijt seker dat,
Niet gescoten uten here,
Hi ware daer bleven sonder were;
35 Maer dat vloe ten tenten wart.
Doe worden die Grieken vervart,
Want haer hanxst was groet.
Si waenden dat hi dor die noet
Vlo aldus henen, ende daer bi
40 Volgeden si hem alle, geloves mi,
Ende setten hen ter vlochte,
Wat elc verlaisieren mochte.
   Vlochtech es nu tGriexe here
Ende en penst om gene were,
45 Maer hoet henen mochte comen.
Beide die blode metten vromen
Vloen wat si jagen mochten.
In bosscen, in hagen, in hagedochten

Vloen si ende lieten al daer
50 Dat sire brachten, weet vor waer.
Die Siten volgeden na sere,
Entie coninc Yoen, haer here,
Versloechse waer hi ane hen quam.
Wel ene mile, alsict vernam,
55 Jagede hi die Griexe heren.
Daer naer dede hi weder keren
Sine liede, want hem es leet
Dat men die liede so versleet,
Sint hem Haerdreit ende Fromondijn
60 Altemale ontfaren sijn;
  b. Want .tander volc altoes doet
Dat haren here dunket goet.
    Dus es Yoen gekeert twaren
Ende liet die Grieken varen,
65 Die daer hebben vele verloren,
Haren here als te voren,
Ende vier coninge noch daer toe,
Ende nochtan blide was dat ontfloe.
Ten tenten keerden die Siten daer,
.70 Daer si vonden, weet vor waer,
Den scoensten roef dien sach nie man,
Dien die coninc deilen began
Sinen lieden cleine ende groet,
Na dats elc hadde noet.
75 Hi gaft hem oec mildelike,
Want niet en hads die coninc rike.
Hi maecte willech die van den lande
Metten goede sire viande,
Ende es te Gardetere in getogen,
80 Sere blide ende in hogen.
Alardine hi soeken dede,
Dien men vant al daer ter stede,
Ende heeften bracht tote in die stat;

Ende den keyser, verstaet dat,
85 Dede hi soeken ende bringen;
Maer die heidene coningen
Dien en dede hi gene ere,
Danse bernen dede die here
Gelijc den andren die daer lagen
90 Hare entare op tfelt verslagen;
Want tenen hope so dede hi
Parde ende liede, geloves mi,
Leggen ende een vier maken,
Daer si mede al ontstaken,
95 Sonder die van sinen lande,
Alse verre alsemen die bekande:
Die dede hi doen eerleec ter erden.
Maer met eren ende met werden
Dede hi graven Alardine,
100 Die staref in den dienste sine,
Enten keyser mede Lyoene,
Alse hem wel betam te doene,
Vor den outere sente Anestasien,
Ende oec in hare abdien.
105   Dus sijn die Grieken wech getogen.
Blide warense ende in hogen,
Die dat lijf ontdroegen daer.
Yrene die wart, weet vor waer,
Sere verhaedt van den haren,
110 Hadden sijt dorren oppenbaren.
Nochtan dor al desen rouwe
Screef si hare »der Heren Vrouwe",
Ende dat veronwerdese noch mere.
Si ende hare sone waren here
115 Van den rike altemale,
Maer hare broedere, weet wale,
Waren montbore van den rike;
Dus warense daer in dagelike

Ende hildent der vrouwen tonder,
120 Maer die vrouwe *si* wrachte wonder
. c. Int lant ende dwanct meer
Dan noit enech here dede eer.
    Constantijn was noch clene,
Dies so hiltsi trike allene.
125 Die broedren gaven altoes raet,
Hoe men dorloge wel bestaet
Jegen den coninc Yoene,
Dies si willech was te doene,
Hadde sijs weten hoe beginnen.
130 Si sinde menech saluut van minnen
Ane den coninc van Bulgerien,
Dat hi quame met sirer partien
Ende holpe haer op Siten striden.
    Nu gevielt so tenen tiden
135 Dat si hem ontboet selke minne,
Dat hi met herten ende met sinne
Ane hare altemale vel.
Wat soudicker af seggen el?
Twijf was van live quaet,
140 Ende gestade hem selke daet,
Dat hi met hare hadde te doene
Ende wan an hare enen sone,
Die Mechiel geheten was.
Maer die coninc, geloeft mi das,
145 Wartse doe verhatende [1]) soe,
Dat hi nie en wart vroe,
Als, hi van haer spreken horde
Alse vele als van enen worde.
    Yrene, die dat versach,
150 Dat si ane den coninc niet mach
*H*ulpe gecrigen ende hise haet,

---

1) Hs. *verhadende*.

En [1]) woudse niet sijn versmaet,
Ende quam met groten partien
*O*p den coninc van Bulgerien,
155 Daer si lange wile op street
Ende sijns lants vele avereet.
Dat orloge groet ende swaer
Duurde tusscen hen menech jaer.
Hier bi so liet si die vart
160 Langen tijt te Siten wart,
Ende orlogede op Bulgerien,
Om dat si woude den coninc vrien;
Maer haers en woudi groet *no clene.*
Dus bleef die keserinne Yrene
165 Vrouwe ende haer sone Constantijn,
Tote dat hi quam ten dagen sijn,
Dat hi woude allene regneren
Ende niet dor haren wille a . . . ren.
    Yoen, die in Siten was
170 Met payse, geloeft mi das,
En ontsach die Grieke nemme*er.*
Sinen sone sage hi eer
Ende sine mage, op dat hi mochte,
Maer node hise eldere sochte,
175 Want hi scaemde hem sere,
Dat hi hem selven selke onnere
Dede dat hi . . . . sijn rike
Ruumde met enen wive scandelike.
Hier bi es hi in Siten bleven.
180 Van heme willic mi begeven
v[o]. *a.* Ende seggen u van den bode twaren,
Die van Siten quam gevaren
Ende voer te Vrankerike wart,
*Da*er hi vant den hertoge Ritsart,

---

1) Hs. *Ende.*

185 Ende quam daer, geloeft mi das,
    Doe die peis gemaect was
    Entie brulochte waren leden [1]).
    Die bode quam met haestecheden
    Boven in die hoge sale,
190 Daer hi den keyser ende altemale
    Sine [2]) baroene bennen vant.
    Die bode seide al te hant:
    »God geve Karle, den here,
    Al sijn leven vroude ende ere,
195 Ende Ritsarde, den here mijn,
    Ende allen den magen sijn!
    Her hertoge, verstaet dor Gode:
    Ic ·ben hier van Siten bode
    Ane u van uwes vaders wegen,
200 Yoene, den stouten degen,
    Die u onbiet dat bi mi,
    Dat van Grieken die keyser si
    Doet, entie keyserinne Yrene
    Met menegen mensce gemeine
205 Leget vor die stat van Gardeterre.
    Op u lant so scijnt si [3]) erre.
    Edel hertoge, weet vor waer,
    Dat si hevet tien coninge daer,
    Daer ic af weet die waerheit wale,
210 Ende vele graven ende amirale.
    Dies ombiet u sekerlike
    U vader, dat gi haestelike
    Comt so gi eerst moget in corten tiden,
    Want emmer so wilt hise bestriden.
215 Dies haest u, het es wel noet,

---

1) Verg. fragment B, dat geheel handelt over dien gesloten zoen en de daarbij voorgenomen huwelijken.
  2) Hs. *En sine*.   3) Hs. *hi*.

Want haer here dat es groet."

    Ritsart, die dit heeft verstaen,

Andworde den bode saen:

»*Soete* vrient, segdi nu waer?

220 Es mijn vader die coninc daer

    Ende met gesonden live leeft,

    So weetic wale dat hi noch heeft

    So vele in hem vromecheden,

    Dat hi wale sal verbeiden

225 Der keserinnen ende haer here,

    Al waren si van meerre were.

    Maer sere so twifelt daer an mi,

    Dat hi noch levende si."

    Doe so seide Gelloen die grave:

230 »Ic seide u die waerheit wel daer ave,

    Dat u vader levet noch,

    Want ic seit u te voren doch,

    Dat icken in hogen Goten sach;

    Maer niet en weetic ocht hi mach

235 Weder noch in Siten sijn.

    Doch seide hi toten monde mijn,

    Dat hi met mi te lande neder

    Emmer woude keren weder,

    Ende oec gelovedic hem dat,

240 Dat ic soude comen daer ter stat,

  b. Alsic emmer hadde gedaen,

    En waert mi anders niet vergaen

    Van den wende, die mi omsloech

    Ende elderwarder droech.

245 Maer dat die bode bringt hier inne,

    Dat mijn dochter, die keserinne,

    Op u lant nu soude striden,

    Dies en gelovic te genen tiden."

    Die bode seide: »Bi Gode, here,

250 Ic mochte mi scamen harde sere,

Op dat ic Ritsarde den hertoge
So oppenbaerlike loge,
Ende daer omme so verre quame.
Dies en heb ic niet den name,
255 So menege bodscap, sonder waen,
Als ic minen here hebbe gedaen
In allen landen sonder hier."
Doe seide Ritsart, die here fier:
»Her grave, laet dit varen.
260 Mi heeft Yrene gedaen twaren
Ende Fromondijn ende Haerdreit
Daer in tlant menech leit',
Dat hem te scaden verginc,
Ende noch mochte wale die dinc
265 Vergaen gelijc si heeft gedaen.
Maer wat si *daer* anegaen,
Ic houde u den peis die hier
Gemaect heeft die keyser fier,
Gi en willes u onderwinden
270 Ende uwe mage met uwen kinden."
    Die grave seide: »Here, her Ritsart,
Nu verstaet wel mine wart.
Die soene die hier gedaen si
Willic houden, geloves mi,
275 Ende mine mage, wi willenre niet
Geensijns verbreken iet.
Maer ic wille *ter* keyserinnen sinden
Ende ten andren minen kinden,
Dat si haer orlogen laten staen,
280 Want wi hebben soene gedaen,
Die nemmermeer na desen dach,
Ocht God wilt, versceden mach."
Die keyser die seide: »So doet,
Hets wel gedaen ende goet."
285 Gelloen seide: »Het sal gescien."

Enen bode riep hi mettien,
Die in Grieken varen soude
Ende daer vertellen dat hi woude.
Maer weet wale die waerheide,
290 Dat hi den bode also niet seide
Dat hi daer verstaen dede,
Want hi wrachte na sine sede.

    Her Ritsart, die nu verstaen heeft
Dat die coninc sijn vader leeft,
295 Was harde blide van der maren.
Gelloens gelof ¹) liet hi al varen,
Want hi en achte dit no dat:
Doet hi quadere ochte bat,
Hi en achted een twent niet.
300 Maer Gelloen, die altoes pliet
  c. *Verranesse* ende quaet,
Hi *t*oende hier noch sine daet.
Te Grieken wart soude hi sinden
Ende ontbieden sinen *kinden*,
305 Dat peis ende soe . . . .
Ende si niet raste . . . .
Ende houden p. . . . .
Gelijc dat hi d. . . . .
Ende sine mage . . . .
310 Dit woude die . . . . . . wale
Ende dandre heren . . . hijt dade,
Maer en was niet van sinen rade;
Maer hi ontboet hem sekerlike,
Dat comen soude in Vrankerike
315 Die heidene met groter macht,
Die hi hevet met hem bracht,
Daer hi sine viande al
Ende Vrankerike mede storen sal,

Ende bid hen daer bi sere,
320 Alse [1]) haer vader ende haer here,
Dat si wennen Siten daer
Ende verslaen oppenbaer
Yoene entien sone sijn,
Want hem Ogier ende Garijn
325 Nemmermeer daer hulpe en doen.
Dit so ontboet hem Gelloen
Ende troestese ten stride sere.
Dus so hout Gelloen, die here,
Die soene die hi selve sprac,
330 Entie hi haestelike brac.

V ele [2]) lee . . des [3]) begonnen,
In al dat wi verstaen connen,
Van deser veeden ende gesciet,
Ende noch en eest al leden niet.
5 Gi hebt gehort ende verstaen,
Hoe dat Gelloen heeft gedaen
Ene soene scalkelike,
Om te verdervene Vrankerike
Met sinen kindren, op dat hi can,
10 Die hem souden volgen an.
Siten woude hi oec banderside

---

1) Hs. *Alse.*

2) De groote geschilderde hoofdletter, die hier in het handschrift voorkomt, geeft te kennen dat hier eene nieuwe afdeeling begint. De volgende verzen (1—26), eene korte herinnering bevattende aan het vroeger verhaalde, wijzen dit mede duidelijk aan. Vergelijkt men die verzen met de gelijksoortige in Fragm. II, vs. 51—96, die den aanhef bevatten der Tweede Partie van het Tweede Boek, dan mag men aannemen, dat hier eene latere Partie van hetzelfde Boek begint: wel denkelijk de laatste, loopende tot Ritsart's dood, waarmede dit Boek zou eindigen. In ons fragment zagen wij Ritsart nog in leven en bloei. Er kan dus geen twijfel bestaan, dat dit fragment nog tot het Tweede Boek behoort. Verg. Fischer, bl. 72—75.

3) Aldus bij F. Denkelijk te lezen: *Vele leeds us.*

4

Dat sijn dochter wonne met stride.
Dus wilt hi met vreemden lieden
Sinen vianden mesbieden
15 Ende verslaen ende onteren,
Alse hi sal, God en wilt keren
In andren wegen dan daer hi
Hem hevet vertroestet bi.
Doch sal sijn raet sekerlike
20 So sere onteren Vrankerike.
Ghi hebt, gi heren, dor God verstaen,
Hoe dat Gelloen was ontgaen
Ute Agulants lande van Afrike,
Ende hoe erre dats Agulant sekerlike
25 Was, dat hi hem so ontfoer,
End hoe hi harde diere swoer

II.

EEN FRAGMENT VAN DEN ROMAN VAN LIMBORCH.

In het 9de Boek van dit dichtwerk, bij het verhaal van den strijd onder de wallen van Constantinopel, dat door Sultan Carados belegerd werd, komt in het jongere handschrift B, tusschen vs. 708 en 709, eene reeks van niet minder dan 110 verzen voor, die in het teksthandschrift niet worden aangetroffen [1]). Zij bevatten nadere bijzonderheden omtrent het gevecht: de dappere daden van Demophon en Echites, een gesprek tusschen die beide ridders, den heldhaftigen strijd van den keizer van Aelmaengen, die twee heidensche koningen verslaat, en het ongeval van Demophon, die op den keizer aan-

---

1) Eigenlijk staan er maar 109, doch na het 15de vers ontbreekt een regel. Oorspronkelijk waren er dus 110.

rijdt en hem het hoofd meent te klooven, toen juist bijtijds
Jonas, de gewezen schildknaap van Evax, toeschiet en den
aanvaller een slag op den helm toebrengt, zoodat hij in on-
macht valt en slechts gered wordt door zijn paard, dat met
hem naar de tenten terugloopt. Doch de zijnen wanen hem
dood en slaan op de vlucht, waarbij Jonas en Echites opnieuw
een aantal vijanden nedervellen. Daarmede keert het verhaal
tot Hendrik van Limburg terug.

Mr. Van den Bergh heeft die verzen niet in den tekst opgenomen, maar ze aan den voet der bladzijde geplaatst. Hij
vermoedde echter, dat zij wel van den oorspronkelijken dichter
afkomstig zouden zijn, omdat in vs. 915—920 op het aan
Demophon overkomen ongeval gedoeld wordt. Die opmerking
maakte de echtheid der verzen zeer waarschijnlijk; doch met
voldoende zekerheid was de vraag toch niet te beslissen, en in
elk geval bleef het bezwaar bestaan, dat men dit gedeelte alleen kende in de slordige taal, in een half-Hoogduitschen tong-
val, waarin het Hs. B geschreven is.

Het is daarom niet zonder belang, dat een onlangs gevonden fragment van een ouder en blijkbaar zeer goed handschrift
ons thans in staat stelt, allen twijfel omtrent de echtheid van
deze verzen weg te nemen en ze in hun oorspronkelijken Mid-
delnederlandschen vorm te herstellen.

In denzelfden bundel ter Nationale Bibliotheek te Parijs,
waaruit ik boven een fragment van den *Roman der Lorreinen*
mededeelde [1]), bevindt zich nog een ander blad perkament, met
Mnl. verzen beschreven, waarvan Dr. Apfelstedt mede een afschrift maakte en aan Prof. Bartsch te Heidelberg zond, die
de goedheid had het mij te doen toekomen. Het blad, waarvan het afschrift genomen werd, heeft aan weerszijden twee
kolommen, die oorspronkelijk elk 40 regels telden; doch van
de linkerzijde en van den bovenkant is een reep afgesneden,
waardoor van de eerste kolom het voorste gedeelte en van al

---

1) *Ms. allem.* 118 *a.* Verg. boven, bl. 4 en 28 vlgg.

de vier kolommen de vier bovenste regels zijn weggenomen. Zooals het nu is, bevat het fragment nog 36 halve en 108 heele verzen, waarvan echter enkele geheel of grootendeels onleesbaar zijn. Het behoort tot het 9de Boek van den *Roman van Limborch*, en behelst juist het gedeelte, dat wij alleen uit B kenden. Het begint met het vijftiende van die in A ontbrekende verzen, en loopt aan het einde daarvan, in aansluiting met het teksthandschrift, verder door tot vs. 766. Nu het blijkt, dat ook een oud en zuiver handschrift die verzen bevatte, die dan ook kennelijk tot den loop des verhaals behooren, mag men gerust besluiten, dat zij in den tekst hunne wettige plaats moeten hernemen.

Ik laat hier het fragment, naar het afschrift dat voor mij ligt, nauwkeurig afdrukken. Om echter een leesbaar geheel te geven, voeg ik er drie regels uit het teksthandschrift en uit B de veertien eerste verzen bij, en vul het ontbrekende uit dit Hs. aan, zóó echter dat ik het Nederrijnsche dialect, naar het voorbeeld van ons fragment, in zuiver Middelnederlandsch overschrijf. Mijne uitgave geeft dus het geheele stuk weder, zooals het in 't oorspronkelijke gedicht moet geluid hebben.

De tekst van het fragment is met de gewone Romeinsche letter, al het ingevulde cursief gedrukt.

> *Doe wert die strijt starc ende groet*
> *Ende vreeselec te siene an.*
> 708 *Daer bleef verslegen menich man*
> 1 *Van groter cracht die Demophon dede,*
> *Ende banderside wracht* [1]*) wonder mede*
> *Echites, die stoute coninc,*
> *Die menegen man swaerlike ontfinc*
> 5 *In den selven nijtspele.*
> *Daer bleven riddren alte vele*

---

1) In B *wort*, waarmede *worht*, *workte* moet bedoeld zijn.

In beiden siden daer [1]) *verslegen*
Ende vele van den orsse gedregen.
· *Die coninc van Cypre quam doe*
10 *Metten sinen geslegen toe,*
Ende geraecte, wildijt weten,
Den coninc van Massageten,
Ende sloegen opten helm boven,
Dat hine heeft gecloven,
r°. a. 15 *Daert Demophon toe gesach* [2]),
. . . . *niet en mach* [3]),
Ende sloech den coninc van Cypre soe,
Dat hi . . escelike [4]) *ward onvroe,*
Ende viel van den orsse int sant,
20 *Ende bleef* vertorden altehant
Onder die orsse op die erde.
Echites, dien dit derde,
Seide: »*Bi* Gode, her coninc here,
Gi deret den onsen alte sere
25 *Ende onneertse* altemale.
U swert dat snijt hen te wale,
Ende u hant es hem te crachtech.
Hier en es coninc so machtech,
No riddre so vrome no so goet,
30 *Mach hi, hine* scuwe u gemoet.
Dats mire joncfrouwen een groet deren.
Oec hebt gi jegen mi so geveren,
Bi der eren die gi mi hebt gedaen,

---

1) De herhaling van *daer* is hinderlijk. Voor een van beide misschien *doe* te lezen.
2) Met dit vers begint ons fragment.
3) Dit vers ontbreekt in B, en wordt door ons fragment maar half aangevuld. Misschien stond er: *Dies gekeren* (of *geweren*) *niet en mach*, of wel *Dies gedragen n. e. m.*, als in vs 78.
4) In B: „*Dat he gerade wart unvroe.*" Hoe .. *escelike* in het afschrift moet aangevuld worden, durf ik niet beslissen. Denkelijk is de *c* niet goed gelezen, en zal bedoeld zijn *desgelike*, t. w. evenals de koning der Massageten, wien hij zelf zoo even den helm gekloofd had.

Al mochtic ure cracht onstaen,
35 *Dat wonder* alte groet ware,
Dat ic stille no openbare,
Jegen u niet en mesdade,
No in werke no in rade,
Om al dat Ermenijnsche rike,
40 *Dat gi mi wonnet vromelike*
Bi ure doget ende bi ure vromecheit,
Ende daeromme doget arbeit.
Maer hier bi, here, godweet,
Es mi dit orloge alte leet,
45 *Dat tusschen* ons hier wesen moet."
Demophon, die riddre goet,
Seide: »Here, bi mire wet,
Dit orloge deert mi oec met,
Ende ic woude dats ware een inde;
50 *Want ic liede* noit meer en minde
Dan ic u liede twaren doe,
Al eest comen nu alsoe
Dat ic jegen u moet striden;
Ende en wilts niet laten liden
r°. b. 55 Mijn here, mijn broeder, die soudaen,
Nochtan hebbickere toe gedaen
Al mine macht, ten peyse waert."
Echites, die coninc onvervaert,
Seide te hem: »Des moet[1]) u God lonen,
60 Die in den hemel heft sijn wonen!"
Die wile dat si spraken dus,
So *quam* die coninc Erudus,
Astap, Edrinc ende Bitijn,
Ende die coninc van Costrijn.
65   Dese vijf coninge quamen an

---

1) Het afschrift heeft: *dar mest*, verkeerd gelezen voor *des moet*, blijkens *des
mijs* in B. De woorden *te hem* in dit vers, die B te recht niet heeft, moeten
geschrapt worden.

Toe slaende met menegen man
Op Ryoen, den coninc van Spaengen.
En ware die keyser van Aelmaengen
Utecomen met groter cracht,
70 Si hadden Ryoene ter doet bracht,
Die ¹) so vromelike street,
Dat niemen van hem en reet,
Hine bleef gewont ofte doet:
Sine daet was so groet.
75 Hi versloech twee coninge,
Astap ende den coninc Edringe,
Daert Demophon toe gesach,
Dies ²) langer gedragen niet en mach,
Ende seide: »Her coninc *metten are* ³),
80 Dat *kinne Mamet, die* openbare
Kint ende weet alle saken,
Dat gi swaren scaert sout maken
In onse volc, die ⁴) u wale
Liete gewerden altemale.
85 Magic, entrouwen, ic saelt weren."
Ende quam opten keyser geveren,
Ende waende hem wel cloven thoet,
Maer datter *tusschen* scoet
Die stoute riddre, her Jonas,
90 Die wilen Evax cnape was,
Ende gaf Demophon enen slach

---

1) Blijkens het vervolg (vs. 79 en 86) slaat dit *die* niet op Ryoen, maar op den keizer.

2) In 't afschrift: *Dat*. Doch in B: *De is*.

3) T. w. *met den adelaar*. B. *mit den aer*.

4) Hier op te vatten in den zin van *indien men:* elliptische uitdrukking. Zie mijne aant. in *N. W. d. Maatsch. d. Ned. Lett.*, VI, 164 vlg., *Lekensp.* gloss. bl. 400e en 697, en verg. verder *Segelijn*, vs. 9287, *Melib.* 1242, Snellaert, *Ned. Ged.* bl. 271, vs. 62, *Hor. Belg.* VI, bl. 126, vs. 32, *Vad. Mus.* II, bl. 194, vs. 527 vlg. *Hadewijch*, bl. 187, vs. 20, en vooral ook onzen *Limborch*, II, 64, waar men acht *Vrancrike* eene komma plaatse en *diese mi gave* versta als: *indien men ze mij gaf*.

Op thoeft, dat hi in ommacht lach
In sinen sadel in groet bedwelm.
En hadde so vast niet sijn helm
v°. a. 95 Geweest, hi ware doet bleven.
Ende sijn ors heft verheven
Sinen loep ten tenten waert.
Doe worden dander sere vervaert,
Ende waenden dat hi ware doet,
100 Ende vloen met haesten groet.
Doe her Jonas sach dat al vloe,
Voer hi den coninc van Cosdrijn toe
Ende clofde sijn hoeft ten eersten snede.
Wat wondre waendi dat daer dede
105 Mijn her Echites ende die sine,
Die altoes waren in die pine
Ende menegen daden vallen neder.
Nu *laet ic*se vallen ende kere weder
Ten *Lim*borgere heren Heinrike,
110 Ende [1]) banderside street vromelike
709 Mijn her Heinric, die stoute here [2]),
Die banderside street so sere
Jegen menegen heidinen man,
Dien altoes wies *helpe an;*
Want Prasijs, die coninc van Prassia,
Quam metten sinen gereden na,
715 *Met .viii. hondert olifanten,*

---

1) In B *De* (*die*), zooals de zin eischt. Doch ook *Ende* kan als relatief in den zin van *die* bedoeld zijn.

2) Dit vers (waarmede het teksthandschrift weder aanvangt) en het volgende zijn volkomen overbodig, ja tautologie, na vs. 109 en 110, die in B en in ons fragment voorafgaan. Misschien zijn zij een inlapsel van een afschrijver, die *Ende* in vs. 110 niet juist opvatte en nu den zin op zijne manier trachtte te herstellen. Doch het is opmerkelijk, dat deze hinderlijke herhaling juist wordt aangetroffen op de plaats, waar het in A ontbrekende gedeelte ten einde is, en dat die beide verzen (709 en 710) in al de drie handschriften worden gevonden. In A zijn zij te begrijpen, als een invoegsel om de lacune te dekken, maar in B en in ons fragment zijn zij geheel ongepast.

Wel geladen met serianten.
Dese quamen sere dringende vort
Ende wrachten in donse grote mort,
Want si rechte vorward leden
720 Ende niemens en vermeden,
Ten mure waert van der stat [1]).
Si macten, daer si leden, gat.
Niemen en dorste jegen riden,
Want si en *constense* niet bestriden.
Die liede die in *den* casteel lagen
Banderside, si ontsagen,
725 Staken si dolifante doet,
Dat *die* val soude sijn so groet,
Dats niemen onstaen en mochte.
Mettesen Prasijs herdochte,
Dat hi gelooft hadde dat,
730 *Dat hi dies dages op die stat*
v°. b. Niet striden soude, wats *gesciede:*
Dies dede hi keren sine liede,
Ende so daden dandre doe,
Want die avont hem quam toe,
735 Ende scieden in beiden siden.
Donse gingen ter stat ward riden,
Ende die heidine, dat was waer,
Reden tharen tenten daer.
    Nu es dat heer al in getogen.
740 Die soudaen, die niet verhogen
En can om sine grote scade,
Riep sine liede alle te rade,
Ende clagede utermaten sere,
Dat hi sine liede ende sijn ere

---

1) Dit vers en het volgende ontbreken in het teksthandschrift, doch staan ook in
B. De beide volgende heeft A in omgekeerde volgorde, maar de lezing van ons fragment en van B is 'de ware.

745 Vore enen casteel daer hadde *verloren*,
Ende hier alle die werelt *voren*
Nochtan hadde *ten wapenen* al:
Emmer waert kinlike *ongeval*.
»En mochte mi *dus* niet *mesvallen*,
750 Mamet geit mi af *met* allen,
Want ic heden in *den dage*
Hebbe man ende mage
Verloren buten getale,
Ende .XIII. *coninge also wale*
755 Sijn mi *hier oec afgeslagen.*
Hoe *magic minen sin verdragen?*
Dat es wonder *alte* groet.'
Ic biddu, gi heren, in derre noet,
So geeft mi *raet wat ic best doe.*"
760 Demophon hi sprakere toe
Ende seide: »Here, *ic* seit u wel,
En es geen kinder spel
Te striden jegen al dat here,
Want hets volc van groter were.
765 Gi macter af enen casteel,
Daer van der werelt al geheel
. . . .

Ten slotte moet ik nog wijzen op eene omstandigheid, waardoor het hier medegedeelde fragment een eigenaardig belang verkrijgt. In 1803 gaf Oberlin, de geleerde bibliothecaris van Straatsburg, in Millin's *Magasin encyclopédique*, 8ste Jaargang, D. VI, bl. 20, een bericht omtrent eenige onder hem berustende oude stukken. »Je possède moi-même, dans ma collection", schreef hij, »plusieurs pièces en différentes langues, entre autres aussi du genre poétique, écrites avec netteté sur vélin, telles qu'un fragment d'un poëme batave, dont le sujet paroît être tiré d'une guerre avec le sultan et les païens (qui ont été confondus avec les Mahométans), peut-être d'une croisade; il y est parlé de combats, où figurent un empereur d'Allemagne (*een keyser van Aelmaengen*), *een heere Heinric*, *die heeren Echites*, *Demophon*, *Jonas*, *Evax*; il y est question d'éléphans (*olifanten*). `A ces traits, il sera peut-être facile à quelque savant batave de reconnoître le poëme dont il s'agit." Mr. Van den Bergh, die in zijne *Inleiding* (bl. XXXVIII vlg.) deze woorden aanhaalde, begreep te recht, dat het fragment tot den *Roman van Limborch* moest behooren. Doch »ondanks alle aangewende pogingen" was het hem »niet gelukt in Frankrijk te vernemen", waar het zich toen (in 1846) bevond, zoodat hij niet in staat was het bij zijne uitgave te vergelijken.

Het trekt terstond onze aandacht, dat niet slechts de algemeene inhoud van het hier beschreven fragment met het onze overeenstemt, maar dat er juist dezelfde namen in voorkomen, en dat in 't een zoowel als in 't ander van »olifanten" sprake is. Dit doet al aanstonds vermoeden, dat ons fragment misschien wel hetzelfde stuk zou kunnen zijn, dat Oberlin bedoelde. En dit vermoeden wordt tot zekerheid, zoodra men bedenkt, dat de bundel, waarin ons fragment is ontdekt, juist uit Oberlin's nalatenschap in de Parijsche bibliotheek is gekomen. Er is geen twijfel aan: wij hebben het fragment wedergevonden, waarnaar Mr. Van den Bergh vergeefsche nasporingen deed, en dat wij sinds lang verloren waanden. En nu wij het bezitten, is het ons eene niet onbelangrijke bijdrage gebleken tot de critiek van ons gedicht.

III.

EEN FRAGMENTJE VAN HET EERSTE BOEK VAN DEN LANCELOT.

Prof. Bartsch, aan wien ik de beide Parijsche fragmenten, van de *Lorreinen* en van den *Limborch*, te danken had, zond mij later nog een paar stukjes perkament, hem door Dr. K. Goedeke medegedeeld, en die blijkbaar tot een Mnl. gedicht hadden behoord. Het zijn twee smalle reepjes, het eene iets korter dan het andere, en die, naast elkander gelegd, aan weerszijden een gedeelte van eene kolom uitmaken. De ééne zijde is duidelijk leesbaar en bevat de volgende verzen:

Die . . . . Arture,
Ende beval har optie ure
Den coninc te bringhene te voren
Sulke tale alse gi moghet horen.
    Die joncfrou ne lette niet
Te doene dat Morgane hiet,
Ende voer wech metter ure
Dat si vonden hadde Arture,
Tote binnen in dier zale,
Ende sprac hare tale,
Daer si vor den coninc stoet,
Ende seide: »Here, dor u omoet!
Ic bem bode ende bringhe niemare.
*D*oet alle die ghene comen hare,
*D*ie tuwen hove behoren.
*S*i moeten hier alle wesen voren,
*E*er ic mine bodscap spreke.''
*D*ie coninc dede haesteleke
*S*ine liede te ga
*D*oe was daer
*V*or den coninc
*D*ie joncfrou

De andere zijde, die vermoedelijk op den houten band van een boek geplakt was geweest, vertoonde in den beginne niet meer dan sporen van eenig schrift. Geene enkele letter was te lezen. Door de lijm voorzichtig met warm water af te weeken en vervolgens een *reagens* aan te wenden, ben ik er echter in geslaagd het schrift weder op te werken en, hoewel niet alles met volkomen zekerheid, het volgende te ontcijferen:

. . . . .n hem op den coninc

(*Diene vrien*)delike ontfinc

. . . . met minnen

. . . . hem die slotele van daer binnen

. . . . . en hem dien casteel

. . . . .t was al gheheel

. . . . hem daer buten

. . . . . .at n*iemen mochte* sluten

(*Doe was*) daer bliscap menichfoude

(*Onder jon*)ghe ende onder oude

. . . . luttel des ghen . . . . .

. . . . n hoe Lantsloot

. . . . here coninc

. . . . en na dese dinc

(*Die jonc*)*frouwe* ware quaet vergouden

(*Daer wi*) alle bi sijn behouden

. . . . . . den coninc ende seide

(*Van der*) pinen ende van den arbeide

. . . . *ghe*doghet

. . . . .e ghepoghet

. . . . .swert

Het voorste gedeelte der kolom is aan deze zijde weggesneden. Slechts bij enkele regels kon het ontbrekende bij gissing
worden ingevuld.

Welke van de beide zijden de voor-, en welke de achterzijde
van het blad geweest is, laat zich niet meer bepalen. Evenmin blijkt, hoeveel er tusschen de ééne en de andere zijde
ontbreekt. Maken de 22 regels, die het langste strookje bevat,
de helft of een kleiner gedeelte van de kolom uit? Telde die
44 of meer regels? Had het blad twee of drie kolommen? Is
de ééne zijde de eerste, en dus de andere de vierde of zesde
geweest, of was de verhouding anders? Op al die vragen moet
ik het antwoord schuldig blijven. Toch geloof ik — althans
met vrij groote waarschijnlijkheid — te kunnen aanwijzen, van

welk gedicht onze fragmentjes eenmaal een deel hebben uitgemaakt.

De namen *Artur*, *Morgane* en *Lantsloot*, die er in voorkomen, doen terstond aan den *Lancelot* denken. In de ons bekende
gedeelten van dat dichtwerk, het 2de, 3de en 4de Boek, komen,
zoover ik weet, de boven afgeschreven verzen niet voor. Het
is waar, in een werk, dat meer dan 87000 regels bevat, kan
het geheugen licht falen, waar het een zoo onbeduidend onder-
deel betreft; en ik moet eerlijk bekennen, dat ik den moed
niet heb, het geheele gedicht, voor dit doel alleen, geregeld
te herlezen. Maar het zou mij toch verwonderen, indien de
inhoud van ons fragment in den uitgegeven tekst van den
Lancelot werd wedergevonden. De vraag rijst derhalve, of het
wellicht behoorde tot het Eerste Boek, dat wij niet meer bezitten. En ik meen reden te hebben om die vraag bevestigend
te beantwoorden. In de schets van het Eerste Boek, die
Dr. Jonckbloet in de Inleiding op het 2de Deel zijner uitgave
heeft ingelascht, naar aanleiding van een handschrift van den
oorspronkelijken Franschen tekst, leest men op bl. LXXIV,
dat Morguein (Morgane) Lancelot door een bedwelmenden drank
in slaap bracht en daarop den ring, dien hij droeg, tegen een
anderen verwisselde. »Daarop", gaat Dr. Jonckbloet voort,
»zendt zij eene jonkvrouw naar Artur's hof, die verhaalt dat
Lancelot monnik geworden was, enz." Men ziet, het eerste
komt juist overeen met het begin van ons fragment, dat ons
verhaalt hoe eene jonkvrouw, door Morgane gezonden, zich
naar Artur's hof begeeft en daar aankomt. De boodschap zelve
wordt in het fragment niet vermeld; maar het vermoeden ligt
toch voor de hand, dat hier werkelijk die zending bedoeld is,
waarvan de schets bij Dr. Jonckbloet gewaagt, en dat derhalve
de inhoud van de ééne zijde van ons fragment op bl. 95 v°.
en 96 r°. van het Fransche handschrift zal worden gevonden.
Ik ben thans niet in de gelegenheid dit te laten onderzoeken,
maar hoop later mede te deelen, of mijne meening al dan
niet is bevestigd. Blijkt zij juist te zijn, dan zal ook de

inhoud van de andere zijde in de buurt van fol. 96 worden
aangetroffen.

Tot nog toe kenden wij van het Eerste Boek van den
Lancelot slechts één fragment, door Serrure uitgegeven in zijn
Vaderl. Mus. D. IV, bl. 309—323, en dat een gedeelte der
episode van den *Ridder van de Kar* bevat, t. w. 396 verzen,
beantwoordende aan den Franschen tekst bij Dr. Jonckbloet
t. a. pl., bl. XCV, reg. 6, tot bl. XCIX, reg. 9. In vergelijking met dat belangrijke fragment hebben zeker onze twee
strookjes weinig te beduiden. Toch zijn zij niet geheel zonder
waarde, al ware het enkel om te getuigen, dat niet alleen *Li
contes de la Charrete*, maar ook het overige van het Eerste Boek
van den *Lancelot* in Dietsche vertaling bestaan heeft.

ISAAK VOS.

Van het leven van Isaak Vos of De Vos — hij teekent zich
op beide wijzen [1]) — is zeer weinig bekend. Of hij in familiebetrekking stond tot den bekenden Jan Vos, zooals ik vroeger
meende [2]), is nog twijfelachtig; in 1646 droeg hij zijn *Gedwongen Vrient* op aan zijn neef Jan Vos, »Coopman tot
Amsterdam." Nu kon misschien de dichter-glazenmaker wel
koopman worden genoemd, maar het is vreemd, dat in die
opdracht met geen enkel woord gewag wordt gemaakt van de

---

1) In zijne laatste levensjaren teekent hij zich Vos, terwijl hij op den titel zijner
eerste werken De Vos wordt genoemd. Op den titel van *Loome Lammert* (1642),
Iemant en Niemant (1645), van de latere uitgaven van *de Mof* (waarsch. in 1644
voor het eerst gedrukt) en van *de Moffin* (waarsch. in 1644 voor het eerst onder
dien titel verschenen) heet hij De Vos, bij de latere stukken Vos.

2) Zie mijn *Jan Vos. Groningen*, 1879, blz. 3.

dramatische triomfen, die Jan Vos met zijn *Aran en Titus* en zijn *Oene* had behaald.

Isaak Vos was tooneelspeler. In een pamflet, getiteld: *'t Samenspraeck tusschen Jan Tamboer en Jan Vos* [1]), voegt de laatste als regent van den Schouwburg aan Jan Tamboer deze woorden toe [2]): »jou speelen het niet eens zoo veel om 't lijf, der hebben voor desen wel andere Gecken gheweest, ghelijck die man die in 't water verdronck, en dan een Pietje Harepoen, en Isaac de Vos, Bloet-beulingh [3]), daer maghje jou broeck wel by leggen." Isaak Vos vervulde dus op het tooneel de rol van »Geck" of clown; hij trad echter ook in treurspelen op en speelde o. a. in Vondel's *Gebroeders* de rol van Mephiboseth [4]).

Hooge beschermheeren heeft hij waarschijnlijk niet gehad; één zijner stukken is opgedragen aan Jonkheer Adriaan Boelens, een edelman uit het gevolg van den burgemeester Gerard Schaap, toen deze gezant in Denemarken was, een ander aan Mr. Joan van Zevenhoven, baljuw der heerlijkheid Nieukoop, een derde aan Dirck Pietersz. Brugman, schepen en raad van Beverwijk. Onder de dichters kende Vos Leonard de Fuyter, die eenige treurspelen uit het Spaansch had vertaald. Vos schreef een lofdicht op de Fuyter's *De bedeckte verrader* (1646), »Eeren-Krans" [5]) getiteld, en werd hiervoor beloond met »Roemvaerzen" op zijn *Gedwongen Vrient*. De *Iemant en Niemant* van Vos prijkt met eenige lofdichten, waarvan de schrijvers zich teekenen met hunne spreuk. Eén dier deviezen is *Post*

---

1) *Tot Utrecht, by Symon Jaspersz.* 1660.

2) Aangehaald in een opstel in *Het Nederlandsch tooneel.* 1ste jaargang. 1872, blz. 242, onderteekend Robin Hoedt.

3) Dit is eene toespeling op zijne klucht *Robbert Leverworst.*

4) Blijkens eene aanteekening van Vondel's eigen hand in een exemplaar van den eersten druk dier tragedie (1640); zie van Lennep's *Vondel,* III, blz. 645.

5) Dit vers van Isaak Vos werd in *Klioos Kraam* (dl. II, blz. 331) opgenomen en in het register op naam van Jan Vos gesteld. Deze die volstrekt geen vriend van de Fuyter was (vgl. mijn *Jan Vos,* blz. 92) kwam hiertegen op in puntdicht 503.

nubila Phoebus, waarvan G. Severins van Cuilla zich bediende [1]).
Verder vinden wij op hetzelfde zinnespel een gedicht van Jan
Pietersz. Meerhuysen. Deze »Kunstkoper, Acteur van de Amsterdamsche Schouwburg, tamponistus van de burgerij, onder
den E. Heer Kapitein Nicolaas Pancras" [2]), was evenals Vos
in 1641 reeds aan het tooneel [3]), en verdiende als acteur en
danser in 1658 op Adam Karelsz van Germez na per avond
het meeste geld, nl. ƒ 3.25 [4]). Op zijn leven had Jan Zoet,
die vier puntdichten op hem schreef [5]), heel wat aan te merken. Hij schijnt met Vos, in al wiens stukken hij, althans
in 1658, optrad [6]), bevriend te zijn geweest.

Isaak Vos heeft zeker met zijn spelen niet zooveel geld
verdiend, dat hij er behoorlijk van kon leven; hij is althans
tot armoede vervallen. Toch heeft hij voor zijne stukken nooit
geld gevraagd, »maar alles uit - enkle liefde gedaan" [7]). Met
volle recht kon hij dus in zijn *Iemant en Niemant* schrijven:

»Ick hadme nauwelijcks omgekeert, of daer beginnese te roepen, och
lacy, och armen.
Wel, vraegden ick, wat 's hier te doen? Ja sprack 'er een, de komme-
dianten lopen met de armen

---

1) Deze schrijver (misschien is de naam een pseudoniem) gaf in 1632 te 's Gravenhage, »by Isaac Burchoorn, Boeckdrucker" twee treurspelen uit, op redertjkers-
manier geschreven, *Iason ende Medea* en *Ceyx ende Halcyone* en ook de *Klucht
van Pieter Soet-vleys*.

2) Zoo wordt hij genoemd op een begrafenisbriefje van 1655 gedateerd, afgedrukt
bij Dr. G. D. J. Schotel, *Het maatschappelijk leven onzer vaderen in de zeventiende
eeuw*, blz. 441.

3) Zie van Lennep's *Vondel*, t. a. p.

4) Vgl. *Het Nederlandsch tooneel*. 2de jaargang, 1873, blz. 249.

5) Vgl. *d'Uitsteekenste digt-kunstige werken. t'Amsterdam, By Jan Klaasz ten
Hoorn*, enz. 1675, blz. 195.

6) Hij speelde in *de Moffin* voor Lammert (Vgl. *Het Nederlandsch tooneel*, 1873,
blz. 253), in *Pekelharing in de kist* voor den vaandrig (blz. 255), in *Robbert
Leverworst* de titelrol (t. a. p.), in *de Mof* voor Michel (blz. 262), in de *Gedwongen
Vrient* voor Ortensio (blz. 263) en in de *Beklaaglyke Dwang* voor Grumaldo
(blz. 277).

7) Volgens een brief van Joan Dullaart in 1681 geschreven en opgenomen bij
Wybrands, *Het Amsterdamsche Tooneel van 1617—1772*, blz. 144.

5

Haer gelt deur. Dat loof ick niet, sey 'k, die leugen is.te groot,
Indien 'et armen gelt is, soo hoort 'et haer rechtveerdich toe, want sy
sinne soo arrem als broot."

Vos »is in 't Gasthuis gesturven" [1]), waarschijnlijk tusschen
1650 en 1653. In Juni 1650 werd zijne klucht *Robbert
Leverworst* voor het eerst opgevoerd. En in 1652 kon Mattheus
Gansneb Tengnagel hem uitluiden in het volgende couplet [2]):

> »Daer komt Izak Vos aen hinken.
> 'T podegra steekt daar noch in.
> O wat heeft die gast al quinkken,
> In zijn Mof, en zijn Moffin?
> In zijn niemant, in zijn iemant,
> Daer hij niemendal geeft toe;
> Maer deze iemant, storf als niemant
> In het huys van Arremoê."

Een treurig uiteinde voor een comiek, wiens kluchten nog
jaren lang het schouwburgpubliek zouden vermaken.

In 1642 was Vos als tooneeldichter opgetreden met de *Klucht
van Loome Lammert* [3]), die den 13^{den} October van dat jaar
voor het eerst werd gespeeld [4]). Trijn, »een oudt Vodde-wijf"

1) T. a. p., blz. 143, Noot.

2) In *De geest van Mattheus Gansneb Tengnagel, In d'andere werelt by de verstorvene Poëten. Tot Rotterdam, By Johan Neranus Boeckverkooper*. 1652.

Ik heb naar den datum van zijn dood onderzoek laten doen in de begrafenisboeken
van Amsterdam over de jaren 1650, 1651 en 1652, doch zonder resultaat. Maar
die boeken zijn ook niet aanwezig van alle kerkhoven.

Een nog al lang *Graf-Schrift van Isaac Vos, kluchtighe Tonneel-Speelder* is opgenomen in *Amsterdamsche Vreughde-Stroom, Bestaande In zoete, vrolycke ende aenge-
name nieuwe Deuntjes ende aerdighe toontjes, gevloeyt uyt het breyn van verscheydene
Min-lievende Gheesten. Noyt voor desen meer in 't licht gesien. Eerste deel. t'Amstelredam, Gedruckt by Cornelis Jansz Stichter*, enz. 1654, blz. 199.

3) *Tot Amsterdam, Gedruckt voor Dirck Cornelisz. Houthaeck*, enz. 4°.

4) Vgl. Wybrands, *Het Amsterdamsche tooneel*, blz. 257. Als titel wordt daar opgegeven *Murrune Lammert*, wat niet te recht is te brengen, tenzij men het voor ons
stuk houdt.

en Duitsche van geboorte, tracht een huwelijk tot stand te brengen tusschen haar zoon, Loome Lammert, en Grietje Gerrits. Maar de vrijster wil van den sukkel niets weten, houdt hem schromelijk voor den gek en lokt daardoor een twist uit tusschen haar eigen moeder en Trijn, waaraan de schout een einde moet maken. De *Klucht van Loome Lammert* schijnt de oorspronkelijke naam te zijn voor de meer bekende *Klucht van de Moffin*. Onder dezen laatsten titel is het stukje dikwijls gespeeld[1]) en heeft het verscheidene uitgaven beleefd[2]).

Niet minder populair was de *Klucht van de Mof*, die 10 Nov. 1644 werd opgevoerd[3]). Joachim Bueleke, een mof zoo kersversch te Amsterdam aangekomen, zoekt werk en wordt in de leer genomen door een schoenmaker. Aangemoedigd door dit goede begin tracht hij het aan te leggen met de dochter, maar het meisje, dat hem in haars vaders bed heeft gestopt, bezorgt hem een duchtig pak slaag, waarna Joachim in zijn hemd op straat wordt gezet.

In 1645 volgde het zinnespel *Iemant en Niemant*[4]), waarbij

---

1) Voor den datum der eerste opvoering geeft Wybrands, t. a. p., 20 Nov. 1642 op, terwijl in de uitgave van 1657 wordt vermeld, dat het stukje in 1644 op het tooneel kwam. Maar door den dubbelen titel is hier verwarring zeer gemakkelijk.

2) *Den darden Druck. t'Amsterdam, By Dirck Cornelisz. Houthaeck*, enz. 1657, 4°.
t'Amsterdam. Gedrukt by Jan Bouman, enz. 1662, 4°.
t'Amsterdam. By de Weduwe van Michiel de Groot, en Gysbert de Groot, enz., 1681, 4°.
t'Amsteldam. By Izaak Duim, enz., 1744, 8°.
Den vierden Druck. t'Amsterdam, By H. Bosch, enz., z. j., 8°.

3) Vgl. Wybrands, t. a. p., blz. 258.
De volgende uitgaven zijn mij bekend:
1649. *Den tweeden Druck oversien en verbetert. t'Amsterdam, By Dirck Cornelis Houthaak*, enz., 4°.
1663. *t'Amsterdam. Gedruckt by Michiel de Groot*, enz., 4°.
1669. *t'Amsterdam, By Jacob Lescailje*, enz., 8°.
1676. *t'Amsterdam, by Michiel de Groot*, enz., 4°.

4) *Gerijmt door* Isaac de Vos. *T'Aemsteldam, By Jacob Lescaille*, enz., 1645, 4°. Het stuk werd 1 Mei 1645 voor het eerst opgevoerd (vgl. Wybrands, t. a. p.).

het noodig is langer stil te staan. Ik laat hier den inhoud volgen; later is er gelegenheid eenige aanhalingen uit het vreemde stuk te geven.

Aan Iemant, »een aensienlijck man", is in de kerk duchtig de les gelezen door Niemant; hij wil zich op hem wreken met behulp van Elck-een; men zal eene schuur in brand steken en dan verzekeren, dat Niemant de dader is. Dit plan wordt uitgevoerd en aan een troep boeren, die komen aanloopen om den brand te blusschen, wordt Niemant als de brandstichter aangewezen; hun toorn wordt nog erger als een boer, die van eene brandladder is afgevallen en zijn been heeft gebroken, voorbij wordt gedragen, en zij dreigen Niemant, als zij hem vinden, met allerlei kwaad. Deze komt nu in het 2de bedrijf op in gezelschap van zijn knecht Niemendal en vertelt, wie hij is. Niemant kan allerlei wonderen doen; hij munt uit in moed, liefdadigheid, en alle mogelijke deugden. Een oud man komt voorbij, die aan zijne jonge vrouw verwijt, dat zij het met Iemant houdt, doch zij beweert bij Niemant geweest te zijn, wat haar man, die veel eerbied voor Niemant heeft, niet gelooft. Als Niemant zich nu echter aan haar bekend maakt, valt zij door de mand en bekent, dat Iemant de vader van haar kind is en dat deze haar heeft aangeraden Niemant de schuld te geven. Wat het kind betreft, »Niemant sal het uit liefde houwen, En laten 't Niemendal t'eeten geven"; zijn er nog meer »vroutjes off vrijsters", die in een dergelijk geval verkeeren, Niemant wil met genoegen de zorg voor haar sprui- ten op zich nemen. Een Hoogduitsche jonker, die daarna erg komt zwetsen, krijgt met Niemant twist; deze betoovert hem en hij moet zich voor 100 ducaten loskoopen, die Niemant onder de armen zal verdeelen. Twee burgers komen op; de één beweert, dat Niemant bij hem heeft gestolen, de ander verdedigt Niemant. Niemant is van plan naar de stad te gaan, waar hij zeer gezien is. De boeren komen intusschen klagen bij den drost, dat Niemant brand heeft gesticht en Niemant doet een verhaal, hoe uitstekend hij in de stad is ontvangen.

Boeren komen klagen, dat soldaten hunne kerk hebben beroofd en verbrand; Niemant geeft hun geld om haar weer op te bouwen; men hoort gevangenen jammeren en Niemant beveelt den cipier hen voor zijn geld los te laten en helpt hen verder met allerlei dingen.

In het 3de bedrijf deelt Iemant aan Elck-een het plan mee om, als Niemant juist in de kerk zal zijn, het misgewaad weg te nemen en in een gat te verbergen; men zal Niemant voor den dief houden en hem misschien terstond dooden. Tevens beschuldigt Iemant zijn vijand, dat hij een meisje heeft verkracht en een moord heeft gedaan.

Bij het begin van het 4de bedrijf steelt Iemant het misgewaad, de priester merkt den diefstal en laat alarm maken; Iemant en Elck-een zeggen, dat zij Niemant verdenken en deze wordt in de buurt gevonden. Waerheyt komt echter op en zegt, dat Niemant onschuldig is; doch hij wordt voor den drost gebracht, en deze laat hem vrij om een verdediger te zoeken, terwijl Niemendal borg zal blijven. Iemant komt bij den procureur »Eygenselfs" om hem voor zich te winnen in het op handen zijnde proces en Niemant komt daar ook. Eygenselfs wil eerst voor belooning Iemant helpen, daarna, als deze zich verwijderd heeft, Niemant, wanneer hij hem Niemendal geeft. Dien heeft hij echter niet bij zich, doch »Hy krijgt een ander jongen uyt zijn broeck." Beschrijving der kleeding van Eygenselfs en van Niemant. Maar nu Niemant bemerkt, wie Eygenselfs is, wil hij hem zijne zaak niet toevertrouwen. Kort daarna komt hij op »met een Munnikskap, en een Boeck, met Kruysen en Pater-Nosters behangen" en verhaalt zijne laatste lotgevallen. Hij heeft bij zijn zoeken naar een verdediger eerst den verkeerden weg ingeslagen, heeft daar de paleizen gezien van Ledigheid, Dronkenschap, Hoovaardij, enz. en geeft eene uitvoerige beschrijving van »de plaets van de Lichtveerdigheyt", nl. eene kermis. Op deze reis heeft Goet Onderrecht, de zoon van Wijsheid, hem begeleid en deze heeft hem ook weer op den goeden weg gebracht. Thans verschijnen Gerechticheyt en Waerheyt »in den heemel" en beide beloven hem te zullen bijstaan.

In het 5de bedrijf brengt de drost de zaak van Niemant in den raad, waar Iemant als beschuldiger optreedt en hem moord, verkrachting, het maken van paskwillen, valsch munten, brand-stichting en kerkroof voor de voeten werpt, terwijl Elck-een Iemant steeds bijvalt. Over Niemant wordt de doodstraf uit-gesproken. Doch nu treden Waerheyt en Gerechticheyt op; zij pleiten voor Niemant en beschuldigen Iemant. Waerheyt toont aan, dat Niemant eene schim is en dus al die misdaden niet heeft kunnen bedrijven. Elck-een, die begrijpt, dat de zaak van Iemant niet goed meer staat, valt hem af en biecht heel wat op. Men vindt bij Iemant zelfs twee zeer bezwarende brieven, waardoor zijn handel en wandel aan het licht komen, zoodat de drost hem overgeeft aan Gerechticheyt, die hem het hoofd afslaat. Niemant wordt ten slotte bij den drost te gast gevraagd, die hem met Niemendal zal tracteeren.

Hiertusschen door loopt eene andere verwikkeling, die op zich zelve eene kleine klucht vormt. De oude drost is nl. ge-trouwd met eene jonge vrouw, juffrouw Dieuwertje, die een zekeren Lodewijck veel aardiger vindt, dan haar man. De nog al barre tooneeltjes, waartoe die verhouding aanleiding geeft, kunnen hier onbesproken blijven. Slechts moet vermeld worden, dat er ééne uitgave van het stuk bestaat, waarin deze geheele zaak niet voorkomt[1]), en dat later om de onzedelijk-heid dier scènes het geheele zinnespel werd veroordeeld[2]).

Het schijnt, dat Vos zijn zinnespel aan het Engelsch heeft ontleend. Er bestaat nl. een stuk in die taal met den titel *Nobody and Somebody with the true Chronical Historie of Eli-dure, who was fortunately three several times crowned Kinge of*

---

1) *Iemant en Niemant, Ofte Sinnebeelden, Gelijck verthoont is by de Compagnie van Jan Babtista van Fornenburg. In 's Gravenhage. Gedruckt by Adriaan Vlacq. Anno* 1661, 4°.

2) In *Gebruik én Misbruik des Tooneels door* A. Pels. *Dienende tót het Vervólg van Q. Horatius Flaccus Dichtkunst. De Dérde Druk, enz.* Amst. 1718, blz. 27.

England. Van dit tooneelstuk, waarvan niet bekend is, in welk jaar het het licht zag, bestaan nog slechts zeer enkele exemplaren. Doch in 1620 werd in de *Englische Comedien und Tragedien* [1]) eene Duitsche bewerking van deze *Historie* opgenomen, en daar nu onder de stukken van deze verzameling, die in 1880 op nieuw zijn uitgegeven [2]), ook *Eine schöne lustige Comoedia von Iemand und Niemand* behoort [3]), kan men dit Duitsche stuk met het werk van Vos vergelijken. Ook van deze »schöne lustige Comoedia" deel ik hier den inhoud mede.

Koning Arcial wordt onttroond en verjaagd door twee graven, die hij onrechtvaardig heeft behandeld; deze zetten zijn broeder Ellidorus zeer tegen zijn zin de kroon op. De koningin Arcial, die vroeger Ellidoris, de gemalin van Ellidorus, trotsch heeft behandeld, wordt thans op hare beurt zeer vernederd met behulp van een »Schmarotzer", die telkens de partij van de machtigste kiest. Als later Ellidorus en de beide graven op de jacht zijnde Arcial in armoede en ellende aantreffen, schenkt Ellidorus met goedvinden der graven de kroon terug aan zijn broeder. Koningin Arcial wordt nu weder de meerdere van Ellidoris en tergt haar. Doch Arcial sterft plotseling; twee andere broeders betwisten elkander de kroon doch sneuvelen beiden in een tweegevecht, Ellidorus wordt weder koning en weet de beide vrouwen te verzoenen.

Tusschen deze verwikkeling door loopt de geschiedenis van *Iemand und Niemand.* Iemand vertelt, welk een boosdoener hij is, hoe hij de schuld van alles op Niemand werpt en dezen in het verderf tracht te storten. Later verschijnt Niemand met »Gar-und-Gar-nichts" en deelt mede, hoe geacht hij is. Twee

1) Vgl. daarover Rudolph Genée, *Geschichte der Shakespeare'schen Dramen in Deutschland*, 1870, blz. 84.
2) *Die Schauspiele der Englischen Komödianten in Deutschland. Herausgegeben von* Julius Tittmann. *Leipzig. Brockhaus,*
3) Blz. 124—175 van het genoemde werk.

burgers komen op; de één klaagt, dat hij door Niemand is
bestolen, de ander verdedigt dezen en beschuldigt Iemand,
wiens geheele levensloop en vele misdaden in alle groote steden
van Europa hij ophaalt. O. a. heeft Iemand den Franschen
koning (Hendrik III) vermoord. Een oud man beschuldigt zijne
jonge vrouw, dat zij bij Iemand den nacht heeft doorgebracht;
zij was bij Niemand, zegt zij, maar dat wil de man niet gelooven. Een man klaagt, dat men zijne hofstede in brand
heeft gestoken en meent, dat Niemand de brandstichter is,
zooals Iemand hem heeft verzekerd; een ander beschuldigt
echter Iemand, en de eerste gelooft hem. Niemand belooft
»Gar-und-Gar-Nichts" hem zijn loon te zullen geven. Daarna
komt Iemand met een wachtmeester om Niemand te zoeken.

In het 2de bedrijf vertellen Niemand en zijn knecht, hoe
uitstekend zij in de stad zijn ontvangen. Boeren klagen, dat
hunne kerk is afgebrand en Niemand geeft hun geld. Soldaten
in de gevangenis roepen om hulp en Niemand betaalt hunne
schulden en bevrijdt hen. Iemand koopt recht bij den »Secretarius", die hem $1/4$ recht geeft voor f 800; de »Secretarius"
ontvangt later Niemand en wil hem recht geven voor niets.
Een oud man komt een klein kind aan Niemand brengen, omdat deze de vader zou zijn; Niemand neemt het aan en zegt
voor dit en voor andere kinderen, die hem gebracht mochten
worden, goed te zullen zorgen.

In het 3de bedrijf komt niets van het tusschenspel voor,
doch in het 4de komt Niemand bij den deurwachter van het
paleis en laat den »Kellermeister" zeggen, dat hij wijn verlangt.
De deurwachter antwoordt, dat niemand wijn krijgen kan;
nu maakt Niemand zich bekend en men brengt hem het ge-
vraagde. Niemand wil den koning, die het met allerlei zaken druk heeft, nu niet lastig vallen met zijn proces. Een
bluffend soldaat komt op en gaat met Niemand vechten, doch
geen van beiden wordt gewond. Iemand en de wachtmeester
nemen Niemand gevangen en slaan hem een strop om den
hals.

Iemand beschuldigt in het 5de bedrijf Niemand bij den koning van moord, verkrachting, het maken van paskwillen, valsch munten en diefstal. Niemand verdedigt zich op grond, dat hij geene handen en andere ledematen heeft en dus al die misdaden niet bedreven kan hebben. Eén der hovelingen doorzoekt nu Iemand en vindt twee briefjes, waardoor een paar zijner misdaden aan het licht komen. De koning laat Iemand ophangen, hoewel hij beweert een edelman te zijn, verlangt, dat Niemand in zijn paleis zal wonen en dat men ter zijner eer dien dag feest zal vieren.

Eene vergelijking van den inhoud der beide stukken doet ons zien, dat er groote overeenkomst bestaat. En die overeenkomst wordt nog duidelijker wanneer men enkele tooneeltjes naast elkander plaatst. In het verhaal dat Niemant doet van zijne ontvangst in de stad, komt o. a. voor (7de Uitkomst, blz. 19):

»Doen *Niemant* wel gegeten en gedronken had nam ik wederom men ofscheyt,
Om met *Niemendal* weer te vertrecken, holla verbeit
Noch een weynigh, wy moeten uwer eerwaerdicheit iets schencken
(Seyden se) tot een gedachtenis, ick wist niet wat ick dencken
Sou; en se vereerde me een uyt'ermaten schoon paert,
Niemant heeft sen leeven geen schoonder gesien, de maanen en de staert
Hangen tot op de aert, daer by heeft 'et twie vleugels,
Want het kan vliegen als een kray, de zael en ook de teugels
Sijn hiel kostelijck, vol parlen en diamanten in gout geset.
En 't heeft sulcken weligen en parmantige tret,
Datje 't niet geloven sout, ja alle dingen kan het leeren;
Daer en booven heeft 'et een gaef, dat het kan propheteeren;
Want als ick ergens na toe wil, daer ick prijs en gewin
Behalen sel, soo roept 'et en schreeuwt 'et, hin, hin, hin,
En dat beduyt soo veel als heen; maer anders begint 'et te bromme,
Indien 'er eenich peerijckel is, homme, homme, homme,
Of hy seggen wou keert weerom. Ja manne broeders, siet,
Sulcken paert heeft *Niemant*, en sijns gelijck is in de werelt niet."

In de Duitsche bewerking zegt Niemand (blz. 147):

›O, hoho, das ist eine Gabe, meinen Jungen haben sie eine ganze Lade voll ungerische Gülden geben, mir aber, weil ich sein Herr war, wolten sie so kein Gold nicht geben, dann sie wissen, das ich dessen ohnedas mehr denn zu viel habe, sondern sie schenkten mir ein Pferd, das hat Flügel, das ist mit keinem Gelde zu bezahlen, denn es hat diese Tugend an sich, es kan mit einem in die Luft fliegen, weil es Flügel hat. Es kan bald riechen, da keiner vorhanden ist, und kan weissagen. Denn wann ich wohin sol, dasz ich da Glück haben und Preis erlangen sol, so schreiet es: hin, hin, hin, hin; wo aber nicht, dasz es weisz, das sie mich werden todtschlagen, so brummet es: hum, hum, hum, hum; ja, solch ein Pferd hat allein Niemand und desgleichen ist in der ganzen Welt nicht."

In de 7de Uitkomst komen de boeren klagen, dat soldaten hunne kerk verbrand hebben (blz. 20):

„Och och, de soldaten hebben onse kerck berooft,
En in de gront verbrant, se lieten ons niet houwen,
Maer *Iemant*, hoop ick, selse uyt barmharticheit weer opbouwen
Laten, heb ick maer 't geluck dat ick 'em vinden kan.

Niem. Ha dou lompe vlegel, dou boer, waer ziestou mijn voor an?
Ick bin mans genoch, om die saeck alleenich te beslechten,
Sie daer, daer hebje gelt, laetse nu weer oprechten.

Boer. Wat vromer man is dit, heb danck, barmhertige heer,
Voor dese milde gaef, 'k hoop dat jou den hemel 't weer
Rijcklijk beloonen sel; voor 't geen jy ons gaet schencken
Selle we jou altijt weer in ons gebet gedencken;
Maer seght me goede heer, ick bid, hoe dat jou naem is,
Soo selle wijse in de kerck, ten plaetse daer 't bequaem is,
Doen houwen in een steen, tot een danckbarich teken,
Op dat, die na ons komt, weet van u deught te spreeken,
Dat jy ons in de noot soo trouwlijck boot de hant.

Niem. Onser edele erentvesten name, is monsieur *Niemant*.

Boer. Och vergeeft 'et me edele erentveste heer *Niemant*, heb ick jou na
behooren niet geeert,
Nu bevind ick, dat onse pastoor een propheet is; want hy het wel
hondert maal gepropheteert,
Als we met schrayende oogen van onse kerck begoste te praten,

Dat hy dan sey, vriende stelt jou hart gerust, want *Niemant*, *Niemant*,
sel de kerck weer opbouwen laten,
En hy sal *Niemendal* mee brengen, en troosten de vromen wis."

Dit luidt in het Duitsch (blz. 148):

»*Baur*. Oh ehrenvestester Herr, ich klage und weine darumb,
dasz unsere Kirche ganz und gar von den Soldaten ist zerstöret
worden, und ist nun da kein Geld vorhanden, worvon man sie
wieder bauen kan. Und dasz wir armen Leute nicht mehr
Gottes Wort hören können, darum bin ich so betrübet und
wünsche, dasz uns sie Jemand doch wieder möchte bauen lassen, so wolten wir täglich hunderttausend Gotteslohn vor ihn
beten.

Niemand. Du alter Bauer, worvor sihestu mich an? Sih,
da hastu Geld, darvon lasz euer Kirch wieder bauen.

Baur. O, wie gut, mein allerliebster Herr! Alle Tage wollen wir hundert Gotteslohn vor euch beten; aber wie ist doch
des Herren Name, denn denselben wollen wir mit güldenen
Buchstaben zum Gedächtnüs an die Kirchthür schreiben lassen.

Niemand. Unser Ehrnveste Name ist Niemand.

Baur. O allmächtiger, ehrnvester Herr Niemand, seid ihr
der grosze, reiche Herr? Unser Priester, merke ich nun erst,
ist ein rechter Prophet, denn wenn er uns unter den freien
Himmel ein *Sermon* zu machen pflegt, prophezeiet er allezeit:
Niemand, ja Niemand wird uns die Kirche bauen lassen. O
ehrnvester, allmächtiger Herr Niemand, für Niemand wollen
wir immer beten, der uns unsere Kirche hat bauen lassen.
O Herr Niemand, groszen Dank, o Herr Niemand, groszen
Dank."

Het tooneeltje met de gevangenen, dat in beide stukken volgt
op dat met de boeren, luidt in het Hollandsch aldus:

Een deel gevangens al jammerlijck roepende.

1 *Gevange*. Och wy arme gevangen,
    Wy vergaen in vuylicheit, we hebben kleeren noch kost,
    Och is *Niemant*, is *Niemant* noch niet gekomen die ons verlost.

Niemant. Wel wat is daer voor geschreeuw, luyster eens *Niemendalle.*

3 *Gevange.* Och is 'er *Niemant* niet, die, den heemel te gevalle,

Ons arme luy verlost, och dat 'et Godt erbarm

Dat *Niemant* hier niet is, die sich over ons ontfarm.

Niemendal. Het volck roept om jou men heer, met groot verlangen,

En na ick het bespeur, soo sijnse daer gevangen.

Niemant. Seker dat is niet goet, dat moet ick gaen besien.

Hy klopt an.

Supier. Wie klopt daer?

Niemant. Al goet vrient. maer wat sijn dit voor lien,

Dieje hier gevangen hout?

Supier. Mijn vrunt het sijn soldaten,

Burgers, en edelluy.

Niemant. Je seltse voorts los laten,

Verstaje wel Supier, want 'et onser genadens wil is.

Supier. Wel hey wat geck is dit, hoe wayt het daer 't niet stil is.

Niemant. Ick seghje op mijn woort, laet jy die luy maer loopen.

Sup. Ick segh jou op mijn woort, ick doe de deur niet oopen,

Voor dat mijn gelt hier is, en dan noch het rantsoen.

Niemant. Ben ick niet mans genoegh?

Sup. Neen, dat sel *Niemant* doen.

Niemant. Weet jy wel wie ick ben?

Sup. Wat hoef ick dat te weten.

Niemant. Hoor, segh jy *Niemendal*, hoe dat ick ben geheeten.

Niemendal. Die man.

Sup. Wat man?

Niemendal. Die jy daer ginder siet,

Is die men over al de machtige *Niemant* hiet.

Sup. Heer *Niemant*, 'k bid gena, ay wilt men fout verschoonen.

Niemant. Wat hebben sy verteert?

Sup. Vijftich duisent kroonen.

Niemant. Sie daer, daer is jou gelt, voorts laet die luyden los.

Sup. Mijn heer het sal geschien.

Niemant. Doe botten Deensen os.

Sup. *Niemant* heeft jou gelost, voor dese goudt kroonen.

De gevangens al gelijck.

Dat wil de goede Godt aan *Niemant* weer beloonen."

In de Duitsche bewerking leest men:

Jetzt wird drinnen geschreiet:

O, ist denn noch Niemand kommen, der uns erlöse aus dem

Gefängnüs? O, wir müssen gar umbkommen! O, ist denn Niemand noch nicht kommen, dasz er uns erlöse?

Niemand. Jung, Jung, wie rufen die Kerls, was müssen sie wollen?

Gar-nichts. Sie müssen ja Gefangne sein, denn sie schreien, ob der Herr Niemand noch nicht käme und sie auslösete, sie müsten sonsten gar umbs Leben kommen.

Niemand. Harre, harre, das musz ich erfahren, was es vor welche seind.

Schreien wieder:

Propter charitatem!

(Er klopfet an der Thür, kömt der Thorwächter heraus).

Thorwächter. Mein Herr, was ist euer Begehr?

N. Seid ihr der Hüter über das Gefängnüs?

Th. Ja, derselb bin ich.

N. Was seind das vor welche, so da umb Hülf schreien?

Th. Mein Herr, es seind etzliche Soldaten und Vornehme von Adel, die in Kriege so viel verzehret, dasz sie nicht bezahlen können. Derhalben sitzen sie in diesen schweren Gefängnüs, und die nicht ausgelöset werden, müssen darin sterben.

N. Hört, ihr Thorwächter, laszt sie allzumal frei, ledig und los, denn es ist unser Will.

Th. (lachet.) Ja, ja wol, auslassen! Ich musz erst wissen, wer bezahlen wil.

N. Was? Ich wil bezahlen.

Th. Ja, bezahlen! Ich sehe euch nicht darfür an, dasz ihr das hundert Theil bezahlen sollet, denn es ist eine gute Summe.

N. Wisset ihr, wer ich bin?

Th. Nein, Herr, das weisz ich nicht.

N. Jung, sag es ihn, was Niemands Herrlichkeit vor einer ist.

Gar-nichts. Mein Herr ist der Niemand, der in der ganzen Welt wol bekannt; habt ihr nicht von ihm gehöret?

Th. O ja, gewaltig viel hab ich von ihm gehöret. Allmächtiger und gestrenger Herr Niemand, ich bitte umb Verzeihung.

N. Wie viel ist die Schuld?

Th. Allmächtiger, gestrenger Herr Niemand, es ist in einer Summa ein Tonnen Goldes.

(*Gibt ihn ein Seckel.*)

N. Da ist ein Tonnen Goldes, und sag ihnen, dasz ich sie erlöset, darfür sie mir danken sollen.

Th. O allmächtiger, gestrenger Herr Niemand, Gott woll euch ihrenthalben bezahlen. Nun sehe ich, dasz der Oberste, der sie hat setzen lassen, wahr gesagt, denn er sie allzeit getröstet, Niemand werde sie erlösen. (*Gehet von ihme, ruft:*) Freuet euch, ihr Soldaten, ihr Soldaten, denn Niemand hat euch erlöset, und die Schulden vor euch bezahlet.

Soldaten rufen alle:

O Gott bezahle es den allmächtigen gestrengen Herrn Niemand, der gütige Herr Niemand, o Gott bezahl es ihn!"

Nog ééne aanhaling. In één der twee brieven bij Iemant gevonden, staat (blz. 54):

»Voor al dient u te weeten, dat seker rijck koopman, met een onwaerdeerlijcke schat van juweelen, overmorgen van hier vertreckt, 'k heb door behendicheit de weet gekregen dat hy door 't wester bos, ter slinckerhant af, voorby de vervalle kapel van onse L. Vrou van gratien sijn wech sal nemen. Past op 'em, hy sal alleen sijn, en voor een halve stuyver loot, kunt gy veel duysenden verkrijgen."

In het Duitsch luidt de zin van den brief (blz. 172):

»Weiter soltu wissen, dasz ich allbereit *avisa* bekommen, dasz morgenden Tages durch das Holz N., ein reicher Jubilirer, ziehen wird, der da zwar wol gerüstet; derhalben mustu morgen in aller Frühe mit allen deinen Knechten auf unsern bestimmten Ort kommen und die Straszen so lang verlassen; unsern Verbündnis nach alles, was wir bei den Jubilirer finden, wollen wir in zwei Theil theilen, wie denn auch sechstausend Gülden."

Er kan, dunkt mij, geen twijfel bestaan, of beide stukken staan met elkander in verband. Tittmann geeft in zijne inleiding op de *Schauspiele der Englischen Komödianten in Deutschland* [1]) wel eene opsomming van kleinere gedichten, waarin een dergelijk woordenspel als in de *Iemand und Niemand* wordt aangetroffen, maar wijst voor de geheele verwikkeling geene bron aan, waaruit het Engelsche, het Duitsche en het Hollandsche zinnespel geput zou kunnen zijn. Men kan de overeenkomst tusschen het stuk van Vos en de Duitsche bewerking op drie verschillende wijzen verklaren. Vos kan de *Nobody and Somebody* door Engelsche tooneelspelers hebben zien opvoeren. Of hij kan den bundel der Duitsche bewerkingen, de *Englische Comedien und Tragedien*, in 1620 en 1624 uitgekomen, hebben gekend. Hiervoor pleit in zeker opzicht, dat één der kluchten uit denzelfden bundel overeenkomt met een stukje van Vos. Of wel Vos kan het zinnespel direct aan het Engelsche origineel ontleend hebben, in welk geval misschien een ander het voor hem heeft vertaald, daar wij op den titel lezen: »Gerijmt door Izaak de Vos." Onbekendheid met het Engelsche stuk maakt het onmogelijk met zekerheid te bepalen op welke wijze Vos aan de stof voor zijn *Iemant en Niemant* is gekomen. Waarschijnlijk schijnt het mij echter, dat hij het Engelsche stuk heeft gekend.

Nog eene enkele opmerking voordat ik van dit onderwerp afstap. Voor eenige jaren merkte de heer A. C. Loffelt in een opstel, getiteld *Kijkjes in het tooneelleven van weleer* [2]), op, dat de heer Wybrands in zijn werk *Het Amsterdamsche tooneel* [3]) het jaar 1655 als het tijdstip aannemende, waarop voor het eerst vrouwen ons tooneel betraden, dit gewichtige feit te laat stelt. Immers in *De Geest van Mattheus Gansneb Tengnagel*,

[1]) Vgl. blz. XLV.
[2]) Vgl. *Het tooneel. Redacteurs:* Mr. J. N. van Hall *en* C. N. Wybrands. 1ste *Jaargang. Utrecht J. L. Beyers,* 1878, blz. 214, vlgg.
[3]) Blz. 285, 286.

80

In d'andere werelt by de verstorvene Poëten, in 1652 uitgegeven, wordt reeds van de tooneelspeelster Adriana van den Berg gewag gemaakt. Voor deze kwestie vinden wij in de *Iemant en Niemant* nog eene bijdrage. In de beschrijving van de stad der lichtzinnigheid komt nl. het volgende voor:

»Hy had 'et leste woord niet uyt, of daer beginnese te roepen, hoe
   Messieurs wilje soo verby gaen,
Hier sijn niewe commedianten gekomen, wel waerdich om de proef van
   een goet oordelaer uit te staen,
Wy hebben een dochtertje, dat nonpareilje ageert, ick bid siet eens hoe
   dat jou haer gespeel smaeckt,
Ja seyd ick, 't waer veel beeter datje se by goe luy bestede, eer datse
   in een bordeel raeckt.
Hadje een reys gesien, wat een paer blicken dat die kerel opsloegh, mit
   dat ick dat woort sprack,
'k Wed hy wel gedocht het, jou honsvot, ick wod datje de moort
   stack.
Wel, seyd hy, zou men om 't speelens halven, een eerlijcke dochter voor
   lichtveerdich schouwen?
Neen, seyd ick, maer de mans hebben 't quaet genoech datse haer eer
   bewaren, 'k laet staen de swacke vrouwen.
Wel, antwoorden hy, de Fransen speelen wel met vrouluy, gelijckje zel-
   ver siet.
Ja, sey ick, stopt daer de luy 'er mont mee, en oock is 't hier de manier van 't lant niet."

In het jaar 1645 dus reeds een protest tegen het verschijnen van vrouwen op de planken. In elk geval dacht men dus toen reeds over die belangrijke nieuwigheid.

Van de *Iemant en Niemant* zijn mij zeven drukken bekend[1]).

---

1) Van 1645, boven aangehaald.
Den tweeden Druck. t'Amsterdam, Gedruckt by Timon Houthaeck, Voor Dirck Korneliss. Houthaeck, enz. 1653, 4°.
Van 1661, boven aangehaald.
Den vijfden Druck, op nieuw verbetert. t'Amsterdam, By Jacob Lescailje, enz. 1670, 8°.
De achtste Druck. t'Amsterdam, By Jacobus en Jan Bouman, enz. 1706, 8°.
De achtste Druck. t'Amsterdam, By de Wed. van Gysbert de Groot, enz. 1707, 8°.
De Laatste Druk. t'Amsteldam, By de Erfgen: van J. Lescailje, enz. 1729, 8°.

Het zinnespel schijnt lang op het tooneel geweest te zijn; zeker nog in het midden der 18de eeuw. In 1768 gaf Nomsz
ook een *Iemant en Niemant* [1]) uit en in het voorbericht
lezen wij het volgende: »Ik heb, meer dan eens, onze Too-
neelspelberispers, (onze stad is 'er vol van,) hevig tegen den
Iemant en Niemant van *Vos* hooren uitvaren; ick onderwinde
my deszelfs verdediging niet: doch men moet zeer smakeloos
zyn om geene geestigheden en verdiensten van *Vos* te ontdekken." Dan volgen eenige opmerkingen over het stuk en de
mededeeling, dat door een paar regenten van den Schouwburg
tot Nomsz het verzoek werd gericht het zinnespel van Vos om
te werken, doch dat hij weigerde en liever een geheel nieuw
stuk schreef. Inderdaad heeft Nomsz dan ook alleen de hoofd-
gedachte aan Vos ontleend; zijn stuk is opgevoerd en zag in
1776 voor de tweede keer het licht [2]).

Wij keeren tot Vos terug, wiens *Gedwongen vrient*[3]) den
3^{den} Mei 1646 voor het eerst werd opgevoerd. Het is eene
bewerking van Lope de Vega's *El amigo por fuerza* [4]). Blijkens de opdracht had een zekere Jacobus Baroces het werk
van Lope de Vega in het Nederlandsch vertaald en aan Vos
gegeven om het te berijmen. Denzelfden dienst bewees Baroces,
waarschijnlijk een Spaansche of Portugeesche Jood, die te Amsterdam woonde, aan L. de Fuyter voor zijne *Standvastige
Isabella* (1651) en *Verwarde Hof* (1647). Van de *Gedwongen
vrient* zijn mij zes uitgaven bekend [5]). Eene korte inhouds-

---

1) *Zinspel. Door* J. Nomsz. *Te Amsteldam, By Izaak Duim,* enz.

2) *Iemant en Niemant, zinspel. Door* J. Nomsz. *De tweede druk. Te Amsteldam,
By Izaak Duim,* enz.

3) *Lope de Vega Carpioos Gedwongen vrient. In Duyts Gerijmt: door* Isaak Vos.
*Gespeelt op d'Amsterdamse Schouburgh den 3 May 1646. t'Amsteldam, Gedrukt by
Jan van Hilten,* enz. 1646, 4°.

4) Vgl. Dr. J. te Winkel's studie over *Den invloed der Spaansche letterkunde op
de Nederlandsche* in dit tijdschrift, 1ste jaargang, blz. 94.

5) Behalve de eerste uitgave bestaan er van

1649, 2de druk. *t'Amsteldam, Gedrukt by Jan van Hilten,* enz. 4°,

1678 *t'Amsterdam, By Michiel de Groot,* enz. 8°,

6

opgave van zulk een Spaansch drama te geven is zeer moeilijk; liever bespreek ik dus het volgende stuk van Vos *De beklaagelycke dwangh* [1]) en behandel dit meer uitvoerig, daar het toch van dezelfde soort is als de *Gedwongen vrient* en nog meer naam heeft gehad.

In de opdracht van *De beklaagelycke dwangh* aan jonker Adriaan Boelens lezen wij: »U. E. zult hier een spel zien, en, soo ik my niet bedriege, sal het u behagen, te meer alsoo de maker meer gesien heeft na de tijt daar in hy leefde, als wel op de oude Toneel-wetten; en het dunckt my ook ongerijmt, in het rijmen van Toneel speelen, voor de tegenwoordige tijt, te letten op de voorledenen; nu het oogh, neffens de ooren, wil aandeel hebben in het geen haar vertoont wort. 't Is uyt het Spaans my overgeset door den Heer Barokes, van my op Neerduyts Rijm gebracht." Isaak Vos sluit zich dus aan bij de theorieën door zijn meer vermaarden naamgenoot Jan Vos uitgesproken in zijne voorrede voor de *Medea* (1665). Geen volgen van de tooneelwetten der ouden, maar ook op dramatisch gebied met zijn tijd meegaan. Niet alleen het oor, ook het oog moet geboeid worden. Wij treffen hier denzelfden heer Baroces weder aan, die nu Lope de Vega's *La fuerza lastimosa* [2]) voor Vos had vertaald. De inhoud van het »bly-eindend treurspel", dat 30 Maart 1648 voor het eerst werd gespeeld [3]), is aldus.

Oktavio, Graaf van Oxfoort, die verliefd is op Dionisia, de dochter van den koning van Engeland, verrast haar, terwijl het hof op de jacht is, met een anderen minnaar, graaf Henryck, en hoort de afspraak, dat zij hem morgen nacht in hare

1704 *t' Amsterdam, By de Wed. van Gysbert de Groot*, enz. 8°.

1748 *Te Amsteldam, By Izaak Duim*, enz. 8°,

Z. j. *t'Amsterdam, By de Wed. van Gysbert de Groot*.

1) *Bly-eindend Treurspel. In Nederduytsche Rijmen gestelt, Door* Isaak Vos. *t'Amsterdam, Gedruckt voor A. K. van Germez, by Gillis Joosten, in 't jaer* 1648, 8°.

2) Zie Te Winkel, t. a p.

3) Vgl. Wybrands, t. a. p., blz. 259.

kamer zal ontvangen. Henryck dringt er zelfs op aan hem reeds nu de grootste gunst deelachtig te doen worden:

> »Van nu tot Morgen lief; verbrande 't onde Troyen.
> Van nu tot Morgen sagh men 't Roomse Rijck verstroyen
> Haar glans en Heerlijckheyt. De Parsiaanse vloot
> Verdurf en sonck te gront in Thetis ruyme schoot.
> Van nu tot Morregen wiert d'Arremste geluckigh,
> De Rijcke wederom seer jammerlijck en druckigh
> Beweende sijn Elend', al waar hy in dees tijdt
> Vervallen waar. Me-vrouw die geen die noyt benijdt
> Van ymant had geweest, kreegh al sijn vrienden teegen;
> De Tronwste liet sich tot verradery beweegen.
> Van nu tot Morregen verloor Pompeus 't hooft;
> En Cesar in dees' tijdt wiert van sijn maght berooft.
> Van nu tot Morregen verloor Candaules 't leeven,
> En in die selfde tijdt wiert sijne Slaaf verheeven
> Tot Kooningh. In de tijdt van Morgen en van daagh,
> Siet men den Heemel schoon, dan weder door een vlaagh
> Beneevelt en beswalckt. Het Voogeltje gevangen
> Ontkomt sijn strick. Voor 't laast Me-vrouwe het verlangen
> Van nu tot Morregen baart veeltijt druck en rouw,
> En afgunst voor de gunst, en ontrouw voor de trouw.
> Van nu tot Morgen werdt getrouwe Liefd' versmeeten,
> En 't loon daar van gestelt in handen van 't vergeeten."

Oktavio vertoont zich thans en maakt daardoor, dat de prinses zich niet terstond aan Henryck overgeeft. Hij vormt dan het booze plan in plaats van Henryck het nachtelijk bezoek af te leggen; eerst spoort hij den koning aan Henryck terstond gevangen te doen nemen onder de verzekering, dat zijn leven en zijne kroon daarvan afhangen, terwijl hij morgen de reden der inhechtenisneming zal openbaren. Het geheimzinnige verzoek van Oktavio maakt een einde aan de jachtpartij. Een paar dienaars van graaf Henryck, Grimaldo en Belardo, hoort men de prinses prijzen en de kansen van hun meester berekenen, of hij haar tot vrouw zal kunnen krijgen of niet. Henryck, die in zijne opgewondenheid op het punt is zijne dienaars op de hoogte te brengen van zijn geluk, bedenkt zich nog bijtijds en wordt dan plotseling bij den koning geroepen.

Nadat de »Staadt-Juffer" Celinde te vergeefs beproefd heeft Dionisia van haar voornemen om den graaf des nachts te ontvangen te doen afzien, wordt Henryck op bevel van den koning door Fabio, een kapitein van de lijfwacht, gevangen genomen. Intusschen staan zijne dienaars voor het paleis op hem te wachten, zooals hun bevolen was.

Bel. Dit wachten duurt te langh. *Gri.* Belardo, is dat gaapen?
Bel. 'k Heb vaak. Waar of hy blijft? ik loof de Graaf moet slaapen.
Gri. O neen dat loof ick niet, by was te seer verblijdt;
    En blijtschap voelt geen slaap. *Bel.* Al evenwel, 't is tijt,
    Auroor die doet de nacht door haare komst verdwijnen,
    En schuyft van 't blaauw gewelft de duystere gordijnen.
Gri. Gordijnen? dat is soet, jou rechte Eesels kop.
    O mijn ick lagh me doot! *Bel.* Waarom? *Gri.* Ay laat men krop
    Haar vreucht eerst uyten, Och! *Bel.* Wel waarom lagt de kinckel?
Gri. Om datje d' Heemel lijckt by een barbiersen winckel:
    Dit's d'oorsaack van men lach. *Bel.* Lachje daarom so scheets?
    Is 't anders niet jou sot? ick seght opsen Poeets,
    En dat verstaaje niet: 'k heb me het sop gesoogen,
    Van Pegasus Fonteyn."

Oktavio die iets later uit het venster klimt na zijn plan geheel te hebben volvoerd, jaagt hen weg.

De koning ontvangt in het 2de bedrijf een brief van Oktavio, waarin hij meedeelt, dat twee verraders het plan hadden opgevat graaf Henryck dien nacht te vermoorden; hij heeft een zijner dienaren voor den graaf doen spelen om hen te kunnen vatten, maar de boosdoeners zijn ontvlucht. De koning, die het bij Henryck weer goed wil maken, draagt dezen den eervollen last op om de kust in staat van verdediging te stellen, en Henryck begrijpt niets van de inhechtenisneming en de daarop gevolgde opdracht. Nu vragen zijne dienaars of hij nog even tournig is als 's nachts, toen hij van de prinses komende hen wegjoeg, en ook Dionisia zinspeelt op zijn bezoek. Hij ontkent ten sterkste, dat hij bij haar is geweest en zij scheiden in onmin. Thans wil hij terstond naar Bristol reizen en voegt zijn dienaar toe:

»Grimaldo weet ghy niet,
Dat daar Rosaura woont die ick wel eer verliet?
Swijcht lippen, want haar naam is voor u al te waardich
Om die te noemen: ach! ick sie dat ghy rechtvaardich
In uw oordeelen zijt: O Heemel, want dees rouw
Gedijt my tot een straf voor mijn verbroocken trouw.
't Gaat nu in 't achste Jaar, dat ick met mijn Rosaure
Twee kind'ren heb geteelt, Maurity en Lisaure.
En sonder dat de Graaf haar Vaader, immermeer
Oyt van ons liefde wist: O goed' en ouden Heer,
Voor al de gunst en deught die ghy my ginght betoonen,
Quam ick u wederom met sulck een oneer loonen.
Foey my ondanckb're, het is wonder dat de straf,
My niet verdelgh, en snijd myn eerloos leeven af."

Hij wil met Rosaura aan het hof komen; Dionisia zal dan inzien, dat hij in zijn laatste onderhoud met haar de waarheid sprak.

Intusschen begrijpt de koning volstrekt niet, wat zijne dochter toch zoo droevig stemt. Daar komt Henryck met zijne vrouw Rosaura en zijne kinderen, zij worden ontvangen en Dionisia tracht zich niet te verraden. Als echter Rosaura Henryck prijst om zijne trouw, kan zij haren toorn niet langer bedwingen; de omstanders schrijven dit uitvaren aan haren somberen gemoedstoestand toe. Haar vader tracht haar te overreden hem toch te zeggen wat haar deert; zij wil dit niet, maar zal het hem schriftelijk meedeelen. De koning leest den brief, waarin Henryck beschuldigd wordt hare eer geroofd te hebben, en laat hem terstond bij zich komen. Hij wil, zegt hij, zijn raad inroepen voor de volgende zaak, die met den koning van Denemarken zou zijn voorgevallen:

»Sijn dochter die gevrijdt
Van veelen is geweest, als of ik wilde spreeken
Van Dionisia: heeft met een man besteeken
Haar trouw in 't Heymelijk; by 's aadelijck, maar ach
Een die in 't minste deel by haar niet haalen mach;
En ook haar ondersaat; die heeft haar min genooten,
En is doe Trouweloos, O schandt voor alle grooten!

> Gevlught voor 's Koninghs haat; en na een ruyme tijt
> Begeeft sigh weer ten hoof, getrouwt. Voorwaar dees spijt
> Was niet verdraaghelijk, voor een Princes; ter quaader
> En ongeluck'ger uur, geeft sy dit aan haar Vaader
> Te kennen; die terstont den schender dreyght den doot:
> Doch haar geschonden eer weer hout hem haare schoot
> Door 't Huwelijck aan hem, om reeden wil, te geeven."

Wat moet nu de Deensche koning in dit geval doen? Henryck antwoordt, dat de verleider de prinses moet trouwen, na eerst zelf zijne eigene vrouw vermoord te hebben. Dan eerst zegt de koning hem, dat hij zelf de man is en beveelt hem zijne vrouw om te brengen en morgen Dionisia te huwen; Henryck wordt door Fabio naar zijn huis geleid en deze deelt aan Rosaura de zaak mede. Hiermede vangt het 3de bedrijf aan. Rosaura houdt zich moedig en wil zich gaarne voor haren man opofferen; zij smeekt hem hare twee kinderen bij haren vader te Bristol te laten opvoeden. Graaf Henryck is diep ongelukkig en meent, dat Dionisia zich die nachtelijke bijeenkomst maar inbeeldt. Rosaura tracht Henryck te troosten, maar als hij op het punt staat haar te doorsteken, komt Fabio, die dit niet kan aanzien, tusschenbeide; hij wil

> »Haar in een roerloos boot doen setten, datse drijve
> Tot datse op een sandt, of drooghte komt te blijven:
> So payt ghy 's Kooninghs toorn, die dol is en verwoedt,
> En uwe handt is vry van haar onnoosel bloedt."

Dit plan zal worden uitgevoerd.

In het 4de bedrijf zal de huwelijksplechtigheid plaats hebben, zeer tegen den zin van Dionisia:

> »Heer Vader! ogh hoe quelt
> Ghy dees bedroefde siel: sult ghy uw kindt doen trouwen
> Met een Tyran, een schelm, en Moorder van sijn Vrouwe?"

maar de koning dringt er op aan. Daar komt, terwijl de geestelijken reeds aanwezig zijn, Henryck half gekleed en met een degen in de vuist; hij is waanzinnig van smart en ziet telkens het beeld zijner vrouw voor zich. Hij betuigt nogmaals zijne onschuld tegenover Dionisia en men moet hem geheel waanzinnig wegbrengen. Plotseling komt het bericht, dat Rudolf, graaf van Bristol en vader van Rosaura, tegen de hoofdstad oprukt om zijn dochters dood te wreken. Oktavio zal worden ontboden om aan het hoofd van het leger des konings te staan.

Intusschen is Rosaura niet omgekomen, maar door Oktavio gered. Hij deelt haar de ware toedracht mede met betrekking tot Dionisia en is zelfs in het bezit van een ring hem door de prinses dien nacht gegeven. Rosaura wil naar haren vader te Bristol gaan, maar Oktavio vervolgt nu haar met zijne liefde, en wil haar niet laten vertrekken; om aan geweld te ontkomen veinst zij en zegt hem als page te zullen volgen. Hij geeft haar zelfs den ring van Dionisia ten geschenke.

Het 5de bedrijf speelt eerst in het leger van graaf Rudolf; de kleine Mauritius, de zoon van Rosaura, wordt door de soldaten als »opperheer" gehuldigd. Daarentegen besluit de koning graaf Henryck aan zijn schoonvader over te leveren; als de vijand zijne plannen dan nog niet opgeeft, dan moet Oktavio, die intusschen verschenen is, hem weerstand bieden. Nu wordt Rosaura in mannenkleeding door een paar soldaten van graaf Rudolf gevangen genomen en voor Mauritius gebracht. Eerst met de pijnbank bedreigd wordt zij losgelaten, omdat Mauritius vindt, dat de gevangene op zijne moeder gelijkt, en zij· wordt zelfs tot kapitein aangesteld van de lijfwacht van het jonge graafje. Henryck wordt in het leger van Rudolf gebracht; Mauritius vraagt zijn grootvader vergiffenis voor zijn vader en zoo wordt de gevangene ter bewaking overgeleverd aan den nieuwen kapitein van de lijfwacht, Rosaura. Ook Henryck vindt in den kapitein eene groote gelijkenis met zijne vrouw:

»hoe kunt ghy so vertoonen
Het beelt van myn Rosaur! 't schijnt dat haar geesten wonen
In uwe boesem, Och! wie stelt ghy hier ten toon?
Maer sacht besnoeyt uw tongh, t'is Rudolfs outste Soon,
Die weder van de doot door Wraak-lust is gereesen.
Ja deese mijn Rosaur, sal onse scheyts-man weesen."

Rosaura maakt zich niet bekend, maar antwoordt:

»Wanneer men roekeloos, onnosel bloet vergiet,
Soo meent men dat men staagh d'ontlijfde voor hem siet;
Ghy meent dat ghy in my, Rosaura, hebt gevonden,
Maer dees gelijckenis gelijcken uwe sonden:
Die waeren u voor 't oogh. maer segh my doch, u vrouw
Heeft sy u niet bemindt, of was s'u niet getrouw,
Dat ghy haar sterven deed."

Dan deelt zij hem mede, dat het Oktavio was, die in zijne
plaats de prinses heeft bezocht, en maakt ten slotte zijne
boeien los, maar Henryck wil niet vluchten en liever sterven.
De koning verschijnt en Rudolf beveelt, dat Henryck thans zal
worden gedood. Als alles daartoe is voorbereid komt Rosaura
tusschenbeide en brengt eene beschuldiging in tegen Oktavio, die aanwezig is; hij wil zijne eer met het zwaard verdedigen en Rosaura neemt de uitdaging aan. Zij wordt gewond,
valt in zwijm en men bemerkt, dat zij eene vrouw en wel
Rosaura is. Zij toont den ring van Dionisia, dien Oktavio
haar heeft gegeven, en deze, die nu niet langer kan ontkennen,
smeekt den koning om genade. Aan Henryck, die geblinddoekt
is geweest, wordt dóor Rosaura de doek afgenomen en Mauritius daagt Oktavio uit, wat deze niet aanneemt, omdat de tegenpartij nog maar een kind is. Thans daagt Henryck Oktavio
uit, doch de koning verzoent de beide vijanden in $6^1/_2$ versregel en Henryck antwoordt:

»Mijn Heer ick volgh u last: Oktavio! ick sweer
Dat ick de Vyandtschap ghelijckelijck legh ter neer,
En sal van nu voortaan u voor mijn broeder eeren."

Na het sluiten van dezen vrede keeren allen naar Londen terug
om het huwelijksfeest van Dionisia met Oktavio te vieren.
Van deze vertaling van Lope de Vega's stuk zijn mij 13 uitgaven bekend [1]). Blijkens de studie van Dr. Te Winkel is Vos

1) De eerste werd boven aangehaald. Dan volgen:
2de druk. Amsterdam, *by Tymon Houthaeck voor Direk Corneliss. Houthaeck*,
1655, 8°.

één der eersten geweest, die bewerkingen naar het Spaansch op ons tooneel bracht. Zijne vertalingen behoorden tot de meest gezochte der Spaansche school, zooals uit het aantal uitgaven blijkt.

Melding makende van Hollandsche vertalingen van Spaansche stukken, wil ik hier inlasschen, dat althans één keer Hollandsche tooneelspelers Frankrijk bezochten en wel in gezelschap van Spaansche kunstbroeders, een feit, dat, geloof ik, nog weinig bekend is. In de *Bosco-Robertine*, eene satire tegen Bois-Robert, priester, dramatisch dichter en vriend van Richelieu, een poos na den dood van den kardinaal (4 Dec. 1642) in afschriften verspreid, en deels in poëzie, deels in proza geschreven, komen de volgende woorden voor [1]: »Le voylà donc associé avec une troupe espagnole et hollandoise, arrivée depuis peu pour le divertissement de la foire Saint-Germain, mais je suis assuré qu'ils débourseront plus qu'ils ne gaigneront pour entretenir notre poëte, car si l'on ne luy fait bonne chère, il est stupide." Waarschijnlijk zullen hiermede wel tooneelspelers uit de Zuidelijke Nederlanden zijn bedoeld.

Den 15den October 1648 werd de *Singende-klucht van Pekelharingh In de kist* voor het eerst gespeeld [2]. Het is de meest

---

8de druk. Amsterdam, *by Pieter Timmers*, 1661, 8°.

t'Amsterdam, Gedruckt by Jan Bouman, 1669. 8°.

t'Amsterdam, Gedruckt by Jacobus Bouman, 1677, 8°.

6de druk. Amsterdam, 1694, 8°.

8ste druk. *t'Amsterdam, By Jacobus en Jan Bouman*, 1707, 8°.

8ste druk. Amsterdam, *By de Wed. van G. de Groot*, 1707, 8°.

Den Laatsten Druk. t'Amsteldam, By de Erfgen: van J. Lescailje, 1707, 8°.

Den laatsten Druk. Te Amsteldam, By de Erven van J. Lescailje en Dirk Rank, 1720, 8°.

Den Laatsten Druk. t'Amsteldam, By David Ruarus, 1729, 8°.

t'Amsteldam, By Izaak Duim, 1764, 8°.

Thiensten druk. Tot Dendermonde. By Jacobus J: du Caju. 1780, 8°.

1) Vgl. *Le théâtre français au XVIe et au XVIIe siècle ou choix des comédies les plus remarquables antérieures à Molière avec une introduction et une notice sur chaque auteur par M. Edouard Fournier. Paris, Laplace, Sanchez et Cie., éditeurs.* Z. j. dl. II, blz. 584.

2) Zie Wybrands, t. a. p.

primitieve vorm van eene operette. Eerst komen 16 versregels van dezelfde lengte en dan 34 coupletten van 8 verzen
in andere maat; waarschijnlijk dienden dus twee wijzen voor
het geheele stukje, terwijl er van meerstemmigheid geen sprake
is, zooals bijv. in de *Singende klucht van Domine Iohannes*,
ofte den jaloersen Pekelharing [1]). De heer A. C. Loffelt heeft
bewezen, dat de klucht van Vos eene bewerking is van *the*
Humours of Simpkin. A continued farce [2]). Ik wil hier nog
bijvoegen, dat de inhoud volkomen overeenkomt met de inhoudsopgave van eene klucht in de *Englische Comedien und*
Tragedien [3]) en zal het stukje niet ontleden, omdat dit reeds
gedaan is [4]). Er bestaan verscheidene drukken van [5]).

Het laatste stuk van Vos, de *klucht van Robbert Lever-worst*,
volgde den 27sten Juni 1650 [6]). Robbert is altijd uit om,
liefst op kosten van een ander, te eten en te drinken. Zijne
vrouw Lysbeth troost zich nu maar met het gezelschap van
haar »boel", Eelhart. Zij bakken Robbert de volgende poets.
Als hij t'huis komt zegt Lysbeth, dat zij ziek is en stuurt hem
om den dokter; terwijl hij weg is wordt het huis van eene

1) *t'Amsterdam, By Jacob Lescailje*, enz. 1658.
2) Vgl. *De Nederlandsche Spectator*, 1870, blz. 290, 291.
3) Vgl. Tittmann, t. a. p., blz. XVIII. Woordelijk wordt daar alleen de eerste
regel aangehaald:
»Mein Herz ist betrübt bis in den Tod",
Vos: »Myn hart is bedroeft tot in den dood";
het Engelsche stuk heeft: »Blind Cupid hath made my heart for to bleed."
4) Door den heer Loffelt, t. a. p., en door Jonckbloet, *Geschiedenis der Nederl.*
Letterkunde in de zeventiende eeuw, 3de druk, II, blz. 450.
5) *t'Amsterdam, Gedruckt bij Jan Bouman*, enz. z. j. 4°.
t'Amsterdam, by Gysbert de Groot, enz. 1681, 4°.
Een druk van 1699, 8°. vond ik opgegeven in den catalogus eener boekverkooping.
Te Rotterdam, Gedruckt by Pieter de Vries, enz. 1705, 8°.
Te Amsteldam, By de Erfgen: van J. Lescailje, enz. 1708, 8°.
6) Zie Wybrands, t. a. p. Ik ken de volgende drukken:
t'Amsterdam, Voor Jacob Vinckel, enz. 1661, 4°.
t'Amsterdam, By de Weduwe van Gysbert de Groot, enz. 1699, 8°.
t'Amsterdam, By de Erven van de Wed. van G. de Groot, enz. 1725, 8°.
Amsterdam, By David Ruarus, 172', 8°.

andere deur voorzien, waarboven het uithangbord van eene herberg wordt gehangen en worden een Duitscher en speellui binnengelaten. Nu Robbert terugkomt, begrijpt hij niets van de zaak; is dit zijn huis wel? Hij klopt aan en hem wordt door een bediende opengedaan, die hem wegjaagt. Hij krijgt vervolgens ruzie met den Duitscher, die uit zijn huis komt, en klopt de buurvrouwen op om zijne identiteit te bewijzen, maar deze, die in het komplot zijn, beweren hem niet te kennen. Hij gaat heen om de ooms zijner vrouw te halen; in dien tusschentijd maakt men alles weer in orde, zooals het vroeger was. Bij zijne terugkomst wordt hij geweldig doorgestreken door zijne vrouw, ooms en buurvrouwen, en belooft beterschap. Ook dit stukje is volgens den titel weer »Gerijmt door Isaak Vos" en dus misschien niet van eigen vinding [1]).

Maken wij dus de rekening op van de letterkundige nalatenschap van Isaac Vos, dan blijkt, dat de post van oorspronkelijke stukken zeer weinig bedraagt. Twee treurspelen naar het Spaansch, een zinnespel en eene klucht naar het Engelsch; er blijven dus slechts drie kluchten over, waarvan de herkomst niet bekend is en die wij aan de vinding van onzen tooneelspeler mogen toeschrijven.

In elk geval bewijzen de vele uitgaven, dat de tooneelwerken van Vos zeer gewild waren. Mogen wij uit die vele drukken reeds besluiten, dat de meeste zijner tooneelstukken dikwijls zijn vertoond, ook uit andere feiten kunnen wij die gevolgtrekking maken. In het speeljaar 1658—1659 werd *de Moffin* drie keeren, *de Mof* drie, *de Gedwongen vriendt* één, *de Beklaagelycke dwangh* twee, *Pekelharing in de kist* zes en *Robbert*

---

1) Eene vroegere uitgave dan van 1661 is mij niet bekend. Het kan dus zijn, dat de klucht toen eerst, vele jaren na den dood van Vos, het licht zag en dat de uitgever dit *Gerijmt* zonder reden op den titel zette.

Leverworst viermalen opgevoerd [1]). In het laatste gedeelte der 17de eeuw verdwenen de kluchten van Vos met zoo vele andere van het tooneel. Uit de boven aangehaalde woorden van Nomsz blijkt, dat de *Iemant en Niemant* veel langer levensduur heeft bezeten. De *Gedwongen vriendt* was in het laatst der 18de eeuw nog op het tooneel, wat men mag opmaken uit deze zinsnede van Corver [2]), dat »de Gedwongen Vriend, de Voorzigtige Dolheid, de Tirannige Liefde, en meer andere van dien tyd, die in hunne soort zeer goede stukken zyn, en die, als ze door de Tooneelspeelers wel uitgevoerd worden, behaagen moeten, van het Tooneel gebannen" dienen te worden, omdat zij »van den voorgaanden tyd" zijn. Het treurspel was zelfs over onze grenzen doorgedrongen en werd den 22sten Sept. 1760 door eene rederijkerskamer te Hasselt opgevoerd [3]).

Wat de *Beklaagelycke dwangh* betreft, meldt Corver, dat toen Punt het tooneel voor een tijd had verlaten (1745—1753), Brinkman de rol van Hendrik vervulde [4]). En 10 Januari 1774 en 18 Mei 1776 werd het treurspel nog te Rotterdam ten gehoore gebracht [5]).

Groningen, Dec. 1882.   J. A. WORP.

---

1) Vgl. het boven aangehaalde opstel van Wybrands in *Het Nederlandsch tooneel*, *2de jaargang*. 1873, blz. 250, vlgg.

2) *Iets voor Oom en Neef* (1787), blz. 78.

3) Op de Haarlemsche stadsbibliotheek is het volgende programma aanwezig:

»Gedwongen vrindt oft standvastige liefde van de man-moedige Luzinda Princesse van Ongren, tot Astolpho Ongaarsche Graef, als oock van Turbino Prince van Ongren tot Lizaura Ongaarsche Gravin, ten tooneel gestelt Door de Liefhebbers der kamer binnen Hasselt genaemt de Roode Roose, Sig schryvende Hitte verkoelt, op den 22 September 1760. op de Halle Ten Profyt der Parochiale Kercke van den Heyligen Quintinus. Tot Maestricht, By Jacob Lekens Boek-verkooper." 4°. vier blz. De drie overige bladzijden worden gevuld met eene inhoudsopgave der verschillende bedrijven.

4) *Tooneel-aantekeningen*, blz. 41.

5) Vgl. P. Haverkorn van Rysewyk, *De oude Rotterdamsche Schouwburg. Rotterdam. Van Hengel en Eeltjes*. 1882, blz. 363 en 379.

BIJDRAGEN TOT DE DIETSCHE GRAMMATICA.

VI. EEN EN ANDER OVER HET WERKWOORD.

1. *Het praeteritum indic. sing. der 1ste st. vervoeging.*

Naast de in het Dietsch regelmatige vormen van 't praeterit. indic. singul., *bant*, *halp*, *vant*, enz., ontmoeten we herhaaldelijk als wisselvorm van *ward* en *werd* een (*ic*, *hi*) *word*, *wort* of *worde*. Zie b. v. Mel. Sto. III 157, 269, 1033, 1281, ·1447, IV 347, 399, 1028, 1501, 1503, 1575, 1582, V 275, 375, 467, 1050, 1187, 1253, VI 1187, en voorts passim, st. Franc. 4973, 6877, 7661, 8343, Sp. H. IV⁷, 33, 11 en 23, IV⁸, 49, 42; 50, 27 en 36, Praet 684, 733, 1205, 4268, 4829 en v. pass., Lksp. II, 48, 668, Wrake III 2285, 2315, Mnlp. I 379, 576, 1358, 1377, 2255, 2788, II 488, 928, III 216 en v. pass., St. 15 v. [1]), Bvu. 38 r., Delfsce B. Judic. c. 9, 11 en 14, Ruth c. 1 en 4, Reg. I c. 19, 20, 23 en 25, II c. 12, 13 en 19, III c. 16, IV c. 20, en v. pass., Cl. v. d. l. land. bl. 9, 13, 15, 73, 99 enz., Oorl. v. Aelbr. v. Bei. bl. 30, 256, 430, Bw. 119 r. 134 r. 142 v. 162 v., Bs. 61 r. 66 r., Exc. Cr. v. Brab., Lev. d. h. Barbara, Dbvt. passim; ook *wurt* Cl. v. d. l. land. bl. 44. Evenzoo vertoont zich, ofschoon veel zeldzamer, een ind. (*ic*, *hi*) *worp*, b. v. Parth. 2150, Pass. S. (ed. 1500) 194 r.; Ee. 96 v., fgl. 7 r. 12 v. 136 v., Delfsce B. Ex. c. 32, Bw. 135 r., terwijl *bont* in Die Pass. o. Her. (Cat. mss. M. v. L. n⁰. 314) 13 r., *dronck* (Cat. mss. M. v. Lett. n⁰. 311) 49, *verslont* Lic. 119 v., *vocht* Delfsce B. Reg. II c. 18, Pass. S. (ed. 1500) 179 v., *storf* Pass. S. (ed. 1500) 108 v., *holp* Lanc. III 7741, *vergolt* Lanc. III 20672, mij slechts

---

1) Voor de hier en beneden voorkomende verkortingen, zie dit Tijdschr. II, bl. 89, en 291.

een enkele maal als aant. w. onder de oogen is gekomen. (*Men*) *hulp* leest men als indic. Lanc. III 19875.

Een partic. (*ge*)*werden*, dat door den schrijver van de Legenden d. Heylig. (Cat. mss. M. v. Lett. n⁰. 263) met voorliefde gebezigd is (z. 8 r. 31 v. 37 r. 41 r. v. 46 v. 53 r. 62 v. 64 v. 67 r. 87 v. 157 r. 176 r.) en ook GR. 11 r. 73 v. 105 v. 129 v. 138 r. 175 r., Bw. 56 v. 57 r. 122 r., Bs. 159 r., Drc. 38 v., Een goede oefeninghe (Leyden, bij Hugo Jans soen van Woerden, 1498) 16 v. 24 v. 33 r. 80 v. 95 r. 111 r. 149 r. 192 v., en Lic. 157 v. wordt aangetroffen, vindt voor zijn wijziging des klinkers analoga in het bekende *mergen*, voor *morgen*, in *sterte*, strot, voor *storte*, *berste*, pectus, Nat. Bl. II 3415, V 819, VI 366, Theoph. (V.) 1409, enz., en *derst*, sitis, Rijmb. 5898, 20984, 26592, Lucid. 2837, Sp. H. III¹, 38, 50, voor *dorst*. Evenzoo *ver-*, *gewerpen* Lanc. IV 12096, 12889, Lg. 81 v., Bs. 147 v., Thr. 18 r., GR. 46 v., en *verwerven* Bw. 144 v. In Mnlp. I 1681 staat *ghewarden*, in 't rijm, in Lanc. IV 6204 en 12129 *gewarpen* buiten 't rijm; vgl. *margen*, *margin* (Rijmb. 2505, 17722, Sp. H. I¹, 27, 6, Lorr. I, 923, Lanc. III 12197, 17395, 20899, 21638, 22977, enz.), *starte* (Franc. 9025), *darst* (Sp. H. I³, 55, 73, en Lucid. 2826, 3902, waar wegens het rijm *darst* voor *dorst* is te lezen), *warsten* Bijdr. van J. en V. Dale, III 278.

2. *Vlien, vloech, vloghen, ghevloghen.*

Behalve de bekende conjugatievormen van *vlien*, nam. *vloe*, *vloen*, *gevloen*, en *vlou*, *vlouwen*, *gevlouwen*, kan men in de oudere taal evengoed een imprf. s. *vloech*, met *ch* = oorspr. *h*, alsmede een streng grammatisch (*wi*, *si*) *vloghen*, (*gi*) *vloecht*, en *gevloghen* verwachten; (vgl. *tien*, *slaen*, *dwaen*, met de volkomen oorspronkelijke vormen *tooch*, *toghen*, *ghetoghen*, *sloech*, *sloeghen*, *gheslaghen*, *dwoech*, *dwoeghen*, *ghedwaghen*). Dat deze alle ook werkelijk gebruikt werden, bewijst het volgende.

Een sing. *vloech:* »Doe hi iohan sach — spranc hy op een paert ende *vloech* haestelic", Pass. W. (ed. 1499) 105 v.; »Die keyser

vloech ende riep", St. 25 r.; »hi *vloech* heymelike wten landen",
St. 113 r.; »hi warp dat cleet van hem ende *ontvlooch*", Nt.
70 v.; »soe *ontvloech* ic sinen handen"; Ee. 45 r.; »mer die keyser
vloech van anxte", Lg. 64 r.; »al ontsach hi den doot, nochtan
en *vloech* hi van hoer niet", Lg. 86 v.; z. v. St. 29 r. 54 v.
114 v., Delfsce B. Gen. c. 35 en 38, Ex. c. 2 en 4, Bi. 15, 157,
159, 223, 307, Passieb. (Cat. mss. M. v. Lett. n⁰. 313) 134 v.,
Dbvt. 123 r. 235 r. 237 r. 238 r., Lg. 38 r. 86 r. 91 r. 103 r.
112 r. 113 v. 123 r. 138 v. 148 v. 164 r. 168 r., R. v. Maun-
dev. 21 v., D. Pass. o. Her. (Cat. mss. M. v. L. n⁰. 316),
76 v., Ot. 91 v. 104 r. enz.

Een plur. (*wi*, *si*) *vloghen*, (*gi*) *vloecht*, een conj. *vloghe(n)*:
»si — *vloghen* ende lieten alleen", Pass. W. 101 v.; »Doe di
van egipten *vlogen*, ghemoeteden hem die wateren", Ee. 121 v.;
»die wiven *vloghen* van den grave", Ee. 135 v.; »die iongeren
ontvlogen dy alle in dijnre noot", St. 37 v.; »doe worden si
(de Joden) vervaert dair of ende *vloghen*", Lg. 42 v.; »ghij
sult vlien als ghij *vloecht*", Thr. 33 r.; »si brac die bande ende
dede open die dore ende hiet hem dat hi *vloghe*", Lg. 96 v.;
z. v. Lg. 43 v. 62 r. 64 v. 72 v. 101 v. 102 v. 109 r., R. v.
Maund. 15 r. 53 v. 61 r., Pass. W. 107 r. 108 v. 110 v. Pass.
o. Her. (Cat. mss. M. v. Lett. n⁶. 316), 69 v., Ot. 95 v. 119 r.
127 v., Gt. 57 v., Delfsce B. Ex. c. 14, Reg. I c. 19 en 31,
II c. 10, Passieb. (Cat. mss. M. v. Lett. n⁰. 314) 3 v., Dbvt.
104 r. 116 r. 120 r. 129 r. 142 v., enz.

Een part. *ghevloghen*: »is ihesus — *gevlogen* in egipten", Lic.
40 v.; »Heer, utnem mi van minen vianden, want ic tot di
ghevloghen ben", G. Grote's Dietsche Vert. bl. 89; en v. Delfsce
B. Ex. c. 14, Macch. I c. 2, Reg. II c. 10, Bi. 29 r., Dbvt.
115 v. 116 r., Lg. 165 r., Ot. 12 r. 115 r. 128 r., enz.

Den zuiver grammatischen imperat. sing. *vliech* en, met verkorting der *ie*, *vlich* (vgl. *slach*, *sich*, van *slaen*, *sien*, en voor
de verkorting *licht*, lux, uit *liecht*), leest men Nt. 2 r., Thr.
122 v., El. 128 v., Dat lev. o. Her. (Cat. mss. M. v. L. n⁰.
258) 23 v.

(Ic) vlieghe, (du) vliegheste, vlieghen, met de uit het praeter. en partic. ingedrongen *g,* voor *ic vlie* enz., is te vinden Thr. 123 v. en Delfsce B. Jer. c. 37.

3. *Wes, wessen, wesch, wesschen* en *besef.*

Ging *waken,* en zelfs *bakken, stappen* (vgl. echter een On. *baka* en een Ags. *stapan*), van de st. klasse, *varen* enz., over tot de klasse *slapen, braden* enz., hoe veel te eerder konden dan de verba *wassen* en *wasschen,* met hun onvolk. *a,* uit oorspr. korte *a,* de analogie volgen van *vangen, hangen, vallen,* wier wortelvocaal eveneens onvolk., = oorspr. korten klinker, was. En lag het voorts bij zulk een verloop niet meer voor de hand, dat het praeteritum de onvolk. *e* van *venc, henc, vel,* aannam, dan de *ie?* Daarom kan het ons niet verbazen, wanneer we in het Dietsch, naast *wies, wiesch,* ook de vormen *wes, wessen, we(s)sch(e), wesschen* aantreffen. Zie b.v.: »van hoer kyntsheit *wes* mit hoer op barmherticheit", El. 37 r.; »Dese *wessen* te samen op", El. 13 r.; »cruden die opter eerden *wessen*", fgl. 24 r.; »die doerne *wessen* op", Nt. 92 r.; »soe *wessen* die sterren in groetheden", Lg. 118 v.; »*weske* si syn hoeft", El. 33 r.; »(si) *wessche* hem hoer voeten", El. 42 v.; »(si) *wessche* hoer cleder", El. 73 r.; »dat wijf *wesch* die voeten", Nt. 75 r.; »hi *wessche* hem", Nt. 144 v.; z. v. Dat lev. o. h. ihu. (Cat. mss. M. v. Lett. nº. 258) 68 v. 79 r., Lg. 47 v., Vb. 37 v. 134 r. 154 v., Devoot boecgen v. o, vrouw. sout. 26 r. Een vorm *wiske* (vgl. *vinc, hinc, hilt*) heeft bovengemeld *Dat lev. o. h.* op bl. 69 r.

Vgl. ook *besef,* voor *besief,* Lanc. III 9880, IV 11899.

4. *Wiey, wieu, sieu, crieu, grieu.*

Had het Ags. *leolc, reord* enz. ook in de slotconsonanten nog een spoor van de reduplicatie bewaard, dan mag men voor de oude Nederfrank. dialecten de mogelijkheid van iets dergelijks niet ontkennen. Was dit werkelijk het geval bij het praeter. van *wâian*, dan kon die tijdsvorm, oorspr. *wewô* (vgl. Got. *vaivo*), later wellicht *wewo* of *wewa*, bij volkomen navolging der conjugatie *ried*, *liet*, van *râdan*, *lâtan*, en bij opvatting der *j* als element van den wortel, tot *wiei* (met *i = j*) worden, óf, bij slechts gedeeltelijke analogiseering, tot *wiew* overgaan. Zoowel een zoodanig *wiei* als *wiew* treffen we in onze Dietsche teksten aan: het eerste (als *wiey* geschreven) in Rijmb. 22901, het andere (als *wieu* gespeld) in Rijmb. 34681 var. en elders (z. *Taalk. Bijdr.* I, bl. 140). Van *wieu* moest dan voorts de stoot uitgaan tot het ontwikkelen van een *sieu* en *crieu*, als imprf. van *saeien*, *craeien* (vgl. *Taalk. Bijdr.* t. a. pl.): vormen, die óf, naast het al vroeg (evenals in 't Ohd.) gebezigde zwakke *sâde*, *saeide*, *crâde*, *craeide*, gebruikelijk werden, óf in de plaats van een sterk *siey*, *criey* in zwang kwamen. Het laatste is het meest aannemelijke met het oog op *grieu* (imprf. van *groeien*; z. Praet 3623), welks ontwikkeling uit **grie(y)*, onder invloed van *wieu*, *sieu*, *crieu* (naast *wiey*, **siey*, **criey*) zeer licht verklaarbaar is, doch dat moeilijk op voorgang van *waeien*, *wieu*, naast *grôde*, *groeide*, kan zijn voortgekomen.

Aan een vergelijking van dit *sieu*, *crieu*, enz. met het Ags. *seôw*, *creôw*, enz. zal wel niemand denken, tenzij hij te voren het bestaan van een Nederfrank. *w*, uit *j*, en van de vormen *wauwen*, *sauwen*, enz. bewezen hebbe [1]).

<h3>5. *Du seges, leges, hi seget, leget.*</h3>

Wellicht is het niet overbodig er op te wijzen, dat onze Dietsche vormen *du seges*, *heves*, *hi seget*, *hevet*, tegenover *ik segge*, *hebbe*, *wij*, *sij seggen*, *hebben*, *gi seg(ge)t*, *heb(be)t*, enz., mutatis mutandis beantwoorden aan het Os. *sagis*, *segis*, *habhis*,

---

1) Dat *berieu* (van *berouwen*) naar analogie van *hieu* (van *houwen*) gevormd is, ligt voor de hand. De tusschenvorm *beruwen* heeft hierbij niets te maken.

sagit, *habhit* [1]), tegenover *seggiu*, *hebbiu*, *seggiad*, *hebbiat*, *hab-biad* [2]), *seggian*, *hebbian*, *habbien* [2]), enz. In verband hiermede zal men in het aan ons Dietsch ten grondslag liggend Oud-nederfrank. dialect wel een gelijk verschil van vervoeging moeten aannemen. Of *leggian*, tegenover *leggiu, *leggiat enz., een *lagis*, *lagit* (uit *lagas*, *-es*, *lagat*, *-et*) of een oorspronkelijk *legis*, *legit* (naar de 1ste zwakke vervoeging) heeft gehad, valt bij het niet voorkomen van deze personen in onze Os. en Ondfr. bronnen moeilijk uit te maken. Eén van beide is echter zeker en volstaat om ons oude *du leges*, *hi leget* te verklaren.

Uit *du verseghes* en dergel. een ww. *verseghen* enz. op te maken, gaat natuurlijk niet aan.

6. *Doeghet*, *sieghet*, *staghet*, *gaghet*.

Te recht heeft Franck (Aant. op VII, 162, van den *Alex.*) het ww. *doien* op deze plaats en in den Sp. H. II⁴, 62, 11, als *doen* opgevat. Raadzamer ware het echter geweest dien abnormalen vorm niet met de voortbrengselen van Mahlow's fantasie, maar met het werkelijk bestaande Os. *duoian* (adhort. optat. praes. 1 pl., vs. 2569 C.) in verband te brengen, gelijk trouwens reeds vroeger door Cosijn, juist in verband met de beide bovengenoemde Dietsche citaten, gedaan is (z. *Taalk. Bijdr.* I, bl. 98). Waar we den oorsprong van dit *duoian* te zoeken hebben, is duidelijk, indien we letten op de lang niet zeldzame Os. vormen der 2de zw. conjugatie, op *-oian* (voor *-on*, oorspr. *-ôn*, b. v. *gebhoian*, *folgoiat*, *haloian*, *scauuoian* Hel. C. 1545, 2428, 2573, 4078), naar wier voorbeeld *dôn*

---

1) De vier laatste vormen, gelijk men weet, onder den invloed van *telis*, *sitid*, *ligid*, enz., ontstaan uit de vormen der 3de zw. conjugatie *sagas, *habhas*, *-es*, *habhad*, *-ed*. Vgl. Paul. u. Br. Beitr. VIII, bl. 90.

2) De afwezigheid van den umlaut in deze vormen van den Mon. (3223, 3574, 3704, 4647, 4653) is kennelijk toe te schrijven aan den invloed van den 2den en 3den pers. enk. praes. ind. *habhas*, *-es*, *habhad*, *-ed*, en van den imperat. *habha*, *-e*; want met *fallian*, *auuardian*, *giuualdid*, *gangid*, *slahit*, naast *fallian*, *auuardian*, *giuueldid*, *gengid*, *slehit*, is *habbian* om bekende redenen niet op ééne lijn te stellen.

een gelijke verlenging kon aannemen ¹). En dat *doeien* zelve behalve in de door Franck vermelde vormen, het Westvlaam-sche *doegen* en den Dietschen imperat. *doch*, ook nog elders sporen heeft achtergelaten, bewijst het Dietsche *doeghet* (voor »doet het"), Glor. v. Bruysw. 549, Exc. Cr. v. Br. 125 r., *dat, het, wie doeghet* (voor »dat, het, wie doet het"), Buskenbl. 96, A. Bijns I, 10*a*, Sp. Brab. 265, = *doeghet* (uit *doejet*) + *t*; een vorm, welke daarenboven tot navolging bij de andere monosyllabische verba heeft aanleiding gegeven, gelijk men ziet uit *ghi sieghet*, gij ziet het, Ystor. v. Tro. 5874, var. van den tekst v. Blomm., Spel v. d. sacr. v. d. Nyeuwerv. 109, *sieget*, ziet het, Sp. Brab. 490, *men sieget*, men ziet het, *staghet*, staat het, (z. Gloss. op A. Bijns), *gaget*, gaat het, De Bo, *Idiot.* i. v. *gaan*, en *góghet*, idem, Trijntje Corn. in *Korenbl.* I, 585 ²).

7. *Een 2de pers. mv. en enk. van het zw. imperf., op* -ET *en* -ES.

Op de syncope van de slotvocaal, gepaard met het behoud van het stamsuffix, in zwakke door een enclitisch pronomen gevolgde praeteritale vormen, als *weighereds, ontfarmets, danckes, lovet*, enz., is reeds een paar maal gewezen; zie Verdam op den Theoph., bl. 128 en 129, n⁰. 1 en 5, en mijn *Vondel-gramm.* § 59. Dat ditzelfde in den 2^{den} pers. plur., ook bij afwezigheid van een encliticum, plaats had, leeren ons imper-fecta van werkwoorden, op *-jan*, met eertijds lange wortel-vocaal, of van verba, op een oorspronk. *-ôn*, *-ên*, als: *ghi*

---

1) Even natuurlijk als deze verandering is ook het ontstaan van een 8^{den} p. s. praes. ind. *doit* 5188 M., een 8^{den} p. plur. pr. ind. *duat* 2600 M., een 1sten p. pl. pr. conj. *duan* 1609 C., *doan* ib. M., en een part. *gidoen* 5115 M., *giduan* ib. C., 8077 C. M., enz., alle navolgingen van de sterke vervoeging. Welke vormen toch zijn en waren meer aan analogiseering onderworpen dan de alleenstaande?

2) Min juist heeft m. i. De Vries bij dezen vorm aan *gahan* gedacht (*Taalb.* II bl. 273); want, zelfs wanneer dit ww. nog in het Germ. was blijven leven, zou de 8de pers. praes. ind. er van + *t* of *het* niet anders dan *gaet* kunnen luiden.

horet Sp. H. III⁷, 10, 44, IV³, 23, 4, Rijmb. 8070, Lksp. II,
38, 76, Wrake II 232, 378, III 1874, Lanc. II 19317, 26045,
310 45, 37592, 38136, 42116, III 6330, D. Doctr. III 1830,
Sp. H. I², 5, 15, Parth. 515, *gi gelovet* Lanc. II 27196, 41910,
Rose 3147, *ghi vormet*, Mask. 1227, *gi maket* Esmor. 976, Gl.
v. Bruysw. 44, Alex. VIII 587, *ghi volget* Lanc. II 30844, Parth.
7041, *ghi josteret*, Lanc. II 30985, *gi beclaget*, Rose 9717, *gi
kennet* Yst. bl. 3836, *gi rovet* Sp. H. II⁶, 14, 32, *gi cleedet,
herberghet, lavet* Ovl. Ged. II 48, 51, Lanc. II 38484, *ghi wanet*
Alex. VIII 588, *gi levet* Lutg. III 230, *gi onteervet* Lanc. II
33658, 35253, *ghi jaghet, minnet* Ibid. 35743, 35763, Parth.
3538, *ghi toghet, wenet* Lanc. III 4707, Parth. 2968, 3046, *ghi
sekeret, porret, merret, ontfarmet, verminket, willecoret* Lanc. III
4377, 4700, 13008, 14961, 16894, IV 667 enz.; in plaats van
horedet, gelovedet, vormedet, enz. Blijkbaar sprak men deze laatste
vormen eertijds op tweeërlei wijze uit: òf met het bijaccent op
het stamsuffix (vanwaar *gi horet,* enz.) òf met het bijaccent op
den uitgang (vanwaar *gi hoordet,* enz.). Vgl. het suffix van
den genit. en dat. s. fem. en van den genit. plur. *-ere,* dat tot
er of tot *re* werd, en den Oudgerm. uitgang van den acc. sing.
masc. *-ana,* die tot *-ne* of *-an, -en* verzwakte.

Overeenkomstige vormen van den 2den pers. enk., op *-es,*
uit *-edes,* zijn zeldzamer; zie echter *du begeres, seines, penses,*
voor *begeredes* enz., Lanc. III 10504, 4168, 5036, 5045.

8. *Het wegvallen der* t *in den* 2den *pers. mv. van het st. en zw.
praes. en het st. praeter.*

De elisie van de *t* des 2den persoons mv. vóór het enclit. *je* en
ge, wier voorkomen in de taal der 17de eeuw ik vroeger bewezen heb (z. *Vondel-gr.* § 53), wordt ook reeds in het Dietsch
der 15de eeuw vóór *gi* aangetroffen. Vgl. *hebgi, wilgi, doe gi,
selgi, bringe gy, sulle gy, coem gi, sloech gi, ben gi, blijf gi,
swoer gi, hoer gi, moech gi, gaef gi, geef gi,* enz. enz., Dbvt.
1 v. 2 v. 5 r. 7 r. 10 v. 11 v. 13 v. 16 r. en verder op bijna

elke bladz., Ot. 2 v. 3 r. v. 4 v. 8 v. 10 r. 12 v. 13 r. v. 14 r.
15 r. 17 r. 18 v. en voorts op nagenoeg iedere pagina, Passieb.
(Cat. mss. M. v. Lett. n°. 315), 30 v. 31 v. 34 r.

9. *De participia perfecta van bastaardwerkwoorden.*

Evenals nog thans regelmatig in het Hd., missen de participia van bastaardwerkwoorden in het Dietsch veelal het praefix *ge-*. Zie b. v. *disponeert* Melib. 2487, *delivereert, telivereert*
Lanc. II 14091, 14973, 17047, Parth. 7221, Lksp. II, 61,
34, *benedijt* Lksp. II, 9, 46, Lic. 9 r., St. 3 v. 4 r. 37 r.
46 v., Dbvt. 153 v., *glorificeert* Lksp. II, 39, 60, Bi. 402,
Gt. 36 r. 55 v. 56 r. 59 r., fgl. 22 r., Bvu. 55 r., *accordert*
Rose 9721, *barenteert* M. Sto. VIII 800, *regiert* Bi. 359, 362,
Goudsch Kron. 76 r. 108 r., Pau. 35 r., Lg. 58 r., Leidsch
Kb. 101, 516, *disputiert* Bi. 322, *sollemnisiert* GR. 34 r., *appelliert* Ap. 61 v., *confuust* Ap. 176 v., Ee. 115 v., fgs. 34 v.,
Thr. 81 v., Thak. 113 v., *disponeert* Bvu. 61 r., *confondiert*
fgl. 123 r., *temptiert* Ap. 195 r., Nt. 3 v. 76 r,, *mertelijt* St.
64 v., *destrueert* Drc. 112 v., *conversiert* GR. 132 v., *scandaliseert* Nt. 38 v., Bw. 84 v., Delfsce B. Mal. c. 2, *ordineert*
Delfsce B. Gen. c. 47, Paral. II c. 30, Dbvt. 190 v., Lg. 47 v.,
visiteert Bw. 38 r., *formiert* Bi. 61, *consacreert* Delfsce B. Reg.
I c. 24 en 26, Ex. c. 29, *presenteert* Bw. 106 r., *hantiert* Leidsch
Kb. 489, Sw. 8 r., *visiert* Alex. VII 817, Sch. 9 r., *taxeert, drapeniert* Leidsch Kb. 31, 71, *fondeert* Alex. VII 647, Thak. 12 v.,
turbiert Thak. 48 r. 76 v., *absolviert* Bi. 34, 70, 216, 226, 450,
Lg. 28 r. 121 v., Lev. d. h. Barb. 37 v., *castiet* Thak. 140 v.,
Lg. 89 r. 105 r., *transfigureert* Lg. 19 r., *profitiert* Lg. 62 v.,
predict Lg. 63 r., *approbiert* Lg. 48 v., *pollijst* Rein. pr. 7 r.,
consenteert Shs. 62 r., *confirmeert, persequeert, graveret* Pass. S.
(ed. 1500) 181 r. 182 r., W. (ed. 1499) 58 v., *affermeert* Thr.
114 v., *instilueert* Thr. 107 r., *eligeert, declineert, verificeert,
consommeert, salvert, declareert* Thr. 31 r. 33 v. 35 v. 37 r. 42 r. v.
43 v. 54 v., en talrijke dergelijke vormen aldaar passim, *obe-*

diert Dcr. 61 v., *wairdeert* Leidsch Kb. 78, 81, 82, 121, 130, 530, enz. enz.

Daarnaast echter ook herhaaldelijk, met *ge*: *geregiert* Bi. 50, 54, 64, 359, *geabsolviert* Bi. 97, 257, 359, *gheglorificeert* Bs. 85 r., Gt. 36 r., *gedisputiert* Bi. 124, *gefondeert* Thak. 86 v., *gecorrigiert* Bi. 155, *ghedrapeniert* Leidsch Kb. 83, 104, *geordiniert* Bi. 452, *getribuleert* Thak. 157 r., *getempteert* Thak. 157 r., *geconfuust* Thak. 151 v., *ghecclebreert* GR. 34 r., *ghetractiert* GR. 78 r., *ghebenedijt* St. 37 v., Lic. 24 r., *gheconfundeert* Sw. 38 r., *geasselliert* Rose 2915, enz. enz. enz.

W. L. VAN HELTEN.

VERSCHEIDENHEDEN.

BEKENT, BEKANT.

In het Mhd. bediende men zich somwijlen van een zegswijze *wirt bekant*, c. dat. personae, = »ik, gij enz. maak(t) kennis met, leer(t) kennen, begin(t) te gevoelen"; vgl. b. v. »dô *wart in zürnen bekant*", Nib. 111, 4, = toen leerden ze toorn kennen, begonnen toorn te gevoelen; en in ironischen zin »von eime starken schafte hinder ors gesaz Hagene der küene vor Gelpfrâtes hant. im brast daz fürbüege, dô *wart im vallen bekant*", Nib. 1649, 4, = toen leerde hij vallen. Zie ook de aanhaling uit den Parzif. bij Ben. u. Müll. I 808*a*, »*mir wirt bekant kumber*", = ik maak kennis met kommer, begin k. te gevoelen. Een zelfde uitdrukking (of wel een navolging der Hd. constructie?) ontmoeten we in den Mnlp. II, 797, waar »Een vriendelic drucken bijder hant *Wort hem beyden daer becant*", wordt gebezigd = leeren zij beiden daar kennen. Vgl. ook De Vries, *Taalzuiv.* bl. 19, en Mnlp. II, 1174: »Malcanderen nemen sy bijder hant, *Dusent vroechden werden daer bekant*", = duiz. vr. leeren zij daar kennen.

Een ander *bekant*, met de opvatting van een gerundief,
= »te zien, zichtbaar" [1]), leest men bij denzelfden D. Potter
in: »Du laets my arm wijff hier ellendich, Inder zee, op een
eylant, Dair man noch wijff en is *bekant*" I, 1604; »Een gulden appel was daer *becant*, Die gaven sij Parijs in die hant",
1, 2013. Vgl. ook Mhd. »swelch tjost wart aldâ *bekant*" (z.
Ben. u. M.).

Weer verschillend zien we het woord gebruikt door Maerl.
en Utenbr.: »Karel — was in Brabant Tien tiden hertoghe
becant", Sp. H. IV², 21, 18; »sijn lichame wert ghevoert sint
Daer hi bisscop was *bekint*", Sp. H. II¹, 47, 24, (Lat. »ubi
fuerat *ordinatus*"); »Dus wert Alexander *bekent* Bisscop van
Jherusalem", Sp. H. II³, 5, 66; »Over dlant van Orient Was
te dien tiden keyser *bekent* Maximijn", Ib. II⁵, 6, 2; »Eer dese
bisscop was *bekent*, So heeft hi genomen een wijf", Ib. II⁶,
47, 40; »XIX jaer was hi *becant* Keyser in den Roomschen
rike", Ib. II², 34, 24; »Dimetrius was here groot Ende ward
daer coninc *bekant*", Rijmb. 19879. Moeten we hier niet aan
een part. van *bekennen* = »erkennen", denken, en aan een
constructie, welke o. a. ook voorkomt in »Hij neech hem ende
*heeft*ne *bekent* Paues", Sp. H. IV², 73, 92, en analoog is met
die bij *ordineeren*, (ver)*kiesen*, *verheffen*, *verrisen*, *ontfaen*, *cronen*, *sacreren*, *wien*, *salven*? Vgl.: »dat hi *bisscop* wort *geordineert*", Pass. S. (ed. 1500) 171 v.; »so wort hi — *cardinael*
ende *pape geordineert*", Ibid. 178 r.; »dat hi *coninc* was *verco-
ren*", Limb. VI 2582; »wert hi van sijnen medebroederen *abt
ghecoren*", Exc. Cr. v. Br. 25 v.; »dat hi — *Paus* van Rome
gecoren waert", Brab. Y. II, bl. 387; »dat mense *abdisse* soud
kiesen", Lutg. II, 1ste cap. opschrift; (z. n. Sp. H. IV², 13,

---

1) Voor *bekennen* = „zien", vgl.: „Buten Europen liggen eylande Vele, die noit
man en *bekande*", Alex. VII 1762; „Scoenre wijf noit man *becande*", Ferg. 1196;
alsmede Sp. H. III⁷, 8, 25, IV², 9, 79; in de latere taal „*Bekent* doch, of dese
uwes soons rock zy"; „Ende die sullen *bekennen* dat lant, het welcke ghy smadelick
verworpen hebt", Stat. B. Gen. 37, 32, Num. 14, 31; en nog thans b. v. „daar was
geen sterflijk mensch te *bekennen*".

47, en 82, 32, IV³, 25, 31; 29, 45; IV⁸ frgm. 3 en 11, M.
Sto. II 664, VII 1025, Lksp. II, 44, 303, Dev. boecg. v. o.
vrouw. Sout. 12 r., St. 90 v., Goudsch Kron. 62 v., Pass. W.
(ed. 1499) 120 r. v. 122 v. 141 v., GR. 117 r.); »Die vierde
sone wert *geestelijc Verheven* in der heiliger kerken", Brab. Y.
II, bl. 24; »Een deghen — Dien de Siten hadden *verheven
Coninc* om sijn coen leven", Alex. VIII 1125; »Alse hi *bisscop*
was *verheven*", Sp. H. III³, 4, 37; »wart hi *bisscop verheven*",
Ib. III³, 20, 28; »Wert keyser Valentiniaens sone — *keyser
verheven*", Ib. II⁶, 47, 87; (z. n. Sp. H. IV³, 29, 9 en 90,
enz.); »Nu was hi erdsch *bisscop verresen*", Ib. IV², 74, 22;
»Die oec *bisscop* wart *ontfaen*", Ib. III⁵, 45, 22; »Als hi *keyser*
was *ontfaen*", Ib. I⁷, 99, 23; »Tolgam — was IIII jaer *here
ontfaen*", Ib. III¹, 22, 101; »Dat mense *moenc* daer heeft *ontfaen*", Ib. II⁷, 49, 16; (z. o. Lanc. IV 12805); »daer was hi
coninc ghecroent", Kron. v. Vl. II 271; »Daer hi — was —
keyser ghesakereert", Sp. H. IV², 19, 86; (z. o. Pass. W. ed.
1499, 139 r.); »Die den heiligen Donaet *Dyaken wiede*", Sp.
H. II⁶, 32, 19; »hine wert *bisscop gewiet*", Ib. II⁶, 78, 90;
»Sem wert *priester gewiet*", Ot. 9 r.; (z. n. Lanc. III 10363,
Sp. H. III⁷, 6, 29, IV³, 24 71, enz.); »Ic *salue* u *coninc* van
ysrahel", Ot. 181 v. ¹).

1) Blijkbaar komen deze constructies overeen met het gebruik van 't praedicaats-
substant. bij *doen, maken, achten, ghelooven*. Vgl. evenzoo *hem begheven* = »door z.
van de wereld terug te trekken z. maken" (in »Dat hi *hem* moeste *begheven* Te
Prumen *swart moenc* in Ardennen", Brab. Y. I, bl. 118; »Die *hem* daer na *moenc
heeft begeven*", Sp. H. II⁷, 48, 2; z. v. Brab. Y. I, bl. 261, Sp. H. IV¹, 3, 54,
II¹, 78, 47, enz.); *besceren* (in »daer was hi *moenc bescoren*", Sp. H. IV³, 9, 55);
en *cleeden* (in »daer soe *ghecleedt was sustre*", Kron. v. Vl. I 72).
In analogie met de boven in den tekst bewezen woordvoeging, zegt de schrijver
der Kron. v. Vl. ook: »dien sy van dien tween *keyser noemen* souden", I, bl. 113;
»hy *stelde governeur* van Vlaenderen den heere van Axelle", I, bl. 188.
Natuurlijk gaat het na deze vbb. niet meer aan het citaat uit Vondel »dat hy
verkoren wert aertswichelaer", voor een Latinisme te houden. Vgl. *Vondel-gr.* § 245,
op 't einde; waar ook »dat hy — haer *reine maeght* weder 'thuis gelevert hebbe",
beter, met »Dat Maria *meghet* des kints ghenas", Lksp. II, 19, 111, »*Maghet* sal
si tkint ontfaen", Wrake I 1680, »(hi) was *een reyn maghet* in den lichaem in der

»In Rome so was ene vrouwe — Eusebia was hare name *bekent*", Sp. H. II⁴, 49, 3, meen ik te moeten opvatten als = haar naam was bekend als Eusebia; »Die meeste van der scaren (der afgoden) Was daer Appollijn *bekant*", Ibid. II³, 30, 47, als = Appoll. was erkend als de m. v. d. scaren; »Sider dat ic was geboren, Sijn wel LXX jaer God weet; Maer die jare, die ic versleet In dit werelike sneven, Die en treckic niet aen mijn leven, Want ic was ter sielen doot; Maer sider dat ic dies ontscoet, Sijn XLV jaer omtrent, Die mijn leven sijn *bekent*", Ib. II⁷, 12, 112, als = die als mijn leven erkend zijn (door mij); »Ende hi was vromich ende coene — Ende was de beste daer *becant*", Kausl. Denkm. II, bl. 102, vs. 38, als = hij was als de beste bekend: alle plaatsen, met een constructie van 't praedicaatssubst., die gelijk is aan het gebruik bij *ghenoemt*, *gheacht* enz. (Vgl. ook nog Lanc. III 20545, IV 5627, alsmede Franck op den *Alex.* bl. 455 en 456, waar de plaats »Ware oec die hertoghe van Brabant Sulc een riddere *becant*", op gelijke wijze verklaard is als de bovenstaande uit den Sp. H. II⁴, 49, 3). In »Eufrodisen voester kint Wert sprekende, dat stom was *bekint*", Sp. H. II³, 29, 18, = dat men stom kende, hebben we een woordvoeging, die alleen in 't passief gebruik verschilt van een nog hedendaags gebezigde, als »ik heb hem arm gekend", enz.; vgl. evenzoo »Liet hem die duvel — sprekende sijn *becant*", Sp. H. IV³, 23, 8.

DEGER.

In de beteekenis »volkomen, geheel en al", leest men dit woord (somwijlen met *al* versterkt), behalve op de twee door Oudemans aangehaalde plaatsen, ook in: »een vuer — verbernde hem so *degher*, dat daer niet een knoke aen en bleef",

---

oerden ghecomen", voor een constructie, met *maghet* adjective = »suver, reine", is te houden. (Let b. v. op »maghet ende reyne was hi", Sp. H. IV³, 41, 23; »Du best so suver ende maget", Lanc. III 10065).

St. 56 v.; »(hi) nam dat broot ende attet *al degher* op", Ibid. 105 v.; »doe dranck alexander den wijn *al degher* wt", Ibid. 114 v.

In »dese storven also *deger*, dat daer niet meer en quamen int beloefde lant — dan caleph ende iosue", St. 3, vertoont het adverbium de nauw verwante opvatting van »allen te zamen, zonder uitzondering"; terwijl een vertaling met »nauwkeurig, van top tot teen" vereischt wordt in: »(Hi) sach hem noch bat an, so dat die broeder seide, tot wien sieste so *degher* an", Dcr. 12 v.; »tot eenre tijt sat hi bi hoer ende sachse *deger* an", St. 113 r.; »Daer sloech dat cruce sijn oghen op ende sach den scolier *degher* an", St. 64 v. Vgl. het Mhd. *tigere*, *tiger*, adv. »sorgfältig, gänzlich", *dëger*, »fest, stark", (z. Lex. i. vv.), en het Mndd. *deger*, *deggre*, *degere*, *degeren*, met dezelfde beteekenis, alsmede = »nauwkeurig" (b. v. in »to ener tit sat he bi ore unde sach se *degher* an"; z. Schiller-Lüb. i. v.). Dat de oorspronkelijker vorm van het Dietsche woord *deg(e)re* is, behoeft nauwlijks herinnerd te worden. En of we voor de afleiding er van aan een samenhang met *dien*, *peihan*, mogen denken?

'T IS MIJ enz. OM IETS GEDAAN.

In overeenstemming met de beteekenis der gebruikelijke zegswijze *'t is mij* enz. *om iets te doen*, wordt bovenstaande uitdrukking nu en dan in de oudere taal aangetroffen. Zie b. v.: »Daer *omme* so *eest mi* als *ghedaen*, Dat ic u beiden sal doen scheiden", Lans. v. Den. 280; »*Ist gode om* die ossen *ghedaen* of segghet hi dat om onsen wille?", Pau. 39 r.; »*this deen gedaen om* haet ende nijt, *die ander ist gedaen om* profijt, *den derden om* domynacie", Lic. 169 r.; »*het is hem omme* u goet *ghedaen*", Stf. 94 v.;

Is 't u om Vryicheydt *gedaen*; Zoo vrijdt u van de lusten".

Camph. Sticht. R. (ed. Rott. 1639), bl. 355.

Jan achterdenckende van Maey, sijn lichte Wijf,
Maey, seid' hy, wie's die Vent die hier soo laet komt praten,
En volght u by der straten,
Als gingh hy op uw' lijf?
't En is my niet te doen om onlust of gekijf:
All heb ick wat gedroomt, 'k hoop datter niet veel aen is;
't En is my maer *gedaen om* of het u gedaen is.

Huyg. Korenbl. II, bl. 210.

Zoo zonderling deze constructie van voorkomen is, zoo eenvoudig is hare verklaring. Uit de oorspronkelijke beteekenis
van het gerundivum *te doen* »moetende gedaan worden", »noodig te doen" (vgl. »Den synen bidt hy oec ende vermaent Te
peinsen om die wereltere, Want daer *waest te doene* sere", Yst.
v. Tro. 6199; z. o. Ferg. 466, V. Hild. 74, 447) had zich, bij
uitbreiding van 't begrip, de opvatting »noodig, van noode"
ontwikkeld (vgl. »Hi heeft *te doene* soe grote zake", Limb. V
890; »Want wisen raet es wel *te doen*", V. Hild. 71, 62;
»die gesont sijn en hebben den meester niet *te doen*", Pass.
Som. 206 v.; en z. v. Teest. 795, V. Hild. 15, 69 en 73, 123,
GR. 223 v., Sp. H. I⁷, 95, 53, Brab. Y. I, bl. 82, Ot. 177 r.,
enz. ¹) Met vervanging van het eigenlijk subject (in *te doen
sijn*) of object (in *te doen hebben*) door een genit. inopiae ²),
vestigde zich hiernevens een woordschikking, als »ener sake
es te doen", »hi hevet ener sake te doen"; vgl. b. v. »Maer
wanneer dats *te doene si*, So salsi comen", Rose 10099; »Miin
her Echites En *hadde van siere gichten* niet *te doene*", Limb.
V 943; en z. v. Rose 9896, 10271, Lanc. II 7823, 7836,

---

1) Vanhier zelfs *gheen doen* »niet noodig": »Het en is *gheen doen* dat ic u dat
segghe", GR. 207 v.; z. n. Cl. v. d. l. land. 148, V. Hild. 70, 91.

2) Vgl. »Soe en *ghebrac* nie zint *nijts*", Lksp. I, 84, 15; »ende waent dat hem
der erden sal *gebreken*", Vad. M. I, bl. 337; »*Dies* hem *gebrec*", Vad. M. III,
bl. 256, vs. 647 (alsmede Lksp. III, 12, 159, Belg. M. IV, bl. 318, vs. 481, enz.),
naast de oorspronkelijke constructie, b. v. in »Ende haer *ghebrac haer tale*", Segh.
v. Jher. 7394; »Want hen en mach *eer* noch *guet ghebreken*", V. Hild. 10, 139,
enz. enz.

31824, Theoph. 64, Yst. v. Tro. 4344, Fl. e. Bl. 3094, Walew. 529, Seneca leren 42, GR. 223 v., Esm. 217, Esop. 55, 8, alsmede Clign. Bijdr., bl. 306 vlgg. [1]).

Wanneer men iets noodig heeft, verlangt men er naar. Vandaar ook *es te doene*, c. genit. rei, = »er bestaat verlangen naar", en *te doene hebben*, met denzelfden nv., = »verlangen hebben naar". Vgl. het Lat. *desiderare*, ons *wat hebje hier noodig?* = »wat zoekje hier"?; en zie b. v. »gaet uwer verden! Hier en *es u* (1. *uus*) niet *te doene* Noch te horen van uwen sermoene", Belg. M. VII, bl. 319, vs. 51; »Doe was harde gram reinaert Ende sprac aldus ter besien waert: Du best soe hert ende soe groene, Blijf daer, *dijns* en *hebbic* niet *te doene*", Esop. Cl. 306; (o. Sp. H. III⁷, 12, 48, Lanc. III 20722, Fl. e. Bl. 2024).

Ten gevolge van deze begripswijziging kon nu ook de genitief plaats maken voor een constructie met *om*, het gebruikelijke voorzetsel om de betrekking »naar, ter verkrijging van iets" uit te drukken, gelijk we zien in: »die rechter — Die recht ende onrecht al sal weten Ende niet *om miede* en *is te doen*", V. Hild. 17, 245; »Aldaer die rechter is gheseten — Daert niet *om myede* en is *te doene*", Ibid. 62, 74.

Dat men voorts bij 't bezigen van deze zegswijzen, niettegenstaande de ontwikkelde opvatting van *te doen*, door den klank van 't werkw. verleid, onwillekeurig aan een handeling dacht, welke de naar iets verlangende somwijlen verricht of verricht heeft, spreekt vanzelf. En herinneren we ons hierbij tevens het gebruik van een uitdrukking als »Om hoerre lieft ist al ghedaen", Mnlp. I 2698, dan wordt het ons volkomen begrijpelijk, hoe uit *mi ist te doen om* een *mi ist (al) gedaen om* kon voortvloeien.

---

1) Desgelijks bij *gheen* (*te*) *doen*: »dat hijs *gheen doen* en hevet", Bw. 27 r.; »so en had si *gheen eertscher spisen te doen*", Lg. 95 r.; »want ghij *des gheen doen* en hebt", GR. 41 r. En bij *wat doen*: »Christus en heeft *selker cnapen wat doen*", Sp. H. II⁴, 7, 72; (z. o. Maerl. Strof. Ged. ed. V, bl. 129).

DOOT.

Naar het Os. *ik sâiu*, *sâian* (met *i* = *j*), en *sâid* (3de p. s.

pr. ind.), *sâidos* (imprf.), moest men volgens de klankwetten in de jongere taal *ik zaai(e)*, *zaaien*, en *hij zaat*, (*du*) *zades* verwachten; [vgl. reeds Ohd. een imprf. (*ih*, *er*) *sâta*, (*er*) *mâta*, een partic. *gimât* (naast *gimâit*), *gisâta*, acc. pl., *ginâtes*, *unginâten*, g. s. neutr. en dat. pl.]. De oorspr. *j* (geschreven als *i*) kon tusschen twee klinkers blijven bestaan, maar de vocaal *i* van 't suffix moest toonloos worden, om daarop met den voorafgaanden klinker samen te vallen, evenals b. v. ook in (*du*) *vaes*, *slaes*, (*hi*) *vaet*, *slaet*, uit *fâhis*, *slahis*, *fâhit*, *slahit*. Door invloed der vormen met *j* drong deze consonant later bij verba, als *zaaien*, *maaien*, *groeien*, enz., in die vormen, wier suffix eertijds met den klinker aanving; vanwaar een 2de en 3de pers. s. praes. ind. (*du*) *saeis*, *maeis*, (*hi*) *saeit*, *maeit*, voor het streng grammatische (*du*) *saes*, *maes*, (*hi*) *saet*, *maet*; een imprf. *saeide*, *maeide*, een part. *gesaeit*, *gemaeit*, voor *saede*, *maede*, *gesaet*, *gemaet*. Ontbrak echter zulk een analogiseerende invloed, dan hield, gelijk te begrijpen is, de oorspronkelijke grammatische vorm stand. Hetzij nu het Ohd. *dawjan*, tabescere, hetzij het Os. *dŏian*, sterven, aan ons Dietsche *be-*, *gedouwen*, *verdooien*, *wegkwijnen*, beantwoordt (vgl. het gloss. op Maerlant's *Strof. Ged.* ed. Verw., en Franck's Aant. op den *Alex.* bl. 466), in beide gevallen was het oude *dooien*, met het begrip »sterven", in het Dietsch verloren gegaan en miste het oude partic. van dit ww., *doot*, gestorven (voor *doŏet*, uit *dŏid*), den samenhang met een verbum op *-jen*. Vandaar in onze oudere taal *is doot* = »is gestorven"; vgl. b. v.: »Die iaren van ysmahels leven waren hondert ende seven ende dertich iaer ende ghebrekende so *is hi doot*", Delfsce B. Gen. c. 25, vs. 17; »verteert van outheden so *is hi doot*", Ib. c. 35, vs. 29; »Nadien dat gedeon *doot was*, so keerden die kinder ysrahel achterwaert", Ibid. Judic. c. 8, vs. 33; »hi *is doot* ende begraven", Ib. c. 12, vs. 12; »het geschiede nadat saul *doot was*",

8

Reg. II, c. 1, vs. 1; »die scare vertraden in den inganc ende hi *is* daer *doot*", Ibid. Reg. IV, c. 7, vs. 7; (z. o. Ib. Num. c. 15, vs. 36, Reg. I, c. 31, vs. 6, IV, c. 20, vs. 10, IV, c. 12, vs. 20, Paral. I, c. 1, vs. 44, waar de Vulgaat overal »mortuus, mortua", de Ned. vert. »gestorven" heeft); »te bethanien, dair lazarus *doot was*, dien hi verwrecket hadde", Den lev. o. h. ihu. (Cat. mss. M. v. L. n°. 258) 78 r.; »een berch inden welken moyses *doot is*", Barth. d. Eng. 240 v.; »te dien tide *was* daer *doet* skeysers neve", Yst. bl. 244; »Vier dage nadien — *es* hi *doot*", Lanc. IV 12861; en Lanc. III 4778, 4810, 4935, 11015, 11080, 11132, 14651, IV 15035, alsmede een paar andere door Franck (op den *Alex.* bl. 421 vlg.) gegeven citaten, waar evenwel dit *doot* met het adject. *doot* (in *doot hebben*), = Got. *dauths*, verward is [1]).

GELESEN.

Op bl. 189 vlgg., Jrg. IV v. d. *Taalb.*, is het bestaan van een Dietsch *gelesen*, gerimpeld, door bewijsplaatsen gestaafd. Met de aldaar gegeven afleiding zal zich echter niet iedereen kunnen vereenigen, dewijl er in de beteek. »rimpel" wel een *lese*, Ohd. *lesa*, maar geen *lesen* bestond [2]). Van *lese* kon, gelijk vanzelf spreekt, op strikt grammatischen weg slechts een *geleset* komen; (vgl. Ohd. *kelesot*). Doch naast dezen stellig eenmaal gebezigden vorm kende onze oudere taal, in volkomen gelijke opvatting, ook de als adject. gebezigde st. participia *berompen* en *verrompen* (z. Brand. 991, Rose 335, en »een herde out man, die een *berompen* aensicht hadde", Pass. W. (ed. 1499), 44 r.; en vgl. het st. verb. *hrimfan* in 't Ohd., *rimphen* in 't Mhd.). En hoe licht kon dit op den vorm van het oorspr. *geleset* invloed oefenen en het tot *gelesen* doen worden!

---

1) In den Alex. II 635, IV 37, VIII 273, staat *doot sijn* = »gedood zijn". Blijkbaar onder den invloed van den vorm *doot*, gestorven.

2) In het citaat uit den Sp. H. (I*, 45, 18) zal vóór *lesen* wel het lidw. *een* te schrappen zijn; een gerimpeld voorhoofd toch pleegt niet één, maar meer rimpels te vertoonen.

GEBLAS.

Op bl. 397 zijner Aanteekeningen op den *Alex.* zegt Franck:
»de verklaring (van *gheblas*) gegeven door van Helten, Vondels
taal I, 25, gaat geheel mank". De bewijsgronden voor deze
bewering zijn t. a. pl. niet opgegeven; en tevergeefs heb ik
onderzocht, aan welk been mijner verklaring dat »mank gaan"
mocht kunnen geweten worden. Het Ohd. toch kende een subst.
plâst (dat. pl. *plastim*, z. Graff III 237), flatus, dat wel identisch moet wezen met het On. masc. *blâstr* (*blâstar, blaesti*),
flatus, en als zoodanig oorspronk. een met het suffix *tu* gevormde
mann. *u*-stam was [1]). Voor de mogelijkheid der assimilatie van
st tot *ss* bewijzen de 3de pers. *is*, uit *ist*, het Dietsch *mes(ch)*,
mis, missche, stercus, Got. *maihstus*, ons *hij issem*, voor *hij is*
't (h)em. Voor het aannemelijke eener verkorting des oorspr. langen
klinker pleit het Dietsche en nog thans in de spreektaal gebezigde
most(e) (uit *môsta*), dat hierin alzoo juist overeenstemt met vormen,
als *licht* (adj. en subst.), *dacht, bracht, docht, zacht, kocht, zocht,*
vochtig (eertijds *vucht*), enz., op wier oorspronk. langen vocaal
of tweeklank de *cht* invloed heeft geoefend. Welk bezwaar
zou er dus in te brengen zijn tegen de gelijkstelling van bovengenoemd *blâstr* met het Nederl. masculinum *blas*, flatus (waarnaast ook *blast*; z. Oudem. Mnl. Wb. I, bl. 719 en 720)?
En waarom zou niet evenzeer het onz. *geblas*, flatus (z. Alex.
I 1073, II 252, Best. II 2768, Camph. Ps. 107, 13, enz.) aan
het in de Diutiska (II, 313) aangetroffen *geblaste* (dat. s.),
anhelitu, beantwoorden? Wel is waar geeft ons deze vorm
niet beslist het recht, met Graff (III 237), een Ohd. neutr.
gablâsti aan te nemen, dat analoog zou zijn met het Ohd.
onzijdige *gehruafti* (z. Graff), Mhd. *gerüefte*, het Mhd. onz.
geschrihte, gesihte, gerüchte, gelübede, enz.; doch zelfs indien
dat *geblaste* bij een vrouw. *i*-stam *gablâst* (vgl. de Ohd. femi-
nina *kidult, kichunt, gnuht, giburt*, enz.) mocht behooren, dan

1) De buiging *blâstrar, blaestri* is blijkbaar naar analogie der mannel. *i*-stammen
lemstr, rekstr, enz. (vgl. Wimmer On. Gr. § 47) ontstaan.

behoeft ons het ontstaan van een onz. *geblas* uit zulk een femininum nog niet te verwonderen, wanneer we slechts op de ontwikkeling letten der onz. nomina *geboirte, scrift, gedult, graft*, enz. (z. dit *Tijdschr.* II, bl. 44 [1]); en dat wel te minder, dewijl hier de analogie van neutrale verbalia, als *geluut, geween*, enz., ook wel een handje zal meegeholpen hebben.

De door Franck t. a. pl. aangenomen verkorting des klinkers, onder invloed eener volgende ENKELE *s*, mist elke analogie. Zijn bewering, dat het oude »lôs tot *los* wordt met een meerv. *losse*, en omgekeerd uit het mv. *looze* een nieuw enkelv. *loos* ontstaat", zal niet licht instemming vinden. Begrijpelijker ware het, zoo *loos* eenvoudig aan het Oudgerm. *lôs* beantwoordde, en de buigingsvormen van *lôsjan, lôsis, lôsit, lôsi*, een verb. *loozen* hadden doen ontstaan, terwijl *lossen*, met verkorte *o* (evenals in *ik, hij most(e)*), te voorschijn ware gekomen uit het oorspr. *lôsju, lôsjun, lôsjit, lôsjunt*, enz. (natuurlijk met een door de volgende *j* ontwikkelde dubbele *s*) en het praeter. *lôsta* (waartoe *lôsita* reeds vroeg was geworden; vgl. Ondfr. *gehôrda, wânda*, en het meermalen in 't Ohd. voorkomende *lôsta*). Onder den invloed van dit *lossen* ware dan de vorming van *los, losse*, voor *loos, looze*, mogelijk. De *a* in *ghedwas* kan hier voorts niets bewijzen, daar de samenhang van 't woord met *dwaes* zeer twijfelachtig is. (Vgl. ook GR. D. Myth. 867, die het nomen in verband brengt met het Lit. *dwāsê*, geest).

GEWERDEN of BEWERDEN LATEN.

In den roman van *Die Rose* belooft *Valsch Gelaet* zijn eigen hulp en die zijner amie *Bedect Wesen* aan den *God van Minnen* (vs. 11109 vlgg.) en eindigt met de woorden:

> Al es simpel mijn gelaet,
> Van quaet te doene en werdic sat;
> Want mire amien es te bat,

> Ende heves dicke groten noet.
> Sie ware lange van hongere doet,
> Hadde sijt allene moeten ·herden:
> *Lates mi ende hare gewerden.*

Uit deze plaats, alsmede uit »*so heb ic u luyden laten bewerden van saken*, die welke uwen wet aengaen", Lic. 251 v., blijkt, dat het Dietsch een zegswijze *enen ener sake laten ge-, bewerden* kende, waarin dit laatste verbum in de opvatting stond van »voor iets zorgen" en aan het Oudsaksische *wardon*, voor iets zorgen, beantwoordde; (voor de *e*, uit *a*, vgl. de Dietsche imperfecta *sterf, werf*, enz., het nog thans gebezigde *werd, derven, erg, verf*, enz.).

Niets anders is natuurlijk *enen laten ge-, bewerden* in zinnen, als »*Laet mi* metten neve mijn *Ghewerden*, ic wils geweldich sijn", Ystor. bl. 1404; »Doe *liet hem* die vader *bewerden* ende gaf hem sijn rijck half", St. 17 v.; »*lieten si hem bewerden*, hoe dat hi mochte", Rein. pr. 108 r.; »Ende *laet den ridder* (d. i. Heinric) ende *hem* (d. z. de belegeraars) *ghewerden*", Limb. II 1450 (woorden, door den coninc van Trier tot de burgers dier stad gesproken, nadat hij hun den raad heeft gegeven Heinric buiten de poort te sluiten en hem te dwingen het *alleen* met de belegeraars te vinden); »Hi gelovede ons dat hi sal *Ons* beiden *laten gewerden* al", Rose 3416; »Men mach dat wijf castien niet, Maer *laten gewerden* wies si pliet", Ibid. 9358; (z. v. Ibid. 5654, Lanc. III 11837, 13673, 18103, Ruysbr. IV, bl. 288, Belg. M. VII, 94, V. Velth. III, 42, 51, Lutg. II 1241). Hier toch, waar *ge-, bewerden* absoluut gebezigd is, heeft de geheele uitdrukking de beteekenis »iem. laten doen wat hij wil, iem. de vrije hand laten", een opvatting, welke nauw samenhangt met die van »iem. laten zorgen, iem. de zorg overlaten", en die we tevens volkomen terugvinden in het hedendaagsche *iem. laten geworden.*

Bij overdracht van den persoon op een zaak, werd zulk een »iemand laten doen wat hij wil" tot »iets laten doen wat het wil", »iets op zijn beloop laten". Vandaar dat ik het niet

waag aan de verwantschap te twijfelen tusschen de boven besproken zegswijze en het Dietsche (*iet*) *laten gewerden*, dat we
in laatstgemelden zin b. v. ontmoeten in den Fl. c. Bl., vs. 3236.
Hier toch wil de dichter vertellen, dat de wegens Blancefloer's
afwezigheid opgewekte toorn des amiraals, na Claris' verontschuldiging, geen verdere gevolgen heeft, en bedient zich daartoe van de woorden »*Dit liet* hi (de amiraal) also *gewerden*
doe". Zie ook nog den Ferg. vs. 1021, waar koning Artur
den over Keye's spot verbolgen jongen held vertroost met:
»Vrient, — *laet gewerden*; Dat willic tusschen u beverden";
en V. Velth., die (I, 1, begin) zegt, dat hij over den tot
keizer gekroonden Landgraaf van Doringen, die zijn »weder-
saken" niet kon »bedwingen", niet wil spreken, »Want hy
't oec *gewerden liet*, Ende hem der pinen oec verdroet Jegen
Coenrade".

KUNNEN.

Hoe verkeerd men doet met *ik kan, wij kunnen* in de hedendaagsche taal = »weten" af te keuren, blijkt niet alleen uit
de beteekenis »novisse", waarin we dit woord in het Got.,
Ohd., Mhd., Ags., Os., Ofri. en On. aantreffen, maar evenzeer uit het gebruik van dit praeterito-praesens in het Dietsch.
Vgl.: »Hi peinsde, dat hi noch *conde* vele Argumenten", Mask.
695; »(si) *connen* alle scrifture", N. v. h. Heelal, 792; »(si)
connen alle philosophie", Ibid. 1692; »had si *walsch gheconnen*",
Lutg. II, 9; »Polistratus *conste* wale Beide indsce ende griexe
tale", Alex. VII 511; »Mer had ic *gheconnen* dese tale", Mnlp.
I 956; (z. n. Lanc. II 24240, Sp. H. I⁵, 12, 9, II⁸, 65, 18,
D. Doctr. III 889, Belg. M. X, bl. 267, Melib. 1243, 1258,
Bdio. 99 v., enz.). Natuurlijk is de beteekenis »posse", die we
b. v. in het Os., Ofri., Ags. en Mhd. aantreffen, op gelijke wijze
uit de bovengenoemde voortgekomen, als in het Fransche *savoir*.

ONWANDEL.

Te recht heeft Verdam (*Taalb.* IV, 192) er op gewezen, hoe
weinig de door David voorgestelde verandering van bovenge-

noemd adjectief in *wandel* (vs. 24151 v. d. Rijmb.) een verbetering mag genoemd worden. Kennelijk moet men evenwel
op deze plaats een andere vertaling van het woord geven, dan
door Verdam is gedaan. »Onverbeterlijk, niet te veranderen",
niet »slecht, verdorven van zeden", wilde Maerlant uitdrukken
blijkens den samenhang van den tekst: »Dat gheen man van
sinen wive Ne sciede, hen ware dat soe van live *Onwandel*
ende dorper ware". En dat we het recht hebben zulk een
opvatting toe te schrijven aan het uit *on* en *wandel* »te veranderen" saamgestelde woord, bewijst het Mhd. *unwandel*, on-
boetvaardigheid (z. Lexer i. v.).

Hoe zou daarenboven *onwandel* aan een beteekenis »slecht
van levenswandel" zijn gekomen in een taal, waar men bahu-
vrîhi-samenstellingen met *on*, als in het Skr. *anaçvas*, *anantas*,
anarthas, het Gr. *ἀθάνατος*, niet kent? [1]).

SCONE DACH, MORGEN.

Dat *scone* in deze uitdrukking meermalen niet als »mooi",
doch als »klaar" is op te vatten, en met *scone dach* of *morgen*
alzoo de op de schemering volgende en, in verband daarmede,
heldere dag of morgen bedoeld werd, zullen de volgende citaten bewijzen: »Eer hi daer ghequam, so wortet *schoen dach*,
ende die sonne began te rysen", Rein. pr. 18 r.; »Die ridder —
sliep to*ten sconen daghe*", Limb. II 1459; »maer hem quam
davont toe, Jnt wout ginc hi dolende doe Tote bi *den sconen
dage*", Belg. M. VII, bl. 446; »Als men *den sconen dach* siet,
Stont upten oever daer Jhesus", Rijmb. 26991; »Ende gingen
te rusten na dien Tot 's morgens dat men mocht sien Ten
venstren *den sconen dach*", Gr. O. 1143; »so quam een soe
groot blixem om ende om den tempel, dat al die luden waenden, dat *scoen dach* geweest had", Pass. Som. (ed. 1500) 15 v.;
»Heer coninc, het is nu *scone dach*, wilt doch dat wijf laten

---

1) Of zou een Ags. *aemôd*, een Ofr. *elive*, *efelle*, zulk een *onwandel* kunnen
steunen? Ik meen van niet.

gaen", Sw. 48 r.; »(hi) ghinc wech bedruct van herten thent dat *schoen dach* was", Ibid.; »Ende alset was *scone morghijn*, Quamen die cnapen voor die sale", Parth. 3884; vgl. o. n. Limb. I 708, V 202 en 1026, alsmede »sijn scheme die maecte den wech also licht oft *schoon* middach gheweest hadde", Rein. pr. 73 r.

(VER)SCHEYFELEN.

»Ende alle die hem gheloveden, sijn *ghesceifelt*", Ap. 13 v., = »qui credebant ei *dissipati* sunt", Act. Ap. 5, 36, Vulg.; »wat wil dese *woert sceyphelaer* segghen?", Ap. 42 r. = »*semiverbius*", Act. Ap. 17, 18, Vulg. (Ned. vert. »*woert-zaeyer*"); »Doesi dese dynghen ghehoert hadden, worden si *al grimmende ghesceyfelt van herten*", Ap. 13 v., = »haec cum audissent, *dissecabantur*", Act. Ap. 5, 33, Vulg. (Ned. vert. »soo *doorsneet* henlieden dat"); »ende verwondert u ende *wort ghesceyfelt*", Ap. 33 v., = admiramini et *disperdimini*", Act. Ap. 13, 41, Vulg. (Ned. vert. »ende *verswijmt*").

Uit deze plaatsen blijkt, hoe bovengenoemd verbum de beteek. had van 1°. »(ver)strooien", en 2°. »ontstellen, ontroeren, in verwarring brengen" (bij heftigen toorn of bij verbazing).

Als »verstrooien" of »oplossen" ontmoeten we het woord ook in: »overmits dier druckinghe so wort die vuchticheit, dye »daer in (in de hersenen) gehouden is, wtgeperst ende glijdt »en wech, ende overmits vele verlatinghe der herssen wort si »*gescheyfelt* ende gedeylt, alst openbaert in dengenen, die den »snuuf hebben in den hoefde van couden", Barth. d. Eng. (Haerlem, bij Jac. Bellaert, 1485), 37 r.; »Dat lijm van aspalcum, datmen niet dissolveren en mach mit yser noch mit wateren, wort dat besmet mit desen bloede, het sal *gesceyfelt* werden", Ibid. 44 v.; »Item die enicheyt der doechden inden slape, want die *gescheyfelde* doecht wort vergadert inden lichaem des slapers", Ibid. 110 v.; »die zon — scheydt die venijnde waren ende *scheyfelt* die lucht", Ibid. 166 v.; »opdat die craften, die des daechs *gescheyfelt* ende vercranct sijn overmits arbeyt ende

waken, dan weder gestarct ende *vergadert* moghen werden",
Ibid. 186 r.; »die glimmende assche wort mit enen cleynen
winde *verscheyfelt* ende, als si *verscheyfelt* is, so kan si cume
weder vergadert werden", Ibid. 195 v.; »als si (die lucht) ge-
congheleert is of bevroren, soe maect si snee ende hagel, ende
als si *gescheyfelt* is, so maect si claerheyt", Ibid. 196 r.; »die
stotinghe des wijndts licht die stroen ende die caven op ende
scheyfelt die asschen ende dye pulver vander aerden", Ibid.
198 r.; »die rokicheden vander zee — werden *gescheyfelt* anter
vanden winden" — of, eer dat si gedict mogen werden in
snee, so werden si gescheyden ende ontbonden in reghen of
in nevel", Ibid. 203 v.; vander simpelre enicheyt, totter welker
alle dinghen, hoe seer si *ghesceyfelt* sijn, weder ghebracht werden", Ibid. 437 r.

Als »ontstellen, storen" bezigt het de vertaler van gemeld
werk, met bijzondere zinnelijke toepassing op het gezicht, de
oogen: »waert dat dat dinc, datter ghesien is, beroert worde,
soe soude dat ghesicht gheconfuust werden, ende van dien
stedighen beroeren soudt *ghesceyfelt* werden", 27 r.; »die gheen
decsel en hebben, dien wort haer ghesicht benomen om die
stedige oplukinghe, ende also wort dat gesicht *ghesceyfelt*",
28 v.; »een clare lucht *scheyfelt* dat gesicht ende quetst die
crancke oechskens", 97 v.; »die claerheit die welke — dat gesicht *verscheyfelt* ende also brenget van node een ewige blint-
heit", 122 r.; »mer sietment (tsnee) lange aen, so *scheyfelt* den
sienliken geest ende verduystert dat ghesicht", 203 v.; z. o.
55 v. 120 v.

De afleiding *verscheifeling* = »kommer, onrust", het Dietsche
»onlede" (z. »dat is becommeringe ende die *versceifelinge* der
werelt", Dbvt. 116 v.), vertoont een met het bovenstaande *ge-
sceifelt*, ontsteld, ontroerd, verwante beteekenis.

In hoeverre echter *verschifelt* (in »dattu verwecken soudeste
die aerde ende besitten die *verscifelde* erfnisse", Ee. 93 v.) met
ons woord samenhangt, of het een schrijffout is voor *verschei-
felde* (= »verstrooid"), moge een ander uitmaken, die misschien

ook zoo gelukkig is de herkomst van dit zonderlinge verbum aan te wijzen.

SWIJDE.

Op de beteek. van *swide* »sterk, talrijk" heeft reeds Huydecoper (op Stoke, D. I, bl. 397) gewezen; en Van Hasselt, die deze plaats (op Kil. i. v. *swindigh*) aanhaalt, voegt er tot bevestiging dier opvatting een citaat uit V. Paffenrode's *Hopm. Ulrich* bij, waar het afgeleide *swidig* als »veel, zeer veel" gebezigd is. Blijkbaar is dit *swide*, Os. *swîdhi* (*swîdh*), sterk, krachtig, hevig, (Ags. *svîdh*, vehemens, validus, potens), niet te scheiden van het Got. *svinths*, krachtig, gezond, Mhd. *swinde*, *swint*, sterk, snel (d. i. sterk in 't loopen), fel, boosaardig enz., bij Kil. *swinde*, *ghe-swinde* (vetus), vehemens, *swindigh* (vetus), multus, magnus, (ook in *swindigh volck*, populus frequens, copiosus). Het wegvallen der *n* is een bekend taalverschijnsel, en de begrippen »sterk", en »talrijk, groot in aantal" grenzen zeer na aan elkaar; vgl. »het leger is 10,000 man *sterk*", »een *macht* van menschen", het Lat. *vis* = »multitudo", enz.

In een andere verwante beteekenis ontmoeten we dit *swide* ook in Bern. Serm. Som.: »als een mensche al te *zwijde* of te vermetel is", 125 r.; »Die ghene die al te *zwijde* zijn, die vermeten hem te moghen, dat si niet en vermoghen", Ibid.; waar »sterk" is overgegaan tot »flink, zelfvertrouwen bezittend". Wie sterk is, zal zich ook in den regel sterk gevoelen, vertrouwen op zijn kracht hebben.

Of het adjectief voorts, wegens zijn gesyncopeerde nasaal, als een Friesche of Saksische indringer is te beschouwen? Vgl. het Ondfrk. *svítho*, nimis (Gl. Lips. 872), en het Nederrijnsche bij Frommann (*D. mundart.* II 455) vermelde *swide*. Zouden we met het oog op dit woord, alsmede op het Oudfrk. *farkûth*, *sûthon*, en het in de Nederfrankische streken uitsluitend gebezigde *fîf*, *vijf*, *saeft*, *sa(e)ch(te)*, een Nederfrankische syncope der nasaal, vóór spirans of affricata, volstrekt mogen loochenen?

Ter uitdrukking van de allerhoogste mate eener eigenschap, bezigde men oudtijds meermalen een omschrijving, als de volgende: »Een cleine zelverijn naeldekin, *Dat zuverleker nine mochte sijn*", Rose 84; »sijn anscijn, *Dat niet scoenre en mochte sijn*", Ibid. 1382; »Hovescheit, *die niet vroeder Wesen en mochte*, was sijn moeder", Ibid. 2838; »ene scoene creature, *Die oec niet edelre en mochte sijn*", Glor. v. Bruysw. 1123; »Der scoender joncfrouwen, hiet Sanderijn, *Sien mochte niet noyaelder sijn*", Lans. v. Den. 26; »Si es gheheten Sanderijn; *Si en mochte niet noyaelder sijn Noch bat ghemaect van haren live*", Ibid. 669; »die eyselike aenschijne, *Die niet leliker en mochten sine*", Wrake III 2444; »Hoet algader sijn vuylheden, *Dat niet vuylre en mochten sijn*", Ib. 2313; »van eenre maget fijn, *die niet edelre en mochte sijn*", Ibid. II 1051; »die vrouwe mijn, *Die niet beter en mach sijn*", D. Vrouw. heim. 14; »Die scedel was een recht robijn, *Hine mochte scoonre no beter sijn*", Parth. 603; z. n. Lanc. III 13991, 18294, IV 1200, Glor. v. Bruysw. 268, enz.

Nagenoeg hetzelfde als *dat niet scoenre, beter* enz. *en mach sijn*, drukte natuurlijk ook een constructie uit, als *dat men niet, dat men het niet verscoenen, verbetren* enz. *mach, can*, of *dat niet verscoent, verbetert* enz. *en mach sijn* (nam. omdat het reeds den hoogsten graad van schoonheid, deugdelijkheid enz. heeft bereikt). Vgl. b. v.: »canteele some root, some groene — *Die niet en mochten versconet sijn*", Parth. 358; »Dese cousen sijn wel ghewracht, *Dat mense niet verbetren can*", Ibid. 3317; »een camerkijn, *Dat versconet niet mochte sijn*", Ibid. 3422; »sijn lijf dat es so soete, *Van den hovede toten voete Ne mocht mer niet verbetren an*", Ibid. 5776; »Dese is also goet, *Hi en mag niet verbetert sijn*", Grb. Oorl. I, 731; »daer boven, *daert niet wesen mach verscoont*", Praet 3203; »Dat waren juweelen harde scone, *Sine mochten niet verbetert sijn*", Segh. v. Jh. 3925. Vandaar ook, per analogiam, »die coninc Clarijn, *die niet ver-*

lusticht ne mochte sijn", Parth. 3832 (= »die niet lustigher
ne mochte sijn"), en »Desen riddre hebbic oec hier gehouden,
Om dat si beide vergadren souden; Elc sal bi andren teren
comen, Want *men mochte beide niet vervromen*", Limb. V 2096,
(= »beide en mochten niet vromer sijn"); ofschoon hier aan
een gebruikelijk *verlustighen*, iem. lustiger maken, *vervromen*,
iem. vrom*er* maken, niet te denken valt. En evenzoo de uit
de 16ᵈᵉ eeuw overbekende zegswijzen *niet om versimpelen, quaet
om vergroven*, enz. = »uiterst simpel, grof" (zie de Wlijst op
A. Bijns), eig. = »die niet versimpelt, vergrooft", of »die niet
simpeler, grover en mach sijn". (Ten onrechte heb ik t. a. pl.
die uitdrukkingen verklaard als »niet te overtreffen in simpel-,
grofheid"; want composita met *ver-*, in dergelijken zin, bestaan er niet. Wel vindt men een *versnellen, verlisteghen, ver-
subtijlen, vervroeden* = »door snel, listig, subtijl, vroed te zijn
iemand de baas worden" [1]), maar een *versimpelen, vergroven*
enz., met het laatstgenoemd begrip, zou moeilijk te verklaren zijn.

TEET en TETER.

Ofschoon ons *teder* natuurlijk met het Ags. *tedre* identisch
is (z. *Taalb.* IV, bl. 198 vlgg.), en niet met het Ags. *tât*,
On. *teitr*, Ohd. *zeiz*, zoo mag dit laatste woord toch ook in
het Dietsch op burgerrecht aanspraak maken. Vergelijk vs.
2692 van het IIᵈᵉ D. der *D. Doctr.*: »Te wintre eest hem te
cout Ende te somere hem te heet, Want sine nature si es
teet", waar de uit het Ohd. bekende opvatting »tener" van pas
is; (de var. van C. en R. is *weec*).

Een vorm *teter*, dien men in »Ombe dat Behort *teter* ende
jonc es", Lanc. II 29152, aantreft, is, zoo hij voor een zuivere

---

1) Vgl.: »Van eenen peerde, — Dat seer met nide was besmet Op enen hert —
Omdat het altoos liep voren Ende hijt niet konde *versnellen*", Rein. W. 5665;
(z. o. Rein. pr. 77 v., en de door Oudem. uit Coornh. *Odyssea* geciteerde plaatsen);
»ende hoe hi den portwerder *verlistechde* doe", Fl. c. Bl. 3823; »dat die beste
clercken dicke die wijste niet en sijn, Die leeken en *vervroeden* si bi wilen", Rein.
pr. 54 v.; »ende (de vos) *versubtijlde* so den raven", Bpl. 46 v.

lezing mag gelden, blijkbaar uit het samenvloeien van *teet* en *teder* te verklaren.

TER NEER.

Naast *der neder* (z. dit *Tijdschr.* I, bl. 136, en Yst. v. Tro. 2769) leest men ook herhaaldelijk een *te neder*; z. b. v. Lanc. II 2164, 2390, 7774, 9775, 14236, 17254, Parth. 4783, Rose 5666, 5824, V. Velth. IV, 35, slot, V, 16, slot, Sp. H. III¹, 22, 124, Lic. 52 v., enz., en vgl. *tachter, te voren, te boven, tonder.* Zou het daarom niet verkieselijker zijn voor het ontstaan van *ter neder* aan een samenvallen der bovengenoemde vormen te denken, dan de verscherping der *d* aan een voorafgaande consonant toe te schrijven (vgl. dit *Tijdschr.* t. a. pl.)? Wil men toch een proces als dit laatste aannemen, dan moet men tevens het veelvuldig voorkomen van zulk een voorafgaanden, verscherping veroorzakenden medeklinker bewijzen.

Dat overigens de duizendmaal gebezigde verbinding *neder ter eerde(n), ter eerde(n) neder* (z. b. v. Lanc. II 966, 4919, 5734, 7614, 7754, 20788, 21993, en v. pass., M. Sto. V 1303, Sp. H. III², 6, 8, Lksp. II, 13, 102 en 26, 73, D. Vrouw. heim. 1257, Ferg. 2564, Lic. 41 r. 274 r. 296 r., enz. enz.) hier ook niet zonder invloed is gebleven, laat zich licht begrijpen.

VRIEN.

In verband met hetgeen we in hèt Ohd., het Ags., het Os. en vrij regelmatig ook in 't ons bekende Ondfrk. waarnemen, kan het aan geen twijfel onderhevig zijn, of evenzeer het aan ons Dietsch ten grondslag liggend dialect bij de sterke verba, met een praesensvoc. *e*, den overgang tot *i* in den 2den en 3den pers. s. praes. indic. en den 2den p. s. imperat. gekend heeft. Trouwens de algemeen, nevens *hi ghevet, du gheves, hi nem(e)t, gef, geve, nem*, gebruikelijke vormen *hi ghift, du ghifste, hi nimt, gif, nim* (z. Lksp. II, 41, vss. 17, 18, 86, 96, 136, Mnlp. I 119, II 1175, 2089, Alex. IX 485, Ee. 51 r. 101 r. 175 r., Lg. 9 r. 19 r. 20 r. 99 r. 122 r. 149 v., Ap. 10 r. 153 r.

162 r., Nt. 13 r. 19 v., Ot. 76 v. 78 v. 83 r. 97 v. 139 r., Pau.
114 v., Bdio. 12 r., Bw. 82 v. 87 r., Bs. 51 r. 79 r. 151 v.,
Thak. 15 r. 16 v. 18 v. 19 v. 22 v. 46 v. 114 v. 132 v. 141 v.
149 v., Parhl. 56 r., Dbvt. 75 r. 98 r. 107 v. 108 r. 124 r.
126 v. 127 r. 141 v. 166 r. 176 r. 186 r., St. 5 r. 18 r. 21 v.
37 r. 38 v. 40 v. 50 r. enz., Dat lev. o. Her. (Cat. mss. M. v.
L. nº. 258) 6 r. 7 r. 8 v. 10 v. 15 r. 18 v. 26 v. 39 r. 41 r.
47 v. 49 r. 87 v. 153 v. 160 r. enz., D. l. o. Her. (Cat. mss.
M. v. L. nº. 259) 4 r., (C. mss. M. v. L. nº. 260) 3 r. 40 r.
enz. enz.) hebben nog trouw een spoor van deze vocaalwisse-
ling bewaard. Evenzoo ook het bekende *du pliës*, *hi pliët* (eig.
plijes, *plijet*), welks standvastige *i* blijkbaar aan den invloed
der *j*, uit *g*, is toe te schrijven.

Een gelijken invloed van een zoodanige *j* ware in onze oudere
taal ook te verwachten bij een aan het Ags. *fricgan*, sciscitari,
petere, beantwoordend *friggjan*, welks 2de en 3de pers. praes.
ind., volgens den eertijds geldigen regel, oorspr. *frigis*, *frigit*
luiden, en, bij overgang der *g* tot *j*, *frijis*, *frijit*, in 't Dietsch
vriës, *vriët*, worden moest.

Du pliës, *hi pliët* gaf voorts aanleiding tot het vormen van
een infinit. *pliën*, voor *plegen*, oudt. *plegan*. Een onbep. w.
vriën, uit *du vriës*, sciscitaris, *hi vriët*, sciscitatur, zou ons
een zelfde proces vertoonen.

Misschien is nu deze ontwikkelingsgang voor het Dietsche
vriën, vragen (z. *Taalb.* IV, bl. 244 vlgg.), aannemelijker dan
de vroeger voorgeslagen afleiding van dien vorm uit een naar
het Got. *fraihnan*, *frah*, enz. verondersteld *frehan*. Ik geef
toe, ook voor een Ondfrk. *friggjan* ontbreekt ons een strikt
bewijs; maar het berust althans op een in 't Oudgerm. aan-
wezigen vorm, terwijl men in de oude dialecten voor *frehan*
tevergeefs naar eenigen steun zal zoeken.

W. L. VAN HELTEN.

Naschrift bij bl. 97.
Vgl. ook het Os. praeter. *obharseu*, Hel. C. 2545.

Dr. PIETER BERNAGIE.

Dat er van het leven van een handig tooneeldichter, die voor twee eeuwen leefde, weinig bekend is, is wel begrijpelijk, maar dat de levensloop van een verdienstelijk professor in de medicijnen, die gedurende verscheidene jaren aan het Amsterdamsche Athenaeum luister heeft bijgezet, een vriend is geweest van Francius en Broekhuizen en dan tevens blijspelen heeft geschreven, die eene eeuw lang op het repertoire van den schouwburg hebben gestaan, zeer veel nasporing en onderzoek vereischt, is zeker bevreemdend. Toch is dat het geval met Pieter Bernagie. Onder hen, die in het begin dezer eeuw werken hebben geschreven over de geschiedenis onzer letteren en die zoo vlijtig alles bijeenbrachten, is zelfs maar een enkele, die zijn naam noemt. In de laatste jaren zijn er eenige bijzonderheden van zijn leven aan het licht gekomen. Wat hier over dat leven en over de werken van Bernagie is bijeengebracht moge eenigszins een beeld geven van den verdienstelijken man.

I.

De Bernagies leidden hun geslacht af van de Baronaiges, later Barnaiges genoemd. Vroeger zouden zij Van Welde of Van de Weede hebben geheeten en zou de ridder Jan van Welde, die in de 11de of 12de eeuw leefde, den naam Baronaige hebben aangenomen [1]). In de 16de eeuw zijn eenige leden der familie uit Vlaanderen naar Noord-Nederland gekomen en hebben zich in Noord-Brabant en voornamelijk te Breda gevestigd. Andere takken zijn in de Zuidelijke Nederlanden blijven wonen;

---

1) Vgl. *De Navorscher* van 1882, blz. 190, waar eene geslachtslijst der familie wordt meegedeeld.

de naam wordt daar veel later nog aangetroffen [1]). Reeds in 1536 wordt van een Antonis van Bernagien melding gemaakt als regent van het gasthuis te Breda [2]). In de 17de eeuw behoorden de Bernagies — ook wel Van Bernagien of Bernaige genoemd [3]) — tot de patriciërs in die stad en vinden wij vele van dien naam onder de burgemeesters, schepenen en raden. Zoo werd Joris Wynants van Bernagien in het begin der 17de eeuw schepen en burgemeester [4]); Peter of Pieter van Bernagien, die in 1637 in de regeering kwam, was gedurende eene reeks van jaren burgemeester [5]), Adriaen Bernagie in 1675 schepen [6]), Gosuin Bernaige in het laatst der 17de en in het begin der 18de eeuw telkens burgemeester [7]), enz.

Pieter Bernagie was het derde van de tien kinderen, geboren uit het huwelijk van Sebastiaan van Bernagie en Anna Nuyts, en werd den 2^{den} Juli 1656 te Breda ten doop gehouden [8]). Zijn vader wordt »weesmeester, burgerkapitein, burgemeester van Breda en brouwer" genoemd [9]); burgemeester is hij echter niet geweest, wanneer ten minste eene nauwkeu-

---

1) Vgl. in *De Nederlandsche Spectator* van 1881, blz 354, eene aankondiging door den heer J. G. Frederiks van het werk *Histoire de Menin. D'après les documents authentiques par le* Dr. Rembry-Barth, *archiviste de la ville. Bruges*, 1881.

2) Vgl. Th. E. van Goor, *Beschryving der Stadt en Lande van Breda*, 1744, blz. 104.

3) Onze dokter teekende zich P. Bernagie.

4) Vgl. Van Goor, t. a. p., blz. 229.

5) Van Goor, blz. 233, vlgg.

6) Van Goor, blz. 238.

7) Van Goor, blz. 240, vlgg.

8) Vgl. *De Navorscher* van 1881, blz. 406. Deze *Navorscher* bracht gegevens voor de geschiedenis van het geslacht Bernagie in een artikel van den heer Bakker van Leuven, getiteld *Grafschriften te Breda met genealogische gegevens; De Navorscher* van 1882 (blz. 191, vlgg.) vulde deze mededeelingen aan door het publiceeren eener geslachtslijst, die echter geen volkomen vertrouwen verdient. Dat onze Pieter een zoon was van Sebastiaan van B. en niet van Mr. Goswinus B. en Maria Swaen, die in 1650 ook een Petrus ten doop hielden, blijkt uit de inteekening van zijn eerste huwelijk (zie beneden), waar hij in 1677 21 jaar genoemd wordt.

9) Zie *De Navorscher* van 1882, blz. 191. Van Goor, t. a. p., maakt in zijne lijst van »Borgemeesteren en Schepenen" (blz. 218, vlgg.) geene melding van hem. In 1666 komt hij als weesmeester voor (vgl. Van Goor, blz. 120).

rige stadsbeschrijving meer vertrouwen verdient dan eene geslachtslijst van de familie afkomstig. Naar alle waarschijnlijkheid werd Pieter in zijne geboortestad te midden van het groote
huisgezin zijner ouders opgevoed.

Ongelukkig heeft hij weinig voordeel kunnen trekken van
alles wat Breda in zijne jeugd tot eene interessante plaats
maakte, omdat hij daarvoor nog te jong was. Het verblijf van
Karel II op het kasteel in 1660 [1]), de vredesonderhandelingen in
1667, toen zoovele beroemde buitenlandsche en Hollandsche
staatslieden met hun gevolg eene groote levendigheid aan de
anders stille plaats gaven [2]), de ontvangst en huldiging van
den prins van Oranje in September 1668 [3]), dit heeft misschien
op de verbeeldingskracht van den knaap kunnen werken, maar
overigens voor zijne vorming niet veel kunnen bijdragen. Van
een enkel voorval in zijne jeugd moet ik hier melding maken,
omdat het ons op de hoogte brengt van zijne verhouding tot
een ander Brabantsch dichter. In Mei 1661 trouwde namelijk
Bernagie's tante Perina met Pieter Nuyts van Middelburg [4]),
die later als dichter is opgetreden.

Bernagie heeft in de medicijnen gestudeerd, en zijne naaste
omgeving zal het zeker betreurd hebben, dat dit geen plaats
kon hebben aan de Illustre school te Breda, die, in 1646 met
zoo veel plechtigheid ingewijd, reeds in 1672 opgehouden had
te bestaan [5]). Waar hij zich op zijn studievak heeft toegelegd,
is niet zeker; in de Leidsche, Utrechtsche, Groningsche en
Franeker alba studiosorum wordt zijn naam niet gevonden [6]).

1) Vgl. Van Goor, t. a. p., blz. 188 en Aitzema, IX, blz. 836, vlgg.
2) Vgl. Van Goor, blz. 190 en Aitzema, XIII, blz. 61, vlgg.
3) Vgl. Van Goor, blz. 193 en Aitzema, XIV, blz. 509.
4) Zie *De Navorscher* van 1881, blz. 407. Eén der 8 kinderen uit dit huwelijk
geboren was Laurentius N. (geb. 1675), die in 1697 als jurist te Leiden werd ingeschreven en tot wien later Mr. Cornelis Boon van Engelant (*Gedichten. Den tweeden druk. Te Leyden by Gerard Potvliet*, 1732, I, blz. 217) een gedicht richtte bij
het overlijden zijner moeder.
5) Vgl. Van Goor, blz. 95.
6) Mr. W. B. S. Boeles heeft de vriendelijkheid gehad op mijn verzoek het nog

9

Wel werd hij den 1sten Oct. 1676 te Harderwijk als student ingeschreven, doch daar hij den volgenden dag reeds promoveerde [1]), mogen wij daaruit niet opmaken, dat hij aan de Geldersche hoogeschool zijne studiën heeft voltooid. Hij zal dus aan eene buitenlandsche universiteit of aan het Amsterdamsche Athenaeum hebben gestudeerd. Het laatste komt mij het waarschijnlijkst voor, omdat hij zeer kort na zijne promotie met een Amsterdamsch meisje in het huwelijk trad. In hetzelfde jaar, dat Bernagie promoveerde, stierf zijn vader [2]).

Den 5^{den} Maart 1677 werd in het Amsterdamsche Puyboek het huwelijk ingeteekend van onzen dokter met Margareta van Neekel [3]). Zijn schoonvader, Matthijs van Neekel, bekleedde den post van provoost der O. Indische Compagnie. Of dus Bernagie's huwelijk met een meisje, waarvan de vader zich bezig hield met het »vangen en in hechtenis nemen" van het scheepsvolk der Compagnie, dat handgeld had aangenomen maar er mede was weggeloopen [4]), zeer naar den zin zijner familie was, valt te betwijfelen.

Bernagie zette zich te Amsterdam met der woon neer; den

---

ongedrukte Franeker album, dat waarschijnlijk als derde deel van zijn werk *Frieslands Hoogeschool* het licht zal zien, te raadplegen.

1) In het album academicum aldaar werd in 1676 o. a. ingeschreven:

1 *Octob. Petrus Bernagie, Breda-Brabantus, med. cand.,*

en in het album promotionum vindt men in hetzelfde jaar:

Petrus Bernagie, Breda-Brabantus: Promotus 2 *Octob. Medicinae Doctor, Promotore Zijlio; post explicatum in Senatu Aphorismum Hippocr.* 2. lib. 1 *et casum morbi* Dysenteriae, *atque habitam ibi Disputationem de* Chylificatione.

Deze mededeelingen uit de Harderwijksche alba, die in het archief te Arnhem berusten, dank ik aan de welwillendheid van Jhr. Mr. Th. H. F. van Riemsdijk, archivaris van Gelderland.

2) Vgl. *De Navorscher* van 1882, blz. 191.

3) Puy Inteeken Register:

5 Maart 1677. *Petrus Bernagie van Breda Medicine docter out* 21 *Jare woont op de Heeregraft moeder tot Breda geass. met Adolf Visscher sijn neef en Margareta van Neekel van A. out* 21 *Jare in de Konincqstraat geass. met Mathijs van Neekel haer vader.*

4) Vgl. over den provoost der Compagnie: Dapper, *Historische beschryving der Stadt Amsterdam*, blz. 450.

15^{den} Juli 1677 werd hij onder de poorters opgenomen ¹). Hij
woonde eerst op de Heerengracht, later op het Singel. Uit zijn
huwelijk werden de volgende kinderen geboren, alle in de
Luthersche kerk gedoopt: in 1681 Matthijs ²), in 1683 Anna
Cornelia ³) en in 1685 Elizabeth ⁴); bij den doop van zijn
eersteling was Bernagie's moeder getuige.

In 1682 gaf hij volgens D. J. van Lennep ⁵) een paar medische werkjes uit. Cornelis Bontekoe had in 1678 een boekje
geschreven, getiteld: *Tractaat van het excellenste kruyd Thee*,
dat eene overdrevene en bespottelijke lofrede op de thee inhield.
Zoo beweerde hij o. a., dat men, wil men gezond blijven, niet
te veel thee kan drinken en dat door het gebruik van thee
eene menigte kwalen worden voorkomen. Men zeide, dat Bontekoe het werkje had geschreven op verzoek van sommige bewindhebbers der Oost-Indische Compagnie, die den handel op
China trachtten te bevorderen. Zeker gaf het aanleiding tot veel
twistgeschrijf ⁶), wat echter niet verhinderde, dat het boekje in
1679 en 1685 werd herdrukt ⁷). Ook Bernagie moet zich in
dezen strijd hebben gemengd en twee open brieven aan Bontekoe
hebben gericht om tegen zijne meening op te komen.

In hetzelfde jaar gaf hij volgens Van Lennep ⁸) de *Amster-*

---

1) Poorterboek: 15 *July* 1677 *Petrus Bernagie van Breda Med Dr poorter als
getrouwd hebbende Margreta van Nekelen dochter van Mathijs van Nekelen provoost
der O: I: Compagnie en poorter dezer stad.*

2) Gedoopt 20 April. 3) Gedoopt 29 December. 4) Gedoopt 13 Maart.
5) *Illustris Amstelodamensium Athenaei Memorabilia*, 1832, blz. 189.

6) Er verscheen zelfs een paskwil op rijm, getiteld: *Remedie voor de Rasende
koorts, van de heer Bontekoe, Doctor in de Medicijnen, verzamelt in eenige Recepten
door* L. de Groot. *Rotterdam, by Abraham Rijsberge*...1682 (vgl. P. A. Tiele,
Bibliotheek van Nederlandsche Pamfletten, No. 7818).

7) Vgl. Dr. J. Banga, *Geschiedenis van de geneeskunde en hare beoefenaren in
Nederland. Leeuwarden*, 1868, blz. 628, 629 en Dr. G. D. J. Schotel, *Letterkundige bijdragen tot de geschiedenis van den tabak, de koffij en de thee.* 's Gravenhage,
1848, blz. 190, waar nog twee drukken van 1686 worden vermeld. Het stuk van
Bontekoe werd nog weer afgedrukt in *Alle de Philosophische, Medicinale en Chi-
rurgische werken van den heer* Corn. Bontekoe,.... *t' Amsterdam, By Jan ten
Hoorn*,.... 1689, achter dl. II met afzonderlijke pagineering.

8) t. a. p.

dammer Apotheek uit. In 1635 tijdens het heerschen van de pest had Nicolaas Tulp den stoot gegeven tot het maken van een winkelboek voor apothekers, dat in 1636 werd gedrukt en ingevoerd [1]). Ik vermoed, dat Bernagie van dit Latijnsche werk [2]) eene Hollandsche vertaling heeft bezorgd, zeker niet de eerste, daar reeds in 1714 een zevende druk der vertaling het licht zag [3]). Het is mij niet mogen gelukken deze medische werkjes van Bernagie op te sporen [4]).

II.

Het schijnt, dat de praktijk onzen dokter niet zoo zeer in beslag nam, dat hij geen tijd overhield voor andere dingen. Althans in 1684 trad Bernagie als dramatisch schrijver op [5]). Hij schreef zijne stukken onder de zinspreuk *Latet quoque utilitas*, welke woorden onder een vignet prijken, waarop twee armen, elk in een wolk gehuld en met een raket gewapend, elkander een volant toewerpen. Na 1685 zijn de tooneelwerken van onzen dokter van een ander vignet voorzien: aan beide zijden van een bol, om welken de attributen van treur- en blijspel verspreid liggen, staan op eene kleine verhevenheid twee vrouwengestalten, waarschijnlijk de muzen van het treur- en blijspel, die elkander een volant toewerpen, terwijl de woorden *Latet quoque utilitas* op een lint zijn geschreven, dat over den bol heenkronkelt. Hoogstwaarschijnlijk is al wat onder die

1) Vgl. Wagenaar, *Amsterdam*, VIII, blz. 684, 685 en Dr. H. C. Rogge, *Nicolaas Tulp* in *de Gids* van Juli 1880, blz. 92.

2) De titel was: *Pharmacopoea Amstelredamensis, senatus auctoritate munita. Amst. apud G. et J. Blaeu*, 1636 (vgl. Rogge, t. a. p.)

3) Zie Rogge, t. a. p.

4) De Koninklijke, Leidsche, Amsterdamsche en Groningsche bibliotheken bezitten ze niet.

5) Gewoonlijk wordt aan Bernagie ook toegeschreven *Voorspel, Aan de Ed. Groot Achtbaare Heeren, de Heeren Burgemeesteren En Regeerders der Stadt Amsterdam, vertoond; Den 28 van Wintermaandt 1683, t' Amsterdam, By Albert Magnus*, enz., doch ik weet niet op welken grond. Bernagie's naam of spreuk staan niet op den titel vermeld. Bovendien komt het mij onwaarschijnlijk voor, dat men aan iemand, die nog geene of weinige lauweren op dramatisch gebied had verworven, het vervaardigen van zulk een gelegenheidsstuk zou opdragen.

zinspreuk is verschenen van de hand van Bernagie. Terwijl de vorm der drie treurspelen dezelfde is, en ook de klucht-spelen door hun eigenaardigen bouw, de wijze van zedenschil-dering en hunne ontknooping denzelfden maker verraden, ont-breekt een uitwendig bewijs evenmin, dat alleen Bernagie te zoeken is onder de bovengenoemde spreuk. In 1686 nl. besloot de dichter eene rij van dertien treur- en kluchtspelen met de *Arminius*, welk treurspel door hem aan J. Huydekooper van Maarseveen, Secretaris van Amsterdam, werd opgedragen. In die opdracht, die door Bernagie met zijn naam is onderteekend, leest men: »Doenmaal door wettige redenen hier in verhinderd" (nl. om het stuk aan Maarseveen op te dragen bij gelegenheid van zijn huwelijk) »neeme ik nu de vrymoedigheid, omme dien doorluchten bevryder van *Duytschland*, benevens myne andere Tooneelstukjes, onder de zelve Zinspreuk in het licht gegeeven, aan uw Ed. toe te eigenen." En de »Voorreden" van *De De-bauchant* luidt als volgt:

»Door redeneeringen de menschen hunne fouten, met der zelve gevolgen aan te wyzen, en te beschimpen, werd van de deftigste het bekwaamste middel geoordeeld, omme op de Schouw-burg teffens ende te vermaaken, ende de zeden te verbeeteren; *De Huwelyken Staat*, *Belachchelyke Jonker*, en eenige andere stukjes zijn op deeze wyze verhandeld. Zie hier ten gevallen van sommige, welke meenen dat de Actie zelve ten Tooneele gevoerd grooter indruk geeft, een anderen weg ingeslaagen; indien ik langs deeze zo wel als de voorige myn oogmerk be-reik, zal ik geen reden hebben myne moeite te beklaagen, maar met meerder vrymoedigheid eerlang *den Beschermer der Duitsche Vryheid* aan het gemeen mededeelen; met welk Treurspel ik myne Tooneel-oeffeningen meene te besluyten."

Uit deze beide plaatsen blijkt m. i. voldoende, dat al de werken met de zinspreuk *Latet quoque utilitas* van Bernagie's hand zijn, en tevens, dat hij daarvoor wel wil uitkomen. Toch koos hij eene spreuk, zooals thans velen een pseudoniem aan-nemen, dat even doorzichtig is als vroeger een devies.

In de jaren 1684, 1685 en 1686 heeft Bernagie niet minder dan dertien werken voor het tooneel geschreven; zij kwamen alle uit bij Albert Magnus, »op den Nieuwendyk, in den Atlas, by den Dam." Volgens de data der privileges is de volgorde dier stukken aldus:

1684. De Huwelyken Staat, Kluchtspel.
De belachchelyke Jonker, Kluchtspel.
Het studente-leven, Kluchtspel [1]).
Constantinus de Groote, Eerste Christen' Keiser, Treurspel.
Het betaald bedrog, Kluchtspel [2]).
1685. De Ontrouwe Kantoorknecht, en Lichtvaerdige Dienstmaagd, Kluchtspel.
Paris en Helene, Treurspel.
De Romanzieke Juffer, Kluchtspel.
Het huwelyk sluyten, Blyspel.
1686. De gôe Vrouw, Kluchtspel.
De Debauchant, Blyspel.
Arminius, Beschermer der Duytsche Vryheid, Treurspel.
De ontrouwe voogd, Kluchtspel.

De kluchtspelen tellen één bedrijf, de beide blijspelen drie, de treurspelen vijf. Van enkele dier stukken laat ik hier eene korte inhoudsopgave volgen. Van de treurspelen heeft de *Arminius* den meesten opgang gemaakt.

In den aanvang van het stuk hooren wij, dat Arminius, die vroeger zijne bruid Hercinia, de dochter van Romes bondgenoot Segestes, door geweld heeft verkregen, zijn schoonvader

---

1) Behalve de uitgave met het bekende vignet verscheen in hetzelfde jaar nog eene andere bij denzelfden uitgever. Het vignet op het titelblad stelt een panter voor en daaronder staan de woorden *Niet zonder vlekken.* Met dit vignet en deze spreuk prijkt ook P. Verlove's *Steiloorige Egbert, of de Twee Ongelijke Broeders. Blyspel. t'Amsterdam, By Gysbert de Groot,* enz. 1690.

2) Het jaartal op den titel is 1684, het privilege echter is van 10 Januari 1685.

belegert. De pogingen om den strijd bij te leggen zijn mislukt; Germanicus rukt aan om Segestes te helpen en nu spoort
Hercinia, die getracht heeft haren echtgenoot terug te houden van den krijg met haren vader, hem aan om zich krachtig
te weer te stellen tegen den vreemdeling:

>Vrees niet, Arminius, dat u Hercinia
Iets vergen zal, haare eer, en uwe deugd onwaardig.
Wanneer verzogt ik, 't geen gy zelf niet vond rechtvaardig?
Ik heb zo grooten magt op myn gemoed, dat gy
Geen zuchten hooren zult, noch traanen zien van my.
Ik bad voor heen, dat gy de vyanden zoud spaaren;
Eischt dit myn pligt niet? denk wat vyanden het waren.
Het was uw Broeder, 't was myn Vader. Deze zaak
Verandert nu geheel. Zy zyn door lust tot wraak
Zo ver verblind, dat zy na Rome om bystand zenden,
En haalen in het hart van Duitsland vremde benden.
'k Hoor die geweldenaars zyn reeds in ons gezigt.
Ga, ga myn Heer, ga heen, volvoer uw eed, en pligt.
Wy moedigen u aan, in plaats van wederhouden;
Bescherm de vryheid die de Duidschen u vertrouden;
Bevecht kloekmoedig die verstoorders van 't Heelal;
Verzekerd, dat ik u met wenschen helpen zal.
'k Wil niet, Arminius, dat myne landsgenooten,
Geplaagd, geplonderd, uit hun Vaderland gestooten,
Geweldig weg gevoerd in strenge slaverny,
Of tot de dood gedoemd, vervloeken u, en my."

Wel wordt Flavius, de broeder van Arminius, die als gezant
der Romeinen komt onderhandelen, door den Germaanschen
veldheer ontvangen, doch als de gezant ten slotte eischt, dat
Hercinia, met wie hij vroeger tegen haar wil is verloofd geweest, aan hem zal worden overgegeven, weigert Arminius
natuurlijk aan dien eisch te voldoen. Hercinia wordt daarna
op verraderlijke wijze gevangen genomen, maar zij wijkt noch
voor de liefdesbetuigingen van Flavius, wien zij zijne ontrouw
jegens de prinses Radwich verwijt, noch voor de bevelen haars
vaders om het huwelijk met Arminius te verbreken:

Seg. »Geef Flavius uw hand, of wacht uw straf.
Herc.   Myn Heer,
Plaag door die min een ongelukkige niet meer.
'k Zie hem als Broeder aan, ik kan hem nooit beminnen.
Ik ben zyn Broeders Vrouw, hy moet zich zelf verwinnen.
Denk, welk een sterke band . . . .
Seg.   Ik zal door myn gezag
Die band, hoe sterk die zy, verbreeken deze dag.
Hy roofde u met geweld van 't Auter voor myne oogen.
Een Echt, in wederwil der Ouderen voltoogen,
Blyft steeds onwettelyk."

In het Romeinsche leger ontmoet Hercinia Radwich, vroeger
de verloofde van Flavius, maar door hem verlaten; het arme
meisje doet haren vroegeren minnaar de bitterste verwijten; hij
is zeer getroffen, maar kan toch zijne liefde voor Hercinia niet
overwinnen. Daar verschijnt Arminius in het leger, voorzien
van een vrijgeleide; den slag, dien hij op het punt stond te
winnen, heeft hij doen eindigen om zijne vrouw te kunnen
bevrijden. Als losgeld biedt hij aan Germanicus de adelaars
aan, vroeger op Varus veroverd, maar de Romein verlangt, dat
hij zich met zijn schoonvader zal verzoenen en vriend van Rome
worden:

Germ. »Doorluchte vyand, wiens onsterffelyke naam
Alom gedragen op de wieken van de Faam,
De heele Waereld door uw' schoone lauw're bladen,
Door uw grootmoedigheid, door uw' verheeve daaden,
Door uwe deugd verbaasd, die recht uw land waardeerd,
Die den Romein zyn plicht zelf in uw voorbeeld leert.
De Min rechtvaardigt al 't geen hier mogt zyn misdreven.
Vrees voor geen ongeval, ik heb myn woord gegeeven;
Dat houde ik heilig. Maar kan ik, of schoon myn hart
Met u bewoogen is, verminderen uw smart?
Kan ik Hercinia, myn heer, u laaten volgen,
In wederwille van haar Vader, die verbolgen
U onverzoenlyk haat? Kan ik in wederwil
Van uwe Broeder, van myn bondgenooten? stil,
Stil hunne woede, of ik kan haar in uw handen
Niet wederleveren; schoon ik myn hart voel branden,

Om uwe oprechte min te hand'len na waardy.
Zoek Caesars vrindschap, Prins, 'k verzeeker u van my.
Ja 'k wil bezorgen, dat hy u tot Vorst zal kroonen
Van heel Germanie...."

En Arminius antwoordt:

>Ik de myne zo beloonen?
Wacht van Arminius zo groote lafheid niet,
Myn heer, ik acht myn naam veel mêer dan dat gebied.
Zoude ik myn Vaderland, dat my heeft overladen
Met gonst, en roem, zo valsch, zo schandelyk verraden?
Ik gorde 't zwaard op zyde, en bragt een heir te veld,
Op dat ik Duidschland van 't vernielende geweld,
Van alle slaverny kloekmoedig zou bevryden,
Geensins, op dat ik die zou onder my doen lyden.
Zou ik de wapenen, die 't volk in myne hand
Tot zyn bescherming stelt, zelf in zyn ingewand
Op 't onverwachtste slaan! dat past geen Duidsche mannen,
En schoon ik 't onderwond, men duld hier geen Tierannen.
Dit land is te eedel om een laffe dienstbaarheid
Te konnen draagen; wie door magt, of loos beleid
De vryheid drukken wil, zal al zyn onderwinden
In 't einde vruchteloos, tot zyne schâ bevinden.
Al wie 't bestaat stelt zich voor veel gevaaren bloot.
De jonge manschap zal niet rusten voor zyn dood."

De onderhandelingen schijnen te mislukken en de strijd zal
hernieuwd worden, als Agrippina met Flavius en Radwich ten
tooneele verschijnt. Flavius heeft zich bekeerd, doet afstand van
Hercinia en wil Radwich huwen:

Flav. >Ik zie des Hemels wil, en voorzorg, die bewoogen,
    Noch eindling opend myn zo lang beneevelde oogen.
    'k Verlaat myn dwaaling, en met een Hercinia.
Seg. Hercinia! die gy zo teer beminde!
Flav.   ô Ja,
    En ben gelukkig, zo ik daar door uit kan wisschen,
    Uit haar, myns Broeders, en myn Heers geheugenissen,
    't Geen ik om haar bestondt; en zo die schoone my
    Myn schuld vergeeft, en, na zo veel verradery,
    Weêr myn gevangenis gelyk voorheen steld open.

> Doch ik durf naauweliks op zo veel goedheid hoopen,
> Ik droeg my tegen hen te trouweloos, te laf...."

En nu de voornaamste oorzaak van den twist tusschen Arminius en Segestes, de liefde van Flavius voor Hercinia, is weggenomen, kan de vrede tusschen beiden en ook een verbond met Germanicus worden gesloten, terwijl Hercinia weer aan haren echtgenoot wordt teruggegeven.

Arm.   »Grootmoedig Vorst, ontfang voor de edele slavin
       Dit edele randsoen; deez Schat en Adelaaren
       Zyn, wyl ik nimmer kan uw goedheid evenaaren,
       Getuygen van myn wil, en diepe erkentenis.
Germ. Ik eischte u nooit randsoen. Uw vergenoeging is
       My meer dan schatten, en al wat gy my kond schenken.
       Wat de Adelaars betreft, 'k zou Romens grootheid krenken
       Zo ik die als een gift ontfong uit 's Vyands hand.
       Maar nademaal dat gy als gy uw Vaderland
       Verzeek'ren kond met ons wild handelen van vreede,
       Zal ik niet weygeren te hooren naar uw reede.
       En zo Germanie het Bondgenootschap weêr
       Met Rome sluiten wil, gelyk het dee wel eer
       Met myn Heer Vader, ik zal Duidschland borge blyven,
       Dat Vorst Tiberius 't zal gonstig onderschryven".

Dat het treurspel lang op het repertoire heeft gestaan, heeft het zeker te danken gehad aan de vele vrijheidslievende ontboezemingen, die er in worden aangetroffen.

———

Het blijspel *De Debauchant* heeft den volgenden inhoud. Ferdinand, de vader van Jacobus, is sedert lang op reis en zoonlief maakt van die afwezigheid gebruik om met drinkebroers en snollen een vroolijk leventje te leiden en het geld van zijn vader door de wereld te doen rollen. Zijn knecht Flip zet hem daartoe aan zeer tegen den zin van de eerlijke dienstmeid Jakomijn, die hem duchtig de les leest:

„Maar jy bent oorzaak van het huishouden dat hier gehouden word.
    Al had onze heer tien tonne gouds het zou niet baaten:

Alle dagen brassen en domineeren, met gasten, en boeren, dat ver-
slind;

Daar leggender noch een deel op de zaal, en in 't voorhuis smoor-
dronken, die hier gisteren gegeeten, en de heele nacht gedronken
hebben, ik wed je zulk huishouden in de stad niet en vind.

Te nochtend te vyf uuren is men eerst met groote giften uit de Ra-
telwachts handen geraakt, en van daag weêr nieuwe lichtmissen
in de binnekamer, hy word van jou en zulke panlikkers leevend
opgegeeten:

Is dat gedaan, 't geen jy sinjeur toen hy weg ging belooft hebt? hoe
weinig weeten

De Ouders aan wien ze der kinders beveelen? is dat de jonge borst
deugdsaam opbrengen, schaam jy je niet?"

Daar komt plotseling het bericht, dat de vader is teruggekeerd en reeds voet aan wal heeft gezet. Jacobus is wanhopig,
want het geheele huis is vol met dronken jongelui en met
juffertjes en men kan deze niet zoo spoedig wegkrijgen. Doch
Flip weet raad; het huis wordt gesloten en er mag niet open
worden gedaan. Ferdinand komt, klopt tevergeefs en begrijpt
niets van de zaak, totdat Flip hem wat komt wijs maken.

Ferd. »Isser iemand tot onzent dood?
Flip. Neen, je zoon is op de Hofsteê.
Ferd. Isser dan iemand van de vrinden overleden?
Flip. Neen toch niet.
Ferd. Ben jy luy dan mal?
Flip. Hoe zo?
Ferd. Om wat reden
Sluit je 't huis zo dicht, op een heldere middag? jy wandeld op
de straat,
En daar werd niet opgedaan, noch geantwoord, hoe men scheld,
klopt, of op de deur aangaat.
Ik heb de deur schier in stukken geklopt.
Flip. Jou zoon heeft dit huis verhuurd, en van daag in stad komende,
hoor ik dat de lui te nochtend banko falito hebben gespeeld."

Een woekeraar, die zijn geld van Jacobus komt terugeischen,
dreigt het spel te bederven; eenige woorden door hem luide
uitgesproken doen Ferdinand argwaan opvatten, maar Flip
vertelt hem, dat zijn zoon zeer goedkoop een groot huis heeft

gekocht en daartoe geld heeft opgenomen. De vader is tevreden, maar verlangt nu dat huis te zien; Flip wijst hem het eerste het beste, maar zegt, dat de verkooper zooveel spijt heeft, dat men met geen woord van den verkoop moet reppen, om daarna den eigenaar mee te deelen, dat Ferdinand gaarne zijn huis eens zou bezichtigen, omdat het zoo uitstekend is ingericht.

Het tweede bedrijf, dat zeer kort is, speelt in het gesloten huis; er wordt gespeeld en gezongen, terwijl er met de dronken gasten niets is aan te vangen, in weerwil van het smeeken van Jacobus en van zijn neef Frederik, die hun aan het verstand trachten te brengen, welk gevaar er dreigt.

In het derde bedrijf hemelen Flip en Ferdinand, die thans het huis hebben bezien, den koop van zoonlief om strijd op.

Flip. »Wel myn Heer, hoe is jou die koopmanschap bevallen?
Ferd. Ongemeen.
Flip. Heeft hy wel te veel besteed?
Ferd. Ik weet niet dat ik myn leeven beter huis, na myn zin-
lykheid heb gezien.
Wat een schoone zaal!
Flip. En wat een tuin!
Ferd. Wat een binne kamer!
Flip. Wat een keuke!
Ferd. Wat een zykamer!
Flip. Wat een Voorhuis!
Ferd. Wat'e zolders! In 't kort het gevalt me zo, dat indien
Hy my zes duizend gulden rouw koop bood, het huis evenwel
niet zou krygen.
Flip. Ik zou het ook niet lyden. Als jy het al woudt doen ik zou niet
konnen zwygen.
Ferd. Hoe schoon staat die gevel? en aan weêrzyde heeft het een vrye
muur.
't Is over al even hecht.
Flip. Hoe kittelt hy hem zelve. Dat verstait zich. Wel myn Heer,
eer wy het kochten, bezagen wij het wel derdehalf uur,
Met drie timmermans, en dry metselaars baazen. Jou zoon dorst
het niet wel waagen;
Maar ik dwong 'er hem half toe, en zei doet het, je zult het je
niet beklaagen,

> Ik weet jou Vaders zin, hij houd veel van huizen, en op myn
> raad heeft hy het gedaan.
>
> *Ferd.* Ik bid je zie eens, hoe kant dat die muuren staan."

Nu komt een knecht van Frederik, den neef, aan het gesloten huis kloppen, terwijl Ferdinand dicht bij is; de knecht,
die hem niet kent, biecht alles op en het heele lieve leventje
komt uit. De ongelukkige vader ondervraagt den buurman,
wiens huis hij heeft bezien, en deze weet natuurlijk van den
koop niets af. Ook Jakomijn komt met onthullingen evenals
de woekeraar. Als nu Jacobus en Flip verschijnen, doet Ferdinand eerst of hij nog niets heeft gemerkt, maar laat dan
Flip door den schout gevangen nemen en doet zijn zoon ver
van schitterende beloften. Het stuk eindigt nogal vreemd met
een dans van »Arlequin en Politionelle", die in het gesloten
huis aanwezig waren.

Aan het slot van het stuk staan de woorden: »Dat dit
Blyspel uit de *Mostellaria* van *Plautus* getrokken is, heeft de
Drukker in het titulblad vergeten." Die overeenkomst moet
trouwens ieder, die het geestige blijspel van den Latijnschen
dichter kent, wel terstond in het oog vallen. Een paar woorden over Bernagie's bewerking der *Mostellaria* zullen hier niet
misplaatst zijn. De afwijkingen van het origineel zijn vele in
getal en er is maar weinig vertaald [1]). Veel moest natuurlijk

---

1) Een paar voorbeelden van vertaling. Op blz. 10 zegt Neeltje tot de jongere
Aaltje:

»Als hy jou moe, of jy oud word, zal hy jou de schop geeven, en laaten gaan,
't Past de eerlike Vrouwen, maar geen juffertjes van onze nering, by een te houwen,
    daarom laat je râan.
Hy zal jou verachten.

Aaltje.   Dat hoop ik niet.

Neeltje.   Ik heb wel meer iets zien geschieden,
Dat niet gehoopt wierd, ik zeg hy zal van je vlieden.
Wil je myn woorden niet gelooven, geloof dan 't geen gy ziet."

Bij Plautus (*Mostellaria, erklärt von* A. O. Lorenz, *Berlin, Weidmann*, 1866),
zegt Scapha, vs. 181:

»Matronae, non meretricis est, unum inseruire amantem",
en vs. 185:

worden veranderd om de handeling in Nederland te kunnen

Stalta's plane,

Quae illum tibi aeternum putes fore amicum et benenolentem.

Moneo ego te: te ille deseret aetate et satietate.

Philematium. Non spero.

Scapha.   Insperata accidunt magis saepe quam quae speres.

Postremo, si dictis nequis perduci ut uera haec credas,

Ex factis nosce rem;"

Ferdinand en Flip zullen het huis van buurman Dirk gaan zien (blz. 28):

Dirk. „Welkom myn Heer.

Ferd.   Ik bedank je.

Dirk.   Flip zei dat myn Heer genegen is dit huis te bezien.

Ferd. Zo ik myn Heer geen ongelegentheid daar door zal geeven.

Dirk. In 't minste niet. Gelieft maar binnen te gaan; en alles zo vry te zien, of

het jou eigen was.

Ferd. (*tegen Flip*) Of het jou eigen was!

Flip.   Maar wat is daar aan misdreeven!

Ik bidje verwyt die man in zyn rouw niet, dat hy zyn huis heeft moeten

verkoopen, zieje niet hoe bedrukt dat weezen hem staat?

Ferd. Ja.

Flip.   Wel nou dan maak dan niet, dat het hem meer ter herten gaat.

Verzwaar zyn ellend niet, met van de koop te spreeken.

Ferd.   Jy hebt geen ongelyk, ik mag die medoogentheid wel zien."

Bij Plautus zegt Simo, vs. 792:

„Saluom te aduenisse peregre gaudeo, Theopropides.

Th. Di te ament.

Simo.   Inspicere iste aedis te has uelle aiebat mihi.

Th. Nisi tibist incommodum.

Simo.   Immo commodum. i intro atque inspice.

Th. At enim mulieres —

Simo.   Caue tu ullam flocci faxis mulierem.

Qualibet perambula aedis oppido tamquam tuas.

Th. Tamquam?

Tr.   Ah, caue tu *id* illi obiectes nunc in aegritudine,

Te has emisse. non uides tu hunc uoltu uti tristist senex?

Th. Video.

Tr.   Ergo inridere ne uideare et gestire admodum,

Noli facere mentionem te emisse *has*.

Th.   Intellego.

Et bene monitum duco et te *esse* humano ingenio existumo."

Nogal vreemd is het, dat het laatste vers der Latijnsche comedie, door den Cantor gesproken:

„Spectatores, fabula haec est acta: uos plausum date,"

aldus wordt weergegeven door den schout, die zich tot de dansers richt:

„Juffrouw en Messieurs, jy kond gaan waar het u belieft, hier is het gedaan."

doen plaats grijpen; daarom is de slaaf Tranio in den knecht Flip gemetamorphoseerd, terwijl de rol van zijn tegenstander Grumio aan de meid Jakomijn is toevertrouwd. Doch Bernagie had een veel beter gebruik van de *Mostellaria* kunnen maken en toch aan zijn stuk eene meer locaal Hollandsche kleur geven. De aardigste tooneeltjes van het Latijnsche blijspel hadden nauwgezetter overgebracht moeten worden. Zoo is bijv. de vermakelijke spookhistorie en de gefingeerde moord bij Plautus[1] in het blijspel van Bernagie vervangen door het nietsbeteekenende bankroet; zoo zijn in het tooneel, waar Callidamates wakker wordt gemaakt en hem wordt meegedeeld, dat de vader van den gastheer terug is, voor zijne aardigheden[2] een paar platheden in de plaats gesteld. Het tooneeltje, waarin de dronken Callidamates door zijn meisje Delphium naar het gastmaal wordt geleid[3], is geheel weggelaten. Ook de lieve figuur van Philematium[4] heeft bij hare verandering in Aaltje heel wat geleden. De moraal is in de bewerking gestrenger dan in het origineel; terwijl toch Tranio, hoe zeer ook gedreigd, ten slotte door zijn meester weer in genade wordt aangenomen, wordt Flip aan den schout overgeleverd.

In hetzelfde jaar, dat Bernagie zijn *Debauchant* uitgaf, verscheen eene andere bewerking der *Mostellaria* van de hand van Ludolph Smids[5]. Deze dokter en oudheidkenner volgde Ber-

---

1) *Mostellaria*, vs. 416—517.

2) Callidamates, die nog volstrekt niet nuchter is, antwoordt op die mededeeling (vs. 861): „Valeat pater", daarna:

„Tuos uenit pater?
Iube *eum* abire rursum. quid illi reditio huc etiam fuit"?
om te besluiten met de woorden:

„Ain tu, pater?
Soleas cedo mi, ut arma capiam: iam pol ego occidam patrem."

3) *Mostellaria*, vs. 301—334.

4) Zie vooral vs. 149—301.

5) *De Debousjant, Of de Mostellaria van Plautus; Blyspel: vertaald, verschikt, en berymd door* Ludolph Smids. M. D. — Juvenal. i. Satyr. Stulta est clementia, cum tot ubique Vatibus occurras, periturae parcere chartae. *Tot Amsterdam, Gedrukt voor den Autheur, en te bekoomen By Jan Klaazen ten Hoorn*, enz. 1686.

nagie na wat den titel van het stuk betreft, »geloovende hem dat vvel te verstaan; aangezien de *Paris en Helene* en de *Chris-ten Keizer Konstantinus*, genoegzaam toonen, vvat een meester die Heer in de *Tooneelpoëzy* is." Smids werd, naar hij zegt, door een toeval er toe aangespoord zijn *»Deboosjant*, door den Druk, in het licht te geven, en (ten minsten) van de Liefhebbers te doen leezen en keuren (welke het gemeene oogwit is van alle Schryvers), terwyl die van de Hr. Bernagie (wel gelyk van inhoud, maar van schikking, maat en rym zeer verschil-lende) het geluk geniet van zich op het tooneel te doen zien." Inderdaad verschillen de twee bewerkingen zooveel van elk-ander, dat geen der beide dichters van plagiaat beschuldigd kan worden.

Uit de boven aangehaalde voorrede van Bernagie's *Debau-chant* blijkt, dat de dichter aan dit blijspel eene andere kleur heeft willen geven dan aan zijne andere werkjes van dien aard; hij meent nl. dat hij er meer handeling in heeft gebracht. Dat werkelijk in de kluchtspelen de actie vrij poover is, moge de korte inhoud van een paar der minder bekende stukjes be-wijzen.

Izabelle, de heldin van het kluchtspel *De Romanzieke Juffer*, verslindt verschrikkelijk veel romans. Valerius, die haar het hof maakt, valt niet in haren smaak; hij is een veel te ge-woon mensch.

»Wat zou my toch beweegen,
Om u te minnen? als ik u gehoor vergon, stont gy verleegen,
Of spreekt van zaaken, die niet waerdig zyn, dat een doorluchte ziel
zich daar toe verneêrt.
Lees, lees de deelen van Cassandra, Cleopátra, Ibraham Bassa, en dier-gelyke; hoor, hoe daar een Held redeneerdt:
Niet als van Koningen, Helden, Vorstendommen, en verheeven be-dryven.

De deftigste discoursen daar de hedendaagse Messieurtjes de Juffrouwen
meê onderhouden zouden beter passen in het besjes Huys, by de oude
wyven,
En als zij noch heel verheeven spreeken, zo is het van een Dans, Comedie, van het weêr, of Bruid, of wat op het laatste Baal is gepasseert.
En zulke onderhoudingen werden noch van sommige Juffers geadmireert.
Laast bragt my een Heer thuys, in plaats van deftige discoursen, las
hy onder 't gaan de uithang borden, dat is Parys, zy hy, dat is een
Oliphant, Juffrouw een Oliphant is evenwel een groot beest. Ik schaam
my, als ik het hoor. Dorst gy aanstonds noch niet spreeken
Van uw middelen, of kapitaal; van actiën, van obligatien? hoe noemde
gy het? is dit niet een klaar teeken
Van een onedelen aart? Waar spreekt Lisimachus, Artaban, Arsace,
Alcamene, Cesarion, Ibrahim, of een ander Held,
Ja waar spreekt zelf de oneedele Arsacómes van geld?
Wat acht een welgeboorne, en verheeve ziel geld? geld! van geld! van
geld te spreeken! ô Goon!"

De zoon van een kruier, die loopjongen bij een boekverkooper is en haar altijd de romans brengt, moet om zijn »deftig
weezen" volgens haar van edele afkomst zijn. De vroegere min
wordt door Izabelle nooit anders dan met »voedster" aange-
sproken, wat de verontwaardiging opwekt van Trijntje, de
meid, die wel begrijpt, dat de sluwe oude hare meesteres naar
den mond praat. De dwaasheid gaat zelfs zoover, dat Izabelle
en »voedster" zich in manskleeren steken, want

„zo plagten de Amazoone koninginnen te gaan."

De »voedster" doet Izabelle nu een minnaar aan de hand,
die haar beter behaagt dan Valerius. Het is een verschrikke-
lijke snorker uit Westfalen, die echter in zijn gezwets door
Valerius wordt gestoord. Deze herkent hem als een schelm en
valschen speler, dien hij vroeger al eens heeft afgeranseld. Het
bondgenootschap van dezen heer en de min komt aan den dag
en beiden wordt de deur gewezen. Izabelle is nu voor een
groot deel van hare ziekte genezen, en de kritiek, die Valerius
en haar vader over de romanliteratuur gaan vellen, doet het
overige.

10

Val. In de Romans verstaan alle Koningen, Helden, en Prinsessen
    malkanderen, al komenze uit het Oost, of uit het Noord,
    Gelyk of er maar een taal was. Wie heeft gehoordt,
    Dat zelf in 't midden van Moorenland, schoone blonde Prinsessen
    werden gevonden?
Ed. Waar of die zwervende helden toch onderhoud kreegen? of meenje,
    dat haar somtyds een wissel wierd gezonden.
Izab. Papa, konnen zy geen juweelen by haar hebben?
Val.   Juffrouw, zy ver-
    trokken meest, zonder dat zy
    Op de reis verdacht waaren.
                        En stel zy hadden juweelen; dat
    komt noch niet by.
    Zy vonden in de bosschen, en wildernissen geen bankiers, noch
    banken van leeningen, daar op pand geld werd gegeven,
    En ze konnen evenwel niet van de wind leeven.
Val. Zulke ongerymtheden zynder noch wel honderd, maar om als met
    een gezigt
    Te maaken, dat deeze nevel van me Juffrouws oogen werd ge-
    licht;
    Veel van de Helden, die zy zo edelmoedig, en zo welspreekend
    invoeren, waaren in die tyden
    Nog byna half wilde menschen, is dat te lyden?
    Wat zou men zeggen zo hedendaags een Koning van de Hotten-
    totten zo beleeft, en volmaakt
    Als een Frans Koning, elders ingevoert wierd, 't is een zaak, die
    Hemel, noch Aarde raakt.
    En dat groote konstje van de Helm te sluiten, om zo onbekend
    te weezen;
    Die trek, daar de meeste warringen uit zyn gereezen
    Is een verdichtzel; want in dien tyd
    Wist men noch van geen Helmen; ik zal het u zo klaar toonen,
    dat gy bekennen moet dat gy overtuigt zyt," enz.

Het stukje is zeer zwak; de voornaamste verdienste is wel,
dat het voor ons eene bron is voor de kennis der romanliteratuur in het laatste gedeelte der zeventiende eeuw. Sommige
tooneeltjes doen denken aan een Fransch blijspel van Desmarets
Saint Sorlin, *les Visionnaires* (1640) [1]).

---

1) Weer afgedrukt in *Le Théatre français au 16e et au 17e siècle ou choix des*

In *de Ontrouwe voogd* wordt de schoone Klara door haren voogd, den advocaat Bartolus, bedrogen. Haar minnaar Ferdinand tracht haar van die oneerlijke praktijken, door welke reeds een groot deel van haar vermogen verloren is gegaan, op de hoogte te brengen, doch Klara gelooft hem niet en vindt het zelfs een bewijs van welmeenendheid, dat Bartolus haar met zijn zoon wil doen huwen. Maar Ferdinand wanhoopt niet; hij zal als boer verkleed den voogd komen raadplegen, terwijl Klara in het vertrek daarnaast hun gesprek zal kunnen hooren. Eerst zendt hij nu zijn knecht Jasje, oök als boer verkleed, op den advocaat af om hem te raadplegen over eene quaestie van voogdijschap. Jasje geeft nl. voor voogd te zijn over een nichtje:

> »Die dochter, verstaaje wel? word haast mondig, en dan zal ik haar geld uit moeten keeren;
> En ik heb zo veel niet in de waerelt, verstaeje wel? als zy hebben moet; wat zeg je? weet je me nou te Accomoedeeren?
> Krelis zei jy waart een geleerd Avokaat, en een Avokaat is slimmer als een rot.
> Overal weet dat volk raad toe; de Avokaaten weeten een ding goed te maaken; al is 't noch zoo verbrod.
> *Bart.* Waar is de Dochters goed gebleeven?
> *Jasje.* Ik had veel schulden, toen ik de Voogdy onder handen heb gekreegen,
> Ik heb me van haar geld bediend, verstaaje wel? ik hoopte, dat ik eer zy mondig wierd weer wat winnen zou, en 't is mislukt; zie myn heer zo is 't nu met me geleegen."

Het tooneeltje eindigt op de volgende wijze:

Bart.   »Heb jy ook een huwbaare Zoon?
Jasje.   Ja.
Bart.   Je most die Dochter zien te beweegen
Datze jou Zoon trouwde, hier aan is het gelegen.

———— ————

comédies les plus remarquables antérieures à Molière avec une introduction et une notice sur chaque auteur par M. Edouard Fournier. *Paris, Laplace Sanchez et Cie.* dl. II, pag. 358.

Jasje. Dat's wel. **Maar als de meid niet wil? Hoor myn Heer Avokaat.**
Ik zal recht opbiechten; verstaeje wel? onze Krelis gaf my die
zelfde raad.
Ik heb het bezogt, maar de meid begeert niet.

Bart.   Je moeter wys zien te maaken datje ze kunt dwingen;
Dat in haar Vaders testament staat, datze niet een duit zal erven,
zo ze tegen jou zin trouwt, dan zalze wel anders zingen.
De Jonge meisjes zyn onnozel."

Nu verschijnt Ferdinand, eveneens als boer verkleed. Hij
komt raad vragen in deze zaak: hij vrijt naar een meisje, wier
voogd haar met zijn zoon wil doen huwen. Bartolus zegt, dat
geen voogd zijne pupil daartoe mag overreden. Maar als Jasje
en Ferdinand, die voor de partijen spelen in deze zaak, elkander aantreffen, raakt Bartolus in de klem.

Ferd. »Myn Heer de Advokaat het me gezeid,
Vatjet? dat geen Voogd, of zyn Zoon, zo een Dochter mag
trouwen.
Jasje. Nou hoor ik datje liegt; hy het, verstaeje wel? my dat straks
wel anders uitgeleid.
Ferd. Spreek eens Advokaat, met wie van ons beiden zou jy het houwen?
Jasje. Wat zegje, mag myn Zoon ze niet trouwen?
Ferd. Zeg de waarheid, en daar me gedaan.
Jasje. Ei lieve zeg het hem eens.
Ferd. Verhaal hem eens wat Solon voor een wet gegeeven heeft.
Bart. Dat ik je verhaalen zou de wetten, die in het Corpus Canonicum
van die Materie staan,
Je zoud het niet gelooven.
Jasje.   Hoorje dat wel?
Ferd.   Maar al die wetten zyn tegen jou.
Jasje.   Neen die zyn tot myn voordeel, verstaeje wel? geschreeven.
Ei Avokaat ik bidje datje met een woord ons van malkaar helpt;
heb jy my geen gelyk gegeeven?
Ferd. Heb jy my niet belooft te dienen?"

Bartolus slaagt er in de beiden te scheiden en zal Jasje nogmaals alles uitleggen, terwijl Ferdinand in de kamer gaat,
waar hij weet Klara te zullen vinden. Nadat nu aan Jasje de
verzekering is gegeven, dat hij zijne zaak moet winnen, wordt

na zijn vertrek Ferdinand binnengeroepen. Terwijl Bartolus niet op hen let, komen Ferdinand en Klara binnen en de eerste zet zijne pruik weer op. Als de advocaat, na het nogmaals uitgesproken te hebben, dat geen voogd of zijn zoon de pupil mag trouwen, omziet, begrijpt hij de geheele zaak en bekent, dat hij wegens den achteruitgang van zijne zaken het huwelijk heeft trachten te verhinderen.

De Ontrouwe voogd is een niet onaardig kluchtspel, dat lang op het tooneel is geweest. Op eene enkele plaats is Starter's *Jan Soetekauw* zoo duidelijk nagevolgd [1]), dat wij mo-

---

1) In *De Ontrouwe voogd* zegt Bartolus (blz. 16):

„Hoor Klaartje, de jonge Vryers slagten de jonge Kaas,
Want ze zyn goed koop en konnen lang duuren, de ouwe Kaas is geweldig duur en
    scherp, en wert haast der wormen aas.
Zo ist met de oude Vryers ook, die zyn niet goed koop te krygen,
Ze denken te veel achterwaarts, de bekommering ziet der ten oogen uit, al is 't al
    dat ze zwygen."

En Jan Soetekauw redeneert aldus (Vgl. *J. J. Starter's Friesche lusthof, uitgegeven door* Dr. J. van Vloten, 1864, vs. 270):

„Hoe wilje doch beter? en sucke jonge baesjes,
Die bennen aêrs noch aêrs as nieu ghemaeckte kaesjes,
Want se benne goê koop, en se moghen langh duren,
Se benne soet van smaeck, en bedryven jon seldsame kuren.
Houme dat ten besten; maer daerentegen d'oude kaes
Is gheweldigh duur, en sy word haest der wormen aes,
Soo ist met d'onde Vryers oock, wangtse niet wel
Goê koop te krygen zyn, vermidts sy al te fel
Achterwaerts deyncken, wat daer na volgen mocht."

Iets vroeger zegt Bartolus (blz. 16):

„Trouw jy myn kind, je hoeft niets te vreezen. Was het trouwen ongezond, de
    Doktooren in de Medicyne zoumen
Zo niet met hoopen ofze een been om een duit hadden om een huysvrouwtje zien
    loopen; en was het zonde, de Pastooren deeden het niet."

Bij Starter, vs. 296:

„Was 't ongesongd, de Doctoren in de Medicynen souwen met hoopen,
(Of sy een been om ien duyt koften) soo niet om een wyf loopen;
En wast songde (deynckt dat wel), de Pastoren en Papen
Bleven wel onghehylickt, daerse nou niet garen alleen en slapen."

gen aannemen, dat Bernagie de klucht kort voor de vervaar-
diging van zijn stukje had gelezen.

Ik staak hier mijne aanhalingen om over enkele der andere
stukken nog iets mee te deelen.

De voorrede van het treurspel *Paris en Helene* vermeldt iets
van de wijze, waarop het stuk werd ontvangen. »Ik kan my
geensins beklaagen," schrijft Bernagie, »over den uitslag van
dit Treurspél; niet tegenstaande de drift van sommige zo verre
ging, dat zy veroordeelde het geene alle de Waereld, ten
minste de verstandige moeten goed keuren. Het zy verre, dat
ik ontkenne, veel uit de brieven van den grooten *Ovidius*
ontleendt te hebben. Ik sta hen dit toe, ja, durf daar op
noch roemen. Wie berispt het licht onzer eeuwe, de hoogge-
schoeide *Corneille*, als hy in zyn *Medéa*, *Edipus*, enz. veele
redenen uit *Euripides*, *Sophocles*, en *Seneca* gebruykt; in de
dood van Pompejus heeft hy, na zyne eigene getuygenisze,
honderden vaerzen uit Lucanus vertaaldt. Wie beschuldigt de
eer van het Fransche Tooneel, de vermaarde *Racine*, dat hy in
zyne *Andromache*, *Ifigenie*, *Thebaïs*, *Phedra en Hippolitus*, enz.
zich bediendt, van het geene *Euripides*, *Eschylus*, en *Seneca*,
op het Grieksch en Roomsch Tooneel lieten hooren?

»Ik zoude dit met stilzwygen verby gaan, doch acht noodig
alle aankomelingen hier door aan te maanen, dat zy zich,
door zulke onkundigen niet laaten afschrikken. Ik hebbe omtrent vyftig regelen uit de brief van *Menelaüs* aan *Helene*,
door de Heer *Hoofd* geschreeven, in dit Treurspél over gebragt.
Dit dacht hen voor al onbehoorlik. Zy riepen; *dievery!* enz.
maar die menschen weeten niet, of schynen ten minsten niet te
weeten, dat de oudheid de Vaerzen, en inzonderheid het Rym
invoerde, om een zaak, die net gedacht, en wel begreepen is,
sierlik te zeggen; op dat het te gemakliker in 't geheuge blyve.
Zo dat, die een zaak, door een verheeven Dichter wel berymdt,

en in goede vaerzen gesteldt, nochmaals in Rym brengt, geen dienst aan het gemeen doed. Ik vond de zaak, die ik een Personagie in de mond wilde geeven, by de hoogdraavende Drossaard; zou het niet een groote verwaandheid zyn, 't zelve te verrymen? te meer, dewyle de vaerzen van dat *hoofd* der Dichteren alle anderen zo verre overtreffen, als het edelste der Metaalen, het schynschoone Klaatergoud te boven gaat. Ik heb die regelen dan ontleendt, geensins gestoolen. Het staat my vry, omdat die brief geen Tooneelstuk is."

Men had dus van plagiaat gesproken, toen het treurspel was opgevoerd. Zeker was het onbillijk den dichter er hard over te vallen, dat hij eenige plaatsen uit de *Heroides* van Ovidius, o. a. uit den brief van Oenone aan Paris en vooral uit dien van Paris aan Helena had nagevolgd [1]). De andere beschuldi-

---

1) Hier volgt eene enkele van die plaatsen. In het treurspel zegt Helena (blz. 35):

„De Grieken zullen saam een eedgespan besluiten.
Paris. Weest niet beducht, dat hier zulk onheil uit zal spruiten.
Hoe menigmaalen zyn Prinsessen weg geschaakt?
Wat landschap is daar ooit in oorlog om geraakt?
Iason nam Medé uit Colchos. Zyn de haaren
Ooit na Tessalie, met oorlogs magt gevaaren?
Wie weet de ontschaakinge van Adriadne niet?
Mevrouw, wat iszer ooit, tot haare wraak geschied?
Heeft Minos Theseus ooit met wapenen besprongen?"

Ovidius laat Paris schrijven (vs. 889):

„Nec tu rapta time, ne nos fera bella sequantur,
Concitet et vires Graecia magna suas.
Tot prius abductis ecqua est repetita per arma?
Crede mihi, vanos res habet ista metus,"

en vs. 345:

„Phasida puppe nova vexit Pagaseius Iason,
Laesa neque est Colcha Thessala terra manu.
Te quoque qui rapuit, rapuit Minoida Theseus:
Nulla tamen Minos Cretas ad arma vocat."

Vgl. verder de beschrijving van Troje op blz. 34 met vs. 179—193, en de woorden van Paris op blz. 35:

„Het zy zo; Griekenland besluit met ons te stryden,"

enz. met vs. 351—367 van den brief.

ging schijnt mij van meer gewicht. Had Bernagie de vijftig verzen van Hooft hier of daar ingelascht, bijv. als eene alleenspraak of ten minste als een zeker geheel, zoodat men de bron terstond kon kennen, dan zou zijne verdediging juist zijn. Maar nu de verzen van den drost door het stuk zijn verspreid [1]), krijgt de zaak wel een eenigszins ander aanzien, terwijl de verontschuldiging, dat de brief van Menelaus geen tooneelstuk is en dus voor een treurspel mag worden geplunderd, niet zeer afdoende kan heeten.

De goê vrouw is, zooals ik vroeger reeds aantoonde [2]), bewerkt naar twee samenspraken van Erasmus, nl. de *Uxor* Μεμψίγαμος *sive Conjugium* en de *Senatulus sive* γυναικοσυνέδριον, terwijl enkele tooneeltjes van het blijspel *Het huwelyk sluiten* ons Molière's *Avare* en *Bourgeois gentilhomme* voor den geest roepen.

Over het algemeen zijn de treurspelen van Bernagie op Fransche leest geschoeid; de handeling beteekent weinig, de declamatie is groot. Volgens het zeggen van den schrijver zijn zij eene eerste poging om de vertaalde stukken door eigen werk te vervangen. Immers de voorrede van de *Paris en Helene*, waaruit ik boven reeds iets aanhaalde, begint aldus:

»Eenige jaaren herwaards hoortmen, als een gemeene klagte, tegen de Schouwburg, en Dichters, dat niet, dan *verwarmde huspot*, Spellen uit het Fransch vertaald, ten tooneele werden gevoerd. Veele schreeuwen, om *eigene vindingen*, maar weinige bedenken, dat de zelve, die zo roepen, oorzaak zyn, dat by

---

1) O. a. op blz. 27 van het treurspel de 7½ regel, die beginnen met:
«noch is Paris Troje niet,"
te vinden in Hooft's *Mengelwerken*, 1704 (dl. III der folio-uitgave), blz. 740; verder de 16 verzen op blz. 27, aanvangende met:
«Indachtig is u wel, hoe, toen met minnevlammen,"
bij Hooft, blz. 745; de 5 verzen op blz. 50 van de *Paris en Helene*, die beginnen met:
«Toen wederwaardelik Iason haar verstiet,"
bij Hooft, blz. 744.
2) Vgl. *De Nederlandsche Spectator* van 1880, blz. 826—829.

na geene eigene vindingen voor onze landsgenooten het licht zien. De geest der aankomelingen werd afgeschrikt, en uitgebluscht, als men voor *vodden* scheld alle Spéllen, dewelke niet bestaan, by de beste stukken, der voortreffelykste Fransche Meesters.

»Het is een gemeen zeggen;

Qui nunquam male, nunquam bene.

Noit kwaalik, noit wel.

»Het behoorde genoeg te zyn, als hunne eerste Spellen de gemeene Fransche konden op haalen; zy zyn pryzens waardig, indien hunne beginselen hoop geeven, dat zy van trap, tot trap opklimmende, eindeling zullen naderen de volmaaktheid, die met zulken helderen glans in die groote Meesters uit blinkt."

Inderdaad schijnen dan ook de treurspelen van Bernagie niet vertaald te zijn. Het is mij ten minste niet gelukt Fransche treurspelen te vinden, die onze dokter kan hebben gevolgd, nu mij gebleken is, dat de *Maximien* (1662) van Thomas Corneille en de *Arminius* (1684) van Campistron een anderen inhoud hebben dan de *Constantinus* en *Arminius* [1]). Dat Bernagie op lateren leeftijd niet meer dweepte met het Fransch-classieke treurspel schijnt men te mogen opmaken uit zijn lofdicht op het treurspel *Admetus en Alcestis* (1694) van zijn oom Pieter Nuyts, dat één der weinige kleine gedichten is, die mij van hem bekend zijn [2]).

---

[1]) De heer P. Haverkorn van Rysewyk teekent in zijn werk: *De oude Rotterdamsche Schouwburg. Rotterdam. Van Hengel en Eeltjes*, 1882, op blz. 361 bij de *Arminius* aan: tr. de Campistron, 1684. Eene, het is waar, vluchtige vergelijking heeft mij echter geen spoor van vertaling doen ontdekken.

[2]) Het gedicht is opgenomen in de uitgaven van de *Admetus en Alcestis*, en luidt aldus:

»Zoo hoord men eindeling in onvervalschte toonen,
Op 't leerzaam Schouwtooneel, de oprechte trouw beloonen;
Zo wordt de Duitsche Luit op hooger toon gesnaard,
't Vermaakelyk en 't nut met zo veel konst gepaard,
Dat de allerstrengste deugd genoegen werd gegeeven.
Men volg niet meer de wet van Vrankryk voorgeschreeven,
Na dat men hier de konst zo ziet in top gezet;

Van meer belang dan de treurspelen zijn de klucht- en
blijspelen. Wel is de verwikkeling gewoonlijk onbeteekenend,
de ontknooping bijna altijd zwak, en missen zij wat van
het losse en geestige, dat men in een blijspel verwacht, maar
zij geven daarentegen aardige zedenschilderingen van verschillende
klassen van menschen, en het is niet te verwonderen, dat
Van Lennep en Ter Gouw in hun werk *De Uithangteekens* er
druk gebruik van hebben gemaakt om zeventiende-eeuwsche
toestanden te verklaren en op te helderen [1]. Bovendien zijn
de kluchten niet ergerlijk of vies, en behoort Bernagie tot
diegenen, die aan het kluchtspel eene andere richting hebben
gegeven. Misschien zou men er de aanmerking op kunnen
maken, dat zij te veel eene moraliseerende strekking hebben;
immers allerlei ondeugden worden er in gehekeld: gierigheid,
verkwisting, oneerlijkheid, ruwheid in den omgang, verheffing
boven zijn stand en zucht tot weelde, enz. enz., doch het
schaadt zeker weinig, dat de klucht de rol van het blijspel op
zich neemt. En heeft Bernagie ook een en ander aan de
werken van anderen ontleend, geheele stukken heeft hij niet
vertaald en oorspronkelijkheid is hem dus niet te ontzeggen.
Wat den vorm betreft merkte Willem de Clercq reeds op, dat

Neen; Neêrlandsch voorbeeld strek het Fransch Tooneel een wet.
Geen laffe Koningin in minnenyt ontsteeken,
Zien wy verwoed zich hier van medeminnaars wreeken;
Een pryzelyke drift gevest op reên en recht,
De zuiv're vruchten van een ongeschonden.Echt;
De plicht van Bedgenoot, van Oppervorst en Vader,
Van Kind, van Onderdaan; wat treft de menschen nader?
Dit alles vind gy hier na 't leeven afgemaald,
De snoode vleyery het masker afgehaald,
De waare deugden van schyndeugden onderscheiden,
Om door dat voorbeeld tot de deugden ons te leiden.
Vaar, vaar zo voort, Heer *Nuyts*, streef langs dit loff'lyk spoor
Uw Landsgenooten, en den vreemdelingen voor."

Latet quoque utilitas.

1) Vgl. dl. I, blz. 5, *De belachchelyke Jonker*; I, 126, II, 21, 312, *De Huwelyken Staat*; 1, 167, *De Romanzieke juffer*; I, 177, *De ontrouwe Kantoorknecht en lichtvaerdige dienstmaagd*; II, 21, *De goé vrouw*.

de kluchten van Bernagie tot diegene behooren, die meer in
de »zonderlingste rijmcombinatien" dan in verzen zijn geschreven [1]).

De *Paris en Helene* was, zooals uit de voorrede gebleken is,
reeds opgevoerd, voordat het treurspel in druk verscheen, en
dit zal ook wel met de andere werken van Bernagie het geval
zijn geweest, daar hij met de pachters van den Schouwburg
op goeden voet schijnt te hebben gestaan. Men was volstrekt
niet tevreden over de wijze, waarop van 1681—1688 de
Schouwburg werd beheerd, en terwijl de pachters veel te lijden
hadden [2]), krijgt ook Bernagie één keer een veeg uit de pan
in een trouwens niet zeer duidelijk manifest [3]). En toen in
1688 de pachters David Lingelbach en Jan Koenerding ver-
zochten van hun contract ontslagen te worden, omdat zij aan
de gestelde voorwaarden niet konden voldoen, en de regenten

---

[1]) Vgl. zijne *Verhandeling*, 1824, blz. 256.

[2]) Zie *Nederduitse en Latynsche Keurdigten*, 1710, I, blz. 566 vlgg. Telkens wordt
Govert Bidlo, tegen wien vele aanvallen werden gericht, als bestuurder genoemd.

[3]) In een pamflet van dien tijd (n°. 10733 der Bibliotheek Thysius) vindt men:

Op Donderdagh den 10 *January* 1686.

Zal men op de Schouburgh vertoonen

Hoe Midas Bidlo eerst voor Roffiaen begon,
Voor schelm, Godtslasteraer en dobbelaer te spelen:
Door wat praktijken Jan de kost te voren won,
Dat alles zal men sien vertoonen in drie Deelen.

Met de Klucht van de Doodtgraver op het Kathuysers Kerkhof.

Beyde uyt het Konstgenootschap

Latet quoque utilitas.

Nooit voor desen vertoont.

Met de klok vier uuren op het Tooneel.

Weer afgedrukt in *Nederduitse en Latynsche Keurdigten*, I, blz. 575.

In een ander pamflet (n°. 10626 derzelfde verzameling), dat tegen een zinnespel
van G. Bidlo is gericht, en tot titel heeft: *De sleutel of uitlegginge Over de Per-
soonagien Over het zinnespel, Stryd tusschen Apollo en Midas, Koning Onverstand,*
heet Bernagie de rol te vervullen van „Geheimschrijver," terwijl het stukje met zijne
spreuk is onderteekend.

van het Wees- en Oudemannenhuis zelf het bestuur van den Schouwburg op zich namen, werd Bernagie één der beide adsistenten, die hun daarin behulpzaam zouden zijn [1]).

III.

Na deze drie jaren (1684—1687) van letterkundige werkzaamheid schijnt Bernagie zich met ijver op zijne wetenschap en op de praktijk te hebben toegelegd. De beroemde Frederik Ruysch noemde hem »den zeer geleerden en ervaaren Medicyn" [2]), terwijl hij volgens een lijkdicht van Thomas Arents zich tevens als een zeer humaan mensch deed kennen [3]). Deze dichter toch getuigt van Bernagie, dat hij heeft

> »Zich niet geschroomt onnoemelyk te slaaven;
> Schoon daar door wierdt zyns levens kraght verteert.
> Zyne Artseny aan groten te besteeden
> Was niet alleen de gront van zyn bedryf:
> Hy deelde die heel milt aan mind're leeden," enz.

Waarschijnlijk hebben droevige huiselijke omstandigheden Bernagie den lust benomen zijn vrijen tijd aan de dichtkunst te wijden. Immers den 21sten Juni 1686 werd in de Oude Luthersche kerk een kind van hem begraven en reeds den 2den Juli daaraanvolgende werd het lijk van zijne vrouw in hetzelfde graf bijgezet [4]).

In 1689 kreeg Bernagie vergunning om »chirurgicale lessen"

---

1) Zie Wagenaar, *Amsterdam*, VIII, blz. 748 en C. N. Wybrands, *Het Amsterdamsche tooneel van* 1617—1772, blz. 150 en 249.

2) Vgl. *Alle de ontleed- genees- en heelkundige werken van* Fredrik Ruysch, ... *Meerendeels in 't Nederduyts vertaalt door Ysbrand Gysbert Arlebout.....* *Amsterdam*, 1744, I, blz. 124.

3) Zie zijne *Mengel Poëzy. Uytgegeven door M: Brouërius van Nidek, rechtsgeleerden.* — *Kies voorzigtig.* — *Te Amsterdam, By Hendrik Bosch,* enz., 1724, blz. 272.

4) Volgens het begrafenisboek dier kerk. Het graf n°. 27 behoorde sedert 1674 aan Bernagie's schoonvader, Matthijs van Neekel, die er zelf in 1701 werd ter ruste gelegd, evenals enkele kinderen uit het eerste huwelijk van Bernagie en de dichter zelf. In 1862 is dit familiegraf verkocht aan den heer Heinrich Leonard Schäper Claus.

te geven ¹), waarmee hij den 26sten April een aanvang maakte
»met een groote affluentie van toehoorders" ²). Een enkel
woord van toelichting over die betrekking moge hier eene
plaats vinden. Reeds vóór de oprichting van het Athenaeum
bestond er te Amsterdam eene inrichting van het chirurgijns-
gild, waar anatomie en chirurgie werd onderwezen ³). Aan
deze inrichting, die evenals de Hortus Medicus zelfstandig bleef
bestaan en eerst in 1755 met het Athenaeum werd vereenigd ⁴),
hebben beroemde Amsterdamsche geneesheeren hunne lessen
gegeven, Nicolaas Tulp van 1629—1652 en Frederik Ruysch
van 1667—1731. Het schijnt dus, dat Bernagie op zijn verzoek aan Ruysch, die »praelector anatomiae" was, is toegevoegd.
Vandaar dat hij geen tractement ontving, maar waarschijnlijk
wel de gelden, die voor elke ontleding door de bezoekers van
het college moesten worden betaald ⁵).

Den 29sten Maart 1692 werd Bernagie tot professor aan het
Athenaeum benoemd in plaats van Gerard Blasius op eene jaarwedde van 600 gulden, die 5 Januari 1695 tot 1000 werd
verhoogd ⁶). Van zijne inaugureele rede weet Van Lennep
niets te vermelden; zelfs is het niet zeker welk vak Bernagie

1) Hier volgt de akte (N°. 85) van het Chirurgijns Gildeboek op het Amsterdamsche archief aanwezig, zooals zij wordt meegedeeld door Dr. W. L. van Helten, *Drie
kluchtspelen der zeventiende eeuw*, 1871, blz. I:

»Op huiden 15 January 1689 heeft Doct. *Petrus Bernagie* aen de overluyden van
't chirurgynsgild vertoont een acte van de E. E. Achtbare Heeren Burgemeesteren
van dato 8 January 1689 aen syn E. verleent, waerby hem vry sal staen en gecon-
senteert is met kennisse van de E. Heer Professor *Fredericus Ruisch* eenige chirurgicale lessen op onze gildecamer te doen sonder daarvoor eenigh gelt te geniete of
te pretendeere."

2) Volgens hetzelfde Gildeboek, aangehaald bij Van Helten, t. a. p., blz. II:
»Op den 26 April 1689 heeft Doct. *Petrus Bernagie* syn inlydinge tot de chirurgicale lessen gedaen met een groote affluentie van toehoorders, daeronder veele aen-
sienlycke heeren en doctoren waeren."

3) Vgl. D. J. van Lennep, *Illustris Amstelodamensium Athenaei Memorabilia*,
blz. 140.

4) Vgl. Van Lennep, t. a. p., blz. 201.

5) Vgl. Rogge, t. a. p., blz. 101.

6) Volgens het *Ambtenboek*.

heeft onderwezen, maar uit het feit, dat hij Blasius opvolgde, die voornamelijk anatoom was [1]), mogen wij de gevolgtrekking maken, dat hij ook als professor wel anatomie zal
hebben gedoceerd. In elk geval wordt bericht, dat hij met
zijn ambtgenoot De Raey, een med. doctor, die professor in de
wijsbegeerte was [2]), lijkopeningen deed [3]).

Kort na zijne benoeming tot professor is Bernagie hertrouwd.
In Augustus 1692 voerde hij Elizabeth Nunninck, eene stief-
dochter van den bekenden Amsterdamschen dokter Bonaventura
van Dortmont, naar het altaar [4]). Zijn huwelijk werd in een
Latijnsch vers bezongen door zijn ambtgenoot Petrus Francius [5]).
In 1694 werd hem een zoon, Bastiaan, geboren [6]).

Binnen een korten tijd was dus de fortuin onzen dokter zeer
gunstig geweest. Na eene eervolle betrekking veroverd te hebben, had hij zich weder een huiselijken kring geschapen, dien
hij gedurende zes jaren had gemist. Bovendien bewoog hij

1) Vgl. Banga, t. a. p., blz. 376.
2) Vgl. over De Raey: Van Lennep, t. a. p., blz. 123 en Banga, t. a. p., blz. 372.
3) Zie Banga, t. a. p., blz. 379.
4) Kerk Inteeken Register: *Pieter Bernagie van Breda doctor en Professor in de Medicynen Wedr. van Margrite van Neekel woont op Zingel en Elisabeth Nunnick van A oud 30 Jaren woont op de Fluwelenburgwal. geass. met haar schoonvader Doctor Buoneventura van Dortman de moeder impotent.* — Ingeteekend 19 Juli 1692; akte verleend 10 Augustus 1692.
Dat Elizabeth Nunninck (of Nunninx) eene stiefdochter van Van Dortmont was, blijkt uit de akte van zijn huwelijk, den 16 Maart 1667 ingeteekend: *Bonaventura Van Dortmond van Vianen, der Medicynen doctor Wedr. van Maria Elisabeth Blaeuw woont op de Heregracht en Catarina Berewouts van A. Wede. van Barend Nunninx woont op Zingel geass. met haer Vader Jan Berewouts.*
5) Vgl. Petri Francii *Poemata. Ed. altera*, 1697, blz. 343: *Ad Petrum Berna- gium et Elisabetham Nunningiam, Sponsum Sponsamque.*
6) Volgens het doopregister van de Walenkerk werd den 29sten Aug. 1694 ge- doopt: *Bastian fils de Pierre Bernagie Professeur en Medicine et Elisabeth Nunnincks Tesm. Bonaventura van Dortmont, Docteur en Medicine et Catarina Beerewout.*
De heer J. G. Frederiks te Amsterdam, die mij met groote bereidwilligheid ver- scheidene bouwstoffen voor het leven van Bernagie aan de hand heeft gedaan, deelde mij mede, dat den 6den Juni 1713 een Sebastiaan Bernagie in de Zuiderkerk in hetzelfde graf, C n°. 10, werd begraven, waarin 29 Dec. 1710 Dr. Van Dortmont was neergelegd. Waarschijnlijk was dit de achttienjarige zoon van onzen dichter.

zich thans ook voor een deel onder andere menschen dan vroeger. Zijn schoonvader was een zeer gezien geneesheer, die in 1678 tot Inspector van het Collegium Medicum was benoemd [1]). Van de acht of negen professoren, die in het laatst der 17[de] eeuw aan het Athenaeum waren verbonden, schijnt vooral Francius met Bernagie bevriend te zijn geweest [2]), terwijl van zijne verhouding tot De Raey zoo even gewag werd gemaakt. Ook een vriend van onzen dichter was Broekhuizen; deze bezingt zijn herstel na eene ziekte [3]) en schreef een lijkdicht op hem [4]). Broekhuizen brengt ons op de dichters, die met Bernagie in betrekking hebben gestaan. In de eerste plaats moet hier Joan Pluimer worden genoemd, met wien hij jaren lang aan het hoofd van den Schouwburg stond. Toen Pluimer in 1692 zijne gedichten uitgaf, werd de bundel versierd met een lofdicht van Bernagie, terwijl Pluimer later een lijkdicht op zijn vriend schreef [5]). Dit laatste deed ook Katharina Lescailje [6]), de vriendin van Pluimer, Thomas Arendsz [7]) en David van Hoogstraten [8]). Of Bernagie aan Thomas Asselijn de stof aan de hand deed voor zijn treurspel, *De belegering en hongersnood van Samaria* (1695), zooals wordt verzekerd [9]), schijnt mij nog twijfelachtig. Verder moet onder de dichters

---

1) Vgl. Wagenaar, *Amsterdam*, VIII, blz. 693, en ook blz. 688.

2) Behalve het bovenvermelde bruiloftsgedicht en een lijkdicht (vgl. Petri Francii *Posthuma. Quibus accedunt illustrium eruditorum ad eundem epistolae. Amstelaedami, Ex Officina Wetsteniana*, 1706, blz. 242), is hiervoor nog een bewijs te vinden in zijne *Orationes. Ed. secunda. Longe emendatior et magna parte auctior. Amstelaedami. Apud Franciscum van der Plaats*, 1705, blz. 479, waar hij terloops melding maakt van zijne droefheid bij Bernagie's dood.

3) *Poemata*, 1711, blz. 125.

4) T. a. p., blz. 292.

5) Vgl. Pluimers *Gedichten. Leyden*, 1723, blz. 97 en 98.

6) Zie hare *Mengelpoëzy*, 1737, II, blz. 375.

7) Zie boven.

8) Vgl. zijne *Poemata. Editio ultima.... Amstelaedami Apud Viduam Gerardi Onder de Linden*, 1728, blz. 92.

9) Door den heer J. H. Rössing in *Het Nederlandsch Tooneel*, 4de jaargang, 1874—75, blz. 212. Ik weet echter niet, waarop die mededeeling steunt.

Bernagie's oom, Pieter Nuyts, worden genoemd. Een paar woorden over dezen vergeten poeet en »Officier der Vryheid Etten, Leur en Sprundel."

Behalve het reeds genoemde treurspel, *Admetus en Alcestis* [1]), schreef deze Brabander in 1691 *Puntdigten* op de landing van Willem III in December van dat jaar [2]), en in 1697 een *Vredezang* op den vrede van Rijswijk [3]). Hij vertaalde „zinvolgelyk," zooals hij het noemt, vier satyren van Juvenalis en ook eenige oden van Horatius [4]), gaf in 1697 een bundel uit, *De Bredaasche Klio* [5]) getiteld, en schreef een *Treur- en Troostzang ten droevigen afsterven van P. van Bernaige* [6]). Of hij in familiebetrekking stond tot den Amsterdamschen Mr. Pieter Nuyts, die in 1699 Bernagie als directeur van den Schouwburg opvolgde [7]), is mij niet bekend. Bernagie's

---

1) *'t Amsterdam, By de Erfgen. van J. Lescailje*, enz. Andere drukken zijn van 1720 (3de druk) en van 1752.

2) Volgens Tiele, *Bibliotheek van Nederlandsche Pamfletten*, n°. 7818.

3) *Te Amsteldam, By de Erfgen: van J. Lescailje*, enz.

4) *Het tiende en dertiende schimpdicht van Juvenalis. In Nederduitsche Vaerzen gebragt door* Mr. Laurens Bake, Heere van Wulverhorst, en P. Nuyts. *Te Amsteldam, By de Erfgen: van J. Lescailje*, enz. 1695.

Het elfde schimpdicht van Juvenalis, zinvolgelyk vertaald, en op onze tyden toegepast. En eenige Lierzangen uit Q. Horatius Flaccus. In Nederduytsche Vaerzen vertaald door Pr. Nuyts, *Officier der Vryheid Etten, Leur en Sprundel. Te Amsteldam, By de Erfgen: van J. Lescailje*, enz. 1698.

Het zesde schimpdicht van Juvenalis; zinvolgelyk vertaald. Door Pieter Nuyts, enz. *Te Amsteldam, By de Erfgen: van J. Lescailje*, enz. 1702.

Het achtste schimpdicht van Juvenalis: Zinvolgelyk vertaald. Door Pieter Nuyts, enz. *Te Amsteldam, By de Erfgen: van J. Lescailje*, enz. 1704.

5) *De Bredaasche Klio, Uitdeelende verscheide Gedichten, Betreffende de Stad, het Land en de Aangehoorigheid van Breda, door* Pieter Nuyts, enz. *Te Amsteldam, By de Erfgen: van J. Lescailje*, enz.

6) Zie *De Navorscher* van 1881, blz. 294. Het is mij niet gelukt dit gedicht op te sporen. In de *Bredaasche Klio* wordt Bernagie vermeld op blz. 118 en 119.

7) Vgl. Wybrands, t. a. p., blz. 161. Deze Nuyts werd in 1696 regent van het Burgerweeshuis (vgl. Wagenaar, *Amsterdam*, VIII, 357) en in 1695 van het Leprozenhuis (Wagenaar, t. a. p., blz. 461). Hij is gehuwd geweest met Sara de Raei (vgl. Mr. Cornelis Boon van Engelant, *Gedichten. Den Tweeden druk. Te Leyden by Gerard Potvliet*, 1732, I, blz. 266).

oom was bevriend met Pluimer [1]) en met Katharina Lescailje [2]).

Zagen wij den professor in zijn nieuwen werkkring en onder
zijne vrienden, het wordt tijd tot den Schouwburg terug te
keeren. In December 1688 waren Bernagie en Pluimer tot
assistenten benoemd. Hun titel was in het begin ook wel
»directeur" of »toeziend regent" [3]), de betrekking eerst een
eerepost, doch later bezoldigd met 500 gulden. Zij hadden
de keuze der stukken en het opzicht over de tooneelspelers.
Maar de directeurs wandelden niet op rozen; voortdurend werd
er over het bestuur van den Schouwburg geklaagd, zoodat
zelfs, vermoedelijk in 1693, eene „Waarschouwing aan de
E.E. heeren Regenten van de twee respective Godshuijsen der
na de natuur ouderlooze Weesen, en oude mannen en vrouwen,
wegens de tegenwoordige Directie, over de Schouburgh" werd
toegezonden [4]). De grieven waren de volgende [5]). De regenten
letten te veel op het oogenblikkelijk voordeel zonder aan de
toekomst te denken; van decoraties en kostumes wordt geen
werk genoeg gemaakt, er wordt geen zorg gedragen om de
goede tooneelisten te behouden, die naar andere troepen overgaan, omdat zij veel te slecht betaald worden. De betaling
geschiedt bovendien per avond, zoodat de menschen in den
zomer honger lijden en zich niet oefenen. Het personeel is te
klein; voor de eerste emplooien zijn maar enkele tooneelspelers,
zoodat de naijver niet wordt opgewekt en een toeval het slui-

------

1) Vgl. Pluimer's *Gedichten*, II, blz. 120, 122, 128, 186, 209, en in *De Bredaasche Klio* het *Dankdicht* vóór den bundel en blz. 118, 119.

2) Vgl. hare *Mengelpoëzy*, I, 89, 98; II, 875; het *Dankdicht* vóór de *Bredaasche
Klio* en blz. 119 van dat werk.

3) Vgl. Wagenaar, t. a. p., VIII, blz. 768.

4) Vgl. Wybrands, t. a. p., blz. 218, n°. 27.

5) Vgl. Wybrands, t. a. p., blz. 150.

ten van den Schouwburg ten gevolge kan hebben. De fout ligt niet aan de stukken, zooals het groote publiek meent, maar aan de uitvoering er van; de stukken vallen, omdat men de zwaarste rollen dikwijls aan onbedreven acteurs toevertrouwt, die hunne rollen niet kennen, ternauwernood weten, wanneer zij moeten opkomen of weggaan, en alles in de war brengen.

De grief is dus in één woord de zuinigheid van de regenten der godshuizen, die de wijsheid bedroog. Nu zij het werk der vroegere regenten van den Schouwburg, die een afzonderlijk college vormden, op zich hadden genomen, meenden zij uit de voorstellingen meer geld te kunnen slaan, dan vroeger het geval was. Ongelukkig voor de arme directeurs, die met eene geringe macht bedeeld de koorden der beurs niet konden ontwringen aan de handen der beide colleges, tot welke zij in eene geheel andere verhouding stonden dan vroeger de regenten van den Schouwburg. Beiden waren letterkundigen; Pluimer had jaren lang aan het hoofd van den Schouwburg gestaan en verscheidene tooneelstukken geschreven, en ook Bernagie had aan de muzen van treur- en blijspel geofferd. Beiden waren dus uitstekend er voor berekend een schouwburg te besturen, goede stukken uit te kiezen en eene degelijke critiek over het spel uit te oefenen, maar de heeren wilden alles op een goedkoopje doen. En nu hebben zij te worstelen met ontevredene, slecht betaalde tooneelspelers en met een ontevreden publiek, dat zich dikwijls niet van schandaal maken onthoudt. Reeds in 1687 hadden de burgemeesters een maatregel moeten nemen tot de handhaving der orde in den Schouwburg [1]) en in 1696 volgde eene instructie in dien zelfden geest [2]). Bovendien zullen dichters en letterkundige clubs het den directeurs lastig gemaakt hebben; althans in de instructie van 1687 is één artikel meer bepaald tegen hen gericht. De betrekking van Bernagie was dus ver van benijdenswaardig, vooral voor hem,

---

1) Vgl. Wybrands, t. a. p., blz. 246.
2) Vgl. Wybrands, t. a. p., blz. 248.

die, volgens de getuigenis van Pluimer, »zacht van aard en
schuw van twist" was [1]). Ik vermoed, dat het inkomen aan de
betrekking verbonden hem terughield haar neer te leggen.
Immers dat een post van 500 gulden op zijn jaarlijksch budget
hem niet onverschillig kon zijn, blijkt wel hieruit, dat hij den
31sten Januari 1698 werd aangesteld tot »ordinaris stadt-doctor"
op eene jaarwedde van 250 gulden [2]). Het schijnt vreemd,
dat een medicinae professor tevens het ambt van armendokter
vervult.

In 1698 gaf Bernagie zijn laatste werk uit, het zinnespel
De Mode, dat in hetzelfde jaar nog eene tweede uitgave beleefde [3]). Op den titel van het stuk staat »Door het Kunstgenootschap *Latet quoque utilitas*," terwijl ook de opdracht aan
de regenten van het Wees- en Oudemannenhuis onderteekend
is: »Uwer E. E. verpligte Dienaars; Onder de Naam van *Latet
quoque utilitas*." Dit schijnt mij echter geene reden om er
aan te twijfelen, of Bernagie wel de dichter is van het stuk [4]).
Hij had altijd onder die zinspreuk, die zou doen vermoeden,
dat zij het devies van een genootschap was, zijne stukken in
het licht gezonden; nu verscheen *De Mode* met het bekende
vignet bij de Erfgenamen van J. Lescailje, welke familie wij
boven zagen, dat met hem bevriend was. Aan bedrog is
dus niet te denken. Evenmin komt het mij waarschijnlijk
voor, dat Bernagie, na dertien tooneelstukken met zijne spreuk
te hebben uitgegeven, nu met anderen van die zelfde spreuk

---

1) In zijn grafdicht op Bernagie.
2) Deze mededeeling uit het Extract-Resol.-boek der Oud-Burgemeesters van Amsterdam op het Rijks-Archief aanwezig, dank ik aan de welwillendheid van Mr. P.
A. J. van den Brandeler te 's Hage. Zie ook eene mededeeling van den heer J. H.
Rössing uit het „Grootboek Lr. A. N°. 11 fo. 40", in het weekblad *De Amsterdammer*, n°. 263. Vgl. over de stadsdoktoren, die zes in getal waren, Wagenaar,
t. a. p., VIII, blz. 714.
3) Beide verschenen bij de Erfgen. van J. Lescailje.
4) Dr. Jonckbloet (*Geschiedenis der Nederlandsche Letterkunde in de seventiende
eeuw. Groningen*, 1882, II, blz. 454, *noot*) meent, dat het te betwijfelen valt of
Bernagie de dichter van het stuk is.

gebruik zou maken. Ik geloof, dat de dichter alleen de fictie van een letterkundig genootschap heeft willen volhouden.

Het zinnespel is in vijf bedrijven ingedeeld, het is goed volgehouden en op de strekking kan zeker niemand uit een oogpunt van zedelijkheid aanmerking maken. Trouwens in de voorrede wordt dan ook betoogd, dat het tooneel dient om deugd en goede zeden aan te kweeken, en dat het in verval komt, indien van dat doel wordt afgeweken. Die voorrede eindigt aldus: »Uit alle het geene bygebragt is, zou men schynen te mogen besluiten, dat het ook nu noch geöorlooft zoude konnen blyven, de leedige uuren op de Schouwburg te verslyten, indien naauwkeurig in acht genomen wierd, Dat men op het Tooneel zulke Stukken verbeelde, welke dienen konden tot vorderinge van de Deugd, en goede Zeden; en bestraffinge der Fouten; zo ook alle aanstootelykheid in allen opzigten werd geweerd, in gevolge van het bevel der Edele Groot Achtb: Heeren Burgemeesteren van Amsterdam." Waarschijnlijk moest dus de voorrede dienen om een aanval op den schouwburg af te slaan.

Tegen *De Mode* hebben later de leden van *Nil Volentibus Arduum* een aanval gericht. Hoe Bernagie met de leden van deze bent heeft gestaan, is niet met zekerheid op te maken, omdat zij juist in de jaren van zijne betrekking aan den Schouwburg zeer weinig van zich heeft doen hooren. Wel zijn in dien tijd enkele stukken, die met hun devies prijken, ten tooneele gevoerd [1]). Doch in 1707 werd de schim van Bernagie aangevallen in de voorrede van den 2den druk van het

---

1) *De gelukte list óf bedrooge mof* in 1689 en 1690 zes keeren (zie de voorrede van den 2den druk, 1704), *De geschaakte bruid óf verliefde reizigers* den 28sten October 1690 voor het eerst (zie de voorrede van den 2den druk, 1714), *De Dichtkunst, én de Schouwburg, Voorspél met Musyk* eenige malen in Januari 1689, *De Hoogduitsche Kwakzalver, Kluchtspél met Musyk* in Maart en April 1691, en *De krooning van Koning William én Maria Stuart* eenige keeren in April 1691 (Zie over de laatste drie stukjes het „Bericht" achter *De Amsterdamsche dragonnade, 2de druk,* 1715).

blijspel, *De verwaande Hollandsche Franschman*, naar aanleiding van *De Mode*. Daar toch leest men:

»Het geestig Zinnespel, genaamd de *Mode*, ook het Italiaansche Spel *La Corta* óf *Het Hof*, getrokken uit het Tooneelspel, genaamd de *Tieranny van Eigenbaat*, welke drie Kunststukken gemaakt zyn door den geleerden Heer *Sbarra*, een uitsteekend licht onder de Italiaansche Vernuften, zyn voor een gedeelte uit het Italiaansch in het Néderduitsch overgebragt door eenen Heer van aanzien, een treffelyk Lid, niet alleen der Regeeringe van deeze groote en volkryke Stad, maar ook van het Kunstgenootschap, dat zig onder den tytel van *Nil Volentibus Arduum* bekend gemaakt heeft; en voor een gedeelte door den welervaaren en Tooneelwyzen Heer, *Mr. Andries Pels*, waar aan de Néderduitsche Tooneelkunst, en onze Amsterdamsche Schouwburg zeer groote verplichting hebben.

»Maar het ongeluk, dat waakt om veele dingen te stooren, en goede voorneemens te dwarsboomen, heeft gewild dat deeze Stukken, niet genoeg opgemaakt, nóchte overzien in 't ende geraakt zyn in heel verkeerde handen, en ellendig gerabraakt, in het licht gebragt."

Hier wordt het zinnespel van Bernagie dus heftig aangevallen. Het is mogelijk, dat Pels en een ander lid van *Nil*, waarmede wel Willem Blaeu zal zijn bedoeld, die in 1667 schepen werd, met de bewerking van het Italiaansche stuk zijn begonnen. De bewering echter, dat Bernagie van het werk dier heeren partij zou hebben getrokken, mag men in twijfel trekken, want het is bekend, dat zij, die in het begin der 18de eeuw leden van het genootschap waren, zelf alles ontleenende aan anderen en zelfs stukken van anderen onder hun naam uitgevende, toch met de grootste vrijmoedigheid aan ieder, die niet tot hunne bent behoorde, het brandmerk der letterdieverij op het voorhoofd drukten. In hoeverre het waar is, dat Bernagie gebruik zou hebben gemaakt van het werk van Francesco Sbarra, van wien thans weinig meer bekend is [1]), heb ik niet kunnen nagaan.

Intusschen bevonden de regenten der godshuizen zich goed bij hunne wijze van beheer van den Schouwburg. In 1699 zonden zij aan de burgemeesters een stuk [2]), waarin zij meedeelen, dat er thans „eenigheid en ruste" is, terwijl de inkomsten grooter zijn dan vroeger. Pluimer en Bernagie worden geprezen en aan het stadsbestuur wordt het verzoek gericht de zaken op dezelfde wijze te mogen blijven drijven. Tevens wordt de vergunning gevraagd om bij het sterven, bij ziekte, enz. der tegenwoordige assistenten andere te mogen benoemen. Den 24sten Juli van dat jaar werd hun verzoek door de burgemeesters ingewilligd [3]). Doch niet lang heeft Bernagie zijne betrekking aan den Schouwburg nog bekleed; hij stierf nog in dat zelfde jaar, volgens Thomas Arendsz [4]) in den nacht tusschen 27 en 28 November, volgens Katharina Lescailje[5]) den 28sten van die maand. Volgens een paar van de vele lijkdichten [6]) schijnt hij

1) In 1654 gaf hij een komisch zangspel uit, *La Verità raminga* (De waarheid aan het zwerven), vgl. J. L. Klein, *Geschichte des Drama's. Geschichte des Italienischen Drama's*, III, 1ste Abth. Leipzig, 1868, blz. 87. Bovendien wordt in de opdracht van *Tieranny van Eigenbaat* (1680) van hem bericht, dat hij te Lucca wonende naar Weenen werd ontboden en daar „op het Keizerlyk Bruilóftsfeest die beroemde Opera, *Il pomo d'Oro* toegesteld heeft."

2) Zie Wybrands, t. a. p., blz. 249.

3) Wybrands, blz. 250.

4) Zie boven. Door eene drukfout staat er 1696 in plaats van 1699. Hierdoor geeft Witsen Geysbeek, die Arendsz in zijn *Woordenboek* aanhaalt, het sterfjaar van Bernagie verkeerd op.

5) Zie boven. Vgl. ook het *Grootboek*, aangehaald door den heer Rössing in *De Amsterdammer*.

6) Broekhuizen schreef het volgende gedicht:

Petri Bernagii Memoriae.

Phoebi medentis priva laus Bernagius,
Mortalitatis lege suprema, dedit
Terrae parenti terra quod dederat parens,
Mentem aetheri resignat unde acceperat:
Vir mentis acer, pectus innocens probri,

zeer hard te hebben gewerkt en zich daardoor misschien eene ziekte op den hals te hebben gehaald. De 43-jarige dichter en geleerde liet eene vrouw [1]) en eenige kinderen na [2]); ook zijne moeder [3]) en beide schoonouders overleefden hem [4]). Den 3den December werd hij in de Oude Luthersche Kerk in hetzelfde graf bijgezet, waar zijne eerste vrouw rustte [5]).

IV.

Bernagie's tooneelwerken zijn langen tijd zeer populair geweest. Asselijn en hij waren in het laatst der 17de eeuw de

> Reique civis haud pigendus publicae,
> Sophisticarum fortis hostis artium,
> Moris vetusti qua licet semper tenax.
> Salvete manes: aetheris salve incola
> Anima beata. Te sequemur ordine
> Ut quemque summus evocarit arbiter.
> Nunc magni amoris testimonium leve
> Esto haec papyrus, temporis prisci memor,
> Quam ponit alto sauciatus vulnere
> *Bernagianis Manibus Broukhusius.*

1) Zijne tweede vrouw Elizabeth, in een paar akten ook wel Catharina Nunninck genoemd, werd 15 Juni 1709 in de Zuiderkerk begraven in het graf, gemerkt C 10 (zie boven). Zij woonde toen op den Fluweelen Burgwal, waarschijnlijk bij Dr. Van Dortmont. Haar zoon Sebastiaan werd in 1713 uit hetzelfde huis begraven.

2) Daartoe behoorde Matthijs B., in 1681 geboren. In 1700 werd hij te Leiden als student ingeschreven, in 1703 promoveerde hij daar in de rechten op eene dissertatie *De pignore proprio* (gedrukt bij Abraham Elzevier te Leiden, 12 blz. 4°), 8 Januari 1724 werd hij in de Oude Luthersche Kerk (graf n°. 27) te Amsterdam „uyt het verbetterhuys by de Weteringpoort in stilte bygezet, by avond." Hij schijnt dus een mauvais sujet te zijn geweest.

3) Zij stierf in 1709 (Zie *De Navorscher* van 1882, blz. 191).

4) Dr. Van Dortmont stierf in 1710 (vgl. boven). Zijne vrouw werd, volgens eene mededeeling van den heer J. G. Frederiks, 16 Nov. 1713 in de Westerkerk begraven. Ik maak van al deze dingen melding, omdat zij volkomen overeenstemmen met de woorden in het lijkdicht op Bernagie door Francius.

5) Oude Luthersche Kerk 3 December 1699 *begraven Pieter Bernagie Medicine docter en Professor op 't Singel tussen de Oude Spiegelstraat en Romeyns armsteeg. Eygen graf* n°. 27.

voornaamste vertegenwoordigers van het blijspel in ons land. Dat hij dan ook bij het nageslacht in eere werd gehouden, moge blijken uit de volgende opsomming van drukken en opvoeringen.

De meeste tooneelspelen van onzen dokter zijn herdrukt. Van het treurspel *Constantinus de groote* bestaat eene uitgave van het jaar 1738 [1]), van de *Arminius* zijn drukken van 1725 [2]), 1735 [3]), 1745 [4]) en 1785 [5]). Het blijspel *Het huwelyk sluyten* werd herdrukt in 1739 [6]) en 1826 [7]), *De debauchant* in 1747 [8]). Van *de Mode* zijn uitgaven van 1711 [9]) en 1751 [10]). Ook de meeste kluchtspelen verschenen later weer in druk: *De belachchelyke jonker* in 1724 [11]), 1733 [12]), 1781 [13]) en in 1882 [14]), *De ontrouwe voogd* in 1715 [15]) en 1782 [16]), *De huwelyken staat* in 1724 [17]) en 1785 [18]), *De ontrouwe kantoorknecht en lichtvaardige dienstmaagd* in 1737 [19]). Terwijl van *Het betaald bedrog* nog eene uitgave zonder jaar bestaat [20]), werd *Het studente-leven* in

---

1) *Te Amsteldam, By Izaak Duim, enz.*

2) *Te Amsterdam, By Adriaan Bastiaansz, enz.*

3) *Te Amsteldam, By Izaak Duim, enz.*

4) Te Amsterdam verschenen (Vgl. Mr. J. I. van Doorninck, *Bibliotheek van Nederlandsche anonymen en pseudonymen*, n°. 859).

5) *Te Amsteldam, By J. Helders en A. Mars.*

6) *Te Amsteldam, By Izaak Duim, enz.*

7) *Te Amsterdam bij M. Westerman en C. van Hulst.*

8) *Te Amsteldam, By Izaak Duim, enz.*

9) *Den laatsten druk. 'T's Amsteldam, By de Erfg. van J. Lescailje, enz.*

10) *t'Amsteldam, By Izaak Duim, enz.*

11) *t'Amsterdam, By de Erfgen. van J. Lescailje en Dirk Rank, enz.*

12) *Te Amsteldam, By Izaak Duim, enz.*

13) *T'Amsterdam, By Jan Helders.*

14) In *Bibliotheek van Nederlandsche Klassieken, ten dienste van het onderwijs en van alle belangstellenden in onze letteren*, door G. Velderman. *N°. 2 Doetinchem. C. Misset.*

15) *t'Amsterdam, By Pieter Rotterdam, enz.*

16) *Te Amsteldam, By Jan Helders.*

17) *Tot Amsterdam, By Adriaan Bastiaansz.*

18) *Te Amsteldam, By J. Helders en A. Mars.*

19) *Te Amsteldam, By Izaak Duim, enz.*

20) *Tot Amsterdam, By Wybrant Alexander, enz.*

1744 herdrukt onder den titel *Het Franeker studentenleven* [1]),
komt het iets later voor in eene bloemlezing [2]) en werd het in
1871 [3]) en 1882 [4]) opnieuw uitgegeven. Dit zelfde viel in 1871
aan *De goé vrouw* te beurt [5]).

Dat vele stukken van Bernagie niet alleen veel gelezen, maar
ook dikwijls gespeeld zijn, daarvoor ontbreken de bewijzen
evenmin. In 1700 gaf Mr. Cornelis Boon van Engelant uit
het *Eeuwspel, Op het Treurspel van Arminius toegepast* [6]), waarin
Jupiter, Mars, Bellone, Nederland, Twist en Wreedheid als
personen optreden. In 1719 verscheen een *Voorspel voor Arminius, vertoond tot onthaal van Burgemeesteren en Vroedschap-
pen van Utrecht, 28 Aug. 1719* [7]). 29 October 1753 werd
de *Arminius* te Amsterdam opgevoerd, terwijl Punt de hoofdrol
schijnt te hebben vervuld [8]), 24 Januari 1757 trad Corver's
vrouw als Fausta op in *Constantinus de groote* [9]). Terwijl het
zinnespel *De hedendaagsche waereld*, in 1710 door het Kunstgenootschap *Door Yver bloeid de Kunst* uitgegeven [10]), zeer
duidelijke toespelingen op *de Mode* bevat en er in zeker opzicht
een vervolg op is, bericht Corver, die in 1749 aan den Amsterdamschen Schouwburg is gekomen, dat hij in Bernagie's

---

1) *Te Amsteldam, By Izaak Duim*, enz.

2) In *De onberispelyke geestigheden of zeedige snaakeryen, van verscheidene dichters, beneevens het Franeker en Leidsche studentenleeven. Uitgegeeven en Vermeerderd,
door Een der zelve. Te Snaakenburg, By B. cum Notis Kransii, Boeckverkoper in
den Gekroonden Overbeek.* LCVCIDIM (1757?), blz. 129.

3) In *Drie kluchtspelen der zeventiende eeuw*, door Dr. W. L. Van Helten uitgegeven. *Rotterdam, J. H. Dunk.*

4) In *Bibliotheek van Nederlandsche Klassieken*, N°. 2, door G. Velderman.

5) In *Drie kluchtspelen der zeventiende eeuw* door Dr. Van Helten.

6) *Te Leiden, By Bartholomeus Bos*, enz. Ook afgedrukt in zijne *Tooneel-Poëzy.
Te Leyden By Gerard Potvliet*, 1732, blz. 529.

7) *Utrecht, By Jacob van Poolsum*, 1719. Ik heb het stukje niet kunnen inzien.

8) Zie Corver's *Tooneel-Aantekeningen*, blz. 62.

9) Blijkens een gedicht van J. D. P. *Op het vertoonen van Fausta in Constantinus
de grooten door juffrouw Corver, Den 24sten van Louwmaand 1757*, aanwezig in de
bibliotheek der Maatschappij van Nederl. Letterk. te Leiden.

10) *Te Amsteldam, By de Erfgen. van J. Lescailje*, enz.

zinnespel gewoonlijk de rol van Overdaad vervulde [1]). In 1746 werd *De debauchant* nog gespeeld [2]), terwijl Punt eens »op een privaten dag, met gesloten deuren" de titelrol in *De belach-chelyke jonker* vervulde [3]). Dit laatste stuk en *De huwelyken staat* werden in 1762 of 1763 nog gegeven [4]).

Ook de Rotterdamsche tooneelspelers brachten in het laatst der 18de eeuw zeer dikwijls Bernagie's werken ten gehoore. Ten tijde van het directeurschap van Punt (26 Mei 1773—18 Mei 1776) beleefden 9 stukken van Bernagie te zamen 26 opvoeringen [5]). Corver voerde met zijn gezelschap in 1774 te Leiden *Het studente-leven* tweemaal en *De huwelyken staat* drie keer op [6]). Het laatstgenoemde stuk werd 18 Febr. 1782 in den Haag [7]) en 29 Mei 1785 in Utrecht gespeeld [8]), terwijl *De ontrouwe voogd* 29 Januari 1782 in den Haag [9]) en 15 Februari 1783 te Leiden werd opgevoerd [10]). En *Het huwelyk sluyten* schijnt nog in 1826 gespeeld te zijn [11]). Doch in het

---

1) Vgl. Corver's *Tooneel-Aantekeningen*, blz. 125.

2) Volgens een geschreven „Briefjen zo als aan de Regenten gesonden werd als er een stuk zal Geprobeerd werden," aanwezig in de bibliotheek der Maatsch. van Nederl. Letterk. te Leiden.

3) Zie *Tooneel-Aantekeningen*, blz. 126.

4) Vgl. Witsen Geysbeek, *Woordenboek*, in voce Bernagie.

5) Vgl. P. Haverkorn van Rysewyk, *De oude Rotterdamsche Schouwburg. Rotterdam, Van Hengel en Eeltjes*, 1882, blz. 355—380. Het waren de volgende stukken:

De ontrouwe voogd	6 maal.		*Het studente-leven*	1 maal.
De huwelyken staat	5 „		*Het huwelyk sluyten*	2 „
De belachchelyke jonker	6 „		*Arminius*	2 „
De ontrouwe kantoorknecht en lichtvaardige dienstmaagd	2 „		*Constantinus*	2 „

Op het Museum Boymans is eene schilderij door N. Muys in 1777 geschilderd, die naar één dier opvoeringen het 13de tooneel van *De belachchelyke jonker* voorstelt (vgl. t. a. p., blz. 114, en eene gravure naar de schilderij tegenover blz. 247 van het genoemde werk).

6) T. a. p., blz. 385—388.

7) T. a. p., blz. 285.

8) T. a. p., blz. 275.

9) T. a. p., blz. 284.

10) T. a. p., blz. 240.

11) In het „Berigt" vóór de uitgave van dat jaar leest men: „De laatste, in de

laatste gedeelte der 18de eeuw zijn de stukken van Bernagie
grootendeels van het tooneel verdwenen, zooals blijkt uit deze
lofspraak van Corver [1]): »De stukken, onder de spreuk: *Latet
quoque utilitas*, zijn minder dan die van Vondel en Hoofd;
maar men had die evenwel meer behooren te conserveeren."

Groningen, Nov. 1882.   J. A. WORP.

ALMANAKKEN MET EENE KLUCHT VAN BREDEROO EN GEDICHTJES VAN HOFFERUS EN TELLE.

Indien ik mij niet vergis kent men tot nog toe geene oudere
uitgave van Brederoo's klucht »Symen sonder soeticheyt", dan
die, welke in de Rotterdamsche uitgave der kluchten van 1622
voorkomt, doch dat is een nadruk; en daarom zal men het
misschien niet onbelangrijk vinden te vernemen, dat er van
die klucht ook eene uitgave bestaat, die door Paulus van Ravesteyn voor Cornelis van der Plasse in 1622 werd gedrukt.
Ik vond die achter eenen almanak in kl. 8°, getiteld »Groote
Schrijf Almanak, Nae den Nieuwen ende Ouden Stijl op 't jaer
ons Heeren 1623 ghecalculeert na den Ephemerides des Hoogh-
geleerden Astronimus D. David Origanus, Professor Mathema-
ticus van den Keur Vorst van Brandenburgh. Hier zijn bijge-
voeght eenige gedenckweerdige Hongers-nooden met meer andere
dingen. t'Amsteldam. Voor Cornelis van der Plasse." — Achter-
aan staat: »t'Amsteldam. Gedruckt by Paulus van Ravesteyn.
Anno 1623."

---

boekverzameling van den Schouwburg, bekende druk van 1789 geheel uitgeput zijnde,
zoo is bij wederopvoering van dit stukje eene nieuwe oplage nodig geworden."
  1) Vgl. *Tooneel-Aantekeningen*, blz. 181.

De daarachter voorkomende klucht van Brederoo, die niet op den titel van den Almanak vermeld wordt, blijkt alleen tot den almanak te behooren uit de doorloopende letterpagineering, want de klucht zelf, die 16 bladzijden beslaat, heeft een afzonderlijken titel, namelijk »Amsterdams praatjen tusschen Symen sonder Soetigheyd en Teuntjen (alias) Roert my niet. t'Amsteldam. Voor Cornelis Lodewycksz. van der Plasse. Anno 1622."

Brederoo's naam wordt niet vermeld, maar aan het einde staat »'t Kan verkeeren." Het komt mij voor, dat deze uitgave boven de andere de voorkeur verdient, niet slechts omdat zij de oudst bekende is, maar ook omdat zij niet door zinstorende drukfouten is ontsierd, zooals andere, met name die van 1644, welke ik er meê vergeleek, en die niet alleen hier en daar verkeerde lezingen heeft, maar bovendien veel minder nauwkeurig het plat Amsterdamsch weêrgeeft dan deze.

Van den Almanak zelf valt op letterkundig gebied niets anders meê te deelen, dan dat hij besloten wordt door vier gedichtjes, getiteld »De vier Getyden des Jaers", en geteekend door A(drianus) Hofferus (van Bommenede), den uit den Zeeuschen Nachtegael van 1623 bekenden dichterlijken burgemeester van Zierikzee, die in 1627 rentmeester-generaal van Zeeland beooster-Schelde zou worden [1]), en ook in het Latijn de lier besnaarde.

De Almanak, in bezit van den Heer F. N. Maas Jr. te Gouda, is ingebonden bij twee andere schrijfalmanakken, eenen van 1622 en eenen van 1621, welke samen in de jaren van hun verschijnen toebehoorden aan Gerrit Hoevemans Wernensis en hier en daar door dezen voorzien zijn van aanteekeningen, meestal van persoonlijken aard, nu en dan ook aangaande staatkundige gebeurtenissen.

Zij hebben alle drie denzelfden bovenvermelden titel, doch natuurlijk met ander jaartal en ook met eene andere opgave

---

1) Zie M. Z. van Boxhorn, *Croniick van Zeelandt*, Middelb. 1644, I, 454.

van hetgeen er bijgevoegd is. Dat bestaat bij dien van 1622 uit een boekje van 16 bladzijden, bevattende een »Journael ofte Dagh-Register, waer in verthoont werdt des vyands Scherm-slagh voor Bergen op Zoom: Met het dapper verset ofte ontset derselver Stede, ende alles wat aldaer ghepasseert is." Achter dien van 1621 vindt men 16 bladzijden, behandelende »De redenen die de Staten van Bohemen beweeght hebben den Ertshertog Ferdinandus te verworpen, etc. Ende haer gedron-ghen hebben, eenen nieuwen Koning te kiesen"; evenals de klucht van Brederoo met afzonderlijken titel.

Terwijl de versjes van Hofferus ook den almanak van 1622 besluiten, vindt men achter dien van 1621 vijf gedichtjes met de volgende inleiding:

> »Om 't leech papier te vullen
> Wy hier gaen stellen sullen
> Op dicht de Jaer-ghetyen,
> Die vier zijn in ghetale,
> Met al het principale,
> Dat men dan siet geschyen."

De gedichtjes, een op ieder jaargetij en een »sonnet aen den Leser" als toegift, zijn allesbehalve hoogdravend, maar toch een weinig minder prozaïsch dan de inleiding zou doen ver-moeden. Als proeve er van deel ik het eerste, op de Lente, mede:

> »Wanneer de gulde Son verruylt het koude teecken
> Der Visschen, daer hy heeft een Maent langh in ghesteecken,
> En neemt den Ram daer voor, so maeckt hy mette gangh
> De gantsche werelt door dach en nacht even langh.
> De Winter, of 't hem lief of leet is, moet gaen schampen,
> Vermits de soete Lent zijn meester wordt in 't kampen.
> Favonius komt weer, kust Floor, en blaest terstondt
> Bloemkens by manden vol uyt synen lauwen mondt.
> Pomone toont haer kracht, en doet van nieus weer leven
> 't Geboomte dat van koud' was bladeloos ghebleven.
> Den jonghen Itys wordt van Philomeel bequeelt,
> 't Gediert in 't groene wout elck met zijn gayken speelt.

De mensch, haer aller Heer, van Godt begaeft met reden,
Verandert wel zijn huyt, maar niet zijn oude zeden;
    Die blyven soose zijn, en wat Godt smeeckt oft dreycht,
    Hy volcht zijn dartel vleesch, dat hem tot sonde neycht.
't Is noch te vroech op 't jaer (denckt hy) om deucht te leeren,
Daer komt een winter, dan sal ick my wel bekeeren.
    Maer elck moet bidden Godt (so Christ de Joden riedt)
    Dat syne vlucht niet in de Winter en geschiedt."

Deze gedichtjes zijn alleen met eene spreuk geteekend, namelijk »Lijdt en hoopt"; maar de dichter is geen onbekende
voor wie weet, dat Reinier Telle, een vriend van Hofferus,
zich onder die spreuk verschuilt. Ook werden deze versjes niet
voor het eerst gedrukt, daar zij ook voorkomen achter de
dichterlijke »Beschryvinghe van de Groote Visch van Hollant.
Als oock de Krooninge van Fredericus den V, Ghekroont Ko-
ningh van Bohemen binnen Praegh, den 4 Nov. 1619. Amst.
Voor Cornelis van der Plasse 1620" ').

Zooals men weet werd Reinier Telle (alias Regnerus Vitellius)
in 1558 te Zierikzee geboren, werd hij, na Duitschland, Italië
en Frankrijk doorreisd te hebben, rector in zijne geboorteplaats,
en verhuisde vandaar in 1610 naar Amsterdam, waar hij overleed »in den jare 1618, begraven met onghedeckten, ende met
laurieren ghekroonden, ende een yeder sichtbaren hoofde, op
de maniere van uytnemende Poëten" ²); doch of het met dat
sterfjaar wel in den haak is, betwijfel ik. Vóór 1619 kan hij,
dunkt mij, niet gestorven zijn.

Hij was in de eerste plaats geleerde en vertaalde niet alleen
in het Nederlandsch Servet's werk over de Drieëenheid, en in
't Latijn Guicciardini's beschrijving der Nederlanden en Cam-
den's beschrijving van Groot-Brittanje en Ierland (aan Hofferus
opgedragen), maar leverde in 1616 ook eene »Nieuwe Beschryvinghe uyt verscheyden Autheuren ordentlyck tzamen gestelt,
vervattende alles wat in de selve Landen (namelijk de Neder-

1) Zie L. D. Petit, *Bibl. van Ned. Pamfletten*, N°. 1278.
2) Zie Boxhorn, t. a. p., I, bl. 464.

landen) ende hare besondere steden sonderlingh te sien ende te vinden is", als tekst van het te Amsterdam uitgegeven »Nieuw Nederlandsch Caertboeck, gesneden ende in 't licht gebracht door Abraham Goos."

Bekend is het, dat hij eene, ook door Brederoo bezongen, vertaling der »Tragedische ofte Klaechlycke Historiën" leverde. Gedurende den strijd tusschen Remonstranten en Contraremonstranten koos hij, ook door het schrijven van verschillende pamfletten, partij voor de eerste, en drong hij vooral op verdraagzaamheid en verzoening aan; doch alleen op hetgeen van zijn dichterlijken arbeid bekend is, wensch ik nog met een paar woorden de aandacht te vestigen.

Tot zijne oudste gedichten zal er een van 27 achtregelige coupletten behooren op de kloekmoedige verdediging van Zierikzee tegen de Vlamingen in 1302 en 1303, »tot eeuwighe lof van zijn vaderlandt, door last van zijne ghebiedende Heeren met veel betere Duytsche veerssen beschreven (dan eenige middeleeuwsche Latijnsche op hetzelfde onderwerp), dienende tot bondighe (lees: uitgebreide) vertalinghe van de Latijnsche", zooals Boxhorn zegt, die het geheele gedicht in zijne »Chroniick van Zeelandt" II, bl. 120—126, opnam.

Andere gedichten van Telle zijn: »Vredesang, welcke dienen mach voor een eeuwich Nieuwe-jaer-liedt (Amst. Broer Jansz) 1615" [1]) en »Reinier Telles Tweede vredesang ofte Jaerliedt op de voleyndinge van de eerste hondert jaren na de aengevangene Reformatie der Kercken, Amst. 1617" [2]). Beide zijn later met elkaar herdrukt, zelfs nog in de tweede helft der 17de eeuw [3]), en hebben ook tegendichten en verdedigingen uitgelokt [4]).

Verder zijn als politiek-godsdienstige gedichten van hem bekend:

1) Zie P. A. Tiele, *Bibl. van Ned. Pamfletten van F. Muller*, N°. 1168.
2) Zie P. A. Tiele, t. a. p. N°. 1841.
3) Zie L. D. Petit, t. a. p. N°. 1128.
4) Zie L. D. Petit, t. a. p. N°. 1088, 1089.

1º. »Der contraremonstranten Kerf-stock, die nimmermeer yser wordt. Aen de Roomsche Catholycken. Door een Lief- hebber van de vrye waerheyt." Z. j., maar in 1617 of 1618 geschreven, daer er in dat laatste jaar tegenschrif- ten tegen uitkwamen [1]). Het is zestig achtregelige cou- pletten groot, met een klinkdicht vooraf.

2º. »Troost-liedt aen alle vrome Godtvruchtige Lidtmaten ende Liefhebbers der Ghemeente J. Chr. binnen Amster- dam ;die de Schryver van 't Boeck geintituleert: Antwoordt tot wederlegginghe enz.... gesocht heeft in haren goeden name ende fame te quetsen" z. j. [2]). Het bevat twaalf achtregelige strophen.

3º. »Weeklacht der Hollantsche Maegt over dese verwerde Tyden. Met een ernstighe Aenspraecke aen sijn Prince- lycke Excellentie ende Heeren van den Lande" z. j. [3]).

Ook vindt men nog twee klinkdichten van hem in den door hem uit het Latijn vertaalden »Brief van Janus Drusius, Prof. van de Hebr. Tale in de H. Schole tot Franeker, aen de Nederl. Broeders."

Eindelijk moet ik nog herinneren aan vier gedichtjes, die van hem zijn opgenomen in de bekende bloemlezing *Apollos Harp*, Amst. 1658. Het eerste (bl. 114) is een sonnet, begin- nende »Ik haat in een Françoys" enz., en dan verder opsom- mende al wat hij haat, met dit besluit:

> »Maar bovenal den zucht tot heerschen in een man,
> Die gaerne zou den naam van Kerken-dienaer dragen."

Als bijvoegsel vindt men daar nog een vierregelig puntdicht van hem, en verder (bl. 370) een vijfling tegen Maurits [4]).

---

1) Zie P. A. Tiele, t. a. p. Nº. 1842 en vgl. Brandt's *Hist. der Reform.* III bl. 193, waar Telle »een hardt partij der Contraremonstranten en Dichter van een vermaerdt schempschrift de *Kerfstok*" genoemd wordt.

2) Zie L. D. Petit, t. a. p. Nº. 1099.

3) Zie L. D. Petit, t. a. p. Nº. 1143.

4) Het is ook opgenomen in de *Nederduitse en Latynse Keurdigten*, Rotterdam 1710, bl. 178.

Uitvoeriger is een »Liedeken van den Hollantschen Tuyn"
(bl. 374—377), dat eene plaats mag innemen naast de hekeldichten van Vondel. Vooral met het oog op onzen hoofddichter
meende ik de aandacht op Reinier Telle te mogen vestigen.
Wil men Vondel als hekeldichter goed leeren waardeeren, en
hem niet meer geheel op zich zelf, maar in betrekking tot
zijne mede- en tegenstanders beschouwen, dan mag men zijne
hekeldichten wel in de eerste plaats met die van Telle vergelijken, en daarom beveel ik ieder eene nadere kennismaking
daarmeê ten sterkste aan.   Wie dat doet of gedaan heeft, zal
mij, vertrouw ik, toestemmen, dat »Een oudt Vlaems Dicht"
in *Apollos Harp* bl. 230, in den bladwijzer aan hem toegeschreven, wel niet van hem zal zijn.

Groningen, 29 April 1883.   JAN TE WINKEL.

EEN BRIEF VAN HOOFT AAN BARLAEUS.

Van een groot man wekt alles onze belangstelling. Van een
groot schrijver verlangen wij de werken zoo volledig mogelijk
te bezitten, zelfs die welke oorspronkelijk niet voor de pers
bestemd waren, en daaronder in de eerste plaats de brieven,
aan goede vrienden geschreven: want deze kunnen gewichtige
bouwstoffen leveren zoowel voor onze kennis van de levens-
omstandigheden des schrijvers, als voor die van den tijd,
waarin hij leefde. Het uitgeven van brieven is dan ook tegenwoordig te recht aan de orde van den dag. Nog onlangs ver-
blijdden Prof. Jonckbloet en Land ons met de uitgave van
Huygens' muzikale briefwisseling. De brieven van Hooft zijn

reeds lang in druk verschenen en veelvuldig als bron voor de
geschiedenis onzer letterkunde in de 17de eeuw gebruikt. Reeds
in Brandt's uitgave van Hooft's werken komen er vele voor;
meer dan tweehonderd vindt men er in die van Hooft's
Mengelwerken door David van Hoogstraten (1704). In de uitgave van Huydecoper (1750) is dat getal reeds tot 770 gestegen, terwijl eindelijk Dr. Van Vloten in 1857 de bekende uitgaaf voltooide, die 975 brieven van en aan Hooft bevat.

In die verzamelingen nu vinden wij, bij Hoogstraten als
N°. 215, bij Huydecoper als N°. 761, bij Van Vloten als
N°. 948, eenen brief, den 13^{den} Sept. 1646 door Hooft te
Muiden aan Barlaeus geschreven. Die brief is daar echter
slechts onvolledig afgedrukt; maar daar hij op het oogenblik
in handen is van den heer Zuidema te Noordbroek, en ik door
vriendelijke tusschenkomst in de gelegenheid was er kennis van
te nemen, ben ik in staat het ontbrekende aan te vullen. Men
leest in de uitgaven: »Maar wy gaan morgen naa Uitrecht",
en op die woorden volgt hetgeen in de uitgaven is weggelaten,
namelijk:

»Om de kinderen daar te brengen, en te leeveren aan
haaren vaader van der Mejde, die ze op maandagh denkt
van daar te koomen haalen. Joffrouw van Ejk, oft liever
(schreef mijn zoon laast ujt den Haaghe) Joffrouw Ymans
wort daar ook verwacht, en ik leg haar niet zonder Ymans,
de reize te zullen aanneemen. Wij zijn alle ter brujlofte ge-
noodight; doch mijn' dochter Christina heeft alleen bewillight
in 't koomen, zoo haare zuster van der Perre meede tot zulx
verstaat."

Daarop volgt dan, zooals in de uitgaven, die op eigen gezag
het voorafgaande en volgende door *en* verbonden hebben:

»Wij maaken gissing op Dinxdagh oft Woensdagh weeder
hier te weezen", enz.

Tot toelichting van dit stukje een paar woorden.

Hooft begaf zich den 14^{den} Sept. naar Utrecht met zijne echtgenoote, blijkens eenen brief van 18 Sept. (N°. 949 bij v. Vl.),

geschreven door Christina Hooft »aan Mevrouw, Mevrouw Leonora Hellemans, ten huize van den Heer Johan van der Perre, woonende op 't Preekers Kerkhof tot Ujtrecht." Hooft logeerde dus bij zijnen schoonzoon Van der Perre, die in April 1642 gehuwd was met Susanne Bartelotti, dochter zijner vrouw uit haar eerste huwelijk. Het doel van de reis was, daar de kinderen te brengen van zijne andere stiefdochter, Constancia, den 31sten Mei 1644 gehuwd met Johan van der Meide, toen »Oudtscheepen en Raadsman der stadt Rotterdam", en kort daarop burgemeester aldaar en gecommitteerden Raad der Staten van Holland. Uit een paar andere brieven (N°. 936 en 941 bij v. Vl.) blijkt, dat hij den 8sten Juli 1646 te Spa was aangekomen, en naar gissing van Barlaeus den 9den Aug. vandaar teruggekeerd kan zijn; maar daar Barlaeus slechts eene gissing uitspreekt, hebben wij het recht om desniettegenstaande te vermoeden, dat Van der Meide eerst in 't midden van September Spa zal verlaten hebben. In dat geval zou deze brief ons leeren, als een nieuw bewijs voor den goeden voet, waarop Hooft met zijne stiefdochters stond, dat Van der Meide's kinderen (en wel vermoedelijk zijne vrouw ook) gedurende eenigen tijd bij hunne grootouders gelogeerd hebbende, door deze tot Utrecht gebracht werden om daar ten huize van Van der Perre, hunnen oom, afgeleverd te worden aan den juist van buitenslands teruggekeerden vader.

Nemen wij in aanmerking, dat Constancia Van der Meide den 2den Febr. 1645 beviel van haar eerste kind (zie brief N°. 902), Heleonora genaamd en later, als echtgenoote van Nicolaas van Vlooswijk, drostin van Muiden, dan kan Van der Meide's gezin in Sept. 1646 wel niet talrijk en moet het zeer jeugdig geweest zijn.

Wie Juffrouw Van Eik is, weet ik niet. Er valt te denken aan de familie Van Eyk, waarmeê Huygens verwant was, en waarover de heer Unger in *Oud-Holland* bl. 97 vlgg. belangrijke mededeelingen deed. Ook bedenke men, dat er een brief bestaat van Dirk Simonsz. van Eik, »bedienende de schoutampten van Weesp en Weesperkerspel", den 6^{den} Nov. 1640 aan Hooft geschreven (N°. 773 bij v. Vl.), en dat Hooft hem zeer genegen was, blijkens eenen brief van 25 Mei 1645 (N°. 920), waarin hij hem tot majoor of wachtmeester van Weesp aanbeveelt.

Onze brief zou ons doen vermoeden, dat Juffr. Van Eik kort te voren met zekeren heer Ymans, die mij geheel onbekend is, maar die tot eene aanzienlijke familie Ymans in Zeeland zou kunnen behooren, getrouwd was, indien de bruiloft, waarvan gesproken wordt, niet de hare scheen te wezen. In dat geval is het bericht van Aernout Hooft niet zonder eenige dubbelzinnigheid.

Dat Christina de bruiloft niet zal hebben bijgewoond, is waarschijnlijk, daar zij den 18^{den} Sept. aan hare moeder schrijft: »Ik ben, Godt zy gelooft, de koorts quydt, hoop de Heere mijn vorder sterkte zal geeven."

De lezer neme het weinige, dat ik had mede te deelen, voor lief.

Groningen, 26 April 1883.   JAN TE WINKEL.

OVER TWEE SPREUKENVERZAMELINGEN UIT HET HULTHEMSCHE HANDSCHRIFT.

Willems heeft in zijn Belgisch Museum, dl. 1, bl. 101—136, en dl. 6, bl. 184—212, uitgegeven een paar aan het Hulthemsche Handschrift ontleende verzamelingen spreuken, spreekwoorden, en wat de verzamelaar er al zoo voor gehouden heeft. Deze is daarbij even dwaas te werk gegaan als de uitgever. Eerst een enkel woord, om het over den eerste uitgesproken oordeel te staven. Wat een bonte mengeling van de meest ongelijksoortige versjes worden ons daar als *sproken*, of als *parabelen* en *wise leren* opgedischt! *Belg. Mus.* 6, 210, 781—798 vinden wij b. v. de 18 eerste regels van boek X van den *Limborch* [1]), dat evenveel van een parabel of een wise lere heeft als de *Reinaert* van den *Leekenspiegel*. Wij vinden er verder een raadsel, dat in de middeleeuwen opgeld deed, nl. 6, 202, 521—528:

> Mijn vader wan mi hier te voren,
> Eer hi ghewonnen was ofte gheboren *enz.*,

naar andere redacties gedrukt *Belg. Mus.* 5, 100; in een Hs. van Maerlant's *Naturen Bloeme* (ald. 101 noot); in het Hs. van *Der Vrouwen Heimelicheit* (ald.); en *O Vl. Ged.* 2, 64. Wij vinden er een stukje in uit een leerboek over Natuurlijke Historie, nl. 6, 200, 473—8: »Clavarius es een voghel, enz."; vgl. *Nat. Bl.* III, 755 (over den Caladrius; de aanteekening

---

1) Eene vergelijking der beide redacties geeft voor den tekst van den *Limborch* althans nog eenig nut. In plaats van *verliest* (vs. 3) heeft *Belg. Mus.*: *slit*. Men zal voor *verliest* dus moeten lezen *verslit* of *verslijt* (ook om vs. 4 var.: oec heeft *soe versleten* mi); vs. 6 *delijt*; var. *jolijt*; vs. 1 *oververt*; var. *henen veert*; vs. 13 *vervrouwe*; var. *verblide*.

van Willems aan den voet der bladzijde kan dus vervallen).
Dat dit versje ook bij Fridank, *Bescheidenheit* 143, 7—12
voorkomt, is reeds door Willems opgemerkt. De hier besproken eigenaardigheid vinden wij dan ook eigenlijk in alle dergelijke verzamelingen terug; zij is dus slechts gedeeltelijk aan
onzen verzamelaar te wijten, die ongetwijfeld ook in zijn voorbeeld een mengelmoes van allerlei gedichtjes, versjes, raadsels,
spreuken enz. bijeenvond.

Ernstiger is het bezwaar tegen de wijze, waarop de uitgever
de beide verzamelingen in zijn Belgisch Museum heeft doen drukken. Immers wat moet men denken van den uitgever, die bij
een soortgelijken tekst alles door elkander werpt en de versjes
op elkander doet volgen naar het aantal regels, dat zij lang
zijn; eerst de tweeregelige, dan de vierregelige, en zoo vervolgens!! Het beste middel, om achter de bron van eene dergelijke verzameling te komen, d e o r d e, w a a r i n d e v e r-
s c h i l l e n d e v e r s j e s o p e l k a n d e r v o l g e n [1]), wordt op
deze wijze moedwillig verworpen en de opsporing er van voor
anderen zoogoed als onmogelijk gemaakt. Eigenlijk moest de
geheele verzameling nog eens worden gedrukt in de volgorde
van het Hulthemsche Handschrift; want, zoo als Willems ze
heeft doen drukken, heeft men er zoogoed als niets aan. Er
zou dan tevens gelegenheid zijn, hier en daar eene verbetering
aan te brengen n a a r h e t H a n d s c h r i f t, en een enkel versje
in te voegen, dat door den uitgever (hoe kon het ook bijna
anders!) is overgeslagen. Doch daar dit vooreerst wel niet geschieden zal, zal ik opgeven, welke orde in het Handschrift gevolgd wordt. *Belg. Mus.* 1, bl. 101—136; in het *Hulth. Hs.*
87c—94b: N⁰. 1, 2, 5—7, 11—14, 17; N⁰. 18 is overgeslagen; het luidt:

> Die meneghe vreecht, hoet met mi steet:
> Voeric wel, het ware hem leet.

----
[1]) Een punt, waarvan Te Winkel, in zijne uitgave van den *Esopet*, het belang
zoo juist heeft doen uitkomen.

19, 24—26, 29, 33, 38, 42, 48, 55, 56—60, 63 - 73, 75,
76, 79, 81, 85, 86, 88—91, 94, 95, 97, 99, 101—108,
124, 125, 136, 138, 228, 229, 231, 46 (e ende e *enz.*),
4, 8, 9, 10, 20, 21, 23, 27, 28, 31, 34, 39, 40, 43,
44, 45, 35 en 36, 47, 49, 51—54, 62, 78, 83, 84, 87,
96, 109, 112, 117, 93 (door Willems bl. 110 na vs. 12 overgeslagen); het luidt aldus:

> Ay lieflijc lief, doer minne fijn,
>   Nu doet soe dat mi doghen
> Verkeren, want u anscijn
>   Doet mijn herte dicke verhoghen.

120—122, 126, 127, 130, 131, 133—137 (bl. 112), 139—
141, 230, 232—234, 226, 116, 118, 3, 15, 16, 22, 30,
32, 37, 41, 61, 74, 77, 80, 82, 92, 98 (bl. 117), 100,
110, 111, 113—115, 119, 128, 129, 142—226 (bl. 118—
135), 50, 123. N⁰. 132 (*f. 90d*) is overgeslagen, zeker »om
den onkieschen inhoud"; een door Willems meer in praktijk
gebrachte kinderkamer-maatregel. Het luidt:

> Quistwater, o quistwater!
> Ghi hebt twee oghen als een cater,
> Ende die bec als een hinne,
> Ende doren als ene bettinne (waarschijnlijk *geit*),
> Ende u conte als ene coe;
> U eerscat gheet op ende toe:
> Ghi gaet al visten als een verken:
> Al abelheit mach men aen u merken!

Enkele tekstverbeteringen zal ik hier laten volgen, gedeeltelijk
aan het Hs. ontleend. Bl. 102, vs. 7 leze men met het Hs.:

> Die last *dreghet*, *hem* mach lusten.

vs. 11:

> Ic en *beens* allene niet.

vs. 20:

> Die mi verriet, hi scheen *mi* vrient.

bl. 103, vs. 21:

> Ic *beent*, besiet mi wale.

bl. 104, vs. 17:

>Ach *leider*! al mijns herten gheren.

bl. 105, 16:

>Die*t* niet en cost, wat macht hem scaden.

bl. 108, 1, heeft het Hs.:

>Aen vrouwen *zeer* en leghet gheen macht:
>Die oghen wenen, therte lacht.
>Al dat si in seven jaren mint,
>Dats binnen derden daghe al wint.

De lezing van Willems, die *zeer* weglaat, komt toevallig overeen met eene andere redactie van deze regels, bij Maerlant, *Troyen* 4064 vlgg., waaraan misschien de verzamelaar ze ontleende, en die aldus luidt:

>Aen vrouwen leghet cleyn macht
>Want toghe weent ende thertte lacht.
>Onghestadich es vrouwen moet,
>Ende sot ghenoech, *die meest es vroet* [1]).
>Al dat sy seven jaren mynt,
>En es binden derden daghe een twint.

De toevoeging van *zeer* is geen verbetering, want de bedoeling is: Vrouwen hebben zeer weinig *zelfbedwang*. Of moet men wellicht verklaren: »Op vrouwentranen kan men geen staat maken"? Dit is een zeer goede zin, doch ik zie niet in, hoe het woord *macht* dit beteekenen kan.

Bl. 110, vs. 9 (Hs.):

>Ontfermech, gherechtech, *wettech* ende milde;
>Die dese drie *ponte* wel *hilde*.

Willems laat *wettech* weg, en dan zijn er werkelijk d r i e punten, doch hij had dit wel aan den voet der bl. kunnen mededeelen.

___

1) Hs. E s. g. hoert wat si wel doet. Zie de noot t. a. p.

Bl. 113, 15 (hs.):

> Och wie *einich*, dat ic sie (*d. i.* si),
> Ic ben *mi andere* int ghedachte.

Willems, die de uitdr. mi andere d. i. *met ééne andere*, *met ons beiden* (zie *Tijdschr.* 2, 192 vlgg.) niet begreep, veranderde ze willekeurig in met andere, waardoor de ware bedoeling onduidelijk wordt gemaakt.

Bl. 118, 13—18:

> Mijn uutvercoren cuccucnest,
> Want du mijns herten kerskorf best,
> Blaesbalch in minen sinne,
> Mijn herte es an u ghevest
> Als een clesse aen een becken hest;
> Dat doe ic u bekinnen.

In dit niet onaardige gedichtje zijn eenige moeilijkheden. Waarom noemt hij zijn liefje een *koekoeksnest?* Toch niet omdat zij eigenlijk aan een ander behoorde? Dan zou althans de bekoring verdwenen zijn. Wat is een *kerskorf?* Een *kersenben?* Welke vergelijking ligt dan daaraan ten grondslag? Was des minnaars grootste ideaal misschien een volle mand kersen? Ook *Gesch. v. Antw.* 2, 646 komt onder allerlei huisraad en gereedschappen ook een *keerscorf* voor, doch ook daar blijkt niet juist de bedoeling. Vgl. *ald.* 649: een keerskiste. De woorden *blaesbalch in minen sinne* zijn duidelijker en bevatten een zelfde beeld als *iemands gemoed in vlam zetten*. Voor *ghevest*, vs. 16, heeft het Hs. *ghebest*, van *besten*, d. i. *rijgen*. De fig. opvatting van dit woord, nl. *vereenigen, verbinden*, komt ook voor *Vierde Mart.* 816: Die duvele selense *besten met* harre spisen mesten, *in hun drek werpen*. Vgl. mhd. *gebësten* (Lexer 1, 753). In vs. 17 leest het Hs. *hect*, doch dit kan reeds om het rijm niet juist zijn. Ook *becken* is onjuist. Men leze, om zin en rijm te herstellen:

> Als een clesse aen een *hecken vest*.

Gelijk een *klis aan een hek*, is een zeer juist beeld. *Vesten* als intrans. komt in 't mnl. meermalen voor. Zie b. v. Hild. *Gloss.*

Hecken, een nog in de 17de eeuw gewonen vorm voor *hek*, vindt men b. v. *Spreuken* 105: De jougde (jeugd) moet uut, seyde de vrouwe, doe reedtse op *thecken*.
Bl. 121, vs. 10:

> Hine es niet vrient,
> Maer hi ontsiet
>   Die vrientscap sere.

Men leze met het Hs. *ontsient*, d. i. *maakt te schande*. *Ontsienen* bet. hetzelfde als *onteren*, *ontreinen* en dgl. Het zou bijna niet noodig zijn, dit mede te deelen, indien Willems niet aan den voet der bladz. aanteekende: »Ontsiet, lees ontsint, *stelt zijn zin daervan*". Tegen het Handschrift en tegen de gezonde verklaring der woorden in!
Bl. 123, vs. 29:

> Soe wie dat mint
> Hi heeft oft sint
>   Den sanc altoes.

Men leze met het hs.: »Hi *gheeft* den sanc"; *geven* op te vatten in den zin van *van zich geven*, lat. *edere*. Zie *T. en Lettb.* 6, 17.
Bl. 125, vs. 8, leze men met het Hs.:

> *Dies* es menichfout
> Beide gheluc ende ere.

Bl. 127, vs. 15, lees:

> Dies niet en *es* wert.

vs. 25:

> Dicke verkiest,
> Wanneer verliest
>   Een man, na dwijf, sijn kint,
> Soe sere met herten,
> Dat hi der smerten
>   Sijns wijfs vergeet in mint;

Hs.: ɪ mint. Voor *verkiest* leze men *verriest*, d. i. *wordt wanhopig*. Zie *Taalk. Bijdr.* 2, 214 vlg. In plaats van *in mint* misschien te lezen *ie sint*, d. i. *voorgoed*, doch wellicht zit er iets anders achter.

Bl. 128, vs. 7 vlgg.:

> In noet, in anxte, in pine
> Versiet altoos te sine
> God en steet hem bi.

Lees:

> In noet, in auxte, in pine
> Versiet altoos *de* sine
> God, *ende* steet hem bi.

Bl. 128, vs. 25, leze men met het Hs.:

> Als God den wint (*Hs.* wijnt)
> *Selve* beghint
> Te kerne west.

Willems leest *selken* voor *selve*, en tracht daarvan nog eene verklaring te geven.

Bl. 133, vs. 21:

> Het comt te love
> Soe wie te hove
> Sijt vroech of spade,
> Eest quaet of goet,
> Wat yement doet,
> Na elcs dade!

Willems heeft verkeerd gelezen en zit dan ook, blijkens zijne Aanteekening, met de verklaring aan den grond. Het Hs. heeft:

> Het comt te *lone*
> Soe wie te *hone*....
> Wat yement doet;

»het wordt *beloond of wel* gestraft". *Soe wie*, mhd. *swie*, mnd. *swie*, dat, zoover ik weet, nergens elders voorkomt, beteekent *gelijk ook*. Zie Lexer 2, 1371; Lübben 4, 298, en vgl. hd. *sowie*.

Bl. 136, vs. 13, leze men met het Hs.:

> Men vinter *niet* van sessen ene,
> Die gherne ghelden dat si ontlenen.

De tweede verzameling ›Oude Rijmspreuken en Priamelen"
of, zooals ze in het Hulth. Hs. (136d—142a) genoemd wordt:
›Van vele edelen (l. edeler) parabelen ende wiser leren", is gedrukt *Belg. Mus.* 6, 184—212, en wel op dezelfde onweten-
schappelijke wijze naar het aantal regels, dat de versjes tellen.
De volgorde in het Hs. is deze:

33, 78, 82, 111, 113, 116, 117, 129—132, 134, 136,
138, 139, 144, 145, 147, 148, 150—153, 157—159, 161;
(4 reg.) 12—16, 17 en 18 (door Willems te onrechte bijeen-
gevoegd), 19, 22, 31, 32, 59, 61—77, 79 en 80 (door W.
te onrechte samengevoegd), 81, 84—86, 88, 89, 92, 95—
110, 112, 114, 115, 118 en 119 (door W. te onrechte
samengevoegd), 121, 124—128, 133, 135, 137, 140, 146,
149, 154—156, 160, 164; (6 regels) 2, 3, 5, 7, 8, 20,
21, 23, 27, 30, 46, 48—50, 52, 53, 56, 58, 60, 83, 87,
90, 91, 120, 122, 123, 141, 143, 162; (8 reg.) 4, 11,
26, 47, 54, 55, 57, 142; (9 reg.) 35—45, 10 (eig. van 8
regels); (10 reg.) 24, 34 (eig. 9 regels), 51, 93 en 94 (de 2
laatste regels door W. ten onrechte er bij gevoegd; zij vormen
eene afzonderlijke spreuk; (12 regels) 9, 29, 163; (meer regels)
1, 6, 25, 28. Onmiddellijk daarop volgt dan de verzameling
spreuken enz., uitgegeven door Serrure, in zijn *Vaderlandsch
Museum*, Dl. 2, bl. 176 -- 195.

Ook hier kunnen enkele verbeteringen worden aangebracht,
gedeeltelijk naar het Handschrift. Ik volg de orde, waarin de
versjes in het Hs. zelf voorkomen. *Belg. Mus.* 6, 207, 661:

> die rijcheit niet en heeft
> Ende hem daghelijcs gheneert,
> Hi es die rijcste man die leeft,
> Want hi tsine met Gode verteert,
> Dat (*zoodat*) hem zorghe noch anext en deert.

Men leze:

> Want hi tsine *met goede* verteert,

d. i. *in rust*. Deze fout, die meer in Hss. voorkomt, is besproken *Theoph.* bl. 30 en *Tijdschr.*, bl. 138 vlgg.

Bl. 199, vs. 431:

>Drie dinghen sijn, ...
>Die ons sijn altoes te fel:
>Die vlieghende vloie ende sduvels nijt.

Men leze:

>Die *vliegh entie* vloie ende sduvels nijt.

Zoo zijn er werkelijk d r i e dingen, die het ons lastig maken. Het is mogelijk, dat met de vlieg eigenlijk de *mug* bedoeld is; ook thans nog zijn er vele menschen, die de benamingen van beide dieren verwarren, o. a. de meeste Friezen.

Bl. 199, vs. 443:

>Vondic enen yseren moet,
>Die jeghen loghene waer goet,
>Ende enen scilt jeghen scelden,
>Dese woudic herde diere ghelden,
>Ende een berch jeghen verraet,
>Ic soudse hueren, dat verstaet.

Het hs. heeft dezelfde lezing, met uitzondering alleen van *borch* voor *berch*, doch ook dit is de ware lezing niet, evenmin als *yseren moet* in den eersten regel. Hoe kan een y s e - r e n m o e t goed zijn tegen logen, en wat moet men door een *iseren moet* verstaan? Het eenige, wat het zou kunnen beteekenen, nl. *een hard* of *verhard gemoed*, komt hier in den samenhang volstrekt niet te pas. Bovendien kan men een *iseren moet* bezwaarlijk d i e r e g e l d e n. Er moet dus een fout zijn ingeslopen. Voor de verbetering van den tekst kan vs. 3 ons den rechten weg wijzen. Er wordt daar een gedeelte van de wapenrusting genoemd, waarmede men *gedekt* is tegen eene onhebbelijke eigenschap van anderen. Dit is een volkomen juist begrip, en de vooronderstelling ligt dus voor de hand, dat ook in de andere regels w a p e n e n v a n v e r d e d i g i n g zullen worden genoemd, waarop iets zal afstuiten, of waarmede men zich tegen iets kan verweren. Men leze met eene geringe verandering:

>Vondic enen *yseren hoet*,
>Die jeghen loghene waer goet.

De *yserhoet* (of *yseren hoet*) of *beckeneel* of *coyfie* of *salade* (Kil. 860: s a l a d e, cassis, galea; van lat. *caelata*; fr. *salade* (verouderd); zie Littré 4, 1808) was oorspronkelijk het *ijzeren* of *metalen kapje*, dat onder den helm gedragen werd. Bij uitbreiding nam *yserhoet* ook de bet. van *helm* aan. Men vindt het woord b. v. *Leid. Keurb.* 158, 22: »Een *ijserhoet* of beckeneel"; 477, 27: een *ijserhoet*, een hoetscovel ende een pansier; 180, 81: Een *ijserhoet* of een salade (*driemaal*); *Overijss. R.* I¹, 184: Een voll harnaschtuich...., toe weten een panser, een borst(?) *iserhoet* ende hondeskoevele (*l.* hovetkovele?; vgl. *Leid. Keurb.* 181, 81). Hier, waar bij het noemen van de volle wapenrusting schijnbaar de *helm* is vergeten, zal *iserhoet* wel in de bet. *helm* op te vatten zijn, en zoo ook *Belg. Mus.*, waar dan eerst de *helm*, vervolgens het *schild*, en eindelijk het *harnas*, mnl. *halsberch* (want aldus leze men in vs. 5 voor *berch* (W.) of *borch* (Hs.)) genoemd wordt. E e n b o r c h h u r e n is een modern begrip (van e e n b e r c h h u r e n kan natuurlijk geen sprake zijn), waarvan men in de Middeleeuwen vreemd zou hebben opgekeken. Voor een gedeelte worden de hier gemaakte verbeteringen bevestigd door Fridank's *Bescheidenheit*, waar men 170, 14 vlgg. leest:

> Funde ich veile ein *isénhuot*,
> der für lüge waere guot,
> Und einen schilt für schelten,
> den wolte ich tiure gelten.

Bl. 200, vs. 449:

> Dier herten dicke leide ghesciet,
> Die de liede node eten siet.

Men leze met het hs. of althans naar aanleiding van het hs., dat *dier heren* heeft:

> *Dien here* dicke leide ghesciet;

zoo ook in vs. 451 voor *machtem* met het Hs. *mochtem*.

Bl. 188, vs. 101:

> Want eest, alst ghescreven staet,
> Sone wert der sonden nemmermeer ruet.

Men leze:

> Sone wert *des sonders nemmer* raet.

d. i. *voor den zondaar (als hij in de zonde blijft) is geen genade te hopen, voor den zondaar is geen redding mogelijk.* Vgl. *Theoph.* 469 en Fridank's *Bescheidenheit*, 35, 12:

> Sô wazzer hin te berge gât (d. i. *nooit*)
> Sô mac *des sünders* werden rât.

Bl. 191, vs. 183:

> In trouwen mach men an hem verstaen,
> Die al greenkenden (*l.* -de) henen gaen.

Men leze:

> Ontrouwe mach men, enz.

Vgl. *ongetrouwe* in vs. 185. De bedoeling is: »Men moge meenen, dat iemand, die grinnikt (*leelijke gezichten trekt?*), trouweloos en valsch is, er zijn er, die het onwillekeurig doen, en die men dus niet van valschheid verdenken moet". De verklaring van W. in de noot is onverstaanbaar.
Bl. 192, vs. 209.

> De doot ons de liede steelt,
> Ghelijc een die scaep speelt.

Willems heeft alweder verkeerd gelezen. Er staat *scaex* met een *x*, die werkelijk iets heeft van eene *p*. De uitgever vermoedde de waarheid; in de noot teekende hij aan: »waerschynlyk te lezen *scaec*". Doch het had niet bij eene gissing behoeven te blijven.
Bl. 193, vs. 251:

> Waer sijn se die vrome heren waren?
> Daer si ligghen, wast gers ende waren.

Aldus leest Willems en verklaart *waren* door *varen* (farren-
kraut). Men denkt hierbij weder aan: l'étymologie c'est une
science, enz." Het Hs. heeft:

Daer si ligghen, wast gers *te waren*,

hetgeen wel niet veel beteekent, doch in elk geval zuivere
taal en gewoon mnl. is.
Bl. 194, vs. 270:

Hi es dom, die der (*l.* daer) trouwe soect,
Daer mens een twint niet en roect:
So wie blect lenden ende doren
Hevet met rechte beide verloren.

De beide laatste regels zijn bedorven, althans de derde regel.
Vgl. Fridank 96, 27:

Swer sich habet an den dorn,
Sor vellet, der hât zwirnt verloren.

Het is nu duidelijk, dat de bedoeling is: »Iemand die, als
hij valt, een doorn grijpt, lijdt dubbele schade". Nu kan *blect*
komen van b l e c k e n, d. i. *ontvellen*, *openrijten*, doch de onmis-
bare woorden, »als hij valt" zoekt men in het mnl. te vergeefs.
Bl. 195, vs. 314:

Hier op sta ic te gapen,

heeft geen metrum en is geen mnl. Het Hs. heeft:

Hier op sta ic *ende gape*.

Moet voor *scaers... den* (in 311), dat moeilijk te lezen is,
ook gelezen worden *scoenheden*?
Bl. 195, vs. 197:

Die meer door den d' daden
Dan dor Gode.

De *d'* is niet de verkorting van *duivel*, zooals Willems meent,
maar van *denarius* of *penninc*, d. i. *het geld*, *de mammon*.

Amsterdam, *Sept.* '83.   J. VERDAM.

DIETSCHE VERSCHEIDENHEDEN.

XLIII. *Floris*, vs. 2167.

Wanneer Floris op zijne reis naar Babilonië te Monflijs gekomen is, wordt hij welwillend ontvangen door den »wert"
en zijne vrouw, aan wie de dichter de namen Daries en Licoris (vs. 2190; *Floire* 1470 *Daries*; 1509 *Licoris*) gegeven
heeft. Floris is als altijd in gepeins verzonken en de »aufmerk-
same wirt" is bevreesd, dat die stilzwijgendheid en die neerslachtigheid voortspruiten uit ontevredenheid over het logies.
Hij doet aan Floris eene vraag, daarop betrekkelijk, doch ontvangt van hem het geruststellende antwoord:

> Here .., God lone u der scoenre sprake;
> In dherberge miscomt mi gene sake,
> Maer ic danker u ende bidde te Gode,
> Dat hi mi u ocht (Hs.) uwen bode
> Late gescien, dat ic u moet
> Der eren danken, die gi mi doet.

In de Geschiedenis der Mnl. Dichtkunst, Dl. 2, bl. 237,
laat Jonckbloet zich over deze regels in de volgende woorden
uit. »Deze onzin is het gevolg van het niet verstaan van het
woord *ostage* in de volgende plaats (*Floire* 1438 vlgg.):

> nule rien
> D'endroit l'ostel ne me desplaist;
> A Damediu pri qu'il me laist,
> Biaus dous sire, guerredoner
> Vostre ostage et vo bel parler.

Het is mij niet geheel duidelijk, hoe het verkeerd vertalen
van het woord *ostage* aanleiding kan gegeven hebben, dat wij

uist d e z e vertaling lezen in onzen tekst. Eene nauwkeurige
aanwijzing van de eigenlijke fout in de vertaling ware hier
zeer gepast geweest; immers gesteld, dat Dirk van Assenede,
ook al geen heksenmeester in het Fransch, *ostage* opgevat heeft
als *caution*, *otage*, *garantie* (Burguy 273), in plaats van als
hostage, d. i. *hospitalité* (ald. 203), hoe komt dan het woord
bode in den mnl. tekst, daar dit noch van het eene noch van
het andere woord de vertaling zijn kan? Bovendien is, zooals
Moltzer in zijne uitgave bl. 122 opmerkt, in de mnl. vertaling het woord *ostage* reeds vertegenwoordigd door *er* in *danker*,
d. i. *der herberge*. Ik geloof dus niet, dat wij hier met eene
v e r k e e r d e v e r t a l i n g te doen hebben, doch, terwijl ik het
geheel met Jonckbloet eens ben, dat er in deze regels onzin
schuilt, wensch ik dien niet uit den oorspronkelijken tekst te
verklaren, in welk geval eene poging om verbetering aan te
brengen geheel noodeloos zou zijn, maar uit eene v e r k e e r d e
l e z i n g. Hoffmann von Fallersleben laat zich in zijne uitgave
over dit vers niet uit, en heeft ook het woord *bode* in het
gloss. niet opgenomen; waarschijnlijk heeft hij het als *nuntius*
opgevat. Moltzer kiest in zijne Aantt. (bl. 122 zijner uitgave)
partij tegen Jonckbloet, en zegt: »Het is m. i. allesbehalve
onzin: immers een bode komt namens een ander en is zooveel
als zijn plaatsvervanger, wien men evengoed een weldaad kan
vergelden-, als hem zelven". Dit laatste spreekt niemand tegen,
doch 't is alleen de vraag, of het er staat en of het er staan
kan. De Vries heeft zijn tekstcritiek op den Floris niet verder
voortgezet dan tot vs. 1255, doch ik meen te weten, dat hij
zich in dezen aan de zijde van Moltzer schaart. Het Volksboek
schijnt geen licht te ontsteken, althans Penon heeft *T. en
Lettb.* 6, 50 vlgg. daaruit niets aangevoerd ten voordeele of
ten nadeele der mnl. lezing. Franck eindelijk vereenigt zich,
zooals mij uit eene mondelinge mededeeling gebleken is, met
het gevoelen van Jonckbloet. Het is dus na al het gezegde
niet zonder belang, te trachten, de zaak tot eene beslissing te
brengen.

De voorstanders van het behoud in dezen redeneeren aldus: »De bedoeling van de regels is: Ik bid God, dat hij mij u of iemand van uwentwege late te beurt vallen, om u mijn dank te betuigen (Moltzer). Wat is daartegen in te brengen? Is niet een *bode* goed vertaald door *iemand van uwentwege*, en is het niet uit de Middeleeuwen bekend, dat men zijne dankbaarheid vaak uitte ten opzichte van iemand, die ons niet zelf een dienst had gedaan, doch die een familielid, een vriend, een beschermeling, een afgezant van hem was, en als zijn plaatsvervanger beschouwd werd?"

Tegen deze redeneering op zich zelve is niet veel in te brengen; ook wij zullen steeds vriendelijk en voorkomend zijn tegen iemand, die komt vanwege een ander, welke ons beweldadigd heeft; hetzelfde heeft men ongetwijfeld in de Middeleeuwen gedaan, maar plaatsen, waar *bode* in het mnl. in deze opvatting voorkomt, heb ik tot heden niet gevonden. Doch ik wil over dit bezwaar heenstappen; deze opvatting van het woord zoowel als de gedachte zelve hebben niets onwaarschijnlijks; maar kunnen wij ze op de uit *Floris* aangehaalde plaats gebruiken? Ik geloof het niet. Reeds de vertaling van Moltzer: »dat hij mij u of iemand van uwentwege late te beurt vallen" wekt achterdocht. Moltzer zelf heeft zich blijkens deze vertolking zoo goed en zoo kwaad als het ging uit de verlegenheid gered. Immers God »laat niet iemand e e n p e r s o o n te beurt vallen", evenmin als God in 't mnl. »voor iemand een ander laat g e s c i e n", hetgeen er volgens M. staat. Bovendien welke naamval is in deze vertaling *u* en *uwen bode*. Het kan slechts 4de nv. zijn, en dan zou *gescien* een transitief ww. worden met den 4^{den} nv. van den persoon. Ik betwijfel, of M. voorbeelden van dit gebruik zou kunnen bijbrengen. Een prolepsis aan te nemen, zoodat *u* en *uwen bode* feitelijk accusatieven zijn van het ww. van den afhankelijken bijzin, hier dus van *danken*, gaat niet aan; immers dat ww. heeft zijne regeering reeds bij zich, nl. *u*, en nu kan men toch niet meenen, dat *u oft uwen bode* en *u* beide van hetzelfde ww. *danken* afhangen;

waarom wordt dan ook niet de *bode* nog eens herhaald? De bezwaren zijn met deze verklaring niet opgelost; er moet een ander middel worden te baat genomen. Ik doe opmerken, dat indien men de woorden »*u ocht uwen bode*" weglaat, de zin volkomen zuiver is: »dat hi mi late gescien, dat ic u moet der eren danken". Wij moeten dus de woorden, die wij een oogenblik elimineerden, op zich zelf trachten te verklaren. Bedenken wij nu, dat *bode* niet alleen nom. en acc. van *bode* is, maar ook dat. van *bot*; dat er in het Hs. niet staat *oft*, maar *ocht*; dat eene *u* en eene *n* in de Hss. bijna niet te onderscheiden zijn, en dat door misvatting van den overschrijver letters, die bij elkander behoorden, van elkaar kunnen zijn gescheiden, dan zullen wij met weinig moeite uit de woorden n o c h t u w e n b o d e deze uitstekende lezing kunnen opdelven, die alle bezwaren oplost: n o c h t u w e n b o d e. N o c h bet. *later, eens nog, in de toekomst*; t u w e n b o d e beteekent *op uw opontbod, wanneer gij mij uw verlangen, uwe begeerte doet kennen.* »Ik hoop", zegt Floris volgens mijne lezing, »dat God mij de gunst zal toestaan, dat ik eenmaal nog in de gelegenheid moge zijn om u, onmiddellijk wanneer gij mij ontbiedt (eene boodschap zendt, waarbij gij u op mij beroept), mijne dankbaarheid te toonen", of in onze taal uitgedrukt: »welke gelegenheid er ook moge komen, dat ik u mijne dankbaarheid toonen kan, gij kunt te allen tijde over mij beschikken". De uitdr. t e e n e s b o d e komt meer voor en beteekent *ter beschikking van iemand, ten dienste van iemand; op iemands eerste woord; zóó dat het iemand slechts een woord behoeft te kosten.* Vgl. *Rose* 8064: Robine metten groenen hoedekine, die *tuwen boede* (var. *tuwe* ghebode) es soe gereet; *Hs.* 88 *f.* 34a: Dat altemael haer eyghen was gheworden ende stont altoes *tot haren bode.*

Men moet met dit woord zeer op zijne hoede zijn, daar het licht aanleiding geven kan tot vergissingen. *Sp.* I[7], 67, 18 b. v.: »ghewar was hi mettien *bode*" hebben wij ook den dat. van *bot* voor ons, ook blijkens de var. »ghereet was hi te zulken g h e b o d e". De kluchtigste vergissing met het woord bot is begaan door den Heer Hamaker in het glossarium zijner uitgave der *Keurboeken van Leiden*. Naar aanleiding der daar gedeeltelijk genoemde plaatsen (bl. 118 § 3: Die moghen wedden jeghens enen man ende niet meer dan te grote boods; *ald.*: So moet men.... niet cloten...., hogher dan grote boods; bl. 123 § 1: Dat niemant mid ghien scivespel spelen sal, dan.... te grote boods ende niet hogher; bl. 124 § 1: dat een yghelic spelen sel moghen alle speel, die men mid sciven speelt, te grote boots) meent de Heer H., dat hier van eene muntsoort of geldswaarde gesproken wordt, doch hij verklaart tevens, dat hij van eene munt, die den naam grote boot droeg, geen spoor heeft kunnen ontdekken. Dit laatste verwondert ons niet, daar *boots* (*boods*, *bodes*) eenvoudig de 2de nv. is van *bod* in de bet. van *inleg*, *inzet* (ook mhd.; zie Lexer 1, 331), eig. *de mededeeling*, *het aanbod van den inleg*; evenals *weegs* van *weg*; *goods*-penning van *God*; *daags* van *dag*, *gaats* van *gat*, *slaags* van *slag*, enz. De 2de nv. *boots* hangt af van het znw. *groot* (de muntsoort); de uitdr. beteekent dus eigenlijk· *tot een groot van* (d. i. *voor*) *ieder spel*. De verklaring, die de Heer H. zelf, bl. 118 in de noot geeft, nl. »Men zal niet hooger spelen, men mag niet meer bieden, dan ééne groote" is dichter bij de waarheid. Dezelfde uitdrukking wordt ook in andere keuren aangetroffen, b. v. *O. W. v. Amst.* 39, 25: Elix spel niete hogher dan (*het getal ontbreekt*) groten boets.

XLIV. *Floris*, vs. 893.

Om het graf van de slechts voor de leus doode Blancefloer te laten maken, ontbiedt Koning Feniis:

> Goede meestre ende diere genoech
> Ende daer toe die goutsmede.

Te recht verklaart Moltzer (bl. 116) diere door *uitstekend*, hetgeen hij met een beroep op *Rijmb.* Gloss. rechtvaardigt. Beda b. v. wordt daar (*Rijmb.* 613) genoemd »een clerc *diere*";

en elders (*Sp.* lV', 36, 43) Rabbaen: »een *diere* clerc ende van uutnemender waerde". Deze beteekenis kan *diere* dus zeer goed hebben, doch het komt mij voor, dat *diere*, in deze bet., en *genoech* elkaar uitsluiten. De werklieden, die in de mnl. romans dienst doen, zijn als de meeste andere personen, van epitheta ornantia voorzien: zij zijn *goet*, of *wel geraect*, of *behende*, of *wel bedacht* enz., en nu zal een dichter, dunkt mij, de toegekende eigenschap niet gaan verminderen, door er het verzwakkende *genoech* (d. i. *vrij*, *nogal*) aan toe te voegen. Wij zouden evenmin een werkman »vrij uitstekend" noemen. Het Fr. heeft wel is waar:

> Dont manderent macons vaillans
> Et boins orfevres bien sachans,

doch het praedicaat der metselaars, »vaillans", ons *wakker*, is in 't mnl. reeds weergegeven door *goede*, d. z. *uitstekende*. Aan de juiste vertaling wordt dus geen afbreuk gedaan, indien men ontkent, dat *diere* een tweede praedicaat moet uitdrukken. Men vatte *diere* op als 2den nv. mv. en verklare »goede meestre ende *diere* (*daarvan*, *van hen*) genoech" door *een genoegzaam aantal uitstekende metselaars* [1]), lat. *eorumque satis*. Dit staat wel niet uitdrukkelijk in het fr. vermeld, maar ook de lezing van het Hs. wordt daar niet teruggevonden, zoodat wij in dit opzicht niet gebonden zijn. De door mij voorgestelde lezing is geheel in overeenstemming met het Mnl. spraakgebruik, waarvan men o. a. voorbeelden vindt, *Sp.* I¹, 1, 99:

> Dat coninc Ochus quam dare
> Met groten here ende *dies genouch*.

Lanc. II, 41625:

> Daer elc anderen mede sloech
> Grote slage ende *dire gnoech*;

vgl. Bern. *Somerst.* 68c: Snoede spise ende *dier luttic*. Vooral uit de eerste plaats, waar de woorden *dies genouch* volkomen

1) Men zou een oogenblik in verzoeking komen, voor *meestre* te lezen *maetsers*, in overeenstemming met fr. *macon*, doch vgl. b. v. *Renout* 1931, '39, '77, '85, '94 en '95, waar het woord in dezelfde beteekenis voorkomt.

hetzelfde uitdrukken als het voorafgaande *grote*, kan men zien, hoe gewoon eene dergelijke toevoeging in 't mnl. moet geweest zijn. Men herinnert zich de mnl. uitdr. v e l e e n d e g e n o e c h, en l u t t e l e n d e n i e t g e n o e c h, waarop Verwijs de aandacht gevestigd heeft [1]).

Ook aan de tweede der aangehaalde regels hapert iets, en wel aan: die *goutsmede*. Er is nog niet over goudsmeden gesproken; zij kunnen dus niet als bekend worden verondersteld: het spreekt ook niet vanzelf, dat eene graftombe met goud of zilver wordt »beworpen"; goudsmeden zijn dus hiervoor niet onmisbaar; er kan dus niet gezegd worden d e *goudsmeden*. Nu merke men op, dat in 't fr. de *orfevres* wel twee epitheta ornantia hebben, en in 't mnl. geen enkel. Het zal dus het best zijn, voor *die* te lezen *die'* d. i. *diere*, hetzelfde epitheton, dat wij in den eersten regel niet konden gebruiken, doch dat hier in de bet. *uitstekend, voortreffelijk* uitnemend past.

XLV. VOUDEN (*Vad. Mus.* I, 79, 17).

> Sent nideren creghen die ghewelt,
> dat si loghene mochten *bouden*
> ende men die voer waerheit helt,
> heeft menech goet wijf dat ontgouden.

De bedoeling moet natuurlijk zijn: »Sedert men aan benijders is gaan toestaan allerlei leugens te verzinnen, uit te denken, waaraan men geloof sloeg, is menige vrouw daarvan het slachtoffer geworden" [2]). Alles is in deze regels duidelijk, behalve het ww. *bouden*, dat, om met Cobet te spreken, slechts één gebrek heeft, nl. dat het niet bestaat [3]). Men leze *vouden*, d. i. *vouwen* (vgl. *spouwen* voor *spouden*, hd. *spalten*; *schouw* voor *schoude*, van 't ww. *schouwen* voor *schouden*, voortstuwen,

---

1) *Tijdschr.* 2, 181.

2) Men denke aan de schetsengroep van Alexander VerHuell, getiteld: »Laster".

8) Het ww. *bouden*, d. i. *sich verstouten* (Hadew. 1, 40, 96: nu ic te sceldene *boude*), dat intr. is; hd. *balden* (van *boud*), kan hier natuurlijk niet bedoeld zijn.

osa. *skaldan*, hd. *schalten*; *ouwelijk* en *kouwelijk*, die evenmin
meer met *d* kunnen geschreven worden; enz.), doch vroeger
ook in andere beteekenissen in gebruik. Het komt o. a. behalve
in de gewone bet. *vouwen* (zie voorbeelden bij Oudemans) voor
in den zin van *schikken*, *plooien* (een synoniem begrip) van een
kleed, mantel enz., b. v. *Brab. Y.* Dl. 1, bl. 589, vs. 28:

> Een wit linnen cleet......,
> Met menegen ploye *gevouden*.

Zoo wordt *Lanc.* III, 23025 gesproken van een tafellaken ›wit
gevouden ende clene", d. i. *wit*, *geplooid* en *schoon*, *helder* (tusschen *wit* en *gevouden* zal wel een komma geplaatst moeten
worden, *wit gevouden* schijnt mij geen juist begrip). Vandaar
dat *Rose* fr. 250, 112 van de vrouwen kan gezegd worden:

> Men machse nemmer so nauwe houden,
> So wel gecleet, so wel *gevouden*,
> Sine soeken wech..........
> Hoe si hare vriheit vercoveren mogen,

d. i. *zoo goed gekleed*, *zoo fraai versierd*, *opgeschikt*; lat. *comp-
tae*, *ornatae*. Van deze beteekenis nu is de bet. *verzieren*, *verzinnen*, *uitdenken*, die wij in de uit *Vad. Mus.* aangehaalde
plaats aantroffen, de geleidelijke ontwikkeling. Vgl. *een* v e r-
s i e r d *verhaal*, voor v e r z i e r d, zooals het eigenlijk moest heeten;
ook lat. *ornare* wordt gebruikt in den zin van *fingere*. Andere
voorbeelden van dit gebruik van *vouden* kan ik niet aanvoeren,
doch tegen mijne redeneering zal wel geen bezwaar worden gemaakt. Verder bet. het mnl. *vouden* ons *voegen* (een *voeg* = een
vouw); zoo b. v. e n e n t e r d o g e t v o u d e n, iemand zich tot
deugd doen voegen, keeren, Hild. 174, 29; h e m t e e e n r e
d i n c v o u d e n, zich tot iets voegen, Hild. 196, 67; h e m i n
c o n t r a r i v o u d e n, oneenig zijn, Hild. 230, 55. Ook als synon.
van *keeren*, *wenden* komt *vouden* voor, b. v. in de uitdr. i n t
b e s t e v o u d e n, van de lichtzijde beschouwen, zoo goed mogelijk
opvatten, *OVl. Lied. en Ged.* 88, 28; i n t o o r n e v o u d e n,
iets als een reden tot toorn beschouwen, *Tien Plagen* 1376. In

den zin van *schikken*, *regelen* (synon. van *wouden*) staat het *Lorr.* I, 619:

> daerna mocht (*d. i.* mochtet) God so *vouden*,
> Dat wale soude sijn vergouden.

Vgl. *Wap. Rog.* 1296:

> Die werelt *vouden* si ende *vervouden*.

In de bet. *plooien*, *in eene plooi brengen*, *africhten*, *dresseeren* (nl. tot schoone woorden, of mooie praatjes), vindt men *vouden*, *Wap. Rog.* 1294:

> hoe dat si die tonghe *vouden*,
> Gode si cleene verdoven.

In den zin van *bewaren* leest men het *Tien Plagen* 2175 (een gebod); ook in de uitdr. in sijn herte vouden (*ald.* 2325); of effene vouden onder sijns herten borst (*ald.* 1174); of effene vouden in sijn herte (*ald.* 1565). Eindelijk beteekent het *bevatten*, *inhouden*, b. v. *Rincl.* 392:

> hare gescrifte glose *vouden*
> na hare gevoech, niet na behoren.

XLVI. NIEUWE WOORDEN UIT HET HS. VAN JAN YPERMAN.

Zooals reeds uit enkele voorbeelden gebleken is, b. v. *alembijt* (Mnl. Wdb.), *amete* (Mnl. Wdb.; *Tijdschr.* 1, 301), *sleic* (*ald.* 2, 203), *tort* (*ald.* 204), *lieke* (*ald.* 199), *durkelen* (*ald.* 200), *canebeen* (*Ferg.* Gloss.), bevat het Bourgondische Handschrift van Jan Yperman's Chirurgie allerlei woorden, die tot heden alleen of bijna uitsluitend daaruit bekend zijn. Ik zal hier nog eenige andere merkwaardige woorden in alphabetische orde doen volgen, en aan de bewijsplaatsen toevoegen, wat mij van elders aangaande die woorden bekend is. Bij sommige zal mijne aanteekening zich tot een eenvoudig vraagteeken bepalen, doch indien eerst slechts de woorden bekend zijn, zullen misschien sommige mijner vakgenooten in staat zijn, het vraagteeken te doen schrappen, en oorsprong en beteekenis vast te stellen.

Bouwen, *kneden, met de eene of andere vloeistof aanmengen*; *f.* 111*c*: Nemt nuwe was, lapdanum, wierooc. Dit wierooc pulvere ende minget met den lapdanume ende metten wasse *bouwende* al te gadere bi den viere; 8*c*: Nemt Griex pec ende colofonie....; giet daer op cout water ende *bouwet* wel metter hant, ende so ghijt meer *bouwet*, soet witter wert, want van iersten eist swart. — Het woord zal wel hetzelfde zijn als Zwits. bauen, d. i. *düngen, andüngen*; en verwant met bau, buu, buh, *dünger* (Stalder 1, 146); wvlaamsch bouwd, bouwt, baud, baut, mest, vl. *baskamer* (De Bo 161); bouwdrek, mest (tautologische samenstelling, Schuermans 73); vgl. Diefenb. 551*c*: stercus, *baw*. Nog heden is in verschillende dialecten de uitdr. boter bouwen bekend, en zegt men b. v. *de boter is goed of niet* goed gebouwd, d. i. *doorkneed, doorwerkt, bewerkt*. Of heeft men hier een voorbeeld van het gebruik van ons gewone *bouwen* in den algemeenen zin van *maken?* Het eerste komt mij het waarschijnlijkst voor. Doch misschien heeft, zooals zoo vaak geschiedt, het eene woord op het andere gewerkt, en heeft ons *bouwen*, dat men verstond, gemaakt, dat de uitdr. boter bouwen in gebruik gebleven is, omdat men daaraan althans eenigermate de bekende beteekenis van *bouwen* vastknoopen kon. Ook geeft Van Dale kalkbouwen op in den zin van *(metsel)kalk bereiden*, het met het daartoe gebruikelijk werktuig dooreenwerken van kalk, zand en water.

Drawonkelen, *ontstoken zijn als een zweer, zweren*; *f.* 116*d*: Also Longinus.... metten spere stac onsen here Jhesum Christum, die niet lange en bloedde, no *drawonkelde*, no zeer en was, no vertechde (d. i. *rotte*, van *vertich* of *vortich*, zie *Segh.* Gloss en Mnl. Wdb. op *afvertigen*). Het woord komt van *drawonkel*, d. i. *carbonkel*, benaming van een gezwel, dat ons als var. van *carbonkel* op ééne plaats bewaard is, nl. *Nat. Bl.* XII, 733. Of *drawonkel* eene verbastering is van *carbonkel* dan wel een geheel ander woord, durf ik niet beslissen.

Gerad, gerat, geret (gerec?), *vischslijm, kuit van visch,* ook *eitjes van andere dieren, zaad, eitjes door mannelijk zaad bevrucht,* fr. *frai, spermiole,* synon. dus van *etter* (zie *Taalk. Bijdr.* 2, 11 noot) en lat. *virus.* Het komt in het Hs. op twee plaatsen voor, nl. *f.* 69a: So es die camerganc al geminct met fleumen, dwelke es claer als oft ware puuds *geret* (*l. gerec?*) entie clontrende; en op eene andere plaats (de bladz. heb ik verzuimd op te teekenen): Dat men rupset es suur, ende dat men in die digesten ziet, es als puuds *gerad.* Het woord beteekent hetzelfde als het bij Kil. opgeteekende gereck, gerick, viscera, exta. Dit wordt nog duidelijker, als men bij hem ook vindt paddengerack, *batrachides, ranarum foetus sive semen, ova ranarum;* bij De Bo gerek, hetzelfde als rek (361); rei, rek, fr. *frai de ꞌgrenouilles* (926); puitegerei, puitegrei, puiterek, ook puiderek, puirek, puirei, *kikvorschschot* (900); en bij Schuermans: rek, *zekere slijm, waarvan de vorschen komen, vorschenslijm* (533); paddegerek (452, waar men ziet, dat het volk hier en daar het laatste gedeelte tot *drek* vervormt); padderek, puidrek (513); puitrek (515, waar men ziet, dat de stof hier en daar ook paddegewad en paddegewak genoemd wordt; vgl. Kil. poggenraff[1]), j. paddengerack, ranarum foetus). Wij hebben hier met twee woorden te doen, die niets met elkander te maken hebben, nl. gerec, en gerat of gerad (of gered (geret)), evenals *gerec* en *gerac* naast elkander voorkomen; indien men niet *f.* 69a moet lezen gerec. Beide beteekenen ons *gerei* (uit *gerede* of *gereide*), *tuig,* eene met verachting genoemde zelfstandigheid. *Gerec* komt in deze bet. meer voor, b. v. *Segh.* 10108*var.* (*tekst* berec); *Brab. Y.* VII, 8824 staat het in de bet. van *wapentuig.* Van *geret* of *gerad* is mij verder geen enkel voorbeeld bekend[2]),

---

1) Vgl. ook het bij hem (bl. 500) voorkomende *poggenstoel,* hetzelfde als *paddenstoel,* fungus.

2) Over een bnw. *gerat* zie *Stroph. Ged.* Gloss.; Verwijs, *Van onen manne* enz., bl. 22 vlg.

doch vorm en beteekenis beide staan vast. *Gerad* behoort tot den stam van *raden* (vgl. o n r a e d, sordes, squalor (Kil.) en *slap* met *slapen*; *lat* met *laten*, enz.), doch daar *geret* niet kan gebracht worden tot het ww. *gereden, gereiden*, zoodat het verwant zou zijn met ons *gerei* (uit *gereide* of *gerede = voorraad*; zie voorbeelden bij Oudemans, en vgl. *ongerede* (*Rein.* I, 3140, en *Tijdschr.* 1, 27) met *onraad*, mhd. *unrât*, d. i. *gebrek, nood* (Benecke 2, 577)), zal het wel in *gerec* veranderd moeten worden.

G o y e n, niet in den zin van *werpen* in 't alg., waarin het in 't mnl. niet schijnt voor te komen, maar in dien van *zaad werpen*, *zaad schieten*, synoniem van 't mnl. *bruden, genoten, noten, spelen, vergaderen, gemene sijn met, sijn met, natuurlike sijn met, beslapen, bekennen*, e. a. Voorbeelden vindt men weder uitsluitend in het Hs. en wel in vrij groot getal; nl. *f.* 33c: Si (*melaatschen*) begeren vele te *goyene* ende verhitten zere in *goyene* ende cranken zere daer af; 36c: Dese dingen deren den ogen:.... lange te ziene op letteren, arbeit, met couden te *goyen*, enz.; 32a: Men salse oec wachten van *goyene*, van badene, enz.; 10c: Saturiasis, dats in vlaemsce den vede te doen stane, want het (*kruid*) doet wel *goyen* ...., ende meerret luxurie (*semen*), die bi anderen saken verloren es; 100c: Dit cruut (*lingua anis*, l. *anus?*) .... starct *goyen* properlike ende meerret luxurie ende conforteert; 106c: Saturioen es een cruut dat twee cullekine heeft,.... ende daer af gedronken 3 drachmen duet hebben lust van *goyene*; 95d: Calamentis bluscht lust van *goyene* ende verhit luxurie; datse bi crachte vloyen moet jegen wille. Zoo nog 29b en c; en 104d. — Welke is de oorsprong van het woord? Het is ongetwijfeld hetzelfde woord als ons *gooien*, d. i. *werpen*, hetzij het opgevat moet worden in den zin van *werpen* (nl. *zaad*), hetzij in dien van *doen vloeien*, de transitieve opvatting van het mnl. *goyen*, dat slechts op éene plaats voorkomt, eene zeer kostbare plaats, in den zin van *vloeien, vlieten*, nl. *Wal.* 8236: »Tbloet liep uten versoen wonden ende *goyde* recht als ene beke". Dat een paar duizend regels later (vs. 10611) in denzelfden zin voorkomt *goyen* (hetwelk tot *goyen* staat als *baersen*, *claersen*, *meersen* tot *baren*, *claren*, *meren*), is geen reden, om het woord door *goysen* te vervangen. Evenmin zou men, als een dichter op ééne bladzijde gebruikte *bescoet* of *besloet* voor *baatte*; of *bescriden* en *bestriden* voor *beschrijden*; of *ducken* en *durken* voor *wegkruipen*; of *vernoyen* en *vermoyen* voor *vervelen*; of *anoet* (zie Mnl. Wdb.) en *noet* voor *noot*, of *meester* en *maetser* vóor *metselaar*; of *diepe* en *diere sweren*, voor *een duren eed doen*, of *bestieren* en *besceren* voor *bespotten*; of *dierheit* en *cierheit* voor *kostbaarheid*, het een door het ander mogen vervangen: men zou daarmede der taal geweld aandoen en haar geen voordeel aanbrengen. Vindt men ook niet bij Maerlant *visch* en *vesch*, *is* en *es* op dezelfde bladzijde? Na het vinden van dit trans. ww. *goyen* zal De Vries, die in een uitvoerig artikel (in *T. en Lettb.* 2, 270 vlgg.) over *gooien* gehandeld heeft en ook de plaats uit *Wal.* heeft besproken, het met mij eens zijn, dat ook hier het »manum de tabula" moet worden toegepast, en dat *goyen* en *goysen* naast elkander bestaan hebben in dezelfde beteekenis.

Gorsem, een woord, dat uitsluitend bij de Mnl. medici in gebruik schijnt geweest te zijn; het is mij althans slechts bekend uit dit Hs., doch komt daar dan ook vele malen voor. Daar het een tot heden onbekend woord is, geef ik eerst de plaatsen, waar *gorsem* gevonden wordt; *f.* 59*d*: Eist dat men ziet dorine root ende een luttel *gorsem*; 67*d*: Ondertiden comet van *gorsemen* winde, die besloten siin in die darmen; 69*b*: (Zweren) siin onderwilen tuscen die bladen (van de lever) ende onderwilen buten int *gorseme* van den bladen; 71*b*: Daer af hout si (*de nier*) dat *gorseme*, ende dat s u b t i l e sent si ter blasen, dwelke wert orine; 72*d*: Voetse met *gorsemer* spisen, alse gesoden tarwe in amandelmelc metten rise (*rijst*), ende pensen ende coevoet, ende dies gelike, want *gorsem* spise maect groet bloet ende *gorsem* voetsel; 94*b*: (Dit cruut) suvertse (*lever en longen*) van den *gorssemen* humoren, die daer in siin; 94*d*: Heete colere ende *gorseme*; 95*a*: Si dunnet *gorseme* humoren ende lijmachtech; 95 *b*: *Gorsemen* wint, die in de huut es;

104c: Donkerheit van ogen, dat van *gorssemen* dome comt of van melancolien; 121a: Siin die humoren *gorssem* (uitg. van Broecx, bl. 95: *gorsen*), so comen daer af grote puusten ende sonderlinge vele etende ende niet pinende ende niet badende; 124b: Of die materie es van coleren geminct met een deel *gorsemer* materie; 127a: Hem deert den vasten lichaem (*hardlijvigheid*) ende alle spisen, die maken *gorsem* bloet; alle spise die den mont deert van der magen, die deert oec den ogen, ende *gorsem* wijn, ende looc, ende enioen.

Hoewel niet uit alle plaatsen even duidelijk, zoo blijkt toch voldoende, dat de bet. van *gorsem* moet zijn *dik*, *drabbig*, *grof*; van *dampen*, *vochten*, *winden*, *bloed*, enz. gezegd; het tegenovergestelde van *subtiel* of *fijn*; van *spijzen* gebruikt, beteekent het *zwaar*, *machtig*, een synoniem van *grof*.

Vanwaar is het woord *gorsem* en geeft zijn oorsprong ook licht voor deze beteekenissen? In de verwante talen wordt, zoover ik weet, het woord nergens teruggevonden en Kiliaan noch De Bo, Plantijn noch de Teuthonista noemen het woord. Met volkomen zekerheid kan dus op deze vraag niet worden geantwoord, maar wij kunnen in elk geval eene poging doen, om de familieleden en de afstamming van het woord op te sporen. Een bnw., dat op *sem* uitgaat, zal wel samengesteld zijn met het suffix *-zaam*, got. *-sams*, ohd. *-sam*, onr. *-samr*, mhd. *sam*, ags. *-sum*, eng. *-some* (Grimm, *Gramm.* 2³, 656; Weigand 2, 520), waarnaast ook een toonlooze uitgang *-sem* bestond, evenals b. v. naast *baar*, ook *ber* bestaan heeft (waarvan ons *b're*); vgl. Weigand 1, 142. Zoo komen b. v. naast *lancsaem* in 't mnl. herhaalde malen de vormen *lancsem*, *lansem* en *lancsom* voor, b. v. *Bienb.* 157d, *Proza-Rein.* 86r; *Ned. Proza* 164; *Barth.* 86b, 96a, 101a; Hild. *Gloss.*; e. e. De eerste lettergreep kan òf een znw. òf een bnw. zijn; met beide wordt *-sam* samengesteld. Voor de eerste soort vergelijke men *eerzaam*, *vreedzaam*, (*on*)*achtzaam*, eng. *troublesome*, hd. *furchtsam*; voor de tweede (in de vroegere germ. talen de meest voorkomende, vgl. Grimm t. a. p.) *genoegzaam*, *langzaam*, *gemeenzaam*, *eenzaam*; ohd. *ca-*

fuocsam, irresam, chilchsam (gleichsam), liebsam; enz. Nu is er in onze taal een bnw. *goor*, dat hetzelfde woord is als got. *gaurs.* De bet. van dit bnw. is *slijkig, modderig, drabbig, vuil, vies* (waarvan *bedroefd* (got.) de afgeleide is; vgl. lat. *squalidus* en *sordidus*), eene bet., die met die van *gorsem* volkomen strookt. Het zou ook mogelijk zijn, dat het eerste deel het znw. *gore* bevat, d. i. *modder, slijk;* ohd. onr. ags. *gor*, mnl. *gore*, doch het komt mij waarschijnlijker voor, dat de eerste lettergreep hetzelfde is als ons bnw. *goor.* Vgl. E. Müller 1, 532, op g o r e.

H e s p i n g e. Zie p e i d e n.

H i c k e n, *opensteken,* vooral gebruikt als medische term, *het vleesch opensteken, openen met een lancet, aderlaten; f.* 32*b:* Men sal stellen bussen van den halse toten scoudren ende *hicken* gate met een vlieme; 37*d:* Men sal venteusebussen (*koppen*) setten ane die rechter side optie levere sonder *hicken* metten ysere; 36*b:* Wet dat *hicken* met ere *hicke*vliemen goet es in roder steden; .... men sal den hals dwingen met enen wimpeldoecke ende vaste drayen omtrent den hals ende dan wel heet wermen ende dan *hicken* met een *hic*ysere; 128*d:* Alse dat vervult es met goeden vleesche, so salment *hicken* al omtrent. — Zoo ook *Lanfranc* (Incun.) 3*r:* Is hy cranck, soe doeten *hicken* ende doeten alle daghe ter cameren gaen. — Voor den oorsprong vergelijke men mnd. h i c k e n, *mit dem schnabel hacken* (Lübben 1, 264), waarvan ook h i c k e r n, *meistern, ärgerlich hofmeistern* (mnl. *begaden*), en h i c k h a c k e n, *mit worten auf einander loshacken*); ndl. h i k k e n, *hakken* bij Van Mander en Oudaen, aangeh. bij De Jager, *Frequent.* 1, 190; het vlaamsche h i k k e l e n, *de harde korst des gronds* (vooral met een krom getand werktuig) *breken* (Schuermans 188); ook vermeldt Schuermans het ww. o p h i k k e l e n in den zin van *openrijten;* b. v. mijn neus is *opgehikkeld* (van de kou). Hiermede stemt aardig samen het in het Overijsselsch gebruikelijk woord e e n h i k-k e r t j e, voor *een klein scheurtje* (*scheuren* = *rijten*) in een kleedingstuk. In Noordhollandsche dialekten kent men, volgens eene mededeeling van mijn Utrechtschen ambtgenoot Beets, den schil-

der van den Noordhollandschen boer en Teun den Jager, en den
schrijver van »Proeve van Noordhollandsch Taaleigen" (in *Taalk.
Magazijn*, Dl. 4), het woord *hikken* in den zin van (*wild*) *op het
juiste oogenblik treffen*, *mikken*. Wat *pakken* genoemd wordt als
het met de hand geschiedt, heet daar *hikken*, als het met een
vuurwapen plaats heeft. Het woord is verwant met *hakken*.
Vgl. *den* h a k *op iemand hebben*, h a k k e b a k k e n (Schuermans,
Suppl. 110), h a k k e t e e r e n, fr. *haqueter*; het straks genoemde
h i c k h a c k e n, en de ndl. uitdr. *steeds op iemand* h a k k e n. Er
moeten in onze taal twee ww. *hakken* worden onderscheiden;
het eene *hakken* is verwant met *houwen*; hd. *hacken*; ohd. *hakjan*;
ofri. *hakia* (Grimm 4², 103); het andere *hakken*, waarvan het
freq. *hakkelen*, d. i. *stotteren*, zal wel intens. vorm zijn van *haken*.
Er h a a k t *iets* = *er* h a p e r t *iets* = *er zijn* h a k e n *en oogen*
(de *oogen* zijn natuurlijk een comische toevoeging aan het op
haken (mv. van *haak*) gelijkende *haken*, mv. van *hak* (?); vgl. de
uitdr. *foelie* (fr. *foule*) *en notenmuscaat*, in den Haag gebruikelijk
voor eene *menschenmassa*, en Schuermans, Idiot. Suppl. 108 op
h a a k. Hiertoe behoort dan ook het woord h i k, d. i. *snik* en
h i k k e n, lat. *singultire*. Zie De Jager, *Freq.* 1, 190 vlg.;
Taalk. Bijdr. 2, 23 vlgg. Het woord h a k eindelijk in de uitdr.
van den h a k *op den tak* zal wel hetzelfde beteekenen als *haak*,
d. i. dus *een krom takje*. Ik herinner mij ergens bij Wolff en
Deken gelezen te hebben *alle* h a a k j e s *en takjes* [1]).

I e k e (y e k e, e y k e, i e c k e, h i e k e, h e i k e), *het vette
zweet van ongewasschen schapewol*, fr. *suint*. Vooral in de
uitdr. w o l l e m e t t e r i e k e n, *ongewasschen, vuile wol; f. 57d:*

---

1) Wat *hicken* beteekent *N. Doct.* 978:

dat si vergaderen

moghen oec of *hicken* van manieren

dat doet begherte der luxurien,

zou ik niet durven zeggen. De Var. heeft eene geheel andere lezing, nl. (bl. 151):
»moghen, of heytte van naturen, dat doet die begherte der luxuren". In den tekst is
het rijm in de war, doch in beide lezingen zijn misschien de woorden bedorven. Is
de lezing *hicken* juist, dan moet het, dunkt mij, een syn. van *vergaderen* zijn en
dus *coire* beteekenen.

Met gesoutenen watere, in welke *iecke* si getempert (*opgelost*); 116c: Optie wonde te leggene wolle metter *yeken*, genet in warme olye van olyven. — Zoo ook Jan Yperman (uitg. van Broecx) bl. 78: Nemt wulle metter *heycken* van den scapen ende doepse in warme olie van oliven (Hs. *f.* 116c: wolle metter *yeken* van scapen); en *ald.* bovenaan: Daer op te legghen wolle metter *hiecke*; *Lanfr.* 94r: Wolle mitter *eyken*; *ald.*: mit wolle mit der *hieke*; 92v: Legter op wolke (*l.* wolle) mitter hieke, d a t s d i e n i e t g e d w e g e n is; 161r: Biinden daerop velle mitter *eyken*; en *Lanfranc* (Incun.) 15r: Daer sal uut comen een vistoes (viscoes?) vethede als uter wollen metter *yeken*. Blijkbaar is dit hetzelfde woord, dat bedoeld is *Bouc v. Sed.* 440:

> Hi (*de pot*) sal der vetheit iet behouden;
> Ghiet mer eerst in zeec of *yeke*,
> Hine (*l.* hi) salre langhe qualike af rieken.

Seec, d. i. *urine*, mhd. *seich*, van *zijken* (nog in gebruik). *Yeke* d. i. *vuile, vette wol; het vuil of vet van schapewol*. De verklaring van Kausler (Dl. 3, bl. 340): »*Yeke*: Kil. *juche*; mhd. *júche*; hd. *jauche*" is onjuist. Kausler had zoo ver niet behoeven van huis te gaan; bij Kil. had hij ook kunnen vinden: i e c k e, *oesypum, oesypus, osca, ovium sordes, sudor sordesque lanis ovium adhaerentes*; ieckwolle, w o l l e m e t d e r i e c k e n, *lana succida, vellus succidum, lana illota*. Vgl. ook De Bo 452 op i e k e, waar blijkt, dat het woord nog heden in 't Wvlaamsch in gebruik is. Waar het woord van daan komt, kan ik niet zeggen.

Clie, mv. clien, clyen, *zemelen; f.* 51a: Squamen dat siin de scellen, ende furfures dat siin *clyen*; dese scellen ende dese *clyen* betekenen den mensce, dat hem siin lijf afgaet; vgl. ald.: Crynoides dat siin stickelkine ende syn meerder dan scellen of dan *zemelen*; 26a: Scellen of *clien* die breet siin ende siin ghedaen alse stuckelkine van der huut van der tarwen (bl. 26d worden zij *zemelen* genoemd). Hetzelfde zeldzame woord vindt men ook *Bienb.* 48d: Al wasset, dat ons die *clyen*, de

daar in den brode waren, in den goghel (*l.* gorgel?) seer staken. — Het is het hd. *kleie*; mnd. *klie*, *klige*; mhd. *klie*; ohd.
chlia, zw. *kli*; de. *klid*. Zie over andere verwante en dialectische
vormen Grimm 5, 1084 en vgl. Kil. 299: »K l ij e, *Fris.* j. k l e y e,
s e m e l e, furfur"; en 297: »kleije, klije, *Ger. Sax. Sicamb.
Fris.* Furfur, acus, palea". In dezen zin nog bij Reyd, folio
uitgave, bl. 351: Men placht noch voor korte jaren dit stijfsel
alleen uytte *kleyen*, die in 't backen overschoten, te maecken.

M a s e r ij n, *van eschdoornhout*; *f.* 114*c*: Nemt een plaetkiin van
enen dunnen *maserinen* nappe. — Ook elders wordt van deze houten bekers gesproken, nl. *D. Orde* 285 en *Livre d. Mest.* 5. Vgl.
mnd. m a s e r, m a s s e r, *eschdoorn* (Lübben 3, 42); m a s s e l-
t e r b ô m (tautologie, *ter* = *boom*); ohd. m a z z e l t r a (ald. 41);
hd. m a s z h o l d e r (Weigand 2, 43); mhd. m â z a l t e r; ags.
m a s e r; onr. m ö s u r r (Lübben t. a. p.). Over de vermoedelijke
afleiding zie Weigand t. a. p. Kil. kent het woord nog. Zie
373: m a e s e r, m a s e r, *Ger. Sax.* bruscum, tuberculum aceris
arboris en 372: m a e s h o u t, m a e s e r e n h o u t, m a e s h o u-
t e n b o o m, acer en m a e s e r e n h o u t e n t a f e l, mensa ti-
grina, acerna. Het woord *maserijn* is dus een synoniem van
pladen; zie Verwijs, *Van enen manne*, enz., bl. 46, waar men
ook deze aanhaling leest uit Willems, *Meng.* 364: Item unum
scyphum m a t h e r i n u m (d. i. m a s e r i n u m), dictum vulgari-
ter p l a d e n.

M e l k e n, *aantrekken*, *aanhalen* (een touw, koord, draad,
enz.); *f.* 111*c*: Alse bulen sijn geslagen sonder wonde (*in de
hersenpan*), so legter op dwit van den eye niet geslagen, ende
geeft hem een twinen draet gewast te houdene tusscen sinen
tanden, ende dien draet seldi *melken* tusscen uwen dume ende
uwe vingeren (in de uitgave van Broecx, bl. 55, staat verkeerdelijk w e l k e). Eene soortgelijke opvatting is nog heden in
het Wvl. in gebruik. Zie De Bo 683. In de bet. *aanlokken*
staat *melken* opgegeven bij Kil. »m e l c k e n d e d u y v e n",
illectare, allectare, allicere columbas esca. Vandaar ons znw.
duivenmelker (Van Dale), *handelaar in duiven*, ook *hij die* op

onreehtvaardige wijze zich duiven bezorgt, **ze** i n p a l m t. Dit begrip *inpalmen* is ook aan *melken* eigen in de uitdr. d e c e n t e n, k n i k k e r s enz. m e l k e n (De Bo 682), *ze afwinnen*; d e n p o t (bij een kaartspel) m e l k e n, en in het znw. h u i s j e s m e l k e r, d. i. *iemand die zooveel kleine huizen koopt als hij kan, om van de huur te leven* (met het bijbegrip van *meedoogenloosheid*). In de bet. *drukken* schijnt *melken* te staan Jan Yp. (ed. Broecx), bl. 185: dan salmen dat etter alle ute-*melken* metten vingheren ende naer dat wasschen ende nae dat ute*melken* soe salmen sniden. Vgl. *Mandev.* 17*d*: Omdat si te veel melcs had in haren borsten, die deden haer seer, alsoe datsi haer aldaer *melkede* op enen roeden marbersteen. Wat *melken* bet. *Hs.* Yp. 32*b*: »Es die ziecheit nuwe, so nem wijfs melc van enen knechtkine, ende si sal *melken* optie stede ende opten hals ende opt ruggebeen toten lendenen", zou ik niet weten te zeggen. Voor deze beteekenissen van *melken*, die niet uit de tegenwoordige moeten afgeleid worden, maar ouder zijn, vergelijke men ohd. mëlchan, *purificare*, *abstergere* (Graff 2, 721, waar men ook leest: zi kimelchanne, ad eliciendum (*miluh*)), lat. m u l g e r e, *streelen*, *strooken*.

N u w e l e, *ouwel* en *gebak met ouwel*, *oblie*; *f.* 117*c*: So geeft den zieken des avons spade *nuwelen* genet in clareite; 57*d*: Pillen .... bewimpelt met *nuwelen* met clareite; vgl. Jan Yp. bl. 82: Soe gheeft den siecken *nuwelen* savons ende smorghens, daer in pillen gheleit; 143*c*: Gepulvert ende gemaect pillen ende in *nuwelen* genet in borne of in biere warm daerin gewonden ende gegeven te swilgene; *ald.*: oec mach mense mingen met warmen wine of met warmen biere of in stucken *nuwelen* genet daer omme gewonden ende geswolgen; 119*c*: so geeft hem tetene hoendren gesoden of wederenvleesch ende *nuwelkine* int sop ende swinen voeten ende dit al wel gesoden. — Ook elders vindt men een enkele maal dit woord, nl. *Invent. v. Brugge*, *Int.* 82: Sinte Jans cruut, palmen, *nuwelen*, enz. en *K. v. Dordr.* 57, 201: Wat speelluden .... tot yements huse quame ten eten, of clareit of *nuwelen* brocht. *O. R. v. Dordr.* 1, 68,

201 heeft hier *uuwelen*, dat op zichzelf niet verkeerd is; immers *ouwel* (en *oblie*) komt in 't mnl. voor in den vorm *uwel*, b. v. *Leid. Keurb.* 100, 120: So wat vrouwe mid *uwelen*, mid clareyte of mid enigherhande ghiften, die van den leven sien (*die met* »openbaar leven" *verdiend zijn*),.... tot yemans bruloft quame; vgl. Kil. 421: o b l ij e, o u w e l, crustulum, laganum. Doch op deze plaats is *nuwele* het ware woord, gelijk blijkt vooreerst uit de schrijfwijze, daar *ouwel* in het mnl. niet licht met *uuw* zou worden geschreven, en ook uit de var. *nieuwicheyt* (!). In elk geval is het opmerkelijk, dat de beide woorden *uwel* en *nuwele*, die niets met elkander gemeen hebben, hetzelfde beteekenen, en dat in Hss. het eene woord voor het andere kan zijn in de plaats gekomen, zonder den zin te schaden. Vgl. bl. 201 bovenaan. In den *Invent. v. Brugge* komt het woord in twee andere vormen voor, nl. n i e w e l e, b. v. 2, 200: Van *niewelen* ende clareite; en n o e l e, b. v. 4, 439: van winnebrodt....; van *noele*. Ook vindt men daar 2, 200 het znw. n i e w e l a r e, d. i. *oubliebakker*, *prouwelbakker*, fr. *nieullier*, *oblayer*: Janne de Vos, *niewelare*, van *niewelen* ende clareite". Het woord *niewele* is uit de Rom. talen ontleend; lat. *nebula* (Duc.); prov. *neula*, gaufre, oublie (Raynouard); zie *Invent.* Gloss. bl. 217*b*.

O n d e r c o o t, o n d e r c o t i c h, bnw. (klemtoon op *onder*); *onder het likteeken of eene verharding der huid nog voortzwerende*; Gr. ὕπουλος; *f.* 129*b*: Daer comt in (*in den neus*) polipus, ende cankerpuisten, *ondercootte* sweren, wey vleesch; 130*a*: Van *ondercootten* sweren in den nese; 122*b*: Heilt vort die wonde sonder wieke, altoes wachtende, datse niet en werde *ondercotech*; 122*d*: Wacht wel dese wonde, dat si niet *ondercotech* en werde, ende dat soude comen bi dat mense soude stoppen met wieken, so dat detter niet ute en soude mogen comen, ende aldus sout hem spreiden ende *ondercotech* werden. In de uitg. van Broecx leest men bl. 99: Wacht, dat die wonde *onder* niet ne *cocte* (l. *coete*); 101: wacht wel dese wonde, datsi niet *onder* ne *coette*; 102: van *ondercocten* (l. *ondercoe-*

ten) sweren in de nese. Het is een zeer merkwaardig woord, dat slechts in enkele dialekten voortleeft, en verdient weder in gebruik te komen. Het hd. kent *unterködig* (*-kötig*, *-kettig*, *-kittig*, *-kütig*); het frank. *unterküttig*; het mecklenb. *unnerkütig* (Grimm 5, 1886 op köte 2). Het is afgeleid van een znw. *cote*, dat *zweer*, *gezwel* beteekent, en slechts enkele sporen van zijn bestaan heeft achtergelaten; zie Grimm t. a. p. De beteekenis is dus *van onderen zwerende*; ook in het Wvl. *onderkotig* ligt de klemtoon op *onder*. De plaatsen uit de uitgave van Broeckx zijn merkwaardig, omdat daaruit het bestaan van het ww. k o t e n, *zweren* blijkt, waarvan het voorz. *onder* gescheiden voorkomt. Niet het minst merkwaardig is, dat het woord *onderkotig* in het wvl. nog leeft in de fig. opvatting van *achterhoudend, geveinsd, bedrieglijk, behendig om iemand te leur te stellen.* Zie De Bo 768. Zoo zegt men daar b. v.: Een o n d e r k o t i g mensch, o n d e r k o t i g te werk gaan; slepen in het kaartspel is o n d e r k o t i g kaarten; enz. Dit is juist dezelfde toegepaste beteekenis, als het Gr. ὕπουλος vertoont. Bij Pape vindt men deze opvattingen opgegeven: Eig. von wunden und andern leibesschäden, die zwar oberwärts verharrscht, vernarbt sind, aber unter der narbe noch fortschwären und wieder aufbrechen, u n t e r k ö d i g, b. v. μέγας καὶ ὕπουλος αὐξάνεται ὁ σπλήν, Plato in *Timaeo*; dah. übertragen von jedem versteckten geheimen übel, auch vom versteckten, heimtückischen menschen. Zoo wordt in een aan Sophocles toegeschreven fragment het Trojaansche paard ὕπουλος genoemd, en gebruikt Plutarchus in zijn leven van Caesar het woord ὕπουλος in den zin van *schijnvriend*.

P e i d e n, p e i d i n g e (?). Men leest in het Hs., *f.* 62*b*: Danscijn es tepuut ende bleec, die ogen *peyden* hem zere, die mont es wac; *f.* 124*b*: Es die materie (*in de oogen*) van coleren, so kentse bider groter sweringe ende bider cleinre swillinge ende bider geluheit van den ogen ende bider luttel *peidingen* van den ogen. — Wat is de bet. van dit woord? Beteekent het *steken*? of *loopen*? In de verwante talen noch in 't fr. (het woord begint met eene *p* en zal dus wel Romaansch

14

zijn) heb ik iets kunnen vinden, dat mij op weg hielp om het woord te verklaren of de beteekenis vast te stellen. Doch de vorm staat vast, en dit is althans al iets gewonnen. Wat het woord te puut betreft, dat in de boven aangehaalde plaats voorkomt, ook daarvan is de vorm verzekerd, blijkens eene andere plaats, nl. *f.* 66*a*: Hi mach qualike verademen, ende haer aenschijn dat wert menechwerf *tepuut* ende haer putten van den ogen vol swillingen. Het is alweer een hoogst merkwaardig woord, dat blijkbaar de bet. moet hebben van *opgezwollen*. Het zal dus een deelw. moeten zijn van een ww. te puten, waarvan tot heden niemand het bestaan heeft vermoed. Dit veronderstelt weder een ww. *puten*, dat vrij algemeen in gebruik moet geweest zijn, anders zou het niet met het praef. *te-* voorkomen. »Het eind der wijsheid is altijd weer; wij weten weinig, te weinig". Wat al nieuwe woorden komen er uit één handschrift, en hoeveel handschriften zijn nooit geraadpleegd of voor de kennis van het mnl. »ausgebeutet". Van het mnl. proza, ik heb er al meer op gewezen, is nog veel voor de kennis onzer vroegere taal te verwachten. Laat dus het opkomend geslacht van taalbeoefenaren vooral derwaarts zijn blikken richten en beginnen met zulke hss. te bestudeeren, die termen uit allerlei vakken van kunst en wetenschap bevatten. »Non omnia possumus omnes", en dit is even jammer, als dat zij, die onze taal en vooral onze vroegere, bestudeeren, steeds eene »clene scare" blijven uitmaken, en er op dit terrein van verdeeling van arbeid bijna geen sprake kan zijn. Tepuut moet, zeide ik, beteekenen *opgezwollen*; dit wijst de samenhang uit. Dat een woord met *te-* samengesteld die beteekenis van *op-*, *uiteen-* hebben kan, is op zichzelf niet onwaarschijnlijk, en wordt bovendien bevestigd door het voorbeeld van *teblasen*, synon. van *tepuut*, waarover ik indertijd *T. en Lettb.* 6, 93 vlg. gehandeld heb. Het niet samengestelde ww. pu ten komt op zich zelf in 't mnl. al evenmin voor. Waarschijnlijk is het een andere vorm voor *buten*, mhd. *butzen* (Lexer 1, 403), d. i. *opzwellen*, lat. *turgere*, of liever nog mhd. *buzen,*

d. i. *opzwellen*, b. v. »sein pauch *pauzet* herfür", »herfür *pauzend* ougen" (ald. 406). Vgl. *biuschen* (ald. 289) en Grimm, *D. Wtb.* 1, 1199 op bauschen. Wat de verscherping der *b* betreft, vergelijke men *plunderen* naast *blunder*; *podding* naast *beuling*; *poffen* naast *boffen*; *pikken* naast *bicken*, mnl. *becken* (van *bek*); *putoor* naast *butoor*, enz. — Er wordt nog een ander woord voor eene oogziekte genoemd, waarvan ik wel de bet., doch niet den oorsprong kan vaststellen, nl. terven, voor *leep zijn*, lat. *lippire*; *f.* 99*a*: Jegen zere ogen ende *tervende*; 127*a*: Van leepen ogen of *tervenden*. Het comen sulke lieden, die haer ogeleden gelepen of *terven*, ende dat comt bi dat si tranen of lopen. En in de inhoudsopgave van het hoofdstuk over de oogen (dat in de uitg. van Broeckx ontbreekt) leest men (*f.* 123*a*): »Van leepen ogen of *tervenden* die leden". Zoo wordt in het Hs. herhaalde malen gesproken van de sterte van het oog; *f.* 37*b*: Ungula es een plecke, die gaet van den *sterte* vander ogen tote an den andren hoec buten optie oge; 123*d*: fistelen in die *sterte* (mv.) van den ogen; *f.* 125*d*: Doeken of nagelen (*oogziekte*) die comen in dogen; .... doeken die siin dunne ende wassen uten *sterten* vanden ogen ende heten in latine pannus entie wassen alse coppengespin; 126*a*: Emmer wacht u, dat gi niet te diepe en snijt no te na den *sterte* van der ogen, want sneedi iet van den vleesche dat naturlijc es in den *steert* van der ogen, die oge soude hem ewelike tranen ende lopen; 128*a*: Alse men daer leget den dume op, so comt dat etter ten *sterte* van der ogen ute ten nese wert. Het is blijkbaar hetzelfde woord als ons *staart*, doch beteekent, op het oog toegepast, voorzoover uit den samenhang is op te maken, *de ooghoek* (zie vooral de eerst aangehaalde plaats), en wel *de ooghoek bij den neus* (zie de laatste plaats). Ook vindt men *f.* 123*d* onder de oogziekten gesproken van hespinge (*van den ogenleden*). Dit kan twee dingen zijn: òf *het* trillen *van de oogleden, het ze niet kunnen stilhouden*; vgl. Kil. haspelbeenen, *vacillare gressu, titubare pedibus*; òf *het ze niet kunnen openhouden, het toevallen der oogleden*; vgl. ags. *häspian, toesluiten*, als met een *hasp* (Ettmüller 469); oeng. *haspen* (Strattm. 251); eng. *to hasp*. Naast *haspe* komt mhd. en onr. de vorm *hespe*, *hespa* voor. Alleen kan ik van dit *haspen* de bet. *toesluiten* in 't algemeen niet bewijzen.

Peket, benaming van eene maat voor vloeistoffen; *f.* 118*d*: Ziedet al tegadere in 3 *peket* wijns; 119*c*: Nemt scone water 1¹/₂ *peket*; hieraf doet versieden ¹/₂ *peket*. Nemt 2 hoopsenen gersten, die dwaet.... wel suver....; daerna gieter op 2 *peket* waters ende dat doet verzieden tote onderhalf *peket*. Het is het fr. *pichet* (picard. *piquet*), benaming van een kleine kan met handvatsel voor water of wijn (Littré 3, 1106; vgl. Burguy 287 op pichier). — Wat het zoo even genoemde h oopsene betreft, dit schijnt een maat voor droge waren geweest te zijn; de naam komt ook elders in het Hs. voor, nl. *f.* 61*a*: Daer in werpt een hoopsene tarwijn gruus; en 67*c*: Een *hoopsene* gruus ende een hantvol souts. Is het h o o p-s e n e of h o e p s e n e? Ook het laatste is mogelijk: immers in hetzelfde Hs. vindt men *hoop* voor *hoep*; nl. *f.* 69*c*: alse ene nuwe mane of als een half *hoop* (tweemaal; vgl. ook *Keurb. v. Briel* 96, 1; 98, 10), d. i. *hoepel*. Het waarschijnlijkst komt mij voor, dat het werkelijk *hoopsene* is, in beteekenis gelijk aan h o o p s e l, *toegift, kop op eene maat*, doch met een ander suffix gevormd, dat men ook heeft in *anxene, lixene*, e. a. Vgl. Kil. h o e p s e l (dat dan ook *hoopsel* moet zijn), *Sicamb.* j. t o e g a e v e, mantissa, d. i. cumulus. De bet. is dan een *hand-vol*. Vgl. Nijh. 2, 83, waar de h o e p m a e t e n, *maten met een kop er op*, gesteld worden tegenover de s t r ij k m a t e n.

Pellote, *kwade naam, opspraak*; *f.* 139*b*: So vorsiet u wel, dat gi den zieken niet en avontuert no u selven niet en brinct in *pelloten*, alse menech meester hem selven heeft bracht, bi dat hijs niet en conste, of bi roekeloesheiden (in de uitg. van Broeckx ontbreekt op bl. 136 het laatste gedeelte van den zin, van *no u selven* af). — Het is eene assimilatie voor p e r l o t e, fr. *parlote* (Littré 3, 959), eene afleiding van *parler*. In eene andere beteekenis komt *perlot* voor, *Brab. Y.* VII, 1239, 5844,

6667, nl. die van *kapittel*. In sommige dialekten wordt het woord
perlot of **parlot** nog heden gebruikt voor *aandeel*, *portie*,
of zooals men in Overijssel zegt *afpart*. Of dit woord met het
zooeven genoemde iets te maken heeft, dan wel of het met
het eene of andere voorvoegsel het Fransche woord *lot* is, ons
lot, durf ik niet beslissen. Indien het woord b. v. het fr. *pair
lot* kon zijn, d. i. *gelijk lot*, *gelijk aandeel*, dan zouden wij naar
geene andere verklaring behoeven om te zien.

Plommeie, *knots met een looden knop*, onze *ploertendooder*;
f. 115*b*: Oec (genas ic) enen ouden cnape (*knecht*), geslegen met
ere *plommeien*. Het is het fr. woord *plommée* (Littré 3, 1169),
het lat. *plumbata* (Duc.). Elders komt het woord voor onder
de verboden wapenen, nl. *Invent. v. Brugge* 6, 352: Onghe-
oorloofde wapenen, als **loodin plompen** (tautologie)....,
hanthaexkin,.... dagghen,.... *plommeen*; vgl. *Sp.* IV², 62,
8: met *plombeien* geslegen, *plumbatis cedi*. Zie *Invent. v. Br.
Gloss*. 279. De echt mnl. naam voor het werktuig was *loot-
wapper* (*Rein.* I, 794; vgl. het *Gloss*. ald. en *Invent. v. Br.
Gloss*. op **plomp**: »*wappers*, brandelaeren of loode clompen").

Puten(?), *zwellen*. Zie **peiden**.

Quackernat, benaming van eene ziekte; *f*. 23*d*: Dat
groet evel, dat rode water, suchten met bloede, entie *quackernat*, coude pisse, vrouwenziecheit, lichten lichame, enz. Het
is uit den tekst niet met zekerheid op te maken, of *quackernat* door *coude pisse* wordt verklaard dan wel, of het eene andere
ziekte is. Het laatste is het waarschijnlijkst, daar er anders
wel *of* tusschen zou staan. Aan den anderen kant zou de vorm
van het woord mij weder aan lat. *stranguria* (*koude pis*) doen
denken, daar **quacker** de stam kan zijn van het freq. van het
bij Kil. genoemde **quacken**, *dissipare*, *profundere*, met het
obj. *nat* verbonden, dat dan euphem. voor *urine* staan zou.
Doch dit is slechts eene gissing. De juiste beteekenis van het
woord is tot heden onbekend. Misschien komt zij, nu de aandacht op het woord is gevestigd, weldra aan het licht. Ten
overvloede herinner ik, dat eene plant, tot de familie der paarde-

staarten behoorende, kwadernaat wordt genoemd; dat het woord Kwakernaak als familienaam thans nog voorkomt, en dat Quaekernaet (ook Quakenaet, Quaeckeruaec) als plaatsnaam in het land van Arkel voorkomt *Oorkb.* 2, 348; *Inform.* 417; Mieris 4, 369a en *b. Inform.* 369 vindt men ook den datief *Qaeckernaken.* Opmerkelijk is het dat, gelijk daar *Botersloot* en *Kwakernaak* bijeen liggen (Mieris t. a. p.), zoo ook twee plaatsen met zulke namen binnen Rotterdam. Zie Van Reyn's *Beschr.* I, *Bijl.* 6, 19 [1]).

Scaerdemont, *iemand met een hazelip; f.* 117b: Dits van kindren, die siin gheboren met gespletenen lippen (*scaertmonde*). Enege kinderen siin geboren met gespletenen lippen in éne stede onder dat nesegat ende onderwilen onder beide, dat *scaerdemonde* heeten met (*bij*) vele lieden. Zij werden dus in de wandeling zoo genoemd naar de *schaarde* of *scheur* (Kil. 553), die zij aan den mond hadden. Vgl. *ald.*: Andere sniden in elke cake ene wonde om die lippen vanden *scaerde* (d. z. *de kanten van de spleet*; in anderen zin zou men kunnen zeggen: de scaerde inden lippen) bat te gadere te bringene. *Scaerde* is het gewone mnl. woord, dat vooral bekend is in de bet. *hap uit het staal.* Nog heden heeft een mes meer of minder of geene *scharen* (*schaarden*) en hoort men in sommige dialekten het woord *schaarmond* voor *hazelip* bezigen.

Sover, *peterseliesaus; f.* 140a: Wedren vleesch ende daerin gesoden persiin (*peterselie*) ende daeraf gemaect een *sover* met doders van eyeren. Elders (*Keukenboek* 1, 2) soveye geheeten: »Capoenen metter groender *soveyen.* Van broode, van pepere ende van petercellen, de dodere van eyeren, hart ghesoden ende twitte wel cleene in ghecapt". Het woord zelf kan ik niet verklaren: alles wijst op een Romaanschen oorsprong. Indien er een dialekt geweest was, waarin de *p* van *soupée* (Littré 4, 2008b) tot *v* was geworden, hetgeen volgens de Fransche klankwetten zeer gewoon is, dan zou het mij niet

---

verwonderen, indien het germ. *sop* de oorsprong van beide
woorden was; *soveye* althans was dan geheel verklaard. Doch
sover niet, en het is dus ook mogelijk (indien de vorm juist is
overgeleverd), dat het een anderen oorsprong heeft, die tot
heden niet is aan te wijzen.

Sterte (van het oog), *ooghoek*. Zie peiden.

Tepuut, *opgezwollen*. Zie peiden.

Treit, *trekpleister*; van fr. *trait*, lat. *tractus*, it. *tratto*.
f. 139*a*: Dit plaester dat gi hebt nu, dat es goet op sweringe
ende dusentich werven beter dan *treyt* es. Zoo ook *Lanfr.* 46*r*:
Si netten daer in een linnen cleet liic enen *treyt*, ende maken
daer in gaten mit eenre scheren; 48*r*: Cortelinge (*pluksel*;
48*v*: scrapelinge iof cortelinge van liinwade; *ald.*: cortelingen
van ouden liinwade) van ouden liinwade ende daer up een
treit, gemaect van witter hersen twee delen ende een deel
wasses to gader gesmouten; 48*v*: Daer boven (leide ic) den
voers. *treit*. — In eene andere opvatting, nl. »leeren oog aan
elken kant van 't gareel, waar de trekstreng in vasthoudt",
vindt men *treit*, *Invent. v. Br.* Gloss. 435, en nu nog in het
Wvlaamsch. Zie De Bo 1179 op treite.

Verwoemt, *stinkend*, *walging wekkend* (?); *f.* 55*d*: Haer
orine es bernende ende *verwoemt* (verwoēt), ende si heeft altoes
den rinc boven donker; 69*c*: Dorine es bleec ende *verwoemt*
ende boven bruunachtech. De vorm van het woord staat ook
hier vast, daar wij twee voorbeelden hebben, doch de bet. niet.
De eenige vormen uit de germ. talen, die met dit vreemde
woord verwant kunnen zijn, zijn eng. wamble, *braakneiging*
hebben, de. vamle, *tegenstaan*; vammel, *wat tegenstaat*;
nfr. wommelik (Outzen 406), *wat doet walgen*. Zie ook
E. Müller 2, 618. Hierdoor ben ik er toe gebracht om aan
verwoemt de bet. *stinkend* toe te kennen, die door den samenhang volstrekt niet wordt weersproken. Is misschien ook verwant het *R. v. Zutf.* 65, 61 voorkomende *wemen* (mure niet
breken noch *wemen*)? Ook *breken* neemt de bet. aan van *braken*,
dat van denzelfden stam is; vgl. *opbreken*.

W e y, bnw., gezegd van het vleesch, dat zich vormt na eene verwonding, *slecht*, *kwaad*, *wild*; *f.* 129*a*: Van *wey* vleesche in den nese (uitg. v. Broeckx bl. 102: Van *wyeren* vleesch in de nese; doch vgl. 105: Van *weyen* vleesch dat in der nesen wast. *Weyen* vleesch dat soe doet wech metten pulver vorseit van der wannen); 129*b*: Ende es vleesch opwassende boven rechte van naturen ende heet *wey* vleesch, dewelke stopt die nesegaten, so datter geen adem dore en mach comen ute ende in; 130*b* = Jan Yp. 105; 128*b*: Wonden van *weyen* vleesche; 122*b*: Dese zweren siin al vol geuulcereert, dats quaet vul *wey* vleesch, dat detter heeft gemaect quaet (vgl. Jan Yp. 101: vol quaet **w e g e** vleesch). — Verwante vormen in de andere germ. of ogerm. talen heb ik niet kunnen opsporen, tenzij misschien alleen het znw. **w e e g**, *een* **w e e g j e** *op het oog*, dat hier en daar in dialekten in gebruik is voor hetgeen gewoonlijk een *scheetje* of een *strontje* genoemd wordt. Vgl. *Schoolmeester* 37.

W r i g e, *de* **w r e e** *of* **w r e e g** *of* **w r e e f** *van den voet*; *f.* 41*d*: Twee (adren) onder die lieren (? ook *Hs.* 42*b*: onder die *liere* van den bene) van den bene, 2 besiden den ancluwene (*enkel*) binnen ende 2 ter middewert van den *wrige* van den voete. Het is het Hd. *reihen*; mhd. *rihe*; ohd. *rîho* (voor *wriho*), Weigand 2, 457. Met ons *wreef* (dat niet aan *wrijven* moet doen denken, waarmede het niets te maken heeft) is te vergelijken Kil. 821; **w r ij f d e s v o e t s**. De *f* in deze woorden vindt een analogon in de eng. uitspraak der woorden *enough* en *laugh*.

XLVII. VICKEN, BEVICKEN.

Hoe noodzakelijk het is, zich zelven telkens weer het »manum de tabula" (*afblijven*!) toe te roepen, zal uit het volgende voorbeeld opnieuw blijken. Bij mijne uitgave van den *Segelijn* heb ik de lezing van het Hs., vs. 5858:

> Alsoet uwen leden scijnt,
> Dat si u wel seer *bevicken*
> In dien tide, als si te sticken
> Sloeghen u huut al omme entomme,

in mijn tekst vervangen door de lezing der incunabelen:

> Dat si u wel seer *bemicken*.

Ten onrechte evenwel. *Bevicken* is het ware woord, dat op deze
ééne plaats is bewaard gebleven. Het is samengesteld met vicken of ficken, d.i. *slaan, treffen*; mhd. ficken, *wrijven* en
steken (Lexer 3, 334, *Karlmeinet* 79, 44 en 119, 51); Kil.
144: ficken, *ferire, leviter virgis percutere*; ficken, *fricare*;
fiecken, *pungere*; fiecken, *jacere, jactare*; hd. ficken,
fricare (Grimm, *D. Wtb.* 3, 1617). Bevicken beteekent dus
*van alle kanten slaan, treffen, raken; geen stuk aan iemand heel
laten*, en is hetzelfde als hd. z e r f i c k e n, *zerreissen* (Grimm
t. a. p. 1618); of het mnl. s l a e n a l o m m e e n t o m m e (*Segh.*
5861). Van *ficken* of *vicken* is elders in 't mnl. geen voorbeeld
aan te wijzen. Een reden te meer, om het in het Hs. van
den *Segh.* gevonden compositum *bevicken* als een kostbare vondst
te beschouwen. Zie over andere verwante vormen Grimm t. a. p.;
E. Müller 1, 428 op f i c k l e. — Een tweede voorbeeld van
de noodzakelijkheid van onthouding, waar het lezingen betreft,
die ons niet de ware toeschijnen, ontleen ik aan denzelfden
Segelijn. Vs. 10308 hebben allen:

> Daer boven (*op den ketel*) een decsel van *spise* goet,

hetwelk ik willekeurig veranderd heb in »van *prise* goet". Geheel ten onrechte. *Spije* is het ware woord voor *uit verschillende bestanddeelen vermengde metalen*. *Klokkespijs* is nog heden
bekend, en ook in 't mnl. komt elders *spijs* in deze beteekenis, nl. *specie*, voor, b. v. *Alex.* II, 1093:

> Gheliker wijs dat yser verwint
> Alle *spise* die men vint.

XLVIII. GLOOI.

Een in 't mnl. nog niet gevonden woord, dat nog heden in
Noordhollandsche dialekten voortleeft (bij Bouman, *De Volks-*

taal in Noord-Holland niet vermeld, doch wel in *Onze Volkstaal* 1, bl. 36; *Noord en Zuid* 3, 304) in de bet. *doorzichtig*,
gezegd van eene besloten plaats, eene kamer b. v., *waarin men
gemakkelijk kan inkijken.* Terwijl wij voor de eigenschap, dat
men gemakkelijk in onze nabijheid voortgebrachte geluiden
kan h o o r e n het woord *gehoorig* hebben behouden (zie Ned.
Wdb.), in dialekten ook *reehoorig* of *ree*, is dit een begrip,
waarvoor wij in onze tegenwoordige schrijftaal geen woord meer
bezitten, tenzij men zich wil behelpen met het niet zeer fraaie
inkijkerig. Des te meer is het van belang, de woorden die daarvoor in onze tongvallen nog leven, op te teekenen en te bewaren, en niet alleen dit, maar ook te trachten, die dialekt-
woorden in onze algemeene taal weder in te voeren. Daardoor
verrijkt men de taal en werkt men mede aan hetgeen Max
Müller genoemd heeft hare ›dialectic regeneration". Voor het
bovengenoemde begrip: *waar men gemakkelijk inkijken kan*, zou
het woord *glooi* een ware aanwinst zijn. Wil men een ander
(want wij hebben daarvoor nog een dialektwoord), men zou
daarvoor ook kunnen invoeren het saksische, nog heden in
Overijssel voortlevende *spee*, dat geheel in denzelfden zin wordt
gebruikt. ›Wat zit gij daar *spee*", zegt men b. v. tot iemand,
die voor een hoog opgeschoven raam zit. Wanneer men aan
tafel zit, zal men een gordijn laten vallen, of een horretje
voor het raam zetten, ›anders zit men zoo *spee*", enz. Het is
dus ongeveer hetzelfde als *te kijk.* Laten wij zien, of wij ook
in andere talen dezelfde woorden aantreffen of althans verwante vormen. G l o o i (dat eene dialektische verscheidenheid
is van *glouw*; vgl. *hooi* en *houw* (Kil.), *gooien* en *gouw*; enz.)
is hetzelfde woord als got. *glaggwus, dat uit de adverbia *glaggvo*
en *glaggvuba* kan worden afgeleid [1]). Het bet. *nauwkeurig*, doch
dit is eene afgeleide beteekenis; de oorspronkelijke is *scherpziend, scherpzichtig*, lat. *perspicax*, of *doorzichtig*, lat. *perspicuus.*
Het tweede is de passieve opvatting van het eerste. Wij vin-

---

1) Gallee, *Gutiska* II, 19; Leo Meyer, bl. 21 e. e.

den het woord in verschillende germ. talen terug; nl. mhd.
glau, glou, *klug*, *umsichtig*, *sorgsam* (uit glouheit op te
maken), Lexer 1, 1030; ohd. glaw, glau, *perspectus*, *su-
spectus*, *ingeniosus*, *prudens*, Graff 4, 294, waarvan ook de
samenstellingen glaumunt en glaubracht voorkomen, alsmede de afleidingen glawilihho (*glawi is de type van ons
glooi, vgl. *havi* en *hooi*, *gavi* en *gooi*; *avi* en *ooi*; enz.) of
claulihho, *sollerter*, *prudenter*, *proviso*; glawî, *industria*,
suspectio, *astutia*; en glauuida, *ingenium*, *solertia*, *industria*
(Graff 4, 294; Schade 1, 335); hd. glau in den eigennaam
Glaubrecht (Weigand 1, 698 vlg.); ags. gleáv, *sagax*,
prudens, *sollers*, *sapiens*; zie Grein 1, 514 en 515, waar allerlei composita van dit bnw. worden genoemd; osa. glau, *ge-
witzt*, *klug*, *weise* (Heyne 205); onl. glau, *klug*, *weise* (Heyne
126); onr. glöggr, *genau*, *deutlich*; naast glögg-þekkinn,
scharfsichtich; eng. dial. gleg, *clever*, *adroit*, *skilful* (Halliwell
1, 403; vgl. E. Müller 1, 523 op *glee*); oeng. gleu, gleaw,
sagacious, *prudent* (Stratmann 204); Schotsch gleg, *quick of
perception*, *clever*, *attentive* (Jamieson i. v.); beiersch glau, *ein-
sichtsvoll*, *geistvoll*, *klug*, *schlau* (Schmeller 969); zwits. glähig,
flink (Stalder 1, 450); ndd. glau, *hell*, *hell- und scharfblic-
kend*, *klug*, *schlau* (Ten Doornkaat-Koolman 1, 632, waar ook
de samenst. glauôgd en glauhörig vermeld worden); noorw.
glögg, *genau*, *sorgfältig*, *scharfsichtich* (t. a. p.). Het woord
is dus, gelijk men ziet, wijd en zijd verspreid geweest onder
alle germaansche stammen, doch heeft het op den duur in den
»struggle for life", dien ook ieder woord te strijden heeft, niet
kunnen uithouden; het leeft nog slechts hier en daar voort als
een schaduw van hetgeen het vroeger geweest is. Buiten het
germ. is het verwant met gr. *glaukos*, lat. *glaucus* (Lexer 1,
1030), en op ons eigen gebied wellicht met het nholl. dial.
glouwen, *gluren*, *naneuzen*.

Het andere woord spee vertoont met dit, wat zijn beteekenissen betreft, een groote overeenkomst. Het is nl. hetzelfde
woord als osa. spâhi, *klug*, *weise*, waarvan ook spâhêd,

spåhida, spåhlik en spåhword, *verstandig woord* (Heyne 310); ohd. spåhi (Graff 6, 322); mhd. spæhe, *weise, klug, scharfsichtich, schlau,* benevens allerlei andere beteekenissen, opvattingen en afleidingen, vermeld bij Lexer 2, 1063; o. a. *spöttisch, übermütig, üppig*; mnd. spee, spei, spie, *spöttisch, höhnisch, naseweis* (uitsluitend in slechten zin in gebruik), waarvan ook spewort, *schmähendes, naseweises wort* (Lübben 4, 306 en 322). Daarnaast wordt door Lübben (uit Strodtmann 223) aangehaald »ein adj. spee, in der bedeutung *frei*, wo man von jedermann gesehen werden kann, *et is hier so spee*; auch Stürenb. hat spee, *frei, offen, ungeschützt, gefährlich liegend.* z. B. 'n speen *hörn* (hoek); 'n spee *kamer*; enz." Lübben vraagt naar aanleiding van deze beteekenis, die ook hem niet onbekend is: »Wie mag sich diese Bedeutung aus der ersten entwickelt haben. Oder gehört es zu einem anderen stamme?" Het antwoord op deze vraag is gemakkelijk. Evenals bij *glooi* heeft zich hier uit de actieve beteekenis *scherpziend, scherpzichtig, sluw* de passieve ontwikkeld van *wat scherp (goed, nauwkeurig) gezien wordt* of *kan worden*. Bij spee heeft zich dan de beteekenis, meer dan bij *glooi* het geval is, in pejoratieven zin ontwikkeld tot *neuswijs, al te wijs, altijd aanmerkingen hebbende, eigenwijs, smalend, hoonend, overmoedig, dartel.* Doch dat ook *glau* niet steeds in edelen zin zijne beteekenissen heeft ontwikkeld, leeren ags. *gleáv*, dat o. a. ook beteekent *traag, laf*, en het onr. *glöggr*, dat ook *gierig* beteekent (vgl. *vrek* = hd. *frech* = mhd. *spæhe*). Dat het woord spee tot den stam van *spieden*, vroeger *spiën*, mhd. *spähen*, behoort, behoeft niet nader te worden aangewezen.

Amsterdam, *Sept.* '83.   J. VERDAM.

REINAERT, I, vs. 1573, '74, en II, vs. 1596.

I. Isengrijn heeft zich, door Reinaert verleid, in de voorraad-kamer van zekeren pastoor »die leede buuc" zóó vol gegeten, dat hij den »spiker" door het gat, dat hem den toegang gaf, niet weer verlaten kan, ja daarin blijft steken. Nauwelijks heeft men hem in zijn' benarden toestand ontdekt, of van mond tot mond gaat de »grote niemare"

R. I, vs. 1572:

> . . . . dat daer ware
> in spapen spiker een wulf *ghevaen*
> die hem selven hadde *ghedaen*
> bi den buke in dat gat.

Het hs. heeft door achteloosheid van den afschrijver zoowel voor vers 1573 als voor vs. 1574 »*ghevaen*" als rijmwoord; maar Martin, dien ik hier citeer, nam in zijne editie deze ver-zen over zooals zij door Dr. Jonckbloet waren geëmendeerd.

Evenwel meen ik te mogen gelooven, dat men door verge-lijking met den Latijnschen *Reinardus* tot een nog juister ver-betering besluiten kan. Daar toch leest men:
(ed. *Knorr*. vs. 727:)

> »Exoritur clamor, famaque talis erat:
> »Presbyteri cameram *subiit* lupus inque foramen
> »Quod subiit, *captus ventre*, tenetur adhuc".

Nu zijn het de gecursiveerde woorden, die het mij als zeer waarschijnlijk doen voorkomen dat men te lezen hebbe:

> [de »niemare" ging] dat daer ware
> in spapen spiker een wulf *ghegaen*
> die hem selven hadde *ghevaen*
> *bi den buke* in dat gat.

R. II (vs. 1605—1607 incl.) getuigt zoomin *vóór*, als *tegen* deze gissing. —

II. Als eindelijk het oogenblik daar is, dat men Reinaert hangen zal, kan toch Isengrijn niet nalaten te »versuchten". Maar Tibeert berispt hem daarover, en besluit met deze woorden:
R. I, 1923:

> waerdi goet het ware gedaen
> hine ware noch niet onverdaen ¹).

»Als gij", zoo bedoelt Tibeert, »in plaats van daar te staan zuchten, gedaan hadt wat uw plicht was, dan zou de zaak nu al uit de wereld zijn, en was Reinaert er al om koud!", of zooals *Rein. Vulp.* (vs. 913) vertaalt:

> »suspendendus adhuc non foret".

Wanneer men nu in den tweeden Reinaert de overeenkomstige verzen aldus aantreft:
R. II, 1955:

> waerdi ooo goet, het waer gheschiet:
> hi enwaer ooc noch *ontganghen* niet,

dan valt het terstond in 't oog, dat ook hier een schrijffout is ingeslopen. De galg staat gereed, men ziet nog slechts om naar eene »line" die voor strop dienen kan; voor den goedbewaakten Reinaert is van »ontgaan" wel geen sprake; hoe veel minder dan van reeds »ontgaan te zijn". Men leze echter (vs. 1956):

> hine waer noch *onghehanghen* niet,

en het vers is in volkomen overeenstemming met R. I en met *Rein. Vulpes.*

De juistheid der voorgestelde lezing kan door de Nederduitsche bewerking wel niet bewezen worden, doch wordt daardoor evenmin gelogenstraft, omdat in den *Reinke* deze of dergelijke woorden in Tibeert's uitval ontbreken. (Vgl. Schröder's editie, vss. 1857—1867).

Utrecht, *Augustus* 1883.   A. BEETS.

---

1) Terloops zij opgemerkt, dat de lezing van Dr. Jonckbloet: »niet noch" de voorkeur verdient, ook op grond van Rein. Vulpes, vs. 913.

ISAAC VOS.

Onder den titel *Iemand en Niemand — No-body and some-body* [1]) heeft de heer A. S. Kok den inhoud medegedeeld van het Engelsche stuk, waarmede het zinnespel van Vos in verband staat. De heer Kok komt tot de slotsom, dat mijne tweede gissing (zie blz. 79) de juiste is en Vos dus zijn *Iemant en Niemant* niet aan het Engelsch heeft ontleend, maar gebruik heeft gemaakt van de Duitsche bewerking, die in de *Englische Comedien und Tragedien* is opgenomen. Ik kan mij thans nog des te eerder hiermede vereenigen, daar mij gebleken is, dat de *Singende klucht van Pekelharing In de Kist* (zie blz. 90) hoogst waarschijnlijk naar denzelfden bundel is genomen en niet naar het Engelsche origineel. Tittmann heeft de Duitsche bewerking van *the Humours of Simpkin* niet weer afgedrukt, doch ik heb op de bibliotheek te Dresden het stukje afgeschreven uit het exemplaar der *Englische Comedien und Tragedien* van 1624, dat daar berust, en kan dus de beide werkjes met elkander vergelijken.

In de Duitsche bewerking vinden wij eerst 14 versregels, die ongeveer dezelfde maat hebben, en dan 22 coupletten van 4 of 8 verzen, al naar men het nemen wil, in eene andere maat. De Hollandsche klucht is dus grooter en o. a. verrijkt met het gebluf van den vaandrig, dat in de Duitsche niet voorkomt. Het zij mij vergund enkele plaatsen aan te halen, die er m. i. voor pleiten, dat Vos het Duitsche stukje kende. De heer Loffelt was bovendien zoo vriendelijk mij zijn afschrift

---

1) In *De Amsterdammer, Weekblad voor Nederland* van 22 Juli 1888 (n°. 817).

der Engelsche klucht af te staan, waaruit ik een enkelen keer iets zal aanhalen.

Het begin der Duitsche klucht luidt aldus:

Fraw.	Mein Herz ist betrübt biss in den Todt, fa la la la la la.
Pickelhering.	Ich kenn ein Geselln, der hilft ausz Noth, fa la la la la.
Fraw.	Mein Mann spatzieret offtmals hinausz, ens.
Pick.	Und bringt ein gewaltig baar Hörner zu Hausz, enz.
Fraw.	Holla, Pickelhering, wie so betrübt, enz.
Pick.	Ach Pickelhering ist ganz verlieb, enz.
	In solcher Angst bin ich noch nie gewesen, enz.
Fraw.	Ich hab ein Salb deim Schmertzen zu gemessen (sic), enz.
Pick.	Seyd ihr denn ein Doctorin, enz.
Fraw.	Derselben Kranckheit helff ich allein, enz.
	Also mein Schatz wil ich dich küssen", enz.

Bij Vos luidt het (uitgave van 1705):

Vrouw.	»Mijn hart is bedroefd tot in der dood, fa, la, la, la.
Pekelh.	Ik weet een remedy voor alle jou nood, fa, la, la, la.
Vrouw.	Mijn Man spanceert dikmaals van huys, enz.
Pekelh.	En brengt een geweldig paar horens te huys, enz.
Vrouw.	Wel Pekelharing, hoe dus bedroefd, enz.
Pekelh.	Och Pekel heeft van de liefde geproefd, enz.
	In sulk een angst ben ik nooyt geweest, enz.
Vrouw.	Siet dese mijn salf u smarte geneest, enz.
Pekelh.	Soo zijt gy dan ook een Doctorin? enz.
Vrouw.	Ja dees professy bestaat in de min, enz.
Pekelh.	Kom mijn Medicijn, laat ik u eens kussen", enz. [1]).

---

1) In het Engelsch (Vgl. *De Nederlandsche Spectator*, 1870, blz. 291):

Wife.	Blind Cupid hath made my heart for to bleed: Fa, la, la, etc.
Simpkin.	But I know a man can help you at need: With a fa la, etc.
Wife.	My husband he often a hunting goes out: Fa la.
Simpk.	And brings home a great pair of horns there's no doubt with a fa la.
Wife.	How is 't, Monsieur Simpkin? Why are you so sad? Fa, la, etc.
Simpk.	I am up to ears in love, and it makes me stark mad with a fa la.
	I am vext, I am tortured, and troubled at heart, etc.
Wife.	But I'll try my skill to take off your smart
	And on that condition I give you a kiss".

Als Pekelharing in de kist is verborgen, komt de soldaat op:

>»Dasz dich potz schlapperment wo find ich meinen Schatz.

Fraw.   Hie bin ich mein hertz allerliebsten, och gieb mir doch ein
                                   Schmatz.

Sold.   Ich hab vermeint fürwar ihr weret ausgegangen.

Fraw.   Ach nein allerliebster.

Pick.   Denn ich liege hier gefangen".

Bij Vos zegt de vaandrig:

>»Das dich potz doesent slapprement,
Waar vind ik nu mijn hart?

Vrouw.   Zijt gy 't mijn Lief?

Vaand.   O ja, ik ben 't.

Vrouw.   Kom dan, geneest mijn smart.

Vaand.   Ik meende by mijn dapperheyt
Dat gy waart uytgegaan.

Vrouw.   O neen, mijn troost, mijn soetigheyt.

Pekelh.   Maar ik leg hier gevaan".

Dikwijls komen in coupletten, die niet geheel gevolgd zijn, enkele versregels voor, die zeker naar het Duitsch zijn vertaald. Zoo zegt de soldaat:

>»Fraw halt mich doch nicht lenger auff, sag wo ist er hin-
               kommen.

Fraw.   So war ich sey ein ehrlich Weib, ich hab kein Mensch
               vernommen".

In het Hollandsch [1]):

Vaand.   »Vrou segt mijn op u ziel en lijf
Waar dat hy 't is ontkomen.

Vrouw.   So waar ik ben een eerlijk Wijf
Ik heb geen mensch vernomen".

---

1) Dit luidt in het Engelsch:

Bluster.   Good women shew me to the Slave,
His limbs I strait will tear.

Wife.   By all the honesty I have,
There's no man come in here.

De man spoort zijne vrouw aan voor den bluffenden soldaat
te knielen:

> »So wollen wir ihm ein Fuszfall thun,
> Hertzliebes Weib kom nieder".

In de Hollandsche bewerking:

> »Laat ons een voet-val doen, kom hier,
> Herts-liefste Wijf, kniel neder".

Pickelhering's stichtelijke aansporing,

> »Fraw setzt ihn ein paar Hörner auff,
> Pickelhering zu gefallen",

luidt in de vertaling:

> »Vrouw set hem een paar horens op,
> Pekelharing te gevalle".

Als eindelijk allen van de vloer zijn, zegt Pickelhering:

> »Diese gantze Nacht in Frewd,
> Wollen wir die Zeit vertreiben.
> *Fraw.* Hier in mein schneeweis arm, Sol Pickelhering bleiben".

Bij Vos:

> *Pekelh.* »De gantsche nagt in 't warmen
> Sullen wy de tijd verdryven.
> *Vrouw.* In mijn sneeuwitte armen
> Sol Pekelharing blyven" [1]).

En als aan het slot de held van het stuk aan de toeschouwers de belofte aflegt:

> »Meine Herren uber 40 Wochen
> Solt ihr Gevatter seyn",

---

1) In het Engelsch:
Wife.   I'll fold thee in my arms, my Love,
          No matter for his listening.

vinden wij hiervoor in Vos' stukje:

> »Vriend over veertig weken
> Sel jy Gevaartjen zijn",

Deze plaatsen maken het hoogst waarschijnlijk, dat Vos zijne klucht aan het Duitsch en niet aan het Engelsch heeft ontleend. Bovendien komt, terwijl de Duitsche en Hollandsche klucht hiermede eindigen, in de Engelsche de echtgenoot weder op om Simpkin een duchtig pak slaag te geven en het huis uit te jagen. De bundel der *Englische Comedien und Tragedien* was dus hier te lande bekend en bij het onderzoek naar den invloed der Engelsche dramatische literatuur op de onze zal men met deze omstandigheid rekening moeten houden.

Groningen, Sept. 1883.   J. A. WORP.

JOANNES SIX VAN CHANDELIER,

gedoopt te Amsterdam, den 1 Maart, 1620,
aldaar begraven den 16 Februari, 1695.

De Poësy van J. Six van Chandelier, verdeelt in ses boeken, en eenige opschriften, is gedrukt te Amsterdam voor Joost Pluimert, boekverkooper op den Dam, in Seneka, 1657. Het boek bevat voorbericht, opdracht, lofdicht noch register en telt 631 blz. in klein octavo. Eene korte opgaaf leert, dat het is verdeelt in ses boeken, waarvan de benamingen worden aangewezen, met het aantal bladzijden, dat achtereenvolgens 50, 58, 36, 48, 214, 104 en 20 pp. bedraagt, de laatste voor epigrammen.

De correctie is niet nauwkeurig: niet minder dan 63 verbeteringen zijn aan het dichtwerk toegevoegd, waaronder de verandering van scherminkel in scheeminkel en van pleis-
trende in peistrende. De bladzijden 79, 93, 120, 185,
297, 400, 405, 414, 453, 465 en 524 worden in dezelfde
volgorde verkeerdelijk aangewezen door de getallen 61, 63,
106, 183, 299, 404, 305, 441, 454, 467 en 424. In mijn
exemplaar zijn met eene hand der zeventiende eeuw de volgende veranderingen gemaakt:
Blz. 29:

En elke week een maand, en elke maand schaaft jaaren,

luide het tweede deel van dezen regel:

de maand twee halve jaaren.

Blz. 328:

Die sachte lykaard leert, en duidt,
Hun hart, zoo murw was, als hun huid,
Maar die se, in 't leeven, als een kei
Zoo hard, ...

waar de eerste regel moet beginnen met Dees, en de derde:

Maar die in 't leeven, ...

Blz. 351:

Dér Bikkren, bei van Staatssorgh prys,

moet op grys eindigen; op dezelfde blz. moet Stedehoe-
ders staan, in plaats van steedehonders.
Blz. 457:

Wel fraai een byenkorf heeten

heeft geen zin, tenzij veranderd in byenkooningh.
  Blz. 466 is tusschen Schoon begrippen het voorzetsel
van weggelaten, en iets lager moet voesters verwisseld worden door voestres. Doorschynigh glas van blz. 514
moet ys worden. Bedenkelijker is de regel in het trouwlied
op blz. 517: Kus wat zwakjes, waar de dichter niet

zwakjes wilde en moest zeggen. Op blz. 564 eindelijk is in vers 4 het lidwoord weggelaten, en van den regel:

Noordoostlik labberkoeltjes waaijen,

moet het slotwoord, ter liefde van het rijm, door straalen vervangen worden.

In dit opstel is uitsluitend sprake van hetgeen de dichter in dezen bundel heeft uitgegeven, derhalve tot in 1657 en zonder zelfs de afzonderlijke verspreiding van sommige stukken na te gaan. De opneming van het gedicht aan Gerard Hulft in de eerste opening van Klioos Kraam, een jaar vroeger verschenen, zij hier in 't voorbijgaan gemeld, omdat Van Lennep in zijne uitgaaf van Vondel dit stuk toeschrijft aan *zekeren* I. S. V. C. en dus niet verder onderzocht dan de bladwijzer van die bloemlezing ons en ieder leeren kan.

Reeds Huydecoper merkte onzen dichter op en vreesde, dat hij minder gelezen werd dan hij verdiende; in de Proeve van Taal- en Dichtkunde wordt Six meermalen als een schrijver van gezag aangehaald en bijzonder geprezen, wegens 't onderscheid, dat hij maakt in 't gebruik van d, dt en t, als eindletters. Dat Wagenaar hem meer raadpleegde als bron, dan hij hem bestudeerde als schrijver, blijkt uit verschillende plaatsen van zijn geschiedkundig werk over Amsterdam. Zijne onbekendheid met het geboorte- en sterfjaar van Six deed hem verkeerd schrijven ten opzichte van den leeftijd des dichters en niet minder van diens verwantschap met andere gelijknamige geslachten; en men zou tot het vermoeden komen, dat het onderzoek naar de hiertoe noodige gegevens destijds zeer bezwaarlijk was. Althans Mr. Jeronimo de Vries, die bij de uitgave zijner met veel recht algemeen bekende verhandeling bij de Bataafsche Maatschappij, in 1804, den heelen dichtbundel niet had gezien, was achttien jaar later even weinig genoegzaam ingelicht, toen hij over Six in het Magazijn van N. G. van Kampen schreef. Het stuk, waarbij een ander opstel over

hetzelfde onderwerp gaat, toont dat de bekwame De Vries nu
het boek gelezen had, al had hij er meer voor zijne mededeeling in moeten vinden, doch het blijft verwonderlijk, dat zulk
een stedelijk ambtenaar de noodige tijdsbepaling niet zocht in
de doop- en grafboeken. Six hield niet van chronologie en
zeker niet van jaartallen: liever ontwijkt hij een paar cijfers,
dan eene niet altijd heldere omschrijving om het wanneer te
verklaren. Hij had eenige kwarto schrijfboeken van ongelijke
dikte en schreef daarin zijne gewrochten, als bij rubrieken,
zonder eenig denkbeeld van tijdsorde; een paar malen zien wij
een opdracht of toewijding heel veel verder in 't boek staan,
dan het eigenlijke gedicht, en op verscheidene plaatsen is het
duidelijk, dat hij een ledig blad of een deel daarvan gebruikt
om, naar zijne zegswijze, zulk een ent in zijn Dichtbosch
te planten. In de Keur van Nederlandsche letteren, bij
Marten Westerman uitgegeven, is het 49ste stukje voor Six
bestemd; de keuze der gedichten is niet kwaad, maar de bio-
grafische aanteekening van den verzamelaar zegt niet veel. Van
meer beteekenis zijn de levensschets en de proeven der dichtkunst van Six in de Bloemlezing uit de Dichters der zeventiende eeuw door Dr. J. van Vloten, die zichtbaar den bundel
opmerkzaam heeft doorgelezen. Dit laatste is onzen dichter
niet dikwijls te beurt gevallen, en het is vermoedelijk dat de
niet zeer overvloedige afdrukken meer aanbevolen worden in de
boekenlijsten en meer gezocht worden door de boekenliefhebbers
wegens de vijf in onberispelijk bloedrood gedrukte bladzijden
op den dood van Karel Stuart, dan om den inhoud. Het is
reeds gezegd, dat in dit opstel het bibliografische niet zal worden nagegaan, doch daartoe kan eene opmerking niet gebracht
worden, die de betrekkelijke zeldzaamheid 'dezer Poësy verklaart.
Toen Six zijn bundel uitgaf, was hij zeven en dertig jaar oud
en door den dood zijner grootmoeder een bevoorrecht erfgenaam geworden. Zijn volgende levensjaren besteedde hij aan
eene berijming der Psalmen. Is nu zijne Poësy, gedrukt voor
Joost Pluimers, gelijk het titelblad zegt, zijn eigendom ge-

weest, dan kan hij de verspreiding daarvan hebben tegengegaan. Voor een ernstig man en in zijne eenzame stille leefwijze is dit niet onmogelijk.

Tegenover deze gissing, kan eene andere oorzaak gesteld worden zijner weinige bekendheid. Wie zich de moeite geeft, de uit de bloemlezingen verkregen kennis zijner dichtkunst uit te breiden door het boek zelf, zal hem de verdienste van opvatting en de gave der zangerigheid niet betwisten, maar de vorm is niet altijd, gelijk men dien zou wenschen: hij wordt beschuldigd van duistere uitdrukkingen en moeielijke woorden te gebruiken. Niemand zal beweren, dat Six voor lezers der negentiende eeuw zonder moeite te verstaan is; enkele onzer hedendaagsche landgenooten, die inderdaad lezen kunnen, daargelaten, moeten zeer velen hem niet kunnen volgen. Wij hebben alleen rekening te houden .met hen, die een dichter uit het midden der zeventiende eeuw verstaan, en behoeven hier niet te onderzoeken, of hij ook in zijne dagen werd beschouwd als een duister, gelijk hij naar zijne eigene woorden gehouden werd voor een l a n g, dat is een langdradig poëet. Het gaat bij het doorlezen van Six, als met het doorlezen van een doorluchtiger tijdgenoot, van Hooft; niet geheel onjuist zegt de Duitscher, dat men er zich inleest. Six had tot zelfs op reis twee boeken bij zich: Davids Psalmen, die hij beter bewerkte dan Dathenus ze hem liet zingen, en Horatius. Nu weet ieder, dat tot in 't overdrevene altijd gesproken wordt van zeemanstermen, doorgedrongen tot de boeren in den Achterhoek. Meer nog zijn wij vol van uitdrukkingen, aan den Bijbel ontleend, en die uitdrukkingen zijn aangehaald uit bijkans ontoegankelijke plaatsen. Zij mogen door gedurig aanhooren van kerkredenen, of door gebeden en stichtelijke lectuur reeds in vroeger eeuwen ingevoerd zijn, de herhaalde lezing en overvloedige aanhaling der gewijde boeken sedert de hervorming hebben volkomen Oostersche zegswijzen als ingeweven in onze Westersche taal. Het aldus overgebrachte mocht hoorders en sprekers zwaar vallen om te verklaren, vreemd waren die uitdrukkingen niet, want zij en anderen hadden dat altijd zoo gehoord, en ieder had er eene meer of minder richtige opvatting van. Waar het lezen des Bijbels in gebruik gebleven is, gelijk bij de leden der Engelsche Staatskerk, moeten dergelijke plaatsen altijd als bekend voorkomen. Wie echter tegenwoordig geroepen is om een gewoon leesboek te verduidelijken aan het jongere geslacht, ondervindt, dat slechts een enkele bekend is met verhalen of uitdrukkingen, ontleend aan het dikke boek, dat millioenen hebben gelezen, overpeinsd, besproken en beleefd. En bij die omvangrijke literatuur der gewijde schrift, gebruikt Six tot een ander geestelijk voedsel zijn Venusyner, dien hij onder andere dergelijke benamingen en bijnamen vereert als zijn lijf-dichter. Schoon hij niet steelt, dat de boeren 't saaghen, — de woorden zijn van hem en daarbij 't Vondeliaan-sche gebruik van 't imperfectum — leent hij dikwijls bij Horatius. Nu zij het niemand te na gesproken, dat de oogenblikkelijke aanwijzing eener plaats, zelfs uit de bekende klassieke Latijnsche schrijvers bij de philologen grooter moeielijkheid blijkt op te leveren, dan het opzoeken van een bijbeltekst aan de schrift-uitleggers. Van zelf is eene aanhaling uit Horatius minder algemeen bekend, dan een woord uit Paulus, en men regelt zich veelal naar de gemeenzaamheid, als men over de al of niet genoegzame bekendheid eener uitdrukking wil oordeelen. Dat Potgieter soms eene fraaie plaats van Tegnèr of Metastasio voor den geest zweefde, is wel op te merken, maar duizend-maal wordt hem gebrek aan helderheid toegedicht, waar het hapert aan den lezer, die de letterkundige en niet zelden boven-dien de historische toespeling niet kan volgen. Dit is geene vrijspraak voor Six, maar eene verontschuldiging.

Op eenige dezer uitdrukkingen komen wij straks terug; niet minder op bedenkelijke woordspelingen en zelden aangetroffen woorden. Wat de eerste betreft, de groote voorbeelden, door Six beoefend en bewonderd, brachten hem tot een eigen fabri-kaat, zoo goed als Vondel durfde aan den dag brengen. Naast die samenstellingen gebruikt hij afleidingen, die alleen de analogie bezitten van de bestaande, maar de wijding van het taalgebruik nog niet verkregen hadden en evenmin in onze woordenlijsten opgenomen werden tot op den huidigen dag. Gelijk ook zal aangetoond worden, bezigt hij onbeschroomd zoodanige woorden, die opgegeven worden in bijua alle glossaria op onze oude schrijvers, en hij legt ons het vraagstuk voor, in hoeverre wij een woord uit onze middeleeuwsche letterkunde, dat wij alleen hooren onder de boeren en alleen zien in voor 't algemeen halfverstaanbare boeken, in het midden der zeventiende eeuw mogen brengen tot de archaïsmen, wanneer het gebezigd wordt door een in oude en nieuwe talen onderwezen schrijver. Het zal ons vermoedelijk duidelijk worden, dat van een lange reeks van woorden, die bij de eerste beschouwing onverklaarbaar schenen, slechts zeer weinige niet volkomen uitgelegd werden in taalkundige geschriften, die in ieders handen zijn. Daartoe draagt nog bij, dat Van Dale, door het beperkte taalgebied, waarop hij zijn kort en werkzaam leven doorbracht, veel in zijn Woordenboek heeft opgenomen, dat hem gemeenzaam was, doch voor velen gewestelijk en verouderd is. Niettemin heeft hij door de opneming en verklaring van dergelijke woorden menig taalbeoefenaar van beperkte hulpmiddelen eene vriendelijke hand gereikt.

Six was op zijn tijd een gelegenheidsdichter, ja, hij was dat zeer veel. Tot recht verstand van zijne overdenkingen, beschrijvingen en gemoedsuitingen, is in de eerste plaats eene opheldering noodig zijner persoonlijke betrekkingen. Van zijne genealogie zal hier echter niets meer gezegd worden, dan tot een genoegzaam verstaan van zijne stukken noodig is, omdat elders betere gelegenheid is tot mededeelingen aangaande den samenhang en de lotgevallen der leden van zijn geslacht. Als hij gebeurtenissen beschrijft, die in de geschreven of gedrukte historie opheldering moeten vinden, zullen deze bijgebracht worden; daardoor wordt soms eene uitdrukking beter verstaan, de wording van het dichtstuk in tijdsorde bepaald, de vergelijking met de behandeling van hetzelfde onderwerp door andere

dichters mogelijk gemaakt, en menig onzeker punt in de geschiedenis onzer letterkunde opgehelderd. Vóór alles hebben
de verschillende handelsreizen van onzen Amsterdamschen dro-
gist de aandacht getrokken en door reeds gezegd gebrek aan
jaartallen en tijdsorde in de plaatsing der stukken zijne levens-
geschiedenis deerlijk in de war gebracht. Hij heeft ons daarom
aanleiding gegeven om er een en ander van na te gaan, hetwelk later moge dienen tot verklaring, en nu reeds tot het
opslaan der Poësy van dezen dichter.

Den 29 Januari 1619 werden in het kerkelijk register der
gereformeerden te Amsterdam ingeschreven als bruidegom en
bruid Jacob Six, geboortig van Wesep, oud 25 jaar,
geassisteert met Jan Six zijn vader, wonende te
Haarlem, alwaer sijne geboden mede sullen gaen,
en Sara Juliens, van Ceulen, oud 22 jaar, met
Joost Juliens, haar vader en Catharina Jeheu,
hare moeder, wonende in de Calverstraat. Aan dit
jonge paar werd »na de neegentiende straal in Sprokkel" (blz. 130), natuurlijk van 't volgende jaar, een knaapje
geboren, die zich later, even natuurlijk, hun oudsten zoon
noemde. Hij werd door Gosuinus Geldorpius in de Oude kerk
gedoopt den 1 Maart 1620, en kreeg den naam van Joannes. Die dagteekening staat onder het opschrift dezer bladen,
omdat hij gewoonlijk acht of tien jaar ouder geschat wordt,
en het opstel in Van Kampens Magazijn, II, 120, dat hem in
1630 door Mierevelt in deftige kleeding laat uitschilderen, zooals de schrijver op eene teekening van J. Stolker gelezen had,
licht ons dus verkeerd in.

Over de afkomst zijner familie geeft hij zelf geen licht, en
ontslaat ons dus hier van uitweidingen hierover. Zijne verwantschap met het regeeringsgeslacht was eene vinding van
later tijd. Burgemeester Six, die in 1648 zijn door de ets van

Rembrandt beroemd treurspel uitgaf, wordt eens door hem genoemd, waar hij uit den vreemde eene groete, bij gelegenheid
althans, opdraagt aan zijne toenmalige letterkundige stadge-
nooten en ook, zegt hij op bl. 270:

> hem, met wien ik eeven ben
> Van naam, die jongst Mede herschiep:

doch op diens bloedverwantschap maakt hij even weinig aanspraak, als op die van den turfdrager Six die in 1630, of den
passementwerker, die in het volgende jaar trouwde. Zijn toe-
naam zou op een Fransche afkomst wijzen, die wij hem niet
betwisten, schoon hij er niets van zegt; dan de vertaling in
van is nog zoo erg niet als dat hij Chandelier volgens
blz. 450 laat rijmen op plaisier en blz. 547 op mortier.
Zijne moeder was te Keulen geboren, omdat hare ouders met
de betrekkingen van haar lateren echtgenoot daarheen gevlucht
waren in de dagen van Alva. Zijne grootmoeder vereerde hij
als eene godsdienstige vrouw, die op tachtigjarigen leeftijd nog
groote sommen besteedde aan de verfraaiing harer, door hem
later geërfde, buitenplaats in de Diemermeer; zij moet zeer
vermogend geweest zijn en haar doodsbericht op blz. 407 kunnen wij aanvullen uit het archief der Zuiderkerk, dat zij daarin
den 18 October 1652 begraven werd; zie blz. 46 en desver-
kiezende blz. 48.

De jonge Six is zes jaar lang een der leerlingen geweest
van den rector Cornelis Sladus, aan de Oude Zijde, en volgens blz. 382 was het diens echtgenoote Geertruy, dochter van
den predikant Lucas Ambrosius, die als »meestresse 's mid-
daghs eeten voor ons lei". Want hij was daar met veel
voorname kinderen in den middagkost; zijne broeders waren
allen bij Sladus gegaan en hadden, naar zijne voorstelling van
blz. 383, het »Ausons en Argivisch kruid Uit een
kristlyne seedentuit" genuttigd, doch zonder veel succes. De andere jongelui waren heel wat geworden in stad en
staat, zelfs mocht een den ouden schoolmakker te baat komen,

als Six zijne koopgoederen aangehaald zag; maar de Sixen werkten niet genoeg en werden »van luiheits krakken opgegeeten". Twintig jaar later komt de leerling tot beter gedachten: hij maakt den geleerden man tot »hooft van Helikon en Prins van Aganippes maagen", en, wat meer beteekent, hij geeft aan een jongsten broeder, wiens voogd hij zal geworden zijn, eenige lessen van deugd en levenswijsheid, blz. 571, die Sladus moeielijk zou verbeterd hebben.

De lezer zijner gedichten zal zien, dat Six nog van een paar andere broeders en zusters spreekt, zonder tot volledigheid der familie te komen, noch minder ons onbevredigd te laten, daar wij hem best verstaan kunnen zonder meer. Ook met ooms en moeien heeft hij een dichterlijke maagschap; zijne betrekking tot zijne neven is wat breed uitgemeten. De meesten hebben, althans voor ons, geen andere beteekenis, dan dat Six hunne namen heeft laten drukken. Niet aldus Neef Johannes Hoornbeek, predikant en professor theologiae te Utrecht, ons overvloedig van elders bekend, zoowel als de meesten van zijn vermaard geslacht, beide in den Haarlemschen en den Middelburgschen tak. In welken graad van verwantschap onze dichter en den hoogleeraar tot elkander stonden, laat zich moeilijk bepalen. Gelukkig, dat wij voor het verstaan der Poësy die genealogie wel missen kunnen.

Erkent Six dat hij lui was, hij komt er niet minder eerlijk voor uit, dat hij als een klein kind onder 't spelen met zijn moeder met onbetwistbare behendigheid duiten uit hare tasch haalde, blz. 428, en dit kunststuk voortzette door de la open te breken. Die la zal de kas geweest zijn van het ouderlijk bedrijf, denzelfden drogistenwinkel, waarin wij hem aantreffen. Hij verhaalt ons, blz. 377, drie huizen van Joost Hartgers, den uitgever, af te wonen, en deze had zijn winkel op den hoek der zelfde Kalverstraat, waarin hun Eenhoorn stond. Nu is het huis van Hartgers thans de hoek der groote Club, en als men naast dat gebouw het huis N°. 2 ziet, merkt men aan den gevel een grooten steen op met het inschrift: Den

VERGULDEN EENHOORN. In de uithangteekens spreekt de heer Ter Gouw, II, 369, met zooveel opgetogenheid over zijn hooge plaats boven op de hijschbalk en hoe hij niet weinig blonk, als de zon er op scheen, dat wij, met behulp van de houtsnede op de volgende bladzijde, Six' gedicht op blz. 237 volkomen meenen te kunnen verstaan. De familie had nog een Eenhoorn op het andere einde der Kalverstraat bij den Regulierstooren; uit dat huis werd 's dichters broeder Isaac den 4 December 1686 begraven, maar wat Six nog verder zegt op blz. 193, 314 en 557, betreft zijn eigen Vergulden Eenhoorn.

Hij opent het eerste deel van zijn Dichtbosch, blz. 145, met eene mededeeling, hoe hij dichter geworden is. In het algemeen is de beantwoording dezer vraag niet onbelangrijk. Het tijdperk van het Jonge Holland is nog niet geëindigd: nog leven daarvan eerwaardige leiders, en de opengevallen plaatsen in de rijen hunner broederen zijn nog niet genoegzaam aangevuld om nu reeds te zeggen, dat de nakomelingschap eenmaal met roem zal spreken van de negentiende eeuw in de geschiedenis onzer wetenschap, kunst en letteren. De dagen van Dertig hebben de jongelingschap doen wakker worden. Menigeen begon met Van Speyk. Six deed niets buitengewoons. Het onderwerp zijner jonge Muse was zijn eerste liefde; Theocritus zijn voorbeeld. Hij telde toen nog geen twintigh jaaren. Wat zijne liefde op rijper leeftijd is geweest, en wat zij heeft uitgewerkt op zijn' burgerlijken staat, zullen wij vernemen.

Naar de wijze der vaderen, werd Six vroegtijdig in de zaken opgeleid, die in den Eenhoorn met kennelijke uitgebreidheid werden uitgeoefend. Zijn vader had aanzienlijke handelsvrienden in het buitenland. Een der leerlingen of bedienden van een vakgenoot verkeerde aan zijn huis en werd door onzen dichter bezocht, toen hij sheriff van Middle-Essex was. Een ander, die het bed met den kleinen Joannes had gedeeld, was

nu een voornaam handelaar te Dantzig. Hij kende de beroemde
kruideniers — en hieronder verstaat hij botanici — van
België en eerlang bereisde de zoon de landen van zuid- en
zuidwest-Europa tot bevordering van zijn' handel. Dat hij
reeds vroeg op reis ging, leert het volgende ongeval. In Vlaanderen droomde hij, dat zijn vader dood in de kist in
't voorhuis lag. Te Iperen had hij dezelfde verschijning.
Ten derden male geschiedde hem het droomgezicht. Six was
niet bijgeloovig, maar hij was een kind zijner eeuw en geloofde
even stellig aan een moordjaar (blz. 29), als de geleerde Wten-
bogaert. Bovendien, het visioen was een waarschuwing geweest:
na het derde teeken ontving hij een' brief. Zijn vader was aan
eene beroerte gestorven en liet zijne weduwe met vijf zonen
en vier dochters na; het was bij wintertijd. Nu is Jacob Six
den 5 December 1639 in de Zuiderkerk begraven; zijn oudste
zoon telde, thans voor een ernstiger geval geplaatst, andermaal nog geen twintigh jaaren.

Enkele gedichten van den plotseling beroofden zoon geven
ons de poëtische vruchten van een vroegen leeftijd. Een jaar
eerder had hij geschreven, wat wij op blz. 152 lezen over het
beroep van Wittewrongel, met wien hij wel hartelijk instemde
ten aanzien van »den schouburghspoel", bl. 503, zonder echter
de verdiensten der treurspelen te miskennen. In dat gedeelte
van het gelegenheidsgedicht heeft Six zijn aandeel ten volle
geleverd. Destijds werd een predikant meer bezongen dan nu;
iedereen weet dit, maar onze dichter leert ons op blz. 392,
dat men de Eerwaarde Heeren uitteekende, terwijl zij preekten
en dus buiten willen en weten poseerden, zoodat die portretten
gegraveerd en in den handel werden gebracht, niet door de
ijdelheid der herders, maar door de winzucht der kunst- en
printverkoopers. Poëzie zit in het onderwerp niet veel, en
zeker niet voor Six, doch omdat de tijd van het bezongene
bekend is, heldert zulk een vers wel eens iets op, dat ons
dienstiger is tot recht verstand van andere zaken, dan zijne
meeningen op het bezongen punt.

Gedurende de tien eerste jaren na het overlijden van zijn' vader, bemerken wij weinig van de reizen, die de zoon zou ondernomen hebben. De laatste jaren van den dertigjarigen oorlog, waarin al de deelen van het Vasteland begrepen waren, die hij voor zijne zaken te bereizen had, deden nog op betere tijden hopen. Engeland was in dien toestand gekomen, dat men het schavot voor Strafford en dat voor den Koning in 't verschiet kon aanschouwen. Meer dan waarschijnlijk bleef hij te Amsterdam, maar voor onze kennis van zijn arbeid is 't eerst noodig, dat wij zijne buitenlandsche tochten in goede orde en op juisten tijd plaatsen, waartoe hij betere gegevens heeft verschaft, dan de redeneering, die vroegere schrijvers over hem daarbij gebruikt hebben. Het is niet onwaarschijnlijk, dat een man van zooveel waarneming aangaande zijne omgeving en zijn eigen persoon, die gewoon was te boek te stellen wat hij eenigermate belangrijk achtte, een dagverhaal had van zijne reizen. Het is even aannemelijk, dat dit dagboek ergens schuilt en eerst later genoeg zal gewaardeerd worden om een volledig en juist verhaal samen te stellen. Op dit oogenblik echter blijven ons geene andere middelen over dan zijne gedichten.

Schoon hij op blz. 498 verhaalt, den Lambertustoren te Munster beklommen te hebben, waaraan de kouw van staal van Jan van Leiden hing, weten wij van deze reis verder niets; de Westfaalsche vrede was bij zijn bezoek aldaar reeds gesloten en hij had zijne buitenlandsche reizen al volbracht.

Zijn belangrijkste tocht is zeker die door Frankrijk naar Spanje en Italië. Zijne aanteekeningen gewagen eerst van zijn verblijf te Middelburg, waar hij verscheidene bekenden had, zoo niet zelfs de Roselle zijner minnezangen. Met eenige regelen gedenkt hij, blz. 235, den Abdijtoren, den Langejan aldaar, namelijk denzelfden, die in 1711 afbrandde en fraaier herbouwd werd:

> Wanneer Jupyn den grysen dagh
> Van Atlas hooge jaaren sach,

Bekommert, dat die schouder zou
Beswyken, onder 's Heemels bouw,
Zoo vondt hy, neevens alle Goôn,
Geraân, tot stut van synen throon,
En eer de werreld liep gevaar
Te sneuvlen, voor het einde waar,
Te stellen, by dien Goliat,
Een tooren, in de Zeeuwsche Stad,
Die, van die looten Heemellast,
Nu helt geboogen, sterk, en vast.

Hij had ook gelegenheid om Arnemuiden te aanschouwen in
het diepe verval van zijn' handel, en het gansche eiland in al
de heerlijkheid van den zomerdag. Want tijdens zijn verblijf
ontving hij het doodsbericht van den Amsterdamschen predikant Roelof Petri van Niedeck, en deze stierf den 4 Juni
1649. Die aanwijzing is een der zeldzame gegevens tot tijdsbepaling in zijn reisverhaal. Uit een later gedicht, blz. 220,
zien wij, dat hij den noordelijken zoom van Walcheren kende,
daar hij een lofdicht schreef op Oostkapelle, waar de voogd
woonde van zijn vriend Duvelaar, met wien, evenals met
Abraham Grenier, beiden later te noemen, hij de reis aanvaardde. Op de Schelde werd hij door een zwaar onweder
overvallen en hij spreekt van dien zeearm en van zijn toestand
tusschen Vlissingen en Sluis met al de wanhoop van een onbe-
varen poëet. Eensklaps — zoo onvolledig zijn de dichterlijke
gedenkteekenen — is hij te Parijs, en volgt dan het gebied
der Loire. Grenier bleef te Angers, en voorbij Nantes gaat
Six zonder ander gezelschap dan zijn knecht verder. Hij volgt
de westkust van Frankrijk; de eenzaamheid vervult hem met
heimwee, en sterk uit hij zijne begeerte naar het Avondmaal,
dat hij hier waardeert, door ontbering, terwijl hij het thuis
niet zoo achtte. De reis te paard verhinderde hem niet, gelijk
reeds gezegd is, een psalm aan te heffen, of een stukje van
Horatius te lezen. Daar ontwaart hij zijn Dathenus verloren
te hebben, terwijl de heidensche dichter in zijn' holster is
achtergebleven, en hierover schrijft hij den brief aan prof.

Hoornbeek, dien wij op blz. 298 lezen. Te Bayonne moet hij wat langer vertoefd hebben, want hij was daar gewoon alle weeken brieven van huis te ontvangen. Onder een vreeselijk onweder trok hij Spanje binnen. Hij zegt, bl. 302, Saint-Jean de Luz verlaten te hebben, toen 't deerlik lyk van Olivares werd overgebracht naar Luchon, waar hij de Dominicanerkerk gesticht had. De gevallen staatsman was reeds den 12 Juli 1645 overleden; de tijdsbepaling, wanneer zijn lijk naar zijn familiegraf gevoerd is geworden, zou hier een nuttige aanwijzing zijn. Hij was de later zoo merkwaardig geworden Bidassoa overgegaan en nam den weg over San Sebastian, steeds reizende te paard, met een bediende. Eerst kunnen wij hem volgen, als hij ons zijn bezoek in 't Escorial beschrijft, blz. 390. Maar in de hoofdstad, ook door hem meest Madril geheeten, wachtten hem groote feesten: koning Filips de Vierde was den 8 November 1649 hertrouwd met de jonge Aartshertogin van Oostenrijk, en hield toen zijn intocht in Madrid. Met uitvoerigheid beschrijft Six al de pracht der vorsten en edelen, die hij aanschouwde, en spreekt van de versieringen en den luister der koninklijke lusthoven, niet minder van de geestdrift der Spanjaarden. In die geestdrift deelde hij zelf. De koningin was schoon, de koning had den vrede aan de Christenheid geschonken, had zijn Vaderland als onafhankelijk erkend, en den handel vrijgemaakt. Daarom huldigde hij hem in een eerbiedig gedicht, vol warme vereering. Dat dichtstuk moet hier afgekeurd zijn, wegens deze welgezindheid jegens onzen erfvijand, zoodat Six zich en zijne Triomfboogen, blz. 323, en zijnen Tempel verdedigt. De vrede van Munster was hem een onuitputtelijke zangstof; misschien zal het bij het nagaan zijner staatkundige denkbeelden duidelijk worden, dat hij zulke dingen uit het oogpunt van den koopman beschouwt. Met al zijn bewondering voor den luister van het hofleven, is hij zeer verstoord op de verre van onberispelijke zeden der Spaansche dames, waarvan hij wel eenigszins uitgebreide kennis had gelieven te nemen, en die hij met veel bijzonder-

16

heden beschrijft. Zijn weg bracht hem door Andalusië tot
Gibraltar, waar hij den 2 Januari 1650 in de open lucht den
uitvoerigen brief aan Théodore d'Odeur te Amsterdam schrijft,
dien wij op blz. 324 vinden. Weldra zou hij Spanje verlaten,
en verzoekt dus zijne brieven naar Genua te zenden. Hij had
in Spanje veel gezien en opgemerkt, had in een paar maanden
een groot aantal plaatsen in het westen en zuiden des lands
bezocht, en veel landgenooten aangetroffen, die daar hunne
kantoren hadden, of er tijdelijk vertoefden. Te Alicante scheepte
hij zich in naar Italië; op reis ergerde hij zich, dat »eenige
capucyners met den scheepskoopman een damspel speelden om
geld teegen overblyfselen van heiligen".

Wat vaak zijne gedachten waren in dat vreemde en verre
land, drukt hij meermalen uit. Met bezorgdheid en verlangen
zag hij uit naar berichten uit het vaderland; zijn gemoed werd
door heimwee aangedaan; zijne behoefte aan kerkelijke gemeenschap naar de wijze van zijn land drukt hij in warme betui-
gingen uit. Nog had hij Italië te bezoeken, deels als belang-
stellend in de klassieke wereld, die hem in zijne jeugd was
bekend geworden, deels om de handelsbetrekkingen te Venetië
persoonlijk na te gaan.

Te Livorno zag hij het Jodenkerkhof en nam de gelegenheid waar, om veel hatelijks te zeggen over de hardnekkigheid
van het eenmaal uitverkoren volk. Over de zeden van Florence
spreekt hij met meer onverholenheid, dan het onderwerp toelaat. Zijn verblijf te Rome is dubbel merkwaardig, dewijl zijn
bezoek samenvalt met het jubeljaar — bij voorkeur gebruikt
hij juitinghjaar — onder Innocentius den Tienden. Menig
Hollander vond hij ·daar; ook zijn vriend Duvelaar, en Reyer
Ansloo, van wien wij in 't bijzonder moeten spreken. Wat hij
van de schildersbent in de heilige stad meedeelt, doet ons naar
meer verlangen. Nog zag hij den Vesuvius en de Hondsgrot
en richtte toen zijn schreden naar het noorden, zoodat hij te
Venetië aankwam »wat eer dan Gods geboortedagh,
blz. 43, dat is tegen kerstdag van 1650. Zijne berekening om

met nieuwjaar thuis te zijn, gelijk hij, blz. 341, aan zijne moeder geschreven had, kwam niet uit, en zijn verblijf in de stad van Sint-Marcus duurde lang. Hij had daar tal van vrienden, wier gast hij beurtelings was. Hij schreef er, blz. 383, zijn uitvoerigst gedicht De Amsterdammer Winter en eene levendige Schetse van Venecie. Den vastenavond vierde hij daar, en deze viel in dat jaar op den 15 Februari.

Andermaal bezocht hij Venetië, nam toen de reis door Duitschland en Tirol, zooals hij zegt, en keerde spoedig over land terug. Het was eene latere reis, want op blz. 355 spreekt hij van het

> Hoovaardigh hof van Genua
> Toen ik, uit Spanje, quam zoo naa,
> Dat ik...... uw halven ringh
> Van wit arduin in 't oog ontfingh.

En dat hij over land kwam, zegt hij ons, ter gelegenheid eener alleropenhartigste bekentenis, op blz. 536:

> Op de Duitsche reis door Trent
> Na den Veneciaan gewendt.

Zijn reisgenoot was Michiel Soetens, de jonghe Haaghsche landschapschilder die zoo kunstig het marmer nabootste, blz. 360, 361, maar die tegen den raad van Six zich niet in Tirol wilde ophouden en geen studies van dat landschap wilde maken: 't was toen herfsttijd. Het jaar ontbreekt, doch wegens den gelijktijdigen oorlog met de Turken over Kandia, blz. 356, kan het 1651 geweest zijn. Zoo trokken zij door Bolsano en waren spoedig te Venetië. Soetens had een onweerstaanbaar verlangen naar de bent te Rome: bl. 358,

> Als Uitregts Bot, als Haarlems Laar,
> Als Krabbetje den IJenaar,
> En als Petit, mee van den Haagh,
> Syn meester, tot het schildren traagh.

Six nam den terugweg door hetzelfde Tirol, dat hem nu minder beviel, dan als leerschool voor Soetens: blz. 44:

Waarom keer ik' o Tirool,
Van de Veneciaansche daaken
Niet door 't Milaneesch vermaaken,
   Naar dit sneeuw- en beerenschool?
  Is dit schoone berghriool,
Waar rivieren ruischen, kraaken,
Waar de menschen doof geraaken
  Van een Nylval uit de pool, enz.

Uit den brief aan zijne moeder, blz. 584, over den oneer-
lijken Franschman, die de zaken der spaansche-zeepziederij te
Weesp ontrouw had behandeld, ziet men, dat Six tweemaal
kort na elkander in Engeland was. Op een dier reizen — hij
nam de reis over Colchester, gelijk wij soms over Harwich —
had hij aanleiding tot het schrijven van een lang vers, blz.
424, over het springen van zijn zakpistool, waarin hij te weinig zegt van zijne onvoorzichtigheid en onbedrevenheid, als er
sprake is van vuurwapenen, te meer omdat hem hetzelfde aan
de poort van Granada was overkomen (blz. 493). Reeds lang
had hij zóó veel ten nadeele van Cromwell en de Engelschen
geschreven, dat zijne vrienden voor zijne persoonlijke veiligheid vreesden, wanneer hij in Engeland kwam. Hij beweerde,
dat hij met den Protector afgerekend had: deze had hem weder-
rechtelijk zijne koopgoederen door openbaren zeeroof afgenomen,
— hij had hem daarvoor uitgescholden. Een ander bezwaar,
dat men hem voorlegde, was de vraag, of hij de toenmaals te
Amsterdam heerschende pest op deze wijze wilde ontvlieden en
aldus de roede en den toorn van God ontgaan. Dit laatste gegeven en zijne eigene opgaaf, blz. 584, dat hij die reis in
den herrefst maakte, benadert den tijd, doch hierop slaan
wij blz. 512 na, en vernemen, dat hij, op de London Bridge
wandelende, den Delftschen donderslag hoorde. Het geval
schijnt vreemd, en bevestigt eenigszins de goede trouw van
Coenraet Droste, die op blz. 18 der voortreffelijke bewerking
van Professor Fruin, mededeelt, hoe hij Admiraal Obdam in
den slag bij Lowestoff hoorde opspringen, terwijl hij op de
buitensingels van Amsterdam een luchtje schepte. Zeker is het,

dat de ramp van Delft den 12 October 1654 plaats had, en dat Six toen te Londen moet geweest zijn, en wel voor het eerste der twee bedoelde bezoeken aan zijne Engelsche vrienden. Naar een paar uitdrukkingen, voorkomende op blz. 587, te oordeelen, was hij niet volkomen geslaagd in zijne afrekeningen, doch had er oude vrienden ontmoet en nieuwe gemaakt, had uit zuinigheid zijne inwoning in een boarding-house gezocht en heerlijke oesters van Colchester gegeten, die hij elders prijst als een lekkernij in zijne vaderstad. Zeer te stade kwam hem de ontmoeting van een ervaren jong geneeskundige uit Vianen, die op zijne promotiereis over Engeland, door Frankrijk naar Padua, hem spoedig verloste van een zwerende hand. Het was Bonavontura Koegelen van Dortmond, wiens familienaam verwant is aan de dagen van 1566 en den Heer van Brederode. Deze toen nog jonge geneeskundige werd later de schoonzoon van den beroemden Joannes Blaeu, maar verloor zijne vrouw spoedig. Door een tweede huwelijk werd hij de stiefvader der latere echtgenoote van professor Pieter Bernagie, thans door den arbeid van Dr. J. A. Worp in zijn leven en werken zoo verdienstelijk geschetst. Deze Engelsche reizen lagen niet volkomen in het plan van Six; althans toen hij uit het Zuiden terugkwam, meende hij een paar jaar te kunnen en moeten blijven binnen den kring zijner zaken. De vrede schijnt zijne persoonlijke tegenwoordigheid mogelijk, de afgeloopen oorlog die noodig gemaakt te hebben. Andermaal zou hij, om heel andere oorzaken, en zeker wel voor 't laatst, zijn reisstaf opnemen, en dat zeer ten voordeele zijner dichtkunst.

Toen de stad Aken den 2 Mei 1656 door een grooten brand gedeeltelijk vernield werd, aanschouwde Six deze ramp, gezeten op den Loosberg bij Spa, blz. 596. Hij was daar vóór kort aangekomen, om er een der b o b e l y n s of b o b e- l y n e n te zijn, gelijk hij de zieken gaarne noemt, en keerde, n a a n e e g h e n w e l g e d r o n k e n w e e k e n, volkomen genezen en innig dankbaar terug. Behalve een afzonderlijke afdeeling in zijne Poësy, die Spadichten getiteld is, vindt men nog hier en daar dit onderwerp opzettelijk bezongen, en menigmaal grijpt hij de gelegenheid aan om de lezers te overtuigen, dat zijne miltziekte niet het gevolg was zijner leefwijze te Venetië, gelijk de booze wereld dat wilde zeggen. Hij verzet zich herhaaldelijk in een soms vrij scherp gedicht tegen die beschuldiging en geeft, misschien zonder opzet, het denkbeeld aan de hand, dat hij eene kwaal met zijne familie gemeen had (blz. 132). Men houde daarbij in 't oog, dat Raimond de Smith de Oude slechts een neef van moederszijde in het vijfde lid was, zooals hij van zijn lotgenoot te Spa zegt, doch dat van de drie dames, die hij tot herstelling harer kwalen naar de Spadekreen wil hebben, eene zijn zuster is en de beide anderen die van zijne moeder zijn. Hoe het zij, het euvel kwam hem aan, toen hij zijne verschillende reizen volbracht had, en de smarten waren groot. Dat menschen hun eigen treurig wedervaren in rijm meedeelen, verzacht zeker hunne voorstelling niet: men denke aan Bilderdijk, ook aan De Riemer; trouwens Six is er vijf en zeventig jaar mee geworden, maar hij bleef ongehuwd. Al spoedig zocht hij raad bij een aangehuwden neef, Johannes Dilman, van Lemgo in Westfalen, dien hij, zeker tot beider nut, uit De Beverwijk naar Amsterdam wist te troonen. De kunst van den neef bleek ontoereikend, en zoo ging Six naar Spa. Zijne beschrijving dier oude badplaats en de leefwijze aldaar in 1656 is duidelijk en zeer onderhoudend en alleen wegens den inhoud zijn deze gedichten over Spa eene aandachtige lezing volkomen waardig. Hij was in zijn zeven en dertigste jaar, en had toen reeds zijn stellig voornemen uitgesproken om nooit te trouwen, dat wel sterk afsteekt bij eenige vrijmoedige uitdrukkingen in zijne erotische gedichten, doch bij hem onherroepelijk en onveranderlijk gebleken is. Wij moeten thans op die minnedichtjes wijzen, die weer op eene zonderlinge manier door het boek heen gestrooid zijn, en trachten te verklaren, hoe hij na zoo veel, dat meer dan middelmatig is, ter eere van het huwelijk gezegd te hebben, zich daarvan afwendt.

Onder den naam van Roselle kent hij eene jeugdige Maria, wier bekoorlijkheden hij ons met geen kleine vertrouwelijkheid schildert. Zij was wel te Amsterdam en hij had eene lieve herinnering van eene ontmoeting met haar op een heuveltje buiten Naarden, toen zij in 't gras gezeten en heel genoegelijk te zamen gezongen hadden, maar hij was eens in den winter uit Hol naar Zeeland gegaan, en dit was moeilijker te doen, dan zoo bij verkorting te verhalen. Op haar zilveren mesje schreef hij een gedichtje, dat Jeronimo de Vries een zijner aardigste noemt, en zeker heeft hij in het minnedicht stukjes gemaakt, die onze letterkunde eer aandoen, de dagen van Bellamy niet buitengesloten. In Huydecoper op Vondel, I, 178, wordt beweerd, dat Six eerder heeft geschreven dan Jonktijs, en dit mag waar zijn voor het tweeregelig vers bij Six blz. 624, maar het gedichtje op blz. 324 en meer bijzonder zijn wensch, op blz. 111, O ch had ik Jonktys pen, doet mij twijfelen, of de geleerde Huydecoper hier weder niet is misleid geworden door de gebrekkige tijdrekening betreffende Six, die bij de verschijning van Roselijns Ooghies ontleed nog niet lezen kon. Wij kunnen gemakkelijk nagaan, dat de winterreis naar Zeeland niet later kan plaats hebben gehad, dan in het koude jaargetijde van 1648 op 1649; in het roodgedrukte vers gewaagt Six op blz. 203 van Roselle, en in Spanje schrijft hij tot lof van de jonkvrouw zijner gedachten. Aan die betrekking danken wij menigen fraaien regel en menig zangerig dicht, maar voor hem was de uitkomst niet gunstig, en toen hij aan zijn vriend Grenier verklaarde, dat hij ongehuwd zou blijven, had hij ons de bekentenis van blz. 536 kunnen besparen, want wij weten, dat dit tegen het aanstaand huwelijk van den Middelburgschen vriend geschreven werd, en dit had plaats den 17 Maart 1655. Uit een biografisch oogpunt is dit zeker voor het nageslacht onbelangrijk, maar de meestal vrij goed geschreven en sterk dooreengeworpen dichtstukken zijn niet te verstaan zonder eenige opheldering bij zoo tegenstrijdige denkwijzen van den schrijver.

Thans kunnen wij overgaan tot het onderzoek van Six' gedachten over zaken en menschen. Hij leefde en schreef in het midden der zeventiende eeuw, kende de grootheid van ons volk, de macht van zijne geboortestad en de belangen en rechten van koophandel en scheepvaart. Als afstammeling van Hugenoten en lid der staatskerk, was hij sterk ingenomen tegen de Roomsche, en zijn wrok tegen de Joden kon hij niet verbergen, blz. 69 en 328. Overigens was hij een godsdienstig en eerlijk man, soms wat vurig in woorden, vanwege 't Fransche bloed, en wat hard tegen onrecht, verdrukking, ontrouw, laster en ondankbaarheid, waar hij die ziet of meent te ontdekken.

Zijne staatkundige gevoelens uitte hij met oprechtheid in een niet onbevalligen vorm. Dat hij tegen de republikeinsche neigingen in Engeland gestemd, en op Cromwell gebeten was, is reeds gebleken; zijn zegezangen op onze zeehelden vinden een weerklank in het lied op hun' heldendood, en het is ook uit hoofde van den vorm, dat ze eene aanbeveling verdienen om niet ongelezen te blijven. Hij is niet voor den vrede van Westminster en blijkt bekend te zijn met den invloed van Zweden. Over het einde van den grooten oorlog, die de Christenheid bevredigde, laat hij zich gunstig uit, maar al deze beschouwingen zijn niet vrij van inmenging der belangen van den handel, en zijne denkbeelden over de macht van het huis van Oranje.

Op het graf der dry Princen van Oranje, blz. 351, luidt:

> Eert vry dry Kooningen uit Oostens land begraaven,
> In Keulens grooten Dom, die loogenachtig is:
> Maar Kaares koopre kunst bedekt ze hier gewis:
> Die goed, en bloed, en ziel, aan God, en mensche gaaven.

En op blz. 283:

> Langh leeve Wilm, die d'eerste paal
> In Hollands veen sloeg, met metaal,
> Langh leeve Maurits, die besorger
> Van wooningen was, voor den borger.

Langh leeve Freed'rick, die een vest
Gemaakt heeft, om 't gemeene best.
Dat God 't behoede, in rust, en vreeden,
Langs 't hoogst bewind van Wilm den tweeden.

De laatstgenoemde der stadhouders krijgt, blz. 363, dit grafschrift:

Hier leyt de tweede Wilm, uit Nassaus bloed gesprooten,
Die Holland diende als Heer, met vreede in vreedestyd,
. . . .
Wilm sloot en hiel de vree: maar zoo, dat by het ryk
Van zyne Meesters schier verdoemlik scheurde aan flarden,
Dees fiere leeuwwulp gaf, voor 's oorloghs einde, merken
Van heldenaard in 't veld; maar dat scheen niet genoegh,
Op dat de hooge Faam hem, om de werreld, droegh,
Hy moest noch, voor syn dood, als veegh, wat wonders werken.
Wat kon hy grooters dan de machtighste, in Europe,
Bespringen, met wat heirs? Geleên van Amsterdam,
Dat korts syn kindersiekte, en voorts syn dood vernam.
Treur Amstelaars. Hier leyt Oranjes steun en hope.

En zinnebeeldig heet het, blz. 395:

Rad van aaventuur.

In seeker hof, en vyverstroom,
Daar groeide een trotse oranjeboom,
Met applen van smeirald en goud,
En bloemen, als het blankste sout,
En lange doornen, als een speld,
Zoo scherp, aansienlik van geweld.
Hy heerschte, en gaf een luister aan
De boomen van den haagh, en laan.
Al d'aarde juichte daar omtrent,
Een locht van soomertjes gewent.
Zoo als den aavond, bars en stuur,
Neerdaalde met een giftigh vuur,
Waarna een vinnghe donderstraal
De lente en schoone hoovenpraal
Omslongh, van groen, van root, van wit,
Voorts asch, voorts stof, voorts niet een bit.

Toen ontstond de tweespalt en, zingt hij op blz. 453:

> Men weet, wat schaad'bre twist
> Uit 's tweeden Willems doodekist
> Het brein besloeg van ooverheeden:
> Och! kon 't des Derden wiegh bevreeden.

Verder verwacht hij 't behoud des lands, onder deze bede:

> . . . . laat Oranjes telg, aan 't groeyen,
> Beschaaduwen uw landery.

Op menige plaats teekent Six zich als een Prinsgezinde en een hater der mannen van Loevestein. Opmerkelijk is het bittere epigram Op een gierigen Ambassadeur, met wien hij Adriaan Pauw bedoelt, blz. 162. Tot vergelijking met het meer algemeen bekende Grafschrift, dat Vondels hekeldichten weinig vereert, volge dat van den bescheidener zanger:

Blz. 344.

> Hier storte plots die musch, zoo groot, als een griffioen:
> Die machtigh geld besat, en staadigh had van doen,
> Hy liet syn vraatigh nest, gehoopt van goude veeren
> Der arme duiven, die syn klaauw niet konden weeren,
> Hy heeft aan 't land veel diensts, maar grooter geen gedaan,
> Dan nu syn rasse dood syn ampt hem deed ontslaan.
> Syn siele zy niet by den rykeman begraaven,
> Terwyl dit graf het lyk beschut voor galgeraaven.

Deze proeven mogen voldoende zijn, behalve dat wij Six nog moeten hooren, waar de politiek van den Staat niet met die zijner geboortestad overeenstemt: de locale staatkunde dus van den Amsterdammer. Niet zonder hevigheid zegt hij op blz. 492:

> Zoo waarlik help my God, indien 'k myn vaaderstad
> Niet voorstaa, met myn bloed, en wat ik nu besat:
> Indien ik 't heerschsiek huis, van 't opgeparst Oranje,
> Niet weere van myn hals, voor sulken tyd, als Spanje.

Wij hebben Six reeds betrapt op die onverdraagzaamheid in zaken van geloof, welke zijnen tijdgenooten eigen was en die gerechtvaardigd wordt door herinnering en ervaring. De vervolgingen der Waldenzen in Savoye, in het laatst van 1654, doen hem lucht geven aan zijne verontwaardiging, en met gevoelens als op blz. 337, 392, en niet het minst door zijne Geuse-mirakelen, heeft hij stellig bij de aangerande partij zijne wijding als dichter verbeurd. In Vondel erkent hij het genie, en rekent hem zijn overgang niet toe, terwijl Ansloo hem naar zijne overtuiging had laten raden. Dat hij tegen Joden was, hebben wij al moeten opteekenen. Zelf was hij een godsdienstig man: het resultaat van zijn leven was een nieuwe berijming van het boek der Psalmen.

Als een goed Amsterdamsch dichter bezong hij de goden van het Kapitool en die van hun geslacht waren. Enkele gebeurtenissen beschreef hij als ooggetuige en zoo nauwkeurig, dat Wagenaar hem als een man van geloof en gezag aanhaalt, zelfs aan den moedigen zelf-operateur De Doodt de onsterfelijkheid geeft door hem in Amsterdam en zijne geschiedenissen op te nemen, van waar hij in 't Biografisch Woordenboek verdwaald is, met zijn portret door Savoy en de woordspeling bij het afsterven van dezen smid en slotenmaker uit de Teerketelsteeg, blz. 465, 495. De brand van 't Stadhuis, blz. 373, is heel goed beschreven en dikwijls aangehaald; het oude doopboek der Zuiderkerk vult de tijdrekening aan: »Op Sondach nachts tussen 6 eñ 7 Julij [1652] tussen een en tweejen heb ick en duysende met my gesien het droevich ongeluck vant brande van out stadthuys binnen deser stede, al waer groete schade is geschiedt, de Heere onse Godt wil ons voor verder onheyl bewaren, Amen". Ook den Torenbouw aan de Nieuwe kerk bezong hij, doch blijft verre beneden het distichon van Ansloo:

> De wijze Magistraat, om d'eendracht niet te storen,
> Sloot in de kerk de vrede, en uit de kerk den toren.

Behalve dezen stadhuisbrand en het vermelde grafschrift op den griffier Musch, vinden wij hier nog de volgende onderwerpen bezongen, die wij met de gedichten der vermaarder poëten kunnen vergelijken: het regenen in 't vredejaar, de dood van Van Baerle, Nederlaag der Turksche vloot, Gerard Bikker als opvolger van Hooft, Engelenburg in rouw, Overwinning van M. H. Tromp, Dood van Jan van Galen, Dood van M. H. Tromp, Inwijding van 't stadhuis, Vertrek van Gerard Hulft en de Brand van Aken, — waarmede hij zich door de keuze der onderwerpen met Vondel, Jan Vos of Ansloo laat meten. Zoo heeft zijn bijschrift Voor de Diakonye, blz. 412, wel een kleinen familietrek van een ouden bekende:

Wie aan den huisheer, van dit huis,
Der armen Vaader, in hun kruis,
Den rijksten Vaader, van syn goed,
Op ongeschatten woeker doet,
Strykt, op het hondert, vyf, noch ses,
Maar self den Heemel in syn tesch.

Onder de plaatselijke gedichten kan men dat van blz. 349 rangschikken, waar hij klaagt over het slechte drinkwater te Amsterdam, en bij de gedachte aan eene bron te Rome, ietwat profetisch uitroept:

Een staage bron was seeker geld.

Niet minder Amsterdamsch is zijn Muggejacht, blz. 554, waar hij iets tegen aanbeveelt, dat in de Oost een klamboe heet, maar hier met een geradbraakt woord der Hispanjoolen een kukuiter genoemd wordt. Zijn Amsterdammer Winter, blz. 51 tot 74, is niet alleen een uitvoerig, een onderhoudend stuk, dat vrij wel bekend is, maar ook een heel belangrijke beschrijving van zeden en gewoonten.

De onwillekeurige vergelijking van onzen dichter met zijne kunstbroeders doet ons komen aan zijne betrekkingen tot de mannen van letteren en andere personen van gaven en vermaardheid in zijne dagen. Dat Six op de hoogte was onzer schrijvers, die destijds de oude heetten, lijdt geen twijfel, omdat elke bladzijde daarvan sporen draagt, en wij kunnen nu vernemen, hoe hij met velen uit zijn tijd bekend was, al spreken uiterst weinigen van hem.

Een enkel woord in den Weerstuit op blz. 206 zou doen denken, dat Vondel geen ongunstige meening van Six had. Vondel schijnt in de beoordeeling der jongeren zachtmoedig geweest te zijn, en Six was een bewonderaar der groote gaven van onzen eersten zanger. Vondels geloofsverandering had in de jeugd van Six plaats en was misschien alleen een aanstoot bij enkelen zijner familie en bij ouderen onder zijne bekenden. Herhaaldelijk spreekt Six van hem, en eene mogelijke toespeling op den Lucifer en den tooneelstrijd met de predikanten daargelaten, was hij ditmaal vrijzinnig, gelijk tegenover Jan Vos en zelfs ten aanzien van pater Seeghers, blz. 598. Een paar aanhalingen mogen de plaats aantoonen, die aan Vondel in onze letteren werd toegekend.

Blz. 229:

> Ons Holland, parrel, aan het oor
>   Des werldgodins, siet uit de boomen
>   Van Amstel rysen, op het spoor
> Van Theben, 't baakerkind der drymaal kroonde stroomen
>   Des Rhyns, die op syn moedige geboort,
>   Uit d'ongemeetenste Alpen
>   Zoo trots niet afbruist, als om 't woord,
> Dat hy zoo grooten ziel, uit Keulen, hier quam swalpen;
>   Een ziel die door haar dicht
> Met Hoofd, de Poësy, in Neerland, heeft verlicht.

In den brief op blz. 269, waaruit reeds twee regels zijn overgenomen, zegt de dichter:

> Als ghy den Keulschen Fenix schouwt,
> Of hem, die Titus heeft gedouwt
> Weergaaloos, uit een gulde pen,
> Of hem, met wien ik eeven ben
> Van naam, die jongst Mede herschiep,
> Of zoo u Anslo tegenliep,
> Of Brand, Poëeten allesaam,
> Begroet se heuschlik, uit myn naam.

Een krachtig bijschrift vindt men op blz. 627:

> Der ouden poësy leeft in een dubbel bondel
> Van boeken, een in Grieksch, een ander in Latyn,
> Zoo veelerhande stof, en styl, vol eek, vol wyn,
> Vol sout, vol soet, in Duitsch, is nieuws gebaart van Vondel.

Jan Vos wijdt hij een gedicht toe van 38 regels, blz. 238, en noemt daarin het tooneelstuk, dat den 30 September 1641 het eerst werd opgevoerd, Titus Andronicus: eene bijzonderheid die, even als het lofdicht, aan de bekende nasporingen van Dr. J. A. Worp ontgaan is. Het stuk wijst op den aangeboren zin voor 't tooneel en op de glazenmakerij van Vos. Op blz. 625 heet het:

> Jan Vos wykt niemand, in verheevenheit van toon:
> Syn dicht gelyk syn glas, is glad, en spiegelschoon.

Nog eene keuze uit zijne dichterlijke uitspraken over twee vermaarde tijdgenooten:
blz. 624:

> Hoofd is een hoofd vol hoofds, op maat, en sonder maat,
> Gekroont met lauwerier, en ridderlyk gewaad.

Op Huygens, dien hij veel las, schreef hij drie epigrammen, waarvan dat op blz. 530 volgt:

> Heeten dicht, het kostlik mal,
> En dat schoone prentgetal,
> By heer Huigens, leedige uuren,
> Die vol stofs, den tyd verduuren?
> Groote dichter Konstantyn,
> Wilt dan altyd leedigh zyn.

Gerard Brand, de vader en de zoon, »op het Rokkinne by de Beurse, in de twaelf uren", zooals Descartes schrijft (Geschiedenis der Nederlandsche Letteren door Dr. J. van Vloten, blz. 287), waren volgens blz. 9 en 10 zijne horlogiemakers. Ze hadden zijn o p a a l, gelijk hij zijn uurwerk noemt, wat lang gehouden, en de jonge Gerrit zond het hem met een vers terug. Op blz. 378 trekt Six op tegen 't l a s t e r s c h r i f t op

zijn vriend, ter zake van diens lofrede op Hooft. De Hoogleeraar J. C. Matthes heeft in eene nieuwe uitgaaf van Het
Leeven van P. C. Hooft, die zaak van het reusachtig plagiaat
weder ter sprake gebracht, zoo niet velen daarmede in kennis
gesteld. In de inleiding komt dan ook het gedicht van Six in
zijn geheel voor, en de Hoogleeraar heeft die geschiedenis zoodanig uiteengezet, dat het beter is daarheen te verwijzen. De
vereering van Van Baerle, Rouwmantel getiteld, die van
Vossius en Janus Secundus daarlatende, komen wij aan Ansloo.
De spelling van den naam is hier gevolgd naar de naamtee-
keningen van leden zijner familie en komt overeen met dien
van het oudere stadje, dat nu Christiania heet.

Six had, blijkens den hierboven aangehaalden brief met
groeten, en zijne eigene verzekering, blz. 601, Ansloo als in
't voorbijgaan persoonlijk gekend, en zijne gedichten bewonderd. Nu ontmoetten zij elkaar te Rome, en dit kan voor Six
een verrassing zijn geweest. Den brief met groeten schreef hij
aan zijn neef, om zich te ontschuldigen, dat hij zijne groote
reis had aanvaard zonder afscheid te nemen, en hij spreekt
van de pas verschenen uitgaaf der Medea van Jan Six, die
toen nieuw kon heeten, omdat Six in den zomer van 1649 op
reis ging. Maar Reyer, want zóo werd hij gedoopt, spijt alle
mooiere namen, Reyer was den 12 September 1649 ook al in
't Bingerloch, zoogoed als Six aan de Pyreneën. Six werd
eerst en op 't onvoorsienst door den jongen dichter binnen Rome welkom geheeten: dat was in 1650, en vóor jaaren had hij zijne zangen gewaardeerd; zoo lezen wij blz. 41,
en hij verwacht hem met nog hooger roem in Amsterdam te
zien terugkeeren. Bij Vondels proza-vertaling van Horatius,
op blz. 467, spreekt hij van eene Italiaansche vertaling der
gedichten van den Rhynswaan, door Ansloo; of het een
aangevangen, een voltooid, of een gewenscht werk is, blijkt
niet. Toen die middelmatige Horatius verscheen, en Six hoopte,
dat Vondels gedichten zoo verwambeist voor den dagh
zouden koomen, schreef men 1654, en was Reyer zelf reeds

verwambeist. Den 7 December 1651 legde hij zijne Roomsche geloofsbelijdenis af, zooals ons in de Dietsche Warande van 1877, blz. 469 en 470, wordt medegedeeld. Nu leert ons het handschrift der Borgoensche Bibliotheek te Brussel, dat onder de te Amsterdam tot de kerk teruggebrachten ook onze jonge Mennoniet behoorde, en de Litteræ annuæ S. J. zijn juist, of ze zijn het niet. Was hij toen 28 jaar, en had hij, behalve den bekenden zilveren schotel en de gouden keten, nog een lauwerkrans van de stad ontvangen, dan moet ook zijn afval te Amsterdam bewerkt en te Rome voltooid zijn. Was hij nog eenmaal thuis geweest, Vondel zou het niet verzwegen, Six zou het ontdekt hebben. Aan de juistheid der vertaling, die hem niet achttien, maar tien jaar ouder maakt, kan niemand twijfelen, die de tijdrekening volgt der door hem bezongen gebeurtenissen; waarom dan niet zijne geloofsverwisseling te Amsterdam? Ansloo op de brug bij Nieuwersluis is eene ziel-kundige studie van peillooze diepte: achter zich het beeld van Magdalena Baek, vóor zich »des Tybers Myterkroon". Ansloo op den Rijnstroom bij Bingen: voorwaarts, en niets anders, — het Noodlot moet vervuld worden!

In sommige afdrukken van Ansloo's Poëzy staat een portret naar de teekening van den doopsgezinden Govert Flink, door I. Folkema gegraveerd. Flink stierf in 1660, en zal die tee-kening uiterlijk in 1649 gemaakt hebben, doch sedert dat hij de keten van Christina van Zweden droeg; de graveur zal wel Johannes geweest zijn, omdat het portret reeds in de Parysche Bruiloft, de uitgaaf van 1695, voorkomt, b. v. in het exem-plaar van Letterkunde en in het mijne, terwijl weer mijn Poësy geen portret heeft. Six leert ons, blz. 343, dat er nog een kontrefeitsel van Ansloo gemaakt is en wel door Bronk-horst, peinzend zittende, met de werken van Seneca, dien grooten treurenaar van Kordua, vóor zich. Als het ons bekende beeld gelijkt, zooals ons van Flink niet bevreem-den zou, dan verwondert het mij, dat Six zich zoo heeft laten beetnemen na zulk eene physionomische waarschuwing. Vol-

gens de betuiging van Ansloo en hetgeen wij in Six lezen,
was de eerste te Rome zeer gezien wegens zijne latiniteit, en
genoot in de heilige stad eene achting, waarvan Tileman van
Bracht nooit gedroomd heeft; hij ging om met de vroolijke
bentveugels, die liefst niet verkeerden in de vergadering der
vromen, was zeer bevriend met Van de Merwede van Cloot-
wijk, den verloopen lichtmis, dien Six verfoeide, rookte pijp-
jes en dronk uit Lieër glaasjes te Padua met Six en zeide hem
in Venetië vaarwel en tot weerzien te Amsterdam; dat was
tegen kerstdag van 't juitinghjaar. Geen tijding van Ansloo,
geen antwoord op de brieven van den argeloozen Six. Men
vindt den brief van onzen dichter, blz. 600 tot 604. Hij is
uit 1656, want op blz. 601 zegt hij, schoon zij elkaar vroeger kenden, dat hunne vriendschap, die te Rome en te Venetië
ontstond, nu zes jaar oud is, en op de volgende bladzijde, dat
de pest thans Napels ontvolkt, hetwelk in genoemd jaar plaats
had. Wel heeft een bentveugel, Spreeuwbek, zoo wat gepraat,
dat hij te

> Rome hiel syn woon,
> By den kardinaal Kappoon.
> Hy had Menno uitgetrokken,
> Gingh in lange knunnikrokken,
> Hongh de seilen, naa den wind,
> Van den mytergod bemind,....

Wanneer ooit iemand geroepen wordt om te bewijzen, dat
Six een gemoedelijk man en goedhartig vriend geweest is, dan
zal deze brief aan Ansloo daartoe voldoende zijn. Zijne licht-
geloovige eerlijkheid rekene men hem niet te zwaar toe. Zelfs
Ludolph Smids, die als afvallige in een omgekeerde richting
een ongemakkelijken toon aanslaat over de kerk, die hij
verlaten had, zou Remmert, zooals hij hem noemt, niet zoo
geprezen hebben, als hij op blz. 94 zijner Poesye doet, wanneer hij het geringste vermoeden had gehad.

Een ander vriend vinde hier nog eenige vermelding, zijn
reisgenoot Mr. Abraham Grenier. De la Ruë haalt op blz. 539

17

van zijn Geletterd Zeeland een brief aan van Is. Vossius, waarin sprake is van een Grenirius, die aanteekeningen op Aulus Gellius maakte. De gissing lag bij den Middelburgschen biograaf voor de hand, dat het de hier genoemde rechtsgeleerde zou geweest zijn, van wien hij iets mededeelt en wel uit »den by de Digtkundigen genoeg bekenden Amsteldamschen Digter Jan Six van Chandelier", en hij voegt daarbij het ons reeds gebleken oordeel van Huydecoper, en de aanwijzing van twaalf plaatsen in de Poësy van Six, waar deze van zijn dichtenden reisgenoot spreekt. Als De la Ruë, in plaats van eene karakterschets over te nemen, al de aangehaalde verzen met overigens hem onbetwistbare opmerkzaamheid had doorgelezen, dan zou hij ontwaard hebben, dat zijn vermoeden tot zekerheid gebracht was. Six wil op blz. 27 te kennen geven, dat Grenier op dat oogenblik in Frankrijk met ijver studeerde, waar hij op de doorreis zijn klassieken dichter had gelezen, en dit drukt hij op eene wijze uit, die ieder duister moet voorkomen, welke die bijzonderheid niet kent:

> Waar ik 's daaghs Flaccus sleet, sleet ghy Atheensche nachten.

Tot volkomen opheldering der hier voorkomende dichterlijke brieven aan den jongen Zeeuw mogen deze weinige gegevens dienen. Abraham Grenier, de naamgenoot van zijn' vader, werd den 24 Mei 1644 student te Leiden, 18 jaar oud; hij moet dus omtrent 1625 geboren zijn, en, schoon hij als Middelb. Zel. bekend staat, is hij daar niet in de doopregisters te vinden: hij kan dus buiten geboren zijn. Den 2 Mei 1656 werd zijn vader begraven, over wiens dood Six op blz. 451 spreekt. De zoon was intusschen te Angers in de rechten bevorderd, was niet volgens afspraak met Six na zijne promotie in Italië gekomen, doch is ook in Engeland geweest. Het huwelijk, waarbij Six door bruid en bruidegom genoodigd werd, en waarover deze zooveel schreef, is den 17 Maart 1655 voltrokken; de bruid was Anna, dochter van den Middelburgschen burgemeester Cornelis Arents Westdorp, toen eenvoudig Arentse genoemd. Van zijn kant »staet Pieter Duyvelaer, swaeger vañ bruydegom, het huwelyk toe"; deze was getrouwd met Catharina Grenier, en stond als predikant te Oostkapelle, waar vermoedelijk de familie Grenier een buitenverblijf had. Mr. Abraham overleed reeds den 11 Februari 1660. Dit alles is noodig om Six te verstaan. Op het punt van zijn reisgenoot Antoni Duvelaar, die eene maand met Six te Rome was, blz. 370, geeft het onderzoek geen uitkomsten: een Antoni is in dit anders zeer bekende geslacht niet gevonden.

Onder de schilders, door Six vermeld, rekenen wij den reeds genoemden Carel van Savoy, blz. 495, een Antwerpenaar, die in de Amsterdamsche trouwboeken der Hervormden voorkomt; den evenzeer vermelden pater Seeghers, blz. 598, Michiel Soetens en Bronkhorst, blz. 343; Baudrighem, die zijn vaader saaliger schilderde; Vaillant en de bentveugels, en naast hen den graveur Claes Janszoon Visscher. Jan van Mansdale, een Middelburger van geboorte, op blz. 479 en elders genoemd, moet een kunstig werkman in zilver geweest zijn.

Het handelsvak van Six verklaart, hoe hij den kruidkundigen Norbertijner Amandus Fabius te Nineve kende, blz. 477 en 555, maar voor de geschiedenis van den Amsterdamschen Hortus is de Steetuinkroon aan Joannes Snippendaal, blz, 180, weer een kleine bijdrage.

————

Indien een afzonderlijke bespreking van een minder algemeen bekend letterkundige niet de lezing zijner geschriften ten gevolge mag hebben, dan is die arbeid vergeefsch geweest. Wanneer dan ook gewezen is op verschillende bijzonderheden, die voor het wetenswaardige in een boek getuigen, moet het overige aan het onderzoek van den lezer worden overgelaten. Een dergelijke afzonderlijke studie mag geen oordeelkundige uitlegging van een schrijver worden, en eerst na eene opzettelijke lezing van diens werken kan het blijken, of de steller der monographie te omslachtig geweest is, of dat hij de onvolledigheid heeft betracht tot het onverstaanbare toe.

Wij moeten thans eenige aandacht vragen voor enkele taalkundige beschouwingen.

———————

De spelling van Six is vrij regelmatig: Huydecoper erkende dit en houdt zelfs voor eene afwijking, wat wel een drukfout kan zijn. Wellicht is 't een eigenaardigheid van hem om den tweeklank ei, bij aanwijzing van den klemtoon, tot eei te verlengen, en zeker moet men bij syncope en epenthesis met de maat rekening houden.

Oogenschijnlijk maakt hij zich aan -ismen schuldig, waar onze eeuw meer recht heeft die aan te toonen dan de zijne, te meer, daar hij oude woorden bezigt. Zoo heeft hij, op de achter die woorden opgegeven bladzijden: lindering, 53, 71, gespenst, 92, 102, dischknecht, 117, stolts, 122, siende (voyantes) veeren, 233, op Hollandsch, 239, trotzt, 271, rap (Rappen) 278. Aan zijn verblijf in Engeland mag toegeschreven worden: op iets leven, en stellig is flettery, op den laatsten regel van blz. 568, te ontschuldigen, als men aan een sheriff schrijft. Een printer voor een drukker is Engelsch of verouderd.

Soms wordt Six purist. Het overeenstemmend gesangh en snaarspel, op blz. 42, is zeker zuiverder dan Mont Gibel, 62, voor hetgeen hij als pleonasme in een dialect beter had moeten verstaan, en voor iemand, die met Horatius in zijn' zak loopt, is Metteformis, 146, stellig geen eerzuil voor Ovidius.

Bij de partikels valt het in 't oog, dat hij in verder de epenthetische d voor een paragogische aanziet, als hij den positivus schrijft, en hetzelfde verd dient hem voor comparativus, terwijl hij, heel lief, verdertjes zegt.

Met den vrouwelijken uitgang ster verricht hij wonderen, Vondel niet te na gesproken: aanleidsteres, 485, Ara-

bierster, 224, erinster, 184, meesterse, 327 en elders,
nog al ‿ — ‿ genomen (gelijk bij Oudemans ook voorkomt),
princin, 315 en voesteres, 550, de syncope der d bij
wijze van assimilatie, zooals hij zou zeggen, te barde, blz.
314, dat is op den koop toe.

Dat hij het intensieve voorstaat, leert men niet alleen uit
insoet, 419, en ingeleerd, 428, maar zelfs uit het langere
ingoedborstigh, dat tweemaal voorkomt.

Afgeleide adjectiva, zuiver van eigen maaksel, zijn zeer overvloedig aanwezig; al hebben ze geen burgerrecht verkregen,
hun vorming is meestal naar den regel, doch enkele eischen
iets meer dan de bloote opgave met de bladzijde.

Met het achtervoegsel baar:
dampbre, 125, geldbre, 524, heilbre, 122, 138 en
ysbre, 70, zijn richtig, want het heete bronwater en de
overige daarbij behoorende subjecten brengen inderdaad voort,
wat in het adjectivum uitgedrukt is, maar een ander ysbre
veroorzaakt ijzing; rys, rysbre, 355, is reisbare. Zoo heeft
men nog slymbre, 117, stankbre, 58, (stankbre blaaren
= tabak), sorgbre, 128, storrembre, 391, suchtbre,
391, voor verlangen opwekkend, vreesbre, 64; wynbre,
131 en wynbesbaare zijn epitheta voor de Rijnlanden, waar,
volgens Poot, de muskadellen groeien.

De woorden in ich zijn meer vreemd, dan moeielijk te begrijpen. Ambrich, 81, besaadt, 301 — saatich, 372,
breclich, 117, doodslaagich (kruid) 91, drykruis-
drich (waapen), 297, eenpaar, 488, greinich, voor kor-
relig, gruishoudend, 271, harsich, 94, heeve, voor heevich,
181, kildich, 562, krillich, 57, de kloekmoed, 320,
schaamrich, 208, 384, mildicheit, 567, onvoelich,
165, schrikkich, 206, schroomich, 106, seevich (vat,
gelijk een zeef, lek), 277, seildrich, 55, 481, strootich,
84, twistighe (speelkaart), 6, 58, vervallige, 273, veur-
windich, 607, vyfsinnich, 162, waaterbrekkige
(Fontein) 232.

Op saam eindigen drie ongewone derivata: algemeen-saam = gemeenschappelijk, 46, gespraaksaam, 235 en verdrietsaam, 357.

De uitgang sch is beter vertegenwoordigd, doch verre van steeds verdedigbaar.

Oneensche, 349, oogenblikse, ringlings, 135 = rondom; (blz. 249 heeft omringh voor omtrek); sydsche (tongen) voor eenzijdige, partijdige, 594; (Bredero heeft daarentegen onsye); spulkse = speelsche, 5, stuur, voor stuursch, 434, toejuichse, 409, vaaderse (erfenis), vadsche, voor vads'ge, 124, verraalinks, voor verraderlijk, 236 en voorseghse, dat is profetische (pen), 126.

Loos dient tot uitgang in breekloos. dat verstaanbaar genoeg is, maar reukelooze op blz. 331, zou wel eens kunnen opgevat worden als de oudere schrijfwijze van roekelooze, gelijk Six dat woord reeds op blz. 272 gebruikt, doch er staat reukelooze tulp.

Het achtervoegsel lick of lik vormt hier afkeerlick, 571, onkryglick, 371, door ons met afkeerig en onverkrijgbaar verruild; quaedgylick, 116, zal ons kwaadsappig zijn, en strekliker is een comparativus van het hedendaagsche toereikend.

In de samenstelling van woorden staat Six ten minste naast Huyghens en zijne navolgers. Onder zijn' invloed zou men gaan spreken van woordenkoppelingskunst. Met schrik leest men van de vierentwintighmanschapsbank; daar is de heimelbank van blz. 482 heilig bij, al is het van de Saksers uit den Achterhoek. Dat lange woord is echter bij Six zeldzaam, maar de kortere zijn vreemd genoeg, en het is moeilijk eenige orde en schikking in de staaltjes daarvan te brengen, terwijl de alphabetische opvolging hier niet dienstig is.

Op blz. 282 openen de bloemen hare hartedeuren, gelijk schreiende menschen hunne boezemkraanen, 407.

Van eene jonge schoone bezingt hij den siringenek, 441,
en het kommetje robynen, voor den mond, 406, en zegt
iets van hare melkrobynepypen, 490, waarvan hij zeker
destijds meer te zien kreeg, dan de tegenwoordige bescheiden
jonge dichters. In 't ernstige vallende, is hij vrij bang voor
't reekenjaar, 174 en 29, gelijk reeds van zijn geloof aan
't moordjaar is gezegd. De wetenschap kreeg hij bij Dominus
Sladus uit een seedetuit, 383, te drinken, en schoon hij
een zijner broers gaarne gestudeerd had gezien, was hij tamelijk vrijzinnig op het punt van bloedzucht, 138, dat is
familiezwak. Gaat hij tot de hoogere zaken over, dan
spreekt hij van zielgom, 310, zielepronksel, 398 en
zielgoud, 399; de aanroeping, blz. 588: o Bakker van
myn zielekruik! is evenmin goed te keuren als de benaming nonnengelul, 553, voor den zang der godgewijde
maagden. Zijne innige rechtzinnigheid formuleert hij in Drie-
ineenheyd, 177, en hoewel hij even goed kerstdagh heeft
als wij, bederft hij het, met Vondel, door Kristeling, 328,
en schrijft daarenboven Kristendommers, 592. Van het
Olibosch, 496, en den Oliheuvel, 12, in de lijdensge-
schiedenis, komt hij tot de oliplant (den olijftak), 488,
de olipruim (olijf), 104, en den olihoorn, waaruit de
koningen gezalfd worden, blz. 496.

De opgeblaazen Salmoneus is maar een wormblaas, 424,
de oorsprong aller goede dingen een suykerspringh, 500,
terwijl de hemelleer, 74, niet het onderricht is dat tot die
bron terugbrengt, maar de toren van Sint-Marcus, terwijl eene
karreleer, 74, naar de galghestaal leidt, 262, en bont-
sinkleer, 95, natuurlijk het vel van een bunzing is.

Maar nu wij aan de natuurlijke dingen komen, vloeit de
bron overvloediger. Gods windvoogdy, 589, beheerscht het
zeetempeest, 395. In die natuur ziet hij glimmervon-
ken en hoort er donderbaldringh, 512; er groeien hei-
lingblaaren, 491, waarin hij handel drijft, en tot afwisseling rookt hij quylkruid, 485. Rozen heeten, blz. 203,

lentparuiken, en een' krans van herfstrozen noemt hij een
laaten roosenhoed. Met toorenklimop, 435, begaat
hij een halsbrekend waagstuk; anders gebruikt hij liever klijf,
433, kleever, 430, of kleevergroen, 517, maar hier is
't een rijmwoord:

> ...... van den toorenklimop
> ...... in de glans
> Des sons, geschooten, als een schim op.

Van dieren sprekende, is 't niet minder. Neem de koeien.
De koe heeft een bootertasch, 282, of een booterpram,
51, en zelfs na koeielerp, 102, in lerv' veranderd te hebben,
ziet men door den samenhang nog niet zoo dadelijk, dat de
tong der koe bedoeld wordt. Keeverkin, 95, en rispenbek, 368, — Six kende ook rups — dienen tot leelijke ver-
gelijkingen. De vogel woont, volgens blz. 229, in eene eyer-
wieg, en het honigmakende gedierte in byeteenen, 310.
Eene vrij onbevallige omschrijving van den wijn geschiedt door
het woord druivedouw, 225.

Nu komen enkele woorden, als voorbeelden uit een groot
aantal, die niet zoo licht overgenomen zullen worden. Door
struikverdriet, 283, moet men struikroovers verstaan;
booterakkers, 406, die na 't songorreel, 195, keeren,
en dat nog wel met een Gryphoen, 195, moeten zeelieden
voorstellen, die met De Griffioen naar de Keerkringslanden
varen. Frederik Hendrik is, blz. 307, de vryheer van ons
land, als onze bevrijder; dáar behooren wij in saamdracht,
dat is eendracht, 272, te leven; de koopman brengt, onder
veel slooveringh, 372, zijne waren naar 't weeghuis,
262: slaven en sloven is toch veel gemakkelijker, en wij zeggen, al is 't minder juist, kortweg waag. Six overtreft bijna
zich zelf, door van het trouwriets suiker proeven te
zeggen, 167: had hij nu maar zuigen of lurken geschreven!

Dit zijn waarschijnlijk de beste staaltjes niet; zeker maken
deze woorden een klein gedeelte uit van hetgeen te verzamelen
is. Wij zullen thans, evenzeer als eene proeve, een vijf en

twintigtal adjectiva of participia laten volgen, om de wijze te leeren kennen, waarop de dichter ze gebruikt.

Beaschte, in de asch gelegde, landen, 296.

Bedodt, verward. De boer staat —, 184.

Begeeluwt, geel, goud-, vuurkleurig. De heemel is —, 104.

Bezeeuwt, overstroomd, bespoeld door de zee. De Korinthiër is van elke syd —, 217. De Diemermeer is —, 378.

Gebrught van steen, 512, met steen overbrugd.

Geeenkelt, 158. De stem der zangeres is zoo fraai —.

> .... dat de toon
> Van ieder woord, gelijkt een duisendschoon.

Gegeevelt bosch, op de rotsen, 139 —, hoog oprijzend.

Gekouwt. De vogel is —, 266. Analoog met gebotteld, gekaakt.

Geojevaart. Ivoren staf —, 387.

Geweert, gewapend, soldaat, 376.

Geswaerde hand, 430. Analoog met gebeft, geschoe(i)d.

IJdele beurzen, 213. Ledige —.

Leerhongh'rige, Een — gast, 176.

Naare, na verwante, en goede vrienden, 267.

Onbeleefde tijd, 327. De toekomst.

Onderstelt, 288. 't Bataafsche bloed wierd nimmer —, onderworpen.

Ontperrelt, 218. 't hart, van grooter goed —: hiervan beroofd.

Opslobberziek, 607. In een Boetzangh op de wijs van den 130 Psalm.

> .... als honden,
> Tot hun gebraakten beet,
> — te keeren.

Pluimgestreeken worden, 157. Om schatten —.

Reukelooze tulp, 469. Zie bij de afgeleide adjectiva.

Saftgereide branden, met zachtgestemde gemoederen, 118.

Schorbevloende baaren. By 't swellen der —, 234.
De vloed, die de schorren bevloeit, overstroomt.
Speen'ge Kartusiaan, 82. Van spanen, spenen: de matige,
sobere.
Verleegend vuur, 51. Leeg = laag; blz. 451, nederig,
leegh gemoed; hier het lager wordend culminatiepunt
der zon.
Zielverwaarloosde vent, 599.

Een bijzonder geval met dergelijke woorden, die met het
voorvoegsel om afgeleid zijn, deed de volgende opmerken, ter
vergelijking met het Woordenboek, letter O.

Ombaaliet, 234, en omheininkt, 34; ombeschorst,
547, dat wij zonder de tusschenlettergreep gebruiken; omeekelt,
109, omeekelen, 161, en omelsd, 207, hebben wij nog
niet, doch wel ompalmd; omhaspeld, 392, staat ook in
't Woordenboek; omjuicht, 404, niet; daarentegen omjubeld;
omkleed(t) hebben beide; omparlemoert bij Six, 489,
mag door ompareld in het Wb. vergoed worden, doch van een
herder, die omlammert is, spreekt alleen Six, blz. 234.

Thans komen de vreemde woorden aan de beurt, waardoor
Six zich berucht en gevreesd heeft gemaakt. Andermaal is het
eene kleine keuze uit een groot aantal, maar hoe vreemd, ongewoon, ongepast, afkeurenswaardig zelfs, ze zijn niet onverklaarbaar. Dat er enkele onder zijn, die eene opzettelijke uitlegging
behoeven, moet toegegeven worden, doch daarnaast staat dan
ook de bewering, dat de hoeveelheid van die duistere plaatsen
niet overtreft, wat bij andere schrijvers en dichters van grooter naam eigenaardigheden genoemd worden, maar even goed
lang verouderde en daarbij kwalijk verstane en dus verkeerd
toegepaste woorden, germanismen en alle denkbare willekeurig-
heden zijn.
Aalweelig, 267, 396, 410. Zie Wdb. I, 32.
Barm, 460. Voor *bermel*, *barbeel*. Meyers Woordenschat.

Batsch, 162. In alle woordenboeken, met zeer uiteenloopende verklaringen.

Bekruizen, bekroosen, 591. Kiliaan, Oudemans, Weiland, Vondel, Bat. Arkadia.

Bernmaai, 305. De glimworm, Eng. *fire-worm*; van *bernen* en *made*. Plantijn, Kiliaan, Oudemans.

Byse, 471. Naar het Fransch, *bise*, noordenwind. Kiliaan, Oudemans.

Bluisteren, 540. Kiliaan, Taal- en Letterbode, IV, 298. Schroeien, branden, zengen.

Dein, 162, 214. Een vrek. Kiliaan; bij Cats, De Brune. *Deen*, in Zeeland met de zachte *e* uitgesproken, is gebruikelijk voor onvriendelijk, stuursch mensch.

Doorruiff'len, 422. Kiliaan, De Jager's Frequentatieven.

Dubben, 77. Taal- en Letterbode, IV, 294, noot 2.

Duivekater, 260. De afleiding bij De Vries, Warenar, 222, Brederoo, Moortje.

Fluwynen, 285. In deze beteekenis van kussensloop is *felouine*, *fouine*, uitgesproken *flewine*, nog in Walcheren gebruikelijk. Zie ook Dr. Schotel, Godewijcks Wittebroodskinderen, bl. 96, en Van Helten, Klinkers en Medeklinkers, 129.

Garner, 422. Kiliaan, Gal. *guernette*, *garnaerd*, *garner*. Van Helten, Vondels taal, I, 69.

Geinsteren, 258. Wdb. G, 912. De plaats bij Six is eene toespeling op Hand. 2.

Geisingh, 111, 119, 141, 475. Genezing. Meyer, 1745, II, 46. Wdb. G, 918.

Gememt, 542. Van *mem*, *mam*.

Gelvisch, 62. Vergelijk dit woord met *geltekarper*, bij Antonides, met *geltesnoek*, *geltharing* en *geltverken*; de boeren noemen dit laatste *gelte*. Na de verklaring der plaats bij Antonides, door Bilderdijk, zou men kunnen zeggen, dat hier wel geen sprake is van castrare, als middel om het vet worden te bevorderen, maar dat het vet worden bedoeld wordt, zonder deze bewerking. *Gulvisch* is een andere vorm.

Gereessemt, 207. Op bl. 533 staat: bloemen met heele *rissen*. Meyer heeft reessem = tros. *Reegsem, reghe, rei; riste, ris, reest, reeste.*

Geruisemuis, 389. Over ons *roezemoezen*, het Wdb. op Brederoo.

Gypen, 263. Ook bij Antonides, IJstroom, 95, en zelfs bij Tollens, X, 85.

Guich, 20, 68. In den zin van spot, bespotting; de *guich naa* (iemand) *steeken*. Kiliaan, Meyer, 1731, 582.

Herren, 94. Thans *harren*, duimen eener deur. Opmerkelijk is het, dat het Zeeuwsch dialect *garre* heeft, niet voor de *duimen*, maar voor de *kier* der deur, zelfs met den sterken overgang naar *ch*, waardoor men aspiratie meent te verkrijgen. De verandering der *e* in het klanknabootsende *akerre* in *a* is even duidelijk, als elders in *ie*; karre is dus volkomen gelijk aan *kiere*. Men zou dus zeggen, dat *garre* langs een' anderen weg verkregen is, niet ongelijk aan het verschijnsel in 't Engelsch: *yeast, yonder, — jet, jail: gist, ginder, git, ghiool.*

Hyse, 116. *Hijs* en *hijze* staan in de Woordenlijst, 1881.

Hukken, 118. Dalen, lager worden: *hurken.*

Juitinghjaar, 41, 388, 569. Plantijn, Kiliaan, Oudemans, Wdb. op Brederoo, Samuel Coster's Isabelle, De Jager's Frequentatieven. Nergens echter wordt de vorming van dit aequivalent voor jubeljaar opgehelderd.

Kabas, 514. Spaansch *cappazzo*, draagmand.

Kalioote, 554. Kiliaan heeft *kalioote, kelioote, cueillette, collecte*, exactio, tributum. Derhalve een strooptochtje, maraude, (Mérode).

Keeverkin, 95. Kiliaan *keeverbek*, mento. Iets even leelijks is de *rispenbek* van blz. 368. Six heeft ook *rups*, maar zijn *rupsinge*, bl. 113, is ons woord *oprisping.*

Kildich, 57, 205, 237. Kiliaan heeft een' anderen vorm van kil: *kilding*, en Beaumont, 1843, 246, schrijft *kiltig.*

Klabbotsen, 375. Kiliaan, pulsare cum fragore.

Kluist, 563. De aangehaalde plaats is: Hoe bruist en *kluist* het zeegety. Kluist moet, als zeewoord, ook *klotst* beteekenen.

Korrer, 529. De manlijke duif, die *kort*.

Krak, 117; **krakje**, 517. De minste doffer, duif of *krak*; Focquenbroch, I, 67; ook I, 222. Vondel, VIII, 103, heeft: de ringelduif en *krak*.

Krak, 384, 426. In de beteekenis van *knak*. Ned. Klassieken, IV, 50.

Krochen, 138, 139, 186, 271. Kreunen, steunen. Kiliaan, Ned. Klass. III, 35, Beaumont, 89, Oudaan, III, 410.

Lakken, 539. Deze ›lakken, op den hals gesmeeten", vindt men terug in *laqueus*, strik, net, het Ital. *laccio*, Fr. *lacs* en de *lasso* der Spanjaarden. Zie nog Ned. Klass. III, 74. *Lakken* voor meren, bij Six, 18, komt in enkele Wdb. voor.

Lakker, 327. Over dit woord genoeg in den Warenar van De Vries.

Loen, 148. Kiliaan, homo stupidus. Is dat ons *kloen*, Eng. *clown*, voor *boer*?

Loer, 294. Kiliaan, niet veel gunstiger titel dan *loen*. Over *loer*, en bijzonder over zijn deminutief *loeris*, Taal- en Letterbode IV, 208, 209 en V, 30.

Meuken, 216. Warenar, 149; Wdb. op Brederoo; Taal- en Lb. V, 197, als dialect.

Miesemeezen, 28.

> Dan miesemees ik bangh, och Nimf, kyk my niet aan,
> Of ghy beluistert wat myn stomme wangen spreeken,
> Door 't uitgeslaagen vuur des boesems als verraân.

Moosejanken, 186.

> Wyl ik in wind, in sneeuw, en sonder maan,
> Licht moosejank, of voor een spleet zal staan,
> Kleptandende, om myn duif te spreeken aan,....

Mose = goot, en dáar *janken*: deze voorstelling van een' vrijer is zeer katerachtig. Wdb. op Brederoo.

Plensingh, 494.

> In plensingh van duur bloed.

Oudemans; *plenzen* = plasschen; bij Schimmel, storten. Over *flenzen*, morsen: Taal- en Lb. IV, 208.

Pondel, 380. Kiliaan; Meyer = unster; Oudaan, Boek Job, 77, schrijft *ponder*. Six rijmt hier op Vondel.

Raboorden, 209. Eene waterplant, lischdodde, duikelaar, bij het volk soms tot de biezen gerekend.

Reeuwsch, 410.

> Ik roekkoek, als een reeuwsche doffer.

Deze eerzame verzuchting wordt door Kiliaan aldus toegelicht: Reeuwsch, Coitu acer, dicitur de columbo admodum salace.

Reeuwsel, 525. Ree, Got. *hraiv*, Ohd. *hreo*, *hré*, Ags. *hraer*, *hrâ*, Os. *hreo* = lijk. Dus is reeuwsel, wat tot het lijk behoort.

Saan, met een —, 224, 463. Spoedig, dadelijk; Eng. *soon*.

Sarp, 109, 119, 122. Zie de bekende regelen van Beaumont in zijne Ged. 1843, 42, en vooral de aant. van Tideman, 264. De Woordenlijst heeft zerp. Six schrijft, 137, ampere jokkerny; zoo zijn acerbus en asper beide vertegenwoordigd; in Griane leest men van *eggigh suer*.

Sier, 586. In deze beteekenis, gelijk het Fr. *ciron*, thans zier geschreven, en in overdrachtigen zin reeds lang als zier, ziertje bekend.

Smoddigh, 97. Kiliaan, *smodderen*, smetsen, ligurire; *smout*, *smet*. Zie Van Helten, Het Werkwoord, bl. 174.

Smuikende, 471. Kiliaan, *smuiken*, *smooken*; *smuykende* kolen, *smuykend* weder. *Besmuikt* = in 't geniep.

Spaakend, 374. Kiliaan, aridus; *spaakigh* land, torridus.

Spier, 189, 323. Op beide plaatsen staat: blanker dan een spier. Kiliaan, album avis, caponis, cet.; dit verklaart ook *spierwit*.

Strootich, 84.

> Maar Rosendaal, toen meer verbit,
> Gelyk een leeuw gequest van 't spit,
> Kloof met het stomp het strootich vel
> En sondt den Renegaat ter hel.

Kiliaan heeft *strote*, *strot*; dus is *strotich* vel = de keel. Is het een drukfout voor *sprotigh*, *sproetig*, dat Brederoo schrijft, of moest op de hel het *strootigh* vel rijmen en was keel niet voldoende?

Teersjen, 325. Ons *tiersje*, de *tierçon* der Fr.; als vat voor honig en suiker en zelfs voor menschenvleesch bij Lelong; (zie hieronder op Mumy). Hier is het een derde van eene oude vochtmaat.

Verlempen, 185. Lem, *lemp*, leem, leemte = gebrek; gebrekkig maken, verminken, mank, mancare. *Lempte*, Wdb. op Brederoo, 208.

Verregaalde, 433. *Vergaalde*, door epenthesis verregaalde. Gaelich bij Kiliaan, Gallice = galleux, scabiosus, schurftig, verdorven. Van der Veen, Adams Appel, 406, *gaelschen* stanck.

Verslampampt, 550, 566. Kiliaan, *slampen*, slempen, slemmen. Verg. Vondel, op 't Sint-Lucasfeest.

Vitsen, 220. Six had even goed *wikken* kunnen schrijven, schoon het vrij onzeker is, dat die in de zeventiende eeuw in de buurt van Oostkappel onder de veldvruchten te vinden waren.

Vlichelen, 53. Kiliaan vertaalt *volitare*, Meyer heeft *vleughelen*; de Taalgids, II, 51, *flichelen*. Zie Taal- en Letterbode, IV, 298, en Aant. op Alexanders Geesten.

Wroeghen, 170, 213. Als werkwoord, waarvan wij het znw. vaker aantreffen, staat wroegen bij Six chronologisch tusschen de Woordenlijst van 1881 en fabel 27 van den Esopet:

> Dune vlies, ic *wroeghe* die,
> Ic basse, ic make selc gheluut,
> Dat mijn here comet uut.

Weffels, 555.

> Myn kin kryght weffels van die spellen,
> Hoe jeukt en smert die fyne naald,
> Als of een bie my had bestraalt.

De assimilatie in *spellen* behoort nog tot de dialecten. Kiliaan
verduidelijkt *weffels* aldus: pustula — ex aculeo muscae,
apis, vespae, vel morsu pulicis.

Deze korte opgaaf zal het beweerde niet wederleggen, dat
onze schrijver menig woord gebruikt, minder algemeen onder
zijne tijdgenooten en zeker niet op 't eerste gezicht bij ons her-
kenbaar, maar toch genoegzaam verklaard in taalkundige werken, of op te helderen met de hulpmiddelen, waarmede ons
de tegenwoordige taalstudie voorlicht. Nu moeten meer dan
dertig woorden volgen, die niet dezelfde aanspraken mogen
maken. Deze zijn deels ongewone uitdrukkingen, bijkans alleen
uit den samenhang te vatten, deels benamingen, zonder opheldering van de zijde des dichters niet zonder storing in 't lezen
te ontmoeten; andere behooren tot de oudere taal en zijn onver-
wacht in die der zeventiende eeuw opgenomen; vele zijn kennelijk verminkt in de schrijfwijze, enkele zoo duister aangewend
in een onmogelijk zinsverband, dat men, met de beste hulp
en de vriendelijkste aanwijzingen, niet verder komt dan eene
wetenschappelijke gissing van hoogst twijfelachtige waarde.

Te bard bieden, 314.

> Hier quam een koppelaar of maaklaar tot my loopen,
> Opveilende vast goed, om niet met al, te koopen,
> Ja bood noch penningen te bard.

Te bard, gewoonlijk met den datiefvorm *te barde*, *te berde*, op
de tafel; gelijk de bekende, hier niet geheel te onpas opge-
zworen, juffer zegt: Spetie *in manibus*. — Hier op den
koop toe.

Blas, 477.

> — 't kleinste kruidjen, dat hier spruit,
> Dat, op een blas, syn blaadjes sluit.

Zie Dr. Jan te Winkel in zijn belangrijk opstel over de grammatische figuren, Noord en Zuid, VI, 199. Niet alleen
het Ags. *blaest* en het Ohd. *blâst* maar ook het Eng. *blast*
toont apocope aan. Op de zuidwestelijke eilanden van ons
land wordt nog *blaste* gehoord. Six spreekt op bl. 54 van
't krimpend *Noordgeblas*. Aant. op Alexanders Geesten,
bl. 397 en Tijdschrift der M. v. Letterkunde, III, 111,
met een citaat uit Oudaan, II, 268.

Boschnapellen, 443.

> Lippen,.....
> F'nynigher dan boschnapellen.

Chomel's Wb., op *Napellen*, verwijst naar Wolfswortel, VIII,
208. De hier bedoelde plant is de bekende monnikskap.

Bobelyn, 109, 113, 118. Henr. ab Heers, Med. dr. Leod.,
Spadacrene. L. B. apud Petrum van der Aa, 1685, I, 3:

> Vidi cui unam tantum unciam, vidi cui decem ad sum-
> mum, vel viginti praescripserunt, ut expedierit hominibus
> illis, senis alicujus, aut anus Spadanae, aut cujusvis adve-
> nae (*Bobelinum* Spadani vocant) qui solo quatriduo ibi
> vixerit, quam talium medicorum consilio uti.

> Traité des Eaux minérales de Spa, par Jean Phil. de
> Limbourg, dr. en Méd. Leide, Lusac, 1754, p. 251:

> Les buveurs d'Eau, que les gens de Spa nomment *bobe-*
> *lins* ou *boblins*, se regardent comme les membres d'une seule
> République, et on y vit d'une manière fort aisée.

> Du Cange—Henschel, VII, 65, *Bobelin*, bouvier, va-
> cher. Id. I, 707. *Bobulcus, bubulcus*, Ital. *Bobolco*. Nostris
> *Bobelin*. Vide supra *Bobatterius*, p. 706, Agricola, ad
> agriculturam pertinens.

> Roquefort, Gloss. de la langue Romane, 1808, I, 161.
> *Bobelin*, bouvier, vacher.

18

Manuzzi, Vocabolario, I, verwijst van *Bobelco* naar Bifolco.

Bobelyn is dus een bijnaam, door de bevolking van Spa aan de badgasten gegeven, zeker omdat zij als koewachters over de heuvelen en in de omstreken ronddwaalden.

Brysel, 123, 408, 425, 430.

> Om walgeloos, uit d'omgekromde randen,
>   Van blaauw arduin, uit Namens harde myn,
> 't Safierlyk nat, tot heil der ingewanden,
>   Gepynigt van verscheydelyke pyn,
> 't Spyte artsenye, en 's apoteekers vysel,
> Te drinken, God heb dank, om niet een brysel.

123

> .... de dood die tast,
> En bryst, in Amstels kroon, die paarel.

408

> .... Dees kool van hout,
>   Met swaavelgout, en vlamsiek gout,
> Bedekselt hebbende, in syn vysel,
> Tot artsenye, en slaande een brysel,
>   Van vuursteen, wel ter quaader stond,
>   Gevallen door een open rond, ens.

425

> Loot en staal, ...
> Dat, wat het raakt, doorboort, verbryst en schendt.

430

brys, atoom, kleinigheid, *brysel*, *bryselen*.

Brillen, 208.

> Kersen en krieken, die vol nectargeuren
> Purperend brillen onder groene kleuren.

Naar het Fransch *briller*, van *brilleeren* gevormd.

Bruindoek, 201.

> Wynverkoopers, gaa niet quisten,
> Om de bruindoek, by drogisten,
>   Weinigh ponden, voor veel geld.

Prof. Verdam had de goedheid, reeds vóór het uitspreken zijner verhandeling in de Kon. Akademie over het hs. van Joh.

Yperman's Chirurgie, mij op te geven, dat daarin f°. 126 eene oogziekte voorkomt, genaamd *Brune doec* en dat daartegen wordt aangewend »trap morwen chele (?), dat in coorne staet ende draget rode bloemen; in latine heet ment papaver rubeum".

Hierdoor op den weg gebracht, vond ik, dat dezelfde klaproos, volgens 't Handelsmagazijn bij Gebr. Diederichs, ook dient tot het kleuren van wijnen; juist wat Six zegt. Analogisch met velerlei »goed" in de volkstaal: hoestgoed, tandpijngoed, om niets leelijkers te zeggen, dat netter laxans heet, moet men *bruindoekgoed* tot *bruindoek* verkort hebben; zeker niet buiten de omstandigheid, dat het decoctum *blauwrood* was, en als een *doek* op de oogen gelegd werd. Klaprozen zijn inderdaad vrij duur, en voor wijnverkoopers is de fuchsia even goed.

Draaghmaal, 45.

> Hoe komt het, dat ghy, schoone praater,
>   My tienmaal noodigde op een beet
>   Van 't draaghmaal, en nochtans vergeet?

Het denkbeeld van picknick is te nieuw voor onzen dichter; hier is wel sprake van een vrienden*maal*, waar, buiten de dagelijksche gewoonte, de verschillende gerechten na elkander worden *opgedragen*. Vermoedelijk heeft hij daartoe het woord uitgevonden, want aan het *dragersmaal* bij de begrafenissen valt hier niet te denken.

Gedompt, 524.

> De dood verguist de hoovaardye,
>   Vernoeght, met hout, en schaamrigh doek
> Van seeven voeten, op een rye,
>   Gedompt, in een verloren hoek,
> Of naakt gezwolgen van de baaren.

Is nu gedompt van *dompen*, het werkwoord van *dompe*, voor *tombe*, graf, dus begraven?

Getuift, 590.

> Ozman, de doorn van Kristenryk,....
> Getuift, met parle, en met safier,
> Kryght tydingh, dat de Dardanellen
> Beleeghert syn....

Tuif, kroon; Eng. *tuffet*; Fr. *touffe*.

Heimelbank, 482.

> Dat langh, met rechtsgeleerd verstand,
> Plichtpleegende beleefdicheit,
> En onbesprooken kloek beleit
> De heimelbank en 't seegelkruis,
> Geheimelt heeft, op hun stadhuis.

Heymael, gerecht; dus schepenbank, waarvan Hulft ambtshalve als secretaris de zegels bewaarde: *heimelen*, verbergen, wegsluiten, bewaren, opruimen, opbergen. Six heeft zich door den klank laten verleiden en is aan *geheim*, bij hem *heim*, gaan denken. Op bl. 237 heeft hij:

> Daar gaat hij nu in 't swart,
> Meest in het heimlend hart
> Met traanen op de kaaken.

Heine, 96.

> En schopt den basser met gehuil,
> Al knorrende, in syn heine kuil.

Prof. Van Helten zegt in den Taal- en Letterbode, IV, 285: »*heinde* schijnt niet anders te zijn, dan de als adverbium gebruikte dativus enkelv. van het vrouwel. subst. *hand*, dat in dien naamval den vorm *handi*, *hendi* en ook *heindi* kon aannemen, en *bij de hand*, nabij beteekende. (Verg. voor een zelfde gebruik van den dativus als plaats aanduidenden naamval ohd. *heime*, *te huis*, dat. sing. van *heim*, *huis*)".

Deze opmerking geeft hier voldoend licht. *Bij de hand zijnde* is adjectivisch, waarom dan *heinde* niet voor *nabij zijnde*, en *heine*, door syncope der *d*? Vermoedelijk moeten wij Six zóó verstaan, dat *heine kuil* de nabijzijnde beteekent.

Op bl. 221, in het versje op Oostkappelle, maakt Six *hende* ook adjectief:

> Noch liever lokte ik met myn speelen
> Een vischrug uit de hende zee,
> Die met my swom naa Vrankryks ree.

en evenzoo bl. 357:

> den kleinen Rhyn,
> Die door de hende muuren spoelt,
> Waar in de Bolonjeser woelt.

Verg. *het heinste* bij Hooft, Vert. van Tacitus, bl. 421, en *alderheynst* bij Starter, bl. 218.

Kareelen, 133.

> D'Amtman van Kortryk, soo seer van graveelen
> Daaglyks gemartelt, dat syn wangen geelen,
> Dryft met Geronsters sterken vliet kareelen,
> Graauw gesalpeetert.

Steenen; op bl. 305 vuurkareelen, dat wel, als werptuig, projectiel verwant is, doch bij Kiliaan *pilum catapultarium* heet; Angl. *quarel*. Inderdaad laat dit woord aan het Eng. *quarry* denken, en bij overname kan Verwijs 'dus met *pijl* vertaald hebben. Mnl. Leesboek, IV, 102.

Karneoolen, 202, 320.

> Ik heb Jasp en karneoolen
> Voor doorluchter kapitoolen
> Dan men sach op Romes veld.

202

> Men treede langs een vloer, en karneoole drempel,
> Eerbiedigh in zoo schoonen tempel.

320

kornalijn; Naturen Bloeme, dl. II, bl. 205.

Kassye, 538.

> 't Is poppemin, die, langs kassye,
> Syn vrouw set aan de hooge sye.

Via calciata, chaussée; nog in Zeeland en Vlaanderen *kalkzie* voor keiweg.

Kieremieren, 22.

> Maar vrouw Natuur, met eedler kieremieren
> Van melk en bloed, uit haar gesielden hof,
> Leent aan 't gesicht de waare schoonheits lof.

Van der Veens Adams Appel, 1660, 29.

> An-schout dees' Marsepeyn, vol pope-goet en bloemen,
> Vergult gekieremiert, (men kan 't niet alles noemen)
> Vol Looveren geflick op 't ongevroren ys,
> Maer watter binnen schuylt, dat wert de snoeper wys.

In het eerste deel van de Rekeningen der stad Gend, bl. 501, toonde Prof. Verdam mij *kieremiere* als een subst.; het is kennelijk een veelvervige stof, laken met afwisselende, *gheminghde*, kleuren. Bij Six doen de woorden *in melk en bloed* ook aan eene schakeering denken; het *thunder-and-lightning*, of het *Engelsch weerlichtje* onzer volkstaal.

Klijf, 433.

> De helden klyf ontkrult zich van den mast,
> En vlecht van self sich, als een heldenwronge
> Om Martens hoofd.

Kiliaan, hedera, *klever* van *kleven*, adhaerere.
Vondel, ·Vergilius, VIII, herderszang:

> gedoogt, dat sig die groene herdersklyf
> Mag krullen om uw hoofd.

In denzelfden eerezang van Six op den ouden Tromp wordt, bl. 432, de wijngod sprekende ingevoerd:

> Myn eeuwge klim omkrulle uw gryze haairen.

Kleevergroen en kleever, in de volgende verzen:

> Kleef, gelyk het kleevergroen,

517

> De kleever, en de wyngaardranken schuiven
> Den mast op,....

430

Derhalve *klijf, kleever, kleevergroen* = klimop, veilloof; *beklijven.*
Kommunyen, 507.

> De slechte kommunyen zullen
> Daar peeperhuisjes van doen krullen.

Deze spelling van *koomenij* doet denken aan Bilderdijk's afleiding uit het Engelsche *common aid*.

Korret, 116, 176.

> Het kooninklyk korret is eel, gelyk korretten,
> Nooit mocht Apicius syn tanden daarop wetten.

116

> Dan smaakt het swyn, als 't eedele korret.

176

»Men gaat eeten ten elf uren, en gebruikt men kost, die niet vet en light om te verteren is, sonder kruidighe sauçen toegemaakt: Als een sopje of Franse pottagie, jonge Hoenderen, Patrijsen, Duiven, Faisanten, Kor-hoenderen, *Korretten*, Schaap en Kalfsvleis, jonge Hasen, Konijnen, een jong Geitje en Ree, mits datse een dagh van te vooren gedoot zijn".

Den Wegh naar het Spaa: Maniere van leven aldaar, 't gebruik ende kracht van die Waateren. Gedrukt tot Haarlem. By Pieter Casteleyn op de Markt. A°. 1655. 11 pp. 4°.; Bl. 6.

[In de Ardennen zijn] »zekere vogelkens, *Caurettes* genaemt, bynae gelyk aen de kwakkels, maer gespikkeld van vlerken, root van oogen en voeten, wit van vleesch, en zoo goed van smaek, als men het zoude kunnen wenschen".

Byvoegsel op Marcus van Vaernewyck, Historie van Belgis, door eenige Nederl. Oudheidkundigen, II, 36. Gend, D. J. Van der Haeghen, 1829.

Kukuitor, 555.

> Hoe luckig slaapen Hispanjoolen,
> Met hun kukuitor in de hut,
> Die hun, van zulken pyn, beschut,
> En wegjaagt heele muggeschoolen!

Uit den samenhang zou men het ding houden voor wat in de Oost een *klamboe* heet, een gordijn, of juister een muggennet; doch de vierde regel spreekt van wegjagen, en doet aan een *kipas* denken.

De heer T. H. Philips, kundig leeraar in het Italiaansch en Spaansch aan de Openbare Handelsschool te Amsterdam, verplicht mij met eene opheldering, die afdoende is, wegens zijne bekendheid met de taal en het gebruik van het voorwerp, dat in de Spaansche koloniën veel dienst doet:

> *Cucuito*, waarschijnlijk afgeleid van *cucuibita*, dat in Spaansch-Amerika eene zeef beteekent, die men bij een alembiek gebruikt, is een muskietengordijn, waar men van onder inkruipt, omdat het van boven en aan de zijden toegenaaid is".

M a o o n e n, 591.

    .... galeyen, scheepen en maoonen.

Kan Six hier vaartuigen uit de Levant bedoelen, en aan Maeonië hebben gedacht? Hij bezigt voor Turk wel Thraak, Thraciër, bl. 315, noemt de koningin van Scheba, bl. 224, Arabier- ster, toont nog zijne geographische kennis bij het vermel- den van wit marmer als: Uit Ligurs marmre blaas gesnee- den, bl. 232, en anticipeert op Prof. Ebers, door op bl. 276 te gewagen van Molossen. Is het mogelijk, dat er *maeonen* had moeten staan?

M u m y. Op bl. 524 en 525 geeft Six lucht aan zijne veront- waardiging over den handel in lijken, en het verkoopen van > Vier stuivers 't pond van menschenvleesch". Het woord vindt men reeds op bl. 472, waar hij, op een brief van een tusschen de afzending en de ontvangst overleden vriend starend, zegt:

    Die hand....
      Strek myn geheugh, gelyk mumy,
      Beweent, gesalft, ten schildery.

Bij het lezen der door den heer P. A. Tiele uitgegeven stukken van Steven van der Haghen, ziet men, dat die lijkroof reeds oud is. De Tegenw. Staat, XI, 616, is daarover vrij uitvoerig, en Lelong in zijn Koophandel van Amster- dam, I, 444, heeft dat artikel > onder de benaaming Men- schenvleesch of mummi", en een *teersjen* (zie over dat woord hiervoor) Menschenvleesch of mummie.

Oozen, 456.

> Den Heemel....
>   .... met reegentonnen,
> Geput, met oozen, uit de zee,
> 't Land dreight, met 's eersten werrelds wee.

Hoosvaten, 't werkwoord *hoozen*, Eng. *to ooze*, of *waterhoozen*.
Ping'len, 117.

> Kandyaich celeri, de noot, t' Alep gelaaden,
> Ompurpert oover groen, en pingl'en van Katlooners.
> Zoo endt het middagmaal.

> »Het laatste gereght laat zyn geconfyte schillen van Citroenen
> en Orangien, Suiker-Annys, Spa-biskuit, Rasynen, *Pin-*
> *gelen*, Pistacien, een gestooft Peertjen met Suiker en Wyn
> en een weinig Kaneel".
>   Den Wegh naar het Spaa (Zie op Korret), bl. 6.
> Maerlant, Nat. Bloeme, deel II, bl. 126, 127. Die pyn-
> apple.... vs. 690.

>   .... die carnelekine
> Syn van naturen nat ende heet.

Roedingh, 542.

> .... bul, voor moorden, en verbranden,
> Tot roeding voor dien vroomen stam.

Analogisch met *geeseling*, *gisping*.
Ruet, 114.

> Wie buiten drinkt te voet, de bergen doen hem sweeten,
> Zoo dat het reusel smelt, dan dient er niet geseeten,
> Op dat men niet verkou; maar vuur, of wat gewandelt,
> Bedaarende, als men met besweete paarden handelt,
> Noch strax gedronken van de winterlyke stroomen,
> Om niet, door stremmlend ruet, aan arger quaad te komen.

Ruet, roet, roetvet, talk, smeer, reuzel.
Schossen, 420.

> De Cerbren loeren, om daar kinvet af te schossen.

Schorsen, de schors afnemen, écorcher, villen. Meyer, 1745, II, 125, schosse = schil.

Deze assimilatie der *rs* is in de volkstaal van het zuiden en zuidwesten onzes lands heel gewoon; bij Six was zij dienstbaar aan het rijm, mogelijk tot zoen der epenthetische spelling op bl. 225, waar hij *rotsen* heeft voor [rijden en] *rossen*.

Uit den samenhang volgt, dat hij heeft willen zeggen: De tolbeambten doen hun best om van mijne drogerijen een voordeeltje te behalen, en er dan een vet maal van te nemen.

Cierlyk, sierlyk, 573.

> Maar dat cierlyk sierlyk kleed
> Maakt u waarlyk een poëet.

Dr. Verwijs geeft op bl. 163 zijner uitgaaf Van Vrouwen en van Minne eene verklaring van *sier = gelaat = chiere*, *chère*; *bonne chère*, en voegt daarbij: »Toont men iemand een goed gelaat, dit is een teeken van een vriendelijk onthaal, en tusschen een goed onthaal en een' goeden maaltijd *il n'y a qu'un pas*". Prof. Verdam verwijst op blz. 171 van zijn Glossarium op de nieuwe uitgave van Ferguut, door Verwijs, naar den Taalgids, IX, 164.

Six is hier geestig, tot in zijne spelling toe.

Slonsen vieren, 102.

> Sulks land en zee stil bidt en slonsen viert.

Slonsje, dievenlantaren, lantarentje, wijst op een vorm *slons*, lantaren, voor *licht*. *Vieren*, van vuur, ontbranden, aansteken, verg. bl. 214, waar *vuren* voor *stoken* staat. Dus bij de duisternis, door de eclips teweeggebracht, *licht aansteken*.

De indruk der algemeene verduistering door de hier beschreven eclips doet de angstige menschen hunne toevlucht nemen tot het gebed; de duisternis is zoo groot, dat men op den vollen dag de lichten moet aansteken.

Spreng, 88, 122, 171.

> Uw naam....
> Zy meer geëert, dan Swalbachs heilbre sprengen.

122

> Inwendigh heeft de pyn
> Geroert, een vruchtbre myn,
> Waaruit zy oovervloeit en hoopt
> Een suure sprengh, waarin se 't harte doopt.

171

> Daar leit de bessem, om de sprengen
> Te suivren, van de trotse stengen.

88

De verzen van bl. 122 en 171 nemen *sprengen* in de beteekenis van *bronnen*, 't zij naar *springbrunnen* of naar 't Eng. *spring*; in de regels van bl. 88 is de beteekenis uitgebreid tot *wateren*, *golven*, *baren*: *de zee.*

Spreuken, 289.

> Een tuinboer plukt wel spreuken van de boomen.

De woordspeling moge eene vinding van Six zijn, het woord kan zijne beteekenis gehad hebben in zijn' tijd. Gelijk *sprok sproke*, en dit *spreuke* kon geven, hebben we immers *knok, knoke, kneuke* en daarvan *kneukel,* — *knook, knoke.* *Sprok*, voor twijg, waarvan *sprokkel* en *sproke*, heeft den dichter eene woordspeling in de pen gegeven. Uit de artikelen zijner drogisterij verkreeg hij even goed *sproken*, als de tuinbaas die van de boomen plukte.

Verne, 117, 555.

> Schenk niet te swaaren druif uit verne Moezelvoeders.

117

> Damaskus vruchtbre daadelstam
> Geeft malse daadels, naa veel jaaren,
> Maar van U, goede boonaard, quam
> Al vroegh de vrucht der baakelaaren,
> Die God Apol zyn toegewydt.
> O vernen stronk, ghy draaght wel boonen,
> Maar beeter dan de boonentyd,
> Waar mee de moeslui taafels kroonen,
> Wanneer de soomer vruchtbaar word.

555

Behalve de inhoudsmaat in den regel van bl. 117, behoort men, tot recht verstand van het tweede citaat, te weten, dat die woorden gericht zijn tot den Norbertijner kruidkundige Fabius, te Iperen.

Verne is hier gebezigd in den destijds gewonen zin van *oud.* Men placht te spreken van *vernen wijn,* d. i. *ouden.* Six heeft willen zeggen, dat het geslacht van Amandus Fabius heel oud was, maar dat de moezelwijn, die de bobelynen te drinken kregen, niet belegen behoefde te zijn.

Vil, 2, 39, 201, 493.

> .... om den duuren koetsjenil,
> Luisen van Nieuw Spanjes Inden,
> Die ghe doof van kleur sult vinden
> By des Koonings strotaâr vil.
>
> 201

Op de vier plaatsen, waar hier *vil* gebruikt wordt, toont het rijmwoord aan, dat de *i* kort is, en de zin op bl. 2, 39 en 493, dat het slechts een imperf. van vallen is. Nu heeft bl. 215 een vers, waar het bloed des konings een purperval heet; de vraag is nu, of het laatste woord in 't citaat van bl. 201 niet een verkorting is van hetzelfde *purpurval,* dat Six op bl. 215, analogisch met *waterval, sneeuwval* had gefabriceerd, en naar zijne luimen en behoeften van klank had doen verwisselen.

Versiën, 74.

> .... Maar soo misschien
> Zijn laauwe maagh niet kan versiën
> Zoo raauwen kost.

Versiën van *versieden,* bij Kiliaan, is *verkoken, verteren;* de samentrekking *ziénde* wordt algemeen gebruikt. Op bl. 118 wordt het afgewisseld met *verdouwen:*

> Om alle vuilicheit te beeter te verdouwen.

In den zin van *verkijken,* komt *versien* op bl. 289 voor, en in de beteekenis van *voorzien* in den achttienden regel van bl. 297.

Na de mededeeling dezer woorden, zal het bijna van zelf
volgen, hier en daar even vreemde en duistere regels en uitdrukkingen op te zamelen. Enkele proeven daarvan mogen wij
niet achterhouden.

177.

> Ook troost het, wy niet zeggen durven,
> Dat Jacob heellyk zy gesturven,
> *Hy ruifde* maar *de ziel van veeren,*
> Die zyn de geestelyke kleeren.

183.

> Een eesel is wel vry van draagen.
> Waartoe dat slooven sonder end?
> Veel gelds is deftigh, ik beken 't,
> Maar deftiger de vrucht te smaaken.
> Hy is een giergerd, wie maar siet
> Op schraapen, en geen goed geniet.
> Dat heet *sich, voor zyn kinders, braaken.*

118.

> Of oeffent binnens huis de voeten en de handen,
> Op sangh, of snaarenspel, *met saftgereide branden.*

252.

> Een ander, met het narrepaard,
> Voert op de toegevrooren vaard,
> Zoo 't schynt, om heur vermaaken,
> Syn Filomeel,
> Gelyk gebruiklik ysgespeel:
> Maar soekt de maagd, te langh gevraagt,
> *Door heimen tuk te schaaken.*

349.

> Ghy vrekke tooveres, en hoopt, en schraapt de kassen,
> En kisten vol van schat,
> En mest uw gierigheid, nooit, als de Maan, volwassen,
> Maar als een seevigh vat.
> De roest en schimmel slaan haar tanden in de schyven,
> *De mot en schieter kluift*
> *Aan 't onbescheenen doek, de rotte knaaght de lyven.*

387.

> In *myn lynen outersteen*
> Lees men Sladus roem gesneên.

530.

Hoe langh ghe vryt, hoe langer ik verwacht
Meer poësys, zoo kostelyk gewracht.
Maar 'k zal zoo langh myn andwoord niet verswygen,
Kan ik den boode eer, in myn handen, krygen,
Geen halve week, fy suimnis, my bekent,
Toen 't ander rym reisvaardigh was volendt:
Dat ik niet, om verandring, aan durf raaken.
't Valt alzoo licht tienmaal wat nieuws te maaken.
Vry dan al voorts, maar *slaat er eijers in*,
God kroone uw liefde, uw bloed, en huisgesin.

583.

Eer zal het lichte vuur geschaapen, om te steigen,
Neer neigen, als de swaare muur:
Eer zal de swaare muur geschaapen, om te neigen,
Opsteigen, als het lichte vuur:
Dan ik uw vriendschap, vol weldaadigheits, zal laaten,
Toeseide sommigh drempelvrind,
Dan ik uw vriendschap, vol geneegentheits, zal haaten,
Toeseide ik hen van my bemint.

595.

De groote Karel, Akens vaader,
Al langh, om syn verdeilt gebeente,
Ontrust op 't marktveld, in metaal
Verandert, eeuwigh straal, aan straal
Fonteinede, uit een trots gesteente,
Nu meer ontstelt, spoogh heele vlieten,
Om in syn stad, met d'yserkroon
Het ryksswaard, en de Keiserthroon
Vereert de vlammen uit te gieten.
De borgery goot baän en bronnen,
En wyn en bier, en wat er meer
Geschaapen is, tot teegenweer,
Vergeefs, en afgemat, verwonnen
Van wanhoop, om de vloende vuuren,
Van winden ordenloos geterght,
Hoe laagh de stad duikt, in 't geberght,
Door dikke en oover hooge muuren,
Ontliep haar burgh, half gaar gebraaden,
Aansach van bergen, met getraan,
En yslik huilen, t' ondergaan
Van kooperoovens, heilbre baaden, enz.

Wanneer de welwillende lezer van dit opstel de Poësy van onzen dichter ter hand neemt, zullen er meer van zelf in 't oog vallen, en daarbij zal aan Six het recht wedervaren, dat hij bevonden wordt ook iets eenvoudigs te schrijven, dat in gedachte en vorm eene onbetwistbare verdienste heeft. Om toch een enkel voorbeeld te geven, onder verwijzing naar hetgeen in verzamelingen als die van Westerman en Dr. Van Vloten is opgenomen, wil ik opgemerkt hebben, wat op blz. 160 een jonggestorven Soontje van Gerrit Paapenbroek aan syn Vaader in den mond wordt gelegd:

> Ik, pas gebooren, heb strax verlooren
>   Het aardsch gesicht, om 't saaligh licht,
> By Gods verkooren, myn ziel beschooren. Enz.

Bij de woordverklaringen is op raboorden melding gemaakt van eene proeve om de maat van de Pinxterbloem der Straatkinderen na te volgen, bl. 208 en 209:

> Diogenes, gewent om het sap
> Te drinken uit een popelen nap,
> Eens siende, hoe een kind uit de sloot
> Het waater schepte in 't hol van syn poot,
> Sprak in sich selve, ontsteeken van vuur
> Des yvers: zoo de milde natuur
> Dit middel geeft met vingers te leen,
> Waar toe dit dingh? en smeet het daarheen.
> Ik, als de rest, aan wyser gesangh,
> Met voeten, by de dichters voorlangh
> Gevonden op een deftigen toon,
> Die staadigh gaan, ook enkel gewoon,
> 's Nachts siende, hoe de dartele jeughd
> De Pinxterbloem in rympjes verheught,
> Op voeten songh, wat lochter van aard,
> Heb strax daar naa myn liertjen gesnaart. Enz.

Wanneer men zich genoegzamen tijd met een schrijver vertrouwd maakt, al behoort hij hoogstens tot den derden rang, dan verzoent men zich ongemerkt met zijne gebreken en ver-

ontschuldigt veel, waar ook anderen overtreden hebben; evenzoo neemt men den maatstaf van beoordeeling wat kleiner,
omdat men tot gunstiger uitkomsten wil geraken, dan eene
minder zachtmoedige kritiek oplevert. Met Six moet men echter
niet al te toegevend zijn. Zijne letterkundige zonden zijn niet
de afdwalingen van onkunde of wansmaak: hij is volslagen
willekeurig. Niet, dat hij inconsequent handelt na onlogisch
gedacht te hebben: hij gebruikt wat af te keuren is, volgens
de wetten der taal en de gewoonten onder de kunstbroeders
van zijn tijd. Waar een volkomen goed woord, eenvoudig als
de waarheid en gangbaar als goud, voor de hand lag, douwt
hij, om een zijner eigene uitdrukkingen te gebruiken, iets uit
de pen, dat wij in hem niet mogen toegeven, zoomin als aan
letterkundigen van goeden, zoo al niet van grooten naam, die
nog onder de levenden zijn. Zelfs van tegenstrijdigheden is hij
niet vrij te spreken. Na op blz. 141 geschreven te hebben:

> Wanneer het hondsch gestarnt de menschen schijnt te blaaken,
> Zoo raadt Hippocrates d'Apteek niet aan te raaken, —

heeft hij op blz. 487, zij het ook om 't rijm:

> Wat heilige invloed van 't gestarte,
> Of godspraak gaf ons dit in 't harte?

En elders gebruikt hij, in elk geval onnoodig, het dialectische
rispenbek naast rups, zonder van dit metathetisch verschijnsel kennis te nemen of te geven.

Die taalkundige willekeur blijkt nergens haar oorsprong te
nemen in het karakter van Six. Hij was niet behept met die
onuitstaanbaarheid, welke den dichter veelal ontsiert, hem belachelijk maakt, waar hij achtenswaardig kon zijn, en hem
onderscheidt door een onredelijk bewustzijn van verheven te zijn
boven anderen, ten koste van een vaak uitmuntend gemoed en
een hart vatbaar, ja ontvlambaar voor goede, zelfs verhevene
aandoeningen. Men zou eerder zeggen, dat Six geen hooge
gedachten had van zijne dichterlijke gave. Als hij op blz. 148

zijne rijmen, niet heel keurig, herssendrek noemt, gaat hij
zeker buiten de palen der bevolen nederigheid, en waar hij
van zijn rympriem spreekt, is hij niet zoo wreed en moord-
dadig als iemand, die zich met zulk een wapen voordoet. In
eenige regels van dit onderwerp, blz. 312 en 313, bekent hij
veel aan anderen en inzonderheid aan Horatius ontleend te hebben, doch — en dit moge dienen om zijne geliefkoosde Sap-
phische strophen te doen kennen — tevreden is hij nog niet:

> 't Slimste, dit smert my, is omdat ik teelde
> Kreupele kind'ren, die men swaarlik heelde,
> En noch, als vaader, die zoo minlik streelde,
>   Als rechtgereesen.

> Singhnimf, o moeder van myn teedre wichtjes,
> Gunstige suster van Apolloos nichtjes,
> Bid toch dien heiler, dat hy hun gewrichtjes,
>   t' Huis, help geneesen.

Over het *Ydel ooghmerk van boekschrijven*, bl. 450, oordeelt
hij als een ziekelijk man, wiens kwaal hem voor 't oogenblik
allen levensmoed heeft ontroofd, en men kan die ernstige woorden, in diepe neerslachtigheid uitgesproken, niet al te streng
opvatten. Zelfs al had hij, Chandelier, den hoogsten roem behaald, al had hij *Iliaaden gewrocht*, en al werd zijn grafsteen
met bloemen bestrooid, dan zou zijn werk niet minder ver-
gankelijk en ijdel wezen dan van zooveel anderen: immers,
zoo eindigt hij, op bl. 451,

> Gods Heemel is des leevens gaarde.

Eéne deugd bezat hij boven zeer velen van zijne eeuw.
Enkele verdachte plaatsen en zelfs een paar epigrammen ontsieren zijn boek. Soms is hij wat duidelijk over zekere onderwerpen, een andermaal wat openhartig. Het vuile heeft thans
ook zijne lofredenaars: zij behoeven Six niet te lezen, want
hij zal onbevredigd laten, wat zij hun smaak achten te zijn;
hij daarentegen keurde het onreine in woord en daad af.

Gelijk uit het gezegde blijkt, leefde Six nog lang na de verschijning van zijne gedichten. In 1674 gaf hij zijn Psalmboek uit, de vrucht van langen arbeid, wel door een andere uitgave gevolgd, doch in de nieuwe Psalmberijming ongebruikt gelaten. Veel bracht hij zijn tijd door in de Diemermeer en des winters woonde hij, ten minste op rijper leeftijd, in de stad. Dáar eindigde hij zijne dagen, althans werd hij den 16 Februari 1695 begraven uit zijne woning op de Reguliersgracht bij de Keizersgracht. Reeds in den hier besproken bundel, blz. 631, had hij zijn verlangen uitgedrukt om te rusten in de Zuiderkerk; aan die begeerte werd voldaan. Bijna al de zijnen had hij overleefd en reeds vroeg in de achttiende eeuw was zijn naam te Amsterdam niet meer te vinden. De bekende reiziger Cornelis de Bruin ontmoette eene nicht van Six te Ispahan, waar haar echtgenoot hoofd van onzen handel was.

J. G. FREDERIKS.

BIJDRAGEN TOT DE DIETSCHE GRAMMATICA.

VII. *Een en ander over verba en uitdrukkingen, met den datief.*

A.

There are more things in our old language than are dreamt of in our philology zou men, met een variatie op Hamlet's woorden, ten opzichte van onze Dietsche grammatica kunnen zeggen. Hoe meer we onze oude teksten bestudeeren, hoe meer we er taalverschijnselen in ontdekken, die, zoo zonderling ze ook bij een eerste kennismaking mochten voorkomen, later, bij het vinden van een reeks bewijsplaatsen, tot de onloochenbare feiten blijken te behooren. Een dativus b. v. bij de werkwoorden *beminnen, haten, eeren, verlossen, dooden,* wie zou ooit

aan de bestaanbaarheid van zoo iets hebben gedacht? En toch
hoop ik in dit opstel aan te toonen, hoe deze regeering in
onze oudere taal niet alleen bij de genoemde verba wordt aangetroffen, maar evenzeer bij een aantal andere, waar wij ze
evenmin zouden vermoeden. Tevens zal daarbij uitkomen, dat
de Dietscher, bij 't bezigen van een dergelijke abnormale, doch
niet al te zeldzame woordvoeging, in 't geheel niet onnaden-
kend te werk ging, maar zich door het ook hier zeer begrijpelijk beginsel der analogiseering liet leiden.

A. Een 3de nv. *(be)minnen*, *liefhebben*, *liden* (verdragen) en
haten, *in hate hebben*: »*welcken volcke god beminde*", Thr. 40 v. [1]);

---

1) Voor ongewone verkortingen zie, behalve bl. 39 en 291 van dit Tijdschr.
(II^{de} Jrg.), ook nog: Bdio. = *Tractaet v. br. Dyonisius van den loofliken leven der
geechteder menschen* (Gouda, 1479); BE. = *Bartholomeus d. Engelsn.* (Haerlem,
1485); Bvt. = *Ned. bijbelvert.* (n°. 232 der mss. v. d. L. M. v. Lett.); Cr. = *Die
Croniks van Hollant, Zeel. ende Vriesl. enz* (waarsch. Leyden, 1438; z. Cat. incunab.
Holtrop); Dcr. = *Dialogus Creaturarum* (Delf, in 1488); Dctr. = *Doctrinael* (Haerlem, 1486; z. Cat. inc. Holtr.); Ep. = *De epistelen Sinte Pauwels*, enz. (n°. 260
der mss. v. d. L. M. v. L.); Gety. = *Getydeb.* (n°. 292 d. mss. v. d. L. M. v. L.);
Gjl. = *Die Geste van Julius Cesar* (Deventer, vóór 1488; z. Cat. inc. Holtr.);
Gkr. = *Goudsche Kroniek* (Gerard Leeu, 1478); Hart. = *Dit sijn die hondert arti-
culen v. d. passien ons. heeren* (Antw. bij Adr. v. Liesvelt); Hs. 219 = n°. 219 d.
mss. v. d. M. v. Lett.; Klsp. = *Konste om te leeren spreken ende swyghen* (Delf,
1487 of 1488; z. Cat. inc. H.); Lh. = *Dat lev. o. heren* (n°. 258 d. mss. v. d. L.
M. v. L.); Lhi. = *Dat lev. o. heren* (n°. 259 d. mss. v. d. L. M. v. L.); Lhic. = *D. lev.
o. heren* (n°. 260 d. mss. v. d. L. M. v. L.); Liedw. = *Leven van Liedwy* (Delf, 1490);
Oef. = *Een goede oefeninghe v. d. leven o. heren* (Leyden, 1498, by Hugo Janss. van
Woerden); Olc. = *Een suverlic boecskijn v. o. l. vrouwen croon* (Delf, z. Cat. inc. Holtr.
I, n°. 453); Olvw. = *Onser liev. vrouwen leven* (Leyden; z. Cat. inc. Holtr. I, n°. 581);
Ovm = *Die miraculen v. o. l. vrouw.* (Delf, 1477 of 1478; z. Cat. inc. Holtr.); Ovmt. =
Een seer devoet boecskijn ende is ghehieten o. l. vrouw. mantel (Delf, 1490); Ovs. = *O. l.
vrouw. souter* (Delf; z. Cat. inc. Holtr. n°. 453); Pen. = *Penitenciepsalmen* (Gouda,
tot die Collacyebroed., 1496); Poh. = *Die passie o. Her., met Nicodemus evanb.* (n°. 316
d. mss. v. d. M. v. L.); Ps. = *Passion. Somerst.* (ed. 1500); Pw. = *Pass. Winst.* (ed.
1499); Sch. = *Dat Schaeckspel* (Gouda, by Ger. Leeu, 1479); Shs. = *t Samenspr. v. d.
seven Heyl. Sacram.* (Gouda, 1484); Spk. = *Spyeghel der kersten ghelove* (Antw. by
M. v. d. Goes, 1482); Spkm. = *Spieg. d. kerstenen menschen* (buten Schoenhoven,
1496); Veg. = *Die vier evangelien* (n°. 244 d. mss. v. d. L. M. v. L.); Voef. = *Dat
boek v. d. vier inwend. oefeningen d. sielen* (Leyden, 1499); Vvt. = *Van vuerige troes-
tinghe totten doechden* (by Imich iansoen van Woerden, Leyden); Wsp. = *Weesper
ms* op de Kon. Bibl. n°. 86; Wzs. = *Den wech der sielen salicheyt* (Utrecht, 1480).

den ghenen te minnen, die hem haten", Pw. 3 v.; »Gracie goods *mynt allen luyden*", Bpl. 34 r.; »ghi mannen *mint dinen wiven*", Ee. 179 v.; »dat si *haren mannen minnen*", Pau 126 r.; »*mint uwen bruederen*", Ot. 55 v.; »die *allen menschen bemint*", Bpl. 16 v. — »Die heer *heeft lief den ghenen*, die hem lief hebben", Bs. 23 v.; »Wye zijn dat — den god *lief hevet*", Ibid.; »die heer *heeft lief den menschen*, die rechtvaerdich zijn", Ibid.; »die *der boesheit mynnet* ende *lief hevet*", Bs. 26 r.; »*hebt lief uwen vianden*", Bdio. 106 v.; »die ioden, *dien du hadste* van herten *lief*", St. 37 v.; »pagyen, *dien si lief hebben* als *haren kinderen*", Lic 77 r.; (z. n. Pw. 141 r.). — *Den quaden menschen te liden*", Lic. 64 r.; »die *den sondaren* niet *lijden* en mach", Lic. 181 v. — »*Den sunden te haten*", Bs. 57 r.; »die van egipten *hateden den kinderen* van israhel", Bvt. 32 r.; »*den menscheliken geslacht hatende*", Ps. 44 v. — »du *heves den ghenen* in hate die di mynnen", Bvt. 182 r. —

Dat hier het voorbeeld gewerkt heeft van werkwoorden en uitdrukkingen, als (*lieflic, minnentlic*) *gonnen* (= »liefhebben", z. b. v. Mnlp. I 1840, II 2954, III 1219, IV 627, 637, Sp. H. II⁷, 3, 83), *wanconnen* (= »haten", z. b. v. Ovl. Ged. I, bl. 5, vs. 374, Lanc. II 30061), (*ge*)*hat sijn* (z. Lksp. II, 40, 80, Rein. W. 3983, Brab. Y. I, vs. 1077, enz.), *haet draghen* (Tien plagh. 402, 2128), enz., ligt voor de hand

B. Een zelfde wijziging van constructie ondergingen somwijlen *eeren, prisen, (be)loven, besculdighen, berespen, bestraffen, punieeren, castyen* (de drie laatste in trop. zin), *laken, wroeghen, bespotten, blameren, (ver)smaden, veronwaerden*, en wel onder den invloed van oudtijds gebruikelijke zegswijzen, als *enen ere doen, spreken, bewisen, lof spreken, geven, prijs geven, segghen, aneleggen* (z. o. a. Sp. H. I³, 29, 48, IV³, 52, 43, D. Doctr. II 1918, Franc. 2824, Melib. 1771, Lanc. II 37002, 34416, Belg. M. VI, bl. 186, Teest. 238, Mnlp. II 1211, enz.), *enen goet spreken* (= »prijzen", z. Praet. 1852), *enen lachter doen, geven, spreken* (z. o. a. Melib. 1771, Franc. 2824, D. Doctr. II 1918, Parth. 6110, Lanc. II 42333, Belg. M.

VI, bl. 186, Db. v. Sed. 772, Sp. H. IV³, 27, 27, enz.),
enen lac seggen (z. o. a. V. Velth. V, 6, slot, Sp. H. II⁴, 41,
20 en 66, II⁷, 20, 25, III⁵, 52, 56, enz.), *enen na spreken*
(z. o. a. Lsp. III, 15, 227, Glor. v. Br. 165 en 167), *enen*
smade, blame doen (z. o. a. Wrake I 1020, Melib. 2658), *enen*
blame spreken (z. Belg. M. I, bl. 45), enz. enz. Vgl.: »Du
sulte *dinen zwaghers eren*", Mnlp. IV 898; »Die coninc woude
der armoeden eren", Lhi. 30 v.; »als wi *den heilighen eeren*",
»dat si *den papen eerden*", »salmen *den engelen eeren*", Pw. 2 r.
97 v., Ps. 197 r.; »*eert allen menschen*", Ap. 81 r.; »en hebste
meer *gheeert dinen sonen* dan mi", Delfsce B. Reg. I c. 2; »dat
wi *onsen ouders* sullen *eren*", Bdio. 56 v.; (evenzoo Mnlp. IV
967 var., Shs. 24 v., Pw. 88 r., Wsp. n⁰. 36, 74 v., Bdio.
57 r. v). — »Mach men *den menschen loven* ende *prisen*", Bs.
150 r.; »dat een *den quaden* in haren wercken *priset*", Shs.
9 r. — »benadab *beloefde* (prees) *horen rade*", Delfsce B. Reg.
III c. 20; »*loeft sinen propheten*", Dbvt. 176 r. — »So sellen
die sonden *den onsalighen sondaren besculdighen*", Bvu. 16 r.;
»hebben die caldeusche manne toegaende *den ioden besculdighet*",
Bvt. 254 v. — »Hi *berespte den pijnres*", Mrt. 16 r.; »omme
den volcke te berispen", Bs. 55 r.; »om *den predecaren* te berispen", Lic. 104 v.; »waer om en *berespeden* die ioden *den disci-*
pulen niet", Lic. 115 r.; »hoe dat men *anderen groten heren* sal
berispen", GR. 177 r.; »sal de rechter *berispen den ghierighen*
ende *achterclappers, den woeckenaers* ende *den onvreedsamen*", Stf.
151 v.; »*haren kinderen te beruspen*", Bdio. 24 v.; (z. o. Lic.
119 r. 125 v. 203 r., Bvu. 16 r., Bdio. 25 v.). — »Omdat sy
den princen bestraft hebben", Lic. 126 v. — »*Punieerde* hi *den*
sondaren", Thr. 39 v. — »Ic was die *den volke castyede*", Sp.
H. IV¹, 19, 57; (z. o. Ib. 31, 16, en V. Hild. 39, 45). —
»Ick hebbe *ghelaect den jonghen doren*", Mnl. I 964. — »De
creatueren die selen *den sondaers* ooc *wroughen*", Wzz. 124;
»Hoe dese creatueren *den sondaers wroughen* selen", Ibid. —
»Nu willen dese sotten Alle *der werelt bespotten*", Mnlp. IV
142; »dat die heere *sinen dienres bespottede*", Dcr. 71 r.; »*den*

menschen also *bespotten*", Ps. 102 r.; »*te bespotten den vrienden*",
Klsp. 8 r.; »die waren *den discipulen bespottende*", Lic. 291 r.;
»so *bespotteden* die onghelovighe *den kersten* seer", Lg. 153 r.;
»Sinte lourens *den genen bespottede* die hem pijnden", Lhi. 97 r. —
»Dat si *haren jongheren blameren*", Lksp. III, 3, 400. — »Dat
hi *den vianden versmade*", Dcr. 26 v.; »die *den ioden versmade*",
Ps. 20 v.; »*den menschen te versmaden*", Lhi. 45 v.: »dat men
den armen niet en sal *versmaden*, want als god wil mach hise
beraden", GR. 213 r.; »mijn siel *versmadet den ghenen* die twi-
dracht maken", Bdio. 59 v. — »die sellen *haren mannen veronwaerden*", Bvt. 262 r. — Mag men hiertoe ook rekenen: »hi es
vernederende den sondaren totter arden", Getyb. (Cat. mss. M. v.
Lett. nº. 291) 76 v., en »dattu *vernederste den ghenen* die hem
op haer selven verlaten", Bvt. 263 v.?

C. Naar het voorbeeld van *enen loen gheven* ontwikkelde zich
voorts een constructie, als: »Tytus ghinc *lonen den sinen*",
Rijmb. 34263; »die *horen ghetrouwen dienres* altoes *loent*", Ovm.
49 v. 73 r.; »die ende al *onsen vrienden te loenen*", Ovm. 8 v.;
terwijl de herinnering aan *enen vroude*, *vermaec*, *bliscap gheven*
(z. b. v. Tien plagh. 928, Lanc. II 26109, Praet. 2664, Parth.
8103, enz.), *troest gheven*, tr. *doen* (Theoph. V 855, 1232,
Bagh. v. Par. 383, Sp. H. II³, 37, 95, II⁴, 11, 58, II⁷, 17,
77, Belg. M. I, bl. 134, Shs. 26 v., enz.), *cracht gheven* (z. b. v.
Heim. d. H. 1002, Sp. H. II³, 37, 89, Gety. 52 v.), een datief
te voorschijn riep bij *vermaken*, *verbliden*, *troesten* (ook bij *niet
onghetroest en laten*), *starcken*, *conforteeren*: »die *den herten ver-
maecte*", El. 131 v.; »die ghuede heer *den bedructen sielen* wat
vermaket", Bs. 145 r. — » *Verblijt uwen heiligen dienren* mit
guede", Dbvt. 158 r.; »sy *verbliden den ghenen*, die daer aten",
GR. 172 v.; »wiin die die goden ende *den menschen verblijt*",
Bvt. 140 v. — »Hi *sinen lieven vrienden troest*", Bw. 6 r.;
»*sinen lieven discipulen* te *troesten*", Bs. 2 r.; »plach hi *sinen
broederen te troesten*", fgl. 75 v.; »hi *troest den goeden menschen*", Ee. 145 r.; »Die stal ende die cribbe en *troesten* niet
den genen die minnende sijn", Lhi. 30 v.; »te *troesten den genen*,

die u aenroepen", Smz. 246 v.; »ofstu *den droevighen vertroest* hebste*", Vvt. 21 r.; »Die *den goeden bedructen harten niet onghetroest en laet*", GR. 135 v. — »Dit leven *starct den ghenen*, die in tribulacien sijn", Lb. 8 v.; »Die *den heylighen apostelen starcte*", Bs. 55 r.; »om te *stercken alle den ghenen*, die te liden hebben", Oef. 202 v.; »sy *ghestercken* in gracien *den ghoonen*, die leven", Wzz. 144; ook in eigenl. zin »die groene verve *den oghen verstarct*", Bpl. 23 v. — »die *den sieken* weder conforteren", BE. 149 r.

D. De uitdrukking *dat* of *een erve geven, deylen* (c. dat., z. b. v. Ruusbr. VI 38, Ot. 88 v.), kon aanleiding geven tot een woordvoeging, als: »hij *den voerseyde heydenen volc erfgenamen maecken* soude", Thr. 100 r. Evenzoo *enen ghesonde gheven, verleenen* (z. Franc. 6670, Sp. H. II⁴, 6, 125, en 55, 61, II⁵, 23, 12, en 23, 560, en 34, 21, II⁷, 8, 95, Lucid. 928, N. Doctr. 132, 786, enz.) tot: »die *ghesont maket den menschen* ende *den beesten*", Bw. 43 v.; »dat hi *den luden ghesont gemaict* hadde", Lic. 130 v.; »die *den malaetschen*, die totti roepende waren, hebste *ghesont ghemaect*", Lh. 57 v.; »dat onse here *den quellenden sieken* (plur.) *ghesont maecte*", Lh. 55 r.; »heeft hi *den armen* (pl.) *ghenesen*", Ps. 130 v. En op gelijke wijze verleidden ook *enen dat leven, tlijf gheven* (z. b. v. Sp. H. II¹, 37, 62, Tien plagh. 2024, Heim. d. H. 642, Mask. 148), *enen salichede inbringen* (z. b. v. D. Doctr. Opdr. 10) en *enen sine vrihede doen, die vrihede gheven* (vgl. b. v. Rijmb. 18798) respectief tot: »*die allen creaturen* heeft *levendich gemaect*", Bi. 203 r.; »om *den doden* (pl.) *levende te maken*", Ps. 31 v.; — »die *den sondaren saligen* mach", Dctr. 80 v.; »*salich te maken den ghenen*, die in hem gheloven wouden", Bs. 39 v.; »omme *salich te maken den menschen*, die wonen", Bw. 51 v.; om *salich te maken* beyde *den menschen* ende *den beesten*", Bw. 161 v.; — »so heeft hy *den gevangen ioden gevryt*", Lic. 140 r.; »*si vryet der zielen* van pine", Shs. 6 v.; »dat ic *verlost* had *den roependen armen* ende *den weesen*", Lh. 146 v. — »Ende heeft *den meneghen* oec *verloest*, Die ter hellen waren ghegaen", Theoph. V. 856; »dat hi *den menschelijcken gheslachte verlossen soude*", Loh. 5 v.; »*daer hij den vaderen verloste*", Thr. 1 r.; »*doe cristus den menschen verloste*", Ps. 25 r.; »*het verlost den menscen vander suecten*", BE. 300 r.; »*om den mannen mede te lossen*", Ps. 110 r.; »*die den genen verloste*, die gebonden sijn", Lhi. 142 v.

E. Doden, doot slaen, (ver)slaen (= »dooden"), *verdoen, afdoen*, met een 3^{den} nv., is zonder twijfel onder den invloed van het zeer gebruikelijke *enen dlijf, dleven nemen* ontwikkeld: »die al *den kinderen* wouden *doden*", Bw. 82 r.; »om die doden levende te maken ende niet *den levenden* te *doden*", Ps. 197 r.; »so *doden* si *den mannen*", Bvt. 30 v.; »Neptalim en *dode den ghenen* niet, die te bethsames woenden", Bvt. 135 v.; »dat hi soude *minen ionghelinghen doden*", Bvt. 268 r.; »ic sal *doden* Achabs *huse*", Delfsce B. Reg. IV c. 9. — »soe *sloege hi den voerseiden spijsdraghers doot*", Pw. 60 v.; »*den raetsmannen doot to slaen*", Gjl. 36 r.; »dat volc van den lande *sloghen* al *den ghenen doot* die gezworen hadden", Bvt. 222 r.; (z. n. Ibid. 275 r.). — »dat si *verslaen* souden *den dienaren* gods", Ps. 44 v.; »Dus *versloeghen* si *den philistinen*", Bvt. 159 r.; »ic sel van ieroboam *verslaen den beslotenen* ende *den achtersten* in israhel", Bvt. 199 r.; »die vlamme *versloech den mannen*", Bvt. 245 r.; »die wandali *den menschen verslagen* hebben", GR. 200 r.; »die Jheroboams *huyse verslaen* sal", Delfsce B. Reg. III c. 14; »van den mannen, *dien* hi *versloech*", Ib. Jerem. c. 41. — »een stede, daer men *den misdadigen* in plach te *verdoen*", Lh. 132 r.; »hi en mochte niet *of doen den ghenen*, die in die valleie woenden", »Effraim en *dede* oec niet *of den chananeen*", »Sabulon en *dede* niet *of den ghenen*, die in cethron woenden", »Aser en *dede den ghenen* niet *of* die woenden", Bvt. 135 v., (z. n. Ibid. 172 r.).

F. Uit het gebruikelijke *enen (te) leide, scade, wee, scande doen, enen plaghe, pine doen* (z. b. v. Sp. H. IV², 47, 102, Rijmb. 27476, enz. enz.), ontstond klaarblijkelijk een *schenden, te scanden brengen, bederven, plaghen, pijnen, pinigen, quellen, belasten*, cum dativo, evenals uit *enen ene wonde maecken* (z. b. v.

Lanc. III 19816, 20670) en *enen een slach slaen, een slach,
slaghe gheven* (z. o. a. Lanc. II 28383, 28720, 29308, 29841,
29940, 37452, 39699, Belg. M. I, bl. 31, Sp. H. II², 4, 94,
IV², 80, 82, en 39, 27, Ovl. Ged. II, bl. 72, vs. 293, enz.)
een *quetsen* en *slaen*, met gelijken casus: »*Hoeren nabueren* oec
te *schenden*", Mnlp. III 113; »Dat ghi *minen wive* Wout hebben *gheschent* an horen live", Mnlp. II 494; »die *den menschen*
schenden", Lhi. 93 v. — »*uwen vrienden* selven alsoe openbaer
te *scanden brengen*", Sch. 68 v. — »om te *bederven den lande*
van Octavia", Ps. 34 r. — »dat felle dier, dat *den luden* plach
te *plaghen*", Mnlp. IV 2124. — »Als oft *den kinde* niet en
pijnt", Sp. H. II³, 18, 46; »di *den verdoemden menschen pinigen*", Pen. 27 r.; »*den vermalediden sielen* te *pinighen*", Stf.
121 r. — »den stanc hier af *quelde deser sielen*", Ovl. Ged. II,
bl. 35; »soe heeft hi *dinen volc ghequelt*", Bvt. 34 v. — »*belastet*
volck, sonderlinghe *den armen*", Dctr. 23 v. — Die *ure herten
quetst*", Rose 2391; »dat gheen creatuer *den menschen quetsen*
of scaden en mach", Weesp. mss. 36 der Kon. B., 54 r. —
»die *den volcke sloech*", Thr. 22 v.; »die daer *slaende* waren
den volcke", Thr. 128 v.; »*sloech den beelde* ande voeten", Thr.
37 v.; »si *sloeghen haren borsten*", Ep. 131 v.

G. Desgelijks vloeide *beletten, vertraeghen, verstoren,* cum
dativo (in »dat en *belet den engelen* niet int godlike aenscou-
wen", Lic. 154 r.; »dat die grote coude *den kinde* niet en *ver-
traechde* van sijnre devocien", Ovm. 64 v.; »niet dat ic bi dit
den iongen luyden wil *verstoren* ende ofhouden wereltlic te sijn",
Dctr. 2 v.), uit de constructie van *letten, hinderen,* met den
3den nv. des persoons en den uitgedrukten of verzwegen 4den
nv. der zaak (als b. v. in »Dat hi iet *den Jueden lette*", Sp. H.
I³, 16, 14; »Dit moeste *den Jueden letten*", Rijmb. 28956;
»Rijm ende nevel *hindert* dicke *desen menschen*", Ruusbr. VI, 76).

H. Dat we *beligghen, vervolghen, iaghen* ook met den besproken casus verbonden aantreffen, is wel aan den invloed toe te
schrijven van *aneligghen, opligghen* (= »op 't lijf zitten"), *anestri-
den, anevechten,* c. dativo (z. Sp. H. I, Korte Inh. 17, Parth.

5177, Sp. H. II⁴, 56, 4, II³, 1, 18), van *volghen*, in den zin van »persequi" (z. o. a. Teest. 358, Sp. H. II⁶, 27, 61, Lanc. II 36885, 41761), en van *na iaghen*, c. dat. (z. Mnlp. I 1266): »doe die heiden *den kersten beleghen* hadden", Drc. 77 v.; »Doe constantinus *den kerstenen vervolgede*", Pw. 110 r.; »*den kersti- nen te vervolghen*", Lic. 295 v.; »die *den huusvogelen* seer ver- *volghet*", Dcr. 54 r.; »dat si *den beesten* volghen ende *iaghen*", GR. 230 r.; »die *iaghet den woekenaers*", GR. 172 r.

I. Enén (sine) ghenade doen, gheven (Lanc. II 29849, Wrake II 305, enz.), *enen helpen, hulpen, ghehulpich sijn, bistaen, hulpe, bistand doen, in staden staen*, enz. konden den stoot geven tot het ontstaan van een gebruik des 3den naamvals bij *ontfermen, besorghen*. Zie: »*den doden tontfermen*", Wsp. 29 r.; »ic sal *ontfermen sijnen daken*", Delfsce B. Jerem. c. 30; »salstu *ontfermen den steden*", Ib. Zach. c. 1; »*ontferm dinen volcke*", Ap. 158 v.; »*ontferm den kinderen*", Lg. 86 v.; »comen si *den onsalighen* te volcomeliker *ontfermen*", Vrt. 5 v.; »*den sondaren te ontfermen*", Ovs. 23 r.; »gi hebt *ontfermt den tween enigen kinderen*", Ot. 205 r. — »Job herberchde seer ende *besorchde den armen*", Ps. 74 r. — Evenzoo vergelijke men »*sinen wive te laten*", Lic. 158 r., »*laet* aldus *den menschen* sonder hair te laten hulpe", Dctr. 76 v., »aldus en heeft hi *den menscen* niet ver- *stoten*", Oef. 4 v., met het bekende *enen avegaen*, verlaten, in den steek laten, en *beswiken*.

K. Invloed van het Dietsche *liegen*, c. dativo, = »bedriegen", bespeurt men in: »om *te bedriegene allen lieden*", Sp. H. II⁶, 39, 3; »of sy *den luyden bedroghen* hebben", Shs. 25 r.; »ghe- lijc du *den lieden bedrieghes*", Lic. 107 r.; »*den menscen te be- driegen*", Voef. 12 v.; »men *den luyden* zeer *abuseert* ende *be- driecht*", Dctr. 74 v.; alsmede in: »Dat si Lodewike *verleiden* sal Enten *anderen heren* al", Lorr. (Jonckbl.) I, 106; »dat hi *den volcke verleydende* was", Lic. 130 r.

L. Niet anders wordt ons door het intr. *enen gheliken* en het trans. *iet of enen ener sake of enen* (dat.) *gheliken* het gebruik ver- klaard van *bedieden* en *beteekenen* in zinnen, als: »*Esau bediet den ioden*, die roet ende besmit sijn", Ot. 18 r.; »Babylonien *bediedt den huse*, Daer altoes in woent confuse", Wrake II 1041; »Die haghel, die donre ende die blicke Wil ic *den duvelen bedieden*", Tien plagh. 1547 (vgl. »Die keeveren Die ghelike ic meneghen man", Ibid. 1715); Nabusardam *beteikent den ghenen*, die hem gheven ter gulsicheit", Pw. 53 r.; »Dese *beteikenen den prekers*", GR. 228 v.; »Dese *beteykenen den menschen*, die alleen een oge hebben des redens", Ibid.; »dat *beteykent den gulsigen*, die alle daghe lopen enz.", GR. 211 r.

M. Bekend is uit het Dietsch de constructie van *doen, laten,* met den infinitief en den dat. des persoons of der zaak. Naar het voorbeeld van een zoodanig *doen, laten,* met een volgend *gaen (avegaen), comen,* alsmede van *enen* (dat.) *heeten gaen, comen,* namen ook *senden, voeren, brenghen, keren, noden, roepen, vergaderen, tien, trecken* en *verwecken,* in plaats van den normalen accusatief, somwijlen een 3den nv. bij zich. Zie: »Dat si hem weder *senden* soude *Someghen wisen* van siere oude", Rijmb. 18558 (var. *somighe*); »hiram *sant sinen knapen* tot Salomon", Delfsce B. Reg. III c. 5; »der propheten, *dien* ic tot u *gesent* hebbe", Ibid. Jerem. c. 26; (z. n. Bvt. 219 r. 227 r.). — »die coninc van assirien *voerde* over te cyrenen *den ghenen* die in damascum woenden", Bvt. 216 v. — »Hi heeft *den ballinghen* weder tot haren lande *ghebrocht*", GR. 113 v.; »Hi *brenghet den raetghevers* tot enen sotten einde ende *den rechters* in verwonderen", Delfsce B. Job c. 12; »om dat ihesus *den luyden* van deser dwalinge soude moghen *brengen*", Lic. 178 r.; »wat saecken *brenghen den menschen* tot dit berou", Shs. 5 r. (ibid. nog tweemaal ongeveer evenzoo); »om *den ghemenen menschen* ten verstande te *brenghen*", Shs. 55 r.; »*den luyden* in confuysen te *brenghen*", Dctr. 76 v.; »te *brengen den sondaren* tot penitencien", Dctr. 80 v.; »die camerlinghen, *dien* hi weder *ghebracht* hadde", Delfsce B. Jerem. c. 41; »om *allen conincriken* te *brenghen* onder die obediencie van roem", Gjl. 34 r. — »Sal hi *sijnen vrienden keren* tot vreden", Delfsce B. Parab. S. c. 16; »wilt *uwen sinnen* emmer *keren* Tot schaemt",

Mnlp. IV 957; *keert onsen herten* tot u", Dbvt. 158 r. — »dat
hi liever *den armen noden* woude dan *den riken*", Lhi. 99 r.;
»hi *node* alle *den mannen* van iuda", Bvt. 186 v.; »hi hevet
den princen ghenodet", Ibid. 187 r. — »*den dwalenden volc* van
der afgoderien weder te *roepen*", Ps. 44 v.; »Ihesus *riep sinen*
iongheren te gader", Nt. 21 v.; »(hi) *riep den heren*, die over
hem gheclaghet hadden", Pw. 44 v.; »soe *riep* iosue — *den*
princen ende *den leidsmannen*", Bvt. 133 v.; »ioas die coninc
riep den papen ende seyde", Ibid. 214 r.; »Niet om *den recht-*
vaerdigen tot minen ryke te *roepen*, mer *den sondaren*", Shs.
5 v. — »Iosue *vergaderde* alle *den gheslachten*", Bvt. 134 r.;
»Die gulsicheyt heeft *den zodomiten* totte zonde *ghetoghen*", GR.
234 v. — »Gheleghentheyden, die welcke *den menschen* tot sonden *trecken*", Shs. 12 v.; »saken *den menschen* van penitencien
treckende", Shs. 16 v. (ibid. nog tweemaal); »onse here woude
allen menschen tot hem *trecken*", Lhi. 79 v. — »Die *den men-*
schen verwecket totten gheesteliken stride", Ep. 172 r. Vgl. ook:
»Dat onvrede ende vyantscapen *den luden* van biechten ende
penitencie *houden*", Shs. 16 v.

N. Het verbum *leyden* en *vtleyden* heeft zijn niet ongebrui-
kelijken datief des persoons gewis aan *wisen* te danken (vgl.
»hij hevet te rechte *ghewesen den ghenen*, dye dwaelden", Bs.
55 r., en Os. »*wisda im* Judas", Hel. 4812): »die *den kinder*
van ijsrahel wt egipten *geleyt* heeft", Thr. 42 r.; »die is *den*
menschen leidende", Lic. 74 v.; »*den volcke* tot den wech des
levens te *leiden*", Lic. 90 v.; »dat de sterre *desen coninghen* was
leydende", Lic. 34 r.; »*den sondaren* soe *leyden*, soe *sturen*",
Shs. 44 r.; »hi *leide sinen heer* ten lande den cortsten wech",
Bvt. 32 v.; »si *leyden den kinderen* ieghen den aensichte van
des heren tempel", Bvt. 262 v.; »Die luden *haren siecken vrien-*
den opter straten *leyden*", Bs. 33 v.; »sulstu *vtleiden den manne*",
Delfsce B. Deut. c. 17.

O. Vgl. ook nog »dat wi *sinen gheboden bewaren*", Bdio.
49 v., en »hi *sinen gheboden gehouden* had", Bvt. 148 r., met
het gebruikelijke *ghehoirsaem sijn den ghebode(n)*;

»*hebt genen vreemden goden*", Dbvt. 70 r., »als si *enighen anderen goden oefenden*", Bvt. 263 r., met *dienen*, cum dativo;

»(hi) *bedwinghet sinen monde*", Smz. 216 r., »hoe dat men *den ionghen maechden* sal *bedwinghen*", GR. 153 v., en »*haren onder-saten regieren*", Lic. 164 v., met *ghebieden*, c. dat. (b. v. »Dat hi *ghebieden* mochte *der vloet*", Rijmb. 19277).

Evenzoo ligt de wijze van ontstaan voor de hand bij de con-structies: »die *den armen* (pl.) *gevoedet* hat", Ps. 120 v.; »hi *voedt sinen iongen*", BE. 221 v.; »*den kijnde* te *voeden*", GR. 25 r.; »als hi *den volc spisede*", Lh. 5 r.: »daer du *dinen wt-vercoren* (pl.) *spiseste*", Lh. 175 v.; »*den hongerigen* (pl.) te *spysen*", Ps. 200 v.; en bij »*zoghet* die moeder *haren lieven kin-derkens*", Bs. 104 r. Een navolging van dat *voeden* is natuur-lijk »*haren sonen* op te *voeden*", Bdie. 23 v.

OPMERKING 1. Voor kennisgeving vermeld ik verder:

α. Verba, met een beteek. »toornig, vijandig gezind maken": »een licht opblasinghe des herten *vertoornt den oghen* der mo-ghentheyt", Thak. 127 v.; »of hijt (nam. de persoon *ambicy*) was, die in tijden voerleden zoe zeer *ontstack den romeynen* ende die van Cartaigen", Dctr. 45 v.; »hy heeft *den volcke ver-wect* teghen den heiligen man", Ps. 34 v.; »dat hy *den goden verbolgen* had", Ps. 141 v.; »dat hy daer *den broederen beroerde*", Ps. 114 r. Kan hier een herinnering aan *enen gramscap ver-wecken* in 't spel zijn geweest?

β. Winnen, verwinnen: »op dat du *allen menschen wynnen* moechste", Lhi. 115 v.; »Alexander die tyran, Die *alder werelt verwan*", Wrake I 637; »die *den sielen winnen*", GR. 141 v.; »hoe hy *den heyden* (pl.) best soude *verwinnen*", Pw. 202 r.; »si *verwinnen haren vianden*", Dbvt. 213 v.; »*verwint* si *allen den menschen*", Bs. 155 r.; »nadat si *haren vyanden verwonnen* hadden", GR. 135 r.; »om dat hi *den barbaren*, haren vyanden, *verwonnen* hadde", GR. 135 v. Evenzoo *bedwingen* (ten onder brengen): »dat ic *den vianden bedwinge*", Lic. 118 r. Vanwaar deze opmerkelijke beheersching?

γ. Maken, met een praedicaatsadject. of -subst. en een dat.

personae: »Ende *maecte den Sassen* vechtens soe *zat*", Brab. Y.
I, bl. 102; »dat hij *den apostolen ghelovich* soude maken", Lhi.
176 r.; »die guede niemare *maket vet den beenren*", Delfsce B.
Parab. S. c. 15; »dat hi *sinen sonen maecte ridders*", Ibid. Reg.
I c. 7; »dat god *sinen heyligen wonderlijc ghemaket* heeft", Bs.
40 r.; »die *sinen handen* hevet *onmachtich ghemaket*", Bs. 155 r.;
»om *den mannen wijflic* of *weec* te *maken*", Gjl. 6 r.; »si *maec-
ten woest* alle *den landen*", Gjl. 10 v. Mogen we hier aan den
invloed denken van *enen sathede, dat ghelove, vethede, dat rech-
terscap, wonderlijcheit,* enz. *geven, die macht nemen*? ').

OPMERK. 2. In het Mhd. »swer *dem andern* einen huoren-
sun *sprechet*", die den ander een hoerenzoon noemt, »boese
liute, *den* man *sprichet den schindern*" (z. Lex. i. v.), is blijkbaar *sprechen* opgevat en gebezigd als »den namen geben".
Tegenhangers hiervan kunnen zijn: »(hi) *besculdichde desen scip-
pers* dieven", GR. 178 v.; »heeten si dese stat *den scheidenden
stenen*", Delfsce B. Reg. I c. 23; »so dat die ioden dese sama-
ritanen als ketters houdende waren, ghelijc wy nu *den turcken
houdende* sijn", Lic. 103 r.

Latijnsche invloed kan gewerkt hebben bij *benedien* en *ver-
maledien*, die anders een accusat. regeeren, doch in den Delfscen
B. (z. Paralip. II c. 31, Ysai, c, 61 en 66, Reg. I c. 2,
Deut. c. 7, Bar. c. 6) en Ep. 111 v., Bvt. 6 r. 125 v., met
een 3den nv. worden aangetroffen.

B.

Bij verschillende andere verba, die in het Dietsch met een
ongewonen datief worden gebezigd, kan men in die constructie
moeilijk iets anders zien dan een overblijfsel van een vroegere
Oudgerm. woordvoeging, met den 3den naamval.

---

1) Vgl. b. v. voor zoodanige zegswijzen boven *D*, alsmede b. v.: »Blenden gaf hi
hare sien", Sp. H. II*, 84, 29; »Die gaf soetheid der spise", Rijmb. 13359; »die
den blinden sien gaf, den doven horen", Pw. 114 v., Ps. 209 v.; »hi gaf den blinden dat syen, den stommen sijn spraec", Ps. 91 v.; »dat noemen van sinen naem
gaf den stommen spreken", Ps. 57 r.

AA. Zoo bij (*ver*)*oordeelen, vonnissen, doemen:* »*den bosen ioden verordeelende*", Lic. 92 r.; »*horen pastoren te veroerdelen*", Bdio. 89 r.; »so en moghen si, die in groten sonden sijn, niet *oerdelen* sonder sonde *den ghenen*, die in minre sonden sijn", Bdio. 91 r.; »dat hi *dinen volcke vonnissen* moghe", Delfsce B. Reg. III c. 3; »dat hi *dinen volck vonnissen* mach", Bvt. 189 v.; »Doe hi (God) *doomde der werlt* al", Mnlp. III 260. Vgl. het Ohd. *irdeilan*, het Mhd. *erteilen*, cum dativo (z. G*r*. Gr. IV, bl. 692); maar tevens *enen vonnesse gheven*, doen (b. v. in »na der vroescap, die een hevet, So eist dat God hem vonnesse ghevet", Praet 1291; »God gaf hem vonnesse ter helscer pine", Sp. H. IV³, 23, 19; »dattu mi een ghenadich vonnis doeste", Lh. 188 v.; »dat hi vonnisse doen soude den weduwen", Pw. 60 v.), 'twelk tot het in stand blijven des datiefs kan hebben bijgedragen.

BB. *Sparen,* c. dat. (in »Onse heer heeft langhe *desen volcke ghespaert*", Lg. 146 r.; »of god *den natuerliken telghen* niet *ghe-spaert* heeft", Pau. 19 v. en Ep. 14 r.; »*spaert* god *den bosen menschen*", Weesp. mss. der Kon. Bibl. n⁰. 36, 2 v.; »dat god *den enghelen* niet en *spaerde*", Ep. 119 v.; »hi en *spaerde der eerster werelt* niet". Ibid.; »die *den cudde* niet *sparen* en sullen", Ep. 159 v.; »daer om en sel ic oec *minen monde* niet *sparen*", Bvt. 235 r.; »dattu niet *sparen* en soudes *den misdoenden*", Ibid. 285 v.) vindt zijn parallel in het Ags. *sparian*, het Mhd. *sparen*, het Ohd. *liban*, het On. *hlifa*, met gelijken casus (z. G*rein*, E*ttm*., L*exer* i. v. en G*r*. Gr. IV, bl. 687). Toch is hierbij niet te vergeten: 1⁰. dat tot het behoud dier regeering uitdrukkingen, als *enen ghenade doen, gheven* (z. bov. onder *I*), kunnen hebben meegewerkt; en vooral 2⁰. dat al deze Dietsche citaten voorkomen in werken, uit het Latijn vertaald, waar alzoo invloed van het *parcere* des origineels mogelijk was.

CC. Met het Ohd. »ze *gefridonne sinemo liute*", Nôtk. 104, 27, het Os. »*fridodi* ira *ferahe*", Hel. 3858, het On. »*barg* hiôrs ôpyrmir rakliga *fiorvi* varga", Vellekla (z. D*ietr*. Lab. bl. 64), »*maerom biarga*" (z. G*r*. Gr. IV 688), komt overeen:

»den herderen, die *wachten horen beesten*", Bvt. 232. En eenigszins ook »*soe beschermt* hi den *kinnebacken*", BE. 59 v.; »Dat
hi dicke *sinen knechten* ende *sinen beesten bescermt* hevet", Dbvt.
125 r.; »ofse *den onnoselen weduen beschermt* hebben", Shs. 24 v.;
»als dat gout *den menschen beschermt* van laserie", Sch. 25 v.;
»dat sardius *den menschen bescermt* van tovernien", BE. 288 v.;
»Alsoe sel die ridder *den volc bewaren*", GR. 233 r.; »die nagelen inden dieren *verwaren den voeten*", BE. 71 r.; een constructie, die waarschijnlijk ontstaan is onder invloed van een oud
schermen, dat in regeering overeenstemde met het Ohd. en Mhd.
scirman, *schirmen*, c. dativo.

DD. Ter uitdrukking van »de richting naar iemand, ergens
heen" bezigden de Goten een datief bij *gaumjan*, *vitan*, *hausjan*;
evenzoo de Middelhoogduitschers bij *vernemen* (gehoor schenken), *hoeren*, de Noren bij *hlýdha* (hooren naar iets); (vgl. voor
het laatste b. v. »en allir *hlŷddu* er inni *voru*", Hervarars. in
Dietr. Leseb. bl. 350, reg. 1, en zie Jonsson in voce). Een
gelijk gebruik is ook zeker in het Oudnederfrankisch, dat aan
het Dietsch ten grondslag heeft gelegen, in zwang geweest.
Getuige het voorkomen van dien casus bij *(aen)sien*, *besien*,
vernemen (zien), *acht slaen*, *(ver)hooren*, *gedencken*, *andencken*,
mercken (= »de oogen, het oor, den geest op iem. of iets richten"). Zie b. v.: »hi en *siet* niet *aen den gaven*", Thak. 45 r.;
»*siet aen desen tafelen*", Ps. 97 r.; »doe ioseph *sinen brueren*
sach", Dbvt. 26 v.; »ic sal *besien minen brueders*", Delfsce B.
Reg. I c. 20; »als die duven *den rovers sien*", BE. 208 r.;
»scepen, *dien* die lude *zien*", Delfsce B. Macch. I c. 13; »Op
eenen dach *saghen* si *haren knapen*", Pw. 104 v.; »dat hi *den*
sonnen schine sach", Vb. 114 v. — »Nu hebben *vernomen* binnen dien Die ridders van den castele *Den II ridders*", Lanc.
II 37926; »daer si *vernamen Enen witten herte*", Lanc. III
9089. — »*Slaet* doch *acht uwen waerden live*", Mnlp. II 3032. —
»Doe pylatus *desen reden hoerde*", Die pass. o. Her. (Cat. mss.
M. v. Lett. n°. 314), 8 v. (2 maal); »*uwen woerden* heb ic ge-
hoert", Thr. 23 r.; »*hoerden* wi *den love*", Delfsce B. Ysai. c. 24;

»sij zijn salich, die *den woerden* godes verdienden te *horen*",
Bs. 143 v.; »dat god *den sondaren* niet en *verhoort*", Lic. 137 v.;
»dattu *verhores den sondaren*", Pw. 107 r.; (z. n. Delfsce B.
Deut. c. 1 en 3, Reg. II c. 5, Jerem. c. 4). — »Ende wilt
trouwen vrienden ghedencken", Mnlp. II 4168; »Wildi *gedinken
dien doene*", Lanc. IV 7224; »Si *dochten sinen woerden*", Ee.
138 r.; »*Ghedencke dinen knechten*", Ap. 171 r.; »*haren sonden*
en sal ic voert dan niet meer *ghedencken*", Pau. 128 r.; »dat
hi altoes *den armen gedencken* soude", Ps. 10 v.; »*den godliken
leren aendencken*", BE. 8 v.; »dat si *den ioedschen fabulen* niet
andencken", Pau. 116 r.; (z. o. Ep. 100 v.). — »niet *anmerc-
kende den personen*", Ps. 49 v. — Desgelijks in de veelvuldige
constructies van *sien* en *hooren*, met den dat. (pro accusativo)
en den infinitief: »Als men *der eewangelien* cont *hoort* maken",
st. Am. I 4157; »si *hoerde den enghelen* singhen", Gt. 56 v.;
»Alse sijt *sage ere andre* dragen", Rose 9192; (z. v. *Vondel.
gr.* § 269, alsmede Brab. Y. I, bl. 38, Sp. H. II¹, 79, 10,
II², 47, 20, II⁵, 17, 201, II⁶, 7, 64, II⁷, 12, 65, III⁶, 9,
38, III⁷, 29, 67, en 44, 64, IV¹, 45, 22, IV², 53, 19,
Maerl. Strof. Ged. ed. V, bl. 129, Mel. St. VII, 893, Rijmkr.
v. Vl. bl. 105, Lsp. II, 1, 122, Rijmb. 17233, Hug. v. Tab.
6, Lanc. II 16670, Grimb. O. 697, Wrake II 220, enz.).

Of hiertoe ook constructies te brengen zijn, als: »*den vrouwen* niet te *visiteren*", Shs. 26 v.; »dat die here *den kinderen*
van ysrahel *ghevisiteert* hadde", Lh. 33 v.; »*visiteer* Mariam ende
den kinde", Oef. 50 v.; »*sinen ouders visiteren*", Ps. 47 r.; »Ic
wil *dinen heylighen husen versoecken*", Shs. 33 v.; »voghelen,
die *den bossche* meest *hantieren*", BE. 208; »dair hi *den menscen* meer *vint* toe geneicht", Voef. 12 v.; »men *vint* (d. i. ziet)
wel *sommigen luden*", Lhi. 36 r.?

EE. Een soortgelijke locale betrekking, en wel »*aan* iem.
of iets", welke de datief bij het Got. *tekan*, het On. *taka*, het
Ags. *onfôn* (»opnemen", eig. »aanpakken") en het On. *henda*
uitdrukte (vgl. voor de drie eerste verba Grimm, Gr. IV, bl.
700 en 701, voor het laatste »er *slikum mönnum* bezt *hent* þar

20

sakir ydhvarra lista", Orkneyingas. in Dietrich Leseb. 212, reg. 10; »Helþiofr, er ek *hendta smábörnum*", Fridhþ. saga in Dietr. Leseb. 254, reg. 8), vertoont die naamval ook in onze oudere taal bij *ontfanghen* (in trop. zin gebezigd), *gheraken, roeren* (= »aanraken"), *aentasten, (be)gripen* en *(ombe)vanghen*: »hi altijt *ontfanct den sondaers*", Ee. 74 v.; »te *ontfangen alle den ghenen*, die tot hem quamen", GR. 115 r.; »om *den kinde te ontfanghen*", Lic. 37 v. — »dat die clerc *den beelde* niet *gheraket* en heeft", GR. 119 v. — »so *greep* si *sinen voeten*", Lh. 76 r.; »hi *begreep den hoernicke* vanden outaer", Delfsce B. Reg. III c. 2. — »alst *den seden roert*", Lhi. 68 r.; »dat *dengenen roert*, die .... sijn", Lhi. 114 r. — »dat hi *den siecken borgeren aentaste*", Ps. 132 v. — »so waren daer moerdenaers ende hebben *enen kinde ombevangen*", Pw. 174 v.; »om te *vangen den beesten*", GR. 170 v. 171 r.; »Hi *vinc haren coninghen*", Bvt. 128 r.; »*den menschen te vanghen*", GR. 171 v.; »*den kerstinen te vanghen*", Lic. 295 v.; »Waer bi hebbeste *den princen gevangen?*" Pw. 91 r.

FF. Met het On. *blóta*, c. dat. (zie b. v. »it fyrsta haust *blótudhu* þeir *yxnom*", en »at þeir skyldo *hönum blóta*", Heimskr. in Dietr. Lsb. 195, reg. 3 en 11), vergelijke men: »die vader *offerde* beide *den nappen* sinte nycholaus", Pw. 92 v.; »salomon die dode danckelike hostien, *dien* hi den heer *offerde*", Bvt. 194 v.; »Ende *offeren* mede *den corve* mitten derven broden", Delfsce B. Nehem. c. 6; »Ghi sult *offeren enen ramme*", Ib. Num. c. 29; »Hi sal *offeren enen onbesmetten ramme*", Ib. Num. c. 6. Evenzoo p. anal.: »ende si *consacreerden* hem *haren zonen*", Bvt. 217 v.

GG. Niet minder treffend is de analogie tusschen het On. *yppa*, »oprichten, in de hoogte heffen", c. dativo (z. b. v. »ádhr Burs synir *biódhum* um *ypdhu*", Völuspâ, 7; »*ypdhit* litt *hurdhum*", Atlam. 45; »*svipum* hefi ek nú *ypt* fyr sigtíva sonum", Grîmnism. 45; vgl. Nɥɢ. Eddasprog. Synt. § 12*b*) en: »*verhief* hi *sinen vloeghelen*", fgl. 56 v.; »*hebstu dinen oghen opgheheven*", Bvt. 219 v.; »Hi *heft op den nevelen* van den einden der aer-

den", Delfsce B. Jerem. c. 10; »(hi) *sloech sinen oghen op*",
fgs. 15 v.; »*sloech si haren oghen op*", El. 27 r.; »die gerech-
ticheit *verheft den volcke*", Delfsce B. Parab. Sal. c. 14. —

HH. Een gelijk instrumentaal karakter van den 3den nv.
ontmoeten we ook in het Got. »*galukands haurdai theinai*",
Matth. 6, 6 (waar klaarblijkelijk een obj. *hepjon* is in te vullen), en het On. »*lûka dyrum*", eig. een of ander vertrek met
een deur (deuren) sluiten (z. Jonsson i. v.). Nevens dit laatste
bezigde men, met verwisseling van het middel en het voorwerp, ook b. v. »*lûka nôsum*" (vgl. Gr. Gr. IV 702), »*lûka
hauginum*", (als in »*þeir iâ þvî ok er þâ lokit* aptr *hauginum*",
Völsungas. in Dietr. Leb., bl. 119, reg. 23; vgl. echter Got.
»*galukun thata hlaiv*", Matth. 27, 66). Of nu het Dietsche »si
loken haren monde op", fgs. 57 v., »si hebben op mi *haren
monde ondaen*", Lh. 115 v., »die rave *ondede sinen vlogelen*",
Pw. 186 v., als parallellen van zulk een »*lûka hauginum*",
mogen beschouwd worden?

II. De On. verba *kasta, hreyta, verpa* = »werpen" werden
met een instrumentalen datief, in plaats van het anders gebruikelijk object, geconstrueerd (z. Nyg. t. a. pl. en Gr. Gr.
IV, bl. 709, en vgl. b. v. »*hundum verpa*", canes emittere),
evenals het Got. *usvairpan* (b. v. in »*usvairpands allaim*", ἐκβα-
λὼν ἅπαντας; »*usvairp þizai þiujai*", Ἔκβαλε τὴν παιδίσκην, Marc.
5, 40, en Gal. 4, 30); een woordvoeging, die we terugvinden
in: »ic sel *den menschen werpen* uut den tabernakel der kinder
gods", Ovs. 32 r.; »dat ghi *haren outaren* averechts *werpen*
soudt", Bvt. 136 r.; »dat si wten tempel *werpen* souden alle
den ridderscap", Bvt. 223 r.; »dat si hem pinen met haren
ghevisierden loghenen averechts te *werpen den ghenen* die haren
dienste doen", Bvt. 375 r.; »Dat hi *den coopers* uten tempel
was *werpende*", Lic. 61 r.; »wy hebben *den duyvelen* uten menschen *gheworpen*", Lic. 93 v.; »dat si wten tempel *werpen* souden alle *den ridderscepe* des hemels", Delfsce B. Reg. IV c. 23;
alsmede in de navolgingen daarvan: »So soude dat onnosel
kijnt *den vyanden veriaghen*", Gr. 119 v.; »die *den propheten*

veriaecht", Lic. 118 v.; »die *den serpenten veriaghet".* Bs. 27 v.;
»Tyrius *verdreef* alle *den heyden",* GR. 222 v.; »waer omme en
verdreef ihesus *den vercopers* van duven niet wten tempel?"
Lic. 56 v.; »dat onse here *den vianden* wt den mensche *ver-*
dreef", Lh. 60 r.; »hi heeft *den vianden* wt den menschen *ver-*
dreven", Lh. 5 r.; »hi heeft *den bosen gheesten* uten menschen
verdreven", Hs. 219, 155 r.; »hi hevet *verdreven* alle *den hey-*
denen", Bvt. 134 v.; (z. n. Ibid. 141 v.); »*doet den quaden heen*
van u selven", Ep. 26 r.

KK. Verslinden, in »een vyer moet *verslinden den cedren* van
Libanon", Delfsce B. Judic. 9, »Dat vyer moet *dijnen vianden*
verslinden", Ibid. Ysai. c. 26, »die riicheiden *dien* hi *verslonden*
heeft", Bvt. 239 r., is zeker te vergelijken met het Ags. *svel-*
gan, c. dat., als b. v. in »eordhe *svealh* saedberendes Sethes
lice", Caedm. 69, 32, »heofon *rêce svealg",* Béov. 3155 (z. nog
GR. Gr. IV 701 en GREIN, Gloss. i. v.). Evenzoo *scoeren* en
tebreken, in »doe *scoerde* hi *sinen clederen",* Bvt. 260 v., »si
hebben *dinen outaren te broken",* Bvt. 202 v., met het Ags.
»*slât unvearnum",* het On. »*slita fôtum",* enz. (zie GRIMM, Gr.
IV, pag. 701).

LL. »Van allen woerden *dien* hi *gesproken* heeft", Lic. 118 v.,
en »alle mijn redenen, *dien* ic tot di *spreken* sal", Delfsce B.
Ezech, c. 3; »die eerste woerden — *dien* si *ghesproken* hebben",
Hs. 219, 165 r., zijn de weinige bewijzen, welke mij voor een
datief bij *spreken* ten dienste staan; »waer om heb gi mi *minen*
goden gestolen" Dbvt. 19 v,, en »een wijf *roert den rechteren*
voete", BE. 43 v., de eenige voor *stelen* (= »bestelen", vgl. b. v.
Car. e. El. 613) en *roeren,* met een 3[den] nv. Kunnen meer
dergelijke citaten grooter zekerheid verschaffen, dan hebben we
hier een Dietsche constructie voor ons, die overeenstemt met
het Os. *sprecan wordun* (datief-instrum., b. v. in »Tho sprac
iru eft that barn *uuisun uuordun",* Hel. 825), *bineotan aldru,*
libu, bilosian libu, ferahu, enz., (vgl. ook On. »*âss er stolinn*
hamri", þrymskv. c. 2, in Dietr. Lsb., bl. 14), en het On.
drepa hofdhi, hendi, foeti (vgl. NYGAARD, Eddaspr. S. § 12*b*).

»Ic sel *vertellen* alle *uwen wonderen*", Dbvt. 128 v., »*gi sinen wonderen* selt voert *kondigen*", Dbvt. 204 v., »ende *seiden* hem *dien miraculen*", Pw. 92 r., »*beliden* wij *onsen sunden*", Bw. 90 v., konden dan verkeerde navolgingen zijn van zulk een *spreken* c. dat., evenals »ghi hebt *ghenomen minen goden*", Bvt. 146 v., van het bovengenoemde *stelen*.

Naast het Got. *kukida fotum*, *ni kukides mis*, enz., staat een Dietsch »laban *custe sinen sonen*", »ioseph *kuste sinen broderen*", Bvt. 20 r. en 28 v.

Opmerk. Gelijk bij de vorige afdeeling, vermeld ik hier alleen ter kennisgeving:

»om *rijcken karcken* te *vercrighen*", Bw. 93 v.;

»dat wij *desen cruycken* mit watere *vollen* sullen", Bw. 91 r.;

»dat geluut *vervulde* allen *den ghenen*, die inden huse saten", Lhi. 186 r.;

»de *den afgoden gemaect* hadde", Pw. 96 r.; »van alle den steden *dien* hi *ghesticht* hadde", Bvt. 205 v.; »die *den graven timmert*", Lic. 126 v.; (misschien samenhangende met »die *enen metalen serpente oprechteden*", Lhi. 151 r., dat tot *FF* kan behooren);

»sy *gaf den potten* den voerseiden iuliaen", Pw, 149 v.; »Ende *gaf den stucken* den armen", Pw. 85 v.; »god heeft u nu *uwen vianden* in uwen handen *gegeven*", Dbvt. 126 v. en Ot. 125 r.; »hi sel *uwen wiven* uwen naesten *geven*", Dbvt. 137 v.; »si namen haer dochteren te wive ende si *gaven* oec *haren dochteren* haren zonen", Bvt. 136 v.; »die heer heeft *den moabiten gele↓ert* in onsen handen", Ibid. 137 r.; »*sinen gaven deylende* in allen kerken", Ep. 173 r.; (vgl. in het Mhd. »Ioseph *sinen bruoderen gebete mit sabeninere wâte*", enz., met den dat. personae en een *door de praepositie* uitgedrukten instrumentalis).

C.

Eenvoudiger dan de boven behandelde datieven is diezelfde casus in zinnen, als: »men pleghet *siecken ghewonden luyden* te *verbinden*", Bw. 84 v.; »ghi *besnydet den mannen*", Lic. 130 v.; »dair om *besnijt* men *den saracenen*", Pw. 56 r.; »die *den wateren bint* in sinen wolken", Delfsce B. Joh. c. 26; »daer *bonden si minen voeten* inden steen", Hs. 219, 176 r.; »*den menschen* van sonden te *ontbinden*", Shs. 55 v.; »hi leyde hem in die herberghe ende *ondecte den cameels*", Bvt. 14 r. Hier toch is alleen het object *die wonden*, *die voerhuut*, *een*, *den bant*, *last*, weggelaten, evenals b. v. bij het Mhd. *binden*, in »schône begunde *ir binden* Elsemuot" (z. LEX. i. v. en GR. Gr. IV, bl. 693). Met navolging van deze constructies ontwikkelde zich »die *den inwendighen dingen* te samen *knopet*", Bw. 111 r.; »Hi heeft *sinen sterte* te samen *ghestricket* als enen cedarbome", Bvt. 246 v.; »dat dese loftenisse *den luden verbint*", Shs. 58 v.

Desgelijks »gorde *dinen lenden*", Lh. 76 v., naast het volledige »Doen *gordi den coninc tswaert*", Salad. 169, »Ende Lanceloet *gordem tswaerd*", Lanc. III, 77; vgl. Ohd. Mhd. *einem gurtan*, *gurten* (z. GR. Gr. t. a. pl.).

D.

Bij *wasschen*, *dwaen*, *reynigen*, *reine maken* is meermalen de persoon of de zaak, ten behoeve waarvan de reiniging plaats heeft, met het te reinigen voorwerp verwisseld. Moest de eerste eigenlijk in den dativus commodi staan (als b. v. in »dat god *den menschen* ende alle *den volc purgeerde*", Thr. 83 r.; vgl. bov. C) en het andere in den accusatief, zoo werd herhaaldelijk, bij verzwijging van de(n) eerste, het tweede in den 3^{den} nv. gebezigd. Zie b. v.: »wij hadden *onsen voeten ghewassen*", Bw. 86 v.; »si hebben *haren stoelen ghewassen*", Bs. 3 v.; »dat ick uwen *bloedighen wonden ghewasschen* hadde", Bs. 30 r.; »*dwae dinen voeten*", Delfsce B. Reg. II c. 11; »die *den sunden reyneget*", Bw. 78 r.; »(hi) heeft *den melaetschen gereynicht*", Lh. 5 r.; »si *reynicht der zielen* van sculden", Shs. 6 v.; »*wassche of dinen sonden*", Ep. 162 v.; »nadien dat si *haren voeten ghewasschen* hadden", Bvt. 147 r.; »Welke fonteynen *maken* versch ende *reene* Van sonden *Alden ghenen*, Diere haer ghelove in setten", Lsp. I, 21, 115. Vgl. het Mhd. *twahen*, b. v. in »si twôc dem armen man", »si twûg ir", »dâ mit si im twûch", z. Lex. i. v.).

En met gelijk karakter vinden we: »ghi hebt *uwen hant-schoenen wtghedaen*", Rein. pr. 13 r.; »Soe wil die ziele *den wtgetogen rocke* weder *antrecken*", Parhl. 119 r.; »David *dede af den breydele*", Delfsce B. Reg. II c. 8; »Als du *dijnen oghen bestriken* sulste", Ibid. Jerem. c. 4.

ALGEMEENE OPMERK. Bij een vergelijking der bovenstaande citaten met de op bl. 163 en 164 van dit *Tijdschrift* (I) uit den Delfscen Bijb. verzamelde, zal men merken, hoe menige aldaar als dativus, pro accusativo, opgegeven vorm in werke-lijkheid een echte 3de nv. is. Van de t. a. pl. bijeengebrachte dativi *pluralis* blijft er zelfs maar één over, die boven geen syntactische verklaring vond: »Ghi sult *vercoelen uwen sielen*". Is deze evenwel echt, dan laat hij zich gereedelijk uit den in-vloed der zegswijze *enen ene vercoelinghe maken* begrijpen (vgl. »dattet maect mi een vercoelinghe", Pw. 82 v.). Of de andere nog resteerende enkelvoudsvormen, uit dien Bijb. van 1477, vroeger al of niet juist door mij zijn beschouwd, hoop ik in een later opstel te onderzoeken.

W. L. VAN HELTEN.

MADOC.

(REINAERT, vs. 1).

———

De gissingen van Mone, die Madoc voor hetzelfde houdt als
Malagys [1]); van Willems [2]) en Serrure [3]), die den drager van
dien naam gelijkstellen met »Madoc den zoon van Owen Guyn-
nedd, Prins van Wallis, die omtrent den jare 1170 America
ontdekte"; van Leo [4]), als zoude Madoc de Welsche naam voor
»vos" wezen; van Martin [5]), die van oordeel is, dat Madoc
zoowel de bijnaam van Willem (de woorden »daer hi dicke
omme waecte" zouden dan als object van »maecte" behooren
te worden opgevat;) kan zijn als de titel van eenig werk in
den trant van den *Tondalus*: een en ander meen ik bekend
te mogen veronderstellen, en zal er niet bij stilstaan evenmin
als bij den Maedoc van de *Acta Sanctorum.* Liever herinner
ik aan de plaatsen *Rijmb.* vs. 34846:

> Want dit nes niet Madox droom,
> No Reynaerds no Arturs boerden;

en *Burchgrave van Coetchy* [6]):

> Noch wanic, her ridder, dat gi slaept,
> Of dat gi sijt in Madox drome,

waar van Madoc's *droom* sprake is, en vestig de aandacht op
twee bijzonderheden: 1⁰. dat blijkens *The dream of Maxen*

---

1) *Anzeiger*, 1834, 197.
2) *Reinaert* (1850), XXXIII.
3) *Letterk. Geschied. van Vlaanderen*, I, 168.
4) Haupt, *Zschr.*, IV, 565.
5) *Reinaert*, XIV en vlg.
6) Jonckbloet, *Gesch. d. N. Letterk.*, I, 109.

Wledig [1]) de naam »droom" voor een Arthur-conte geen onmogelijkheid behoeft te heeten, en 2°. dat de naam Madoc of Madawc blijkens verschillende *Mabinogion* in de Arthur-sage zeer gewoon was [2]). Met een Madoc ab Uthur (een der »three golden tongued Knights" van Arthur); een Madoc Goch van Mawddwy; een Madoc Morvryn; een Madoc, den zoon van Twrgadam; een Madoc, den zoon van Teithyn, maken wij o. a. kennis.

In het vermoeden dat »Madoc's droom" een Arthur-roman is geweest, en in de overtuiging, dat mijne hypothese tot verder onderzoek in goede richting kan leiden, laat ik hier volgen den inhoud van den droom (Lady Guest spreekt van »visionary journey") van Rhonabwy, een der »mannen" van MADOC, en stel de vraag, of met »Madoc's droom" wellicht kan zijn bedoeld een Arthur-roman, waarvan het onderwerp is geweest »the dream of Rhonabwy", ons door Lady Guest in Part V van de *Mabinogion* medegedeeld.

DROOM VAN MADOC's DIENSTMAN RHONABWY.

Madawc [3]), Maredudd's zoon, was heer van Powys, van Porfoed af tot Gwauan toe, in de bovenlanden van Arwystli. Zijn jongere broeder Jorwerth, jaloersch op zijn aanzien en macht, raadpleegde vrienden en magen over de middelen ter verbetering van zijn lot. Zij vonden best enkelen hunner af te vaardigen naar Madawc. Deze verklaart zich bereid hem het ambt van seneschalk op te dragen, de vrije beschikking te

---

1) Zie *The Mabinogion from the Llyfr Coch o Hergest, and other ancient Welsh manuscripts, with an English translation and notes,* by Lady Charlotte Guest. London, 1838—1849, III, Part VII, 276 en vlgg.

2) Verg. *Mabinogion* I, 118, 371; II, 384, 425; III, 393; San-Marte, *Die Arthur-Sage* (1842), bl. 251; en San-Marte, *Beiträge zur bretonischen und celtisch-germanischen Heldensage* (1847), bl. 37, 83, enz. enz.

3) Hetzelfde als Madoc, zie *Mabinogion*, II, 421.

verleenen over zijne paarden en wapens, en hem te verheffen tot zijn evenknie. Doch Jorwerth bedankte voor een en ander, en gaf de voorkeur aan een inval in Engeland, en moordde en plunderde naar hartelust. Madawc zond, op raad zijner vroede mannen, naar elk der voornaamste gewesten van Powys hoñderd man, om zijn broeder op te sporen.

Een der mannen, die »in de queste voer", was Rhonabwy. Hij en Kynwrig Vrychgoch en Cadwgan Vras kwamen bijeen in de woning van Heilyn Goch, den zoon van Cadwgan, den zoon van Iddon. Hadden zij reeds bij hunne aankomst bemerkt, dat het een oud huis was, zeer zwart, met een sterk hellend dak, waaruit een geduchte rook opsteeg, er ingegaan vonden ze den bodem vol zand en slijk, zoodat het moeilijk was op de been te blijven: hierendaar liepen zij tot de enkels in water en modder. Hulsttakken, waarvan het vee de spruitjes had afgeknabbeld, lagen over den grond verspreid. In de ruimte van binnen zagen zij benevens enkele donkere en stoffige vertrekjes aan den eenen kant eene oude tooverkol, die een vuur aanhield, en, zoodra ze de geringste koude gevoelde, er een schootvol kaf op wierp, iets dat een verstikkenden rook gaf; aan den anderen lag een geel kalfsvel, waarop het een ongemeen voorrecht was te mogen rusten. Ze gingen zitten en vroegen de heks, waar de bewoners van het huis waren; geen antwoord, ze mompelde alleen ietwat. Maar het duurde niet lang of de bewoners kwamen, de man met een rood gezicht en boersch voorkomen — een vracht hout op den rug —, de vrouw bleek en mager, insgelijks met een takkenbos onder den arm. Ze zeiden den ongenooden gasten eenvoudig goedendag, en stookten het vuur op met de takken. En de vrouw ging aan het koken, en gaf hun gerstebrood en kaas met melk en water. Onder het maal begon 't te waaien en te regenen, zoodat het niet raadzaam was verder te trekken; moede als zij waren, wilden zij wat gaan rusten. De slaapstee was niet uitlokkend; alras bleek hun, dat zij bestond uit wat grof stroo, vol vuiligheid en ongedierte, en waar bovendien aan hoofd- en voeteneind kaal gevreten takken uitstaken. Een oud rood kleed, waarover een grof laken met groote scheuren, was er op gespreid: een slecht gevuld kussen vergoedde weinig of niets. Dan, al hadden Rhonabwy's gezellen aanvankelijk veel last van ongedierte en ligging, ze vielen spoedig in een zwaren slaap. Hij zelf kon door een en ander den slaap echter niet vatten, en bedacht nu, dat 't beter was te gaan liggen op het kalfsvel: hij had goed gezien, ook hij sliep in.

Nog niet lang had hij gerust, of hij had een droom. Hij droomde, dat hij met zijne gezellen trok door de vlakte van Argyngroeg naar Rhyd y Groes aan de Severn, en een geluid hoorde zooals hij nog nooit had gehoord: hij keek om, en zag een ruiter, wiens rusting en ros gewis wel geschikt waren om hem en den zijnen zoo veel schrik op het lijf te jagen dat zij het hazenpad kozen. Doch de ridder zette hen na; zoolang het paard doorademde, raakten ze er al verder en verder van verwijderd, maar als 't den adem inhield, werden zij aangetrokken tot schier aan de borst van het dier toe. Toen zij waren ingehaald, smeekten ze om genade en verkregen die aanstonds. Ook bleek de ridder niet ongenegen hun zijn naam te zeggen: hij heette Iddawc, en was de zoon van Mynyo; en vond het blijkbaar niet onaardig den oorsprong van zijn spotnaam Cordd Prydain te vertellen, een naam, dien hij te danken had aan de omstandigheid, dat hij vóór den slag bij Camlan [1]) tusschen Arthur en Medrawd tot laatstgenoemde namens den koning, in plaats van verzoenende, uittartende en hoonende taal had gesproken. Zeven jaren had hij er voor moeten boeten, en eindelijk vergiffenis verworven. Nauwelijks had Iddawc uitgesproken, of Rhonabwy hoorde een geluid nog veel sterker dan het vorige, en zag kort daarna achter zich een evenknie van Iddawc, maar met andere kleuren van paard en halsberg. Hij had hen nog niet bereikt, of hij vroeg aan Iddawc om een paar

---

1) Waarover *Mabinogion* II, 429: „the battle of Camlan was the last of Arthur's battles, and that in which he lost his life".

van de kleine mannekens, die hij bij zich had. De ander antwoordde, dat hij moest afwachten wat hij zou krijgen, en voorloopig kon mederijden. Hij verkoos daarentegen zijn eigen weg te gaan en reed heen: hij was, naar Rhonabwy hoorde, Rhuvawn Pebyr, de zoon van Prins Deorthach.

Zij trokken verder voorwaarts naar de Severn, en kregen allengs aan beide zijden van den weg schansen en tenten in het gezicht, wel een mijl in den omtrek, met al de bedrijvigheid van een legerkamp. Aan den oever genaderd zagen zij Arthur, met zijne Raden Bisschop Bedwini en Gwarthegyd, den zoon van Kaw, aan zijne zijde, gezeten op een eilandje. En een jonge man, rijzig van gestalte, met donkerbruin haar, in gitzwart satijn, stond voor hem. Iddawc en zijne tochtgenooten bogen zich voor den koning, die hen welkom heette, en vroeg, waar hij die kleine mannekens vandaan had. Op zijn antwoord, dat 't ginder op weg was geweest, glimlachte Arthur, en zeide, dat het hem smartte, dat zulke dwergen nu de plaats innamen vau de reuzen uit de dagen van weleer.

Iddawc vroeg daarna aan Rhonabwy: »ziet gij den ring met dien steen wel aan Arthur's vinger? Het is eene eigenschap van dien steen, dat hij u in staat stelt u later alles te binnen te brengen wat gij hier ziet, iets onmogelijks, zonder dat gij dien steen hebt gezien".

Daarop ontwaarde Rhonabwy de roode ridders van Rhuvawn Pebyr met hun aanvoerder, die lichtte als eene vuurkolom; en de witte en zwarte ridders, waarvan een zijn paard de sporen gaf en in de rivier sprong, zoodat het water hoog over het eilandje heen sloeg, en eenige woorden met den koning wisselde, maar voor zijn onbesuisdheid naar verdienste met een houw werd gestraft door den schildknaap. »Wie was die ridder?" vroeg Rhonabwy. »De welsprekendste en vroedste man van het land: Adaon, de zoon van Taliesin. En die schildknaap is Elphin, de zoon van Gwyddno, eene opvliegende natuur". Daarop hoorde Rhonabwy een langen man, wel ter tale, zeggen, dat 't een wonder mocht heeten dat zoo'n aanzienlijk leger was geborgen binnen zoo enge grenzen, maar een nog veel grooter wonder, dat zij daar bleven, die hadden beloofd te noentijd te zullen zijn in de velden van Badon [1]), om te strijden tegen Osla Gyllellvawr: »of gij — zoo besloot hij — gaat, al dan niet, ik zal mijn woord gestand doen". »Ook wij", zeide Arthur, »wij gaan allen te zamen". »Wie was dat, die daar zoo even sprak?" vroeg Rhonabwy, en Iddawc zeide: »die man, een meester in de kunst van spreken en hooren, is Caradawc Vreichvras, de zoon van Llyr Marini, zijn geheimraad en zijn neef". Het leger stelde zich al spoedig daarop in beweging; Iddawc nam Rhonabwy achter zich op het paard. Toen zij een eind weegs hadden gereden in de richting van Cevndigoll tot op de helft ongeveer van de Severn, en Rhonabwy omzag in het dal van de rivier, bespeurde hij twee keurbenden, die kennelijk naderden, de eene geheel wit met witte banieren en witte paarden, mannen van Noorwegen, wier vorst was March, de zoon van Meirchion, een neef van Arthur; de andere geheel zwart, gitzwart, met zwarte banieren en zwarte paarden, mannen van Denemarken, wier vorst was Edeyrn, de zoon van Nudd. Beneden Caer Badon stegen ze af, en bemerkten eene groote beweging onder de troepen, waarvan de oorzaak blijkbaar de komst was van een ridder, even als zijn ros, van top tot teen gepantserd, kolder en schabrak beide van maliën, witter dan de witste lelie, de nagels rooder dan 't roodste bloed.

Op Rhonabwy's vraag, of het leger van Arthur zou gaan vluchten, geeft Iddawc ten antwoord: »de koning vluchten? Nimmermeer, en als iemand uwe woorden heeft verstaan, zijt gij een kind des doods. Die ridder dáár is Kai, de beste ruiter van Arthur's gezinde: om hem te aanschouwen is al die bewe-

---

1) *Mabinogion*, II, 432: »the battle of Badon or Badon Mount was one of the later, — Nennius says the twelfth —, and most successful of the battles fought by Arthur and the British elders, against the Saxons under Cerdic. The Britons not only gained the victory, but were by it enabled for some time to hold the Saxons in check".

ging in het leger". En toen hoorden zij Kadwr roepen, den
Earl van Cornwales, die geen oogenblik op zich liet wachten,
en het zwaard van Arthur bracht, het zwaard met de beeltenis van de twee draken, die vlammen schenen te spuwen uit
hun muil, zoodat 't de oogen verblindde; en Eirynwych Amhei-
byn, 's Konings lijfknecht, een rooden, ruwen, misvormden
man met rooden baard en borstelig haar, die op een lang,
rood paard gezeten uit een groot en schoon pak Arthur eene
gouden keten en een damasten tapijt bracht, dat de eigenschap
bezat elk, die er op was, onzichtbaar te maken, ofschoon hij
zelf alles zag van anderen. En hij spreidde 't tapijt uit op
den grond, en plaatste er den koninklijken zetel op, die aanstonds door Arthur werd ingenomen. Deze noodigde daarop
Owain, den zoon van Urien, uit eene partij schaak met hem
te spelen, en dat geschiedde alzoo. Toen zij eenigen tijd hadden gespeeld, verscheen hun eene witte tent, waaruit een jonge
schildknaap, geheel in het geel, te voorschijn trad en op Arthur
en Owain aanging. Hij groette alleen Owain, en vroeg: »is
het met uw goedvinden, dat uwe Raven [1]) worden geplaagd
en gesard door hovelingen en dienaren van den Koning? En
zoo niet, laat de Koning het dan verbieden". Doch deze zeide
eenvoudig: »speel voort, Owain", en de jonge man keerde
naar de tent terug. Een tweede, die berichtte, dat de Raven
werden vermoord, kon Arthur ook niet vermurwen; een derde
evenmin, al voegde hij er bij, dat de Raven zoo gewond en
geslagen waren, dat zij geen vadem boven den grond konden
vliegen; Owain moest steeds voortschaken; alleen kon hij bevel
geven daar, waar de strijd het heftigst barnde, zijne banier
omhoog te heffen. Op den aanblik van die banier herleefden
de Raven en grepen de mannen aan, den een bij het hoofd,
den ander bij de oogen, dezen bij de ooren, genen bij de
armen, en beurden hen hoog in de lucht; en in de lucht ontstond een geweldig leven van het geklapper en gekras der

1) *Mabinogion* II, 438.

Raven en het geschreeuw en gekerm der mannen, die werden
gescheurd en gedood. Arthur en Owain wisten niet wat ze
hoorden, totdat een roode ridder, met het teeken van den lui-
paard op zijn helm, het raadsel kwam oplossen door de tijding,
dat Arthur's mannen werden verslagen door Owain's Raven.
De Koning zeide daarop tot hem: »verbied het uwen Raven".
»Heer", antwoordde Owain, »wil voortspelen". En zij speelden
door, en de ridder keerde weder naar het tooneel van den
strijd: de Raven kregen geen tegenbevel. Daar werd geducht
gewoed in het luchtruim: de mannen kwamen uit den hoogen
in stukken op den grond neder. Een tweede heraut, een
blauwe ridder, met het teeken van den leeuw, waarschuwde
Arthur: het mocht niet baten, Owain bleef doof. Een derde,
een gele ridder. met het teeken van den griffoen, slaagde beter.
Op zijne verzekering, dat 's Konings edellieden werden vermoord en Brittanje werd verstoken van verdedigers, nam Arthur
de gouden stukken van het bord en vermorzelde ze tot gruis.
Toen gaf Owain bevel de banier neder te halen: en het duurde
niet lang of alles was rustig. Rhonabwy hoorde van Iddawc,
dat de namen der herauten waren: Kynan Garwyn van Powys,
en Gwgawn Gleddyvrudd, en Gwres (zoon van Rheged), en
Blathaon (zoon van Mawrheth), en Rhuvawn Pebyr, en Hy-
veidd Unllenn.

Nadien verschenen vierentwintig ridders voor het aangezicht
des Konings, om uit naam van Osla Gyllelvawr een wapenstilstand te vragen van zes weken; en Arthur ging te rade
met zijne vroede mannen, Bisschop Bedwini, Gwalchmai, den
zoon van Gwyar, Rhuvawn Pebyr, Peredur, Trystan, Adaon,
Gildas, den zoon van Kaw, en die van Noorwegen en Denemarken en Griekenland, en tal van krijgslieden: zij kwamen
te zamen bij een langen man met bruin krulhaar, Rhun, den
zoon van Maelgwn Gwynedd, een man, die het voorrecht bezat van alle beraadslagingen te mogen bijwonen. »En wat",
vroeg Rhonabwy, »moet dat jonge manneke, Kadyriaith, de
zoon van Saidi, er bij doen?" »Omdat er in geheel Brittanje

geen beter raadsman is dan datzelfde manneke", zeide Iddawc.
Inmiddels hieven de barden liederen aan tot lof van Arthur,
en kwamen vierentwintig lastdieren, met goud en zilver beladen, den Koning de schatting brengen van Griekenland. Op
raad van Kadyriaith werden schatten en lastdieren verdeeld
onder de barden, en aan Osla werd de wapenstilstand toegestaan. »Zoude het wel oorbaar zijn", vroeg nu Iddawc, »iemand
van zoo onbekrompen denkwijze te weren uit de landsver-
gadering?"

Rhonabwy hoorde Kai nog zeggen: »wie Arthur wil volgen,
moet van avond wezen in Cornwales; en wie niet wil, is ook
tijdens het bestand Arthur's vriend niet", en werd toen wakker van het rumoer: drie dragen en drie nachten had hij op
het kalfsvel geslapen.

»Ziedaar den droom van Rhonabwy", aldus besluit het Mabi-
nogi, »en de reden, dat niemand, geen bard zelfs, geen zie-
ner, den droom kan navertellen zonder boek er bij, is gelegen
in de verscheidenheid van de kleuren der paarden en schabrak-
ken, en in de wonderlijkheid van de kleuren der pantsers en
wapens, en der kostbare bandelieren en tooversteenen".

Ik beslis natuurlijk niets, maar onderwerp mijne onderstelling aan het oordeel van de vakgenooten; en blijkt ook op haar
van toepassing hetgeen van de bovengenoemde is gezegd, namelijk »dat ze tot geen uitkomst leidt", dan zal het mij aangenaam zijn eene betere te vernemen, en ik mij troosten met
het mnl. spreekwoord: »als die meister comt, hevet meisterken
gedaen".

Utrecht, 1884.   H. E. MOLTZER.

TIJDSCHRIFT

VOOR

NEDERLANDSCHE
TAAL- EN LETTERKUNDE,

UITGEGEVEN VANWEGE DE

MAATSCHAPPIJ DER NEDERLANDSCHE LETTERKUNDE TE LEIDEN.

VIERDE JAARGANG.

LEIDEN. — E. J. BRILL.
1884

INHOUD.

EEN NEDERSAKSISCHE NOVELLE VAN GRISELDIS.

Onlangs kwam op eene auctie hier ter stede een handschrift voor, dat mij, bij nader onderzoek, uit taal- en letterkundig oogpunt niet zonder belang bleek. Vooral trok de taal mijne aandacht om de vele eigenaardig Saksische uitdrukkingen en vormen, die er in worden gevonden. Tot welk der Saksische dialecten de taal bepaald behoort, is moeilijk uit te maken; wel echter kan men zeggen, dat het handschrift in een der tongvallen geschreven is, welke in de oostelijke provinciën van ons vaderland of over die grenzen bij onze naburen worden gehoord.

Naar het schrift te oordeelen, is het handschrift, hoewel de verschillende stukken niet van dezelfde hand zijn, uit de XVe eeuw; sommige aanwijzingen, waarover later, pleiten voor de eerste helft dier eeuw.

Wat den inhoud betreft, biedt het eene groote verscheidenheid van onderwerpen, doch alle behooren tot dezelfde soort van kloostertheologie, of worden, zoo zij er al van aard en afkomst niet toe behooren, door den epiloog daarmede in harmonie gebracht. Waarschijnlijk heeft het gediend om de vrome »susteren" van eenig klooster gedurende den maaltijd bezig te houden; en men zal wel mogen aannemen, dat het door den een of anderen rector van een klooster, waar zich voornamelijk nonnen, uit de oostelijke provinciën van ons land geboortig, bevonden, verzameld of vervaardigd is. Voor hen heeft deze het in hunne taal geschreven, daargelaten of dit ook zijne eigene taal was of niet.

Het handschrift is gedeeltelijk op perkament, gedeeltelijk op papier geschreven, beide loopen dooreen. In de twee eerste afdeelingen zijn de bladen papier minder in getal, terwijl in de volgende het perkament zeer zeldzaam is. Naar de afscheidingen, welke door een onbeschreven blad, of een half open gelaten bladzijde worden aangegeven, kan men het in vijf afdeelingen splitsen, die ook ten opzichte van papier en van schrijfwijze verschillen.

De eerste en de tweede afdeeling wijzen geen noemenswaard verschil aan. Tusschen deze en de volgende is een zeer klein onderscheid van schrift, maar terwijl de regels van de beide eerste afdeelingen doorloopen, zijn die der drie overige op twee kolommen geschreven. In het schrift is weinig verschil tusschen de derde en vierde afdeeling, terwijl dezelfde rubricator ze beide schijnt te hebben opgesierd. In de vijfde, die met wat grooter letter is geschreven, zijn de roode titels geheel weggelaten.

De eerste afdeeling, 236 bladzijden en een wit blad aan het einde bevattend, behelst:

1°. *Spegel der susteren*", ook uit andere handschriften bekend;

2°. *Der susteren gheistelike abteeck*", evenzeer in andere handschriften voorkomend;

3°. *Der ionferscop hochenisse ende werdicheit*";

4°. *Die weedwerschen syn dryerley*";

5°. Brief aan eene *guede vriendinne Hil*", waarin eene woordspeling met de letters van Hil, nl. *H(ebt) I(esus) L(ieff)*;

6°. *Doeghden van eyn guede Begyn*", evenals het voorgaande op de letters *B(ruyt) E(ynvoldich) G(udertire) Y(nich) N(eder)*;

7°. *Dit sijn die XII punten, dar die ziel mede geciirt is als myt XII duyrberen stenen*"; ook bekend uit een druk van 1540 (Antwerpen);

8⁰. *»Die ziel heeft drie craechte"*;

9⁰. *»God is eyn eenvoldige substancie, eyn simpel wesen"*.

Deze afdeeling eindigt met de woorden: *»Et sic est finis, deo laus et gloria"*.

De tweede afdeeling bevat eene bewerking van de Latijnsche vertaling van Boccaccio's novelle van Griseldis. Zij is eenentwintig en een halve bladzijde groot en eindigt met een wit blad. De titel is met roode letters aan het hoofd der eerste bladzijde geschreven.

Van het eerste stuk der derde afdeeling is de titel aan het einde te vinden: *»Hier eyndet Sanct Thomaes boeck van Aqwynen van den godliken manieren ofte seden"*. Aan dezen werd ook — blijkens de titelopgave van den catalogus van *»de liberie int convent van Sinte Barbaren binnen Delf"*, zie Moll en Kist, Kerkhistorisch Archief IV, 259 — het volgende *»Boeck van der kennisse Godes"* toegeschreven. Dit laatste eindigt op de laatste bladzijde van een katern boven aan de pagina, welke verder onbeschreven is.

De vierde afdeeling bevat:

1⁰. *»De Glose up de XV grade"*, de Cantica graduum der Vulgata;

2⁰. Zes sermoenen over onze Lieve Vrouwe. Boven het laatste sermoen staat: *»Hyer beghynt dat derde sermoen des voersechden broeders, dat hie oec toe Windesom dede"*. Dit vangt aan met de woorden *»Uns behoert toe glorieren in den cruce ons Heren Jhesu Xristi"*. Dit sermoen is eigenlijk eene kapittelrede, die inderdaad te Windesheim gehouden is door Johannes van Schoonhoven, vgl. Dr. J. G. R. Acquoy, Het Klooster te Windesheim en zijn Invloed II, 89. Zij is, uit het Latijn vertaald, in een Hs. n⁰. 111 der Maatschappij van Nederlandsche Letterkunde te Leiden met andere kapittel-redevoeringen van denzelfden redenaar bewaard. Deze sermoenen zijn, voor zoover dit bekend is, uit de jaren 1411 tot 1426; waarschijnlijk is dus, dewijl den verzamelaar de plaats, waar deze rede werd gehouden, nog bekend is, het tijdstip van ontstaan van ons handschrift niet veel later te stellen [1]).

In de derde plaats komt: »*Dit sin vyftyn tekene, die gheestelike gheschien moeten in ons eer die suete here in onsen herten comen wil*".

4⁰. »*Die ynnighe siele sal mercken vier dinghen*";

5⁰. »*Hier beghynnen sommighe exempelen ghenomen wt den boek dat ghemaket is van merkeliken mannen der orden van cistercien*".

De laatste afdeeling, die met wat grooter letter geschreven is, bevat vijf legenden ter verheerlijking van de macht van »*Onse lieve Vrouwe*"; deze verhalen moeten doen zien, hoe zij hun, die haar vereeren en liefde betoonen, groot loon schenkt, en die haar smaden of hare beelden schenden, vervolgt met zware straffen. Zij verdienen de aandacht niet slechts om de taal, maar ook om den eenvoudigen en gemakkelijken verhaaltrant. Wellicht zijn zij vertaald uit De Beatae Mariae Miraculis libri duo, waaruit voor dergelijke verzamelingen nog al eens het een en ander werd genomen.

Met een Commentaar op vs. 9 van cap. IV van het Hooglied: »*Com van Lybaen, myne bruut, com van Lybaen, com*", eindigt het handschrift.

De tweede afdeeling nu bevat, zooals ik boven reeds vermeldde, de in de XIVᵉ en XVᵉ eeuw zoo populaire geschiedenis van de verduldige Griseldis.

Volgens het verhaal van Phil. Forestus Bergomensis De claris mulieribus, die in een historisch feit den grondslag wil zien, zou de oorsprong er van tot de eerste jaren der XIIIᵉ eeuw teruggaan. Anderen, waaronder ook de schrijvers der Histoire littéraire de la France zoeken de aanleiding tot Boccaccio's novelle in *le Lai du Freisne* van Marie de France [2]), eene

---

1) Of de voorgaande sermoenen inderdaad van dezen broeder Johannes van Schoonhoven zijn, is, naar de meening van Prof. Acquoy te Leiden, eene vraag, die moeilijk bevestigend kan worden beantwoord.

2) Le lai du Frêne est incontestablement le type de la célèbre nouvelle à laquelle Boccacce a donné pour titre Griselidis. XIX, 798.

dichteres uit het laatst der 12e eeuw. De inhoud van dit gedicht is in korte trekken als volgt.

In Bretagne woonden in elkanders nabuurschap twee machtige edellieden. Toen de vrouw van den eenen haren man
tweelingzonen schonk, zond deze terstond een bode naar zijn
buurman om hem uit te noodigen peet te zijn van een dezer
zonen. De bode kwam bij den buurman aan juist op het oogenblik, dat hij aan den maaltijd zat.

Terwijl de ridder zich in het geluk van zijn buurman verheugde, en den bode een schoon paard ten geschenke gaf, liet
zijne vrouw zich minachtend uit over de moeder der tweelin-
gen, die — naar een middeleeuwsch volksgeloof — deze onmogelijk aan haar man alleen kon te danken hebben.

Deze smadelijke taal kwam door de bedienden aan het volk
der streek en door den bode aan den man ter ooren.

Hoewel zij het niet verdiende, ging nu de buurman kwaad
van zijne vrouw denken en begon haar te haten. Zoo ver-
stoorde de kwade tong den vrede in een gelukkig huisgezin.
De kwaadspreekster ontkwam echter de gerechte straf niet; nog
in hetzelfde jaar werd zij moeder van twee dochters. Gedreven
door angst en schaamte, besloot zij gehoor te geven aan den
raad eener vriendin en het eene kind voor een klooster te vondeling te leggen. Hare vriendin belastte zich met de uitvoering
van het plan en legde het kind gewikkeld in een rood zijden
kleed, met een gouden ring aan den arm gebonden, in een
esschenboom voor de deur van een nonnenklooster. Hier werd
nu het meisje door den portier gevonden; de abdis, die aan
den ring zag dat het een kind van goeden huize was, liet het
als haar nichtje opvoeden en noemde haar naar den esch,
waarin zij gevonden was, *Freisne.*

> Quant ele vient en tel éé
> Que nature furme beauté,
> En Bretaine ne fu si bele,
> Ne tant curteise Dameisele.

Hare schoonheid deed haar de liefde verwerven van een aanzienlijk ridder Buron genaamd,

El païs l'apelet Burun.

Boron (zooals deze naam in het Fransch luidt) kwam nu dikwijls naar het klooster ter biecht. Dan zag hij Freisne, sprak
met haar, en haalde haar eindelijk over om zich te laten schaken.

Freisne, die door hare opvoedster ingelicht was aangaande
de wijze, waarop zij in het klooster was gekomen, vergat niet
het kostbare stuk zijden stof en den ring mede te nemen.

Langen tijd was zij de zoete vriendin van den Heer de Buron. Dan hoe hoog zijne edelen en lieden haar ook achtten om
hare deugden en lieftalligheid, toch begonnen zij hem gedurig
te vermanen, dat het tijd werd dat hij eene wettige gade van
zijn rang ten huwelijk nam. Eindelijk deelden zij hem mede,
dat, zoo er geen erfgenaam was, wien hij wettig land en goed
kon overdragen, zij zijn nazaat de gehoorzaamheid zouden op-
zeggen.

Nu vroeg hij de hand eener dochter van goeden huize, en
de vader wees zijn aanzoek niet af. Het meisje, dat nu zijne
vrouw zoude worden, en aan wie Freisne hare plaats moest
afstaan, was Codre, de tweelingzuster van Freisne.

Toen Freisne vernam, dat haar vriend een huwelijk met eene
dame van zijn rang zou sluiten, uitte zij de droefheid en
smart over haar ongeluk niet door klachten over haar verloren
geluk. Zij bleef voor haar vriend dezelfde, en het moeilijkste
werk was haar niet te zwaar.

Het tijdstip voor de voltrekking van het huwelijk was gekomen, en met den aartsbisschop, die de huwelijksplechtigheid
zoude bezegelen door de wijding, kwamen tal van ridders uit
de nabuurschap. Freisne zorgde voor alles, en toen ook Codre
kwam, vergezeld van hare moeder, was alles zoo goed door
haar geregeld, dat er niets ontbrak, en dat de moeder, die
gekomen was met het plan om haren schoonzoon te raden
Freisne weg te zenden, vriendschap voor haar opvatte.

Toen de dag van het huwelijk aangebroken was, zorgde
Freisne dat het huwlijksbed zoo werd ingericht als den Heer
de Buron aangenaam was; ziende dat de stof waarmede het
bedekt was niet rijk genoeg en oud was, nam zij uit haar
koffer de schoone zijde, welke haar tot omhulling gediend had,
toen zij als vondeling in den esschenboom lag.

Zoodra Codre en hare moeder de kamer binnentraden, zag
de laatste de kostbare zijden stof, die over het bed was uitgespreid. Vernemende dat deze door Freisne uit haar eigen
koffer was genomen, vroeg zij het meisje hoe deze stof in hare
handen gekomen was. Nu verhaalde Freisne hare lotgevallen
en toonde den ring. De moeder herkende de dochter, uit-
roepend:

Tu es ma fille, bele amie!

Van schrik en blijdschap viel zij in zwijm. Zoodra zij zich
hersteld had, werd ook de vader er bij geroepen en nu beleed
de moeder de daad, jaren geleden door haar en hare vriendin
bedreven.

Toen dit aan den Heer de Buron bekend werd, was hij buiten zich zelven van blijdschap en verzocht den aartsbisschop
het pas gesloten huwelijk weder te verbreken. Den volgenden
dag geschiedde dit en werd Freisne de wettige gade van haren
vriend.

Quant l'aventure fu séue
Coment ele esteit avenue,
Le Lai del' Freisne en unt trové,
Pur la Dame l'unt si numé.

De overeenkomst met het verhaal van Boccaccio berust slechts
op enkele trekken; overeenstemming bestaat er slechts op deze
punten: de heer wordt door zijne onderzaten aangezocht om eene
gade te nemen ten einde na zijn dood zijn land aan een wettig oor
achter te laten; met volkomen opoffering van zich zelve maakt
de vrouw alles in orde tot zelfs het huwlijksbed voor degene,
die haar vervangen zal, en eindelijk krijgt zij hem, dien zij

meende voor altijd te zullen verliezen, toch tot haren gemaal.
Daartegenover staan echter eene menigte afwijkingen. Bovendien ademt de Griseldis een geheel anderen geest; de zeden zijn
veel ruwer en de beproeving der vrouw is, althans naar de
opvatting van later tijd, niet dichterlijk gemotiveerd; het is
eene harde en nuttelooze proef, waarop de heldin der Griseldis-
novelle gesteld wordt.

Nu doet zich de vraag voor — te meer daar het bekend is
dat Marie de France zeer ervaren was in de Latijnsche letteren
en verhalen dier dagen — of ook eene andere, oudere bron
haar gediend kan hebben, die door haar omgewerkt en meer
dichterlijk ingekleed is, welke bron anderzijds het ontstaan
kan veroorzaakt hebben der novelle, die door Boccaccio is opgeteekend en door Petrarca reeds in zijne jeugd is gehoord. Is
misschien niet in een didactisch kloosterverhaal, in eene mystieke
parabel, de grond te zoeken van dit verhaal, vol gruwzame
kwelling zonder aanleiding, dat steeds eene geliefde stof voor
de ascetische wereld gebleven is.

Wat er van is, valt hier thans niet te onderzoeken; de aanleiding toch tot de hier meegedeelde bewerking der novelle was
niet het verhaal uit Boccaccio's Decamerone, maar de vertaling in 1373 door Petrarca gemaakt van deze historie, die,
zooals hij zelf aan Boccaccio schrijft in de inleiding, *ita mihi
placuit, meque detinuit, ut inter tot curas, quae pene mei ipsius
immemorem fecere, illam memoriae mandare voluerim, ut et ipse
eam animo, quotiens vellem, non sine voluptate repeterem et
amicis ut fit confabulantibus, renarrarem .... cogitatio super-
venit, fieri posse, ut nostri etiam sermonis ignaros tam dulcis
historia delectaret. Itaque die quodam, inter varios cogitatus,
animum more solito discerpentes, et illis, et mihi, ut sic dixe-
rim, iratus, vale omnibus ad tempus dicto, calamum arripiens,
historiam ipsam tuam scribere sum aggressus, te haud dubie gavi-
surum sperans, ultrò rerum interpretem me tuarum fore, quod non
facile alteri cuicunque praestiterim, egit me tui amor et historiae:
ita tamen, ne Horatianum illud poëticae artis obliviscerer:*

»Nec verbum verbo curabis reddere fidus Interpres".

Juist deze vertaling heeft bij lieden, geheel onbekend met het Italiaansch en Boccaccio's Novellen, in alle streken van Europa, tot op IJsland toe, een gunstig onthaal gevonden. Zij heeft den grond gelegd tot de volksromans van dien naam, tot een mysteriespel in Frankrijk, tot een drama in België d.d. 1519, tot The Clerks Tale, in Chaucer's Canterbury Tales n°. 7953.

Van Petrarca's bewerking van dit verhaal bestaan verschillende uitgaven, waarin soms kleine verschillen zijn op te merken, verschillen die waarschijnlijk hun oorzaak hadden in het handschrift, dat er aan ten grondslag heeft gelegen.

In de eerste plaats komt dit verhaal afzonderlijk voor onder den titel *Epistola domini Francisci Petrarche Laureati poete ad dominum Johannem Florentinum poetam* (dat is aan Boccaccio) *de historia Griseldis mulieris maxime constantie et patientie. In preconium omnium laudabilium mulierum.* Hiervan zijn uitgaven in 1470, 1473 en eene, die, volgens Brunet Manuel de oudste is, zonder jaartal. Deze laatste bevindt zich o. a. op de Universiteits-bibliotheek alhier in een druk zonder jaartal, waarin het *Regimen conscientiae Bonaventurae cardinalis,* de *Verba aurea Sancti Egidii ordinis fratrum minorum,* verschillende epistolae van Paus Pius II, enz.

Verder is het te vinden onder een eenigszins anderen titel in de Opera Omnia, quae extant, *Francesi Petrarchae Florentini* te Bazel in 1496 en 1554 uitgegeven. Hier is de brief aan Boccaccio als inleiding er voor gevoegd, terwijl daarna het verhaal volgt onder den titel *De Obedientia ac fide uxoria mythologia.*

Chaucer moet voor zijne Canterbury Tales, welke kort na 1386 tot een geheel zijn vereenigd, een handschrift hebben gebruikt, dat in sommige opzichten overeenstemde met dat, hetwelk aan de straks genoemde afzonderlijke uitgave der

Epistola zonder jaartal ten grondslag ligt; en hetzelfde geldt van de Hoogduitsche uitgave van het volksboek, dat in 1471 te Augsburg verscheen en eindigt: *Hie endet sich die Epistel Franzisci Petrarche etc*, een boekje dat sedert herhaalde malen werd herdrukt, o. a. in 1472 en 1473, en in lateren herdruk is opgenomen in Marbach's Volksbücher (Leipz. 1838).

Evenals in de Latijnsche uitgave zonder jaartal hebben en Chaucer en het Duitsche volksboek slechts een zeer korte moralisatie aan het slot; het Latijn heeft als naam voor den graaf *Valterius*, terwijl Chaucer hem *Wautier*, het Duitsche Volksboek *Walther* noemt.

In de Opera Omnia wordt de graaf evenals bij Boccaccio *Gualtherus* genoemd, en vindt men eene uitgewerkte ethische beschouwing aan het einde van het verhaal. De opmerking van Dr. Schotel in zijn Volksboeken blz. 97, dat hier *Briseldis* voor *Griseldis* zoude worden gevonden, is niet geheel juist, want deze naam komt slechts op twee bladzijden, 542 en 543, voor, en is, daar overal elders *Griseldis* wordt gevonden, waarschijnlijk voor een fout van den zetter te houden.

Terwijl deze naam *Gualtherus* in de Fransche volksboeken noodwendig tot *Gautier* moest worden, kon hij in de pen van een Nederlandschen bewerker, die zich, wat de namen betreft, eenigszins aan zijn voorbeeld hield, tot *Galterus* worden. Juist het aantreffen van dezen naam in ons handschrift doet het vermoeden rijzen, dat dit of naar den druk of naar een hs., dat overeenstemde met den archetypus van de Bazelsche drukken, moet zijn vervaardigd. Is het eerste het geval, dan moet het omstreeks 1500 ontstaan zijn; de vraag doet zich dan echter voor, waarom het niet gedrukt in stede van geschreven is, daar toch gedrukte volksboeken uit dien tijd niet zeldzaam zijn. Dat er handschriften van de Latijnsche Griseldis hier te lande geweest zijn, blijkt in de eerste plaats uit de opgave van handschriften uit het klooster der Regulieren van Tongeren, waarin eene Francisci Petrarchae Historia Griseldis vermeld wordt, en uit den catalogus der »*Studierboeken*, *die in die liberie horen int convent van Sinte Barbaren binnen Delf besloten in Hollant"*, dagteekenend uit de helft der XVe eeuw, waarin behalve de Tondalus en Alexander ook een boek »Van Griseldis" opgegeven staat.

Bovendien zijn er onlangs op de Universiteits-bibliotheek alhier nog drie Latijnsche handschriften van de geschiedenis van Griseldis aan het licht gekomen.

Twee van deze behoorden aan de Regulieren, een aan de Karthuizers hier ter stede. De watermerken in de beide handschriften der Regulieren — voor zoo verre men hierop vertrouwen mag — wijzen op de XVe eeuw. Hs. No 286 bevat watermerken, welke tusschen 1404 en 1430 in gebruik waren; hs. 248 behoort volgens deze merken tusschen 1450 en 1500 geplaatst te worden, terwijl het hs. der Karthuizers dien vorm van het anker vertoont, welken men in charters van circa 1450 aantreft.

Dit laatste, onder No 176 voorkomende, is slecht geschreven en vol fouten. De namen der personen luiden hier *Gryseldis*; *Walterus* en *Janniculus*. In hs. 248 zijn veel minder fouten; hierin wordt de graaf *Gualterus* genoemd, de vrouw *Griseldis* en haar vader *Janicole*. In hs. 286, het oudste en beste handschrift, heet de graaf ééns *Walterus*, en verder steeds *Galterus*, de arme schoonvader *Jannicole*, terwijl in alle drie de plaats, waarheen de kinderen gezonden worden, *Bononia* genoemd wordt.

Behalve het eenmaal voorkomende *Walterus* vindt men dus in dit handschrift dezelfde spelling der eigennamen — alleen is *Jannicole* tot *Jannicol* afgekort — als in het hier besproken manuscript, dat thans eene plaats heeft gekregen in de boekerij van de Maatschappij der Nederlandsche Letterkunde te Leiden onder Nos 1070 en 1071.

Dit vertoont twee soorten van papiermerken. Het oudste gedeelte, naar het schrift geoordeeld, (No 1071) bevat eene p gelijk aan die, welke in het werk van Mr. J. H. de Stoppelaar (1869) onder No 7 plaat XII staat opgeteekend, en eene p met een streepje er door, welke daar niet in te vinden is. De eerste komt in 1451 voor, terwijl de p's met streep, volgens de aanteekening bij de plaat, in 1486, doch ook reeds in vroegeren tijd gevonden worden.

Het andere gedeelte (N° 1070) heeft op het papier het merk met den ossekop, in het werk van de Stoppelaar op plaat VI onder N° 7 vermeld. Dit merk komt voor tusschen de jaren 1430 en 1460.

Dit alles en het feit, dat den vertaler nog bekend was, dat Johannes van Schoonhoven zijne predicatie *uns behoert toe glorieeren* te Windesheim gehouden heeft, wettigt m. i. het vermoeden, dat wij hier eerder met eene vrije bewerking naar een handschrift dan naar de uitgave van 1496 te doen hebben, en dat als tijd van ontstaan van ons handschrift ongeveer het begin van de laatste helft der XVe eeuw is aan te nemen.

Van onze volksboeken verschilt het in menig opzicht. Deze toch dragen min of meer den Franschen stempel. In Frankrijk vindt men tweëerlei soort van deze verhalen; men vindt ze als Fabliau de Griselidis (vgl. Charlez Malo, Livre Mignard ou La Fleur des Fabliaux), waarin de graaf van Saluces *Eustace* genoemd wordt, en als Histoire de la constance et patience de Grisildis traduite du Latin de Fr. Petrarcha d.d. 1484, waarin hij *Gautier Marquis de la terre de Saluces* heet; zoo ook in Le Mirouer des femmes vertueuses, Lyon, 1546.

Ook in de mij bekende Nederlandsche Volksboeken vindt men dezen naam. Deze hebben tweëerlei lezing, niet aanmerkelijk van elkander verschillende, alleen in verhaaltrant afwijkende. De eene vindt men in: Dye Historie van der goeder vrouwen Griseldis, die seer suyverlyck is om lesen — gheprint tAntwerpen in de Cammerstrate bi Jan Wynrycx anno 1552, gedrukt achter Die historie ende dat leven van den heylighen heremyt lende vrient gods Jan van Beverley, anno 1543.

De andere in: Een Schoone Historie van de goede
vrouwe Griseldis, Amsterdam, Hendrik Rynders, met approbatie van 1612 uit Antwerpen; en in

De vrouwenpeirle ofte dryvoudige historie van
Helena de Verduldige, Griseldis de zachtmoedige
en Florentina de getrouwe. Gent, Jodocus Begyn.
Ook bij J. H. Heyliger t'Antwerpen met approbatie van
Max. van Eynatten, d.d. 18 Mei 1621, en by P. van de
Cappelle te Brugge d.d. 1733.

Verder zijn er nog drukken bekend van L. Jorez te Brussel, van B. Koene te Amsterdam met approbatie van 1612,
van Jacob van Breda te Deventer, van C. van Zanten
te 's Gravenhage d.d. 1730, Joannes Kannewet te Amsterdam d.d. 1761, beide met approbatie van 1612, en andere uit
later tijd. Eene Nederduitsche uitgave vermeldt Dr. Karl F.
A. Scheller in zijne Bücherkunde der Sassisch-Nie-
derdeutschen Sprache (1826) onder nⁿ. 495, blz. 118.
De titel luidt: »*De historie van der Duldicheit der vruwen Griseldis van der Franciscus Petrarcha schrifft, doch uth iohannes
Bacacius walsch in den latin unde ik in den duuschen*; vgl. Pan-
zer Annalen, blz. 53, Nyerup Specileg. bibliogr.,
p. 187". Deze uitgave heeft geen jaartal, toch is zij door
Scheller op het jaar 1500 gesteld.

Ook deze gaat even als de volksboeken op de bewerking van
Petrarca terug. Van waar deze afkomstig is, is niet te zeggen, daar zij niet nader bekend is; evenmin is uit te maken
of zij direkt uit het Latijn vertaald is.

Nog een andere vorm is er, waarin ons de historie van Griseldis is overgeleverd. Het is het Historie-lied, hoe de
markgrave van Sulucen trouwde een arme schamele Boerendogter etc. Genomen uit het Boek van
Johannes Bocatius.

De bundel, waarin dit lied zich bevindt, is onlangs aange-
kocht door de Koninkl. Bibliotheek te 's-Gravenhage. Behalve
de historie van Grisella bevat het eveneens in dicht: *een schoone*

Historie van den Heer Frederik van Genua, van Floris en Blansifleur, van de Hertog van Brunswijk, van Margrietje van Limborg, van Valentijn en Oursson, de Uitlegging van de Glazen in de St Janskerk te Gouda, de Schoone Historie van de verduldige Helena, Samenspraak tusschen Urbanus en Isabelle, Nieuw Historielied van een Zoldaat, een droomboekje en een vrijerijboekje.

Terwijl de meeste drukken, in dit boekje saamgevat, uit de jaren 1771—1776 zijn, dragen de personen, op de sterk afgedrukte plaatjes voorkomende, de kleederdracht van het begin der 17e eeuw, behalve echter die op den titel der beide laatste.

Wellicht zijn deze liederen van nog vroegeren datum en behoorden zij ook thuis in de Wereldlijke Liedtboecxkens bij Jan van Ghele in 1548 gedrukt, die door de censuur onderdrukt of door veelvuldig gebruik en den tand des tijds vernietigd zijn, zooals Dr. G. Kalff (Het Lied in de Middeleeuwen blz. 655 e. v.) mededeelt.

In handschrift heeft Mone een lied van Griseldis gezien, dat op papier geschreven en uit den aanvang der 16e eeuw was. Toen behoorde het aan Serrure te Gent[1]). Het bevatte 436 verzen en ving aan met de woorden:

Van den Grave ende van Grisillen.
Och waren alle prinsen alsoe gesint, dye men nu ter werelt vint,
Dat ware goet voer den armen sateyne, ende oeck voer haer selffs ziele
alleyne.

terwijl de slotverzen luidden:

Men vint er dies niet en achten mede
Want ghierecheyt es een quaet feneyn
Dat in dye werelt mach binnen zijn.

Het verschilde dus in vorm en omvang zeer veel van het hier vermelde »historielied". Minder groot is het onderscheid tusschen het lied van Griseldis, dat met de aanwijzing van de wijze: »*Maestricht, gy schoone stede*" vermeld wordt in Chants Populaires flamands par A. Lootens et J. M. Feys (Bruges 1879) en ook in van Paemel's Collection fla-

[1] Mone, Uebersicht der Niederl. Volksliteratur pag. 188.

mande de feuilles volantes. Deze bevatten eveneens 69 strophen, waarvan de eerste nagenoeg overeenkomt:

> Aanhoort zonder vermyden, groot jammer wordt u bedied,
> Wat er in korten tyden in Italjen is geschied;
> Hoe dat er een markgrave tot zyn huysvrouwe nam
> Een schamel arme slave, die veel droefheid overkwam.

Het laatste couplet luidt echter geheel anders:

> Hier mag nu elk aanschouwen de groote gestadigheid
> Van deze goede vrouwe. Griseldis die schamel meid
> Heeft een exempel gegeven voor alle vrouwen fyn,
> Hoe dat ze hunn' mans verheven zullen gehoorzaam zijn.

In hoeverre deze overeenkomen met de liederen uit de oude Gentsche verzameling, door Mone in zijn Uebersicht p. 230 besproken, waar hij, behalve van Griseldis, ook een lied van Margarietjen van Limburg opnoemt, kan hier moeilijk beslist worden, daar mij geene uitgave dezer liederen bekend is. Dewijl deze liederen eenigszins afwijken en niet in een druk onder ieders bereik verschenen zijn, moge het Historielied der Koninklijke Bibliotheek hierachter eene plaats vinden.

Wat de taal betreft is het — de wijzigingen naar het Amsterdamsch dialect der 18e eeuw daargelaten — van veel vroeger tijd dan de titel aangeeft. Om de, vooral in rijm voorkomende, bastaardwoorden als *devyn*, *doon*, *valjant*, *confuys*, *subyt*, zou ik niet ongeneigd zijn het aan een der dichters uit de 16e eeuw toe te schrijven, toen vooral de zuidelijke provinciën uitblonken door het groot aantal Latijnsche en Fransche termen en woorden. Toch kan hier niet de oorsprong van het lied te zoeken zijn, om de rijmen *gout: sou*, *vergromt: komt*, *nou: vrouw*, *ben: zin*, *immernigt: gezigt*, *geracht: gebracht*, *voortheer: hem seer*, *best: feest* enz., die op een taaleigen wijzen, waarin rijmden: *golde: zolde*, *grame: kame*, *nu: fru*, *bin: sin*, *nicht: gesicht*, etc. Zoo ook vormen als *worden sy* (3e sing.) *den grave houden* (id.) of de str. 19 voorkomende vorm *ziet* in de beteekenis van *past*, welke even als andere op een middelhoogd. voorbeeld wijst.

Waarschijnlijk heeft het dus een dergelijke geschiedenis gehad als het ook hierbij voorkomende lied van den Hertog van
Brunswijk, welk verhaal reeds in de 14e eeuw een geliefkoosd
onderwerp der Duitsche »Bänkelsänger" was [1]).

Bovendien is het gedicht in de versmaat der Hildebrands-
strophe, eene maat, die men wel in liederen uit de 15e en 16e
eeuw aantreft, doch niet meer in die, welke in later eeuwen
vervaardigd zijn. De woorden op den titel »*genomen uit het
boek van Johannes Boccatius*" zouden daarmede in strijd zijn;
deze kunnen echter uit later tijd afkomstig zijn en door den
invloed der volksboeken of door een geleerden uitgever, die
Boccaccio als bron van al deze volksverhalen van Griseldis be-
schouwde, er voor gevoegd zijn. Noch het door Mone vermelde
gedicht, noch het bij Lootens en Feys opgeteekende lied bevatten deze zinsnede.

Opmerkenswaardig is het ook dat, terwijl in het L a i d u
F r e i s n e de held »Heer van Buron" genoemd wordt, in dit lied
de zuster van den graaf den naam draagt van *Gravinne van
Borne*, hoewel zij bij Boccaccio alleen genoemd wordt: *Sua
parente, che maritata era in casa de' conti da Panago a Bo-
logna*. De graaf zelve heet even als in den Franschen tekst
der volksboeken en lai's van Griselidis *Goutier*, terwijl de overal
voorkomende naam van den vader *Jannicole* hier niet bekend
schijnt.

Getrouw en onmiddellijk uit het Italiaansch vertaald is het
verhaal, dat de »secretaris der stede van Haerlem, Dirck
Coornhert", in zijne v y f t i g h L u s t i g h e H i s t o r i e n oft
N i e u w i g h e d e n J o a n n i s B o c c a t i s [2]) opteekende.

De Nederlandsche volksboeken moeten aan Fransche verhalen
zijn ontleend. Behalve uit den naam *Gautier* blijkt dat ook uit
de spelling van den naam van *Gautier's* schoonvader, die bij Boccaccio *Giannucolo* — verkleinwoord van *Giovanni* — heet. Petrarca

1) Vgl. Kalff, Het Lied in de middeleeuwen, blz. 108.
2) Tot Amstelredam, voor Cornelis Claesz. Boeck-vercooper aen de oude brugghe
opt Water int Schrijf-boeck, anno 1607, blz. 181.

heeft hiervan gemaakt *Ianicula*, een vorm, dien men èn in het
Hoogduitsche volksboek èn in Chaucers **Tales** aantreft. Van de
Fransche volksboeken heeft de lezing bij **Le Grand d'Aussy,
Fabliaux et Contes**, I 270, *Janicola*; het volksboek van
1525 te Lyon *Janicole*; in andere wordt hij *Jean* of *Jehan de
Nicolle* genoemd; dezen naam vindt men ook in onze volksboe-
ken als *Jan de Nicole*; de naam *Buenen* voor het Latijnsche
Bononia wordt niet in mij bekende Fransche volksromans gevon-
den, maar wel de ook bij Chaucer voorkomende vorm *Boloygne*.
In onze bewerking is de vorm *Bononye* behouden, doch ook
onze vertaler begreep niet te best, dat *Janicula* een verkleinwoord was en maakte er van, naast den vorm *Jannicol*, een
Jan Nycol nae onsen duytschen.

Wie de schrijver van onze vertelling was en waar hij leefde,
is nog onbekend. In verschillende uitdrukkingen en constructies zoowel als in grammatische vormen is het Saksisch taaleigen te onderkennen. Zoo b. v. eene constructie als: *Deser
woerde hoer ick degelix mennich*, of, *die yn der eerster brulofft
geweest haed*, verder vormen als *bogêrden, bovalen* voor *begeer-
den, bevalen, brullefte* voor *bruiloft, wanneer* in de beteekenis
van *eens* en *wen* in die van *vanwaar, woe* voor *hoe, wulke*
voor *welke*, of als *dessen, bessem* voor *dezen* en *bezem, woest*
voor *wist; oen, oer*, voor holl. *hem, haar* e. a., *wy wart* voor
wy worden; een geregeld voorkomen van umlaut, *zuete, neken,
queme*. enz. Dit weinige moge volstaan, daar de plaatsruimte
niet toelaat hier een grammatisch overzicht bij te voegen. Terwijl de rekking van onvolkomen vocalen als in *echtscaep, heemt,
behoelden, oelde*, of de *a* voor *oo, o* in *gelaeft, gebaden, haep,
apenbar*, enz. op Twente wijst of een aangelegen streek, waar
ook deze eigenaardigheden gehoord worden, rijst een bezwaar
voor de gissing, dat het daar zou ontstaan zijn; te weten dat
er voor *viel* en *vielen* naast *veel* ook *voel* en *voelen*, voor het
Twentsch-Graafschapsche *darp* hier *doerp*, voor *ward* hierin
woerd, en voor lange *a*, welke daar thans een *ao*-klank heeft,
hier meestal *ae* wordt gevonden, een klank, dien men echter

in sommige charters uit de 15e eeuw van Oldenzaal aantreft. Vooralsnog weet ik geen bepaalde plaats van herkomst aan te wijzen. Met opzet heb ik ook daarom het handschrift gegeven zooals het is, en alleen een paar zinstorende fouten verbeterd, terwijl door mij ingevoegde letters gecursiveerd en die, welke uit moesten vallen, tusschen haakjes gesteld zijn.

Utrecht, December 1883.   J. H. GALLÉE.

GRISELDIS HISTORI
MIT EYNRE GEESTELIKE BEDUDENISSE.

Grisildis was hiir voertyts eyn vrouwepersoen, alsoe genomt, van welker oitmodicheit, ghehoorsamheit ende trouwen tot oeren tytliken heren, die sie tot oeren echten manne hadde, men alsus yn eenre hystorien toe latyn gesatt cortelick nae den synne yn duetsche vertellen mach.

In Ytalien ynt ghebercht omtrent by Venediën was wanner eyn groet lantsheer gheheiten Galterus; edel van ghebuert, ionck van iaren, guet van seeden ende van gherucht.

Mer dat syn volck alremeest myshaeghden, soe en gaeff hie sick nyet toe der echtscaep. Hyr om doe dyt lanck ghestaen had, soe quam ten lesten syn volck ende begerden vlytlick van oen, all en wer hie noch ionck van iaeren, nochtans, want die tyt des doots onseker weer, doech eyn edel vrouwe, die syne staet toe beteemden, toe echte nemen wolde, opdat se, woe dat oick myt on queem, eyn edel vrucht van oen behelden, die dat lant na synen dode besitten ende reygeren mochte.

Die heer waert van oeren ghebede beweght ende antworden, hie wolde dat doen yn den dat sie oen dat toeseggen wolden, soe wen hie yn eyn echte vrouwe verkoer, dat sie die myt alre eeren ende leyfden ontfangen wolden. Dat sie alle semelick gern sonder enich wederseggen ghelaefden to doen. In der selver stunden bescheiden hie oen oick eenen sekeren dach ende dede daertoe bereyden allet, dat men daertoe behoven solde.

Soe was nyet veer daer van gelegen eyn arm doerp van weynich husen; daer yn wonden eyn maen van deen armsten huysluden gheyten Iannicol, off IanNycol nae onsen duytschen, die hadde eyn enyghe dochter gheheyten Grisildis, ionck van iaeren, scoen van formen, wys van synnen ende gespreck van worden, opgevoedt yn armoeden, die oeren vader bystont trouweliken yn synen oelder ende bedeenstich was. Syn scaep, der weynich was, hueden zee, ende daertoe wan sie myt der spillen, daer sie oeren vader ende sick selver armelick aff voeden moechte.

Tot desen armen ionferkyn waert seer ghenyght die voergenoemde prince Galterus, die daer duck toe wanderne plach omtrent daer sie wonden ende die schaep hueden, ende oer doeghden ende ghelaet, die oeren kunne boeven gengen, mennich voldelick myt kuyssen ogen gemerck had, soe dat hie sie dacht boven allen edelen ionferen echtelick toe nemen.

Hyr en bynnen neeckten die voerbescheidene dach deer brulften ende neymant en wust noch wee die bruet wesen mocht. Ende die heer Galterus liet hyr tusschen die gulden stucken ende ander cijrheiden tot oren licham bequeem, als eenre lantsvrouwen toe beteemt, nae eenre ionferen, die van oerre groetten was, volcomelick maken. Doe die dach der brulften quam ende alle dengenen, die daer toe deenden, bereyt waeren, ende noch neymant en woest wie die bruyt solde wesen; des verwunderde sick dat ganse landt. Dan ten eten tyden soe reet Galterus die heer syn bruyt toe halen ende nam myt sick all die cledynge ende cijrheyden, die hie hadde laten maken toe behoeff synre bruyt, myt synre ridderscaep, mannen ende vrouwen, ende anderen synen volck, die oen ghevolght waeren. Ende van desen dynghen en wost Grisildis noch nyet myt allen, dan sie haelden sneelliken water van eenre fonteynen, die veer van oers vader hues gelegen was, opdat se oer werke geringe verschickeden en de bruyt oers lantsheren myt anderen oeren gesellinnen bescouwen mocht. Soe voelt dat sie oren heren voerghenoemt ghemoetten, die sie grueten myt oeren naemen ende vraeghden oer woer oer vader were. Sie antworden eertwertliken myt oitmodighen worden: hie weer toe huys. Seghd on, sprack hie, dat hie tot my coem. Doe die olde man tot

oen quaem, doe naem hie oen by dee hant ende leyden oen
bysyden ende sprack heymelick tot oen: ick weit wal Iannicol
dat du my leeff heffts ende du bekennes my truwe toe wesen
ende dij toe willen toe syn, dat my behaget. Nochtans beger
ick eyn saecke van dy toe weten: off du my dyn dochter yn
een echte vrouwe gheven wils. Die aelde manne van wonder
der ongewoenderliker woerde swegh ten ersten all still, doch
ten leesten antworde hie schemeliken myt weynich woerden,
dat hie anders nyet doen noch laeten en moechte dan syn ghe-
naeden bogerden, want hie syn her woer, den hie billix ghe-
hoe(r)sam moest wesen. Die here sprack: laet ons alleen yn
eyn huysken gaen, opdat ick der maght daer (du) van som-
megen punten vragen mach. Ende also gengen sie yn dat
huysken ende al dat volck bleeff daer buten ende wachten myt
wonder wat oer heer daer schaefften. Die here vandt die maght
vlitich yn oers vaders dienst ende reyp wyt tot oen ende sprack:
het is dyns vaders wyl ende die myn, dat du myn echte vrouwe
syst, ende meynd dat dy dat oick behegelick sy. Dan des vraegh
ick dy erst: alst dyt gescheit is als noe terstond ghescheiden
sall, off du oick bereyt bist dynen wyl yn allen punten aen
my tee setten soe dat du yn genen dyngen van mynen wyl
dii en keers, ende allet dat ick myt dy doen wyl sonder enich
weder seggen du daer willich ende bereyt toe byst. Die maget
wort van wonder sere verscrickt ende sprack: Ghenedige here,
ick weit dat ick deser groter eren onwerdich byn; dat (*lees:*
dan) is dyt U wyl, dat gy my arme maghet alsus verkiest, soe
en wyl ick nummermer myt moetwyl noch doen noch oick
dencken, dat tegen uwen wyllen is. Noch gy en sult nummer
konnen gedoen, ende heyt y my oick ter doet gaen, dat ick dat
vor ovel nemen wyll. Die heer sprack: des is genoch, ende
brachtse buten vor syn volk, ende sprack mit luder stemmen:
dit is myn echte vorouwe, die ick verkoerren heb. Dese holdt
voert meer voer yn lantsvrow; dese eert ende myndt als gy
my leyff hebt ende denckelick doen wylt.

Ende leyt sie haestlick yn oer huysken leyden van synen

ionferen, dee oer wt toegen armelike plaggen, ende cleyden sie van hoefft toe voet myt costelen clederen ende anderen menygerley cijrheyden als eenre groter lantsvrouwen toe behoerden, ende brachten see daer weder wt. Ende Galterus, die edel prince, trouden see daer voer all dat syn voelck myt eynen costelen rynck, den hie dar toe had laeten maken, ende leit sie vuren op eyn wyt pertt tot synre borch myt groter eren ende vrouden syns volcks ende die brulft begaen.

Wulke bruyt alsoe seer toe nam yn gueden seden ende wysen genemen woerden dat sie over all lief getaell ende yn eren ghehaedt woert, soe dat om oers gueden gheruchtes wyl manne ende wiff wyde ende syde voel menschen queemen sie te seen, oer zeeden ende wandringe toe merken. Alsus soe was Galterus die prince yn groten vreede by huyse ende yn groter eren van buten van allen volk, die dat synre groter wysheit ende voersichticheit toe geven, dat hie soe grote doechden yn soe daen armen ionferkyn schuylende ghemerckt had ende daer om en boven allen riken edelen ionferen ende vrouwen verkoeren haed; want se so wys ende vernuftich was dat sie nyet alleen toe huys die vrouwelicke saken wysliken en verwarden, dan oick, als oer heer nyet by hues en was, dat ganse lant wal reygereden. Die twydrachten des lants ende oneyndrachticheit der rietterscap konde sie soe wysliken ende rechtveerdelick aff nemen ende versoennen, dat si alle sachten, sie weer oen van den hemel herneder gesant. Nyet langh daer nae soe ontfengh se ende ghebeerde eyn dochter, van wulker vrucht dat ganse lant sick vervrouden, all hadde sie lever eynen soen gehaet. Doe dat kynt ghespent was, soe wolde de heer Galterus Grisildis trouwe besoeken ende nam sie heymelick yn eyn kamer ende sprack tot oer onder anderen worden aldus:

Griseldis du weest wal yn wat staet du waleer geweest bist, ende hiir gecoemen soe bistu van my wal gemynt, dan mynre ritterscap nyet alsoe sonderlinx, want du noe eyn dochter ghebert heffs, die sie nyet gern voir een vrouwe hebben solden om onedelheyt dyns gheslechts; hyr om vrede met oen toe **hebn** soe moit ick nae oeren raede doen myt deer dochter als sie begeren. Soe is myn wyl dat du my daertoe wilst volbaert geven, als du my yn den begynne onser echtscaep gelaefft heefft.

Toe hant soe sprack Grisildis myt bereden moet onversaecht: Gy syt onse here ende ick ende myn dochter syn U — doet myt ons allet dat gy wilt, want ick nyet en beger toe hebben noch ontfrucht toe verliesen dan U alleen. Dat heb ick soe yn mynen herten gevest, dat daer nummer wt gecomen en kaen. Die here woert vrolick van oerre antwoert, dan myt iamerliken herten scheiden hie van oer ende sande eynen van synen heymelichsten ruteren tot oer des naechts, die overmits des heren yngevinge alsus tot oer sprak: Vrouwe, nemes voer geen ovel dat ick gedwongen doe; my is gheiten dat ick dyt kynt nemen saell, ende dat mitten braeck hie syn wordt, recht off hie die wrede daet, die hie deer dochter doen soeld, verswyghen woeld, die moder nyet toe ververen. Doch soe verstoent die moeder uut synen worden dat men die dochter doeden soeld. Nochtans en woert sie daervan nyet ontsaet, dan sie nam oer dochter toe hant ende saech sie en weynich aen ende kusten sie ende segenden sie myt den hiligen cruce ende gaeff sie den ruter ende sprack: gaet hyn ende duet dat U myn heer geheiten heefft, dan eyn dinck beger ick, dat gy sie wylt begraven dat sie die voegel off die wylden dieren nyet en eten, myn heer en heb U dan anders ghebaeden. Die ruter die nam dat kynt van der moeder ende brachte dat tot synen heren ende vertelden on all die woerde, die Grisildis geantwort had. Die heer woert daer zeer van beweght, dan hie bovael den rueter, dat hie dat kynt heymelick to Bononyen myt vlyte vuyren soeld tot synre suster, die daer eynen greven toe echte haed, opdat sie dat kynt opvoeden ende tucht ende eer leerden, ende nyemant en seeght wes dochter dat wer. Ende die ruter gengh snelliken ende dede allet dat syn heer gheboit.

Galterus mercten duck synre vrouwen gelaet ende konde nummer gevinden dat sie sick daer eyns van ontseet, dan sie bleiff stedelick yn synre leeffden ende synen dienst nae all

synen wyll, ende vraeghden nyet eens woer oer dochter ghe-
bleven wer. In dessen staet bleiff sie myt oen wal vier iaeren
ende waert noch anderwerff bovanghen myt kynde ende ghe-
beerden eenen vryschen heerliken soon, daervan sick die vader
myt den gansen lande vervrouden. Wulke soen doe hie nae
twen iaeren gespeent was, doe bekorden die heer anderwerff
syn vrouwe ende sprack tot oer alsus: Grisildis du heeffs hiir
voermals wal ghehort dat myn volck nyet guetlick en naem(n)
onser beyder hilick, sonderlinx doe sie vernemen dat du van
my eyn kynt van my krechs. Dan nye en myshaeghden oen
dat alsoe voel als nu, want du eenen soen ghebert heefs, want
sie segghen als ick stedeliken verneem: als Galterus doet is,
soe saell Iannicoels neve onse [*prince*] wesen ende soe edelen
lande sael eyns husmans soen onderdenich syn. Deser woerde
hoer ick degelix mennich, soe dat ick vrucht sie sollen my
noch hiir om over vallen. Opdat ick nu dan myt den coer-
testen myn mennige segge, soe denck ick oem deen gemeynden
vrede des lands myt desen kynt toe doen, als ick mit deer
dochter gedaen heb. Ende hiir van waern ick dii toe voeren,
opdat dii die swaer meer, off sie dii haestelick an quemen, toe
myn leestich sy. Grisildis sprack ick heb toe voeren gesaecht
ende segghe dat noch dat ick nyet gewillen en kan dan gy
wylt, want ick anders an desen kynderen nyet en heb dan
den arbeit. Gy synt deer ende myns eyn geweldich heer. Yn
uwen ondersaten gebruckt uwes rechts, ende en vraeght nae
mynen voelbaert nyet, want van der tiit ick yn uwen huys traet,
geliker wys ick myn snoede cleden wt toich, soe gaeff ick
oick over mynen wyl, ende uwen wyl, als u cleder, toich ick
an. Hijr om yn allen dyngen wat gy wylt dat wyl ick oick,
ende wyldi oick dat ick den doet liden soeld, ick wer bereit;
noch die doet en is nyet gelick onser liefden.

Galterus verwonderden sick synre vrouwen stedicheit ende
scheiden van oer myt drofficheit ende sande myt haest synen ruter
tot oer, den hie voer gesant hadde. Die quaem ende baet van
oer ghenaede off hie yet hiir voertydes, dat oer moylick weer ge-

daen had off noch doen soeld, ende begerden daer mede den
soen recht off hie myt oen eyn quaede daet dachte toe doenne.

Grisildis stont al onversaeght myt vroliken ghelaeck, ende
nam dat scoen leyflicke kynt, van alre malyck gemynt, ende
segendet myt den hiligen cruce, als sie der dochter gedaen haed,
ende saeght eyn wiel an ende kustent ende gaefft wilchlick
den ruter over, begerende daer mede, dat hie die kleelike lede
des scoenen kyndes woelde bewaren, dat sie die voegel off wilde
deren nyet en eten.

Myt desen geboede genck hie weder tot synen heren, die sick
all meer ende meer des verwonderden, ende haed hie nye geweten
die grote lieffde, die sie tot oeren kinderen hadde, hie
moecht gedacht hebn, dat sie dat van wreetheit oers moedes
gedaen had, dan, want sie oeren manne boven allen die tot oer
hoerden lyeff haed, soe leit sie allet dat geschen, dat oen toe
willen was. Die heer dede deen soen oick heimelick brengen
toe Bononyen synre suster, daer hie toe voren syn dochter gesant haed.

Dese voer genoemde teyken deer lieffden ende echteliker
trouwen hadden nu wal genoch geweest den heren, dan sommyge
sijn van den synne dat sie nyet lichteliken aff en laten,
als sie eyn werke begond hebn, ende willent op dat uytterst
voelherden. Soe dede oick dese prince; hie mercten syn vrouwe
dat sie noch hyrom oer angesicht noch ghelaet nyet anders en
toenden dan toe voren, ende oen yn allen punten myt bereden
moet bedeenstich was toe doen ende toe laten al dat hie woeld,
gelikerwys sie toe voren syck daer thoe geweest hadde, daer
sie genselick yn bleeff.

Hiir en bynnen quaem die mer yn sijn lant, dat Galterus die
heer syn kynder haed laten doden, want men der kynder nyet
en sach ende neymant en wust woar sie bleven weren, daermede
die erber lieffgetael prince yn eyn quaet gheruchte quaem
ende heetsch synen voelck waert, die daer mennige woerde op
haed. Nochtans en leet hie noch nyet aeff syn strenicheit voert
toe besueken; want doe syn dochter xii iaer oelt was soe saend

hie toe Romen recht, om breff toe verwerven ende eyn geruchte yn den voelck toe maken, of hie oerleff hed van den pawes, dat hie on roest ende vrede syns lands syn onedel vrouwe verwoerpen ende eyn ander edel toe rechte trouwen mocht. Des men lichtelick den plumpen voelck des lands onder dat gheberchte wonachtich wys maken moecht; wulck gerucht doe dat Grisildis vernaem, so ghiest men wal dat sie daer aff ynwendige droeffnisse krech, dan, want sie dat vaest yn oeren moet op gesaett haed toe liden allet dat oer toe queem van oren maenne, soe bleff sie daer yn vaest ende stede ende verwachten wat hie myt oer daecht toe doen, deen sie sick selver ende allet, dat oer was off wesen mocht, onderdenich gemackt haed.

Die heer voergenoemt sandt toe Bononyen ende leit bidden synen swager, dat hie tot oen queem ende brachte oen beide syn kinder, die hie op toe voeden alsus langh gehaelden haed; ende dat gerucht quaem over all dat landt dat die heer eyn ionck edel ionfer voer eyn bruyt hebn soeld. Dyt dede al syn swager, die edel greve van Bononyen, ende bracht oen die ionfer, die monbor geworden was, scoen van forme ende koestlick gecijrt, myt oeren broder van seven iaren ende myt eynen groten edelen ghetoich, als dat yn sulken zaken geboerlick was, op eynen sekeren dach daer toe besceiden.

Hyr en tusschen Galterus echter toe bekoren sijn husvrowe soe liet hie sie kommen tot orre merre scemeden voer sijn voelck ende sprack toet oer: Allsus langh heeft my wael genoecht tot dynre echtscaep om dynre zeden wijll ende en heb nyet angesien dynen stamme. Dan, want my nyet en teempt, dat eynen ackerman wal beteemden, soe tedrengen my myne vriende daer toe ende die pawes gevet daer oick orloeff toe eyn ander edel echte vrowe toe nemen; ende sie is noe yn den wech ende saell toe hants hijr wesen, daer om wees staerck van moede ende wijck deer andere, ende brenge my weder dyn bruytgaven, ende vaer yn dyns vader huysken geliecks moedes, want dat geluck der menschen en is nyet ewych, daet vaert ende coempt.

Grisildis antwort guetlick daer op: myn heer, altois heb ick

geweten dat onder uwer groetmoedicheit ende mynre cleyn-
heit gheen gelijck en weer. Hiir om en heb ick my nummer,
ick swygh uwer echtscaep, dan oick uwes dienstes weerdich
bekant. Goedt weit dat ick yn uwen huys, daer gy my eyn
vrouwe gemaeck hebt, altoes myt gedancken voer eyn dienst-
maeght gehalden heb. Daer om soe dancke ick gode en U van
alle der tijt, dat ick by U yn soe groter eeren geweest byn boven
allen mynen verdiensten, ende byn voert aen bereet ende willich toe gaen yn myns vader huys, ende daer myn leven yn
mynen aelder toe eynden, daer ick dat yn mynre kynsheit be-
gondt heb, ende sterven eyn selighe erwerdige wedewers, die
soe grotes mans husvrou geweist byn. Uwer nyer vrouwen
wijck ick gern, die U myt leeff ende gelucke comen moet, ende
wijl van hiin, daer ick myt genochten vrolick gewoendt
heb, gern, als u dat behaeght, scheiden. Ende, want gy my
heytet u weder toe brengen myn bruytgaven, siet soe treck ick
uut myn cleder ende geve u weder den ringh, daer gy my mede
trouweden. Die ande*re* ringe, cleder ende cleynode, die ick van
u gekregen hebbe, die laet ick yn mynre cameren; ick byn
naeckt gecoemen wt myns vader huys, naeckt gae ick daer
weder. Doch nae mynen duncken dat nyet wael en teempt, dat
dese buyck, dar die kynder yn gelegen hebn, die gy gewonnen
hebt, bloet ende naeckt schijn voer deen voelck, soe bid ick
u, off u dat behaeght, dat gy voer dat loen mynre ionferscaep,
die ick hiir bracht, doch eyn heemt laet behaelden van u, myn
bloete lief daer mede toe bedecken.

Doe dit hoerde die heer, soe voellen oen die tranen yn syn
ogen, dat hie syck nyet langer onthoelden en konde, ende keerden sijn angesycht om ende sprack myt bevender stemmen: neem
daer dat heemt, ende ghengh mytten van oer all screyende.

Soe toegh sie uut all oer cleder voer oen, ende beheelt an
alleen dat hemet, ende genck soe myt bloiten hovede barevoest
myt drogen ogen ende eerberre stilheit tot oers vaders huys,
myt gevolge menniges voelcks, die daer screyden ende mede-
liden mit oer hadden ende oer ongeluck beclaechden.

Die oelde man oer vader, die den hilick synre dochter altoes nyet duerachtich toe bliven en dacht, noch nummer des hilix gehaept en haed, ende oick altois dacht dattet noch soe wael varen moecht, dat alsoe dane arme bruyt snoede van gebuert, wanneer die grote edel heer van hoemoet verwerpen soeld, soe haed hie noch oeren gramen roeck, versleten van oelder, toe huys behalden. Doe hie vernaem dat sie myt oerre stilheit end gerucht des voelcks weder tot oen quaem, soe coempt hie oer toe gemuet voer den dorpel ende treck oer haestlick boven dat hemt oer oelde cleder weder aen. Also bleiff sie eyn weynich dagen myt oeren vader mit gelikes moedes ende wonderlicker oitmoedicheit, soe dat yn oer geen teyken deer droffnisse en scheen.

Toe hants daer nae soe gheit dat gerucht over all, dat die greve van Bononyen myt der bruyt nekende wer; ende des dages toe voeren sandt Galterus tot Grisildis, die oitmoedelike weder nae synen geboede tot om quaem ende sprack tot oer: ick haed gern dat die ionfer, die my morgen sall komen ten eten, eerliken ontfangen woerden myt mannen ende vrouwen, die myt oer toe komende syn, ende dat men malck nae synen behoer myt seden ende woerden eer bewees; dan ick en heb by huyse deer vrouwen nyet, die daer nut toe sijn. Hiir om all bistu armelick gecleit, nochtans, wantu die zeden ende gewonten ons huses wal wets, soe bevel ik dij, dat du besorgest dat maelck nae synen behoer ontfangen ende gesatt werde.

Gern sprack sie: allet dat gy begert, dat wyl ick snelliken doen, noe ende alsoe langh als ick leve.

Nouwe had die heer syn woerde uut, sie en nam den bessem ende keerden dat huys, sie sat die taeffelen ende maeckten die bedden, ende die ander dienstmegede naem sie toe hulpen ende verschicten alle dyngen nae oerre maecht truweliken.

Des anderen neesten dages quaem die greve van Bononien voergeseit, ende alle dat volck verwonderden syck deer nyer bruyt ende oers kyntlicken bruders scoende ende zeden, soe dat somyge sachten dat Galterus die heer wyslike ende guede butinge gedaen haedden, want desse bruyt ionger ende edeler wer, ende daer mede oer neve soe schoenen kynt myt oer queem.

Doe alsus die hoeff deer brulloefft yn vrouden was, doe was oick all tegenwoerdich Grisildis, die van oer bruyt verhevinge ende oerre verscovinge nyet drovich noch yn oere gelaet eyns ontsatt en was, noch van oeren snoeden clederen enige scheemdt en haed; dan myt genochliken angesicht gengh sie deer bruyt toe gemoit ende sprack: wylkoem sy myn genedige vrouwe.

Daernae doe sie die ander geste, die myt oer quaemen, myt vroliken angesicht ende myt wonderliken zueten woerden ontfenge ende die taeffelen maelck nae syne behoer myt groter voersichticheit voer saetten, soe dat oick all die vremde geste syck des verwonderden, wen der armer maeght yn soe snoeden clederen alsulke edele tuchten ende zeden quemen.

Doe Griseldis alsus alle dyngen vlitelick ende eerlicken verschicten ende oick nyet op en hoerde die bruyt ende oer neesten mennygerleye wijs hoechlick toe loven, doe sach Galterus, die doe ter taffelen satt, Grisildis an, ende sprack voer alle dat volck tot oer, recht off hie myt oer buerten öff schersten: wat duncket dij van deser mynre bruyt? Duncket dij nyet dat sie scoen ende erber is? Sie antworden: ya sie, verwaer. Oerre gelick yn scoenden ende erbaerheit en kan men nyet gevynden ende gy en moghet myt anderre engeen als myt deser soe roestigen, seligen leven hebben, als ick van herten beger ende haep. Sunderlinx doch soe begeer ick eyn punte van yu, dat gy deser soe haerde nyet wesen en wylt, als deer andere, ende oer alsoe daen zaken nyet voer leggen en wylt, want nae den dat sie ionck ende cleynlick is ende yn welden op gevoedt is, soe gisse ick dat sie des nyet geliden en konde.

Doe Galterus, dese prince, Grisildis alsus mennygerleye op dat uterst bekoert haed ende hie sie vant yn alre ghehoersamheit syns willen bereyt, truwe, stantachtich, doe en konde hie syck nyt lenger onthoelden ende sprack; myn lyeff utverkoren Grisildis, langh ende genoech heb ick op dat uterst bekoert ende gepruefft dyn gehoersamheit ende truwe. Ick vermode dat des ghelyck nye gescheyn en is onder den hemelschen troen, soe dat ye man syn echte vrouwe [1]), die daer van scheme-like sick vervrouden, als een die van eenen swaren droem ont-sprinck, dick sprekende tot oer: Du byst alleen myne echte vrouwe; anders neymant en heb ick nye ghehaed noch hebben en saell. Ende dese ionfer, die du meynst myn bruyt toe syn, dat is dyn dochter, ende dyt kynt, dat men ment oer neve toe wesen, dat is dyn soen. Die men geloefft yn ghescheiden tyden verloren toe wesen, die heffstu nu toe samen weder ontfangen. Hijr om soe wete all die goen, die anders gewent hebn, my alsus yn deser zaken om myn vrouwe toe bezoeken, niet om myn kynder toe doden, bewesen hebn.

Doe dese woerde ende mennyge deer geliick Grisildis hoerde, soe voel sie vol nae von vrouden uter oer selve ende van lief-den, danendich soe omveyngh sie mit vroliken tranen beyde oer kynder ende kusten sie stedelick voer oeren moenden. Die edeljonferen ende vrouwen, die daer om stoenden, ende alle die dyt hoerden ende sagen, die grepen sie eerwertliken myt haest ende vrouden, ende togen oer weder uut die armen snoden clederen, ende ciirden sie weder hoichliken, als sie voer ge-wontlick was gecijrt toe wesen ende eynre lantsvrouwen toe beteempt. Die vroude, die doe dar was over all den hoeff, die was merre dan die yn der irster brulofft ye geweest haed. Ende van der tijt leeffden sie mennych iaer toe samen yn groten vreden ende leyffden. Oick soe nam Galterus Grisildis vader den oelden manne yn sinen huys yn groter eeren, den hie alsus langh yn synen armen huysken gelaten haed, op dat hie oen yn synen opsaett aen deer dochter nyet hynderlick en weer.

---

1) Hier moet na *vrouwe* een stuk zijn uitgelaten, dat ongeveer het volgende be-vatte: *soe bezocht. Nae desen woerden omhelsde he syn vrouwe* etc. vgl. het latijn: *Nec sub coelo aliquem esse puto, qui tanta coniugalis amoris experimenta perceperit. Simul haec dicens, charam coniugem laeto stupore perfusam, et velut e somno turbido experrectam, cupidis ulnis amplectitur.*

Syn dochter bestae(n)den hie oick groetlicken ende leyt synen
soen eyn eerfgenaem synre heerlicheit nae synen dode.

———

Dese historie is overgesat ynter vermaneu die vrouwen tot
verduldicheit, die nae mynen duncken naw toe volgen en steit,
als Grisildis daer yn geproefft ende bovonden is; off oick toe
verwecken alle die goen, die sie lesen off horen, toe volgen
deser vrouwen oitmodicheit, ghehoersamheit, verduldicheit ende
deer trouwen voelherdicheit, opdat sie Goede, den ewygen hemelschen heren, die trouwe bewysen, daer dese vrouwe oeren tytliken eertschen heren bewesen heefft. Wulke overste heer, die
almechtige got, duyck syn uutverkoren vreynt bekoert ende
mennigerley lyden toe sendt, see toe oeffenen ende to proven.
Nyet dat hie deer nyet en kent, die hie all bekande, eer hie
sie scoep, dan op dat hie ons onse crancheit myt apenbaren
teykenen geeff toe kennen, ende wy daer weyck mede wart
van onsen sunden, onse verdienst overmits oeffenisse gemeert
woerde. Als sunte Jacob seght: Selich is die maen, die beco-
ringe lydt, want als hie geproefft is, soe saell hie ontfangen die
croen des levens, die Got synen lieffhebberen gelaefft heefft [1]).
Hyr om voerder dese histori op enen geistliken syne ytswat
toe brengen, soe mach men by desen voorgenoemden tytlicken
heren verstaen den allmechtigen Gotssoen, die eyn heer is alre
heren, ende by Griseldis die menschlicke natuyr, die schoen
was, ende nae den gebeld Godes gescapen was; dan overmits
mysdaet Adams des ersten vaders arm ghewoerden is, ende be-
roefft des cleds deer onsterfflickheit ende onnoselheit, ende dat
snode cleit der eerffsunden angetogen hefft, ende der sterflicheit.
Dan dese overste her, die soen Gods, hefft die menschlike
natuyr soe lyff gehaedt, dat hie sie eyn bruyt verkoer nae mennyge hevige begerten syns raeds als deer propheten ende hilligen vaderen, woer van hie oick toe voren gesproken haed doer

———

1) Tot dusverre is Petrarca gevolgd.

den prophet Osee: Ick sael dy my verkeysen voer eyn brot
yn trouwen; dese trouwe ghescheyden yn deer cameren des
ionferliken lichams Marien.

Die hilige geest was als die preyster, die die echtscaep daer
bestedichden, ende die soen Gods was die brughom, als voer
geruyt is, waervan oick David spreckt yn den salter: als eyn
brugom is hie wt ghegaen van synre slaepcameren. Wulke
troulike lyeffd hevet soe groet geweest dat hie daer um wtge-
gaen is wt den schoet syns vaders yn dese ellendige werlt, ende
heefft om oerre mynne wyl wal xxxiii iaer lanck yn mennich-
voldigen arbeit ende liden gedient, sie toe verlosen van den
snoeden clede der eerffsunde ende deer steerflickheit, ende toe
cyren myt den clede deer onsteerfflickheit, ende alsoe groetlick
verhoechden, dat sie nyet alleen en woerde eyn gesillinne deer
engelen, dan oick syn eerffgenaem yn synen ewygen ryck.

Dese selve brughom Jhesus dede oick synre bruyt toe leve
eyn hoechtidelicke maelttyt, daer hie die aelre coestelste spise
ende dranck gaeff synen vreynden, als syns selves lichams ende
bluyt, in gelikennisse des broets ende wyns; ende toe vervrou-
wen syn geist soe sloech hie daer die haerp syns gotliken
monts, ende dede oen eyn schoen lieflick sermoen, ende gaeff
oen mennyge zueten troestliken leren; ende om meer toe ver-
vrowen syn gesten, soe stont hie op ende nae gelikenisse
eyns spoelmans vyel hie neder oitmoedeliken op sine knyen
voer den voeten synre iongeren, die hie woysch ende droegh-
den; daer nae doe die weerscap gedaen was, doe stont hie
op, om lyefde synre bruyt, toe dans ende genck myt oem
spacieren bis yn den gaerden by den berch van Oliveten, ende
driewerff daer neder vallende op die eerde, dede hie soe hevige
spronge, dat hie daer sweten water ende bloet, ende gengh driewerff om, doe hie drewerff tot synen jongeren gengh ende
vandt sie slaeppende.

Oick om deer groter mynnen, die hie tot synre bruyt haed,
der menschliker naturen, soe ontfenck hie Judaskussen utermaten gern. In wulken kussen, als men leest eynre ynniger

personen apenbaert, dat herte dyns brugoms soe grote lieffte voelden, dat hie Judas siel gern yn eyn bruyt hadde ontfangen, off hie daer gewaren rou had gehaed.

Merckt nu vort, woe dese grote heer ende mynnentlike brugom om die mynne synre bruyt ontfangen is, ende getoefft, ende begaefft is van synen maegen, ondersaten ende vryenden, daer hie van geboren was, des heer hie was, ende die hie soe rechte leyff hadde, doe sie oen thoe gemoet quemen myt fackelen ende lanternen, myt kusen ende swerden, ende wat gaven sie oen offerden, doe sie oen voer den richteren, nae mennige valschen getugen togen oen gegeven, yn syn gebenedide scoen ansicht lesterliker spuwen ende sloeghen, ende oick haelslaeche geven ende over all syn lijff iamerlike geisselden.

Dese selve gebenedide heer ende brugom lyet sick oick cijren om die mynne synre bruyt, doe hie soe duyck syn cledinge verwandelden. Noe toich hie an en wyt cleit, noe eyn purper cleit, noe synen degelixen roeck ende ontfenck oick op synen hoeffde eenen rosencraens gecijret myt roden roesen syns rosenvaerwen bluets. Ten lesten doe hie van rechter mynne om synre bruyt op den bede des cruces wort gelaecht, daer reeckten hie uut syn armen overmits twen haerden nagelen syn bruyt toe omvangen, ende leit oick syn voeten daer vesten, by oer toe bliven. Syn hovet nyghden hie sie toe kussen ende sangh daer aen, off laes, eyn guten mynentliken canteleyn van seven vuten (hs. *muten*) korten versen, syn bruyt daer mede toe leren ende yn synre lieffden toe ontfangen. Wulke canteleen alsus begynt: Vader vergeeft oen, want sie en weten nyet wat sie doen. Hie nam oich etick ende gall voer syn slaepdranck.

Nae allen desen voergenoemden teyken deer mynnen soe apenden hie oick syn hert synre bruyt, daer yn toe gaen, doe hie den slaep der liefden myt oer naem an den cruce, doe syn gebenedide syde die ritter oploeck myt eynen sper. Ende des morgens vro, doe hie weder op verstont van den slaep des dots, doe gaeff hie synre bruyt, deer menschliker naturen, eyn alre costelste moergengave, die vieerley was; als: des lichams claer-

heit, onledicheyt, snelheit ende subtylheit, welke gloriose gaven
de selige menschen yn der lester opvorstentenisse oick hebn
sollen yn oeren licham, behalver die glorioser gaven oerre sielen.

Vort is toe weten, dat geliker wys Grisildis van oeren tytliken heren ontfengh eyn dochter, eenen soen ende dat tytlike
erve synre heerlicheit, die sie all nae synen wyll overgaeff ende
daer op vertegh, als voer geruert is yn deer hystorien, soe
hevet oick, geestlicke toe verstaen, dat menschlicke gheslechte
van den oversten heren sonderlix drie principael dyngen ontfangen, als: dat licham, dat men versteet by deer dochter, ende
die geest off die ziel, die men versteet by den soen, ende dese
werlt, om dat menschlike geslechte ghescapen, wulke werlt
men versteet voer dat tytlike erve.

Dese drie saell eyn ygelike bruyt ons heren die gelovige ziel
om synre lieffden eyn ygelick nae synen staet overgeven, oerre
quaeder genoechten ende begerten toe sterven. Van der genochten des lichams seeght sunte Pauwel alsus: Die Xristus
toe hoeren, die hebn oer vleysch gecruyst myt den sunden
ende quader begerten. Van deer genoechten off lieften der
werlt spreckt oick sunte Pouwel: my is die werlt gecruyst
ende ick der werlt. Dat is toe verstaen, dat eyn guet mensch
syn wanderinge versate, dat hie op deer werlt ere ende guet
eyntlick off nyet op oen en acht, als op eenen, die sick ter
werlt nyet en geefft.

Onse geest sall oick sterven om die mynne ons brugoms yn
synen handen ende willen, al onsen geest ende ghehoersamheit yn oen toe setten ende onse leven nae onsen exempel toe
schicken. Als oick sunte Pouwel seeght: Ick byn an den cruce
geweest mit Xristus; ick leve, meer nu leeff ick nyet, dan
Xristus levet yn my. Dat is toe verstaen: ick leef yn deer naturen; dan ick en leeff nyet nae myns selffs wyllen, dan Xristus
leefft in my, yn wes willen ick mynen wyllen gans ghegeven
heb ende my daer schicken wyl nae all mynen vlyt, alse ick
alrebeste vermach. Wulke gelovige ziell als eyn bruyt Xristi
yn deser oitmoedicheit, ghehoersamheit, verduldicheit ende trouwen

voelhert bist ten eynde toe, die wyl hie yn der lester opver-
stentenisse hoechlike weder cyren ende cleden mit deer ewyger
claerheit lives ende zielen, ende myt oer eyn hoechtidelike bru-
loefft halden voer all synen ondersaeten; dat syn alle koren der
engelen ende hilligen yn deen ewygen leven. Des ons allen
gunnen moet die Vader, die Soen ende die hillige Geest.
AMEN.

BIJLAGE.

HISTORIE-LIED.

Hoe de markgrave van Sulucen trouwde eene arme schamele
Boerendogter, die vyftien Jaren in zeer groote elende ende
droefheid en mizerie gestadig en verduldig over-
brogte, dat'er geen man met zyn vrouw moghen
leven, als hy met den armen schamelen
GRISELLA
zyn wyven deede.

Genomen uit het boek van Johannes Bocatius.

t'Amsterdam, by Barent Koene, Boekdrukker, op de Lindegragt 1771.

Historielied van de verduldige Griesella.
Zangswijze gesteld.

vois: *Van de Graaf van Romen.*

1.

Aenhoord zonder vermijden, groot jammer word bedied,
Wat in verleden tijden in Italien is geschied;
Hoe dat daer een markgrave, tot zijner* Huisvrouwen nam,
Een schamel dogter en slave, die veel droefheid overquam.

2.

Verstandig van verstande was dezen Heer bequaem,
Een prince van den lande, Goutier was zyne naem.
Hij bereide bem daerneven te trouwen een huisvrouw fijn,
Omdat daer na zijn leven, erfgenamen zijn.

* De cursieve letters staan niet in den druk.

3.

Toen sprak Goutier getrouwe: is dat u begeeren al
Zoo wil ik nemen een vrouwe, die mij believen zal,
Zij is dan arm of rijke, na mijnen zin geree.
Zijn Heeren algelijke waren daermee te vree.

4.

Trouwt vrij na u begeeren, 'tzij laeg of hoog vermaerd,
Wij zullen ze ook be-eeren, als of gy 'tzelver waerd,
En ook in eeren houwen, al waer 't een koningin.
Dus nam Goutier een vrouwe, al na zijn eigen zin.

5.

Als nou den grave trouwden, 'tgebeurde met geduld,
Dat hij een dochter trouwde, alzoo gij hooren zult.
Grizella zij geheeten, van een zoo schamelen stam,
Die den grave hoog gezeten, tot zijn Huisvrouwe nam.

6.

In 't dorp niet ver van danne woonder [1] een huysman ydoon,
Een arm schamel manne, die had een dogter schoon.
Van overgroot armoede, zoo wast met hem gesteld,
Dat zijn Dogter gink hoeden de schapen door het veld.

7.

Dees arme schamel deeren, die stond in zijn behaag;
Met kwaa gelapte kleeren zoo ging zij alle daag.
De markgraaf seer beminde de schamel dogter vroet,
Al was zij van jongs kinde in armoe opgevoet.

8.

Om zijn bruyd te vereeren, zoude hij maken vrij
Veel kostelijke kleeren, van sammath en van sey;
Ketenen, ringen schoonen, seer kostelijk van gout,
Sijn Bruyd daar mede kroonen, als hij ze halen zou. [2]

9.

Als alle ding van noden ter bruyloft was bereyt,
So heeft den graaf ontboden dat al zijn overheid,
Sijn Heeren al [3] te malen, Juffrouwen, maagden waart,
Men sou zijn Bruyd inhalen, met wagens, ros en paart.

---

[1] In den druk: woondeg.   [2] zou. Oorspronkelijk zeker *golde: solde*.   [3] dr. *al*

10.

Goutier met al zijn heeren is getrokken op de reys
Sijn Bruyd met grooter eeren te brengen in zijn paleys.
Sij verlangden algemeene te zien deeze landsvrouw,
Want niemand wist ter deegen wie de Bruyd wesen sou.

11.

Als zij kwamen gerene in 't dorp zonder geschil
Voor [4] een schamel huysken kleene zoo hiel den grave stil.
Grisella die kwam daere, zy had gehaald een gank
Schoon water, dat is klaere, haar daagelijkse drank.

12.

Hij vraagde zonder mentie: waar is u vader confuys;
Sij antwoorde met reverentie: mijn vader is hier in huys.
Gaat roept sonder vertreeken uwen vader [5] geree,
Ick moet hem noodig spreeken; dat zij zeer haastig dee.

13.

.Als den vader zonder wye [6] kwam uyt den huys valjant,
Den grave riep aan een zije en nam hem by der hand,
Toen sprak Goutier verheven: mijn vriend, wat segt gij nouw,
Wilt gij mij u dogter geven_ tot myn egte Huysvrouw?

14.

Den arme man verleggen, die stont daar ongeblaamt,
Och laas, wist niet te zeggen, zoo zeer was hij beschaamt,
En hij sprak met vergrouwen: genaad mijn edele Heer,
Sou 'k u mijn dogter onthouwen, neemt gij ze maar in eer.

15.

Den Graaf na zijn intentie sprak: brengt mij dog daarbij,
Ick sel in u presentie vraagen, of 't haar wille zij.
Grisella sag dees Heere met haar vader komen daar,
Sij schaamde haar zoo seere; den Graaf die sprak tot haar:

16.

't Belieft u vader gepresen dat gij zult mijn Huysvrouw zijn,
Salt uwen wil ook wesen? daar op berichten mijn,
Ofte ik u, lief verheven, trout voor mijn Huysvrouw saan,
Ofte gij mij al u leeven sout wezen onderdaan.

---

[4] dr. Door.   [5] om de maat te lezen: uwen vader hier geree.   [6] l. wyle?

17.

Gij sult tote geene tye   op mij wesen vergromt
Maar altoos even blye,   wat u ook overkomt,
Dat gij tot geen termijne   sult zijn op mijn verstoort;
Stelt uwen wil in mijne   als een goe vrouw behoort.

18.

Sij sprak: genadige Heere!   ik dat niet weerdig ben
Te komen tot sulker eere;   maar is dit uwen zin
Mijn genadige Heer verheven,   zoo gedenket immernigt
Dat ik u al mijn leven   sal geven een kwaad gezigt.

19.

Ik sal mijn Heer verheven   als een goe vrouwe ziet [7]
Gehoorzaam zijn mijn leven   en doen dat gij gebied
Om de vriendschap te verwerven.   Dat mij mag komen aan
Al soud gij mij doen sterven,   ik sal 't in dank ontfaan.

20.

So waar ik een vrouw misdaedig,   deed ik mijn man verseer;
Gehoorzaamheid gestaedig,   dat is der vrouwen eer.
Hij sprak tot al zijn heeren   ende Jonkvrouwen fijn:
Siet deese schamel deeren   sal mijn Huysvrouwe zijn.

21.

Sijn Heeren met verlangen,   zij traden van den paart,
Hebben de bruyd ontfangen   aldaar in grooter waart;
Haer schamel kleed're dinne,   die men daer ras uitdeed;
Gelijk eener Gravinne,   soo werd zij daar gekleet.

22.

Een goede ring besnede   stak hij aan haar hand, daar
Trouwde hij ze ook mede,   in presentie van haar vaar.
Den armen man eersamen   bewaart de slegte kleer,
Hij dogt of zij weer kwamen,   't is geen vrouw voor sulken heer.

23.

Grisella sat op een wagen,   boven de vrouwen geeerd,
Maar laas noyt droever dagen   en waren voor haar bescheert.
Met zijn Juffrouws en Heeren   zoo heeft hij ongeroert [8]
Grisella met grooter eeren   op zijn paleys gevoert.

[7] ziet, past vgl. Ben. Mhd. Wb. III 922, 925, 928 i. v. ziuhen en geziuhen,
[8] ongeroert, lees omgevoert?

24.

Daar gink den Grave trouwen Grisella zijn vrouwe bloot;
Van hem en zijn landsvrouwen was daar een blijdschap groot.
Maar Grisella verheven, als de bruyloft was valent,
Nooyt vrou en mogt beleven sulk jammer en elent.

25.

Grisella vol eerbaarhede(n) was seer bemind aldaar,
Sij maakte altijd vrede daar twist of tweedragt waar.
Den grave seer verheugde met deese jonkvrouw blij,
Het gantsche land verheugde, soo liefgetal was zij.

26.

Wat droefheid ofte lijden, dat haar mogt komen an *
Sij was altijd even blijde al tegen haren man.
Op 't lest worden zij zware, de goede vrouw bekwaam,
Een dogter ging zij baren, den Grave seer aangenaam.

27.

De Grave zonder toeven kwam eens tot zijnder vrouw,
Hij woude gaan beproeven hoe zij haar houden zou.
Hij sprak met onverstande: vrouw wat heb ik aanveert,
Al mijn Heeren van den lande [10] die zijn door u onteert.

28.

Sij willent niet toe laten dat u kinders erfgenaam zijn,
Gij zijt te schamel van staten, seggen zij tegens mijn:
Dus maakt dan geen geschille; wilt gij houde vriendschap koen [11],
Soo moet ik mijnen wille met dit jongen kindeken doen.

29.

Soude 'k uwen wil onthouden, mijn Edele Heere koen?
Gij meugt altijd met den ouden [12] dat u believe doen.
Om geenderhande saken, wat in u behaegen staat,
Ik sal geen ongenugte maken, sprak zij met een blij gelaat.

30.

Van 't seggen zijner vrouwe hij seer verwondert waar;
Sijn kamerling getrouwe en die sond hij tot haer:
Neemt dat kind zonder mijden, en maakt een groot getier
Of gij 't wou den hals afsnijden, en brenget mij dan hier.

* dr. aan. [10] dr. de landen. [11] In »wilt gij houden vriendschap koen" is koen waarschijnlijk verkeerd gekomen door koen in str. 29, 1. [12] ouden l. houden.

31.

Den kamerling vrijmoedig kwam in de kamer rat
Daer Grisella mismoedig met haar kindeken sat.
Hij sprak zonder beraden: genadige vrouwe koen,
Vergeeft mij dees misdaden, die ik u hier sal doen.

32.

Geeft my nu zonder mijden dat jonge kindeken teer;
Ik sal 't den hals afsnijden door bedwang van mijnen Heer.
Daar toe ben ik geboden van al zijn edellien
Dat kindeken te dooden dat zij 't zouden aenzien.

33.

Grisella van dit gerugte was al om te doen kwaat[13]
Sij weende nog versugten, maar toonde een blij gelaat;
Sij kusten zoo meenig werven dat kleene kindeken zoet;
Og mogt ik voor u sterven, sprak zij, mijn jonge bloet!

34.

Sij gaf hem 't kindeken teere, als zij 't wel hebben geriest:
Nu brengt dat uwen Heere; Hij doe (dier mee) dat hem belieft.
De knegt zonder verleggen tot zijnen Heer voorseyt
Hij had genoeg te seggen van der vrouwen gehoorsaamheyd.

35.

Den grave verstond de reeden van haar gedrag(t) valjant,
Hij deder dat kindeken kleden en sant heymelick uyt 't land
Tot zijn suster getrouwe, de gravinne van Born eerbaar
Dat zij dat kinde zou houwe, alsof 't haer eyge waar.

36.

Alzoo beproefde hij zijn vrouw met moede straf,
Nogtans dat vrouwken blij hem geen zuur gezigt en gaf,
Maar inwendige smerte heeft zij van binnen geproeft,
Want haer moederlijk herte was totterdood bedroeft.

37.

De vrouw met een[14] versaagden van alle lijden saan
Of tegen niemand klaagden zij over haren man.
Maer even staedig blije gedienstig hoe langs hoe meer
Liet zij tot allen tije haer man in grooter eer.

[13] onverstaanbaar bedorven.   [14] l. niet en.

38.

Toen werd zij weder zware, de goede vrouw ydoon;
Toen men se daer zag baren een schoone jonge soon,
Den Graaf als den verstoorden sprak tot zijn vrouw vermaert:
Ik sal 't al doen vermoorden wat gij ter wereld baert.

39.

Ik bid u, sprak de vrouwe, mijn genadigste heere, zwijgt,
'k Sal God bidden voor jouwe dat gij beter zinnen krijgt.
Ik en dit kindeken bloode wij hooren u eygen nu,
Gij meugt mijn ook doen dooden, mijn heer, believet u.

40.

Door al dat land was daere blijdschap en vreugde schoon
Dat de Gravin gelegen waer van eenen jongen zoon.
Goutier al sonder falen zont weer zijn knegt gedwee
Om dat kindeken te halen als hij het andere dee.

41.

De knegt sprak mee versnooden: geeft mij u zoon geree,
Ik moet het ook gaan dooden, als ik dat andere dee.
Sij gaft hem in zijn armen: doet dat mijn man gebied,
Maar 'k hoop 't sal hem ontfermen, als hij dat kindeke ziet.

42.

Goutier in korten stonden heeft ook dat kindeke mee
Tot zijner suster gesonden, als hij dat andere dee;
Maar het was al verlooren zijn boos opstel, [14]
Hij konde niet verstoren de verduldige Grisel.

43.

De graaf begost te praten tot al zijn heeren trou
Dat hij ze wou verlaten en trouwen een andere vrouw;
Want van den Paus van Romen had hij geworven klaar,
Dat heeft Grisella vernomen, dat al patientig waar. [15]

44.

Goutier zont met verstrengen aen zijn suster ydoon
Zij sou zijn dogter brengen, met zijnen jongen soou,
Die zij wel veertien jare had opgehouden fijn.
Van dese (dogter) gink de maere, dat zijn huysvrouw zou zijn.

---

[14] de versificatie is hier fout door uitlating. [15] Deze twee regels zijn waarschijnlijk eene verkorting van meerdere, doch zoo dat de zin onduidelijk uitgedrukt is.

45.

Goutier die sprak seer felle tot zijn huysvrouw subyt:
Siet vrouw, gij weetet welle, hoe gij hier gekomen zijt,
Siet hier des Paus plackaete: t word mijn bevolen stijf,
Dat ik u moet verlaten en trouwen een ander wijf.

46.

Stel vrij in uwen zinne te vertrekken ongerooft [17],
Daer komt een jong gravinne, daer ben ik aen verlooft;
Trekt uyt u schoone kleeren, u kostelijk gewaed,
Gij moet wederom keeren in uwen armen staet.

47.

Haest u en maeckt u rede, dat gij van hier geracht [18],
En draegt ook geen meer mede dan gij hier hebt gebracht.
Ten is hier geen costuyme, twee vrouwen in een paleys;
Gij moet de plaetse ruymen, want zij is op de reys.

48.

Grisella hoord men spreken: al zit ik in dit bedrijf,
Ik heb mij nooyt geleken om weerdig te zijn u wijf;
Uw hooge staat gewisse en mijn armoedt verseyt
En heeft geen gelijkenisse tegen u edelheid.

49.

Tot deser eer en trouwe, sprak zij en weende zeer,
Heb ik geweest u vrouwe; dus dank ik u mijn Heer
Der hoogheid en der eere, die gij mij bewesen had;
Ik wil gaen weder keeren in mijnen armen staet.

50.

De nieuwe bruyd verheven wil ik ruymen de stad,
De heerlijkheid overgeven, die ik vijftien jaar heb gehad;
Naakt ben ik gekomen sane, uyt mijn ouders huys gebrogt;
Naekt sal ik wederom gane; ik heb hier niet gebrogt.

51.

Grisella verduldelijke trok uyt haer schoone kleer(e),
Haar juweelen kostelijke, en die gaf zij hem weer.
Die ring daer gij mee [19] troude, sprak zij met groot geween,
Mijn kostelijkheid van goude, het leyd daer al bijeen.

---

[17] ongerooft? oorspr. misschien *ongetoeft: verloeft.*   [18] rede. vgl. mhd. *reiʒ*; geracht, *geraket, gerachen.* vgl. Lexer i. v.   [19] lees: mij mee.

52.

Maer ik bid u, heer getrouwe,   dat gij mij zonder gekijf,
Dit hemdeken aen laet houwen,   te bedecken mijn naekte lijf.
Toen zoo sprak haere manne: wel aen maekt u voort heen [10]
En houd dat hembt dan ane.   Des bedankte zij hem seer.

53.

Wast niet een groot elende,   met den blooten hooft confuys
En barvoets in haer hemde   zond hij ze weder thuys.
Haer schamele vader, och armen,   zijn dogter hij aenenam,
't Mocht een steenen hert erbermen,   zo deerlijk zij daer quam.

54.

Desen armen oude manne   bragt haar qua kledere voort,
En die trok zij weer anne,   verhavent en verschoort.
Sij dienden met neerstigheden   haren vader vermaert,
Als zij te vooren deden,   want zij had hem lief en waert.

55.

Binnen seer korte tijden   alzo quam daer te land
Den graaf van Borne rijden   met zijn vrouwe triumphant,
Met de twee kinders verheven,   dat daer te land de lien
En hadden van al haer leven   zoo schoonen stoet gesien.

56.

Sij seyden d'een die mogt er   wel zijn een koningin fier,
Maar twas voorwaer de dogter   van Grisella en Goutier.
Goutier heeft zonder verbloden   Grisel zijn huysvrouw weer
Op zijn paleys ontboden   met haer gescheurde kleer.

57.

Goutier sprak *tot* Grisellen: gij moet nu blijven hier;
Helpt alle ding bestellen,   gij weet dog mijn manier.
Gij meugt niet van hier gane,   zoo lank ik bruyloft hou;
't Goud, silver gaed te slaene,   dat beveel ik aen jou.

58.

Tot uwen dienst, mijn Heere,   sprak zij tot haren Graaf,
Sal ik u ook bedienen   als *een* arme schamel slaaf.
Potten, kannen en vlooten   maekten zij reyn en klaer;
Goutier de tranen schooten   over zijn wangen daer.

[10] l. voort heer, vgl. Mhdw. i. v. *hir* en mhd. *ûcher*.

59.

Als nu omtrent de noenen   de maeltijd was op 't best,
Veel Heeren en Baroenen   waren aldaer ter feest,
Jonge dogters veelderhande,   Juffrouwen, Edellien,
Sij hadden daer te lande   nooyt zulke vreugde gesien.

60.

Daer sat ten selven tijde   den markgraaf devijn
Met zijn dogter aen zijn zijde, die men heet de bruyd te zijn.
Hij deede zonder verlangen   Grisella, zijn vrouw gedwee,
Eenen gouden kop te brengen,   dat zij zeer haastig dee.

61.

Grisella, wat dunkt u hiere   van mijner bruyd, sprak hij;
Is zij niet schoon en fiere,   geneug'lijk daer bij?
Ja zij is schoon en fiere,   sprak zij met blij gelaet,
God wilse voorspoet geeve   in haar houwelijke staet.

62.

Maer handelt dog wat sagter,   sprak zij, dat bid ik jou,
Met dees Edele dochter,   als met u andere vrouw.
Sij is nog ionk van jaren,   proper en teer van lee,
Sij en sout niet kunnen verdragen,   als u ander vrouwe dee.

63.

Goutier, door groot ontfermen,   trat van de tafel trouw;
Hij nam daer in zijn ermen   Grisella zijn huysvrouw;
Mijn waerde vrouw verheven,   sprak hij vol alder eer,
Willet mij dog vergeven,   dat ik u dus temteer.

64.

'k Sal u niet meer bedroeven,   al heb ik u dus benout,
Ik deet om te beproeven,   hoe dat ge u houden sout;
Siet hier dees bruyd devijne [11],   mijn alderliefste vroet,
Dats u dogter en de mijne,   die mijn suster heeft gevoet.

65.

En dees jongeling schoone,   sprak den Graaf devijn,
Dat is ook uwen soone,   dien gij meend dood te zijn.
Haar herte wil schier bewelven   van blijdschap, zoo men zag,
Soo dat zij van haer zelven   langen tijd ter aerden lag.

[11] dr. devijnen.

66.

Den Graaf, als een beminde, sprak met een groot geroer:
Siet hier, mijn lieve kinders, dit is u eigen moer.
De goede vrouw, och arme, sij nam seer vriendelijk
Haer kinders in de arme, van vreugd weende's gelijk.

67.

Haer schamel klederen dunne men daer seer ras uitdeet;
Gelijk als een gravinne wierd zij daar weer gekleet.
Dus heeft hij met verlangen, met[¹¹] grooter weerdigheid
Grisella weer ontfangen, getoont zijn vriendelijkheid.

68.

Men hield de bruyloft weder met grooter vreugde ras,
De blijdschap was veel meerder dan zij te voore was.
Den Graaf seer vriendelijke heeft haer schamel vader vereert
Al zijn leven seer rijke gehoud[¹²] en groote weert.

69.

Ik geloof dat men geen vrouwe ter wereld vinden mogt,
Die meer droefheid en rouwe in haer houwelijk overbrogt
Als deese vrouwe deeden. Na alle groot ellent
Hebben zij pijs en vreden, haer leven zoo geent.

EYNDE.

[¹¹] dr. niet.   [¹²] lees: gehouden in.

THOMAS ASSELIJN.

I.

De Asselijn's of liever Asselin's, zooals de naam eigenlijk gespeld wordt, waren Fransche protestanten. De naam komt
reeds voor in 1566, toen Jean Asselin te Loudun gedoopt

werd [1]). Andere Asselin's woonden te Dieppe, waar o. a. An-
toine A. in 1704 stierf [2]). In de 17[de] eeuw en het begin der
18[de] zijn vele leden der familie waarschijnlijk om den godsdienst uitgeweken naar Engeland [3]) en naar ons vaderland,
waar zij zich te Amsterdam hebben neergezet. Den 24[sten] Januari 1652 kocht de bekende schilder Jan Asselijn, te Dieppe
geboren, het poorterrecht van Amsterdam [4]). Den 15[den] Juni
1675 werd daar het huwelijk ingeteekend van Abram Asselijn
van Dieppe, den 7[den] Januari 1696 van Catrina Asselijn van
Dieppe, den 19[den] Februari 1719 van David Asselijn van Dieppe [5]).

Ook Thomas Asselijn zag te Dieppe het levenslicht in 1618
of 1619 [6]). Waarschijnlijk zijn zijne ouders, toen Thomas nog
zeer jong was, naar Nederland uitgeweken, misschien in 1621,
toen de Hugenoten in de noordelijke provinciën van Frankrijk
werden ontwapend, terwijl de koning zich gereed maakte hen
in het zuiden, waar zij sterker waren, aan te tasten. Vele
Fransche protestanten verlieten toen hun vaderland [7]), en daar
Asselijn reeds op zijn twintigste jaar als Hollandsch dichter
wordt genoemd, ligt het vermoeden voor de hand, dat zijne
ouders zich onder die uitgewekenen bevonden. Thomas Asselijn
is een Nederlander geworden in merg en been; in zijne gedich-

---

1) Vgl. Eugène et Emile Haag, *La France protestante*, 2ième édition publiée sous
les auspices de la société de l'histoire du protestantisme français et sous la direction
de M. Henri Bordier. Tome I. Paris Librairie Sandoz et Fischbacher. 1877, blz. 413.

2) T. a. p., blz. 414.　　　　　　3) T. a. p.

4) Vgl. Dr. P. Scheltema, *Redevoering over het leven en de verdiensten van Rem-
brand van Rijn* .... Amsterdam, 1853, blz. 69.

5) Deze mededeelingen uit de kerk-inteekenregisters dank ik aan de welwillendheid
van den heer J. G. Frederiks te Amsterdam.

6) In Maart 1644 werd „Thomas Asselijn van Diepe" op 25 jarigen leeftijd in
huwelijk ingeteekend te Amsterdam. De maire van Dieppe, die zoo vriendelijk is
geweest op mijn verzoek nasporingen naar zijne doopakte te laten doen, meldde mij,
dat deze niet is gevonden. Doch het archief van slechts ééne der twee katholieke
parochiën, waarin zich ook doopakten van „réligionnaires" bevinden, is onder dan
1618; het andere begint met 1628, terwijl de registers waarin alleen protestanten
werden ingeschreven, eerst van 1628 dagteekenen.

7) Vgl. *Histoire de l'édit de Nantes* .... II, Delft, 1693, blz. 357.

ten en voorredenen heb ik evenmin eene toespeling gevonden op zijne Fransche afkomst als in de vele pamfletten, die tegen hem zijn gericht. Daarentegen blijkt uit zijne geschriften, dat hij zijn nieuw vaderland in alle opzichten liefhad. Of zijne ouders in Frankrijk tot den meer gegoeden stand hebben behoord, doch door hunne uitwijking waren achteruitgegaan, of zich altijd in een zeer nederigen kring hebben bewogen, zeker is het, dat zij aan de opvoeding van Thomas niet veel ten koste konden leggen. Want in 1644 was Thomas Asselijn boekbinder en woonde in de Oude-Zijds-Armsteeg te Amsterdam; zijne ouders waren toen gestorven [1]).

Reeds in 1639 schijnt hij als dichter eenigen naam te hebben gehad, want Tengnagel noemt onder eene menigte Amsterdamsche poëten ook »Aslijn" [2]). Misschien had hij een paar erotische gedichtjes geschreven. In een handschriftje [3]), dat zeker afgeschreven is uit verschillende bloemlezingen en naar afzonderlijk uitgekomen versjes, komen eenige gedichtjes voor, die mij toeschijnen tot deze periode te behooren. Het is niet onmogelijk, dat een paar dezer gedichten in verband staan met zijn huwelijk, hij trad nl. 24 April 1644 in den echt met Lijsbet Reijers, eene vrouw die dertien jaar ouder was dan hij [4]). Uit dit huwelijk zijn geene kinderen voortgesproten.

In 1645 dichtte Asselijn onder het pseudoniem Nylessa naar aanleiding der veroordeeling van Laud de *Klaghte over*

---

1) Zie de inteekening van zijn huwelijk.

2) M. G. Tengnagels *Amsterdamsche Lindebladen. Gaudia post tantos oriuntur tanta dolores. Ghedruckt in 't Jaer Anno* 1639.

3) Dit MS., getiteld: T. Asselijn, *Mengeldichten; Bruilofts- en Minnedichten; Lijkgedichten.* 40 blz. 8°, is in de bibliotheek der Leidsche Maatschappij van Nederl. Letterk. (Catal. I. Handschr., n° 380). Drie bladzijden zijn met eene andere hand geschreven dan het overige en schijnen mij toe geene verzen van Asselijn te bevatten.

4) Kerk-Inteeken-Register, 26 Maart 1644:

Thomas Asselyn van Diepe Boekebinder woont O Z Armsteeg oud 25 geen ouders hebbende en Lysbet Reyers van Cockengen oud 38 Jaren woont in de Warmoesstraat.

Deze mededeeling dank ik aan den heer J. G. Frederiks. Het huwelijk van Asselijn werd 24 April in de Walenkerk voltrokken.

't onbehoorlyck oordeel ter Doodt, gheveldt tegens den Erzbisschop van Cantelbergh [1]).

In 1646 volgde een lofdicht op het tweede deel van Jacob van Eyk's *der Fluyten Lusthof* [2]) en in 1649 een lijkdicht op den hervormden predikant Rudolphus Petri [3]). Het sneuvelen van Van Galen in 1653 gaf onzen dichter twee verzen in de pen: *Op de doodt van den dapperen Zee-Held Jan van Galen, Amiraal in de Middel-landtsche Zee* en *Lykstaatsi over den Ed. dapperen Zeeheld, en Heer Joan van Galen, Amiraal in de Middellandtsche Zee. Gehouden tot Amsterdam, op den 11. December* 1653 [4]). In datzelfde jaar trad Asselijn nog bij eene andere gelegenheid als dichter op, nl. bij het St. Lucas-feest, dat 20 October op den St. Joris Doelen werd gevierd. Eenige »Schilders, Poëten en Liefhebbers der dicht- en schilderkunste", ongeveer honderd in getal, hielden daar een maaltijd. De zaal

---

1) Vgl. J. Meulman, *Catalogus van de Tractaten, Pamfletten*, enz., n° 2725. Het gedicht werd weer afgedrukt in de in 1646 verschenen *Der Poëten Vegtschool bestaende in diversche Paepsche Rijmen, en hare Antwoorden. Soo van Engelandt, Schotlandt, het Croonen van den Paus, het onthalsen van den Bisschop van Cantelbergh, als oock van het afbranden der Nieuwe-Kerck, en van het ghenoemde Wonderwerck der Heilighe-Stede t'Amsterdam. Van het Heylighe Avondtmael Christi, en het teecken des afvals, en noch diversche andere* (vgl. Meulman, n°. 2757).

2) *Aan den Ed. Jr. Jacob van Eik: Op het deftig uitbeelden van zijn Fluiten Lusthof*. Het vers werd weer afgedrukt in de *Bloemkrans van verscheiden gedichten. Door eenige Liefhebbers der Poëzij bij een verzamelt. Tot Amsterdam: Bij Lowys Spillebout. Anno* 1659, blz. 667. Vgl. over *der Fluyten Lusthof* een opstel van den heer J. H. W. Unger in *Oud-Holland. Nieuwe Bijdragen voor de Geschiedenis der Nederlandsche Kunst, Letterkunde, Nijverheid enz., onder redactie van* Mr. A. D. de Vries Az. *en* Mr. N. de Roever. 1ste *jaarg. Amsterdam, Gebr. Binger* 1883, blz. 100, 108, vlgg.

3) Het volgende werkje zag in 1649 het licht: *De vijf voornaamste Lyk-klachten, gedaen op het droevigh afsterven van* .... D°. *Rudolphus Petri, Eerste Dienaer in de Ghem. Chr., tot Amst. in den Heere ontslapen, op den* 4 *Juny* 1649 .... *Door* H. Geldorpius, J, J. V. W., A. Bornius, T. Asselijn, J. H. V. Koeverden. *Amst., C. Stichter* (vgl. P. A. Tiele, *Bibliotheek van Nederlandsche pamfletten*, n°. 8539).

Petri was in 1612 predikant te Amsterdam geworden (vgl. Wagenaar, *Amsterdam*, VII, blz. 485).

4) Beide gedichten werden opgenomen in *Klioos kraam, vol verscheiden gedichten. D'Eerste Opening. Gedrukt te Leeuwarden, By Hendrik Rintjus.* 1656, blz. 319 en 321.

was feestelijk versierd en toen Vondel, die op het feest genoodigd was, verscheen, werd hij door éón der feestgenooten,
als Apollo gekleed, ontvangen met een gedicht. De groote
dichter was de held van het feest; hij werd aan het hoofd van
de tafel geplaatst, een vers te zijner eer werd voorgedragen
en een lauwerkrans hem op het hoofd geplaatst. De genoo-
digden werden toegesproken met een vers, terwijl een ander
vers diende om bij deze gelegenheid gezongen te worden. Het
was de vereeniging van Apelles en Apollo, zooals Asselijn, die
al de genoemde gedichten gemaakt had, het uitdrukte ¹).

Waarschijnlijk behoorden de feestvierenden tot het St. Lucasgilde, behalve enkelen, als Vondel, genoodigd om aan het
feest meer luister bij te zetten. Zeker kon Asselijn in zijne
hoedanigheid van boekbinder aan dit feest van het St. Lucasgilde
deelnemen ²), waarbij de schilders de hoofdrol vervulden.

Het volgende jaar werd het feest herhaald, maar nu op 21
October. Vermoedelijk hadden eenige feestvierders van het vorige jaar besloten eene vereeniging van kunstenaars op te richten; het initiatief daartoe werd genomen door M. Kretzer, B.
van der Elst³), N. van Heldt Stockade en J. Meures. Voor

---

1) Vgl. over het feest Brandt, *Leven van Vondel*, uitgegeven door Verwijs, blz.
74 en 75, en *Broederschap der Schilderkunst, ingewijd door schilders, beeldthouwers
En des Zelfs begunstigers; Op den* 21 *van Wynmaent* 1654, *op St. Joris Doelen*,
in Amsterdam. t'Aemstel-dam, Voor Jacob Vinkel, enz. Anno 1654, blz. 25, vlgg.
    Eenige der versjes, door Asselijn voor deze gelegenheid gedicht, zijn ook afgedrukt
in *Klioos Kraam*, I, blz. 196, en in *Hollantsche Parnas, of verscheide gedichten,
Gerijmt door J. Westerbaen, J. v. Vondel, J. Vos, G. Brandt, R. Anslo, en andere
voornaamste Dichters onzer eeuwe. Door T. van Domselaar verzamelt. t'Amsterdam,
By Jacob Lescailje*, enz., 1660, I, blz. 33—35.
    2) Tot dit gilde behoorden, althans van 1621—1662, „Schilders, Vercopers van
Glasemaeckers, Bordnyrwerkers ende' Vercopers van dien, Boekebinders ende Vercopers van dien, Beeltsnyders, Plaet ende figuiranyders, Tapitsierwerckers, Compasse-
makers, Glaywerckers, Coffermaeckers, mitsgaders alle andere, die haer metter pen-
seel, borstel ofte metter verve generen" (Vgl. Dr. P. L. Scheltema in het *Archief
voor Nederlandsche Kunstgeschiedenis . . . . bijeengebracht door* Fr. D. O. Obreen.
III, *Rotterdam*, 1880—81, blz. 108 en 109).
    3) C. Kramm, *Geschiedenis van de beeldende kunsten in de Nederlanden, — Hol-
landsche en Belgische school — van den vroegsten tot op onzen tijd. Amsterdam*,

4

dit feest dichtte Asselijn zijn *Broederschap der Schilderkunst*, eene samenspraak tusschen Pallas, Apollo en Mercurius, welke laatste natuurlijk de hooge beschermers der jeugdige vereeniging vertegenwoordigt. Of Vondel, die een sonnet op het genootschap maakte, ook bij dit feest van 1654 tegenwoordig was, is niet met zekerheid bekend [1]).

Ook hier trad dus Asselijn, die toch als dichter nog weinig naam had gemaakt, eenigszins officieel als poëet op, terwijl bijv. Jan Vos, die zeker lid van de vereeniging was, er in zijn *Strydt tusschen de Doodt en Natuur, of Zeege der Schilderkunst* [2]) slechts op zinspeelt [3]). Ik vermoed, dat de verwantschap van onzen dichter met den schilder Jan Asselijn, bijgenaamd Krab-

---

1864, J, blz. 29, maakt de opmerking, dat dit moet zijn of B. van der Helst of P. van der Elst.

1) De feesten van 1653 en 1654 zijn dikwijls met elkander verward. Brandt, de oudste getuige, neemt het jaar 1653 aan als den datum der oprichting van de vereeniging en de eerbewijzingen aan Vondel; Wagenaar (*Amsterdam*, V, blz. 214) noemt 1654; van Lennep, die eerst 1654 als het jaar had gesteld, verandert dat later (*Vondel*, VI, blz. 376, *Noot*), maar drukt toch (blz. 378) een vers af van Lucas Meyer: *Lauwerkrans, den hooftpoeet Joost van den Vondel den 20 October 1654 op het hooft geset*, waarin of de datum of het jaar fout is.

2) *Door Jan Vos. Met eenige Byschriften, door de zelve. t'Amsterdam, Bij Jacob Lescaille*, enz. 1654.

3) Op blz. 18 zegt Natuur tot de Kunst:

> „Ik zie, mijn kindt, ik zie de tijdt te moedt,
> Dat in het Noordt, bespoelt van zoute golven,
> Een stadt zal rijzen uit een visschers hut,
> Al leit haar grondvest nu in veen gedolven,
> Die u zal strekken tot een starke stut:
> Want mit dat Amsterdam (dus zal ze heeten)
> De gaffel zwaaien zal van alle zeen,
> Zal 't grimmelen van Schilders en Poëeten:
> Deez' zullen in dit hooft der watersteên,
> Een broederschap, door Kretsers raadt, oprechten,
> Om u op 't jaargety ten dienst te staan.
> Briezé zal, tot sieraadt, festonnen vlechten
> Van speel- en bou- en wapentuigh, en blaân
> Van lauwren offeren op uw altaaren.
> Zoo wordt uw faam behoedt voor ondergang.
> Apollo zal hier met Apelles paaren,
> De Dichtkunst met haar Dochter Maatgezang."

betje, die misschien een broeder van hem was en zich sedert 1652 te Amsterdam ophield [1]), hem in de vereeniging zulk eene rol heeft doen spelen.

In 1654 zag Asselijn's *Broederschap der Schilderkunst* het licht, eerst afzonderlijk [2]) en later verrijkt met zijne verzen van het vorige jaar. Hieraan was nog toegevoegd eene opdracht aan Maerseveen, die zich zeker aan deze vereeniging van kunstenaars gelegen had laten liggen, en het sonnet van Vondel [3]). De vereeniging zelve is, zooals onder kunstenaars nog al eens geschiedt, zeer spoedig door „wangunst en eigenbaat" te niet gegaan [4]). Toch is het te verwonderen, dat wij bij de Amsterdamsche dichters van dien tijd er zoo weinig toespelingen op aantreffen.

In het najaar van 1655 verloor Asselijn zijne vrouw [5]); uit de aanteekening van het begrafenisboek blijkt, dat hij toen in de Goudbloemstraat woonde. Lang schijnt hij niet over haar getreurd te hebben, want nog geen jaar daarna, nl. 1 October 1656, hertrouwde hij met Janneke van Westerhof [6]), een meisje van achttien jaar, dus ongeveer twintig jaar jonger dan hij. Hij woonde toen op de Rozegracht en was karmo-

---

1) Vgl, over hem J. Immerzeel, *De levens en werken der Hollandsche en Vlaamsche kunstschilders, beeldhouwers, graveurs en bouwmeesters, van het begin der vijftiende eeuw tot heden. Amsterdam*, 1842, I, blz. 15, 16, en vooral ook *Beschrijving der schilderijen van het Rijksmuseum te Amsterdam, met historische aanteekeningen en facsimile's der naamteekens* .... *'s Gravenhage*, 1880, blz. 25.

2) Volgens eene schriftelijke aanteekening in een exemplaar der meer bekende uitgave, kwam de *Broederschap der Schilderkunst* (blz. 7—24 der andere uitgave) in folio uit bij Paulus Matthys in de Stoofsteeg te Amsterdam.

3) Zie boven den volledigen titel. De *Broederschap* is ook afgedrukt in de *Hollantsche Parnas*, blz. 14, vlgg.

4) Zie A. Houbraken, *De groote schouburgh der Nederlantsche konstschilders en schilderessen. Den tweeden druk* .... *'s Gravenhage*, 1753, blz. 329.

5) Zij werd 2 October in de Nieuwe Kerk begraven.

6) Puy-Inteeken-Register op 13 September 1656:

Thomas Asselyn van Diepe Carmosynverver Wedr van Lysbeth Reyers, woont op de Rosegraft ende Janneke van Westerhof van A out 18 Jaer geasst met Lodewyk van Westerhof haer vader in de Bergstraat.

Mededeeling van den heer J. G. Frederiks.

Het huwelijk werd 1 October op het stadhuis voltrokken.

zijnverver. Deze verandering van ambacht, van boekbinder tot karmozijnverver, is zeker vreemd.

In 1657 schreef Asselijn behalve het vers *Uytvaart van den Heer Jakob van Kampen, Heer van Ranbroek, vermaart Bouwmeester en Schilder, Tot Amersvoort, den 22 September, in 't jaar 1657* [1]), een treurspel, getiteld *Den grooten Kurieen, of Spaanschen bergsman* [2]). Het stuk was opgedragen aan Cornelis de Vlaming van Outshoorn en werd den 24sten September 1657 voor het eerst opgevoerd [3]). Het is zeer kinderachtig ineengezet; de taal is ruw. Dr. Lodewijk Meijer beweerde later, dat het stuk uit het Spaansch was vertaald, maar deze beschuldiging schijnt mij toe ongegrond te zijn; de stukken toch der Spaansche school zijn gewoonlijk van veel ingewikkelder intrige dan Asselijn's treurspel. Het heeft een tijd lang op het repertoire gestaan [4]) en werd in 1669 herdrukt [5]).

In 1659 gaf onze dichter naar aanleiding der Zweedsche nederlaag een gedicht van nog al langen adem, *Sweetse Lucifer, of vervallen staatzucht* [6]) getiteld. Dat hij thans zijn naam gevestigd had, blijkt wel hieruit, dat verzen van zijne hand in verschillende bloemlezingen werden opgenomen, nl. in *Klioos Kraam* (1654) [7]), in de *Bloemkrans van verscheiden gedichten* (1659) [8]), en in de *Hollantsche Parnas* (1660) [9]).

1) Vgl. *Hollantsche Parnas*, blz. 419.
2) *Treurspel. Door T. Asselijn. t'Amsterdam, By Jacob Lescailje*, enz. 1657, 4°.
3) Vgl. C. N. Wybrands, *Het Amsterdamsche tooneel van* 1617–1772, blz. 261.
4) O. a. werd het den 7den October 1658 gespeeld (vgl. Wybrands, in *Het Nederlandsch Tooneel. Kroniek en Critiek.* 2de Jaargang, 1878, blz. 271).
5) *Den tweeden Druk, overzien en verbeetert. t'Amst., by Jacob Lescailje*, enz., 1669. 8°.
6) Zie *Hollantsche Parnas*, blz. 190.
7) Boven reeds opgenoemd.
8) Behalve het bovengenoemde lofdicht op *der Fluyten Lust-hof* is hierin, op blz. 666, het volgende puntdicht opgenomen, dat bewijst, hoe Asselijn dacht over het drijven der predikanten:

Op de Schildwacht voor 't Stadhuis tot Amsterdam.
  Wat wil die Schildwacht daar gewapend voor den Raad?
  Dat is om dat de Kerk zoo dicht bij 't Raadhuis staat.

9) Hierin worden behalve de reeds genoemde verzen op blz. 311 nog twaalf puntdichten van Asselijn aangetroffen.

II.

In 1656 troffen wij Asselijn als karmozijnverver aan. De lakenververij, die lang in verval was geweest, begon in dezen tijd weer eenigszins tot bloei te komen, zoodat er zelfs in 1665 een gilde van lakenververs werd opgericht [1]). De meeste karmozijnververijen waren op de Bloemgracht [2]) en in 1671 vinden wij Asselijn daar dan ook wonen [3]). Het is te hopen, dat onze dichter van de herleving dezer industrie partij heeft weten te trekken, want zijne tweede vrouw schonk hem verscheidene kinderen [4]). Misschien is het aan die vermeerdering van zijn gezin toe te schrijven, dat hij in geene jaren iets in het licht gaf en eerst in 1668 weer als dichter optrad. In het begin van dat jaar kwam zijn treurspel *Op- en ondergang van Mas Anjello, of Napelsche Beroerte* uit [5]). In dit stuk zijn de gebeurtenissen van den opstand tot den dood van Mas Aniello (7—16 Juli 1647) opeengehoopt, terwijl de historische volgorde niet altijd in acht is genomen. Asselijn schijnt de stof voor zijn treurspel geput te hebben uit een werk, dat Lambert van den Bos uit het Italiaansch had vertaald, en waarvan de titel (althans van den 3den druk, dien ik heb kunnen raadplegen) luidt:

---

1) Vgl. Wagenaar, *Amsterdam*, IX, blz. 97. In de gildeboeken der Zwart-, Blauw- en Karmozijnververs wordt Asselijn's naam niet gevonden. Maar in 1671 wordt hij in pamfletten steeds „verver" genoemd.

2) Vgl. Wagenaar, t. a. p., blz. 98.

3) 21 Mei 1671 werd in de Westerkerk begraven een „kint van Thomas Asselyn op de Blomgraft."

4) In de doopregisters der remonstrantsche kerk werden, onder bijvoeging, dat de doop aan huis had plaats gehad, ingeschreven: 26 Sept. 1658 Johannes, 17 Jan. 1660 Lodewijk, 24 Febr. 1662 Johannes, 28 Febr. 1666 Josina, 18 April 1669 Jannetje, 22 Sept. 1673 Marselis en 6 Juli 1675 Johannes. Daar hieronder drie zijn, die Johannes heeten, is het waarschijnlijk, dat de twee oudsten van dien naam jong zijn gestorven.

5) (*voorgevallen in 't jaar 1647,*) *Treurspel; Door T. A. Gespeelt op d'Amsterdamsche Schouwburgh. t'Amsterdam By Jacob Lescailje,* enz. 1668.

De Napelse Beroerte, Veroorzaakt door Mas' Aniello, Met sijn Wonderlyke op en ondergang [1]). Dit werk was in 1652 voor het eerst verschenen [2]), terwijl in 1657 een tweede druk volgde [3]). Behalve de overeenkomst van titel van het geschiedkundige werk met het treurspel pleiten verscheidene kleine bijzonderheden, die in beide werken worden aangetroffen, voor deze meening. Dit alles in het breede uit te meten zou te lang ophouden, doch enkele punten van overeenkomst zal ik hier aanstippen. Men vergelijke bijv. het gesprek van Mas Aniello met den bandiet Perrone [4]), de maatregelen door dezen genomen, toen hij de volkspartij wilde verraden [5]), het opschrift bij het afgehouwen hoofd van Caraffa [6]), het afscheid, dat de aartsbisschóp Caffarelli van Mas Aniello neemt [7]), de behandeling, die deze een ridder uit Aversa doet ondergaan [8]), enz. Er zijn echter ook tal van afwijkingen, want Asselijn stoorde zich in zijne treurspelen er weinig aan, of hij de historische waarheid geweld aandeed.

Evenals *De groote Kurieen* is de *Mas-Anjello* een spektakelstuk. Behalve dat men op het tooneel een grooten brand ziet, worden telkens afgehouwen hoofden op staken geplaatst vertoond, en een jongen met een bebloed slagersmes, waarmede hij juist een edelman het hoofd heeft afgesneden, wordt op de handen der oproerlingen binnengedragen. Evenals Jan Vos wilde Asselijn niet alleen de hoorders maar ook de kijkers wat voor hun geld geven. Het stuk viel zeer in den smaak; reeds

---

1) *Vermeerdert met de Beroerte van Amsterdam. Met Register en deftige kopere Platen verciert. t'Amsterdam, By Willem Lansvelt*, enz. 1702, 3 dln.

2) Vgl. J. van Abkoude, *Naamregister van de bekendste en meest 'in gebruik zijnde nederduitsche boeken* .... 1788, I, blz. 75.

3) Vgl. Mr. J. I. van Doorninck, *Bibliotheek van Nederlandsche anonymen en pseudonymen*, n° 542.

4) Asselijn, blz. 1—8; van den Bos, I, blz. 13.

5) Asselijn, blz. 50; van den Bos, blz. 88, 89.

6) Asselijn, blz. 60; van den Bos, blz. 93.

7) Asselijn, blz. 72, 73; van den Bos, blz. 155.

8) Asselijn, blz. 73; van den Bos, blz. 156.

het volgende jaar werd het herdrukt ¹) en beleefde daarna nog
drie uitgaven ²).

De opdracht van het treurspel aan Joan van Vlooswijk,
secretaris van Amsterdam, is om twee redenen merkwaardig.
Vooreerst verzekert de schrijver, dat het zijn doel niet is door
zijn treurspel oproer te preeken. »Dat wy, Achtbaare Heere,
dit ten Tooneele hebben gevoerdt, en is niet om de gemoederen des volks te verrukken tot zoodanige driften als wy U. E.
A. alhier vertoonen; maar in tegendeel om de zelve veel vas-
ter noch te doen ankkeren in het herte van deze hooghloffelijke
Regeringe". Want nergens worden de staatsbelangen zoo be-
hartigd als in Nederland, dat aan naburen en bondgenooten een
voorbeeld van regeeren geeft. Wat maakt onzen staat »berugt?
haar maght; en waar uyt ontstaat haare macht? uyt d'ordent-
lijke schikkinge, in 't heffen der gemeene middelen: hoe werden die besteet? niet op dat zich ieder hier door zou verrijken,
(gelijk wy in ons Treurspel U. E. A. vertoonen, welke door
een geregte wraak, over het uytputten der arme Gemeente,
zijn omgekomen;) maar tot voorstant, en bevorderinge der ge-
gemeene zaaken; en tot schrik van die gene, welken den ge-
terghden Leeuw mogten komen te ringelooren", enz.

Was reeds bij de opvoering van zijn treurspel de beschuldiging tegen Asselijn ingebracht, dat hij tot oproer aanzette?
In elk geval geschiedde dat later. In Pels' *Gebruik en Misbruik des Tooneels* (1681) lezen wij ³):

> »Ook zouden veele uit Maz' Anjéllo wel besluiten,
> Als óf 't een stóf was, om den onderdaan tót muiten
> Te bréngen; én te meêr, omdat het wierdt vertoond
> Voor de eerste maal, zo als (én 't was nóg geen gewoont')
> Het honderdpenning géld in Holland wierd gehéven".

---

1) *Den tweeden Druk, van vele misslagen gezuyvert. t' Amsterdam, by Jacob Les-
caillje, enz.* 1669.

2) *T' Amsterdam, Gedrukt by Michiel de Groot, enz.* 1675.
Tot Amsterdam, By Gysbert de Groot, enz. 1685.
Tot Amsterdam, By de Wed. van Gysbert de Groot, enz. 1701.

3) *De Derde Druk naauwkeurig verbeterd*, 1718, blz. 19.

In 1667 was er nl. besloten het volgende jaar in Holland den honderdsten penning te heffen in twee termijnen [1]); tegen dezen maatregel heet dan het stuk van Asselijn gericht te zijn.

Verder bevat de opdracht eene aansporing om eigen werk en geene vertaalde stukken op het tooneel te brengen. »Ik offer hem (nl. Anjello) U. E. A. dan gants armelijk, en veragt, doch in een vry kleet, van geen Spanjaardt, noch Fransman ontleent, noch omswachtelt met Poëetsche droomen: maar alleen naar de waarheyt der zaaken. Wy hebben hier door een spoor trachten te maaken voor onze kunst-genooten: want willen wy dat onze vaarzen geroemdt zullen werden, en onze Schouwburgh doorlugtigh werdt, laat ons dan niet sweeten om door 't overzetten van uytheemse Tooneelspeelen beroemdt te werden, schoon gy haar van veel gebreeken zuyvert, of de zelve zoekt te polijsten met cieraat van woorden; ghy en kunt u dezelve doch niet toe eygenen, wat blokt ghy dan? De Schilderkunst gebiedt den genen, die zich in de zelfde kunst wil oeffenen, gedurigh het leven te volgen: door copieeren en kunt gy niet opklimmen om vermaardt te werden; alzoo het zelve, zoo veel herssens, noch begrijp niet van nooden heeft. Laat ons dan tragten eygen vindinge voort te brengen, eu toegang neemen tot de Historien, en op alle voorvallen onze bedenkingen laaten gaan. Wat zoude ons verhindren, dat wy niet zoo wel als de Spaanse, Franse en Engelse zoude konnen voortbrengen zoodanige gedachten, gelijk ons dagelijks van haar op onze Schouburgh werden vertoont? Wy zijn hier dan in voorgegaan, wie my volgt, kan mijn gebreeken mijden, en verbeteren het gene, 't welk volgens de gemeene noch mach deurgaan".

Asselijn wil dus twee dingen. Vooreerst pleit hij voor het historische treurspel in verband met een zeker realisme in de kunst; »de waarheyt der zaaken" staat bovenaan en evenals de schilder moet ook de dichter steeds acht slaan op het leven

[1] Vgl. Aitzema, XIII, blz. 187.

zelf en zelf opmerken in plaats van anderen na te praten. En hiermede in verband staat de tweede eisch van den schrijver, dat men eigen werk moet leveren in plaats van vreemde stukken te vertalen. Niet zonder eenigen eigenwaan, alsof hij in de laatste jaren de eenige was geweest, die oorspronkelijke werken voor het tooneel had geschreven, plaatst Asselijn zich aan het hoofd eener beweging tegen alle vertaald tooneelwerk.

Een protest hiertegen zou niet uitblijven, al liet het dan ook een poos op zich wachten [1]). Ongeveer in dezen tijd valt de oprichting van het genootschap *Nil volentibus arduum*, waarvan de leden zich in de eerste plaats ten doel stelden om tegen de regenten van den schouwburg te velde te trekken en zich er verder op toelegden om naar het Fransch bewerkte stukken op ons tooneel te brengen. De stukken van schrijvers, die op een goeden voet stonden met de regenten, werden nagerijmd en gecritiseerd en handig werd er gebruik gemaakt van het wapen der polemiek. Doch het is niet mijn plan hier de geschiedenis van dien geheelen strijd weer op te rakelen [2]); slechts wat op Asselijn betrekking heeft, moet worden vermeld.

Aanleiding tot den strijd tusschen de leden van de bent en Asselijn was het uitgeven en weer op het tooneel brengen van het treurspel *De Griekse Antigone* [3]) door de schouwburgregenten. Aan dit stuk, dat zij bij hun gewonen drukker hadden uitgegeven en op den schouwburg hadden laten verkoopen, was een voor- en nabericht toegevoegd; het eerste is van 1 Oc-

---

1) De opdracht van het treurspel is onderteekend 20 Febr. 1668.

2) Vgl. in bijzonderheden hierover Dr. A. J. Kronenberg, *Het kunstgenootschap Nil Volentibus Arduum*, Deventer, 1875, blz. 83, vlgg. en Dr. J. te Winkel, *Bladzijden uit de geschiedenis der Nederlandsche Letterkunde*. Haarlem, 1881, blz. 111—129.

3) *Treurspel. Vertoont op d'Amsterdamsche Schouwburg. Met een Voor- en Nabericht tegen de Dichtkunstige Onderzoekers. t'Amsterdam, By Jacob Lescailje*, enz., 1670.

tober 1670 gedateerd en onderteekend N. N., het tweede met
de letters E. B. I. S. K. A. Terwijl in het voorbericht gesproken wordt van »een Poëetische Inquizitie, ofte een slaafachtige
onderzoeking der kunst", aan de heeren wordt verweten, dat
zij het genootschap hebben opgericht om zich te wreken over
geleden »smaatheidt", en de meening wordt uitgesproken, dat
zij ten gevolge van hunne drukke studies niet vrij zijn van
»frenesie ofte raazende dulligheyt", de toon in het nabericht
is vooral niet beleefder. Ook ·hier worden zij als »Windbre-
kers" en menschen, die »den Hopman Roemer" spelen, duchtig
à faire genomen en wordt een vers van Antonides en Lodewijk
Meijer's *Verloofde Koningsbruidt* op dezelfde wijze aangevallen
als de leden der bent gewoon waren de stukken hunner tegenstanders onder handen te nemen.

Men liet dit niet op zich zitten. Nog in hetzelfde jaar gaf
het genootschap een werkje uit, dat tot titel had: *Antwoordt*
Op het Voor- en Nabericht, By de Antigone gevoegt Door N. N.
en E. B. I. S. K. A. Neevens een Dichtkunstig Onderzoek op het
Tooneelspel zonder Tooneelspel, dat op de Schouwburg vertoont
wordt [1]), en onderteekend was met den naam van het genootschap. Achter het eerste stukje had Meijer eene *Verdeediging*
van de Aangetogene Plaatsen Uyt de Verloofde Koningsbruidt
gevoegd. De leden van Nil meenden, dat Asselijn, die bevriend was met de regenten van den' schouwburg, de schrijver
was van het voor- en nabericht der *Antigone*, en hun aanval wordt
voornamelijk tegen hem gericht, hoewel zijn naam niet genoemd
wordt. In het eerste stukje zeggen de bentgenooten, dat »die
geleerde Heer" ten onrechte zijn eigen naam niet onder zijn
stuk heeft geplaatst, doch zij willen hem de eer geven, die
hem toekomt, „te meêr, dewijl hy het verdient heeft door zijn
oopenhartige bekentenisse, dat de Speelen, die heedendaags op
de Schouwburg vertoont werden, hoewel meestendeel van zijn
beste Vrinden gemaakt, by de onze het op ver na niet mogh-

---

1) *t'Amsterdam, By Adriaan van Gaasbeek, enz., 1670.*

ten ophaalen; en dat hy zelve, die andersins geen kleen Meester in de Dichtkunst is, gelyk uit twee van zijn Tooneelspeelen wonderlijk wel blijkt, ongeveinst bekent heeft veel van ons geleert te hebben; en dat hy in een Treurspel, nu by hem onder handen zijnde, plaats en tijdt waargenoomen, en de Tooneelen in een Bedrijf aan malkanderen gebonden heeft, dat hy nooit geweeten had, als van ons; hoewel wy dit laatste zonder zijn eygene bekentenisse uit zijn werken van te vooren wel hadden kunnen zien. Ook zeide hy, dat hy wel zien kon, dat wy de zaak met te groot een vinnigheid dreeven". Op die wijze gaat het geheele stuk door; volgens hen is Asselijn het eigenlijk met hen eens, maar om de schouwburgregenten en »heedendaagsche Spellemaakers" te believen is in zijn werk een en ander ingeslopen »zijner geleerdtheidt, en kennisse in de Dichtkunst onwaardig"; hij, »die zo dikwils getoont heeft, hoe ervaaren hy in onze Nederduitsche taal, en de eigenschappen der zelve was, zoude zo groffelijk teegen de orde en Letterkunstige Samenstellinge der woorden niet gezondigt hebben, indien het licht van zijn verstandt door de wolk van een ongerechtige zaak niet verdonkert was geweest". Zij wilden Plautus en Terentius niet aanhalen, daar zij wel wisten, »dat die Heer, uit de Natuur met een algemeene weetenschap begaaft, een byzondere afkeer had van alle uitheemsche spraaken, en geleerdtheidt daar uit gehaalt". Zij verbazen er zich niet over, »dat die Heer geduurig roept om eige vindingen, wijl hy, niet meêr, als zyn Moeders taal, kennende, en de andere, na 't loffelijke voorbeeldt van Jan Vos, verachtende, al· lang verzwooren heeft iets anders, als eige vindingen, voor den dagh te brengen". Alsof het niet moeilijker was een slecht getimmerd huis sterk en sierlijk tevens te maken dan een nieuw huis te bouwen. Is er eerst sprake geweest van »de snorrende vaerzen in de mondt van een Visscher en de Appelwijven van Napels", later heet het, dat de schrijver liever »met het tijtelbladt van een grooten Kurieen, als met een zeegel van het een of ander Hoogeschool behangen zouw willen zijn". De leden van Nil zouden, zoolang het college der schouwburgregenten niet geheel gezuiverd was, daarin geen zitting willen nemen, maar zij »twijffelen niet, of men zal hem, aanmerkende zijn bequaamheidt en grooten yver om de Schouwburg by haar oude en loffelijke gewoonte te helpen handthaaven, eerlang verheffen tot dien Hoogen trap van eere, daar hy zo lang een tijdt na gedoelt heeft." En om de kroon op dit alles te zetten wordt Asselijn een paar keeren door HY aangeduid.

Lodewijk Meijer's *Verdeediging* heeft niet dien ironischen toon maar is heftiger en meer op den man af, zonder echter den naam van den tegenstander uitdrukkelijk te noemen. De schrijver zal aantoonen, dat »hy die groote Meester niet is, daar zijn Aanhang hem voor aanziet: als meede, dat hy zich zelven beeter zal leeren kennen, en weeten, dat niet alleen om een Tooneelspel te maaken, maar om daar van te oordeelen, 'er meerder kennis en weetenschap vereischt wordt, als hy tot noch toe gehadt heeft". Meijer wil wel bekennen, dat hij met zijn *Verloofde Koningsbruidt* twaalf jaar bezig is geweest, maar zijn berisper zal zich toch wel herinneren, dat hij zelf zijn laatste tooneelstuk »niet veel minder, als twaalf jaaren onder handen gehadt heeft, gelijk dat getuigen zo veele Schaepenbouten, en Pasteyen, als hy met wedden daarop verlooren heeft, en van welke noch eenige te betaalen staan". Hij had niet bedoeld in zijne voorrede van de *Koningsbruidt* de »grondtregelen der kunst, en de Tooneelwetten" duidelijk te maken, zooals hem verweten wordt, maar zijn berisper heeft het weinige, dat hij daarover in die voorrede schreef, voor eene volledige theorie aangezien. En toch, had hij dat weinige vroeger geweten, »hy zoude zulke twee onbehouwene wanschepsels niet op het Tooneel gebragt hebben. En verstondt hy 't noch, hy zoude niet verleegen zijn, wat hy in 't vijfde Bedrijf zou brengen van een Treurspel, daar hy reets vier Bedrijven aan gerijmt en gemaakt heeft, en al twee jaaren, of licht meêr, aan beezig geweest is". De man heeft in de voorrede van Meijer's stuk Latijn voor Grieksch aangezien, maar op zulk eene onwetendheid draagt hij roem, »gelijk Jan Vos, wiens Aap hy is, en die hy overal, als een Kreupel, nahinkt"; is het Meijer's schuld, dat de ander »een domme duitsche Klerk" is? Goede dichters leest hij natuurlijk niet, doch »verlustigt zich alleen in zijns gelijke hakken en krukken van Rijmers, daar onder is hy Eenoog Kooning van de Blinden". Zelfs weet hij nog niet eens op welke plaatsen hij leesteekens moet zetten en moet dat aan den drukker overlaten. »Mas-Anjellos gewapende Visch- en Appelwijven" zijn mooie »deftige Treurspelpersoonazien", die »elk maar een Kanaaljes loopjen voor den dag" brengen. En wat de *Groote Kurieen* betreft, hij pronkt daar met de veeren van een ander, want hij verzwijgt, »dat het uit het Spaansch is. Doch hy heeft moogelijk de vertaaling betaalt, en rekent het daarom voor 't zijne". In één woord, deze »Heldt" en zijn »Aanhang, die hem voor hun Opperhoofdt achten", hebben getoond, dat zij al zeer weinig weten, en Meijer moet zeggen, dat hij »in hem bedroogen is". Mocht zijn nieuw treurspel, »daar hy nu al over de twee jaaren aan gearbeidt heeft", het licht zien, dan zal het voor het kunstgenootschap wel niet eens de moeite waard zijn het na te rijmen.

Nog voordat Asselijn den aanval beantwoordde mengden zich anderen in den strijd tusschen den aanhang der schouwburgregenten en de leden van Nil. Er verscheen een pamflet onder den titel: *Poëtae Heautontumorumenoi, Of, Penne-krygh, Tusschen De Reformateurs der Poëzy, en E. B. I. S. K. A.* [1]), waarin beide partijen werden gehekeld. Hierin loopt Asselijn ook niet vrij, hoewel zijn naam weer niet genoemd wordt. Er wordt nl. de opmerking gemaakt, dat de dichters verschrikkelijk aan het vechten zijn, alsof het werkelijk eene zaak van gewicht geldt, »en of de knegt tot zijn Meester roept, dat de Verf-ketel overkoockt, die wert niet geantwoort, dan *dat hem de Blixem schen, de haren staen my te bergh;* en dit deed' Anjellos rasernij, die dien Heers herssenen so heftigh besat,

---

1) *Voor Willem de Lange*, enz, *Anno* 1670.

dat de dienstmaegt uytdruckelijck in haer weer-verhueren be-
dongh, dat hy beloven souw, niet meer sulcke rasende Academie-
Spullen te maecken; schoonse wel drie of vier mael verlof had
gehadt om Anjello te gaen sien spelen". En later wordt »de
Verwer, alreets van quaetheyt stamelende", sprekende ingevoerd
bij gelegenheid van een standje met Blasius.

In een ander pamflet, dat van nog minder gehalte is dan
het zoo even besprokene, nl. *Nieuwe-jaers-gift, Aen Nil volentibus arduum, en E. B. I. S. K. A.* [1]), komt »de Verwer" ook
weer voor.

In het begin van 1671 beantwoordde Asselijn de aanvallen
van het genootschap en van Dr. Lodewijk Meijer. Aan zijn
treurspel *De moort tot Luyk door den Graaf van Warfusé aan
den Burgermeester de la Ruelle* [2]) voegde hij eenige bladzijden toe,
die tot de leden van Nil volentibus arduum waren gericht. In
deze zegt hij, dat de leden van het genootschap door hem te
houden voor den schrijver van het voor- en nabericht bij de
Antigone niet alleen »poëetizeren, maar ook beginnen te pro-
feteren", en meent dat het »een stoute onbedaghtzaamheyt is,
iemandt aan te randen, daar men geen genoeghzame verzeeke-
ring van heeft, alzoo 't wat anders is een zaak ten deele toe
te staan, of geheel daar van de maaker te zijn". Verder heet
het: »Wy werden dan doorgaans spottelijk ingevoerdt, voor
een uytsteekent licht der Dichtkunst, een beschermer der Regenten, en andre voorname eertijtlen; doch wy zijn daar veel
minder van ontzet, dan ons walght uw te hooren roemen, van
uwe groote geleertheyt, en uytsteekende kennis in de kunst
der Poëzy". Hij stemt toe de werken van het genootschap te
hebben geprezen, in zijn eigen treurspel veranderingen te hebben gemaakt, en de zaak, die zij voorstaan, geroemd te heb-

1) *T'Amsterdam, By Thomas Vredeman*, enz., 1671.
2) (*voorgevallen in 't jaar* 1637,) *Treurspel. Vertoont op d'Amsterdamsche Schouwburg. t'Amsterdam, by Jacob Lescailje*, enz., 1671.
De opdracht is gedateerd van 6 April.

ben als eene goede, maar »met al te groote heevigheyt" aange-
pakt; zij willen door de regenten worden aangezocht om hunne
stukken aan te bieden, en dat dit niet geschiedt maakt hen
toornig. Velen, die met Nil gemeene zaak zouden maken, worden afgeschrikt door al hun »lastren, schelden en raazen". Zij
zien minachtend neer op den »Visscher, en appelwijven van
Napels", doch als hunne stukken »wat lught hadden, van dien
gezeyden Visscher en Napelse appelwijven, zy zouden wat zouter en wat smaaklijker op de tong zijn, daar zy nu, door
hun laffigheydt, verwerpelijk zijn". Hij komt op tegen hunne
bewering, dat het verdienstelijker is een slecht huis goed
en bewoonbaar te maken dan een nieuw te zetten. En dan
hunne inbeelding en verwaandheid! »Eene, die maar by geval van de kunst met ordre spreekt, of een reegel twee dry
op papier heeft gebracht" heet een goed poëet; trouwens zij
zijn met dat oordeel zoo spoedig gereed »als Hopman Roemer
is in 't begeeven van zijn kornels, kapiteyns en luytenants
ampten". Na hun onder den neus te hebben geduwd, dat
Geeraardt Bikker, Heer van Swieten, hun op smadelijke wijze
de opdracht der door hen nagerijmde *Orondates en Statira* had
teruggezonden, merkt hij op, dat de schouwburg, die hunne
»hervormde zuyvering niet heeft aangenomen, tegens al (hun)
woelen aangroeyt, in 't vermeerderen van haar inkomsten",
hoewel er volgens hun zeggen niets dan vodden worden opgevoerd. Zelf heeft hij nooit getracht naar het regentschap, »veel
min dat (hij) aan iemandt zoude opening gedaan hebben, die
het zelfde zoude hebben konnen bewerken"; maar juist één der
eerste leden van de bent en vroeger regent is ten gevolge zijner
knoeierijen onverwachts uit dat college »gebonst", en waarschijnlijk »van dien onverwachten slagh noch eenighsins ge-
voeligh". Ten slotte hoopt hij, dat de heeren in hevigheid af
en in verdraagzaamheid toe mogen nemen.

Over het geheel is de toon van het stukje waardiger dan de
aanval, vooral als men in aanmerking neemt, dat de bentgenooten hem zonder voldoende reden hadden aangegrepen in de

meening, dat Asselijn de schrijver was van het door hen ge-
wraakte voor- en nabericht. Onze dichter toont een handig
strijder te zijn; hij geeft een en ander toe, blijft bedaard,
maar geeft intusschen de heeren eenige duchtige zetten, vooral
waar hij een paar dingen publiek maakt, die zij liever niet
onder de algemeene aandacht gebracht zagen.

Ik geloof, dat met dit antwoord van Asselijn de strijd vooreerst tot een einde is gekomen, waartoe de sluiting van den
schouwburg in den zomer van 1672 tot 28 December 1677
zeker wel iets heeft meegewerkt. Ik meende over dien strijd
eenigszins uitvoerig te moeten zijn, omdat de beide pamfletten van Nil, hoewel meermalen besproken, niet bezien zijn
als voornamelijk tegen Asselijn gericht. Lezen wij in al deze
strijdschriften tusschen de regels door, dan leeren wij er nog
wel een en ander uit, dat op het leven van onzen dichter betrekking heeft. Asselijn werd door de leden van Nil aangezien
voor een hunner voornaamste tegenstanders en het hoofd der
tooneeldichters, die zich niet onder hunne vanen wilden scharen,
bovendien als een man van invloed bij de regenten van den
schouwburg. Eenige leden van de bent moet hij vrij goed gekend hebben, dat zij zoo goed op de hoogte zijn van een treurspel van zijne hand, dat nog niet eens voltooid, laat staan
opgevoerd en uitgegeven was. Zeker is hij als schrijver van
de *Mas-Anjello* wel in aanraking gekomen met Meijer, die
van 1668 tot 1670 regent van den schouwburg was. In den
beginne, toen het streven van het genootschap nog niet zoo
duidelijk was als later, en de leden, die alle tot den beschaafden stand behoorden, zich er op toelegden de oude kluchten
van het tooneel te weren en er een meer beschaafden toon te
doen heerschen, juichte hij hun streven toe; toen het echter
bleek, dat teleurgestelde eerzucht hen tegen den bestaanden
toestand deed ageeren, dat zij hun heil in vertalen zochten en
zich zelve voor de eenige tooneeldichters en critici aanzagen,
kwam hij hiertegen op flinke wijze op en toonde met zijn gezond verstand opgewassen te zijn tegen menschen van veel meer

studie en beschaving. En bovendien blijkt uit die pamfletten, dat Asselijn waarschijnlijk in goeden doen verkeerde. Niet iedere verver met een huis vol kinderen kan jaren achtereen telkens weddingschappen aangaan om schapenbouten en pasteien naar aanleiding van den tijd, waarop een treurspel van hem het licht zal zien, terwijl men het niet betalen van deze festijnen, hem door Meijer verweten, veilig op rekening mag stellen van 's mans ergernis en van de zeventiende-eeuwsche pamfletschrijfmethode.

Doch wij komen tot het treurspel zelf, dat Asselijn in 1671 uitgaf en dat hij opdroeg aan Mr. Dirk Schaap, secretaris van Amsterdam. Uit die opdracht, waarin natuurlijk vele namen der oudheid voorkomen, blijkt, dat Tobias van Domselaar, één der schouwburgregenten, den schrijver zijn onderwerp aan de hand heeft gedaan. »Doch alzoo de stof in zich zelf zoo veel veranderings niet begrijpt, of het konde in een deel gevoeglijk getrokken werden, hebben wy die met een tusschenspel verrijkt, 't welk zich door de deelen heen slingert, en eindigt in 't vierde bedrijf." De berispers zullen weer gelegenheid hebben den dichter hard te vallen »ten opzichte der wanschikkinge," terwijl er zelfs behalve »een wijze van verkraghting" ook muziek en dans in het stuk voorkomt. Maar de heeren, die slechts Fransche stukken vertalen en de door anderen vertaalde narijmen, hadden maar eens zelf een dergelijk onderwerp ter hand moeten nemen, dat nog nooit behandeld is.

Werkelijk had de »wanschikkinge" van het treurspel wel eene kleine verdediging noodig, want het stuk is zeer vreemd in elkander gezet. De vier eerste bedrijven doen bijna niets tot de handeling af, maar worden gevuld met eene vrijerij tusschen eene der dochters van den graaf van Warfusé en een jonkman, dien de graaf niet als schoonzoon wil aannemen, terwijl hij daarentegen Grandmondt verkiest, die hem zal helpen in zijne plannen om Luik, dat Fransch was, weer aan Spanje te brengen. In het 1ste bedrijf treedt de Wraak op; later tracht de dochter het huis haars vaders te ontvluchten, wat haar eerst

mislukt, terwijl zij daarna toch als page gekleed weet te ontkomen. De burgemeester la Ruelle komt eerst in het 4de bedrijf
voor, als zijne vrouw hem smeekt toch niet naar het gastmaal
te gaan door den graaf gegeven. Het 5de bedrijf is historisch;
hierin wordt de moord aan la Ruelle gepleegd, mislukt de aanslag van Warfusé en wordt hij door de Luiksche burgerij gedood.

Warfusé's poging tot verraad was zeker in 1671 een weinig
bekend feit. Kort na de gebeurtenis hadden eenige pamfletten
het licht gezien, waarin de zaak werd beschreven. Een Fransch
pamflet, te Luik in 1637 uitgekomen, werd nog hetzelfde jaar
in den Haag herdrukt ¹) en dan vertaald te Amsterdam uitgegeven ²). Naar dit stuk gaf Aitzema een uitvoerig verhaal ³).
Asselijn heeft zeer waarschijnlijk of van het pamflet of van
Aitzema gebruik gemaakt voor het 5de bedrijf van zijn treurspel.

Het stuk schijnt niet veel opgang te hebben gemaakt en
werd althans niet herdrukt. Toen in 1677 de schouwburg
weer werd geopend was er zeker weinig kans, dat Asselijn's
stukken werden opgevoerd, want onder de zes regenten waren

---

1) *Histoire Tragicque, ou Relation veritable De tout ce qui se passa au Tragique
Banquet Warfuseen, tant de l'assasinat commis en la personne du .... Bourge-
maistre de la Ruelle .... qu'attenté és personnes des Seigneurs Abbé de Mouzon....
du Baron de Saisan, et autres, par les Traistreuses menees du desloyal René Re-
nest C. de Warfuzée: et de la vengeance vray'ment divine ensuivie à l'instant, tant
contre ledit desloyal meurtrier, que ses complices, le 16 d'Avril* 1637. *dedans la-
dite Cité de Liege .... Liege De l'Imprimerie Christian Ouwerx* .... 1637. *Et
pour la seconde fois imprimé à la Haye, per I. Burchoorn* .... z. j., 32 blz. (vgl.
Meulman, *Catalogus van de Tractaten*, enz., n° 2393).

2) Volgens Meulman is van dit Fransche stuk eene vertaling: *Tragedische Historie
ofte waerachtige Relatie, aang. het ghene in het bloedich Bancquet van den Graef
Warfusée ghepasseert is, deels begaen in den moordt aen den persoon van Weylandt
Heer Burgem. De la Ruelle .... ook deels in het Attentaet teghens de Heeren d'Abt
van Mousson, ... den Baron de Saisan e. a. op den* 16 April 1637 *binnen de
voorss. Stadt van Luyck .... Eerst tot Luyck by command. vanden Raedt aldaer
in 't Fransch ghedr. ende nu in onse nederl. Tale overghesset. Amst., voor J. van
Hilten*, 1637 (vgl. P. A. Tiele, *Bibliotheek van Nederlandsche Pamfletten*, n° 2585.)

3) IV, blz. 668—680. Vgl. Meulman, t. a. p.

toen drie leden van Nil volentibus arduum. Dat zij ook later onzen dichter nog niet hadden vergeten, blijkt uit Pels' *Gebruik en Misbruik des Tooneels* (1681), waarin zijne stukken gehekeld worden. Want na de boven vermelde beschuldiging, dat de *Maz' Anjello* oproer preekte, luidt het daar:

»Maar 't is te onkunstig, én te érbarmelyk beschreeven,
Nóch 's rymers doelwit, die sléchts toeging stout, én lós
Op 's Meesters voorbeeld, om, als leerling van Jan Vós,
Met weidsche ópsnyery van woorden, én met prullen
Van ballingskoppen 't oor, én 't oog des volks te vullen;
Zo dat men zeggen mag de Staat te zyn verschoond,
Ten minsten, dat zy niet opzett'lyk is gehoond,
Om 't vólk tót muitery, én oproer te beweegen."

Van *De moort tot Luyk* heet het met de kanttᵉekening: »Het schémpen op byzondere, niet toegelaaten, getoond in Warfuzé, én diergelyke prullen" [1]):

»De Graaf van Warfuzé, wiens Dóchter door den Dichter
Wordt ingevoerd, gelyk een' hófpop, óf nóg lichter,
Is ook veel te onbesuisd op 't Schouwtooneel gebragt
Ter onverdiende schimp van dat beroemd geslacht,
Dóch 't wérk, wyl 't inzigt gantsch niet toelei op het hoonen,
Is om d'onnozelheid des Rymers te verschoonen."

Natuurlijk is de toon zeer uit de hoogte; de stukken der heeren zelve munten boven alle uit;

»Want, óf men die uit haat, óf uit onkunde doemt,
En die lapzalvery, óf Overzétsels noemt;
Nooit zal een schéndbrók, ons, hoe hy ze ook wil benaamen,
De lust beneemen, nóch de kunst daar in beschaamen" [2]).

III.

Er verliepen jaren, voordat Asselijn weer iets van zich deed hooren, waartoe zeker de schouwburgtoestanden aanleiding gaven. In het voorjaar van 1671 was *De moort tot Luyk* op-

1) T. a. p., bls. 24.
2) T. a. p., bls. 61.

gevoerd en in den zomer van 1672 werd de schouwburg gesloten. Toen hij in het laatst van 1677 heropend werd bestond
de helft van het college der regenten uit leden van *Nil volentibus arduum*: Dr. Lodewijk Meijer, Mr. Andries Pels en Dr.
Jan Boumeester. In 1679 trad de laatstgenoemde af, in 1680
Pels, en zoo bleef Meijer de eenige regent van de leden van
het genootschap. In 1681 werd de schouwburg gepacht door
Meijer, Joan Pluimer en Pieter de la Croix, en hetzij dat
Meijer met zijn vijand vrede sloot, hetzij dat de beide anderen
hem overhaalden om, nu de zaken voor eigen rekening werden
gedreven, het werk van een dichter van naam niet van de
planken te weren, spoedig trad Asselijn weer met een tooneelstuk op. Het was thans echter geen treurspel, dat hij leverde,
maar een blijspel. De 63 of 64jarige dichter begon met een
nieuw genre en gaf hierin terstond het beste van alles, wat
hij heeft geschreven. Hij werd echter door zijn blijspel in
een hevigen strijd gewikkeld, dien ik eenigszins uitvoerig zal
bespreken.

De *Jan Klaaz. of Gewaande Dienstmaagt* werd waarschijnlijk in het najaar van 1682 voor het eerst opgevoerd. Terstond gingen er vele stemmen tegen op, voornamelijk van de
vromen. De Menniste burgermenschen en de kwaker Reinier
Adriaansz., die uit vrijen gaat, als het zoo ver met hem is gekomen,

«Dat de geest tenemaal verswakt is, en 't vleis d'overhand heeft
[genoomen,"

en wiens »Geest getuijgd om jou vleis te begeeren," zooals hij
tegen zijne schoone zegt, waren voor velen een steen des aan-
stoots. Bovendien beweerde men, dat in het stuk gedoeld
werd op een bepaald geval, dat voor korten tijd had plaats
gehad, en trachtte men in de meest onschuldige gezegden allerlei toespelingen te ontdekken. Er was gesproken van woeker
en alchimie; sommigen trokken zich dit aan. Eén der personen van het blijspel is een makelaar in granen; men beweerde,

dat de monsterzakjes, die de man op het tooneel bij zich had, door hunne merken een bepaald persoon aanduidden. En er kwamen onkiesche plaatsen in· het blijspel voor. Redenen genoeg om zich geweldig te roeren; de vromen zaten ook niet stil en men wist bij de burgemeesters te bewerken, dat het stuk tot nader order niet gespeeld mocht worden ').

Nu gaf Asselijn het blijspel uit ²) en voegde er eene voorrede aan toe, van 6 December 1682 gedateerd, waarin hij zich op waardige wijze tegen al die beschuldigingen verdedigt. Hij verzekert het blijspel reeds voor vele jaren te hebben geschreven en houdt staande, dat het »is een puur verdichtzel, zonder dat ons oyt diergelijk voorbeeld of trouwgeval is voor gekoomen, noch dat het zelve van iemand (hem) is bekend gemaakt." Wat zijne woorden over woeker en knevelarij betreft, hij noemt immers niemand, »en zijnder eenige die zich dit aantrekken, of toe eygenen? die stellen zich zelfs, en wy niet ten toon." Wil men zijn blijspel voor een paskwil houden, dan moeten de meeste blijspelen door datzelfde vonnis worden getroffen, »daar veel zotte en ydele inbeeldinghe werden bespot en uit gelaggen." Met den persoon van Jan Jasperzen is niemand bedoeld en aangaande de monsterzakjes kan men inlichtingen krijgen bij »Sr. Oortman, Brouwer in de Swaan," die ze aan de regenten van den schouwburg heeft geleend. *De Herdoopers aanslag*, »daar de gansche societeyt niet weinig wierd geroskamd en ten toon gesteld," is vroeger op het tooneel gebracht zonder dat de Mennisten zich dat hebben aangetrokken, en nu moet zijn onschuldig stuk het ontgelden. Men heeft hem onkieschheid verweten en het spijt hem te hooren, »hoe

---

1) Dit blijkt uit de pamfletten, door het blijspel uitgelokt. Het besluit der burgemeesters is niet gevonden, zooals dit in weerwil van alle moeite het geval is geweest met meer dingen betreffende Asselijn's leven.

2) De eerste uitgaven zijn, geloof ik, die zonder jaar met den titel: *Jan Klaaz. of Gewaande Dienstmaagt. Bly-spel. Tot Amsterdam, Zijn te bekomen op den Nieuwendijk, by de Dirk van Assen Steeg, in Houlen.* Twee verschillende uitgaven met dezen titel zijn mij bekend.

dat er ook enighe zijn, die zich mede gebelgd houden, van wien wy niet als met de grootste lof spreeken", maar wat hij bijv. Martijntje, de besteedster, laat zeggen, past in haar mond, al is het dan ook niet zoo uiterst fatsoenlijk. »Wy willen", eindigt hij, »dan den onpartijdigen Leezer laaten oordeelen, of wy niet genootzaakt zijn geweest dit ons Blyspel, beneffens onze noodige verdediging in 't ligt te laaten koomen, om alzoo de laster in zijn loop te stuiten. Wy willen dan verzoeken de vrinden dit niet ten kwaatsten willen duijden, maar alle ergwaan en misduiding ter zijde willen stellen", enz.

Asselijn had zijn blijspel verkrijgbaar gesteld »op den Nieuwendijk, by de Dirk van Assen Steeg, in Heulen" [1]), voor den prijs van zes stuivers [2]), en verscheidene uitgaven zagen het licht [3]), omdat men door den onverstandigen ijver der tegenstanders wel meenen moest, dat het stuk werkelijk een schandaal behandelde. De tegenpartij zat niet stil. Het schijnt, dat met nieuwjaar 1683 de *Kristalyne Bril* uitkwam, eene samenspraak tusschen acht personen, waaronder Jan Klaasz, Jan Jaspersen, Van der Heulen en zijne vrouw. Wat vrouw Heulen zegt: »Dese Kristalijne Bril is so klaer, dat men 't alles zien kan op een baer", geldt niet voor ons, want ik begrijp van het stukje niet veel meer, dan dat ieder, die den bril opzet, zijne eigene gebreken en die zijner medemenschen kan zien, en dat het tegen onzen dichter is gericht.

Van veel meer beteekenis is de *T'Saamenspraak over de Klucht van Jan Klaasz, Tusschen een Poëet, Commediant, en een Liefhebber der Poëzy.* Hierin wordt de voorrede bij het blijspel een tweede paskwil genoemd en lezen wij: »Even eens als of hy een Tuchtmeester van den Staat geworden was, en of het *Thomas Asselijn* vry stond, ieders gebreken en misslagen niet alleen op het Tooneel ten toon te stellen; maar zelf

---

1) Wat die naam beteekent, weet ik niet. In de *T'Saamenspraak* heet Heulen de Tooneelmeester van Asselijn.

2) Zie de *Kristalyne Bril.*

3) Zie het *Antwoort Tegens de Zamenspraak.*

door den druk gemeen te maaken. Een grote onbeschofte onbeschaamdheid voor een man, die, zo hy het Tijdboek van zijn leven eens open slaat, en zijn bedrijven na ziet, genoechzaam aan en in zich zelf, zal vinden te berispen". Er wordt beweerd, dat Asselijn in de uitgaven van zijn blijspel zestien passages had weggelaten, die toch op het tooneel waren uitgesproken, dat hij zich beklaagt over de burgemeesters, die zijn stuk hebben verboden, dat zijne vroegere treurspelen »wanschikkelijck", ellendig, »wanordentlyk" en oproerig zijn en in »deeze erbarmelijke aanstootelijke Klucht" de heilige schrift wordt misbruikt, dat de dienstmeisjes er uit kunnen leeren »hunne Vrouwen op het vinnigste en onbeschaamste te bejegenen, en de Jeugd een nieuwd kunsje, kwansuis beter als met malkanderen door te loopen, om hun Ouders huis te onteeren, en in spijt van alle schuldige en nodige voorzorg, hun eigen roekeloze zin te doen", dat »een man van zo hooge jaaren, als den Autheur" liever wat ernstiger gedachten moest hebben, dan de vuile dingen, die hij zijne personen in den mond legt. En »wel eer wist men alle Spellen, daar maar de naam van eenig Vorst, of snelle trek tot boert in kwam, onder de titel van een Staats of aenstootelijk Spel, van het Tooneel te houden, schoon 'er veel gelds voor de Armen af stond te komen".

Commediant. »Maar toen was 't voor de Armen, en nu voor hen zelf.

Poeet. Om winst dan is 't geheel Pasquil verdigt en opgeschikt?

Liefhebber. O Ja: want de Maaker en Vertoonders zouden elk wat trekken, de een een gouden penning hebben, ten minsten zien, en de andere den buit strijken".

Het vers van Vondel:

»Tooneelspel kwam in 't licht tot leersaam tijd verdrijf",

moet veranderd worden in:

»Tooneelspel dient nu slechs tot eerloos tijd verdrijf".

Tegen dit pamflet meende Asselijn zich te moeten verdedigen en hij schreef een *Antwoort Tegens De Zamen-spraak van Jan Klaaz*, waarin hij al de beschuldigingen weerlegt, hem in de *T'Saamenspraak* naar het hoofd geworpen, over welk »treflijk stuk" hij zegt, dat zij »nog wel met er drie of vieren beezich geweest" zijn. De burgemeesters laten toe, dat zijn stuk gedrukt en verkocht wordt, en men vervalscht zijne woorden, als men beweert, dat hij zich beklaagt; hij kan uit de rollen bewijzen, dat er in het gedrukte blijspel niets is weggelaten, dan eenige woorden door de besteedster gebruikt; hij misbruikt de heilige schrift niet en zijn blijspel is niet onzedelijk, omdat de ouders zich steeds verzetten tegen een huwelijk van Jan Klaaz met hunne dochter. Veel hiervan staaft hij met citaten uit zijn blijspel en voorrede. Het zou wel goed zijn, schrijft hij verder, dat aan den berisper »een vaste plaets in de Schouburgh werd gegeven, om alle loopjes die daer passeeren pertinent aan te teekenen, en (hij) met eene Keur meester werd gemaakt, dat geen Spellen op het tooneel mogen vertoond werden als met zijn toestemmingh, en daar hy zijn Zeegel aen steekt, en die met het vaars van *J. V. Vondel* over een koomen, en met den zin ackordeeren, *Tooneelspel kwam in light tot leerzaam tijdverdrijf.* Dit zou hem al vry wat luister en aanzien by zetten, en ook al een goed Baantje weezen, zo. zo. dat hem ook ligt geen wind eyeren zou leggen, wel wie heeft ooit van zotter hair klovery gehoord? dat men 't zoo nau zal siften datter niet een Scruppel zou moogen deur gaen, of het zou juist met den zin van het vaars van den *Heer van de Vondel* moeten over een komen? maer wie heeft zijn eygen lessen meer overtreeden dan de *Heer van de Vondel*? wie de Schouburg in meerder veragting? en het Tooneel meer haatelijk gemaakt dan dien *Heer*? met zijn Pallamedes, en zijn Schriftuurlijke Spellen op het Tooneel te vertoonen, daer de Heilige Naam zo menigmael en zo roekeloos ontheiligt wert, kwam dat met den zin van zijn vaerzen die booven het Tooneel rontom de Schouburgh met Goude Letteren geschreeven stonden, over een?"

Men ziet uit dezen hevigen en onbillijken aanval, hoe boos Asselijn was over het tegen hem gerichte pamflet. Het was toch de schuld van Vondel niet, dat een onbekend pamfletschrijver een vers van hem aanhaalde om er Asselijn mee te bestrijden. Of was de verhouding tusschen Vondel en Asselijn niet altijd even goed gebleven als bij het St. Lucasfeest in 1653? Tusschen de treurspelen van beide dichters gaapt eene diepe klove en bovendien was Vondel langeren tijd ingenomen geweest met het streven van *Nil volentibus arduum*. Er moet iets tusschen beiden geweest zijn, anders is de hevige uitval van Asselijn hier niet te verklaren, vooral niet omdat hij later op zijn oordeel terugkwam.

Keeren wij tot den strijd terug. Den inhoud van een ander pamflet tegen Asselijn geschreven en getiteld: *Klucht praetjen van der bedeckelijke Hoeren* [1]), kan ik niet meedeelen, omdat het mij niet gelukt is het op te sporen. De klucht zelf werd nog steeds druk verkocht en telkens op nieuw uitgegeven [2]). Men had er liedjes op gemaakt en langs de straten van Amsterdam werd uitgegalmd: *Een bysonder Liet, over de kluchtige Jan Klaesz. Op sijn Zo, Zo, Zo. Stem: Van Besje*, en ook *Een vermakelijck Liedt van Jan Claesz. Vois: van Besje*, enz., waarin natuurlijk de Mennisten niet vrij liepen. Want

»Wat hebben de Broeders begonnen,
  Tegen *Jan Claasz* sijn klucht,

---

1) *gedrukt achter Slok-op, daar de Boeren Schijten, so, so, so.*

2) Van dezen tijd zijn de volgende uitgaven:

Jan Claasz. Off Gewaande Dienstmaagt, Bly-spel. Nevens de Samen-spraack, En de Kristalyne Bril. Desen laatsten Druck vermeerdert en verbetert. Gedruckt voor de Liefhebbers, van soo, soo, soo, 1683.

Jan Claesz. Blyspel. Nevens de Samenspraeck En de Kristalyne Bril. Dese laatste Druck vermeerdert en verbetert. Gedruckt voor de Liefhebbers van soo, soo, soo, 1683.

· *Jan Claesz. Blyspel Nevens de Samen-spraack en Antwoort op de Samenspraak, en Kristalyne Bril: eindelijk Verdrag of Vrede-schrift. Alles over het Blyspel van Jan Claesz. Dese laatste Druk vermeerdert en verbetert. Voor den Konink van Kaskilio dello Kito, onder de Drukpers van Soo, Soo, Soo.*

Och hadden sy 't noyt besonnen,
Zoo, Zoo, Zoo,
Bleven sy buyten gerucht", enz.

In beide versjes is het: zoo, zoo, schering en inslag, want
deze woorden, waarmede de kwaker Reynier Adriaense in het
blijspel elken zin aanvangt, waren eene vaststaande aardigheid geworden, zooals ook uit de titels der klucht blijkt. Pamfletten en liedjes werden achter de uitgaven van het blijspel
gedrukt, zelfs met doorgaande pagineering, nadat zij waarschijnlijk eerst afzonderlijk waren uitgegeven [1]).

Eindelijk trachtte men een einde aan den twist te maken.
Er verscheen een pamflet, *Verdragh of Vreede-schrift* getiteld,
waarin Jan Jaspersen tegenover zijne vrouw zijne verwondering
te kennen geeft over »alle dese boeken die 'er al uyt zijn gekomen van onse Jan Klaasz., en mijn Dochter Zaertjen, waer
dat ick kom in straten of op burgwallen, of op de Kooren-
Beurs, of op den Dam, 't is niet als roepen; wilje oock Jan
Klaasens Brillen, van Jan Klaasz., ik wenste wel dat ik al de
Boeken by malkander had, ik souwse na de Molen senden, en
latense vermalen." Zijne vrouw vindt, dat het wel de moeite waard
is geweest een blijspel over de geheele zaak te maken, omdat
zij als ouders zich onverstandig hebben gedragen, terwijl Jan
Jaspersen maar blij is, dat alles zoo goed is afgeloopen, omdat

---

1) Nog een paar bewijzen voor de algemeene bekendheid met het stuk. Een klein
prozawerkje van Focquenbroch werd nog eens weder uitgegeven onder den titel: *De
wonderlijcke trouw-gevallen der liefden, Dat voor gevallen is tusschen twee Edele
Persoonen, die nae veel doolingen ten laetsten van een Kluysenaer getrouwt zijn, heel
raer om te leesen. Gedruckt in 't Kreupel-Jaer van so, so, so.*

En in *Een aardige en vermakelyke Klucht van Bremer Hans. T'Antwerpen, onder
de Druckpers, by 't Weeshuys,* 1683 (vgl. Dr. J. van Vloten, *Het Nederlandsche
kluchtspel,* III, 1881, blz. 126), zegt Katrijn: »Ben ik niet uit de stad gegaan op
die dag, toe daags van te voren de klughtige klught van Jan Klaassen en de ronde
Societeyt van Zoo, Zoo, vertoont en gespeelt was, 't welk nu net tien maanden
geleden is? 't Geen dan de oorsaack, en ook andere even zulke redenen, geweest is,
waarom ik vertrokken ben; want Papa en wilde niet hebben, doe dezelve gespeelt
wierd, dat ik se mogt gaan sien; waarop gy daags daaraan my volgde. Zegh is dat
soo niet? o jou sakkereerse regte houte figuer, alias tweede Zoo, Zoo!"

zijn schoonzoon hem zoo meevalt. Hij ontmoet daarna eenige van de broeders, o. a. Reynier Adriaensz., Tjerk Hendrikxe en Stoffel Thysen (die ook in het blijspel voorkomen), en men besluit om de zaak tot een einde te brengen en daartoe eenigen van hen naar de tegenpartij af te vaardigen. Men wil een maaltijd houden; Jan Klaasz. prijst zijne vrouw, dat zij zoo knap in de kookkunst is en nu hare proeven kan vertoonen, de vrouwen zullen aan het feest deelnemen en alle goede vrienden zullen worden gevraagd, Martijntje, de besteedster, en »den seer vromen vriend Asselijn, en alle sijn Commedianten en Poëeten, al die believen te komen." Daar nu echter het »lustigh en vrolyck volck, de Poëeten", niet gewend is »soo stil en soo slecht te sitten", moet er wat muziek bij wezen en „Knipperdol" begint al terstond aan te heffen:

>Arent Pieter Gijsen, en Mewis Jaep en Leen", enz.

Van langeren adem maar van dezelfde strekking is het stukje *De Geest-drijvende so, so. Of de Klucht, Van 't Nickers-Praetjen* [1]). »Fijnman, een so, so, so," laat een toovenaar komen om een »drommel" te bezweren. Fijnman wil namelijk weten of de klucht van Jan Klaasz werkelijk is geschied. De toovenaar roept Alecto, Megaera en Tisiphone op; de laatste zegt, dat al dat gehaspel over Jan Klaasz is

>een schant
Voor de werelt, maer wy stooke brantjes lachen in de vuyst om sulke
[dingen",

en Megaera:

>Juist quam ick op de plaets daer een *Poeet* met dichten,
Verfriste sijn vernuft, en een soet *Bly-spel* maeckt,

---

1)   *De Fijn-man door den geest gedreeven, om te weten,*
  Hoe dat Jan Claessens werck in 't eynde souw vergaen,
  Spreeckt door een Toovenaar, drie swarte Nikkers aen,
  Die openbaren hem, de Hel en haar secreten.
   Gedrukt voor die so, so beminnen,
   Keerom, de Klucht die sal beginnen.

> Dat soo hy meenden selfs de minste mensch niet raeckt,
> Vermits hy 't alles had maer uyt sijn breyn gesogen";

Tisiphone:

> »Ick sach daer profijt voor ons in, dus ginck ick datelijck raen,
> Dat men 't ter *Schouwburg* bracht, om publijck te vertoonen,
> Vermits ick reets al wist dat eenige dit voor hoone,
> En groot affront stracks souden trecken op haer zy,
> Gelijck 't gebeurde, maer voorts soo rieden wy,
> Om 't *Blyspel* door den druck, aen elck gemeen te maken,
> Vermits dat Fijn-man seyt, met spits gebeckte kaken,
> Dat het was een pasquil op veel fijne lien,
> Dus quam men eerst 't begin van 't Oorloghs viertje sien".

Zij bekennen dan het vuurtje steeds aangeblazen te hebben en halen de geheele geschiedenis op, de voorrede van het stuk, de verschillende pamfletten, de verdediging van Asselijn en het *Vreede-schrift*. Zij laten nu Charon komen om al die geschriften naar de onderwereld mede te nemen; daar wil men de klucht opvoeren:

> »al de *Comedien*, datje weet,
> Die sullen wy nu gaen voorts in de hel omdeelen,
> Want elk drommeltje moet een rol hebben om te spelen,
> Mits Pluto vol begeert is om dees klucht te sien".

Als de geesten verdwenen zijn en de toovenaar zijn loon heeft ontvangen, komt Goethart een praatje maken met Fijn-man, en beiden zijn het eens, dat het beter is

> »malkander (te) beminnen en borgerlijck 't samen omgaen"

en den vrede te bewaren, dan te

> »smyten op de straet, malkanders faem en eer".

Het stukje eindigt met een gesprek tusschen Fijnman en zijne zuster, Krijntje Adriaensz, die eveneens den vrede preekt en hem den raad geeft:

> »Daerom broertje, sou ik de Broeders by een roepen, en haar 't werkje
> [voor dragen
> Van de vrede, en dat al dese rusy voorts altemael mocht dood bloen",

want een meisje, waarop Fijnman het oog heeft, heeft gezegd, dat zij nergens van weten wil,

»Soo langh als dit schelden en rasen duert, want de geest, getuygt me
[datter ook van ons trouwen,
Al meer boekjes en klugjes voor den dag komen souwen,
Daerom moet het altemael eerst doot bloeden en heel zijn gedaen,
Of je sout met een Jan Jaspersens blaeuwe scheen al weer henen moe-
[ten gaen".

Broerlief wordt nu door zijne zuster netjes aangekleed en als hij weg is bekent zij zelve ook in eene liefdesgeschiedenis gewikkeld te zijn; trouwt haar broeder, dan trouwt zij ook,

»Dan krijgt de vrede plaats, en al 't gewelt een stuyt,
Ik wens je 't beste vrienden, als het wel gaet, dan hebben de Nickers
[uyt".

Ik ben over het onbeteekenende stukje wat uitvoerig geweest, omdat het zeer zeldzaam is en de rij pamfletten, door Asselijn's blijspel in het leven geroepen, schijnt te sluiten. En daar onze dichter reeds in 1683 een blijspel schreef, dat een vervolg was van zijn *Jan Klaaz.*, is het waarschijnlijk, dat het tijdelijke verbod van burgemeesters om dit stuk op te voeren niet lang van kracht is geweest.

IV.

In 1684 verscheen het *Kraam-bedt of Kandeel-Maal, Van Zaartje Jans, Vrouw van Jan Klaazen* [1]). De opdracht aan Asselijn's »seer toegeneegen Vriendt, Mijn Heer B. A. R." is gedateerd van 30 December 1683; het stuk was toen zeker reeds opgevoerd. In die opdracht lezen wij: »In ons voorgaende Bly-spel, de Gewaande Dienstmaagd genaamd, hebben wy Jan Klaazen ingevoerd als een perzoon van een zeer argerlijk en ongebonde leeven, en in dit vervolg, 't geen wy het Kraam-Bedt of Kandeel-Maal van Zaartje Jans noemen, bren-

---

1) *Bly-spel. t'Amsterdam, By Alexander Lintman*, enz, 1684.

gen wy hem te voorschijn in een ander kleed, waar in hy zich veinst de Deugd te verbeelden, en doen hem de Rol speelen van een rechten schijnheilig, onder welke vermomming hy zijn Trouw te buiten gaat, en tot Echtschendery vervald. Om te meerder onderscheyd te maaken van 't voorgaende, ook zijn wy van gedachten, zo deese twee stukjes op het Tooneel nae den anderen wierden vertoondt, (alzo zy in de tijdt, en 't begrijp van den inhoud, een volkoomen Spel uitmaaken) de anschouwers niet weinich vermaak zoude by zetten, want, wy bemerken dit by ondervinding, dat, 't geen de toesienders meest aenprikkeld of de lust verwekt, is de verandering". Zoo zouden ook de *Warenar* en de *Gierige Geeraardt* goed op elkander volgen. »Dit is dan alleen onze beooging geweest, in dit vervolg van Jan Klaazen, zonder iemand daar door in 't besonder te kwetzen, of ten toon te stellen, alleen maar aangeweezen, wat gebreeken in 't algemeen onder dien Dekmantel van dat Kleet, verborgen zijn, en in swang gaen", in navolging van de »Tertuf" van »Moljere". »Wy verzoeken dan dat UE. ons gelieft behulpzaam te zijn, om de misduiding die ons zoude mogen nae gaan, te helpen weeren, en te stuiten, op dat wy niet mogen verdacht werden, van iemand in 't byzonder hier te hebben beleedigt". Hij maakt eene uitzondering voor wat hij Jan Jaspersen in den mond legt over de »Poolsche of Krakouwsche broeders" [1]), welke woorden echter om

1) »Daer het men Swaager gelijk in, ik kender wel andere die hem en mijn niet
        vreemd en zijn,
     Daer 't al vry wat slordiger leid, of men al schoon met een uyterlijken schijn,
     En met een effen gestrekte troony, en een neerslagtig weezen,
     Daer men (als menze anders niet te recht en kende) de waare deugd uyt zou
        leezen,
     Daer alzo heen gaat, dat en zijnze niet Teunis Pietersz. dat binnewerk, dat
        binnewerk, daer komt et op aen,
     En hoe veel zijnder wel die dus vermomd met dit kleed daer alzo heen gaen?
     Doch miest hebjeze onder de Poolsche broeders, die deeze sleur zo volgen,
     Die dien stinkenden draf van Krakou zo gulzig hebben ingezwolgen,
     Datze dronken zijn van schyndeugd, deur welke grijns en listig beleid
     Zy elk weeten te betoveren, en dat met den dekmantel van schijnheiligheid;

alle aanstootelijkheid te vermijden niet op het tooneel worden uitgesproken, en eindigt met eene verontschuldiging voor de gesprekken der vrouwen op het kandeelmaal, die wel wat ruw zijn uitgevallen.

Het komt mij voor, dat Asselijn door dit blijspel heeft willen bewijzen, dat zijn *Jan Klaaz* volstrekt geene onzedelijke strekking heeft, door nu te laten uitkomen, dat de hoofdpersoon van dat blijspel in alle opzichten een deugniet is. Verder valt op te merken, dat de dichter zich blijkbaar verheugt over de overwinning door hem behaald in den strijd, die door de *Jan Klaaz* in het leven was geroepen. Dit blijkt èn uit het schrijven van zijn *Kraambedt*, èn nog meer uit sommige gezegden. Laat hij in het eerste bedrijf Diwertje uitroepen:

»Teunis Pieterzen! wie had et van sijn leeven gedogt? de hiele stadt
[van Amsterdam
Het 'er immers van gewaagd! en wat zijnder al boekjes van geschreven!
Hadden die woelwaters de pot maar toegedekt, waar het niet alles in
[vergeetelheid ebleeven?"

in het laatste bedrijf, als de echtbreuk van Jan Klaaz aan het licht is gekomen, heet het uit haren mond:

»Wat zel dit weer een klank geeven? en daar mee het men al dat ka-
[nailje van de straat weer gaande gemaakt.
Men dunkt dat ik ze al weer hoor roepen, en op den Dam, en aan de
[Beurs zie loopen.
Hier hebje de Comedie van Jan Klaazen, al de werken van Jan Klaazen.
[Wie wil het Kraambed van Zaartje Jans koopen?"

Zelfs de kwaker Reynier Adriaensen verschijnt weer ten tooneele met zijn beroemd geworden »Zo, zo", nu geflankeerd door Jan Klaazens gezegde: »Wel, wel, dat is goed, dat is goed," zeker tot groot vermaak der toehoorders. Asselijn had in den strijd gezegeviered en hij draagt er roem op.

Nog in hetzelfde jaar (1684) gaf hij een ander stukje uit,

Daerom wou ik het zo hebben Teunis Pieterzen, dat de lessen die dese luiden
aen andere geeven,
Datze die eerst exemplaarlijk zelfs moesten beleeven".

De stiefmoer ¹) getiteld. Dit kluchtspel zag weer bij zijn gewonen uitgever, de firma Lescailje, het licht. De uitgaven
van *Jan Klaaz* vermelden den uitgever niet en het *Kraambedt*
kwam bij een ander uit; heeft de bekende firma het eerste
stuk niet aangedurfd en was zij misschien bevreesd, dat het
tweede weer zulk eene opschudding zou veroorzaken? En wilde
zij, nu het tweede blijspel van de Jan Klaaz-serie goed was
ontvangen, de zorg voor de papieren kinderen van onzen dichter weer op zich nemen?

De stiefmoer staat beneden de twee eerste blijspelen van
Asselijn. Doch de dichter, die in zijn *Antwoort Tegens de
Zamenspraak* schreef, dat »in de order een Blyspel voor een
klugt, en een treur- voor een Blyspel gaat", zou zich kunnen
verdedigen met den naam, dien hij aan dit stukje had gegeven.
Terwijl in het *Kraambedt* eene Engelsche, de vrouw van den
kwaker, Engelsch radbraakt, onthalen in *De stiefmoer* eenige
kerels uit Westphalen de toehoorders op brabbeltaal, die Duitsch
moet verbeelden.

In het begin van het volgende jaar (1685) vervolgde Asselijn de Jan Klaasz-serie in de *Echtscheiding van Jan Klaasz. en
Saartje Jans* ²), welk stuk hij weder een blijspel noemde. Behalve de verdere faits et gestes van Jan Klaasz, waarvan wij
hooren, zien wij nu Saartje er van door gaan met een dokter.
Het stuk schijnt niet zooveel opgang te hebben gemaakt als
de beide andere; het werd althans niet herdrukt.

In het najaar gaf Asselijn weer een treurspel uit, het eerste
na de *Moort tot Luyk* (1671), dus na een tijdsverloop van veertien jaren; het had tot titel: *De dood van de Graaven Egmond
en Hoorne* ³). In de opdracht aan Joan van Marcellus, »Ge-

1) *Kluchtspel.* Door T. Asselijn. *t'Amsterdam, By d'Erfgenamen van Jacob Lescailje*, enz., 1684.
Het privilege is van 16 November.
2) *Blyspel.* *t'Amsterdam, By de Erfgenamen van Jacob Lescailje*, enz., 1685.
Het privilege is van 12 Januari.
8) *Versierd met Vertooningen.* Door T. Asselijn. *t'Amsterdam, by de Erfgen: van
Jacob Lescailje*, enz., 1685.

committeerde Raad, weegens de Provintie en Landen van Uit-
regt in het Edelmogende Colegie ter Admiraliteyt, resideerende
tot Amsterdam", lezen wij: »Wy hebben om alle aanstootlyk-
heid te vermyden, hier in gevolgd de geloofwaardigste Schryvers van dien tyd, die dezen onwettelyken handel (als strydig
tegens der landen voorregten, en geregtigheden, opgenomen
tegens de voornaamste Eedelen, en Ridders van 't land) niet
en hebben toegeschreeven, als of zulks voort kwam uit eigen
beweeging, en drift des konings, maar dat het zelve is bewerkt,
en aangestookt geweest, door den *Cardinaal Granvelle*, den
Hertog van Alva, en *Spinola*, zynde den laatsten t'eenemaal
aan het spaansche hof by den koning in zeer groote agting,
maar inzonderheid den gezeide *Granvelle*, die eenige jaaren te
vooren in Nederland zynde, des konings doen en laate was,
en het eenigste werktuig en dryver, in 't invoeren der nieuwe
Bisschoppen, en 't voortzetten van die landverderflyke inquisitie", enz. Toen Granvelle vertrokken was, heeft hij »in zyn af-
weezen dien zelven voet altoos gehouden, tot den tyd toe dat
Alva in de bestieringe der Nederlanden gesteld zynde, zy, met
bewimpelinge, kwanzuis op 's Konings ordre, hun wraak hebben uitgevoerd".

»Dit is dan het meeste gevoelen van veelen; en dien befaam-
den *P. C. Hazart*, Jesuit tot Antwerpen, in zyn kerklyke
historien, komt hier mede in over een. en zo hebben wy in
dit Treurspel den koning buiten alle bedenklykheden gehouden."

Het schijnt dus, dat Asselijn een werk van Hazart heeft gebruikt als bron voor zijn treurspel. Zeker eene zeer vreemde
keuze. Voor een onderwerp als dat, wat hij had gekozen,
was toch waarlijk wel eene betere bron te vinden geweest, dan
het werk van een Zuid-Nederlandschen Jezuïet. Had hij Hooft's
Historien geraadpleegd, hij zou zich voor menige onnauwkeurig-
heid en in het stuk zelf — doch hierop zag hij zoo nauw niet —
en althans in de opdracht hebben kunnen hoeden. In de laatste
laat hij o. a. Alva uit ons land terstond naar Portugal reizen,
»zonder Spanje aan te doen", om daar aan eene afschuwelijke

6

kwaal te sterven (1582). En hij deelt mede, dat Philips het beeld van Alva, terwijl deze nog landvoogd was, »ten gronde toe heeft doen vernielen", wat toch eerst in 1577 plaats had.

Behalve de opdracht is er voor het stuk een manifest geplaatst »Aan de begunstigers der Tooneel-Poezy". Hierin zegt de schrijver, dat hij zijn treurspel tegen de gewoonte in drie bedrijven heeft verdeeld, waarin alleen Pels met zijn *Didoos dood* hem is voorgegaan. Zijn treurspel telde eerst vijf bedrijven, »maar onderregt zynde van die geene, wiens doorzichtig oordeel, in de tooneelpoëzy, wy in bezondere achting houden, als ook mede van dat verstant zynde, dat men niet zo zeer moet letten op het getal der bedryven, als wel op de ordentelyke schikking die de stof vereischt", heeft hij daarin verandering gebracht. Een treurspel, »'t geen noch plaats, noch tyd meer en begrypt, dan daar 't zelve in werd vertoond", zal, als het minder bedrijven telt, meer indruk maken, dan wanneer dit getal tot vijf wordt uitgebreid. Men moet zich »niet vergaape aan eenige gewoonte", maar nagaan »wat schikking dat 'er werd vereischd"; immers vele treurspelen eindigen in het vierde bedrijf, terwijl dan het vijfde niets anders dan een verhaal bevat, en dit is af te keuren. »De Fransche Toneeldichters, die de vlag van de groote mast voeren, houden mede deze zelfde ordre van verdeelingen; en hebben mede in hun voornaamste stukken, deel aan deze gebreklykheid. Alleen de Spaansche die in wanschikking uitmunten, en noch tyd, noch plaats aanzien, hebben van ouds hun tooneelstukken in drie bedryven verdeeld, die ook telkens by den overzetter in vyf bedryven zyn hersteld en op het tooneel gebragt", maar hij wil die gewoonte niet volgen.

Beschouwen wij thans het treurspel zelf. Ik wil niet wijzen op historische onjuistheden, maar de aandacht vestigen op de verbazende eentonigheid, die er in heerscht. Egmond en Hoorne is één paar, de vrouw van Egmond en de zuster van Hoorne een tweede. De beide graven treden steeds te zamen op; heeft Egmond eerst het woord gevoerd, dan zegt Hoorne weder juist hetzelfde in eenigszins andere bewoordingen. Op dezelfde wijze wordt Sabina van Beijeren in haren toorn en in hare droefheid steeds nagevolgd door Sofia. Het lot der beide edelen was hetzelfde, maar hunne houding, hunne woorden, de klachten en het afscheid nemen van hunne verwanten is in het treurspel ook juist hetzelfde. Om de toeschouwers schadeloos te stellen waren aan het stuk twee vertooningen toegevoegd, zooals in het begin der zeventiende eeuw de gewoonte was en later weer door Jan Vos was ingevoerd. Vóór het stuk is het de land-voogdes Alva verwelkomende; »hy voerd geweetensdwang, be-drog, geweld en tieranny in zyne stoet, zynde gesterkt met eenige uitheemsche veldoversten en krygsbenden. De vryheid werd verdrukt, en 's lands rechten vertreeden. In 't verschiet ziet men het vluchten der ingezeeten". En na het stuk: »Eg-mond en Hoorne, leggen beide door 't zwaard gesneuveld, en hun hoofden op pinnen gesteld. Davila, met eenige geestelyke ordens vertoonen zich hier by, aan d'ander zyde ziet men de inquisitie, op 't vreeslykst afgebeeld, houdende een brandende toorts in d' eene, en een bloot zwaard, met eenige stroppen, en ander marteltuig, in d'ander hand, daar by vertoond zich een roode roede, of bloedvlagge, met eenige worgpaalen opgerecht".

Ook dit tooneelstuk van onzen dichter zou tegenstand onder-vinden. Zooals begrijpelijk is laten de Spanjaarden, die in het stuk voorkomen, zich niet gunstig uit over het protestantisme en over den beeldenstorm. Ferdinand de Toledo, de zoon van Alva, verhaalt, dat in den raad Aremberg het volgende als zijn oordeel had uitgesproken [1]):

> »Men had te lang gesloft, het was te ver gekomen,
> De kettery had reeds de harten ingenomen.
> De grootste steden, reeds gevolgd van al de rest,
> Die waaren meest besmet van deze lucht en pest.
> Men was te traag geweest in 't straffen van dit muiten:
> Een scherper middel wierd vereischt om die te stuiten;

---

1) Blz. 13.

Gelyk men had gezien, toen de ongebondenheid,
Uit dulle drift, zich door gantsch Neêrland had verspreid,
Hun handen schonden, (en by troupen zich verdeelden)
Aan altaarschendery, en kerkgewyde beelden.
De geestlykheid geschopt, gesteld ten schimp en smaad,
Mishandeld en vervolgd met doodelyken haat:
Het heiligdom onteerd, kapel en koorgewaden
Ten priesterdom gewyd, geheiligde sieraden
Van onwaardeerbre schat, met alle onmenschlykheên
Verachtelyk vertrapt, en met de voet getreên,
Waar voor de boosheid zelfs zou aarselen en gruuwen;
Het alderheiligst beeld, ten trots in 't aanzicht spuuwen,
Vermorseld en verplet, ten schennis en ten roof,
Tot een vervloekt schandaal van 't algemeen geloof.
Dat, die het was hun zaak deez' moetwil in te toomen,
Met een en zelfde haat ook waaren ingenomen".

Vargas zegt tot Alva [1]):

»Graaf Lodewyk, vol haat, spuuwt niet dan vuur en vlam
Op uw bedryf, zo doen de oproer'ge te Amsterdam,
Die om hun kettery halssterrig door te dryven,
Bestaan hun overigheid daar wetten voor te schryven,
En af te parssen, om, in wil en tegenweer,
Te oefnen opentlyk hun nieuw verzonne leer,
Tot nadeel van het oud', voor meer als duizend jaaren,
By zo veel vaderen, en 't bloed der Martelaaren
Bevestigd; deze stad voor zyne Majesteit,
Heeft steeds volhard in trouw en onderdanigheid;
De zuiv're godsdienst rein, en onbevlekt beleden,
Na 't wettig kerkgebruik, en oude roomsche zeeden,
Maar nu geworden tot een baierd, en een wyk,
Der kett'ren huichelaars, en sekten te gelyk,
Daarvan men 't heele land alom noch hoord gewaagen".

Later spreekt Vargas er van [2]) om »tot een teken, En schrik
der ketters" de bloedvlag op te steken, en zijn er geene beulen
te vinden,

»Zo slaan wy zelfs de hand aan dat geheiligd werk,
Om met de ketters zelf ten ladder op te stygen".

---

1) Blz. 21.   2) Blz. 44.

Alva spreekt [1] van het dempen »van deze opgerez'ne ketterijen", en meent, dat het noodig is

»Dit onkruid, 't geen ons hier scheen boven 't hoofd te groeijen
Tot aan den wortel, en te grond toe, uit te roeijen,
Op dat dien stank, die reeds de zuivre lucht bezet,
Door een vergifte damp gansch Neêrland niet besmet".

Ook elders [2] spreekt hij van ketterij, zelfs met het adjectief »snood" [3]), en meent, dat men haar niet moet gedoogen,

»Maar op het alderscharpst het misbruik af te schaffen;
De ketters in 't vervolg op 't allerwreedst te straffen;
Zo heeft men echter, na 't vertrek der Majesteit,
Van 't heiloos staatsverderf de snoode grond geleid".

Riethoven, de bisschop van Yperen, die de veroordeelde graven tot den dood voorbereidt, zegt [4]):

»Myn voesterlingen, noit veraard van uwen struik,
Der vaderlyke zeên, en wettig kerkgebruik,
Gegrondvest op de aloude onfeilbre Roomsche gronden,
Gezuiverd van deez' nieuw verdichte en valsche vonden".

Dit ging te ver; men kon het niet langer rustig blijven aanzien, dat de hervormde godsdienst zoo hevig werd aangevallen. Dat al die woorden Alva en den zijnen in den mond werden gelegd, daarop werd niet gelet. Er verscheen een pamflet tegen de pachters van den schouwburg, *De Geheimschryver van Apollo, aan de verlaate Schouw-burg*, waarin het heet, dat in het treurspel »'t Gewyde Kerkkoor vuyl gesart" is. En terwijl de voorrede van het treurspel van 24 November is gedateerd en het stuk toen zeker pas was opgevoerd, werd reeds den 10den December eene buitengewone vergadering van den kerkeraad belegd en hier besloten tot de burgemeesters het verzoek te richten om de opvoering van het treurspel, »waarin alderley bittere ende boose invectiven tegen de Reformatie ende de gereformeerde godsdienst" voorkwamen, te verbieden. Men besloot eene commissie af te vaardigen om dit plan ten uitvoer

---

1) Blz. 14.   2) Blz. 25.   3) Blz. 33.   4) Blz. 48.

te brengen [1]), en reeds den 13den van diezelfde maand kon de commissie meedeelen, dat de burgemeesters beloofd hadden aan dat verzoek te voldoen [2]). Zoo werd dan de opvoering van het treurspel verboden [3]) en de kerkelijken konden hun hart ophalen aan een pamflet, dat tot titel droeg *Op het verbieden van het Tooneel-spel van de Graven Egmont en Hoorne* [4]), een juichtoon over hunne overwinning.

---

1) Vgl. een opstel van den Heer J. H. Rössing in *Het Nederlandsch Tooneel.* 4de jaargang. Oct. 1874—*April* 1875, blz. 126, *Noot.* Die Noot luidt aldus:

„Extra-ordinaire vergadering den 10den Décember 1685. is voorgestelt in dese vergaderinge, dat tegenwoordigh op 't Schouwburgh gespeelt wert het treurspel van de doot van de graven Egmont en Hoorn waarin alderley bittere ende boose invectiven tegen de Reformatie ende de gereformeerde godsdienst etc. gevonden werden, en daerop geresolveert een commissie te maeken aen de Ed. groot achtb. heeren borgemeesters om te versoecken, dat het hare Ed. groot achtb. moghen believen dit treurspel door hare autoriteyt te verbieden en sijn daertoe gedeputeert de praeses (de predikant *Ruppius*) met sijn ouderlingh alsmede d. *le Maire.*" Protocol 15 f°. 125.

2) Zie t. a. p.:

„Ordinaire vergaderinghe den 13 December 1685 hebben de E. broederen gedeputeerde om de Ed. groot achtb. Heeren burgemeesteren te versoecken, dat het treurspel van de doot van de graven Hoorn en Egmont etc. mochte verboden werden, gerapporteert, datse hare commissie hadden afgeleght en van de Ed. groot achtb. Heeren Borgem. toesegging ontfangen dat hetselve treurspel sou verboden werden, sijn de broederen gedeputeerde voor hare moeyte bedanckt". Protocol 15 f°. 126.

3) Het besluit hiertoe door de burgemeesters is echter niet te vinden.

4) Aanwezig in de bibliotheek Thysius. Het stukje luidt aldus:

> „Waarom of *Govard*, *Jan* en *Piet*,
> Drie wige (?) Pachters der Tooneelen,
> De doot der Graven niet meer speelen,
> Daar *Lammerd* Roodneus bang om ziet,
> En vast de schult wijt op een ander,
> Ja Dol van spijt zich zelf vergist,
> Van dat hy nu de winst vermist,
> Die hy verhoopte, als medestander,
> Uyt Schouburgs Pacht van elk gehaat?
> Schoon dat zy 't zelf niet openbaren,
> Ik zal 't na Waarheyd, u verklaren;
> 't Is van de Achtbare Magistraat
> Voorzichtig van 't Tooneel verbannen,
> De Schouburgs Vargassen ten spot,

Zeker was het hard voor Asselijn, dat een stuk, waarvoor hij
de stof ontleend had aan de geschiedenis van zijn aangenomen
vaderland, werd verboden. Maar zijn *Jan Klaaz* en *Kraam-bedt*
waren hem zeker nog niet vergeven en het is niet onmogelijk,
dat men thans de kans gunstig zag om zich te wreken. Het
treurspel bleef dus een tijd lang van het tooneel, doch het verbod schijnt na eenige jaren te zijn opgeheven of niet meer van
kracht te zijn geweest. In 1699 zag ten minste eene tweede
uitgave, die in geen enkel opzicht van de vorige afwijkt, het
licht[1]). Misschien heeft de 67jarige dichter zich echter door
den tegenstand, dien zijn stuk ondervond, laten afschrikken
om vooreerst weer zijne krachten aan het tooneel te wijden.

V.

De eerstvolgende belangrijke gebeurtenis in het leven van
Asselijn na het uitgeven van *De dood van de Graaven Egmond
en Hoorne* is het huwelijk van zijn zoon Lodewijk. Den 19den Dec.
1687 werd deze in huwelijk ingeteekend[2]) en wij mogen onder-
stellen, dat onze dichter het niet aan een bruiloftsgedicht zal
hebben laten ontbreken[3]).

In 1690 schreef hij weder voor het tooneel. En thans begint
het meest productieve tijdperk van zijn leven. In 1657 voor
het eerst als tooneeldichter opgetreden, had hij tot 1690 in
het geheel acht stukken op het tooneel gebracht. Na 1690

Die niets ontsiende Mensch of God,
Invoeren Beulen en Tyrannen,
't Hervormd Geloof tot schand en Smaad,
Door God verloochende Eygenbaat."

1) *t'Amsterdam, by d'Erfgen. van Jacob Lescailje*, enz., 1699.

2) *Lodewyk Asselyn van A. Boekhouder oud 27 Jaren op de Roosegracht geass.
met syn Vader Thomas Asselyn en Christina Poort van A. Wed Jan Dircks Ploegh
in de Roosstraet.*

3) In het bovengenoemde MS., aanwezig op de Leidsche Bibl. van Nederl. Letterk.,
komt op blz. 24 een vers voor, *Bruylofs-Kroontie* getiteld, waarin de bruid *Kristina*
heet, terwijl de naam van den bruidegom niet wordt vermeld.

schreef hij er nog tien. Misschien had hij zijne zaken aan kant gedaan en kon hij rustig leven; in elk geval had hij overvloed van tijd en begon op zijn 71ste jaar met nieuw vuur.

In het begin van 1690 kwam *De stiefvaar* [1]) uit, een pendant van *De stiefmoer*, die voor zes jaren het licht had gezien. Voor dit stukje heeft de dichter, wat enkele brokjes betreft, zeker een vriend in den arm genomen; er komt nl. Latijn in, door een verwaanden schoolmeester en evenzeer verwaanden schooljongen gesproken.

Toen Willem III den 5den Februari 1691 na een gevaarlijken overtocht voor het eerst als koning van Engeland zijn intocht in den Haag deed en alle dichters wedijverden in het verwelkomen van den vorst, schreef ook Asselijn een groot vers, *Wellekoomst van Koning Wilhelm* getiteld, dat waarschijnlijk afzonderlijk werd uitgegeven [2]). In de twee laatste maanden van datzelfde jaar kwamen drie tooneelstukken van hem uit. Eerst verscheen *Juliaan de Medicis* [3]), een treurspel, dat aan de regenten van het Wees- en Oude-Mannenhuis werd opgedragen. In die kleine opdracht zegt de dichter: »en terwyl wy altoos, uit zugt en liefde tot de Tooneel Poëzy, en tot voortzettinge van de Schouburg, ten behoeven der beider Godshuizen, welkers voorzorg en bestiering U. E. E. zyn toe vertrouwd, en aanbevoolen, onze liefde en yver hebben betoond, zo zyn wy ook als noch bereid, om de krachten, die by ons zyn overgebleeven, in te spannen, en tot derzelver dienste te besteeden". Het stuk is verder versierd met een lofdicht van Dr. Ludolph

---

1) *Blyspel. Door* T. Asselijn. *t'Amsterdam, By d'Erfgen: van J. Lescailje*, enz., 1690. Het privilege is van 16 Maart.

2) Het komt voor in een handschriftje, berustende in de bibliotheek der Leidsche Maatschappij van Letterkunde, *Gedichten ter eere van den Stadhouder Willem III*, 15 blz. 4°. Het gedicht van Asselijn beslaat 8 bladzijden en is met zijn naam onderteekend. In de verzamelingen Meulman, Muller en Thysius wordt het niet gevonden. Dat het vers geschreven werd bij de eerste overkomst van den koning blijkt uit de toespelingen op de onderwerping van Ierland.

3) *Treurspel. Door* T. Asselijn. *t'Amsterdam, by de Erfg: van J. Lescailje*, enz., 1691. Het privilege is van 1 November.

Smids [1]), van 25 October 1691 gedateerd; het was toen dus reeds opgevoerd.

De inhoud is de samenzwering der Pazzi's tegen Laurens en Juliaan de Medicis in 1478 en de moord op den laatstgenoemden. Ook dit treurspel wijkt in vele opzichten van de geschiedenis af. Zoo heeft de moord plaats bij gelegenheid van het huwelijk van Juliaan met eene dochter van één der Pazzi's, terwijl van dit huwelijk of van zulk eene verhouding niets bekend is. Dergelijke afwijkingen maken het moeilijk de historische bron van het treurspel op te geven; waarschijnlijk echter zal Asselijn wel gebruik hebben gemaakt van Hooft's *Rampzaaligheden der verheffinge van den huize Medicis*, waarin de samenzwering wordt behandeld [2]).

Eenige dagen na dit treurspel verscheen *De schynheilige vrouw*, *Met de Uitvaard van Jan Jasperzen*, *Vader van Saartje Jans* [3]). Voor de laatste keer werd hier de geschiedenis van Jan Klaasz ter hand genomen. De band van dit blijspel met de drie vroegere is zeer zwak; geen der bekende personen treedt hier in op; men hoort alleen hoe het met hen is afgeloopen en ziet de begrafenis van Jan Klaaszen's schoonvader. Op eene enkele plaats van het stukje wil ik wijzen, omdat daaruit blijkt, hoe Asselijn zijne Fransche afkomst verborgen hield. Twee aansprekers moeten iets aanzeggen bij eene menigte Franschen, die te Amsterdam wonen, en de een leest eene lijst van hen op in het Fransch, waarin de draak wordt gestoken met de beroepen, die zij uitoefenen. Onder hen komt o. a. ook voor »Thoma Diepois, componeur de commedie, chansonnette e pharsse pou le théatre", waarmede Asselijn natuurlijk zich zelf bedoelt. De aanspreker, die de namen heeft opgelezen, besluit met de woorden:

---

1) *De Schouwburg aan Thomas Asselyn, sijn Treurspel, Juliaan de Medicis, ten Tooneele voerende*, ook opgenomen in Lud. Smids' *Poësye. Horat. de Art. Ut Pictura, Poësis erit. t'Amsterdam, By Dirk Boeteman*, enz., blz. 8.

2) Vgl. dl. III der folio-uitgave, 1704, bls. 181, vlgg.

3) *Blyspel. Te Amsterdam, by de Erfg: J. Lescailje*, enz., 1691. Het privilege is van 12 November.

»Wat dunkt u van zulk een zoort, en zo volgenze alle meest na mal-
[kanderen.
»Albert (de andere aanspreker).
Wel, ik heb me niet konnen houwen van lachchen, zulke wonderlyke
[naamen, en zulk een taal.
Maar hoe kan je ze vinden?
Van Dockum.
O, als ik 'er maar een heb, zo heb ik ze altemaal,
Ze hangen als een klits aan een."

Of het wel aardig was van Asselijn zijne landgenooten, die in dezen tijd na de herroeping van het edict van Nantes, in grooten getale eene toevlucht te Amsterdam hadden gevonden en er met moeite aan den kost kwamen, op zulk eene wijze belachelijk te maken, betwijfel ik zeer.

Reeds in de volgende maand verscheen *Melchior, baron de Ossekop* [1]), eene klucht in één bedrijf, terwijl al de vorige blijspelen en kluchten met uitzondering van *De stiefmoer* drie bedrijven tellen. Ik vermoed, dat het stukje, waarin het moffenpatois van een bluffenden Duitschen baron eene hoofdrol speelt, eene omwerking is eener andere klucht uit het eerste gedeelte der 17de eeuw.

In 1692 volgden twee kluchten in één bedrijf. *De Schoorsteenveeger door Liefde* [2]) moest een beeld geven van de gewoonten dier heeren, hunne wijze om gereedschappen te dragen en hun geroep van Sjou, sjou. Het andere stukje, dat later op het tooneel kwam [3]), heet *De kwakzalver* [4]). In 1663 had Focquenbroch een stukje geschreven voor eene bruiloft, dat tot

---

1) *Kluchtspel. Door* T. Asselijn. *t'Amsterdam, By de Erfg: J. Lescailje*, enz., 1691. Het privilege is van 8 December.
2) *Kluchtspel. Door* T. Asselijn. *By de Erfg: J. Lescailje*, enz., 1692. Het privilege is van 20 Maart.
8) Vgl. *De Kwakzalver*, blz. 32, waar gezegd wordt:
»En heeft men onlangs op de Schouburg, de Schoorsteenveeger, door Liefde
[verbeeld", enz.
4) *Kluchtspel. De Heer W. G. V. Focquenbroch gevolgd. Door* T. Asselijn. *By de Erfg: van J. Lescailje*, enz., 1692. Het privilege is zonder datum.

titel had *Klucht van Hans Keyenvretzer, Medicijnen doctoor*, en dat later als de *Klucht van de Quacksalver* in de uitgaven zijner werken werd opgenomen. Het gebroken Duitsch van een kwakzalver is in deze klucht, waarin drie personen optreden, de voornaamste aardigheid. Asselijn werkte Focquenbroch's klucht om, bracht er eenige vrouwenrollen en eene kleine verwikkeling in, maar nam een groot deel en voornamelijk het gebroken Duitsch van zijn voorganger over ¹).

Ook in 1693 zagen twee tooneelspelen van Asselijn het licht, *Gusman de Alfarache, of de doorsleepene bedelaars* ²) is een blijspel in drie bedrijven, ontleend aan den bekenden Spaanschen roman, waarvan reeds in 1658 de derde druk eener vertaling het licht had gezien ³). Ik ben niet in de gelegenheid geweest Asselijn's stuk met deze oude bewerking te vergelijken ⁴). Maar zeker is het, dat onze dichter in zijne navolgingen niet gelukkig is geweest. Terwijl toch in *De kwakzalver* bijna al het ruwe van Focquenbroch's klucht behouden bleef, is *Guzman de Alfarache* wel het onbeduidendste werkje van Asselijn; hij wijkt hierin geheel af van zijne gewone wijze van behandeling.

Van veel meer beteekenis is *De spilpenning, of verkwistende vrouw* ⁵), dat eveneens in drie bedrijven is verdeeld. Hoewel de verwikkeling weinig beteekent, treffen wij hier dezelfde aar-

---

1) Vgl. mijn opstel over Focquenbroch in *De Gids* van 1881, dl. III, blz. 501.

2) *Blyspel. Door* T. Asselijn. *t'Amsterdam, By d'Erfgenamen van Jacob Lescailje,* enz., 1693.

3) De titel is: *Het leven van Guzman d'Alfarache, 't afbeeldsel van 't menschelijk leven, onder de gedaente van een Spaenschen landlooper en bedelaer; waerin de aldergheslepenste fielterijen en schelmstucken ijder een tot nut werden ontdeckt* (Vgl. Dr. J. te Winkel in dit tijdschrift, 1ste jaarg., 1881, blz. 80, 81).

4) In Le Sage's vertaling van den roman luidt het opschrift van het 6de hoofdstuk van boek III: „De la compassion que Guzman fit à un cardinal, et quelle en fut la suite". (*Oeuvres d: A. René Le Sage, ornées de gravures, Paris,* 1828, dl. V, blz. 293). Van de gebeartenissen, in dit hoofdstuk vermeld, heeft Asselijn een vrij gebruik gemaakt.

5) *Blyspel. Door* T. Asselijn. *Te Amsterdam, By d'Erfgenamen van Jakob Lescailje,* enz., 1693.

Daar het privilege van dit stuk evenmin een datum heeft als dat van *Gusman de Alfarache*, is de volgorde van deze beide werken niet te bepalen.

dige zedenschildering aan als in de eerste blijspelen der Jan Klaasz-serie.

In het begin van 1695 schreef Asselijn een lijkdicht op koningin Maria, die 28 December 1694 gestorven was. Het heeft tot titel: *Op de uytvaard van Maria Stuart, Koninginne van Groot Brittanje*, en is mij slechts in handschrift bekend [1]). In het laatst van dat jaar gaf onze dichter zijn laatste treurspel, *De belegering en hongersnood van Samaria* [2]), uit. Hij droeg het werk op aan Isaak de Pinto, die in datzelfde jaar als dichter was opgetreden met het blijspel *De knorrepot, of de gestoorde doctor* [3]), bewerkt naar *Le Grondeur* van de Brueys [4]). In die opdracht leest men o. a: »Het is zeker, myn Heer, dat onder het gantsche beloop der Dichtkonst de Tooneelpoëzy de verheevenste is, en onder die de treurstoffe; men hoor den onvergelijklijken J. V. Vondel hier van, daar hy zegt:

Hoe hoog men draaf in styl en toon,
Het Treurspel spand alleen de kroon.

ook zelfs d'Ouden, zo Grieken als Latijnen, hebben deze heirbaan gehouden, en die tot allen tijden de hoogste plaats gegeeven".

Ik haal deze woorden aan, omdat er uit blijkt, dat Asselijn in weerwil van het grootere succes, door hem met zijne blijspelen behaald, zich toch het liefst als treurspeldichter beschouwd wilde zien. En in dit treurspel betreedt hij eene voor hem nieuwe baan. Nog in 1682 was hij hevig tegen Vondel's

---

1) Vgl. blz. 33 van het bovengenoemde MS. *Mengeldichten* van Thomas Asselijn. Bij Muller, Meulman en Thysius wordt dit gedicht niet genoemd.

2) *Treurspel. Met verscheydene Vertooningen. Door* T. Asselijn. *t'Amsterdam, By de Wed. van Gysbert de Groot*, enz., 1695.

De opdracht is van 18 October.

3) Eene latere uitgave is van 1753, *Te Amsteldam, By Isaak Duim*, enz. Ludolph Smids schreef er een lofdicht op, evenals Katharyne Lescailje (*Mengelpoëzy*, dl. I, 1737, blz. 360).

4) Vgl. P. Haverkorn van Rijsewijk, *De oude Rotterdamsche Schouwburg, Rotterdam. Van Hengel en Eeltjes*. 1882, blz. 371.

treurspelen opgetreden, thans koos hij zelf een bijbelsch onderwerp en volgde hierin dus den grooten dichter na.

Volgens de opdracht was de stof voor zijn treurspel hem aan
de hand gedaan door »een voornaam liefhebber der poëzy",
waarvoor men Dr. Bernagie heeft gehouden [1]). Het onderwerp
is ontleend aan II *Koningen*, hoofdstuk 6 en 7, maar historische kennis was niet de sterke zijde van Asselijn, en zoo
begaat hij dan ook in dit stuk weder fouten, die te vermijden
waren geweest. Bij hem is het niet Achab, tegen wien de Syri-
sche koning Benhadad optrekt, maar Joram, de koning van
Juda, enz. Het treurspel is met vijf vertooningen versierd,
waarvan enkele, die den hongersnood voorstellen, zeker de
haren der toeschouwers te berge hebben doen rijzen

De belegering en hongersnood van Samaria was het laatste
tooneelstuk van onzen dichter, dat in druk verscheen. Er bestaat echter nog een blijspel van hem in handschrift, *De dobbelaar* getiteld, dat zeker uit zijne laatste levensjaren dagteekent,
daar het in sommige opzichten overeenkomt met zijne andere
kluchten uit dit tijdperk. *De dobbelaar* is een blijspel in drie
bedrijven, ons overgeleverd in het handschrift van den dichter
zelf; zijne naamteekening komt nl. overeen met die, welke hij
twee keeren plaatste in de huwelijks-inteekenregisters. Misschien heeft hij aan het stuk nog iets willen veranderen, misschien ook heeft de dood hem belet het uit te geven. Enkele
aardige tooneeltjes in dit stuk verraden weder Asselijn's talent
voor het blijspel. Uit het handschrift, dat op de Haarlemsche
stadsbibliotheek berust, heb ik elders iets meegedeeld [2]).

Het laatste treurspel van onzen dichter was voorzien van
een lofdicht van Abraham Bogaert. In het volgende jaar beantwoordde Asselijn deze beleefdheid. Bogaert bezorgde in
1696 eene nieuwe vermeerderde uitgave der werken van Foc-

---

1) Vgl. mijn opstel over *Dr. Pieter Bernagie* in dit tijdschrift, 3de jaarg. 1883,
blz. 155.

2) Zie *De Nederlandsche Spectator* van 1883, blz. 125.

quenbroch ') en Asselijn schreef een lofdicht op het boek. Het
is het laatste gedicht, dat wij van hem kennen. Hij was toen
77 of 78 jaar oud en zal waarschijnlijk kort na 1696 zijn gestorven. De dag en zelfs het jaar van zijn dood is niet bekend en hoogstwaarschijnlijk ook niet uit te vorschen ²). Voor
zoover ik weet, heeft geen enkele dichter bij het einde van
zijn lang en werkzaam leven een lijk- of grafdicht op hem
geschreven.

VI.

Als treurspeldichter heeft Asselijn de romantische richting
krachtig voorgestaan; dit blijkt uit de keuze zijner onderwerpen, de behandeling er van en uit zijne uitspraken in voorredenen en opdrachten. Terwijl hij er ruiterlijk voor uitkomt
wel wat geleerd te hebben van de leden van *Nil Volentibus
Arduum*, die zoo wild zwaaiden met de banier van het Fransche classicisme, streed hij tegen dat classicisme, nog niet zoozeer om den vorm der treurspelen, als wel om de vertaalwoede,
waartoe het importeeren van dien kunstvorm het sein gaf.
Het is wel een vreemd verschijnsel, dat juist een Franschman
van geboorte vooraan stond in den strijd tegen navolging der
Franschen. Hij verlangde oorspronkelijkheid en over het algemeen is hij getrouw gebleven aan die leuze. Maar als een
man van weinig kennis en beschaving heeft hij in den strijd
tegen eene beter gewapende overmacht het onderspit moeten
delven. De onderwerpen, die hij meestal voor zijne treurspelen koos, waren te zwaar voor zijne krachten. De geschiedenis van Mas-Anjello, den ondergang van Egmont en Hoorne
in den vorm van een treurspel te gieten, vereischt grooter talenten, dan hij bezat. Aan den anderen kant nam hij dikwijls

---

1) Het werk kwam bij de weduwe van Gysbert de Groot in 2 dln. uit.
. 2) Een onderzoek hiernaar was zonder resultaat. Waarschijnlijk werd Asselijn begraven op het Westerkerkhof, dat dicht bij zijne woning was gelegen, en de begrafenisboeken van dit kerkhof zijn voor de jaren 1694—1741 niet aanwezig.

eene stof ter hand, die zich niet leende voor het treurspel, of waarin geene genoegzame gegevens waren om er eenige bedrijven mee te vullen, zooals bij *De moort tot Luyk* en *De belegering en hongersnood van Samaria.* Verder is de taal in zijne werken dikwijls ruw en had Asselijn geene letterkundige vrienden van beteekenis om hem in zijne pogingen te steunen. En zoo moesten zijne treurspelen spoedig plaats maken voor vertalingen en navolgingen.

Als blijspeldichter heeft Asselijn grootere verdiensten. Zijn *Jan Klaaz* en *Kraam-bedt* behooren tot de beste Nederlandsche blijspelen der 17de eeuw. De andere stukjes naderen meer de klucht, doch zijn op eene enkele na alle uitstekend geschikt voor het tooneel. Evenals de blijspelen van Bernagie [1]) hebben zij zich lang op het tooneel staande gehouden.

Asselijn heeft weinig letterkundige vrienden gehad. Gedurende den hevigen strijd met *Nil Volentibus Arduum* stond hij aan het hoofd der eene partij en was dus zeker op goeden voet met Blasius, Engelbrecht en anderen. Tobias van Domselaar deed hem de stof aan de hand voor één zijner treurspelen, Ludolph Smids en Bogaert schreven lofdichten op een paar zijner werken. Maar in de talrijke dichtbundels dier dagen wordt zijn naam verder niet genoemd. Bogaert noemt hem den dichter,

> »Die, onafhanklyk van een ander,
> Op 't Schouwburg plant den zegestander".

Asselijn ging zijn eigen weg, behoorde tot geene club, welker leden zich door wederzijdsche bewondering het leven aangenaam trachtten te maken, en — men zweeg over hem en zijn werk. Ook geloof ik niet, dat hij zich sterk liet protegeeren. Zijne stukken zijn wel dikwijls aan een burgemeester of ander machtig man opgedragen, maar onder de menschen van dezen kring, die hij persoonlijk kende, noemt hij slechts

---

1) Het komt mij voor, dat Dr. Jonckbloet in zijne *Geschiedenis der Nederl. letterk.* (17de eeuw, dl. II, blz. 453, vlgg.) bij de beoordeeling der twee dichters Bernagie te zeer in de schaduw heeft gesteld.

Joan van Marcellus. Hij spreekt van »de toegang die wy wel eer onder u wel Edelheids familie hebben gehad" en van de familie, »waar aan wy t'allen tyden verpligt zyn" [1]).

Ook de latere dichters zwegen van Asselijn, en het is alleen Wellekens, die met den versregel:

»Gy, Asselyn, hebt ook den Schouburg dienst gedaan,"

melding van hem maakt [2]). En zelfs Langendijk, die toch Asselijn als zijn voorganger kon beschouwen, heeft wel een versje gewijd aan één der schilderijtjes van Troost, waarop Jan Klaasz en Saartje Jans staan afgebeeld, maar noemt Asselijn's naam niet [3]).

Er blijft nu nog over om na te gaan welk lot de tooneelwerken van Asselijn in lateren tijd hebben gehad. De *Op- en ondergang van Mas-Anjello*, waarvan boven reeds vier uitgaven zijn opgenoemd, zag in 1701 nog eens het licht [4]). *De dood van de Graaven Egmond en Hoorne* werd herdrukt in 1699 [5]), 1722 [6]), 1738 [7]) en 1754 [8]). Van de *Jan Klaas* zijn drukken van 1709 [9]), 1732 [10]) en eene verkorte uitgave zonder jaar [11]), van het *Kraam-bedt of Kandeel-maal van Zaartje Jans* drukken van 1716 [12]) en 1727 [13]). *De stiefvaar* werd in

---

1) In de opdracht van *De dood van de Graaven Egmond en Hoorne*.

2) Vgl. *Verscheiden Gedichten*. Te Amsterdam, By Gerrit Bos, enz., 1729, blz. 60.

3) Zie *Gedichten*, dl. III. Te Haarlem, By J. Bosch, enz., 1751, blz. 450.

4) Tot Amsterdam, By de Wed. van Gysbert de Groot, enz.

5) t'Amsterdam, by d'Erfgen. van Jacob Lescailje, enz.

6) t'Amsterdam, by de Erfgen. van J. Lescailje en Dirk Rank, enz.

7) Te Amsteldam, By Izaak Duim, enz.

8) Te Amsteldam, By Izaak Duim, enz.

9) Den laatsten Druk. Te Amsteldam. By de Erfgen: van J. Lescailje, enz.

10) t'Amsteldam, By David Ruarus, enz,

11) *Kortswylige Vryery, van Jan Klaasen en Saartje Jans. Klugt-spel. Gedrukt voor de Lief-hebbers. Z. pl. en j. 24°.*

Van het 1ste bedrijf is het 2de tooneel en de helft van het 3de opgenomen, van het 2de bedrijf de helft van het 2de tooneel en het 10de, het 3de bedrijf is geheel afgedrukt.

12) Tot Amsterdam, By de Wed. van Gysbert de Groot, enz.

13) t'Amsterdam, Gedrukt by Wed. Jacobus van Egmont, enz.

1755) en 1784) weer uitgegeven, *De spilpenning of verkwis-tende vrouw* in 1726) en 1784).

Vooral de figuur van Jan Klaasz bleef langen tijd zeer popu-lair. Niet alleen wordt zijn naam genoemd in het in 1697 verschenen werkje » *De vrolijke Bruilofs Gast*), maar hij werd op kinderprenten afgebeeld en het is zelfs niet onmogelijk, dat hij zijn naam afstond aan den held van de poppekast). Cor-nelis Troost vond in het blijspel de stof voor drie schilderijtjes, die hij in 1737 en 1738 vervaardigde).

Verscheidene stukken van Asselijn hebben zich gedurende geruimen tijd op het tooneel staande gehouden. Zoo voerde in Augustus 1755 de »jonckheyt van de Latynsche scholen der Societeyt Jesu" te Maastricht *De belegering en hongersnood van*

---

1) *Te Amsteldam, By Izaak Duim, enz.*

2) *Te Amsterdam, by J. Helders en A. Mars, enz.*

3) *Te Amsteldam, By de Erfgen: van J. Lescailje en Dirk Rank, enz.*

4) *Te Amsteldam, By J. Helders en A. Mars, enz.*

5) *Bestaande in Boertige Bruilofs Levertjes En vermaakelijke Minne-Digten, Op de Natuur, van de viervoetige Dieren, Vissen, Vogelen, etc. Als ook op andere Voor-werpen. Mitsgaders, Een Toegifte, van eenige Raadselen, Kus, Drink en Blaas-levertjes, Uyt Joks en Ernst berijmt, Door J. Jonker. t' Amsterdam.* (Aangehaald bij A. Ising, *Jan Klaassen en andere kluchtspelen aan de hand van Troost geschetst. 's Graven-hage, Martinus Nijhoff.* 1879, blz. 89).

6) Vgl. Ising, t. a. p., blz. 49. De heer J. ter Gouw komt echter in zijne *Nale-sing* op de *Amstelodamiana* (blz. 112—114) tegen deze meening op. Hij deelt tevens mede nog voor 40 jaren (dus ± 1825) een oud-models kinderprent te hebben ge-zien, waarop de historie van Jan Klaasz en Saartje Jans was afgebeeld, en waarvan hij zich nog dit rijm herinnert:

Jan Klaassen zit hier droog en stijf,

En lacht om Saartje Jans zijn wijf.

Ook Dr. G. D. J. Schotel (*Vaderlandsche volksboeken en volkssprookjes*, blz. 297) maakt melding van eene plaat, *de historie van Jan Klaasz., of gewaande dienstmaagd* bij J. Brouwer en de Wed. J. Ratelband uitgegeven, en haalt het versje aan:

Vrouw Diewert rast en tiert en klaagd de heele buurt,

Dat zy zulk lomp stuk vleesch heeft tot een meid gehuurd.

Ook het *Kraam-bedt* werd in prent gebracht (t a. p., blz. 298).

7) Het zijn n° 148, 149 en 150 der collectie van het Mauritshuis. Lucas Pater schreef er later drie bijschriften op (Vgl. *Nagelaten Poëzy. Te Amsterdam, By de Erven P. Meyer en G. Warnars.* 1784, blz. 45).

Samaria op [1]). In 1774 schilderde Barbiers de ouderwetsche burgerkamer van den Amsterdamschen schouwburg, »met de afbeelding van het Twaalfde Tooneel, uit het kluchtspel, De Stiefmoêr", waarnaar in 1787 eene gravure werd uitgegeven [2]). Dit blijspel werd in de laatste helft der 18de eeuw dus nog te Amsterdam opgevoerd. Dit was ook het geval met *De dood van de Graaven Egmond en Hoorne*. In 1763 keurde de *Hollandsche Tooneelbeschouwer* het stuk geene aanmerkingen meer waardig [3]). En terwijl eenige jaren later Simon Stijl het spel van Punt, Duim en Starrenberg in dit treurspel prijst [4]), laat Corver zich aldus over het werk uit [5]): »Zijn 'er in het stuk van *Egmond* en *Hoorne* zoo veele wonderen te verrigten? *Punt* en *Duim* zeiden altijd, dat deze *Charakters* meer naar *Kruiers* of *Schoenlappers*, dan naar twee Edellieden geleeken; en de rollen van *Sophia* en *Sabina* vergeleken zij bij *Visteeven*, en zij zijn waarachtig niet veel beter dan *Visteeven* en *Kruiers* die in rijm spreeken: en de rol van Alva wat zegt die, schoon zij nog de beste in 't stuk is?... Mijns oordeels, behoorde men, zoo men een begin van *Reforme* wilde maken, dit stuk (even als de Reformatie, ten tijde der gemelde Graven, met de beelden uit de kerken te werpen, begon,) ten eerste van het Tooneel te werpen, met zijne mooije vertooning van het schavot, en de twee koppen van de Graven, die daar op te pronk staan." Dit schreef Corver in 1786.

Ook in den Rotterdamschen schouwburg werden in dienzelf-

---

1) Op de Haarlemsche stadsbibliotheek is het 'volgende programma aanwezig:

Den hongers-noodt van Samarien Bly-eyndig Treur-spel sal vertoont worden door de jonckheyt van de Latynsche scholen der Societeyt Jesu Den 26, 27 en 28 Augustus 1755. Opgedraegen Aen d'Eed: Achtb: Heeren, de Heeren Hoogh-Schouten, Borge-meesters, Schepenen en de Gemoore Raeden der stadt Maestricht, Door welckers gewoonelijcke Milthheyt de Jaerlijksche Prysen sullen uyt-gedeylt worden. Tot Maestricht, By Jacob Lekens Boeckverkooper. 4°, vier blz.

2) Ik vond de gravure in eene der uitgaven.

3) Vgl. P. Haverkorn van Rijsewijk, t. a. p., blz. 125.

4) Vgl. *Het leven van Jan Punt*, blz. C2.

5) Vgl. *Tooneel-aanteekeningen*, blz. 85.

den tijd verscheidene stukken van Asselijn nog opgevoerd. Gedurende de drie jaren, dat Punt daar directeur was (26 Mei 1773—18 Mei 1776), werd *De dood van de Graaven Egmond en Hoorne* driemaal vertoond, en verschenen zelfs de tooneelspelers in nieuwe Spaansche kleederen, misschien expresselijk voor de gelegenheid vervaardigd [1]). *De schynheilige vrouw* werd een keer, *De stiefvaar* twee keeren, *De stiefmoer* drie, *Jan Klaaz* drie en *De spilpenning* vier malen opgevoerd [2]). Den 9den Mei 1785 werd door de Rotterdamsche tooneelspelers de *Jan Klaaz* in den Haag gespeeld [3]), en den 21sten van die maand *De spilpenning* in Utrecht [4]).

Tot zelfs in onze eeuw schijnen enkele blijspelen van Asselijn op het tooneel te zijn gebleven. Witsen Geysbeek schrijft althans, dat zijne blijspelen »bij herhaling, tot in onze dagen toe, met genoegen op den Amsterdamschen schouwburg (zijn) vertoond, vooral zijn *Spilpenning*, *Stiefvaêr* en *Stiefmoêr*". Hij keurt de treurspelen van onzen dichter »het opdelven uit de vergetelheid geenszins waardig", maar prijst de blijspelen en meent dat aan Asselijn met recht de naam van Amsterdamschen Plautus toekomt [5]). Collot d'Escury [6]) noemt Asselijn »in waarheid een komikus", vermeldt eveneens den eernaam van Amsterdamschen Plautus [7]) en prijst de »vinding, geest en losse vrolijkheid" der blijspelen. Hoewel hij *De dood van de Graaven Egmond en Hoorne* niet tot onze beste stukken rekent, heeft hij toch lof over voor het tooneel, waar Sabina van Beieren afscheid heeft genomen van haren man [8]).

In onzen tijd bracht Dr. J. van Vloten de Jan Klaasz-serie

---

1) Vgl. Haverkorn van Rijsewijk, blz. 74.
2) t. a. p., blz. 855—380.
8) t. a. p., blz. 274.
4) t. a. p., blz. 275.
5) Vgl. *Biographisch Anthologisch en Critisch Woordenboek*, I, blz. 165.
6) Vgl. *Hollands roem in kunsten en wetenschappen*, IV (2), blz. 614, 615.
7) Waar die naam vroeger voorkomt, is mij niet bekend.
8) t. a. p., blz. 531, Noot.

weder ter sprake ¹), evenals de heer A. Ising, die een overzicht gaf van die blijspelen en van sommige pamfletten, waartoe zij aanleiding gaven ²). Dr. Jonckbloet spreekt in zijne *Geschiedenis der Nederlandsche Letterkunde* met veel waardeering van Asselijn's blijspelen en kluchten ³) en Dr. A. de Jager gaf een achttal werken van onzen dichter op nieuw uit ⁴).

Groningen, October 1883.   J. A. WORP.

COLLATION DER HANDSCHRIFT VON SINTE FRANCISCUS LEVEN.

Bei meinem früheren aufenthalt in Leiden war es mir durch die liberalität der dortigen bibliotheksverwaltung ermöglicht, die handschrift des gereimten mnl. lebens von St. Franciscus mit der ausgabe von Tideman zu vergleichen. Die zum teil nicht unwichtigen resultate mögen hier mitgeteilt werden.

Abgesehen von dem, was von Tideman selbst bereits s. 357 ff. oder im glossar verbessert ist und hier unberücksichtigt bleibt, enthält die hs. noch eine ganze anzahl richtigerer lesarten in folge von druckfehlern und versehen der ausgabe. Ohne weiteres ist gegen die letztere der ersteren an folgenden stellen beizupflichten und demnach zu lesen:

Vs. 43 *Hen*, welches als *het en* aufzufassen ist. Der ganze passus ist schwer verständlich; ich denke mir die construction folgendermassen: das *tekin* (vs. 41) wird vs. 50 erwähnt, nachdem es vs. 48 f. noch einmal eingeleitet ist; 42—47 wä-

---

1) Vgl. *IJselkout. Mengelingen en bijdragen. Deventer, Ter Gunne*, 1855, blz. 129—161.

2) t. a. p., blz. 10—51.

3) 8de druk, IV, blz. 455, 476.

4) *Klassieken der Nederlandsche Letterkunde. Asselijn's werken, uitgegeven door Dr. A. de Jager.* dl. I, *Groningen, Wolters*, 1878.

ren demnach zwischensatz: »es kann nicht fehlen dass" (wört-
lich »es kann nicht leicht geschehen dass nicht") »man die,
welche gerne die wahrheit hören, noch vorteil erleben sieht
u. s. w." Zu schreiben wäre demnach:

> Merct een tekin harde clare —
> Wie so gerne horen tware,
> Hen mach lichte niet gescien,
> Men salre noch duegt an zien;
> Dies radic minen vrienden dan
> Dat si de waerheit vangen an
> Ende laten de boerden varen;
> Want de tijt es nu te waren,
> Daer die apostel af voorsprac —:

Vs. 161 *anden*. — 497 *papen* (*papē*). — 750 *groten; ont-
faerm* ist masculinum. — 778. Die hs. hat den *i* strich über
dem dritten balken nach *z*. An sich wäre trotzdem noch möglich
zinghende zu lesen, da gewöhnlich der strich über den letzten
balken gesetzt wird, einerlei, welcher derselben *i* bedeutet,
z. b. vs. 784 *znien* statt *zinen;* vgl. auch unten meine bemerkung
zu vs. 163 und 3365. Der herausgeber liess sich verleiten durch
zanc in vs. 783 (Bonaventura: *dumque ..... laudes domino
lingua Francorum* (also *in fransoyse* im mnl. texte bedeutet
»auf französisch") *vir dei Franciscus d e c a n t a r e t;* allein trotzdem ist *zwighende* zu lesen, wie sich aus der lat. quelle ergibt:
ut solus et s i l e n s supernae audiret allocutionis arcanum. Die
hs. hat, trotz der auffälligen bemerkung von Tideman zu vs.
1244, s. 359 f., mit ausnahme von nur 3 stellen s t e t s *zu,
su, du, tu* für *zw* u. s. w. — 962 *lieder* (*lied'*); vgl. meine
Mnl. Gramm. s. 123 anm. 2. — 1374 *Den.* — 1424 *ymagen*
steht in der Hs. — 1901 *waer* (in der Hs.) braucht nicht verändert zu werden. — 1923 *bi namen; hietsine* (= *hieten si ne*)
ist dagegen zusammen zu schreiben. — 2114 das *c* von *maerc*
ist in der Hs. getilgt. — 2141 das *zine* der Hs. ist nicht zu
ändern. — 2876 *ten.* — 2889 *goliaert.* — 3116 *onsen* (*onsē*).
— 3294 *Aldos*, welches beizubehalten ist. — 3417 steht *bal-
chi.* — 3994 *Sire.* — 4002 *buter.* — 4047 *muereulike;* nicht

muerewlike zu transscribieren. — 4091 *winne.* — 4182 *achter sprakere* (*sprak'e*). Beispiele für *achtersprakere* neben dem gewöhnlichen *achtersprekere* bei Verdam Mnl. Wb., wo die stelle richtig verbessert is. — 4439 *muerewlike;* vgl. zu 4047. — 4491 *hine.* — 4873 *ten.* — 5043' das *c* von *miracle* ist getilgt. Man könnte an eine gekürzte form *mirael* für *amirael, almirael,* den bekannten titel heidnischer fürsten denken; doch in beiden wörtern *mirale mommeline* zusammen wird wol nur der name *Miramolino,* wie im texte der Acta Sanct. steht, stecken. Was der übersetzer gelesen und geschrieben hat (*Miramommeline?*) wird sich schwerlich entscheiden lassen. — 5365 *daer* der Hs. braucht nicht verändert zu werden. — 5481 *ten* (*tē*). — 5527 *ente.* — 5721 *cuede;* statt *cuwede;* vgl. latein *quia non frustra mentalis attentionis percipiebat auditu, quod continuae devotionis ruminabat affectu.* Das Mnl. gebraucht *cuwen* auch selbständiger in ähnlicher weise, zb. St. Amand 1, 3938 *elc cuwe dese woorde ende versta.* — 6030 *kenne.* — 6049 *ouderinge;* eine änderung ist überflüssig. — 6477 *snaf* (Tideman hat *suaf* gelesen; vgl. oben zu 778); praeteritum von *sneven* in der bedeutung »streifen" (latein: *tunica contingebat easdem*), welche urspünglicher sein muss, als die bekannte von »straucheln" (woraus übertragen »fehlen"); der eigentliche begriff des verbums scheint demnach zu sein »rasch an etwas vorbei streifen"; vgl. meine anm. zu Alex. IX 1005. Diese stelle klärt uns nun auch Esopet XLIV, 2 auf: *een esel sneef an sine side,* zu der ich meine conjectur *snoof* (Anz. für d. Alterth. 8,330) besser gespart hätte. Aber die worte bedeuten nicht »ein esel strauchelte an seiner seite", sondern »streifte an seine seite". Da es gänzlich unwahrscheinlich ist dass *sneef* aus *snaf,* wie das organische praeteritum von *sneven* lautet, verschrieben, oder verlesen sei, so müssen wir die erstere nach der *ai*-klasse gebildete form uns wol gefallen lassen und darin eine der formationen anerkennen, welche ich in meiner Mnl. Gramm. s. 107 anm. als »rückbildungen" bezeichnet habe, weil sie nämlich nicht, wie in der regel die conjugationsformen, vom praesens oder infinitiv ausgehen, sondern von einer zeitform, die nach unserer gewöhnlichen, allerdings willkührlichen, anschauungsweise erst h i n t e r derjenigen liegt, auf welche sie wirkt: nämlich nach analogie des verhältnisses von praet. *dreef, bleef* u. s. w.: *gedreven, gebleven* cooptiert sich das partic. *gesneven* ein praet. *sneef.* Es wird nicht undienlich sein, ausser den a. a. o. bereits beigebrachten analogien, mnl. praet. plur. *heven* (statt *hieven*) nach dem partic. *geheven*, nvlämisch *dreeg, dregen* (statt *droeg, droegen*) nach dem partic. *gedregen*, die übrigen auf ähnlichen principien beruhenden mnl. bildungen hier einmal zusammenzustellen: praet. plur. *stolen* (statt *stâlen*) nach *gestolen* (Mnl. Gramm. § 143), praet. plur. *trocken* (statt *trâken*), *ploghen* und *ploen* (statt *plâghen*), praet. *woech, woeghen* von *weghen* (statt *wach, wâghen*), praet. plur. *sworen* (statt *swoeren*) von *sweren* »jurare" sämmtlich nach den entsprechenden participia praet. (Mnl. Gramm. §§ 144, 1. 144, 2. 146. 149); auch bei der umgestaltung der flexion von *sweren* »schmerzen" und *sceren* (§ 149) sind die part. praet. der wesentlichste factor. — 6721 *up.* — 6949 *jamere (jam'e).* — 7318 *draech (dᵃech)*; vgl. wegen der form ohne das *s* der personalendung Mnl. Gramm. § 130, 6. — 7423 *voete.* — 7428 *an.* — 7752 *simpelheden (simpelhedē).* — 7850 *sinne.* — 7886 *roten* der Hs. ist natürlich stehen zu lassen. — 8006 *adden.* — 8140 hs. *precisieuse;* lies *precieuse* oder *presieuse.* — 8159 *werringe.* — 8501 *Dongevallege.* Für *ongevarech,* welches also hier n i c h t steht, gibt es meines wissens auch keinen anderen beleg; das an sich denkbare wort muss demnach aus den wörterbüchern verschwinden. — 8568 *verzworeven (verzuoreuen;* vgl. oben zu 771); d. i. mit svarabhakti *verzworven* von *verzwerven* »verwirbelt werden, sich verwirren", oder »schwimmend, treibend verschwinden" (das latein hat *fluminis impetus . . . . . sub sabulo mortuum sepelivit*). Das noch jetzt im Nl. erhaltene st. vb. *swerven* haben die älteren germ. sprachen sämmtlich bewahrt und zahlreiche bedeutungen an demselben entfaltet; s. Schade Altd. wörterb.² s. 913. Kilian

hat ausser der heutigen bedeutung auch *fluitare*, *fluctuare*. —
8689 *orconscepe* (*oroscepe*; ɔ ist abkürkung für *con*). — 9010
sire. — 9063 *dien* (*diē*). — 9149 steht wahrscheinlich bloss
roupt, wie zu lesen wäre. Das *t* hat öfter noch einen strich
hinten, der wie *i* aussieht. — 9243 *vinc*. — 9346 *ten*. —
10214 *sire*. — 10332 *vrouwen* (*vrouwē*). — 10334 *pelegrimage*.
— 10510 *geeste*.

Ausserdem sind aus dem einen oder dem anderen grunde noch
eine reihe anderer lesarten bemerkenswert.

Die zahlen sind fast ausnahmslos, wie ja auch sonst, mit
ziffern geschrieben, der name *Fransoys* in allen casus abgekürzt
(*frans'*). Die in der ausgabe stehenden formen sind demnach
eventuell verbesserungsfähig; und in der tat müssen die ziffern,
besonders *een*, zuweilen verändert werden.

Das abkürzungszeichen für *er* steht in *werelt* regelmässig
hinter dem *l* (*wel't*), nur einmal habe ich mir *w'elt*, zweimal
ausgeschriebenes *werelt* angemerkt. Entsprechend wird *hare* dar-
gestellt durch *h'a*. Der schreiber fand es mithin bequemer das
zeichen hinter die hohen buchstaben zu setzen. Wie in *hare*
(aber zweifelhaft ob immer so zu lesen) steht die verkürzung
1334 in *b'engen* für *re*; 1746. 2080. 2399 in *d'* ohne zweifel
für *daer*, wie 6776 in *zwaer*, während Tideman *der* schreibt;
2290 und 9540 scheint es *or* zu vertreten, da an der ersten
stelle der plur. praet. *worden*, an der zweiten das part. *worden*
verlangt wird; für das erstere ist *e* (oder *a*, wie Tid. schreibt)
unwahrscheinlich, für das letztere unmöglich. Mit *ir* löst der
herausgeber das zeichen auf in *mirren* 4750, was aber gegen
den reim und die strengen mnl. lautgesetze wäre. Sehr häufig
setzt er *ar*, trotzdem der gemeinmnl. und germ. laut *er* ist:
starven 5070. 5092. 6024. 7542. 7610. 8905. 9919, *starvelike*
10529, *warpen* 2665. 3360. 6325, *warden* 4045. 5206. 5218,
warken 10004, *smarte* 10053. 10062, *karzeboom* 10195. Ob
die hs. die berechtigung dazu verleiht durch eigene häufige
schreibungen wie *warden*, *warpen*, wäre zu untersuchen. Auch
3447 im praet. *wert* ist *a* nicht notwendig.

Ohne, oder mit ungenauer angabe der handschriftlichen lesart sind richtig verbessert: *mever* 156, *onwaken* (der schreiber wollte zuerst *tonghemake* setzen) 286, *senddē* 1883, *binen* 2280, *liden den* 2911, *staet* 3975, *pareement* 4293, *god'* 5025, *hi* (statt *bi*) 5911, *donerverwinlike* 6939, *duongen* 7287, *dat dat* 7500, *masmaect* 7585, *Ende worden* 9495, *dot* (vielleicht *dat* zu lesen) 10082.

Vs. 97 ist *torde* aus *tand'* verbessert. Ich merke das an, weil *dorde* für *derde* nicht gewöhnlich ist. — 125 f. *ben, hen* aus *bem, hem* radiert. — 130 *land.* — 163 hat schon der schreiber *inadren* (aus *niadren*) gebessert. — 195 *hier bi.* — 263 *merct* aus *meerct* radiert. — 306 *soude.* — 434 *zerichede*, nicht *zerikhede; c* aus *l* corrigiert. — 791 *bē*, 1276 *ōbieden*, 1615. 3234. 4294. *ōtrent*, 1823 *hē*, 2451 *dochtē*. — 896 hs. *van steente gewerke*. Tidemans änderung *steenne* ist nichts weniger als sicher, da von dem adject. *stenin, stenen* hier die form *steninen*, oder *stenen* zu erwarten wäre. Vielleicht ist ein neutrales subst. *steente* (ahd. *steinezi*, ags. *stǣnete*) »steinbau" anzunehmen. — 937 f. die *e* der wurzelsilben von *beneven* und *geheven* waren erst als *ei* geschrieben. — 1417 ist *riet* von derselben hand in *hiet* geändert. — 1826 steht *dueget.* — 2005 steht *niēne;* ob absichtlich *nienne* aus *nietne?* — 4201 steht *disciplinen* (ē). — 2203 steht *teregher* in der hs. und entsprechend 2217 *dustarigher*. Die formen sind ähnliche, aber noch weiter gehende, falsche bildungen, wie *erer mirer* (Mnl. Gramm. § 222. 232); die aus *mijnre, eenre* zusammengezogenen formen *mire, ere* werden gewissermassen als stamm zu grunde gelegt für die flexion, und hier sogar zugleich für die ableitung mit *ig.* — 2264 *gecleet.* — 2316 *niēt.* — 2503 *hiet ten.* — 2675 *geen* ist *gē* geschrieben. — 2728 *openbaren.* — 3068 *Kerst;* vgl. Mnl. Gramm. § 178, 3 und die bemerkung oben zu 7318. — 3172 *biñ;* wol *binnen* beabsichtigt. — 3365 hat die hs. für *in* nicht *maer* (*m'*) sondern *ni;* vgl. oben zu 778. — 3950 *handen.* — 5272 *warachtelike.* — 5506 *duerkin.* — 5517 *wonderre* (*wond're*). — 5930 *arechts.* — 5947 *rechtre.*

Vielleicht fehlt ein substantivum; das latein hat *justo igitur dei judicio*. — 5967 *genadē*. — 6671 *gestarcsten*. — 6708 *soe* fehlt. — 6778 in der hs. *kinde*, welches nicht verändert zu werden braucht. — 7161 *ene*. — 7593 *broedre*; ist natürlich gut. — 7681 *minster* ist vom rubricator in *minister* verbessert. — 7694 *vraechde*. — 7781 *met*, nicht *men*, steht in der hs. — 7898 *hende*. — 9770 hat die hs. richtig *ghenas*. — 10366 steht schwerlich *sinre*, welches auch gegen die schreibweise der hs. wäre — sie hat sonst wol nur *sijnre*, oder *sire* —, eher *smte*, welches dann vermutlich nur falsch für *smerte* und mithin zu streichen ist.

Den vorstehenden ergebnissen der nachcollation möchte ich noch einige eigene verbesserungsvorschläge und erklärungen zu den zahlreichen verbesserungsbedürftigen stellen dieses textes anreihen.

Vs. 533 ff. sind zu lesen:

> Want Fransoys, de (= den) knecht ons heren,
> Niemen ne *mochte* leren,
> No adde *macht* tot desen zaken,
> Sonder gode, diet al can maken,
> Visiteerden *enz.*

Im latein steht: *Quoniam autem Servus Altissimi doctorem non habebat aliquem in hujusmodi nisi Christum, addidit adhuc ipsius clementiae eum in gratiae visitare dulcedine.*

Vs. 582 wäre *Dat dat* (oder *Als dat dat*) deutlicher. Der strichpunct vorher ist nicht zu dulden. Auch nach 574 ist anders zu interpungieren, nämlich mit einem punct.

Vs. 613 lies *warp het*, oder *warpt* statt *warp hijt*.

Vs. 788. Nach diesem verse muss ein punct stehen; der doppelpunct vor *de* ist in ein komma zu verwandeln.

Vs. 840. *want de hope* kan nicht richtig sein; am nächsten liegt, obwol nicht graphisch, *want hi hoopte (hopede)*.

Vs. 880. Trotzdem auch im vorhergehenden verse *helpe* steht, ist *hope* in dasselbe wort zu verwandeln nach ausweis des latein: *juvante se Domino et devotione civium assistente.*

Vs. 883. *hi* ist falsch; entweder ist *hem* zu lesen, oder vielleicht stand das object nicht ausdrücklich da, indem es aus *sijn lechame* zu ergänzen bleibt. Latein: *ne post laborem corpus torperet ignavia.*

Vs. 904 f. Das komma hinter *keren* ist zu streichen. Im folgenden verse steckt ein fehler; *meest* einfach in *met* zu ändern zögert man aus graphischen gründen; vielleicht *ghinder meest met* (oder *ende*) *bidden*. Das latein hat nur: *coepit illic assidue pro ipsius reparatione morari.*

Vs. 973 lies *ter salicheit comende bi dien.*

Vs. 1753 f. lies *dan* statt *dat*. In der folgenden zeile ist *te* zu schreiben und ein punct nach *bonden* zu setzen.

Vs. 2204. Man könnte versucht sein *voorderste* mit rücksicht auf deutsch *fordern, erfordernis* zu verbessern. Allein es ist nur ein lesefehler für das gewöhnliche mnl. wort, welches der sinn hier verlangt, nämlich *nootdorste*, oder vielleicht in der form *nootderste*. Das latein hat: *ut vix necessaria sumeret sustentationi naturae.*

Vs. 2208 lies *men ne moete;* latein: *difficile namque fore dicebat, necessitati corporis satisfacere et pronitati sensuum non parere.*

Vs. 2473 lies *tsijns* (= *des sijns*); latein: *si de suo capillum habere potest.*

Vs. 3189 ist jedesfalls *onlanghe* zu lesen und vielleicht *over onlanghe* (statt *vor langhe*); latein: *reversus paulo post.*

Vs. 3331 f. sind in meiner einleitung zum Alexander s. LXVII und LXXIII des unreinen reimes wegen angezweifelt. Die am nächsten liegende verbesserung: *ende hi in armoedecheden| hem onthoude met omoede* wird durch das latein unwahrscheinlich, welches vielmehr die überlieferung zu bestätigen scheint: *ideo melius judico, eum qui ponitur in exemplum, fugere curias et humiliter inter humiles in locis conversari humilibus, ut sustinentes penuriam fortes efficiat similia sustinendo.* Trotzdem gebe ich meinen zweifel noch nicht auf.

Vs. 3411 lies:

> Ghieriger was nie man van goede,
> Dan hi om die aermoede.

Vs. 3644 ist zu interpungieren

> Lieve broeder, merc: dat gelt
> Gods knechte nes anders niet

Latein: *pecunia servis Dei, o frater, nihil aliud est.*

Vs. 4217 lies *boochdi* statt *brochti*; vgl. in der vorlage: *mira compassionis teneritudine condescendens.*

Vs. 4247. *baren* soll wol das subst. »kind" und *zoete baren* apposition sein. Ob zu ändern ist, bleibe dahin gestellt. Das latein hat nur *speculum Domini et pauperis matris ejus.*

Vs. 5358. *hurt ende hout* sind natürlich 3. pers. sing. indic. praes. von *hurten* und *houwen*, coordiniert mit *trect*. Tideman im glossar erklärt, in dem er an die anklingenden fuhrmanns- ausdrücke denkt »her- en derwaarts", und diese erklärung ist zugleich mit dem druckfehler *huet* für *hurt* auch in Oudemans Bijdragen übergegangen.

Vs. 5591 lies *om cruumkine daerin houden.*

Vs. 6758 würde ich das rein mnl. *scumede* vorziehen.

Vs. 7075 ff. Vielleicht:

> Ghelovelijc eist sekerlike:
> *Hi* die hem so wonderlike
> In de cruce hem verbaerde,
> Dat zulke *ziere waerde* (= woorde)
> So hemelijc *enz.*

Latein: *credendum sane, tam arcana illa fuisse sacri illius Seraph, in cruce mirabiliter apparentis eloquia, quod forte non liceret hominibus ea loqui.* Anders Verdam Tekstcrit. 101 f, der aber mit unrecht den dritten vers ändert.

Vs. 7093. *gecruus* kann sehr wol für *gecruusts* stehen; es ist wenigstens eben so gut, als *gecruust*, welches der herausgeber dafür setzt.

Vs. 7190 lies *dare* statt *ware.*

Vs. 7304 gibt *maer* keinen sinn; nach dem latein wäre einfach *ende* zu erwarten: *quibus munitus et insignitus* (var. *muninitus insigniter*) *omnes adversarios superabis.* Das *sultu* der hs. in vs. 7306 kann nach der überlieferten construction, nicht in *sult* geändert werden.

Vs. 9918 lies *Dochte.*

Vs. 9919. Die veränderung von *stemmede* in *stremmede* ist nicht geboten. *Stemmen* kommt von der wurzel *stam* »einhalt tun, hemmen", wovon *stammeln, stumm, ungestüm* ableitungen sind (s. Kluge Etym. Wörterb. s. vv.); das verbum *stemmen* hat in mhd. ganz die hier notwendige bedeutung »einhalt tun, stocken machen"; auch bei Kilian wird es mit *firmum reddere,* d. i. »steif machen" übersetzt. Eine nebenform *stempen* ist auf nl. gebiet gleichfalls in der bedeutung »einhalt tun, stillen" bezeugt, s. Kilian und De Bo unter *stempen.*

Vs. 10002 ist die einfügung von (dem gar nicht richtig mnl.) *hat* ganz unnötig: *geprant* ist das bekannte st. praet. von (*ge)prenden.* Auch das metrum darf wol zu keiner änderung anlass geben.

Vs. 10058. *grote* (so hat die hs.) ist wol nicht zu verbessern, vgl. Mnl. Gramm. § 209. Der hier vor dem adject. stehende artikel macht die sonst regelmässige form schwerlich unmöglich.

Vs. 10210 lies *adde.*

Vs. 10500 ist *genaden* beizubehalten; vgl. Mnl. Gramm. § 194 anmerkung.

———

Einen aufsatz über den mnl. Franciscus kann man nicht besser beschliessen, als mit dem wunsche, dass einmal einer der jüngeren fachgenossen die frage nach Maerlants autorschaft im zusammenhange untersuchen möge. Der bestimmten behauptung des textes gegenüber lässt man einen zweifel nicht gerne aufkommen, und doch will er sich immer wieder regen beim anblick dieses gedichtes, welches dem *vader der dietschen dichtren allegader* keineswegs zur besondern ehre gereichen würde. Ich glaube bestimmt dass wir weit genug wären, um auf grund

einer genauen grammatischen und stilistischen untersuchung
den zweifel lösen zu können. Wer die arbeit unternimmt darf
freilich nicht zu viel gewicht auf Maerlants durchgängig flüs-
sige, klare und angenehme erzählungsweise legen, muss viel-
mehr besonders den stil derjenigen partien seiner werke ins
auge fassen, welche, wie z.b. die sogenannten *bloemen* im Sp.
hist., sich mehr in der sphäre abstracter gedanken bewegen.
Der abstruse inhalt und die schwülstige diction der Vita St.
Francisci, vielleicht auch die rücksicht auf einen bestimmten
leserkreis, welche den übersetzer geleitet haben mag, rücken
notwendig von selbst dieses mnl. werk bis zu einem gewissen
grade von den rein erzählenden oder beschreibenden gedichten ab.

Aachen, märz 1884.   JOHANNES FRANCK.

BLADVULLING.

De zetter vraagt nog wat kopij, om de twee laatste bladzijden van deze aflevering aan te vullen. Ik neem even de
Borchgravinne van Vergi ter hand. Dit bevallige gedicht, waarin
ik reeds meermalen noodzakelijke verbeteringen aanwees, levert
stof genoeg om nog een aantal bladzijden vol te schrijven. Voor
ditmaal moet ik mij tot een zestal plaatsen bepalen.

Vs. 336. De hertog zegt tot den ridder, wiens geheime
liefde hij tracht uit te vorschen:

> Ghi moet emmer sijn amijs
> Van vrouwen of van joncfrouwen.
> Dies duchtic sere *mijnre vrouwen,*
> Dat mijn wijf es *dien* ghi mint.

Het derde vers geeft geen behoorlijken zin, en de herhaling
mijnre vrouwen — mijn wijf is allesbehalve sierlijk. Men leze:

> Dies duchtic sere, *bi mijnre trouwen,*
> Dat mijn wijf es *die* ghi mint.

Men zou ook kunnen lezen: »Dies duchtic, *sem mijnre trouwen!*"
dat op hetzelfde uitkomt. Doch *bi miere trouwen* legt de dichter den hertog ook elders in den mond (vs. 425, 461).

Vs. 385—392. De ridder, door de woorden van den hertog in verlegenheid gebracht, vergelijkt zijn toestand met dien van den Kastelein van Coucy, en zegt tot zich zelven, dat hij wel het lied mocht zingen, dat deze eenmaal zong, toen hij van zijne beminde scheiden moest. En dan volgt het lied in vrij verwarde en onverstaanbare taal. Het is niet noodig de fouten, die het ontsieren, opzettelijk aan te wijzen. Doch met een paar omzettingen en kleine veranderingen laat zich de gezonde zin aldus herstellen:

> Als ic peinse om die minne,
> Ende om die scoenheit die si inne
> Hevet, die scone creature,
> Soe eest wonder dat ic dure.
> Ende vermanio ten beghinne
> Haer soete woort die mi in kinne
> Hebben gheset der avonture,
> Hets wonder dan dat ic ghedure.

Vergelijk het Fransch, vs. 295—302, waarvan onze tekst de — trouwens zeer vrije — navolging is.

Vs. 411 en 412. Deze beide verzen te schrappen. Zij behelzen niets dan een lam toevoegsel, dat den zin te algemeen maakt en daardoor bederft. De hertog wil alleen zeggen, dat hij 't geheim van den ridder aan niemand zal mededeelen, maar behoeft er niet bij te voegen, dat hij alles pleegt te verzwijgen,

> Dat mi die liede seiden
> Aldus in heimelijcheiden.

Vooral hinderlijk is, in zijne bezielde taal, dat flauwe *die liede*. In het Fransch (vs. 315—322) is dan ook van die beide verzen niets te vinden.

Vs. 467 en 468. Deze twee verzen om te zetten. De verzekering: *van mij zal nooit iemand het vernemen*, wordt door den hertog aan den ridder, niet door dezen aan den hertog gegeven. Men leze aldus:

> »Here", seiti, »dat lovic al,
> Ic ghetrouwe u al der doghet".
> Die *hertoge* seide: »Als ghi wel moghet:
> Van mi en weet nemmermeer man".
> — »Vort, here, seggic u dan,
> Here, op dat u vernoit niet, *enz*."

De verandering van *here* in *hertoge*, in vs. 466, wordt door den zin vanzelf aangewezen. De afschrijver raakte met dat herhaalde *her—her* in de war.

Vs. 846. Op de verzekering der burggravin, dat zij niemand anders dan haren man bemint, antwoordt de hertogin met bitteren spot:

> Neen, vrouwe, dese tale
> Es gheloeflijc wale,
> Want enz.

Maar zoo sprak men niet in beschaafde kringen. Men scheepte eene dame niet kortweg af met een bloot *neen* of *ja*: men zeide hoffelijk *neen ic*, *ja ghi* enz. En de spot der hertogin — beleefd uitgedrukt, maar toch scherp — wordt nog bijtender als men achter hare eerste woorden een vraagteeken zet. Men leze dan:

> Neen ghi, vrouwe? dese tale
> Es gheloeflijc wale.

Het Fransch (vs. 715) heeft alleen: »*Ce croi-je bien, dist la Duchesce*".

Vs. 1035. De ridder, in wanhoop bij het lijk zijner geliefde, besluit zich van 't leven te berooven. Dan volgt er:

> An ene want *hinc daer* ter stede
> Een scaerp sweert *dat daer hinc*.
> Dat trac hi ute *enz*.

Een fraai bericht: »Aan den wand *hing daar* een zwaard dat *daar hing!*" Hoe naïef men in 't Mnl. ook schrijven kon met noodelooze herhalingen, die ons vreemd klinken, zóó ver ging het toch niet! En als de dichter niets anders zegt, dan dat het zwaard daar *hing*, brengt hij het verhaal niets verder. De ridder moest beginnen met het in de hand te nemen, om het dan uit te trekken en zich te doorstooten. Welnu, men leze:

> An ene want *hi nam* ter stede
> Een scaerp sweert dat daer hinc.

De verandering van ħinc in ħinā zal wel geene al te stoute critiek zijn. Toen eenmaal *hi nam* in *hinc* verknoeid was, vulde de afschrijver het vers aan door het inlasschen van *daer*. Dat in de uitdrukking *hi nam tsweert an die want* het voorz. *an* op zijne plaats is, behoeft wel geen betoog. Hij *nam* het zwaard dat *aan* den wand hing; en dus: hij *nam* het *aan* den wand. Evenzoo wordt straks (vs. 1047) gesproken van het zwaard,

> Dat hi haelde *ane* die want,

en die regel, op vs. 1035 terugslaande, is een afdoend bewijs voor mijne verbetering. Wat dáár *hi haelde* heet, luidde hier *hi nam*.

M. D. V.

HET SONNET EN DE SONNETTENDICHTERS IN DE NEDERLANDSCHE EN BUITENLANDSCHE LETTERKUNDE [1]).

»Geverfde pop, met rinkelen omhangen,
   Gebulte jonkvrouw in uw staal' korset,
   Lamzaligste aller vormen, stijf Sonnet,
Wat rijmziek mispunt deed u 't licht erlangen?

Te klein om één goed denkbeeld op te vangen,
   Voor epigram te groot en te koket,
   Vooraf geknipt, koepletjen voor koeplet,
Kroopt ge onverdiend in onze minnezangen.

   Neen! de echte Muze eischt vrijheid; en het Lied,
Onhoudbaar uit het zwoegend hart gerezen,
   Zij als een bergstroom die zijn band ontschiet.

   Gij deugt tot niets, tenzij het dengen hiet,
Om enkel door de broddelaars geprezen,
   Op Geysbeek een berijmd vervolg te wezen."

Deze geestige uitval, in zijn goed gekozen vorm te gelijk een verdediging van het Sonnet, werd Braga ontegenzeglijk door een kwade luim ingegeven. Het feit, dat »broddelaars" zich in tijden van verval of bespottelijke modezucht aan het sonnet vergrepen hebben door de onbeduidendste gedachten in

---

1) Dit opstel is zijn ontstaan verschuldigd aan de vraag van iemand, die een examen voor de borst had, hem iets over het Sonnet mede te deelen. Waarschijnlijk vinden de aanteekeningen ook nog belangstelling bij anderen, vandaar dat ik ze hier mededeel. Dat ik onderscheiden voorbeelden uit vreemde talen moest mededeelen, lag in den aard van het onderwerp, dat om zoo te zeggen een internationaal eigendom is geworden. Moge in ieder geval de wenk niet onwelkom zijn, dat bij voorbereiding tot een examen, ook in Nederlandsche taal en letteren, dergelijke onderwerpen vooral beschouwd moeten worden in verband met de verschillende letteren onderling.

een classieken vorm saam te knutselen, bracht Braga in een
gemelijke stemming. Sedert men meer tot bezinning gekomen
is, heeft men ook hier, evenals bij andere uitvallen van Braga,
leeren onderscheiden en gezien dat de satire wel eens kan mis-
tasten, al was er somtijds grond voor haar verbolgenheid. Ook
andere stemmen laten zich hooren, en daaronder die van uit-
nemende dichters, terwijl de geschiedenis van het sonnet, hier
in hoofdtrekken meêgedeeld, overvloedige bewijzen levert, dat
de edelste uitingen van den echten dichtergeest ons ook in
dezen dichtvorm toeklinken. Als Byron in zijn »Profecie
van Dante" Italië's hoofddichter een blik in de toekomst laat
slaan, vervolgt de laatste met het oog op Petrarca:

>»Toch zullen in den drom, dien ik voorzie,
Er enklen zijn gelauwerd voor 't Sonnet
En hij, hun Vorst, wordt schier mijn evenknie".

En Hooft zegt in zijn brief uit Florence van dien Vorst der
sonnettendichters, van Petrarca:

>»Zijn dicht zoo godlijk meer als menschlijk uitgesproken,
Had beesten wel getemt, en klippen wel gebroken
Door kracht van 't zoet geluit," enz.

Met en na Hooft deelde de geheele zeventiende eeuw in die
bewondering voor den Sonnettendichter bij uitnemendheid, die
tevens als het hoofd der humanisten werd vereerd. Terloops
zij hier reeds aangemerkt, dat Hooft echter in geen geval als
de eerste kan beschouwd worden, die dezen dichtvorm uit Italië
heeft overgebracht, gelijk wel eens beweerd wordt. Vooreerst
zijn er sonnetten van hem bekend uit de jaren voòr zijn reis
naar Italië, en bovendien is deze dichtvorm, gelijk wij straks
zullen zien, reeds voòr hem in onze taal beoefend.

Het Sonnet is een dichtvorm van zuiver Italiaanschen oorsprong. Reeds het woord duidt zulks aan: Sonetto is van
sonare, klinken; de aaneenschakeling van herhaalde rijmklanken gaf aan deze dichtsoort den thans algemeen bekenden naam.
De Italianen hebben er weder twee woorden van afgeleid, na-

melijk: *sonettare*, het dichten van sonnetten, en *sonettiere* of *sonettatore*, een sonnettendichter. Waarschijnlijk is het Sonnet uit den meer uitvoerigen *Canzone*, het Lied, ontstaan, welke dichtvorm zich evenzeer door een kunstige aaneenschakeling van rijmklanken, schoon eenigszins in andere schikking, onderscheidde. De *Canzone* was echter reeds lang in het Provençaalsch bekend, voòr men in Italië de volkstaal meer algemeen in proza of dicht bezigde. Bovendien was de vorm van het Sonnet, zoo hij zich al uit den gewijzigden vorm van den *Canzone* ontwikkeld heeft, volstrekt niet willekeurig, maar naar een vast beginsel en logischen gedachtengang berekend, gelijk wij later zien zullen. Uit het Italiaansch ging het woord Sonnet in andere talen over; alleen in onze taal is daarbij een zeer gelukkige vertaling, die wij aan Vondel danken, mede in gebruik. Hooft bezigt nog doorloopend het vreemde woord sonnet, blijkens de uitgave van Leendertz. Roemer Visscher, een Hollander in merg en been, poogde een vertaling van sonnet te geven en bezigde het woord Tuiters, van tuiten, d. i. klinken, doch hij werd daarin door niemand nagevolgd, evenmin als in zijn vertaling van Jammertjes voor Elegieën. Vondel was gelukkiger: zijn eerste sonnetten verschenen onder den naam van Klinkerts; doch hij schijnt met die vertaling geen vrede gehad te hebben, evenmin als met die van Klinkveers, enkele malen door hem gebezigd, want later gebruikt hij het woord Klinkdicht, een vertaling zòo gelukkig, dat er de weerga in andere talen, voor zoover mij bekend is, niet van te vinden is. Het is een welluidende naam en drukt volmaakt de beteekenis van het Italiaansche woord uit. Straks meer over het Hollandsche klinkdicht; vooraf een en ander over den bijzonderen vorm van het Sonnet.

Het Sonnet of klinkdicht is een lyrisch gedicht van beperkten omvang en vastgestelden vorm; de dichter bezigt dien vorm tot welluidende inkleeding van een dichterlijke gedachte, een verzuchting, een klacht, een bede of somtijds ook van een woordspeling en geestigen inval. Het allermeest echter richt de dichter zich daarin tot zijn geliefde of het voorwerp zijner vereering als symbool. Die inkleeding is aan een bepaalden vorm gebonden, oorspronkelijk ook in veel gevallen aan een bijzondere indeeling, gelijk blijken zal. Nemen wij tot voorbeeld een sonnet van Dante, den Dichter der Divina Commedia en tevens een der oudste sonnettendichters, aan wien Petrarca ongetwijfeld den vorm voor zijn lyrische ontboezemingen zal ontleend hebben, daar vooral door Dante's invloed er de eigenaardige bestemming aan gegeven is, die het in de Italiaansche en andere letteren oorspronkelijk gehad heeft. Tot toelichting zullen wij het oorspronkelijke moeten mededeelen, gevolgd door de vertaling in denzelfden vorm, zoo wat maat als schikking der rijmklanken betreft. De vereering van Dante voor Beatrice heeft hem verreweg de meeste sonnetten en liederen ingegeven, waaronder ook het hier volgende voorkomt, dat wij in zijn *Vita Nuova* vinden. In 1289 stierf Folco Portinari, de vader van Beatrice, en liet zijn dochter in de bitterste smart achter. Volgens de gewoonte dier tijden begaven zich vele vrouwen en jonge dochters naar het huis van den overledene om de achtergelaten dochter te vertroosten. In het terugkomen ontmoet Dante ze en verneemt uit haar mond, hoezeer Beatrice over haar verlies treurt. Dante spreekt de vrouwen aldus toe:

SONETTO X.

Voi, che portate la sembianza umile,
  Cogli occhi bassi mostrando dolore,
  Onde venite, chè 'l vostro colore
  Par divenuto di pietá simile?

Vedeste voi nostra donna gentile
  Bagnata il viso di pianto d'amore?
  Ditelmi, donne, chè mel dice il core,
  Perch' io vi veggio andar senz' atto vile.

E se venite da tanta pietate,
  Piacciavi di restar qui meco alquanto,
  E checchè sia di lei, nol mi celate!

Ch'io veggio gli occhi vostri c'hanno pianto,
  E veggiovi venir si sfigurate,
  Che 'l cor mi trema di vederne tanto.

KLINKDIOHT. X.

Gij die daar gaat, het hoofd ter aard gebogen,
  Met blikken die van bitter leed gewagen,
  Vanwaar toch komt ge, dat ge dus verslagen
En van het innigst meêlij schijnt bewogen?

Zaagt gij wellicht, hoê de ed'le Donna de oogen
  In tranen baadt der liefde bij heur klagen?
  O, zeg 't mij, vrouwen, schoon op 't angstig vragen
Mijn hart mij zegt: ik heb mij niet bedrogen.

En zoo gij ze in haar droefheid hebt verlaten,
  Toeft dan een wijle en wilt zoo ras niet scheiden,
Verheelt mij niets, want wat zou 't zwijgen baten!

  Verraden niet uw oogen, dat zij schreiden?
Wel moet ik bij uw deernis boven maten
  Met bevend harte 't treurigst antwoord beiden.

Beschouwen wij nu het oorspronkelijke en de vertaling, dan zien wij dat het Sonnet uit veertien regels of verzen bestaat, ieder van vijf jambische voeten, aldus:

$$\smile - \mid \smile - \mid \smile - \mid \smile - \mid \smile -$$

Deze veertien verzen zijn verdeeld in twee viertallen of *quadernari*, samen het *octaaf* vormende, en twee drietallen of *terzine*, samen het *sestet* uitmakende. Gewoonlijk bezigt men in onze taal voor de oorspronkelijke benamingen de Fransche woorden *quatrain* en *tercet*, gelijk men ook in het Engelsch gewoon is te doen om het vierregelig en drieregelig couplet te onderscheiden [1]). De beide *quadernari* hebben slechts twee rijmklanken, even als de *terzine*, zoodat van het octaaf *vier* verzen, en van het sestet *drie* verzen hetzelfde rijm hebben. Stellen wij nu de verschillende rijmklanken door de letters *a*, *b* enz. voor, dan krijgt men voor het bovenstaande sonnet den volgenden vorm:

---

[1]) Molière bezigt *tiercet; zie Les Femmes savantes.*

2 *Quadernari (Quatrains)*		2 *Terzine (tercets)*.	
a	a	c	d
b	b	d	c
b	b	c	d.
a	a.		

De beide q u a d e r n a r i, het octaaf, vormen een geheel, van-daar de eenheid van rijmklank; de beide *terzine*, het sestet, vangen met een nieuw rijmwoord aan, als bevattende de w e n-d i n g, de *volta*, die een besluit, een opwekking, een tegen-werping, of een toespraak aan den persoon tot wien de dichter zich richt, inhoudt. Men ziet dus dat de vorm volstrekt niet willekeurig is, maar wel degelijk op psychologische gronden berust, die in de eenheid der rijmklanken en de daarop volgende afwisseling voor het geoefend oor of het gezicht worden afge-beeld. De w e n d i n g wordt door de Franschen ook wel »*La Chute d'un Sonnet*" genoemd. Hierin ligt tevens een toelichting op een plaats in M o l i è r e's *Misanthrope*. Wanneer Alceste door Oronte vervolgd wordt en ten slotte gedwongen is zijn sonnet aan te hooren, roept de vleiende Philinte aan het einde uit:

»La *chute* en est jolie, amoureuse, admirable,"

waarop Alceste verontwaardigd zijn hart lucht geeft in den uitval:

»La peste de ta *chute*, empoisonneur, au diable!

En eusses-tu fait une à te casser le nez!"

De woordspeling met *chute* in letterkundigen zin en gewone beteekenis valt hier in het oog.

Intusschen, vergelijkt men de Italiaansche sonnetten onder-ling of vooral met die in andere talen, dan merkt men eenige wijzigingen in de schikking van de rijmklanken en de maat op, waarmede rekening moet gehouden worden, wil men ze niet ten onrechte als »broddelwerk" veroordeelen.

In de eerste plaats blijkt uit het aangehaalde sonnet, dat in het Italiaansch *slepend* of vrouwelijk rijm gebezigd is, wat dan ook in de vertaling opzettelijk behouden is. In andere talen daarentegen bezigt men gewoonlijk afwisselend, vrouwelijk en manlijk of *staand* rijm, wat niet alleen het gevolg is van

minderen rijkdom aan slepende rijmen, maar ook tot welluidendheid bijdraagt. Men meene echter niet, dat dit een afwijking
van den waren, oorspronkelijken vorm moet heeten, want ook
het oude Italiaansche sonnet kende die afwisseling van staand
en slepend rijm. In het Engelsche sonnet ziet men doorloopend
staand rijm bezigen, daar wegens het afslijten der uitgangen
vrouwelijk rijm hoogst zeldzaam in die taal kan voorkomen.
Nemen wij tot toelichting op die afwisseling van het tweeërlei
rijm en zijn volgorde het onderstaande sonnet van Bilderdijk,
dat tevens nog andere bijzonderheden aanbiedt.

GELUKKIGE.

Bij vlekloos bloed een stil en needrig lot; —
Een peinzend oog, doorstraald van zacht genoegen; —
  Een juist verstand, — een hart vervuld van God; —
Een kalmen moed bij zielevreê te voegen:

  Ziedaar wat meer dan 't weeldrig vreugdgenot,
Dan al de roem van 't noeste letterploegen,
Dan mijnroof is, waarom de harten zwoegen,
  Maar dien de dood, de zorg, de vrees bespot!

  O Dierbre gift van vlijt noch lotgeval,
  Maar van den Bouw- en Vrijheer van 't heelal,
Wie dankt voor u, wie voelde u ooit naar waarde?

  Dien schokk' de storm of blaak de Zuiderzon;
  Hij derft geen steun, geen zuivre lavingbron,
Maar overleeft den val der zinkende aarde.

De rangschikking der rijmklanken is hier geheel verschillend
van die uit Dante's sonnet, ofschoon evenzeer geoorloofd; zij
kan aldus worden voorgesteld.

Quadernari (Quatrains)   2 *Terzine (tercets)*.

a	a	c	e
b*	b*	c	e
a	b*	d*	d*
b*	a		

De slepende regels zijn hier met een * geteekend. Nog blijkt
uit dit sonnet, dat hier de beide *tercets* geen twee rijmen maar

drie hebben, wat mede naar het voorbeeld der Italiaansche dichters geoorloofd is; de twee opvolgende rijmklanken worden afgewisseld door het slepend rijm van den elfden en veertienden
regel.

Bilderdijk heeft slechts weinig sonnetten geschreven; slechts
één komt in vijfvoetige jamben bij hem voor, de overige zijn
in Alexandrijnen of zesvoetige jamben en, op een enkele uitzondering na, alle vertaald. Dit brengt ons tot een opmerking
omtrent het Hollandsche sonnet, die wezenlijk van belang is.
Op het voorbeeld van Hooft, Vondel en Huygens namelijk werd
gewoonlijk in onze taal het Alexandrijnsche vers gebezigd, wat
ontegenzeglijk een afwijkende vorm van het oorspronkelijke
Italiaansche sonnet moet heeten en eigenlijk niet te verdedigen
is. Te onverklaarbaarder wordt dit, daar Hooft's sonnetten, schoon
niet de eerste, toch tot de oudste in onze taal behooren en hij
zeer stellig door Petrarca geïnspireerd is; zijn eerste sonnet is
een navolging — zeker vrij gebrekkige — van genoemden Italiaanschen dichter. Hooft heeft slechts een tweetal in de vijfvoetige jambe geleverd. Van Vondel, die een vrij groot aantal
sonnetten heeft geschreven, is geen eukel *volkomen* sonnet in
de vijfvoetige jambe bekend; hij bezigt doorloopend Alexandrijnen. Bij het Fransche sonnet zullen wij hetzelfde opmerken; ook
in die taal is de Alexandrijn regel geworden. Overigens zijn er
onder die van Vondel zeer schoone sonnetten; zoogoed als
Hooft heeft hij het sonnet in onze taal recht van bestaan gegeven, zijn Alexandrijnen daargelaten. In een overzicht als. dit
mag daarom een toelichtend voorbeeld van Vondel niet achterwege blijven; een der meest bekende en zeker een der schoonste
sonnetten van zijn hand is dat op het verongelukken van Dr.
Roscius, een jong geleerde, geneesheer en predikant, die met
zijn jeugdige gade op het Haarlemmer meer in het ijs verdronk,
27 Jani 1624. Van Lennep maakt er mede melding van in zijn
lezenswaard verhaal » Cornelia Vossius," wie een dergelijk onheil
overkomen is.

OP HET VERONGELUKKEN VAN DOCTOR ROSCIUS.

Zijn bruid te omhelzen in een beemd, bezaaid met rozen,
　Of in het zachte dons, is geen bewijs van trouw;
　Maar springende in een meer, daar 't water stremt van kou,
En op de lippen vriest, zich te verroekeloozen;

Dat's van twee uitersten het uiterste gekozen:
　Gelijk mijn Roscius, beklemd van druk en rouw,
　In de armen hield gevat zijn vreugde en waarde vrouw,
En gloeit van liefde, daar 't al kil is en bevrozen.

　Zij zuchtte: »och lief, ik zwijm, ik sterf, ik ga te grond!"
　Hij sprak: »schep moed, mijn troost," en ving in zijnen mond
Haar adem en haar ziel; zij hemelde op zijn lippen.

　Hij volgt haar bleeke schim naar 't zalig Paradijs.
　Vraagt iemand u naar trouw, zoo zeg: »zij vroos tot ijs,
En smolt aan geest, en hij ging met haar adem glippen." —

Wat nu Hooft betreft, deze dichter is in de vertaling van enkele sonnetten van Petrarca niet gelukkig geweest, gelijk te recht
reeds door Leendertz is opgemerkt. Onder zijn oorspronkelijke
klinkdichten zijn er echter eenige, die de aandacht verdienen.
Een schoon klinkdicht is, bijv., dat op den Tijd, met een
geestige woordspeling aan het slot. Wij laten het hier volgen.

AAN DE TIJD.

Gezwinde grijsaart, die op wakkre wieken staag
De dunne lucht doorsnijdt, en zonder zeil te strijken,
Altijd vaart voor de wind en ieder na laat kijken,
　Doodvijand van de rust, die woelt bij nacht, bij daag;

Onachterhaalbre Tijd, wiens heeten honger graag
Verslokt, verslindt, verteert al wat er sterk mag lijken,
En keert, en wendt, en stort staten en koninkrijken:
　Voor iedereen te snel, — hoe valt dy mij zoo traag?

Mijn lief, sint ik u mis, verdrijve ik met mishagen
De schoorvoetige Tijd, en tob de lange dagen
　Met arbeid avondwaarts; uw afzijn valt te bang;

En mijn verlangen kan den Tijdgod niet bewegen,
Maar 't schijnt verlangen daar zijn naam af heeft gekregen,
　Dat ik de Tijd, die ik verkorten wil, verlang!

Straks nog een ander merkwaardig sonnet van Hooft. Van de zeventiende eeuw sprekende, dienen wij intusschen ook Huygens als sonnettendichter te herdenken; het klinkdicht toch dat ik hier aanhaal, is niet alleen een gelukkig voorbeeld van dezen dichtvorm, maar onderscheidt zich ook nog in de rangschikking der rijmklanken van de vorige. De sonnetten van Huygens zijn mede in Alexandrijnen geschreven. De uitval op Tesselschade's geloof zullen wij hier voor 's Dichters rekening laten; het zou overigens kleingeestig zijn zich er aan te ergeren, daar hij genoeg bewijzen heeft gegeven, hoezeer hij de uitstekende gaven van het beroemde zusterpaar wist te waardeeren. Dien uitval daarlatende moeten wij erkennen, dat het klinkdicht een gezonden, kloeken geest ademt en het karakter des dichters eere aandoet. En wat den vorm aangaat, wijzen wij er op, hoe natuurlijk zich hier het sestet bij het octaaf afteekent, hoe de eerst uitgewerkte gedachte in verband met de tegenstelling in de wending den sonnetvorm rechtvaardigt. Niet altijd is Vondel daarin zoo gelukkig, ook al kan men onder zijne klinkdichten bewijzen vinden, dat hij het karakter van dien dichtvorm zeer goed gevoeld heeft. Huygens' klinkdicht is gericht —

AAN TESSELSCHADE.

Mijn tong en was nooit veil, mijn penne nooit verkocht,
Mijn handen nooit in strik van goud of diamanten,
Mijn vrijheid nooit verloofd, om met fluweelen wanten
De waarheid aan te gaan, en anders dan ik docht.

Ja, tong, en pen, en hand, en vrijheid zijn verknocht
Aan 't vorstelijk bevel, dat onze vrijheid plantten
En tegen 't Spaansch geweld zijn weer-geweld dorst kanten,
En Babel's (lijdt nog eens mijn rondheid) vuil gedrocht.

Maar 't wereldsche gezag en gaat niet aan den wortel
Van 't heilige Gewiss! 't En is geen strijdige eer,
Een eeuwig God te ontzien en een bescheiden Heer,

Die lijden kan en moet, wat uit de Waarheid bortel.
Des eisch ik nu streng recht, geen gunste, geen gena,
Beroemde, maar eilaas! beRoomde Tesselscha.

Uit de aangehaalde voorbeelden blijkt reeds genoegzaam, dat de volgorde der twee rijmklanken van de beide *quadernari* kan afwisselen; vooral echter is dit het geval met de twee of drie rijmklanken der *terzine*. Om een aanschouwelijke voorstelling van de afwisselende schikking der veertien verzen van het sonnet te geven, laten wij hier de beide vier- en drietallen in de meest gewone groepeering volgen, waarbij men zich moet herinneren, dat in onderscheiden talen slepende en staande rijmen elkander kunnen afwisselen; de slepende verzen zijn weder met * geteekend.

2 Quadernari (Quatrains).

a	a*	a	a*	a	a*	a*	a*
b*	b	b*	b	b	b*	b*	a*
b*	b	a	a*	a	b*	a*	b
a	a*	b*	b	b	a*	b*	b
a	a*	a	a*	a	a*	a*	a* -
b*	b	b*	b	b	b*	b*	a*
b*	b	a	a*	a	b*	a*	b
a	a*	b*	b	b	a*	b*	b

2 Terzine (Tercets).

c	c*	c	c	c	c	c*	c	c*	c	c
c	c*	d*	d*	d	d	c*	c	d	d*	d*
d*	d	c	d*	c	e	d	d*	d	d*	e
c	c*	c	c	d	c	e*	e	c*	c	e
c	c*	d*	d*	c	d	e*	e	e	e*	d*
d*	d	c	d*	d	e	d	d*	e	e*	c

enz. Men zal uit deze tabel gemakkelijk nog andere rangschikking in de *terzine* kunnen afleiden, vooral zoo men daarbij de staande en slepende rijmen laat afwisselen. Bij de oude Italiaansche Dichters, vooral bij Dante en Petrarca, vindt men al deze afwisselingen vertegenwoordigd, ofschoon grootendeels voor zoover de slepende rijmen het toelaten.

Voor ik thans tot de gewijzigde vormen van het sonnet
overga, moet ik nog even terugkomen op het vroeger aangevoerde, dat Hooft in geen geval de eerste sonnettendichter
in onze taal geweest is, al heeft hij dan ook de eerste vertalingen van Petrarca-sonnetten gegeven en daardoor het oorspronkelijk karakter van het klinkdicht bij ons bekendgemaakt.

De oudste sonnetvorm dien ik tot heden bij Nederlandsche
dichters gevonden heb, komt bij COORNHERT voor, en wel in
zijn »*Recht Gebruyck ende Misbruyck van tijdlicke have.*" Uit het
voorbeeld dat ik hier aanhaal, blijkt dat zich het rythmus nog
niet aan de vaste regels bindt, die later door het voorbeeld
van Hooft en Vondel wet werden; de verzen van Coornhert
komen het meest met den Alexandrijn overeen, het vers dat
ook Hooft voor zijn Sonnetten, zelfs die van Petrarca, bezigt.
Overigens is de sonnetvorm strikt volgehouden, blijkens het
hier volgende klinkdicht, trouwens niet het eenige bij Coornhert.

'T RECHT GEBRUIK.

Der dingen recht gebruyck brengt vrolicheydt en baat,
Maar 't misbruyck gheeft schade met schuldige pijne:
De dronckaart zuyckt ziekte uit gezonden wijne:
  Want zijn zotheyt en kent haar kracht, einde, noch maat.

Daar tegen bruyckt wijsheit, die des dings aard verstaat,
Tot gezontheyts lust ook doodlycke venijne.
Gezond treedmen veyligh door doornen in de woestijne,
  Als een doornige voet pijnlick op pluymen staat.

Grijpt men 't swaard bij der snee, 't quetst den dwaze in 't gevecht;
  Maar hij quetst zijn vijandt, die het wijsselick grijpt bij 't hecht.
Den vroeden is 't al nut, den narren is 't al thegen.

Rijckdom en Armoe zijn van zelfs goed noch boos;
  't Hindert al d'onwijsen, 't helpt al den vroeden loos:
Zooveel is aan 't Gebruyck of 't Misbruyck ghelegen.

Thans moet ik noodzakelijk op de GEWIJZIGDE VORMEN van
het sonnet de aandacht vestigen, gelijk er niet weinig voorkomen, zonder daardoor het karakter van klinkdicht geheel
te verliezen. In sommige letteren heeft zelfs zulk een gewijzigde

vorm een afzonderlijke soort gekenmerkt, zooals bijvoorbeeld het geval is met het zoogenaamde Shakespeare-Sonnet in de Engelsche letterkunde.

In de eerste plaats dient opgemerkt te worden, dat door de oude sonnetten-dichters meermalen aan de veertien regels van het klinkdicht nog een drie- of viertal verzen werd toegevoegd; in dat geval verkrijgt men wat de Italianen noemen het so-netto colla coda, letterlijk: het sonnet met een staart, dat is, aanhangsel. In onze letterkunde is mij slechts één voorbeeld daarvan bekend, en wel een vertaling van een Italiaansch son-net door Bilderdijk. Het oorspronkelijke is van eene dichteres uit de zestiende eeuw, Gaspara Stampa geheeten, die zich in dit klinkdicht tot haar geliefde wendt. Toen de minnaar zich met een ander verbonden had, overleefde Gaspara die echtver-bintenis niet lang; vandaar de *Coda*, door een tijdgenoot aan het oorspronkelijke sonnet toegevoegd. Bilderdijk vertaalt weder in Alexandrijnen, hoewel het Italiaansch de vijfvoetige jambe heeft.

GASPARA STAMPA AAN COLLATINO.

Laat af, mijn eenigst goed, en wellust van mijn leven,
  Door arbeid, zorg en pijn, en snerpend ongeduld,
Naar eerplaats, roem, gezag, of overvloed te streven;
  Vermomde slavernij in 't blinkend goud gehuld!

Hier in dit zalig dal, van groene mirth omgeven,
  Dat eeuwig bloeiend veld, waar liefde 't hart vervult,
  Hier schenke ons 't gunstig lot een aanzijn vrij van schuld,
Tot de avondschaâuw des doods onze oogen mag omzweven!

  Haast walgt begeerlijkheid van 't voorwerp, dat zij zocht;
  Kortstondig is 't bezit, en steeds te duur gekocht;
En 't onverbidlijk graf stelt alle ontwerpen palen.

  Neen, plukken we in dees beemd de bloem die voor ons wast,
  En d'appel, die ons 't oog, de reuk, en smaak verrast,
En zingen we onze min met 's hemels pluimchoralen.

  »Dus zong de teedre. — Eilaas! Haar minnaar werd geroerd,
  Maar staatszucht treft zijn borst, de band is losgesnoerd;
De ontrouwe! een andre gloed heeft d'eersten uitgedreven,
En, offer van haar vlam, betaalt zij 't met haar leven."

In dit sonnet merkt men de volgende schikking der rijmklanken op:

2 *Quadernari*		2. *Terzine*		la *Coda.*
a^*	a^*	c	e	f
b	b	c	e	f
a^*	b	d^*	d^+	$g^{\cdot}$
b	$a^{\cdot}$			$g^{\cdot}$

In de tweede plaats maken wij melding van het hoogst zeldzaam voorkomende d u b b e l e s o n n e t, waarin slechts t w e e
rijmklanken over al de veertien verzen verdeeld zijn. Een bij
uitstek schoon voorbeeld daarvan, en tevens een der beste sonnetten van Hooft, vinden wij in het klink-, tevens lofdicht op
de Poëmata van Hugo de Groot. Het is in vijfvoetige jamben
geschreven. Men merke daarbij op, dat *overleden* hier gebezigd
wordt in den zin van »verleden," *weldige* in dien van »ont-
zaglijke" en *laken* in dien van »lekken of droppen."

AAN MIJN HEER HUIGH DE GROOTE.

Weldige ziel, die met uw scherp gezicht
Neemt wisse maat van dingen die genaken,
En al den sleur der overleden zaken
　　Begrepen houdt met ieders reên en wicht:

Vermogende uit te breên, in dierbaar dicht,
Wat raad oft recht ooit God oft menschen spraken:
Zulks Holland oogt, als zeeman op een baken
　　In starloos weêr, op uw verheven licht:

O, groote Zon, wat zal ik van u maken?
Een adem Gods, die uit den hemel laken
　　Komt, in een hart wel keurig toegericht?

Oft een vernuft in top van 's Hemels daken
Verhelderd, om op Aard te komen blaken,
　　Daar 't land en lien met leer en leven sticht?

De beide rijmklanken geven, over de veertien verzen verdeeld, de volgende rangschikking, waarvan ook in het Italiaansch
voorbeelden te vinden zijn:

2 *Quadernari*			2 *Terzine.*	
a	a		b^*	b^*
b^*	b^*		b^*	b^*
b^*	b^*		a	$a.$
a	a			

Eindelijk spreekt men nog van het **onvolkomen sonnet**. Daartoe behoort vooreerst het klinkdicht, waarbij in het tweede viertal een nieuwe rijmklank wordt ingevoerd. Deze sonnetten zijn niet zeldzaam. De meeste **Tuiters van Roemer Visscher** zijn van deze soort. Daar zijn klinkdichten mede nog vòor Hooft vallen, voegt het ook van hem een voorbeeld aan te halen, dat tevens tot toelichting op dezen gewijzigden vorm kan dienen.

BEKENTENIS.

Die twee bruine oogen, lichten van mijn leven,
   Op mij bliksemend haar stralende blijheid,
   Hebben zoo zeer bekneld mijn jonge vrijheid,
Dat ik gewillig haar gevangen ben gebleven.

Haar liefde heeft mijn reden zoo ten onder gedreven,
   Dat ik, versuft in haar schoonheid te aanschouwen,
   Zoo hardnekkig mijn beloofde woord zal houwen,
Dat ik naar ander te zien mij niet zal begeven.

   Geen ander sporen zullen mij wandelen doen,
   Geen ander kiekens zullen uit dees eieren broên,
Noch tot geen ander Santin mijn devocy strekken;

   Mijn tonge geen ander schier noemen kan,
   Mijn penne en inkt niet anders dan
Haar lof op papier en willen trekken.

Men ziet uit dit voorbeeld, dat in het tweede viertal verzen een nieuw rijm, ongelijk aan dat in het eerste viertal is ingevoegd. De voorstelling is derhalve aldus:

2 *Quadernari*			2 *Terzine.*	
a^*	a^*		d	f
b^*	c^*		d	f
b^*	c^*		e^*	e^*
a^*	a^*			

Ook bij V o n d e l is deze gewijzigde vorm niet vreemd, gelijk
blijkt uit het volgende sonnet op het treurspel van Abr. de
Coningh, J e f t a getiteld. Dit treurspel was geschreven nog
vòor Vondel zelf aan zijn eigen »Jefta'' had gedacht; in weerwil dus van den lof dien de dichter Coninghs produkt toe-
zwaait, was hij blijkbaar toch van meening, dat de stof nog
op andere wijze kon behandeld worden, en daaraan danken wij
een der schoonste treurspelen uit de zeventiende eeuw naar mijn
meening.

Euripides deed lang den Griekschen schouwburg weenen,
  Toen Ifegenia bebloedde zijn tooneel,
  En als een schoone bloem, van haren groenen steel
Gemaaid, ter neder viel, gelijk een schim verdwenen.

Dees dichter doet niet min, wanneer hij met zijn stenen,
  Het treurspel ons ververscht, en 't maagdelijke bloed
  Van Jefta's eenig kind vergiet, gelijk een vloed,
Dan sterft het al met haar, dan bersten schier de steenen.

Zoo wordt een oude daad vergetelheid onttogen,
En levend op een nieuw gesteld voor ieders oogen;
  Zoo wordt een uitheemsch stuk met Duitsche stof bekleed.

Treurspeler, o gij hebt ons teder hart verraden;
De roos van ieder wang met tranen hing geladen,
  Als gij dat schoone hoofd van 't witte lichaam sneedt.

Het verschil met vroeger aangehaalde klinkdichten zal den
lezer duidelijk genoeg in het oog vallen, ook wat de rangschikking der slepende regels betreft. Tot denzelfden afwijkenden vorm behoort ook het beroemde S o n n e t aan de V r ij-
h e i d, dat B y r o n aan zijn gedicht » The Prisoner of Chillon"
laat voorafgaan; onder de vertalingen van Byron door Nicolaas
Beets is ook dit gedicht opgenomen.

De meest afwijkende vorm van het oorspronkelijke sonnet is
het zoogenaamde S h a k e s p e a r e - s o n n e t, dat door dien dichter
wel het meest bekend is geworden. Het heeft enkel het aantal
verzen met het oorspronkelijke klinkdicht gemeen en is dus
werkelijk een geheel nieuwe dichtvorm geworden. Het Shake-

speare-sonnet is verdeeld in d r i e *quadernari* of *quatrains*, elk met twee afzonderlijke rijmklanken, die daarop door twee gezamenlijk rijmende verzen gesloten worden. Deze laatste twee regels vormen een op zich zelf staand gedeelte: de stroom der gedachte gaat in de twaalf verzen onafgebroken voort, terwijl het tweetal verzen een besluit, een tegenwerping of een toespraak aan den persoon tot wien de dichter zich richt inhoudt.

Tot toelichting haal ik het volgende klinkdicht aan, het drie-en-dertigste van de 154 ons door Shakespeare nagelaten.

SONNET XXXIII.

'k Zag dikwijls, hoe de glansrijke ochtendstond
Met vriendlijk oog de kruin der bergen vleide,
't Valleigroen kuste met haar gulden mond,
En op den stroom de gouden loovren spreidde.

Straks vloog een donker zwerk haar in 't gezicht,
En wolk op wolk dee 't hemelsch aanschijn kwijnen,
En doofde voor de k'agende aarde 't licht,
Dat droef en stil in 't westen ging verdwijnen.

Zoo blonk ook eens aan 's levens ochtendtrans
Een zon met pracht en glorie mij in de oogen;
Helaas, een uur verheugde ik me in heur glans,
Nu zie ik haar met nevelen omtogen.

Toch mor ik niet: verduistre een aardsche zon,
Daar die des hemels zelfs verduistren kon!

Een blik op het aangehaalde sonnet geeft de volgende voorstelling, waaruit de geheel en al afwijkende vorm duidelijk blijken zal:

3 *Quadernari.*			2 *slotverzen.*
a	c	e	g
b	d	f	g
a	c	e	
b	d	f	

Voorloopig genoeg over het Shakespeare-sonnet; het is ons hier enkel om den afwijkenden vorm te doen. Bij een blik op de geschiedenis van het sonnet in Engeland zal ik nog enkele bijzonderheden daaromtrent meedeelen.

Nog een belangrijke opmerking te dezer plaatse met het oog op onze letterkunde der 17ᵉ eeuw.

Wat ik tot heden nog nergens vermeld zag, is het feit, dat het zoogenaamde S h a k e s p e a r e - s o n n e t in de zeventiende eeuw ook b ij o n s b e k e n d i s g e w e e s t. VONDEL zelf heeft zich meermalen van dien vorm voor zijn klinkdichten bediend. Hoe kwam hij aan dien vorm, daar dit gewijzigde klinkdicht zoo geheel en al uitsluitend aan de Engelsche letteren der zestiende en zeventiende eeuw eigen is? Is Vondel met Shakespeare's gedichten bekend geweest? Ik durf die gevolgtrekking, hoezeer zij voor de hand ligt, niet zoo beslist uitspreken. In ieder geval moet hier aan invloed van de Engelsche letterkunde gedacht worden en V o n d e l met E n g e l s c h e v o o r b e e l d e n bekend geweest zijn. Ik vermoed, dat die kennismaking na Huygens' reis naar Engeland moet hebben plaats gehad, daar Vondel betrekkelijk laat zich van den bedoelden sonnetvorm bediend heeft; ofschoon het dan weder opmerkelijk is, dat Huygens zelf geen enkel voorbeeld van dit klinkdicht geleverd heeft. Niet minder opmerkelijk is het, dat Vondels voorbeeld dien gewijzigden vorm bij ons niet inheemsch heeft kunnen maken; latere proeven van navolging zijn mij niet voorgekomen. Het vermelde feit is intusschen te merkwaardig om het niet door een paar voorbeelden uit Vondel toe te lichten; daartoe haal ik vooreerst het volgende aan, dat geheel overeenkomt met het S h a k e s p e a r e - s o n n e t, ook wat de voetmaat betreft.

Den doorluchtigen overgeleerden jongeling

PAULUS TER HAAR,

voornaamsten professor der historiën en Latijnsche en Grieksche welsprekendheid ter Hoogeschole te Duisburg.

Zal Duisburg wel zijn zegen konnen vatten,
    Haar van 't geluk gegeven in den schoot,
Met uwe komste, en tevens al de schatten
    Van wetenschap, als uit een rijke vloot

En lading van uitheemsche en oude boeken, [1]
  Bijeen gehaald, en keurig opgezocht
Met oordeel, na wijdloopig onderzoeken
  Der volken, en met moeite en last gekocht?
Kan Duisburg zijn geluk nu recht waardeeren,
  Zoo schat men het gelukkig; want elk zal
Het, om Ter Haar, als 't Grieksche Delfi, eeren,
  Elk naar zijn les, gelijk naar hemelval,
Orakels van Apollo, komen hooren.
Te Duisburg wordt oud Delfi nu herboren.

Het tweede voorbeeld verdient te worden aangehaald, vooral
omdat de bouw van het klinkdicht zoo in alles het Shakespeare-
sonnet gelijk blijft, met uitzondering slechts van de voetmaat:
na de drie q u a t r a i n s volgt in de twee rijmende verzen aan
het slot de wending, in volkomen overeenstemming met het
Engelsche model. Het klinkdicht is aan de dochter van den
Burgemeester De Vlaming van Oudshoorn gewijd en luidt aldus:

Op de Afbeeldinge der Hoogedele Mejoffer
MARIA VAN OUTSHOREN,
door Filips de Koning.

Zoo lelieblank verrijst, met heldre morgenstralen,
  Opluikende Marie, in 't scheiden van den nacht,
T' Outshoren uit den droom, op zang van nachtegalen
  En leeuwrik, daar in 't groen de zangrei haar verwacht.
De jonge ridders, die in haag en lanen duiken,
  Aanschouwen ze met lust, en vragen onderling,
Wie dees gesloten roos ter goeder tijd zal pluiken,
  Wie zulk een blanke hand vereeren met den ring?
Zij wenschen, lijf om lijf, in 't veld een kans te wagen
  Om zulk een schoone maagd, verliefd als Hippomeen,
En achten hem niet waard, geweer op zij te dragen,
  Die om dees schoonheid op geen degen aan durf treên.
De maagd verschijnt, en heet dit lijfgevecht te schorten,
Zij roept: »Wie mij bemint, ontzie zich, bloed te storten!"

---

1) Een door Van Lennep herstelde regel.

Wil men meer voorbeelden van dit onvolkomen of Shake-speare-sonnet bij Vondel, dan verwijs ik naar zijn gedicht, »Joannes de Boetgezant," waarin elk van de zes boeken door zulk een klinkdicht wordt voorafgegaan.

Blijkt uit het medegedeelde over den vorm van het sonnet reeds, welk een belangrijke plaats het klinkdicht in iedere letterkunde inneemt, nog duidelijker valt dit in het oog, als wij de geschiedenis van deze dichtsoort nagaan. Geen enkele middeleeuwsche vorm heeft zich zoo lang staande gehouden of is zoo algemeen in de letteren van ieder land beoefend. In alle tijdperken, in dat der Renaissance zelfs niet minder dan in dat der Romantiek, bleef het in gebruik en hebben de uitstekendste dichters er zich van bediend. In onze dagen heeft het opnieuw de sympathie van onderscheiden jongere dichters verworven, gelijk allen die de letterkundige beweging van den laatsten tijd volgen, bekend is. Ook onze eigen letterkunde is op het nauwste met de geschiedenis van het Sonnet verbonden, gelijk trouwens reeds uit het aangevoerde blijkt en nog herhaalde malen in dit vluchtig overzicht merkbaar zal worden.

Petrarca is de Dichterkoning der sonnetten, gelijk Potgieter in zijn »Florence" Byron nazegt. En Byron had recht: het sonnet heeft aan Petrarca zijn roem te danken en heeft zich door hem zulk een belangrijke plaats in iedere letterkunde verworven. Omgekeerd heeft het sonnet zijn dichterroem vereeuwigd. Petrarca zelf meende zijn naam in de toekomst op een Heldendicht gevestigd te hebben, dat hij in het Latijn had geschreven. Dit Heldendicht is thans vergeten, maar zijn sonnetten zijn onsterfelijk. Hij stortte er de klachten en de teederste aandoeningen zijner ziel in uit,

> »En de Echo van het zangerig sonnet
> Geheel Italië doortrillend," ')

---

1) Louis Couperus, Het klooster van Santa Chiara. *Gids*, 1883.

gelijk nog onlangs een schrijver in *De Gids* zei, werd weldra door alle dichters van Europa opgevangen.

Intusschen was Petrarca niet de eerste sonnettendichter in Italië, gelijk we reeds uit de aanhaling van Dante's sonnet kunnen afleiden. Dante stierf in 1321 en Petrarca in 1374. Het oudste sonnet in de Italiaansche taal bekend is dat van Pier (of Petro) delle Vigne, geboren te Capua, en kanselier van Keizer Frederik den Tweede. Hij bloeide bijna een eeuw voor Dante begon te schrijven, toen het Italiaansch derhalve nog nauwelijks als schrijftaal gebezigd werd. Tevens gaf zijn voorbeeld de richting aan, die het sonnet bijna vier eeuwen bij de meeste Italiaansche dichters zou volgen; het werd de vorm voor de uiting eener werkelijke of meestal geïdealiseerde, zoo men wil, Platonische liefde. Het uiteinde van Pier delle Vigne was zeer tragisch; na een leven vol moeite en zorgen in den dienst van zijn Keizer bedreef hij zelfmoord om aan de vervolging van den snoodsten laster te ontkomen. Dante is hem, als oudsten dichter in het Italiaansch, gedachtig en wijdt hem in *De Hel*, zang XIII, eenige schoone verzen. Vòor Dante vermelden wij nog Guittone van *Arezzo* en Guido Cavalcanti, wien de eer toekomt het sonnet den geregelden vorm gegeven te hebben, dien het sedert in het Italiaansch behouden heeft. De eerste bezigde bovendien het sonnet tot ernstig lofdicht en godsdienstige verzuchting, waarvan zijn klinkdicht op de »Moedermaagd" een schoon voorbeeld is. Na dit tweetal en Dante had het sonnet in Italië zijn gevestigd bestaan; geen Italiaansch dichter die het sedert niet heeft beoefend.

Petrarca heeft, met uitzondering van een twintigtal, al zijn sonnetten aan de vereering van zijn *Laura* gewijd. Niet minder dan 207 heeft hij gedurende het leven van zijn uitverkorene vervaardigd, terwijl er 90 aan de nagedachtenis van zijne bella Donna gewijd zijn. Jammer dat Hooft, zooals ik reeds opmerkte, niet gelukkiger geweest is in het overbrengen van sommige Petrarca-sonnetten. Men moet dus Petrarca volstrekt niet beoordeelen naar de enkele proeven, die Hooft geleverd heeft. Trouwens het schoone sonnet op den dood van Laura:

>L'alto e novo miracol"

werd door·hem nog voòr de Italiaansche reis vertaald, terwijl
een ander sonnet meer een vrije bewerking dan vertaling kan
heeten. Liever bepaal ik mij daarom tot het meêdeelen eener
vertaling van Bilderdijk, schoon ook zij slechts een flauwe en
gedwongen weerklank is van het aantrekkelijke en aangrijpende
313e sonnet:

>I'vo piangendo i miei passati tempi
I quai posi in amar cosa mortale."

Bilderdijk betitelt het klinkdicht, dat ten onrechte in Alexandrijnen is overgebracht, met:

ZIELZUCHT.

'k Beschrei met diep gevoel mijn doorgehotste dagen,
    Aan sterfelijke zucht beklaaglijk toegewijd;
De vleuglen mij verleend, maar nimmer uitgeslagen;
    En 't voorbeeld dat ik gaf aan heel mijn levenstijd.

Gij die mijn zonde aanschouwt, zie thands mijn zelfmishagen,
    Onsterflijke Oppermacht die ook genadig zijt!
Red de afgedwaalde ziel bij 't jamm'rend hartverknagen,
    Vervul hetgeen ze ontbeert en siddringvol belijdt.

Ja, leefde ik steeds in storm en wisselzieke baren,
    Geef me in voleinden koers een kalme en stille ree,
    En zij na 't woest gegolf mijn afscheid nog in vreê.
Reik me in deze avondstond, zoo lang me uw gunst wil sparen,
    Uw hand, en zij mij 't uur van mijne ontbinding zoet!
    Gij weet, geen andre hoop heeft plaats in mijn gemoed.

Mijn opmerkingen over het Sonnet zouden al te onvolledig
moeten heeten, indien ik hier niet nog een enkel woord over
het karakter der oude Italiaansche poëzie in het algemeen en
dat van het sonnet in het bijzonder meedeelde. Van des te
meer belang is dit, als men in aanmerking neemt van welk
een merkbaren invloed dit eigenaardige op andere letteren in
verschillende tijdperken, ook bij ons, geweest is. Reeds bij

Pier delle Vigne heb ik gewezen op de richting, die de zoogenaamde erotische poëzie in Italië in den loop der eeuwen
genomen heeft. De vereering van de geliefde, van de bella
Donna, bleef niet enkel tot de zichtbare menschelijke verschijning, tot de vrouw als zoodanig bepaald. De uiterlijke
bekoorlijkheden werden het beeld van hoogere, zedelijke eigenschappen; de liefde werd een verheerlijkte aandoening in het
reinste en hoogst ontwikkelde zieleleven, een hemelsche harts-
tocht; voor een deel uit zinnelijke aanschouwing geboren, ontwikkelde zij zich tot een goddelijke deugd verre boven alle zin-
nelijkheid verheven, en werd zij dus een innig streven naar het
ideaal. Schoonheid wees alleen op »l'immortal forma," »la forma
universale," »il Principio eterno d'alcuna cosa bella," die Urge-
stalt, gelijk een Duitsch schrijver vertaalt, de idee van Het
Schoone, het Eeuwig Schoone. Noodzakelijk is het, dit bij
de Italiaansche sonnettendichters in het oog te houden, wil men
hen begrijpen en hunne bedoeling recht laten wedervaren. Men
moet allereerst hun eigenaardige taal leeren verstaan. De vereering der vrouw was langzamerhand een eeredienst van het
»Eeuwige Schoone" geworden, het Schoone dat in zijn zichtbare openbaring het zinnebeeld wordt van al wat rein, edel en
goed is. Nog één stap verder en de vereerde Donna werd van
een menschelijk wezen verhoogd tot een symbool: bij den een
werd zij dat van kennis en wetenschap, bovenal van de hoogste
wetenschap in die tijden: de theologie; bij den ander het symbool van zijn innigste overtuiging zelfs op staatkundig gebied,
van zijn begrip der hoogste wereldorde; bij een derde wederom
het ideaal waar de dichterlijke ziel des kunstenaars naar streefde,
wat hij zich toewijdde, wat hem wederkeerig inspireerde. Bij
geen dichters komt dit sterker uit dan bij Dante en Michel
Angelo. Vandaar dat ook de laatste genoemd moet worden,
waar de geschiedenis van het sonnet ter sprake komt. Bilderdijk en zijne gade hebben beiden hetzelfde sonnet van Michel
Angelo vertaald, de een onder den titel van »Toevlucht" en
de tweede onder dien van »Des Kristens uitboezeming." Dit

klinkdicht uit het laatst van 's Dichters leven is echter minder
eigenaardig om het bovenstaande toe te lichten; vandaar dat
ik met het oog op de richting der Italiaansche poëzie mij gewaagd heb aan de vertaling van een sonnet, waarin Michel
Angelo zich richt tot Vittoria Colonna, de rijkbegaafde weduwe van den Spaanschen edelman Ferdinand d'Avalos Marquis
van Pescara, en het voorwerp van 's dichters vereering.

AAN VITTORIA COLONNA.

Geen sterflijk wezen, dat mij tegenlachte,
    Toen 'k op uw aanschijn de oogen had gericht,
    Want 's Hemels vrede straalde U van 't gezicht,
De vrede waar mijn ziel zoo lang naar smachtte.

Steeds hooger stijgt mijn geest bij die gedachte;
    Wat ideaal van aardsche schoonheid zwicht',
    In de uwe rees voor mij een God'lijk licht,
Waarin ik 't beeld van 't *Eeuwig Schoon* betrachtte.

Wien 't zinlijk schoon alleen ook houd' geboeid,
    Den kunstnaar niet, 't is doodend voor den geest:
Geen lust der oogen kan voldoening schenken.

Slechts wien een reine liefde 't hart doorgloeit,
    Dien is ze een bron van 't hoogst genot geweest:
Vered'ling bracht ze in streven en in denken.

In dien zin de erotische ontboezemingen opvattende beantwoordde ook de Italiaansche vrouw de liederen aan de liefde
of liever aan het ideaal gericht. Verschillende dichteressen
wisselden met hare kunstbroeders in het sonnet aldus van gedachten. Noemen wij, om ook zulk een dichteres aan te halen, dezelfde Vittoria Colonna. Aandoenlijk is de trouw,
waarmede zij haar vroegtijdig gesneuvelden echtgenoot blijft
vereeren als »haar Licht," »haar Zon;" tot haar laatste ure
heeft zij den weduwstaat verkoren boven een tweede huwelijk,
om geheel haar leven te wijden aan de nagedachtenis van haar
echtgenoot. Bilderdijk heeft haar sonnet:

    »Non dè temer del mondo affanni o guerra"

in onze taal overgebracht; jammer, dat het minder in verband
staat met haar vereering, gelijk het schoone sonnet aan haar
mededichter Bembo. Intusschen vinde het hier een plaats, als
zijnde het eenigste van de dichteres ooit in onze taal overgezet.

GERUSTHEID.

Nooit zij voor 's warelds haat of razernij beducht
Die 's Hemels stille vrede in 't harte mag genieten!
  Wat is hem wintervorst of sneeuwjacht door de lucht,
Wiens bloed aan warmen haard verkwiklijk om mag vlieten?

Geen aardsche last verplet bij vrije hemelvlucht
Den geest die tot zijn God in vlammen uit mag schieten,
  En laster deert hem niet wiens reine boezemzucht
Vergeven, zegenen kan ook die zijn bloed vergieten.

Vergeefs een dichte zwerm van pijlen afgericht
  Naar d' onverwrikbren muur, op vaste rots gesticht,
Wie helsch noch aardsch geweld kan schudden of verwrikken.

Vergeefs met snoode list des vogelvangers net
  Op slijkerig moeras voor d' arend uitgezet,
Die in een hooger kring de dagtoorts aan durft blikken!

De zin is vrij wel behouden, maar het is Bilderdijks taal,
niet die van Vittoria Colonna. Het oorspronkelijke valt onder
ieders bereik, daar het door Pan wordt medegedeeld in de
aanteekeningen op zijn bekende voorlezing over Bilderdijks
vertalingen [1]).
In verband met het medegedeelde moet nog op een eigenaardig verschijnsel gewezen worden, dat bij de sonnettendichters niet vreemd is. Ik bedoel de wisseling van gedachten in
de toezending van sonnetten onderling. Bij Dante zoowel als
bij Michel Angelo vinden wij daarvan onderscheiden voorbeelden. In onze letterkunde hebben wij daarvan een merkwaardig voorbeeld bij Hooft en Huygens. Zelfs heeft er eenmaal een wisseling van sonnetten op hetzelfde rijmwoord

1) Bilderdijk, uitgave van A. C. Kruseman, deel XVI.

tusschen hen plaats gehad, waarbij zich, behalve genoemde
twee dichters, nog aansloten Anna Roemer Visscher,
Tesselschade Roemer Visscher, Van Brosterhuy-
sen, Doublet, Jan Beuken en Margaretha Godewijk,
zoodat er niet minder dan *tien* klinkdichten naar aanleiding
van hetzelfde onderwerp, Huygens reize naar Engeland, in de
wereld gezonden werden. Het sonnet van Hooft, dat tot deze
wisseling van sonnetten op dezelfde rijmwoorden den stoot gaf,
is een van zijn beste en vangt aan met den regel:

> »Men voedde Achilles op met merg uit leeuwenschonken;"

in de uitgave van Leendertz vindt men *acht* van deze sonnetten opgenomen. Ik heb tot heden de weêrga van zoo iets in
geen andere taal aangetroffen.

Voòr ik van het Italiaansche sonnet afstap, moet ik nog op
een feit wijzen, dat in de geschiedenis van het sonnet te merkwaardig is om er geen melding van te maken. Die de beteekenis van het sonnet wil doen uitkomen, heeft slechts van
den dichter Filicaja en zijn beroemd klinkdicht op de slavernij van Italië te spreken. Filicaja leefde van 1642—1707.
Hij zou door het tegenwoordige geslacht geheel vergeten zijn,
als dit ééne sonnet hem niet de onsterfelijkheid geschonken had; zijn dichterroem berust uitsluitend op dit gedicht van slechts veertien regels, die aandoenlijke zielsklacht,
door het herleefde Italië van onze eeuw tot een wachtwoord
gemaakt, dat, met enkele regels van Dante, van de Po tot de
uiterste punt van Sicilië weerklonk, om scharen van duizenden
patriotten te doen ontvlammen. Hadde Bilderdijk zijn krachten beproefd aan dien aangrijpenden kreet in plaats van enkele
stichtelijke sonnetten te kiezen! Waarom heeft Potgieter, die
Filicaja's klinkdicht bewonderde, er onze taal niet mede verrijkt? Ik voor mij wanhoop er aan een goede overzetting ook
maar te beproeven. Wenden wij ons dan tot Byron. In den
vierden zang van zijn Childe Harold heeft hij een eenigszins vrije, maar toch schoone vertaling geleverd, doch jam-

mer genoeg, in den vorm zijner Spenserian stance en niet in den vorm van het sonnet. De lezer vergunne mij nog eenmaal het oorspronkelijk Italiaansch aan te halen, dat ik door Byrons bewerking zal laten volgen.

SULLA SERVITÙ D'ITALIA.

Italia, Italia, O tu cui feo la sorte
  Dono infelice di bellezza, ond' hai
  Funesta dote d'infiniti guai
  Che in fronta scritti per gran doglia porte:
Deh, fossi tu men bella, o almen più forte,
  Onde assai più ti paventasse, o assai
  T'amasse men chi del tuo bello a' rai
  Par che si strugga, e pur ti sfida a morte!
Ch'or giù dall' Alpi non vedrei torrenti
  Scender d'armati, nè di sangue tinta
  Bever l'onda del Po gallici armenti;
Nè te vedrei del non tuo ferro cinta
  Pugnar col braccio di straniere genti,
  Per servir sempre, o vincitrice o vinta!

CHILDE HAROLD, *Canto* IV, 42, 43.

Italia, oh Italia! thou who hast
The fatal gift of beauty, which became
A funeral dower of present woes and past,
On thy sweet brow is sorrow plough'd by shame.
And annals graved in characters of flame.
Oh, God! that thou wert in thy nakedness
Less lovely or more powerful, and couldst claim
Thy right, and awe the robbers back, who press
To shed thy blood, and drink the tears of thy distress.

Then might'st thou more appal; or, less desired,
Be homely and be peaceful, undeplored
For thy destructive charms; then, still untired,
Would not be seen the armed torrents poured
Down the deep Alps; nor would the hostile horde
Of many-nation'd spoilers from the Po
Quaff blood and water; nor the stranger's sword
Be thy sad weapon of defence, and so,
Victor or vanquish'd, thou the slave of friend or foe.

De omvang van deze historische schets laat niet toe, de behandeling van het sonnet in Italië verder voort te zetten. Uit later tijd noemen wij alleen nog den dichter Vittorio Alfieri; onder zijn sonnetten munt boven alle dat aan Dante gericht uit. Die in verzen het woord tot den dichter der Divina Commedia richt, moet zulks in het sonnet of in tercinen doen; dat begrepen te recht Michel Angelo, Alfieri en de Fransche dichter Barbier. Hun sonnetten en tercinen aan Dante behooren tot de edelste uitingen van den dichterlijken geest, ingegeven door innige bewondering of ook, gelijk bij Alfieri, door het feu sacré der vaderlandsliefde. Ook Byron begreep zulks, toen hij zijn heerlijk gedicht »the Prophecy of Dante" in tercinen schreef, evenals Potgieter, toen hij in denzelfden vorm zijn »Florence" dichtte. De gloed der verontwaardiging klinkt ons evenzeer in Alfieri's sonnet toe, al stijgt die verontwaardiging tot een bitterheid, die ons pijnlijk aandoet. Val het sonnet niet aan, zouden wij Braga willen toeroepen, bij het hooren van zulke kreten, uitgestooten door de edelste harten. Dante, Petrarca, Michel Angelo en Alfieri hebben het sonnet geadeld; het misbruik van anderen mag den roem dier sonnettendichters niet verdonkeren.

De invloed der Italiaansche letteren op die van andere landen zou reeds genoegzaam blijken uit de algemeene beoefening van het sonnet. Het klinkdicht is een *internationaal* eigendom geworden. Vandaar dat de geschiedenis van het sonnet voor ieder land van min of meer belang is; het spreekt van dien invloed wel in hooge mate, en zonder het nasporen van dien invloed zijn onderscheiden verschijnselen niet te verklaren.

Geen land heeft den invloed der Italiaansche letteren geruimen tijd zoo sterk gevoeld als Spanje. Vandaar ook dat men aldaar het sonnet met bijzondere voorliefde behandeld heeft. Ontzaglijk groot is het aantal sonnetten in het bloeitijdperk sedert de regeering van Karel den Vijfde tot den dood van Filips den Vierde. De Spaansche dichter Fernando de Herrera (gest. 1597) toonde zulk een dwaze ingenomenheid met deze dichtsoort, dat naar zijn woorden het klinkdicht het beste moest heeten, wat ooit door een dichter te bereiken was en dat het meest van zijn meesterschap over de taal kon getuigen. Naar het oordeel van bevoegden zijn echter zijn eigen sonnetten alles-behalve het beste wat hij geschreven heeft. De oudste sonnetten in het Spaansch zijn die van den beroemden dichter en hoveling Iñigo Lopez de Mendoza, Markies van Santillana (1898—1458), die aan het hof van Koning Johan II van Castilië bloeide, en van wien er een zeventiental tot ons is gekomen. Juan Boscan (gest. in 1543) heeft er niet minder dan drie-en-negentig nagelaten, terwijl Garcilasso's zeven-en-dertigtal in dienzelfden tijd en nog lang daarna zeer in den smaak viel. Zoo groot was de populariteit van het sonnet, gelijk trouwens alles in dit tijdperk wat van Italiaanschen oorsprong was, dat de drama-dichter Lope de Vega het klinkdicht in zijn too-neelstukken een plaats afstond. In verschillende stukken komen er twee, drie, tot zelfs vijf voor, tot groot genot van het over-beschaafde deel zijner toehoorders, voor wie het sonnet het modedicht dier dagen was. De knutselarij bereikte echter haar toppunt, toen het sonnet met de echo's in zwang kwam, een even groote en dwaze overdrijving als de sonnettenkrans met dezelfde rijmklanken, waarvan wij een voorbeeld in de »leeu-wenschonken" van Hooft en zijn vrienden hebben aange-haald. De echo's bestonden in de herhaling van een nieuw rijm, achter dat van het quatrain en dat van het tercet. Lope de Vega, die zelf zulk een echo-sonnet in een zijner stukken op-nam, heeft later zijn stem tegen al dat geknutsel en de inge-nomenheid der mode verheven. Hij is in zooverre de voor-looper van Braga, dat hij een klinkdicht geschreven heeft in spot op het klinkdicht; zijn satire verkreeg eenige vermaardheid tijdens de sonnetten-woede, daar zij in het Fransch en Engelsch is overgebracht. Nog vermelden wij uit hetzelfde tijdperk Cer-vantes, die onderscheiden schoone klinkdichten geschreven heeft, onder andere in zijn Galatea, het uitgebreidste gedicht van den genialen auteur, die ons den onsterfelijken Don Quichote schonk.

Ook in de Portugeesche letterkunde was omstreeks denzelfden tijd het sonnet zeer geliefd. Camoens heeft zeer schoone sonnetten geleverd; zij zijn beroemd, en vandaar dat ook een voorbeeld van dien dichter in dit overzicht niet mag ontbreken. August von Platen heeft onder Camoens' klinkdichten een zeer gelukkige keuze gedaan in de vertaling van het volgende hoogst aangrijpende

»SONETT VON CAMOENS."

Was beut die Welt, um noch darnach zu spähen,
 Wo ist ein Glück, dem ich mich nicht entschwur?
 Verdruss nur kant'ich, Argwohn kant'ich nur,
Dich, Tod, zuletzt, was konnte mehr geschehen?

Dies Leben reizt nicht, Leben zu erflehen,
 Dass Gram nicht töte, weisz ich, der's erfuhr:
 Birgst du noch grössres Missgeschick, Natur,
Dann seh ich's nah, denn Alles darf ich sehen!

 Der Unlust lange starb ich ab und Lust,
Selbst jenen Schmerz verschmerzt'ich, büsst'ich ein,
 Der längst die Furcht gebannt mir aus der Brust.

Das Leben fühlt'ich als verliebte Pein,
 Den Tod als unersetzlichen Verlust, —
 Trat ich nur darum in das kurze sein?

Ik behoef hier niets meer bij te voegen; het leven van den Dichter is een voldoende commentaar op deze hartbrekende klacht.

Voor de lezers van dit tijdschrift acht ik het van nog meer belang op het sonnet in Frankrijk te wijzen. Reeds heb ik den naam van Molière genoemd, en thans sluit zich zijn naam bij dien van Lope de Vega aan, door zijn aanval op sommige modedichters van zijn tijd. Met het oog op het sonnet wijs ik hier op het reeds vroeger vermelde klinkdicht in Le Misanthrope, waarmede de prikkelbare Alceste vervolgd wordt, die er behoorlijk het zijne van zegt. De geheele passage kan ik als overbekend veronderstellen. Intusschen verdient zij dubbele opmerkzaamheid met het oog op Molière's bedoeling.

»Sonnet. C'est un sonnet!"

zoo kondigt Oronte zijn product *à la mode* aan, en weldra blijkt ons, dat Molière in den sonnettendichter den slechten smaak hekelt, die vooral onder den invloed der Spaansche literatuur in zijn tijd voortwoekerde. Het s o n n e t, gelijk het onder dien invloed door sommige · dichters werd opgevat, was hem bovenal het toonbeeld van dien slechten smaak.

> »Vous vous êtes réglé sur de méchants modèles,
> Et vos expressions ne sont point naturelles,"

zoo vervolgt Alceste-Molière. En verder:

> »Ce style figuré. . . .
> Ce n'est que jeu de mots, qu'affectation pure,
> Et ce n'est point ainsi que parle la nature.
> Le méchant goût du siècle en cela me fait peur."

Men beschouwe dus dergelijke uitvallen van Molière vooral niet enkel als opmerkingen over stijl en poëzie in het algemeen, zoo los daarheen geworpen; zij zijn op het innigst verbonden aan de letterkundige geschiedenis van zijn tijd, toen de pedanterie en overdreven galanterie haar verderfelijken invloed oefenden op de literatuur zijner dagen, waarin de navolging der buitenlandsche dichters van sonnetten, epigrammen, madrigalen etc. tot de schromelijkste ontaarding moest leiden. Nog op een andere plaats valt hij de sonnettendichters vinnig aan. In »Les Femmes savantes" heeft hij het vooral geladen op Ménage en Cotin. De tweede scène van het derde bedrijf, overvloeiende van geestige, hoewel zeer persoonlijke uitvallen, wordt voor een aanmerkelijk deel gewijd aan de ontleding van het

S o n n e t *à la Princesse* U r a n i e, *sur sa fièvre.*

Dit meesterstuk van de onzinnigste sonnetten-woede was vervaardigd door Cotin, overigens een achtenswaardig man, en door den dichter eigenlijk getiteld: S o n n e t à Mademoi-

selle de Longueville, à présent duchesse de Ne-
mours, sur sa fièvre quarte. Het was opgenomen in de
»Oeuvres galantes en prose et en vers de M. Cotin."

De bedoeling des Dichters blijkt duidelijk uit de woorden
van Philaminte en het antwoord van den sonnetteur, die
zijn heerlijk »gerecht" voor de luistergrage ooren zijner bewon-
deraars zal opdisschen. »Servez-nous", zegt Philaminte,»servez-
nous promptement votre aimable repas," waarop Trissotin het
dolzinnige antwoord geeft:

> »Pour cette grande faim qu'à mes yeux on expose,
> Un plat seul de buit vers me semble peu de chose;
> Et je pense qu'ici je ne ferai pas mal
> De joindre à l'épigramme, ou bien au madrigal,
> Le ragoût d'un sonnet qui, chez une princesse,
> A passé pour avoir quelque délicatesse.
> Il est de sel attique assaisonné partout,
> Et vous le trouverez, je crois, d'assez bon goût."

Na de uiting der innigste bewondering bij de eerste deelen
van het sonnet, gaat Philaminte voort:

> »Enfin les quatrains sont admirables tous deux.
> Venons- en promptement aux tiercets, je vous prie".

Daarop gaat de bewondering in bezwijming van genot over;
de tiercets hebben de maat doen overloopen, gelijk blijkt:

PHILAMINTE
On n'en peut plus.
BELISE.
On pâme.
ARMANDE.
On se meurt de plaisir.
PHILAMINTE.
De mille doux frissons vous vous sentez saisir.

Eindelijk komt Trissotin weder aan het woord en vraagt:

>»Le *Sonnet* donc vous semble".....

waarop het antwoord luidt:

>»Admirable, nouveau;
> Et personne jamais n'a rien fait de si beau".

Men ziet dus, dat bij de schier algemeene ingenomenheid met het s o n n e t het ook tevens niet ontbrak aan scherpe satire op de sonnettenrijmers. Die ingenomenheid hield in weerwil daarvan nog vrij lang aan; bekend is de regel van B o i l e a u in zijn *»Art poétique"*, waarin nog dezelfde overdrijving is op te merken ten opzichte van het modedicht zijner dagen:

»Un s o n n e t sans défauts vaut seul un long poëme" ¹).

Toen de sonnettenvloed ten slotte eenigszins aan het ebben raakte, was de overdrijving en het onjuiste oordeel aan den anderen kant niet minder groot. Niemand zal tegenwoordig met het verouderde woord van Laharpe instemmen, die, bij gebrek aan het rechte begrip van het sonnet, zegt: »On a remarqué avec raison — (allesbehalve a v e c r a i s o n !) — qu'il n'y avait point de différence essentielle entre la tournure d'un sonnet et celle des autres vers à rimes croisées, et qu'il doit seulement, comme le madrigal et l'épigramme, finir par une pensée remarquable: il n'y a pas là de quoi lui donner une si grande valeur". Daarover straks nog een enkel woord.

Het s o n n e t in de Fransche letterkunde is van te groote beteekenis geweest om er niet nog enkele bijzonderheden aan vast te knoopen. Vooreerst merke de lezer op, dat verschillende schrijvers van den gewonen vorm der *decasyllabische* verzen of vijfvoetige jamben zoowel als van de opeenvolging der rijmklanken afweken: uit de beide sonnetten door Molière aangehaald en waarop hierboven gewezen is, blijkt dit voldoende. Overigens bezigen de meeste dichters Alexandrijnen, evenals de Hollandsche dichters gewoonlijk, in afwijking van den Italiaanschen, dat is, oorspronkelijken vorm. Vervolgens wijs ik nog op enkele historische feiten, aan de geschiedenis van het sonnet verbonden. Ten onrechte noemen sommigen P o n t h u s d e T y a r d, een der P l e i a d e n, gest. 1603, als den invoerder

---

1) Een gevoelen wat hij trouwens aan den Spaanschen dichter DE HERRERA ontleende, gelijk wij gezien hebben.

der sonnetten in de Fransche poëzie. Er bestaat een sonnet van Mellin de Saint Gelais, gest. 1558, dat als oudste in de Fransche letterkunde kan worden aangemerkt. Du Bellay, een ander der Pleiaden, gest. 1560 en dus mede een tijdgenoot van Ronsard, was de eerste die in navolging van de Italiaansche dichters een rij van sonnetten aan de vereering van zijn uitverkoren Schoone wijdde; zij zijn getiteld: »Sonnets à Olive", het anagram van zekere Mademoiselle de Viole. Eenigen tijd later verwierven enkele sonnetten een bijzondere vermaardheid. Dat van Maynard aan Richelieu is in mijn oog een meesterlijke satire, waarvan onder de politieke poëzie van eenig land zelden de weêrga zal gevonden worden. Hatelijker en veel grover is het sonnet van Haynaut op den minister Colbert; buitengewonen bijval verwierf eenmaal dat van Malleville, »la belle Matineuse", in Italiaanschen stijl, doch later werd het, en geen wonder, bijna geheel vergeten. Een zonderlingen strijd roept de geschiedenis van het sonnet ons nog voor den geest. Van alle letterkundige kibbelarijen is het zeker een der meest curieuse. Twee sonnetten in den tijd van Lodewijk XIV hebben een strijd doen ontstaan, waaraan het geheele hof en Parijs deelnamen. Het eene van Benserade was een sonnet op *Job*; het andere van Voiture was zijn »*Sonnet à Uranie*"; vandaar dat de strijdende partijen, al naar zij de voorkeur gaven aan het eene of het andere, zich Jobelins en Uranistes noemden. Geheel Frankrijk raakte in den strijd gewikkeld, zegt Laharpe, en hij laat er niet onaardig op volgen: »heureuse si elle n'eût jamais été partagée en d'autres sectes!" Aan het hoofd der Jobelins stond de Prins de Conti, terwijl de Uranistes werden aangevoerd door Madame de Longueville. Het was ongetwijfeld een ondeugende toespeling van Molière op dit feit, dat hij Cotin's sonnet aan Mad. de L. betitelt: »Sonnet à Uranie", om het vervolgens op de scherpste wijze aan de bespotting prijs te geven. Men zie het hierboven aangehaalde uit »Les Femmes savantes". Zelfs de meest galante verdediger van de Fransche Schoonen zal zich tegenwoordig bezwaarlijk bij de gelederen van Madame de L. durven aansluiten. De lezer oordeele zelf.

SONNET à URANIE.

Il faut finir mes jours en l'amour d'Uranie;
L'absence ni le tems ne m'en sauraient guérir:
Et je ne vois plus rien qui pût me secourir
Ni qui sût rappeler ma liberté bannie.

Dès long-tems je connais sa rigueur infinie;
Mais pensant aux beautés pour qui je dois périr,
Je bénis mon martyre, et content de mourir
Je n'ose murmurer contre sa tyrannie.

Quelquefois ma raison par de faibles discours,
M'invite à la révolte et me promet secours;
Mais lorsqu'à mon besoin je veux me servir d'elle,

Après beaucoup de peine et d'efforts impuissans,
Elle dit qu'Uranie est seule aimable et belle,
Et m'y rengage plus que ne font tous mes sens.

Als het niet was om het zonderlinge van dien strijd en het eigenaardige van die dagen te doen uitkomen, zou men zeggen, dat het gedwongen en geaffecteerde sonnet het overschrijven niet waardig was. De billijkheid eischt, dat we nu ook het klinkdicht van Benserade laten volgen. Mocht er, wat ik echter niet geloof, twijfel onder de lezers omtrent de voorkeur ontstaan, ik heb te goede verwachtingen van hun gezond verstand, om te vreezen dat de strijd tot het uiterste zal komen. In onze dagen trouwens kibbelen wij op onze beurt over andere dingen, wellicht van niet meer belang, zal het nageslacht zeggen, dan de zaak der Jobelins en Uranistes.

JOB.

Job, de mille tourmens atteint,
Vous rendra sa douleur connue,
Et raisonnablement il craint
Que vous n'en soyez point émue.

Vous verrez sa misère nue;
Il s'est lui-même ici dépeint.

Accoutumez-vous à la vue
D'un homme qui souffre et se plaint.

Bien qu'il eût d'extrêmes souffrances,
On vit aller des patiences
Plus loin que la sienne n'alla.

S'il souffrit des maux incroyables,
Il s'en plaignât, il en parla:
J'en connais de plus misérables.

»Il y a du moins ici une pensée spirituelle et fine", zeg ik ten slotte met Laharpe.

Van het sonnet in Frankrijk kan ik geen afscheid nemen, zonder er op te wijzen, hoe het zich in den lateren tijd waardiglijk gehandhaafd heeft. Ik behoef daartoe slechts den dichter A u g u s t e B a r b i e r te noemen, die een rij van sonnetten geleverd heeft, als met de uitstekendste in andere landen kunnen wedijveren. Het is moeielijk een keuze te doen. Om ze naar eisch te waardeeren is een meer dan gewone kennis op het gebied van kunst en literatuur noodig. Die hem verstaat en gevoelen kan, hoezeer zijn echt dichterlijke geest ontvankelijk is voor het verhevene en zeldzame der hoogste kunstgave, zal met mij een bijzondere plaats toekennen aan zijn sonnet op

MICHEL ANGE.

Que ton visage est triste et ton front amaigri,
Sublime Michel Ange, ô vieux tailleur de pierre!
Nulle larme jamais n'a baigné ta paupière:
Comme Dante, on dirait que tu n'as jamais ri.

Helas! d'un lait trop fort la Muse t'a nourri,
L'art fut ton seul amour et prit ta vie entière;
Soixante ans tu courus une triple carrière
Sans reposer ton coeur sur un coeur attendri.

Pauvre Buonarotti! ton seul bonheur au monde
Fut d'imprimer au marbre une grandeur profonde
Et puissant comme Dieu, d'effrayer comme lui:

Aussi, quand tu parvins à ta saison dernière,
Vieux lion fatigué, sous ta blanche crinière,
Tu mourus longuement plein de gloire et d'ennui.

Het sonnet in Engeland neemt een nog veel belangrijker plaats in dan dat der Fransche letteren. Er is geen dichter van beteekenis, die er zich niet van bediend heeft om uitdrukking te geven aan de meest verheven en heiligste aandoeningen der ziel, aan de klacht der liefde zoowel als aan de smartkreten van het bitterste lijden, aan de verontwaardiging bij het onrecht in de maatschappij als aan de opwekking tot vaderlandsliefde.

De oudste sonnetten in de Engelsche taal zijn die van Henry Howard, Earl of Surrey, het laatste slachtoffer van Hendrik VIII; hij werd in 1547 onthoofd. Men heeft hem wegens zijn sonnetten den naam gegeven van den Engelschen Petrarca. Zijn sonnetten zijn gericht tot een jonkvrouw, vereerd onder den naam van Geraldine; de ijverigste nasporingen hebben niet kunnen uitmaken, wie deze gevierde jonkvrouw geweest is, daar het verhaal van den dichter Nash bloot als een fictie moet beschouwd worden. Een enkel voorbeeld van den vroegsten sonnettendichter in Engeland mag in dit historisch overzicht niet ontbreken. Wij laten hier het sonnet volgen, dat tot opschrift heeft: *Description of spring, wherin eche thing renewes, save only the lover.*

The soote season that bud and bloome fourth bringes,
With grene hath cladde the hyll and eke the vale;
The nightingall with fethers new she singes;
The turtle too her mate hath told her tale;

Somer is come, for every spray now springes
The hart hath hung hys olde head on the pale;
The bucke in brake hys winter coate he flynges;
The fishes flete with new repayred scale;

The adder all her slough away she flynges;
The swift swallow pursueth the flyes smalle,
The busy bee her honey how she mynges;

Winter is worne that was the floures bale.
And thus I see among these pleasant thynges,
Eche care decayes, and yet my sorrow springes.

De naam van Henry Howard brengt ons intusschen tot een hoogst merkwaardig feit. Toen ik over den gewijzigden vorm van het sonnet sprak, heb ik ook het zoogenaamde **Shake- speare-sonnet** verklaard. »Zoogenaamde", zei ik, en het is hier de plaats dit toe te lichten. **Wat men steeds Shake- speare-sonnet belieft te noemen, is in geenen deele de vinding van Shakespeare.** De dramadichter heeft van een vorm gebruik gemaakt, dien hij voor goed ge- vestigd vond en die reeds lang vóór hem aanwezig was. Even- zeer is het onjuist, wat een Engelsch schrijver over het sonnet beweert, namelijk, dat Shakespeare den vorm van zijn sonnet heeft overgenomen van de dichters **Daniel en Drayton.** Onder hun tijdgenooten en Shakespeare's onmiddellijke voorgan- gers was bedoelde vorm volstrekt niet onbekend; wij wijzen slechts op de sonnetten van **Chapman, Raleigh, Peele, Greene,** enz. Zoo men mocht twijfelen vermelden wij o. a. het feit, dat het bekende sonnet van Robert Greene, voorko- mende in zijn **Pandosto, the triumph of Time** (het ver- haal waarop Shakespeare zijn » *Winter's Tale*" grondde):

»Ah, were she pitiful as she is fair"

geschreven is, toen de dramadichter nog aan geen sonnetten dacht, of toen althans Greene hem nooit zou gevolgd hebben, indien Shakespeare al een enkel klinkdicht vervaardigd had. »Pandosto" was reeds voor 1588 vervaardigd. Eindelijk, om voorgoed de vraag omtrent de herkomst van het zoogenaamde Shakespeare-sonnet tot een beslissend antwoord te brengen, vermeld ik, dat Engelands vroegste sonnettendichter zich reeds van den bedoelden vorm bediend heeft. **Henry Howard,** die zeventien jaar vóór Shakespeare's geboorte het leven ver- loor, moet dus als de eigenlijke vinder van genoemd sonnet beschouwd worden, gelijk, om op een enkel voorbeeld te wijzen, uit het volgende schoone klinkdicht blijkt, gewijd aan 's dich- ters **Geraldine.**

From Tuscane came my Lady's worthy race;
Fair Florence was sometime their ancient seat;

The western isle whose pleasant shore doth face
Wild Camber's cliffs, did give her lively heat:
Fostered she was with milk of Irish breast;
Her sire an earl; her dame of prince's blood:
From tender years, in Britain doth she rest
With king's child, where she tasteth costly food.
Hunsdon did first present her to my eyen:
Bright is her hue, and Geraldine she hight:
Hampton me taught to wish her first for mine;
And Windsor, alas! doth chase me from her sight.
   Her beauty of kind, her virtue from above —
   Happy is he that can obtain her love!

Zoo wij de geschiedenis van het Engelsche sonnet nagaan, dan bemerken wij, dat er naast het eigenlijke Italiaansche sonnet langen tijd geweifeld is, vóor de gevestigde nieuwe vorm tot stand kwam en zich als afzonderlijke soort kon staande houden. Verschillende voorgangers en tijdgenooten van Shakespeare gaven zelfs aan iedere kleine elegie, aan ieder minnelied van kleinen omvang den naam van sonnet. Zelfs zijn er voorbeelden bij Greene, Peele en anderen, dat er aan dergelijke liederen van slechts *twaalf* verzen door hen de naam van s o n n e t gegeven werd. Wederom verdeelden zij soms hun sonnet in twee of drie strofen, elk van een quatrain met twee slotrijmen, zoodat hun sonnet tot zelfs *achttien* verzen kon tellen. In de uitgaven van genoemde dichters zijn overvloedige voorbeelden daarvan voorhanden. Bij S p e n s e r hebben wij weder met een eigenaardigen vorm van het sonnet te doen. Dat hij zich nauwer bij het Italiaansch sonnet aansluit, blijkt reeds uit den naam *Amoretti* aan zijn klinkdichten gegeven. In het tweede quatrain voert hij een nieuwen rijmklank in; die nieuwe rijmklank wordt in het sestet aangehouden, waarop hij even als in het Shakespeare-sonnet met een couplet of *volta* van twee regels sluit. Om het onderscheid tusschen Spenser en Shakespeare duidelijk te maken, laat ik hier een sonnet van den eerste volgen, namelijk n°.

XXVI.

Sweet is the rose, but grows upun a brere;
Sweet is the juniper, but sharp his bough;
Sweet is the eglantine, but pricketh near;
Sweet is the firbloom, but his branches rough;
Sweet is the cypress, but his rind is tough;
Sweet is the nut, but bitter is his pill;
Sweet is the broom-flowre, but yet sour enough;
And sweet is moly, but his root is ill:
So every sweet with sour is tempred still,
That maketh it be coveted the more,
For easy things, that may be got at will,
Most sorts of men do set but little store.
    Why then should I account of little pain,
    That endless pleasure shall unto me gain?

Met het sestet begint hier wel een wending in den gedach-
tenloop, doch het sluit tevens aan het octaaf door het aanhouden van hetzelfde rijm; bijgevolg is de voorstelling der rijmklanken: a b a b, b c b c, — c d c, d e e.

Uit het medegedeelde blijkt dus, dat het zoogenaamde Shakespeare-sonnet (beter het E n g e l s c h e s o n n e t genoemd, daar
het zoo geheel van den Italiaanschen vorm afwijkt en bovendien Shakespeare niet de maker kan heeten) niets anders
dan den naam en het aantal regels met den oorspronkelijken sonnetvorm gemeen heeft. Inderdaad is het dan ook
geen sonnet; doch de naam daargelaten heeft het evenzeer reden
van bestaan, daar het werkelijk een nieuwe dichtvorm kan
heeten, van Engelschen oorsprong. Zien wij in het Italiaansche sonnet, hoe de beide quatrains een zekere eenheid van
gedachten vertoonen, om in het sestet een wending aan te nemen, hetzij dan als tegenstelling, bemoediging of besluit en
opwekking, in het Engelsche sonnet gaat gewoonlijk de gedachtengang voort gedurende twaalf verzen om in het laatste tweetal rijmende verzen de tegenstelling te geven, die, gelijk een
Engelsch schrijver het uitdrukt,

    »Then when the heart can wish no more,
    With a strong c o u p l e t bars the door".

Een zeer duidelijk toelichtend voorbeeld vindt men in Sonnet LXVI van Shakespeare, aanvangende met de woorden:

»Tired with all these, for restful death I cry."

Het zoogenaamde Shakespeare-sonnet moge dan in strikten zin geen sonnet zijn, toch heeft de Engelsche letterkunde ons een nieuwen vorm geschonken, waarop de Dramadichter zijn stempel gedrukt heeft, zoodat er zelfs zijn naam, zij het dan ook ten onrechte, aan verbonden is.

Ten slotte nog dit. Zeer duidelijk blijkt uit het aangevoerde, dat V o n d e l, wien de vorm van het Shakespeare-sonnet bekend was, daarom nog niet, gelijk wij reeds opmerkten, met den Dramadichter behoefde bekend te zijn, daar de bedoelde vorm lang voor Shakespeare in gebruik was. Intusschen blijkt er wel zijn bekendheid met de Engelsche dichters in het algemeen uit, want in geen enkele letterkunde is de bedoelde Engelsche vorm bekend; hij is uitsluitend Engelsch.

Onder de sonnettendichters van denzelfden tijd ongeveer moet nog John Donne († 1631) vermeld worden, wiens Holy Sonnets eenmaal algemeen geprezen werden. Van meer belang is het te wijzen op Milton. Zonderling openbaart zich de smaak van de 18e eeuw, toen bij monde van Sam. Johnson de sonnetten van Milton als niet veel bijzonders werden beschouwd, »for of the best it can only be said, that they are not bad", gelijk hij zich uitdrukt. Door Wordsworth werd die uitspraak krachtig weersproken:

«In Milton's hand
The [Sonnet] became a trumpet, whence he blew
Soul-animating strains — alas, too few!"

zegt hij in een der schoonste klinkdichten van hem zelf; en Landor zegt in volle waarheid:

He caught the Sonnet from the dainty hand
Of Love, who cried to lose it; and he gave the notes
To Glory". —

Van Miltons sonnetten is er geen buiten Engeland zoo beroemd geworden als dat

ON THE LATE MASSACRE IN PIEMONT.

Avenge, o Lord, thy slaughtered saints, whose bones
   Lie scatter'd on the Alpine mountains cold;
   Even them who kept thy truth so pure of old,
   When all our fathers worshipp'd stocks and stones,
Forget not: in thy book record their groans
   Who were thy sheep, and in their ancient fold
   Slain by the bloody Piemontese that roll'd
   Mother with infant down the rocks. Their moans
The vales redoubled to the hills, and they
   To heaven. Their martyr'd blood and ashes sow
   O'er all the Italian fields, where still doth sway
The triple tyrant; that from these may grow
   A hundred fold, who having learn'd thy way,
   Early may fly the Babylonian woe.

Een zeer verdienstelijke vertaling is ons door Da Costa van dit klinkdicht geleverd. Hij bezigt daartoe echter Alexandrijnen en voegt nog een enkelen regel aan den gewonen vorm toe, wat aan het sonnet ongetwijfeld schade doet. Zijn vertaling verdient met dat al hier een plaats, daar zij gunstig afsteekt bij de wijze, waarop Bilderdijk sommige sonnetten vertaald heeft.

MILTONS KLINKDICHT.

Zie neêr en wreek, o God! het uitgespreid gebeent'
   Dier langs der Alpen rug geslachte martelaren,
   Wier vaadren eeuwen lang Uws Woords belijders waren,
   Als de onzen nog voor hout en levenloos gesteent'
Zich bogen. In uw boek zal nooit de schuld verjaren
   Van 't bloed der schapen daar geplengd, het bloed geweend
   Van moeders met haar kroost tot in den dood vereend
   Of van haar kroost gescheurd door wreede moordenaren,
Toen voor des kerktirans onzalige geboôn
  · De blinde Piemontees den noodkreet uit de dalen
   Ten bergen op, en van die bergen tot Gods troon
Deed stijgen, die het bloed en de assche Zijner doôn

Nog honderdvoudig eens zal zaaien, en verhalen,
Zoo ver Italië zich strekt, in zegepralen
Zijns Woords op Babylon en haar driedubble kroon.

In den nieuweren tijd hebben bijna alle dichters van eenige beteekenis met voorliefde zich van het sonnet bediend, om een opwellende gedachte of een bezield woord tot een die hun dierbaar was in een welluidenden vorm uitdrukking te geven. Shelley, Charles Lamb, Coleridge, Keats zoowel als Wordsworth hebben klinkdichten geleverd, die of in hun geheel of door enkele verzen klassiek zijn geworden. De ruimte laat niet toe, van ieder hunner een voorbeeld aan te halen. Wij wijzen slechts op het schoone sonnet van Keats, aanvangende met den regel:

»The poetry of earth is never dead",

en waarvan het sestet in welluidenden weerklank op dien regel begint met de woorden:

»The poetry of earth is ceasing never".

En wie zou ooit het klinkdicht van Charles Lamb kunnen vergeten, waarvan wij de volgende regels aanhalen:

»If from my lips some angry accents fell,
Peevish complaint, or harsh reproof unkind,
't Was but the error of a sickly mind
And troubled thoughts; clouding the purer well,
And waters clear, of Reason; and for me
Let this my verse the poor atonement be".

Bij zulke sonnetten denkt men niet aan het gekunstelde, wat aan dezen dichtvorm verweten wordt; integendeel, wij gevoelen dat hier vorm en gedachte niet te scheiden zijn, dat zij met elkander in de meest gewenschte overeenstemming staan.

Toch mag ik van de nieuwere Engelsche dichters niet scheiden zonder nog op Wordsworth te wijzen. Van al de nieuwere Engelsche dichters heeft er geen zulk een ruim gebruik van het sonnet gemaakt en daaronder zulke gelukkige geleverd, waarbij naar mijn meening die van Rosetti uit onzen tijd in de schaduw staan, als het hoofd der Lake-school. Wat hij van Miltons klinkdichten gezegd heeft, is volkomen van toepassing op zijn eigen klinkdichten. Ik sta in twijfel welk der twee volgende sonnetten de voorkeur te geven. Zij vertegenwoordigen beide een afzonderlijken groep, en vandaar dat ik ze beide aanhaal. Het eerste is getiteld.

Upon the sight of a beautiful Picture.

Praised be the art whose subtle power could stay
Yon cloud, and fix it in that glorious shape;
Nor would permit the thin smoke to escape,
Nor those bright sunbeams to forsake the day;
Which stopp'd that band of travellers on their way
Ere they were lost within the shady wood;
And show'd the bark upon the glassy flood
For ever anchor'd in her sheltering bay.
Soul soothing Art! which morning, noontide, even,
Do serve with all their changeful pageantry!
Thou, with ambition modest yet sublime,
Here, for the sight of mortal man, hast given
To one brief moment, caught from fleeting time,
The appropriate calm of blest eternity.

Ook al kent men de schilderij niet, die de dichter voor zich had, wij roepen haar bij zijn woorden in onze verbeelding voor ons oog, of denken aan zijn verzen in een schoon Geldersch landschap aan de oevers van den Rijn. Grootsch van toon is het volgende.

On a celebrated event in Ancient History.

A Roman master stands on Grecian ground,
And to the concourse of the Isthmian games
He, by his herald's voice, aloud proclaims
»The liberty of Greece!" — the words rebound
Until all voices in one voice are drown'd;
Glad acclamation by which air was rent!
And birds, high flying in the element,
Dropp'd to the earth, astonish'd at the sound!
A melancholy echo of that noise
Doth sometimes hang on musing Fancy's ear;

Ah! that a conqueror's words should be so dear;
Ah! that a boon could shed such rapturous joys!
A gift of that which is not to be given
By all the blended powers of earth and heaven.

Zooals uit het voorafgaande blijkt, heeft het sonnet in Engeland zijn eigen bijzondere geschiedenis. In Duitschland is het sonnet eerst in de tweede helft der 18e eeuw van meer bekendheid geworden. Opitz heeft het echter gekend en naar ik vermoed uit Holland overgebracht. Hoofts Sonnet op de oogen zijner geliefde:

»Leitsterren van mijn hoop, planeten van mijn jeucht",
is door Opitz in het Hoogduitsch vertaald, schoon de eerste regel een zonderlinge misvatting inhoudt. Hij vertaalt namelijk;

»Leitsterren meines *Haupts*, und meiner jungen Zeit".

Men vindt het geheele klinkdicht van Opitz in de tweede bijlage op Hoofts Gedichten, uitgegeven door Leendertz. Dezelfde dichter bezigde ook het woord »Klinkgedicht", dat hij blijkbaar aan het Hollandsch ontleend heeft, doch dat sedert niet bij de Duitschers in gebruik is gekomen, daar zij doorloopend »Sonnet" bezigen.

Sedert Bürger en Schlegel is het sonnet, hoe betrekkelijk laat dan ook, algemeen in Duitschland beoefend. Alles leverde stof voor de lyrische ontboezeming in bedoelden vorm: het krijgslied zoowel als de staatkundige satire; de kritiek zoowel als de ernstige opmerkingen van den denker, het lofdicht zoowel als de spotternij. Ook de vorm van het zoogenaamde Shakespeare-sonnet is in het Duitsch niet zeldzaam. Evenzeer heeft men in het klinkdicht den sonnettendichter bespot, zoowel als den lof van het sonnet doen weerklinken. A. W. von Schlegel reeds neemt het voor den door sommigen gesmaden dichtvorm op, in:

DAS SONNETT.

Zwei Arme heiss' ich viermal kehren wieder
Und stelle sie geteilt in gleiche Reihen,

Dass hier und dort zwei eingefasst von zweien
Im Doppelchore schweben auf und nieder.

Dann schlingt des Gleichlauts Kette durch zwei Glieder
Sich freier wechselnd, jegliches von dreien;
In solcher Ordnung, solcher Zahl gedeihen
Die zartesten und stolzesten der Lieder.

Den werd'ich nie mit meinen Zeilen kränzen,
Dem eitle Spielerei mein Wesen dünket
Und Eigensinn die künstlichen Gesetze.

Doch wem in mir geheimer Zauber winket
Dem leih' ich Hoheit, Füll' in engen Grenzen
Und reines Ebenmass der Gegensätze.

Er zijn voorzeker schooner klinkdichten in het Duitsch geleverd; toch mocht het aangehaalde in een geschiedkundig overzicht als dit niet ontbreken, daar het karakter van den bedoelden dichtvorm er vrij goed in aangegeven is. Als tegenstelling geef
ik hier nog een voorbeeld van het satirische klinkdicht; ik haal
het tevens aan als een zeldzaam gelukkig voorbeeld ook wat
den vorm betreft, terwijl het tevens bewijzen kan, dat het sonnet fijne geestigheid en humor van de echtste soort niet uit-
sluit. Het is een dier sonnetten, die men nimmer vergeet. Ad.
v. Chamisso is de benijdenswaardige dichter van dit klinkdicht.

VOM PYTHAGORÄISCHEN LEHRSATZE.

Die Wahrheit, sie besteht in Ewigkeit,
Wen erst die blöde Welt ihr Licht erkannt;
Der Lehrsatz nach Pythagoras benannt,
Gilt heute wie er galt zu seiner Zeit.

Ein Opfer hat Pythagoras geweiht
Den Göttern, die den Lichtstrahl ihm gesandt:
Es thaten kund geschlachtet und verbrannt
Ein hundert Ochsen seine Dankbarkeit.

Die Ochsen, seit dem Tage, wenn sie wittern,
Dass eine neue Wahrheit sich enthülle,
Erheben ein unmenschliches Gebrülle:

Pythagoras erfüllt sie mit Entsetzen,

> Und machtlos sich dem Licht zu widersetzen,
> Verschliessen sie die Augen und erzittern.

Er is trouwens in het Duitsch een overvloed van sonnetten, die deze dichtsoort in zich zelf rechtvaardigen. Nog slechts twee dichters noem ik, wier namen niet vergeten mogen worden, wanneer er van het klinkdicht sprake is: het zijn Friedrich Rückert en August von Platen. De eerste heeft onder zijn groot aantal klinkdichten een afzonderlijken groep onder den naam van Geharnischte Sonette aangeduid, gelijk wel bekend is. Inderdaad zijn het van dezelfde soort als Wordsworth bedoelde, toen hij Miltons klinkdichten karakteriseerde, en gelijk hij er zelf geleverd heeft met het oog op Engelsche toestanden. Bitterheid bij de vernedering Duitschland aangedaan spreekt er uit verschillende klachten van den jeugdigen dichter. Wat dunkt u van het volgende?

> Was schmiedst du Schmied? »Wir schmieden Ketten, Ketten!"
>   Ach, in die Ketten seid ihr selbst geschlagen.
>   Was pflügst du Baur? »Das Feld soll Früchte tragen!"
>   Ja, für den Feind die Saat, für dich die Kletten.
> Was zielst du Schütze? »Tod dem Hirsch, dem fetten".
>   Gleich Hirsch und Reh wird man euch selber jagen.
>   Was strickst du Fischer? »Netz dem Fisch, dem zagen".
>   Aus eurem Todesnetz wer kan euch retten?
> Was wiegest du, schlaflose Mutter? »Knaben."
>   Ja, dass sie wachsen, und dem Vaterlande,
>   Im Dienst des Feindes, Wunden schlagen sollen.
> Was schreibest Dichter, du? »In Gluthbuchstaben
>   Einschreib' ich mein und meines Volkes Schande,
>   Das seine Freiheit nicht darf denken wollen!"

Onmiddellijk sluit zich hierbij August von Platen aan, die in overeenstemming met Rückert in tal van sonnetten zijn edelste gedachten en invallen op het gebied van kunst, staatkunde en kritiek nederlei, of de klachten der levenservaring daarin liet weêrklinken. Ook hij heeft een sonnet op het sonnet geschreven, doch meer met het oog op een drietal dichters, dien hij bijzondere vereering toedroeg; het eerste quatrain slaat

op Petrarca, het volgende op Camoens, terwijl het sestet
aanvangt met de herdenking van hetgeen zijn tijdgenoot Rück-
kert in bovengenoemde sonnettenkrans geleverd heeft. De bescheiden plaats die hij zich zelf daarin toekent, geeft hem te
meer recht om in een overzicht als dit herdacht te worden. Zijn
schoon klinkdicht luidt aldus:

Sonette dichtete mit edlem Feuer
Ein Mann, der willig trug der Liebe Kette!
Er sang sie der vergötterten Laurette,
Im Leben ihm und nach dem Leben theuer.

Und also sang auch manches Abenteuer,
In schmelzend musikalischem Sonette,
Ein Held, der einst durch wildes Wogenbette
Mit seinem Liede schwamm, als seinem Steuer.

Der Deutsche hat sich beigesellt, ein Dritter,
Dem Florentiner und dem Portugiesen,
Und sang geharnischte für kühne Ritter.

Auf diese folg' ich, die sich grosz erwiesen,
Nur wie ein Aehrenleser folgt dem Schnitter,
Denn nicht als Vierter wag' ich mich zu diesen.

En nu ten slotte Goethe. Een tijd lang was Goethe met
het sonnet niet ingenomen; toch heeft hij er verschillende geschreven. Geen wonder, dat wij ook die afwisseling van nei-
ging en zienswijze in een van zijn gedichten terugvinden en
wel, wat te denken is, in een sonnet op het sonnet. Het staat
veel hooger dan dat van Schlegel. Het begin reeds duidt zijn
houding tegenover het sonnet en den sonnettendichter aan:

»Sich in erneutem Kunstgebrauch zu üben,
Ist heil'ge Pflicht;"

en verder heet het met het oog op den vorm van het klinkdicht:

»Denn eben die Beschränkung lässt sich lieben,
Wenn sich die Geister gar gewaltig regen".

Hetzelfde denkbeeld vinden wij terug in een der schoonste
sonnetten van den Dichter, wat wij boven het voorgaande de

voorkeur geven en daarom hier aanhalen. De vertaling door mij
beproefd laat ik hier volgen.

NATUUR EN KUNST

't Schijnt, dat Natuur en Kunst elkaar ontvlieden;
En toch, zij zijn het eens, voòr men 't bevroedt.
De tweestrijd hield ook op in mijn gemoed,
En beiden schijnen 't zelfde me aan te bieden.

Wel moet er in ons binnenst veel geschieden,
Voòr die verzoening zich gevoelen doet:
Eerst dat de geest der Kunst zich wijden moet,
Dan mag Natuur weêr vrij in ons gebieden.

Zoo is 't met hen die naar ontwikk'ling dingen!
Vergeefs zal hij, die bandloos voort wil gaan,
Naar 't edel doelwit — zijn volmaking, streven.

Hij die iets grootsch wil moet zich steeds bedwingen,
Beheersching toont eerst recht den meester aan,
En slechts de wet kan ons de vrijheid geven!

Ziedaar een kunstbeginsel, een hoofdstuk uit de Aesthetica in
welluidenden vorm en met de meeste helderheid den dichter of
welk kunstenaar ook op het hart gedrukt. Inderdaad, in onze
dagen zou de kunst van sommigen er niet minder om worden,
indien zij Goethe's woorden gedachtig waren, en menig woord
van heftigen strijd zou onnoodig zijn, zoo men den dichter
hier begreep en zijn denkbeelden recht liet wedervaren.

In navolging van enkele oude Italiaansche dichters heeft
Goethe ook sonnetten geschreven in dramatischen vorm, of liever in dialoog. Bovendien heeft hij in afwijking van den ern-
stigen toon die het klinkdicht eigen is, ook nu en dan een
sonnet geleverd, waarin een komische, een schertsende toon
wordt aangeslagen. Als laatste aanhaling, om ook deze meer
zeldzame soort in dit overzicht vertegenwoordigd te zien, geef
ik hier de vertaling van zijn klinkdicht:

VERMANING.

Ten jongsten dage, als Gods bazuinen schallen,

En 't is gedaan met wie op aarde leven,
Zijn wij gehouden rekenschap te geven
Van ieder woord ons nutloos hier ontvallen.

Hoe zal 't dan gaan met zooveel duizendtallen
Van liefdevolle woorden, die mijn streven
Om uwe gunst zoo vaak te kennen geven,
Als ik (och arme!) aanspraaklijk ben voor allen?

Dies onderzoek, mijn liefjen, uw geweten,
Dat mij die dag niet al te schuldig vinde!
Wat lot zou mij uw toeven doen ervaren!

Zoo'k haarfijn op dien dag heb uit te meten,
Wat 'k u al voorgekeuveld heb, beminde,
Die jongste Dag wordt nog een aantal Jaren!

Hiermede besluit ik dit overzicht. Hoe ook misbruikt, het
sonnet heeft zich bijna in iedere letterkunde een belangrijke
plaats verworven: niet alleen verschijnt het als een geliefde dichtvorm in het bloeitijdperk van ieder land, maar iedere dichter
nagenoeg, waarop een volk met ingenomenheid wijst, heeft er
zich van bediend. Meer algemeen voor de uitingen van liefde
en vriendschap gebezigd, werd het vooral in Engeland en later
ook in Duitschland tevens de zinrijke en bezielde kunstvorm
voor eene dichterlijke opwekking of een ernstige en verheven
ontboezeming, meermalen zelfs die der weemoedige verzuchting
op staatkundig gebied, of het wapen der satire en de forsch
weerklinkende wapenkreet. Ook godsdienstige aandoeningen van
den edelsten aard zochten in het sonnet zich te uiten, terwijl
wij mede in onze letterkunde het bewijs zien, dat dichters en
dichteressen onderling in dien vorm van gedachten wisselden
en vernuftige spelingen den vrijen teugel gunden. In Italië,
gelijk wij hebben opgemerkt, werd het klinkdicht bovendien
gewijd aan de vereering van het ideaal en den dienst van
het Schoone, la forma immortale.

Van alle middeleeuwsche vormen heeft zich deze door den
loop der eeuwen tot op onzen tijd onverzwakt staande gehouden. De geschiedenis onzer rederijkers getuigt, hoe ver het

letterkundig geknutsel de grenzen van het buitensporige te buiten is gegaan; toch heeft de loutering van den smaak evenmin als de eisch van het gezond verstand ooit aan de vernietiging van dezen dichtvorm ernstig kunnen denken. Geen wonder:
de vorm van het sonnet berust op zielkundigen grond; de
eenheid van gedachte wordt afgebeeld door de verwantschap
der rijmklanken van het octaaf, de keer of wending vangt aan
bij het sestet, dat somtijds bij meer vrijheid in aantal en opvolging van rijmklanken een tegenstelling of opwekking met
een daarbij behoorend besluit inhoudt. De aanvallen op het
sonnet betreffen inderdaad ook meer de modezucht in een tijd
van middelmatige talenten en zouden evengoed op verschillende
andere vormen van toepassing zijn. Geknutsel en klinkklank
mogen in het sonnet duidelijker aan den dag komen, zij zijn
in iederen kunstvorm op verschillende tijden waar te nemen en
niet genoeg te bestrijden. Armoede van geest en gemaakte,
onnatuurlijke deftigheid zijn gewoonlijk in de geheele letterkunde
van een of ander tijdperk op te merken, waar het klinkdicht
in het bijzonder in de onbedreven handen van het middelmatig
talent viel. Zeker is het intusschen, dat de kunstige of, zoo
men wil, eenigszins gekunstelde vorm van het sonnet een ge-
vaarlijke aantrekking uitoefent. Evenals de kindsheid van iedere
letterkunde — men denke aan onze rederijkers, — zoo voelt
menig ontluikend dichttalent, van hoe armoedig gehalte ook,
zich juist tot den gekunstelden vorm aangetrokken, verleid als
het wordt door de bekoorlijkheid van rythmus, rijmklank en
welluidendheid. Vandaar dat het sonnet zoo vele vereerders
heeft gevonden. Jeugdige dichters mogen daarom wel toezien;
het klinkdicht eischt een hoogst ontwikkelden dichterlijken
aanleg, een echte dichternatuur, een gemoed dat tot spreken
gedrongen wordt, naast een innige toewijding aan het voorwerp der vereering of de zaak, die men zich geroepen acht te
verdedigen, wil het niet bloot een speling met rijmklanken worden. Dat een dichtvorm zich weet te handhaven, in weerwil
van het misbruik en de daarop volgende satire, zoodra de

ware dichteraanleg zich er van bedient, hebben we in onze dagen gezien bij de verschijning van Jacques Perk's sonnetten, te recht verheerlijkt in een paar zinvolle klinkdichten van Mr. Joan Bohl, in *De Ned. Spectator* verschenen. Ik kan dit opstel niet beter sluiten dan met de vermelding van den naam des jeugdigen Dichters, tenzij ook het feit van de laatste dagen nog in herinnering gebracht moet worden, dat een blijspel is opgevoerd, hetwelk zich om een »Sonnet'' beweegt, waarvan door sommigen met onderscheiding gesproken is.

Dec. 1883.   A. S. KOK.

DE VERHOUDING VAN REINAERT I TOT DEN REINARDUS VULPES, NAAR AANLEIDING VAN R. I. VS. 1836. [1])

R. I. vs. 1836 (ed. *Martin*) leest men:

> Wildi mi sieden ofte braden
> Ofte hanghen ofte blenden
> Ic ne mach u niet ontwenden.

Ofte in vs. 1837 is disjunctief. Hoewel *sieden* en *braden* in vs. 1836 niet volkomen hetzelfde begrip uitdrukken, is het hoofdidée toch hetzelfde.

---

1) Eenige dagen nadat ik dit stukje in handen der redactie afgeleverd had zond Dr. Muller mij zijne dissertatie: »*De oude en de jongere bewerking van den Reinaert.*" Veel uitvoeriger en met verschillende resultaten stelt Dr. Muller daar een onderzoek in naar de verhouding van R. I (*a*), R. II (*b*) en R. V. (*l*). Over het algemeen hecht hij meer aan 't gezag van l dan de schrijver van dit stukje. Men zie vooral hierover Inleiding pg. 5—10 en verder pg. 19—95 passim.

Sieden en *braden* namelijk hebben beide de beteekenis van *verbranden*, zij het dan ook op verschillende wijze.

Rijmbijbel vs. 23392 v. leest men:

> Soudemen twiet ute lesen dare
> Ende in 'tfier werpen ende braden
> Ende 'tcoren in die scure laden.

en ib. vs. 17270 vv. leest men hoe Astyages, na zijn kleinzoon Spartacus te hebben herkend, vertoornd dat de „*prince*" (vs. 17218) zijn bevel niet heeft opgevolgd, dien prins zijn verraad betaald zet:

> Nochtan gout hi hem harde sware
> Dat hi achter liet dat hi hiet
> Want hi doe *soot* ende *briet*
> Des mans kint ende gaeft hem eten.[1]) enz.

In vs. 1836 is dus *ofte* niet zoo sterk scheidend als in vs. 1837. Vergelijken we nu de hier genoemde straffen met die in den *Reinardus Vulpes*, dan vinden wij *sieden*, *braden*, *hangen*, *blenden*, in 't Dietsch tegen *rotis frangere membra*, *cruce punire*, *igne cremare*, *caecare* in 't Latijn, l. vs. 855 vv.

De verandering die deze twee teksten in overeenstemming brengt ligt voor de hand: men schrappe de *b* van *braden* en leze:

> Wildi mi sieden ofte *raden* enz.

De Fransche tekst (bij Willems pg. 334 vs. 11014 v.) heeft:

> Or sui devant lui, si me tiegne
> Et si me face *ardoir* ou *pendre*
> Qar ne me puis vers lui deffendre.

---

1) Men zie verder over de overeenkomst van hoofdbegrip en het verschil van nuance *Nat. Bloeme* IIde deel 5. 73. v. — Graff. 3. 284 en ib. 6. 165. — Grimm Rechtsaltertümer[2] pg. 700.

Benecke II 288 invoce *braten*, waar men ook uit het Mhd. vele plaatsen vinden zal, waar *sieden* en *braten* door *en* verbonden zijn.

Hildegaersberg pg. 154 vs. 79 (verschil) enz,

't geen voor onzen tekst geen uitsluitsel geeft. l. heeft *rotis frangere* dat onze lezing bevestigt. Rein II vs. 1860 heeft echter *braden*. Evenzoo Reinke vs. 1754 [1]).

De poëziedruk van 1487 heeft *braden* [2]).

Het volksboek van 1564 (ed. Martin 1877 pg. 42) heeft:

> Ghy muecht my dleven benemen duncket u goet.

De vraag waar het nu slechts op aankomt is deze: Geeft l. ons vrijheid eene lezing in *a* te veranderen?

In zijne keurige voorrede op zijne uitgave van den *Reinardus Vulpes* heeft de heer W. Knorr den tekst van R. I aan eene vergelijking met den *R. Vulpes* onderworpen [3]). Niet alleen zegt hij dat de Latijnsche vertaler veel verkort heeft, maar: » huc accedit quod Balduinus *alia ex suo ingenio addidit, alia mutato singularum rerum ordine narrare maluit*". Als dit waar is — en eene vergelijking van de twee teksten leert het terstond — dan is het van belang te weten waarin die *alia* bestaan.

Die veranderingen kan men met Knorr aldus opsommen:

1°. den prologus (l. 1—23).

2°. den exitus carminis (l. 179 u. ad finem).

3°. eenige moralisatiën (ex. gr. l. 422 et. s.).

4°. eenige plaatsen waar l. met de klassieken te koop loopt.

5°. eenige veranderingen van volgorde voornamelijk in de biechtscène.

6°. » singula quaedam" (Knorr VII—X).

Op eene enkele uitzondering na zijn alle de door Knorr aan-

---

1) ed. Schröder pg. 73. Ook de andere edities voor zoover ik ze heb kunnen nagaan b.v. die van 1711 (pg. 87.) e. a.

2) cf. Horae Belg. XII pg. 14 vs. 192 of (betere afdruk) Beiträge van Paul en Braune VIII pg. 1 vv.

3) *Reinardus Vulpes* emendavit et adnotavit G. Knorr. Utini 1860. Praef. V. et q. s.

gegeven verschilpunten van dien aard dat ze ons niet het recht ontnemen op grond van l. emendatiën op eenige van l. afwijkende plaats van *a* voor te slaan. Aangezien echter zeer vele kleinigheden hem òf ontsnapt òf der opteekening niet waardig zijn voorgekomen, veroorloof ik mij hieronder de resultaten op te geven waartoe eene nauwkeurige vergelijking van de boide teksten mij gebracht heeft.

Reinardus vs. 23 *lux*. R. I 41. *daghe*.

Vulpes   23 *Florida Tempe* niet R. I 42.

24 v. uitgebreider dan R. I 43. v.

27 *rector dominusque* K. I. 44. *Coninc.*

28 *ad sua festa vocans* niet R. I. 45.

32 *culpa vetat; niet dorste* R. I. 52.

35 *ipsius omnes hostes*, en *incusant facta parantque queri*, waarvoor alleen in R. I. vs. 59.

40 *Damna, dedecus, atque nefas*, waarvoor R. I. vs. 68 alleen *schade.*

41 niet in R. I.

43 *Et quamvis taceam de multis* anders R. I. vs. 94.

51 en 52. Herhaling van 't geen reeds R. I. vs. 68 en R. V. vs. 40 is uitgedrukt.

54 De woorden van Curtois staan in R. I. in de oratio indirecta.

57 *Audit-catus* niet R. I. vs. 107.

78 *invenioque duos.* R. I. vs. 154 *doe vandic daer meester Reinaerde.*

89 *audit* niet in R. I. 177.

91 v. *os inimicum (quod bene jam scitur) rarius aequa refert.* cf. R. I. vs. 182.

93 v. geheel afwijkend van R. I. 183. v.

95 *Si duce dilectus foret.* R. I. 166 *sconinx.*

97 anders dan R. I. 199.

100   »   » » » 202.

102 *nimium saturatus eras*, sterker dan R. I. 212,

doch men zie A. Beets, Tijdschrift II pg. 206. v.

R. V. vs. 103 *rodendum* niet in R. I. vs. 214 of 215.

107 *per summa pericula.* R. I. 228 *in sulker sorghe.*

109 *ille per ingenium licet evasit* niet R. I.

114 verschilt van R. I. 241.

117 v. verschilt van R. I. 247. v. (*injustam querellam* — *claghe van ere blase*).

126 *nihil quo reus esse potest* R. I. 268 geheel afwijkend: *dan of hi ware hermite ofte clusenare.*

131 *de valle.* R. I. 284 *van berghe te dale.*

136 *eratque dolens.* R. I. 294 *wide mare.*

138 *feretri stipat uterque latus.* niet (na R. I. 305).

140 *flent nimis atque gemunt.* cf. R. I. 310.

141 *Germanae Coppae fuerant.* cf. R. I. 311.

142 *incipiuntque queri.* niet R. I. 314.

149 *fortis eram juvenisque potens.* cf. R. I. 326.

150 *tenore suo.* niet R. I. vs. 335.

152 anders R. I. 338.

158 *vestes relligionis habens.* R. I. 356 alse een hermijt.

161 *rex leo* enz. In R. I. 363 vv. oratio indirecta.

171 *latebras fruticum transiverat.* R. I. 396 vv.:
was ghecropen dor de haghe
ende hadde ons die porte onderghaen.

176 *Illius potuit morsibus eripere.* R. I. 405 *bewachten no bescaermen.*

182 *sacra (facta luet.).* niet in R. I. 424: *het sal hem scinen.*

183 *sine.* niet R. I. 425.

193 *par vitro.* R. I. 454 *slecht.*

197 cf. Muller pg. 30.

200 en vs. 201. *tandem decernunt.* R. I. 470 daarentegen slechts eenmaal.

206 *arte sua.* niet R. I. 488.

211 *indignando superbus.* vs. 213 weer *indignum.*

Daarentegen in R. I slechts eenmaal *ende
hevet in siere herten onwaert.* vs. 498.

R. V. vs. 215 *per opaca.* R. I. 502 (h. s.) *dor den ker.* Martin
leest met *b.* en in overeenstemming met l.
dor dat donker.

219 *Mons vicinus.* R. I. 509 *beneden.* Jonckbloet en
Muller (pg. 30) lezen *beneven.*

223 *Jamque* enz. R. I. 518 slechts *es ghegaen.*

229 *Te cruce suspendet vel membra rotis tua franget.*
R. I. 531 *hi doet u breken ende raden.* Misschien hoort dit vers niet onder de afwijkende
regels opgenomen te worden. Uit Grimm
Rechtsaltertümer [2] pg. 688 blijkt toch dat de
straffen van *breken* en *raden* gemakkelijk verwisseld kunnen worden. »Der leib wurde mit
»einem rad zerstoszen, hernach zwischen die
»radspeichen geflochten und damit in die höhe
»auf einen pfahl (oder den Galgen) gestellt".
Dit laatste schijnt Balduinus ook met zijn
cruce suspendere bedoeld te hebben. Of komt
in cruce suspensum steeds met *verhanghen* (bi
der kelen) overeen, zooals in l. vs. 1561 en
R. I. 3103? zie Reinke vs. 496. cf. ook l. 595
met R. I. 1377 [1]).

238 *namque.* R. I 556 *maar* (hs. *jamque*).

240 *ultra mensuram* en *nimis.* R. I 561 *utermaten.*

245 *reputas tu vilia mella?* R. I 576 *hebdi honich
dus onwaert.*

254 *quae procul aut prope sunt.* cf. R. I 598 vv.

257 *senos.* R. I 604 *zeven.*

---

1) Men zie eene zeer belangrijke houtsnede in Thomas Wright, History of Do-
mestic Manners and Sentiments in England. pg. 846.
Seghelijn vs. 11600 is zeer belangwekkend en kan m. i. slechts door de plaats
van Grimm en deze houtsnede verklaard worden.

R. V. vs. 265 *si vim tenet ars mea.* R. I 624. Brune, *es mi*
daventure goet.

269 *vadamus.* R. I 632 *volghet mi.*

271 v. veel uitgebreider dan R. I 638.

280 *melle fluit vas hoc: i properans et ede.* R. I 660,
661. anders.

284 cf. R. I vs. 672.

286 *mella vorare parans.* niet in R. I (ua 679).

291 *numquam in altum.* R. I 697. Doch Martin,
Reinaert, Vorwort pg. VI, heeft voorgesteld
te lezen: *numquam in aevum.*

293 *Securi et dolabra.* Dit komt met het hs. overeen. Prof. Jonckbloet (pg. 27) en Prof. Verdam[1]) lezen echter *ene scaerpe aex, ene baerde.*

295 *Gaude, manduca.* R. I 704 *vaste gaet mineren.*
Zie de emendatie van Prof. de Vries, in de
Reinaerdiana van Prof. Verdam, Tijdschr. I
pg. 11 vv. Men zie echter ook Glossarium op
den Ferguut (door Verdam) in voce *mineren.*

301 *omnis populus.* R. I 718 *mekel here.*

303 v. *fustes, temones, fossoria, flagra, ligones,*
uncos, stiuas. R. I 722 v. *bessem, vleghel, rake,*
stake.

334 *Contum cornutum.* R. I 796 *enen verboorden*
cloet. Doch men zie de keurige emendatie van
Prof. de Vries, Tijdschr. I 13 vv. ib. *male*
tutum niet in R. I.

343 *Subtus.* R. I 823 daer.

348 anders R. I 834.

358 v. niet R. I 850.

370 *nullius hoc iter est.* R. I 882 *verre uut allen*
weghen.

1) Tijdschr. I pg. 11.

R. V. vs. 372 anders uitgedrukt dan R. I 888.

373 niet in R. I vóór 893.

377 *decoriasse.* R I 901 *ghesleghen.* Dr. Muller leest *ghevleghen* (pg. 39) ib. *putat.* R. I 900 *hopede.*

382 *ad vallem tendit.* R. I 910 *sach hi nederwaert te dale.* Of is bij *tendere* te verstaan *lumina?*

391 anders R. I 931.

393 niet in R. I na vs. 933.

396 *quis barbam rasit.* niet in R. I.

401 *Sacra colis.* cf. R. I 950, 951.

420 *ultio digna* enz. R. I 998 *of ic dit niet ne wreke.*

430 niet in R. I na 1011.

451 *et ad alta vola.* niet R. I 1051.

459 *portum qui stetit ante domus.* R. I 1066 *alleene in sijn huus.*

462 *Salve Reinarde.* niet R. I 1068.

468 cf. de noot van W. Knorr op pg. 16 en R. I 1075.

477 niet in R. I na 1086.

485 *satis illud erit.* R. I 1119 *Daermede liet ic u ghewaert.*

491 en 493 2 maal *horrea* enz. R. I 1123 slechts éénmaal.

496 *tecta cupita.* R. I 1161 *spapen scure.*

505 *alludens mus ruit.* R. I 1178 *hoe die muse pipen.*

521 *vulpes.* R. I 1329 *hoenre dief.*

525 *accendit lumen Julocca.* In R. I 1232 doet Martinet dit.

529 niet in R. I na 1255.

532 *extrahit hic unum de testibus.* duidelijker dan R. I. 1265. v.

538 *hic est de testibus unus.* R. I 1277 (hs.) *dit was van uwes vader ghewande.* Jonckbloet (cf. Gloss. Rein. in voce *ghewande*) leest *ghewade,*

doch ook dit komt niet met *testes* overeen. Hoe Julocca hier van ingewanden kan spreken is mij niet duidelijk. Misschien moet men lezen :

dit was van uwes vader *ghegaden*
Siet hier mijn scande ende mijn scade[1]).

541 *non promptus et aptus.* R. I 1281 *mat.*

543 *sibilat ille culo.* R. I 1285 *ende hem crakede die taverne.*

546 v. anders R. I 1290 v.

548 *allisus.* niet R. I 1294.

550 v. niet in R. I na 1295.

R. V. vs. 580 *Audax.* R. I 1349 *niemen en es so sot.* Eene merkwaardige plaats, die ten duidelijkste bewijst dat het Balduinus niet om eene woordelijke vertaling te doen was. Niets toch had hem anders belet *Stultus nullus erit* te schrijven.

582 *providus et cautus. Tunc rex ait.* niet in R. I na 1353.

587 *dulciter.* niet R. I 1364.

591 *quod venias Consulo nempe tibi* en vs. 598 *Consulo quod mecum vadas.* In R. I slechts eenmaal. — vs. 1383 v.

611 *dape mente bona.* niet R. I 1407.

612 (*Cujus lanugo*) *nitescit.* anders R. I 1410 v. *hem staen wel (die gaerneline).*

616 anders R. I 1415.

635—38 geheel anders R. I 1455 v.

657 *fratres desinite.* niet in R. I 1495.

662—674. Deze geheele passage wordt in R. I vs. 1502 v. weergegeven met de woorden:

---

1) Dr. Muller (pg. 47 v.) leest in vs. 1278: Dit es *sijn* scande ende *mijn* scade, en schijnt aan de beteekenis van *ghewade* geen aanstoot te nemen.

Sint dedic hem meerren scamp,
upt ijs, daer icken leerde visschen
daer hi niet conste ontwisschen,
hi ontfincker meneghen slach.

R. V. vs. 681 niet in R. I na 1607 waar het te verwachten
ware. Het zij hier opgemerkt dat de geheele
biechtscène geheel en al wat volgorde betreft
afwijkt van R. I.

689 *moneo.* R. I 1633 *stietene.* Doch Martin (Ein-
leit. VI) leest *moveo.*

692 *Capitur trahitur laceratur* en l. 693 niet in
R. I. na 1643.

717 *namque luet.* niet in R. I 1543.

728 v. *Presbyteri cameram subiit lupus inque fora-
men Quod subiit captus ventre tenetur adhuc.*
R. I 1572:

         dat daer ware
in spapen spiker een wulf ghevaen
die hem selve hadde ghevaen enz.

Jonckbloet en Martin *ghedaen* in vs. 1574.
Doch men zie A. Beets, Tijdschr. III pg. 221.

734 *humi.* R. I 1594 *gras.*

736 *Clamore ferentes* en ib. 737 *Cantibus atque jocis.*
R. I 1599 *met groten ghehuke.*

738 *proiciunt.* l. 1602 *bleef hi ligghende.*

740 niet in R. I na 1603.

758 *mea probra.* R. I 1668 *al dat mi mach ghedin-
ken nu.*

765 cf. R. I 1686.

771 *profatus ait.* R. I 1700 *ende sprac.*

774 *videt.* R. I 1697 *plach te wedene.*

786 *pessime quidnam* en ib. 787. cf. R. I 1732.

790 *aucarum.* niet in R. I 1739.

795 *tam cupit altilia.* niet in R. I voor of na 1729.

R. V. vs. 798 *Reinardus graditur.* R. I 1747 *dan keerden si.*

800 en 801. *Cum duce qui fuerant.* niet in R. I
1748.

802 *forefactor.* cf. R. I 1765. Martin (Einl. VI)
stelt voor te lezen: *forefacti.*

804 niet in R. I na 1754.

811—813 uitgebreider dan in R. I 1772—74.

815 *fraude.* R. I 1777 *gherne.*

817 anders R. I 1779.

829 *verba dolosa simul.* niet in R. I na 1796.

831—835 anders R. I 1800—1803.

839 niet in R. I na 1808.

840 *fides* etc. en 841 *Bruno, Tiberto.* niet in R. I
na 1809.

843 *abrasam.* niet in R. I 1814.

844 *mirum* etc. en ib. 845. niet in R. I 1818.

850 *honore.* niet in R. I 1825.

852 *presbyteri mures rapturus.* R. I 1827 *tes papen.*

853 *me sine.* niet in R. I 1827.

855 *membra rotis frangere.* R. I 1836 *braden.* Doch
men zie het begin van dit opstel.

859 niet in R. I na 1833.

861 *sive.* R. I 1835 *ende.*

867 *loquuntur ita.* R. I 1848 *Belijn sprac.*

868 en 869 geheel anders R. I 1848, 1849.

870 *natis et amicis.* R. I 1850 *maghen.*

878 v. *queruntur in causamque trahunt.* niet R. I
1862.

880 *hinc* enz. en vs. 881. niet geheel gelijk aan
R. I 1865.

883 *longus taedia sermo daret.* R. I 1870 *het ware
mi pijnlic ende swaer.*

886 *damnat sententia.* R. I 1878 *si wijsten.*

890 *potest.* R. I 1886 *in plurali.*

891 *dedecus esset ei.* niet R. I 1887.

R. V. vs. 895 *Sagax* niet R. I 1896.

897 *et hinc* enz. niet R. I 1899.

905 *bene.* niet R. I 1908. *saer meer.*

907 *attamen.* niet R. I 1914 *ende.*

913 *suspendendus* etc. R. I 1924. cf. Beets, Tijdschr. III. 222.

915 *o Tiberte loquax.* niet R. I 1926.

925 *e laqueo.* anders R. I 1933 v.

926 cf. R. I 1941. Knorr, praefatio pg. IX. Tijdschr. I pg. 17.

930 *daret.* R. I 1950 *in hoorde nie.*

936 *non ego feci.* R. I 1962 (hs.) *hine.* Jonckbloet en Martin lezen echter *ine.*

937 *protinus.* niet R. I 1961.

938 *quos non R. amavit.* niet R. I in het hs. na 1963. Doch op grond van R. I vs. 464, 2849, 3039 is door Martin ingevoegd:

die Reinaerde waren te wreet.

948 *Sis licet ipse gravis.* anders R. I 1986.

953 *aestimet.* niet R. I 1999.

956 *Nonne pater moriens liber cura fuit omni?* R. I 2007 *van alle sinen sonden vri.* Wat de zonden hierbij doen is mij niet duidelijk. Men zal wel met Knorr (praef. IX) *sorghen* te lezen hebben. Men vergelijke Reinke vs. 1931 waar ook van »*sorghen*" sprake is.

961 *gaudia magna tenent.* niet R. I 2017.

963 *intra se* enz. cf. R. I 2026.

967 *ut mihi proficiet ars mea.* R. I 2084 *levic*; cf. vs. 2036 *mine gebreke reinaerdie.*

973 R. I 2047 slechts *verdoren.*

974 *aduncum.* niet R. I 2048.

975 ontbreekt R. I na 2048.

977 niet R. I na 2049.

R. V. vs. 984 *turba.* R. I 2864 *huus.*

986 v. *Simplex et purus.* R. I 2072 *een hovesch kint.*

988 *pratis,* niet 2074.

993 *latenter edo* cf. R. I 2084.

994 R I 2086 (*hs.*), maar Martin leest met Grimm *hanen.* cf. Muller pg. 65.

1004 anders R. I 2106.

1005 *particula minima.* R. I 2107 *mijn deel half.*

1011 *Contentus.* cf. R. I 2127.

1015 *stoque remotus ego.* niet in R. I.

1021 Steeds wordt Dietsch 7 door *senis* vertaald. Zoo ook hier. Alleen l. vs. 1014 *septem.*

1022 *festinans.* R. I 2138 *gaf hi Reinaerde felle antwoorde.* Martin, Anmerk. pg. 375, stelt voor te lezen: *snelle antwoorde.*

ib. *est tibi tantum,* en

1023 *nec celato precor.* niet R. I 2139.

1030 *per sacra.* R. I 2152 *bi der selven vaert.*

1036 *sed fel* (en 1037) *his potum fundit, quod sine laude bibent.* duidelijker dan R. I 2174 v.

1040 v. cf. R. I 2181.

1044 *electos atque propinquos.* R. I 2191 *een v. m. liefsten maghen.*

1050 *ne me mentiri rex, crede.* R. I 2203 *hoe mochtic sulke moort ghetemen?*

Van *moort* kan in dit vers echter geen sprake zijn. Het valt in 't oog dat vs. 2204 v. »waendi dat ic wille nemen ene *loghene* up mine langhe vaert" hierop terugslaat. Prof. Moltzer leest in vs. 2203 dan ook »Hoe mochtic sulke *woort* ghetemen". Beziet men echter het zinsverband goed, en let men daarbij op l. vs. 1052 *peccasti quod tu loqueris mihi sic,* dan zal men waarschijnlijk met den heer F. Buitenrust Hettema, litt. belg. cand. [1]), alhier willen lezen: *hoe mochti(e) sulke woort ghetemen.*

Zoo deze regel niet aldus in 't handschrift staat uitgedrukt, verschilt hij er toch slechts uitermate weinig van. Het voorkomen van het woord *moort* in vss. 2158, 2195 enz. bewijst niets tegen bovenstaande gissing en kan zelfs de aanleiding geweest zijn dat de afschrijver in vs. 2203 weer *moort* schreef.

R. V. vs. 1054 *nutu reginae.* R. I 2207 *bi der c. rade.*

1059 *incipit et ait.* R. I 2218 *sprac.*

1064 *Carnalem patrem.* R. I 2226 *sinen erdschen vader.* Maar de afwijking is niet groot, want *erdsch* als staande tegenover »hemelsch" zal wel de beteekenis van *vleeschelijk* hebben. cf. R. II vs. 2250 *die hem wan.*

1069 en 1070 *Superbus et elatus.* R. I 2243 *overdadich ende fier.* cf. Verdam, Reinaerdiana pg. 21 en 22.

1071 niet in R. I na 2245.

1072 *quaerere.* R. I 2248 *al daer hi vant.*

1083 *Inter Gandavum nunc Vasiamquè sita.* cf. R. I 2261 en Knorr praef. VII.

1086—1089 niet in het hs. van R. I. Door Jonckbloet echter uit R. II er bijgevoegd. cf. R. I (ed. M.) vs. 2269 vv.

1090 *Si rex seu.* niet in R. I 2274.

1095 *laetum mero* en ib. 1097 *temulentus.* R. I slechts eenmaal vs. 2282.

1101 *ordine.* R. I 2292 *tehant.*

1102 *inter signa refert verissima.* R. I 2294 (hs.) *oec seide zoet bi sulken lijctekine.* J. leest (vs. 2302): *Oec seide soe mi sulke lijctekine,*

---

1) Beide heeren hebben mij welwillend toegestaan dit hier op te nemen.

maar vraagt of men ook te lezen heeft:
Ooc proefde soet bi lijctekinen. Martin leest:
Ooc seide soe mi lijctekine.

R. V. vs. 1105 niet in R. I na 2299.

1106 *Ranarumque memor, quae* enz. R. I hs. *die
pude wile waren vri* enz. De verbinding is
dus in 't Latijn hechter dan in 't Dietsch.
Dit ware echter gemakkelijk te verhelpen
door achter *ijs* in vs. 2299 een punt, en
achter *wijs* een dubbele punt te plaatsen.
Doch men zie voor andere bezwaren tegen
de 30 regels 1° Jonckbloet, van den Vos
Reinaerde pg. 89 noot. 2° Verdam, Reinaerdiana pg. 22. Muller pgg. 70. 166.

1119 *Crudelemque feris.* niet R. I 2332.

1120 en 1121 Tegen 4 in R. I 2326 worden aan
den koning hier 5 adjectiva toegevoegd.

1134 *infra filicem.* R. I 2374 *met groten vare.* Doch
wel te recht leest Martin *met groten varen.*

1136 *collo tenus.* niet 2383.

1144 v. *signaque planat ille pedum.* R. I (hs.) 2394
daer sine vore hadden ghestaen. Grimm, die den
Reinardus niet kende, emendeerde echter *daer
sine voete hadden ghestaen.*

1146 *his factis.* R. I 2399 *aldus.*

1147 *qua quaerit.* R. I 2400 v. *daer ... waren.*

1155 *inventas gazas.* R. I 2419 *den overgrooten schat.*

1158 *transferimus.* R. I 2413 *ic.* cf. echter vs. 2417.

1164 *legatus Bruni.* cf. R. I 2435. Verdam pg. 24.

1170 en 1171 niet in R. I (hs.) na 2438. Volgens
Verdam naar R. II 2458 vv. aldus ex con-
jectura aan te vullen:

Sodat hi in corten stonden
Daer niet enen penninc hadde vonden.

R. V. vs. 1171 *Tota Flandria.* R. I 2140 *Die stad van Lonnen.*
Verdam ziet bezwaar in 't woord *ontgonnen*
op deze plaats. Men zie Tijdschr. I pg. 24,
25 en vergelijke ook Glossarium op den Ferguut in voce *ontginnen.*

1188 *It (pater).* R. I 2476 *soude gaen.*

1206 *dum rex mihi probra remittat.* cf. R. I 2512
.(hs.) *Ende Bruun alle mine onschulde*, waarvoor Grimm op grond van R. II 2534 leest
ende alle mine broke ende schulde.

1211 *deceptus fraude vel arte sua.* R. I 2516 *ont-*
weghet.

1227 *hoc laudo, sicque volo.* cf. R. I 2543 v. alwaar.
gheloofde niet deze zelfde beteekenis heeft.
cf. J.'s Glossarium in voce.

1228 *Coram regina.* niet R. I 2545.

1231 *vides. jane was hi* R. I 2550.

1233 *regi talia (dicit) ovans.* niet R. I 2553.

1234 *rex et regina.* R. I 2553 *Coninc edel here.*

1240 *Ermericus dives olim.* R. I 2566 *wilen Erme-*
line.

1243 *totius mundi.* niet 2569.

1245 *audi.* R. I 2574 *swighet stille.*

1252 en 1253 cf. R. I 2594: *dat daer waert gherne*
wilde sijn, 't geen in 't zinsverband niet
past, en waarvoor men met Martin, An-
merkungen pg. 380, wel zal moeten lezen:

dat daer *niet* gherne wilde zijn.

1266 *septem.* R. I 2605 *jonghe.*

1271 *regia sceptra.* cf. R. I 2614 v.

1272 *dices; hoe dicke suldi peinsen* (vs. 2620).

1274 *sit honor* enz. en vs. 1275. R. I 2624 alleen

god gheve di goet, waer du bist.

R. V. vs. 1287—1290 Eene aardige uitwerking van vs. 1286.

1294 *properat.* R I 2650 *ghinc.*

1300 en 1301 niet in R. I (hs.) maar door Jonckbloet naar R. II er in gevoegd. Zie Martin vs. 2657—61.

1305 (*Hulsterlo*) *quem fugit omnis homo.* niet in
R. I vs. 2666.

1308 *aestum.* R. I 2670 *aermode.*

1311 *Tibundus Catulus.* In R. I vs. 2674 is een
zekere Reinout de Vries (Grimm, hs. ries)
de valsche munter [1]).

1317 *Sum memor usque tui!* niet in R. I na 2682.

1318 *Scires dicere; ghi sout toghen.* R. 1 2684.

ib. *per rhythmica verba.* R. I 2685 (hs.) *met huwen sone Rine.* Doch klaarblijkelijk is dit
een vergissing van den afschrijver, die door
het voorafgaande in de war werd gebracht.
Willems las *tone.* Jonckbloet *sone.* Men zal
wel met Martin te lezen hebben: *met sconen
rime, waers te doene.*

Men zie over deze plaats, waar het hs.
nog erger bedorven schijnt, Dr. Verdam,
Reinaerdiana pg. 25 v.

1319 *perfidus.* R. I 2689 *belghen doen.*

1326 *alnumque.* R. I 2702 *borne.* Dit schijnt echter
alweder eene vergissing te zijn, zie Martin
aanteekeningen pg. 381. Men leze *berke.*

1349 *de judicibus.* R. I 2739 *voor den deken Her-
manne.*

1362 *proque tribunali.* cf. R. I 2761.

1377 *facitote bene. ere doet* R. I 2789.

1382 *omni* en 1383 *sorde sua,* en *nequitiis suis.*
R. I alleen: *van alle sonderliker daet* (vs. 2802).

---

1) Men zie echter de aanteekening hierachter.

R. V. vs. 1391 cf. R. I 2808.

1394 *celer.* niet R. I 2816.

1403 *Coram rege.* R. I 2833 *voor de coninghinne.*

1407 *Carceris ima petunt.* niet R. I 2843.

1416 *in aure.* niet R. I 2857.

1420 v. *Soleas anteriores duas.* R. I 2861 *vier vaste scoen.*

1422 *posteriores.* R. I 2869 *twee van haren scoen.*

1428 *Cum pede utroque.* R. I 2891 *toten claeuwen.*

1429 *Nec tamen os aperit.* niet R. I 2893.

1436 *dulcis et o cara matertera.* cf. R. I 2907.

1447 cf. R. I 2922 v.

1449 *gravi laesi debilitate.* R. I 2927 *ghebonden en ghewont.*

1456 *soleis inunctis.* R. I 2935 v.

> dede Reinaert sijn scoen snoeren
> die Isengrijns waren te voren.

Dr. Franck (zie Reinaerdiana pg. 26) leest (met het oog op R. II 2921 v.):

> dede Reinaert sijn scoen smaren
> die Isengrijns te voren waren,

waardoor ook zeker vs. 2936 welluidender klinkt.

Het is misschien niet zonder belang hierbij op te merken, dat vs. 2938 v. nog eens gezegd wordt:

> ende hadse vaste ghedaen binden
> om sine voete.

1457 *quas dederant ... lupus atque lupa.* R. I 2936 *die Isengrijns waren te voren.*

1462 *accersiri.* R. I 2948 *haesten.* Willems *naesten.*

1468 *praelati dicunt.* R. I 2959 *meester Juffroet.*

1470 *terram ad almam.* R. I 2965 *over se ('t geen*

als vele andere regels alleen in de wijze van uitdrukken verschilt).

R. V. vs. 1481 *per mensem*. R. I 2972 *acht weken*.

1494 *memorari*. R. I 3003 (*over hem*) *bidden*. cf. ook R. I 3005 met l. 1495.

1511 *quattuor calciamenta*. R. I 3032 *die scoen*.

1526 *in pace morare*. R. I 3047 *blijf ghesont*.

1538 *Felix est vestra vita*. niet R. I na 3069.

1571 *jam sua facta luat*. cf. R. I 3112—3117.

1573 cf. R. I 3120.

1578 *Deficit ista tamen cito vox*. cf. R. I 3131.

1580 *ad edendum*. R. I hs. 3136 *ten base*. Zie De Vries Mnl. Taalz. pg. 31 en het naschrift aldaar.

1589 *Pro marcis mille*. cf. R. I 3150 *omme seven maerc van goude*.

1602 cf. R. I 3161.

1605 cf. R. I 3163.

1608 *per multos annos*. R. I 3168 *seven*.

1619 cf. R. I 3189. In 't hs. van den R. V. staat *gravior*, waarvoor Knorr *gratior* leest.

1628 cf. R. I 3203.

1632 cf. R. I 3212.

1635 *ne moveare rogo*. cf. R. I 3217.

1642 *voce miseranda*. R. I 3233 *harde*.

1648 *Beline*. R. I 3243 *helet vri*.

1649 *ut possis juvare*. R. I 3244 *helpt laven*. Doch Jonckbloet werpt er *laven* uit.

1662 *pyxis*. R. I 3266 *enighe dinc*.

1667 *tibi rex erit inde favens*. cf. R. I 3276.

1675 *Manibus tuis*. R. I 3295 *bi hem*.

1682 *gaudet*. In het overeenkomstige vers (3298) staat *hoorde*. Doch cf. R. I vs. 3301.

1683 *Unius dimidiique pedis*. R. I 3300 *meer dan eenen halven voet*. cf. R. II 3314 [1]) en Reinke vs. 3078.

---

1) Franck en Muller lezen dan ook: *meer dan anderhalven voet*.

R. V. vs. 1692 *mi domne*. R. I 3313 *Reinaert*.

    1695 cf. R. I 3321.

    1698 *valefaciens*. R. I vs. 3322.

    1707 *sum vir*. niet R. I 3330.

    ib. *vos properate citi*. cf. R. I 3331.

    1716 *quo noster peregrinus abit*. cf. R. I 3346.

    1748 *Care nepos*. R. I 3406 *here Firapeel*.

    ib. *peregrinus*. niet R. I 3407.

    1752 cf. R. I vs. 3413 met de varianten.

    1786 *silvisque jugisque*. R. I 3451 *velt*.

    1788 *favorem*. R. I 3463 *vaste hulde*.

    1796 *Coram rege*. niet R. I 3475.

    Bij vs. 1798 begint de exitus Carminis.

In deze vrij uitgebreide lijst zijn niet alle afwijkingen opgenomen [1]). Balduinus heeft vooral in de laatste helft van zijne
vertaling sterk toegegeven aan eene zucht tot wijdloopigheid
en tot onnoodige herhaling. Had ik alle deze verschilpunten
in de lijst geplaatst, dan zou die eene onnoodige uitbreiding
hebben verkregen.

Onnoodig — en schadelijk, want het overzicht over de kleinere geschilpunten, waar het bij tekstcritiek juist op aankomt,
zou er moeilijker door geworden zijn.

Voorzeker zal uit deze opgave wel blijken, *dat men niet al
te zeer op den Latijnschen tekst af mag gaan*, noch *uit eene afwijking in 't Latijn mag besluiten tot de noodzakelijkheid eener
verandering in a*. Anders wordt de zaak zoo er iets aan *a* hapert [2]). Dan kan zonder twijfel *l* den weg wijzen.

De vraag is: hapert hier werkelijk iets aan vs. 1836? Moet
het verschil in 't gebruik van *ofte* ons naar eene tekstverbete-

---

1) Men zie voor andere afwijkingen Dr. Muller's doorwrocht proefschrift.

2) Ik vestig de aandacht op hetgeen in de vorige lijst onder de volgende verzen
is aangevoerd: vss. 102, 215, 293, 295, 534, 538, 728, 926, 935, 956, 1022, 1069
1086, 1134, 1171, 1252, 1311 (met de aant. hierachter), 1318, 1336, 1456.

ring doen omzien? Ik durf niet beslissen; is het echter 't geval, dan zijn er twee oplossingen mogelijk:

1°. Men leze *raden* en dan zal men zich de zaak aldus voor
te stellen hebben:

Die tekst van R. I, welke door Balduinus werd gebruikt en
waarvan het Comb. Ms. een later min of meer getrouw afschrift
is, had *raden*. Balduinus vertaalde dan ook *membra rotis frangere*.

De bewerker van R. II, 't zij hij het woord niet verstond [1]),
't zij dat hem, wat zeer licht gebeuren kon [2]), de *b* van het
daaronder staande *blenden* voorschemerde, schreef *braden*. De
»ideën-associatie" — hij had juist *sieden* opgeschreven — kan
hem het woord licht aan de hand hebben gedaan.

Direct of indirect gronden zich alle verdere teksten op R. II [3]),
zoodat wij met hen geene rekening meer behoeven te maken.

2°. Vindt men *ofte* aanstootelijk, doch de verandering van
braden in *raden* op grond van l. te stout, dan zou men aan
eene tweede verandering de voorkeur kunnen geven:

Ik vestig daarvoor de aandacht op l. vs. 861 in verband met
R. I vs. 1835.

De vergelijking van die plaatsen zou er dan toe kunnen
leiden de beide verzen aldus te lezen:

R. I 1835

> Ghi moghet mi vromen *ofte* scaden
> Wildi mi sieden *ende* braden [4]) etc.

In dit geval zou men echter om de lezing van l. 855 te
verklaren deze hypothese moeten opstellen: Aan Balduinus zou
het verschillend gebruik van *ofte* opgevallen zijn en hij zou er
zich daarom door 't gebruik van een ander woord uit gered

---

1) De Teuthonista kent het niet. Pl. ook niet, evenmin als Kil. Lksp. komt het nog
voor. cf. R. I vs. 531. Derde Edewaert vs. 932.
2) Iets dergelijks neemt *Priem* Beitr. VIII 58 aan.
8) Zie *Priem* ib.
4) cf. Belg. Mus. IV 332, vs. 933 bij Oud. 5, 767,

hebben. Deze hypothese veronderstelt echter een naar mijn inzien te hooge mate van critiek bij onzen geestelijke en is
daarom niet zeer aannemelijk.

Het zij mij vergund de zaak aan het oordeel van Reinaert-
kundigen ter beslissing over te laten.

Utrecht, Juni 1884. H. LOGEMAN.

AANTEEKENING OP R. V. VS. 1311, R. I. VS. 2674.

Het Comb. hs. heeft:

> Hoe mochtic vergheten dies,
> Dat aldaer Reinout de ries
> die valsche penninghe sloech, enz.

Grimm nam uit R. II vs. 2686 over *de Vries*. De regel wordt
hier echter niet duidelijker door, want deze toespeling is niet
klaar.

Ik vestig de aandacht op R. I (ed. M.) vs. 2681 *et quae seq.*

Cuwaert is om »*orconde*" (vs. 2645) te brengen door Reinaert voor den koning geroepen, en moet getuigenis omtrent
Kriekenpit afleggen.

Te recht noemt Schröder, de laatste uitgever van den »Reinke" [1]),
het antwoord van Cuwaert (aldaar pg. 102, noot bij vs. 2511) *sehr
ungeschickt*; wanneer hij echter zegt: »es dürfte hier eine schon
alte Einschiebung vorliegen", dan gaat hij m. i. te ver.

In vs. 2678 wordt Rijn door Cuwaert in verband gebracht
met hetgeen hij van Reinaert den (V)ries zeide. Daarom antwoordt Reinaert:

---

1) Deutsche Dichtungen d. Mittelalters II. Leipzig, Brockhaus, 1872.

> owi!.. soete Rijn
> lieve gheselle, scone hondekijn,
> vergaeve god, waerdi nu hier!

Tot zoover kunnen Reinaerts woorden nog op een door den fictieven Reinout gepleegd wanbedrijf slaan, maar als Reinaert vs. 2684 doorgaat:

> ghi sout toghen weder dese dier
> (met sconen rime waers te doene)
> dat *ic* noint wart so coene
> dat *ic enighe saken dede*
> daer ic den coninc mochte mede
> te *mi* waert belghen doen met rechte [1]).

dan kan dit niet meer op den te voren genoemden Reinout slaan, en men zal de onderstelling wel niet te stout vinden dat Reinaert hier eene oratio pro domo gehouden heeft, waarop dan ook zoo geestig de woorden volgen:

> »gaet weder onder ghene knechte,"
> sprac Reinaert »haestelic Cuwaert.
> Mijn here de coninc ne heeft tuwaert
> ghene sake te sprekene meer."

Welnu, dan ligt het voor de hand aan te nemen, dat vs. 2674 eene omschrijving van Reinaerts eigen persoon moet bevatten, en de hand des dichters is misschien te herstellen door te lezen:

> hoe mochtic vergheten dies
> dat aldaer Reinaert, die ries,
> die valsche penninghe sloech.

Er wordt dan eene ons overigens onbekende episode uit Reinaerts vroeger leven opgehaald, en het gedicht wint er een fijnen trek door.

Dit zal dan ook de oorzaak zijn van Reinaerts bijzondere gramschap (cf. vs. 3121), en ik meen dat ook hierop de woorden betrekking hebben vs. 3116 v., door den dichter Reinaert in den mond gelegd:

---

1) cf R II 2697.

dat Cuwaert die eerste was
die ons verriet jeghen hem.

Graphisch kan de zaak geen bezwaar hebben. Het handschrift heeft, naar het schijnt [1]), Reinout de ries. Van Reinout
tot Reinait (Reinaert) is slechts een kleine stap, of, zoo men
bedenkt hoe ontelbare malen het de letter r voorstellende
haakje (') wordt weggelaten, *geen* stap.

Ries beteekent veelal *dwaas* (Kil. *inconsideratus*), doch Kil.
geeft ook *temerarius* op en dat moeten we hier juist hebben [2]).

Ik voorzie enkele bezwaren: Kan men aannemen dat de
haas, die zoo schrikachtig, bevreesd van nature is, zulk een
heldendaad zou verrichten? Bewijst zijn naam [3]) niet reeds dat
aan zoo iets niet gedacht kan worden?

Hoewel ik aan dit bezwaar niet met feiten te gemoet kan
komen, geloof ik toch dat men er niet te veel aan moet
hechten.

In den Reinaert toch worden aan elk dier menschelijke
eigenschappen toegekend. Een vreesachtig mensch, vooral zoo
hij tegenover zijn doodvijand staat en dien een poets meent te
kunnen spelen, laat zich wel eens door de aandrift van het
oogenblik tot een overijlde daad verleiden.

Men wachte zich in het »jaet" van vs. 2697 iets te zien
dat hiertegen strijden zou. De koning is in het geheele gedicht
als zoo lichtgeloovig voorgesteld, en laat zich zoozeer door
zijne omgeving leiden, dat men zich niet verwonderen kan

---

1) De onzekerheid, waarin wij omtrent de lezingen van het Comb. hs. verkeeren,
veroorlooft mij niet, helaas! mij minder weifelend uit te drukken.

2) Voor plaatsen zie men *Oud.* in voce.

3) Dat men hierop in dien tijd niet te veel af mag gaan, zie ik o. a. uit eene
plaats in een stukje: *Le verserye de twety*, dat mij dezer dagen onder de oogen kwam.
De plaats die vooral voor ons van belang is komt voor in het gedeelte dat heet:
»*of the hare-hustyng*", en luidt (verkort) als volgt: »and if ye hounte at the hare,
ye shall sey .... oiez à Bemond le vayllaunt, que quide trovere le *coward*, on le
court cow." Het is uit den tijd van Hendrik V († 1422) en het Fransche origineel
dateert van de regeering van Eduard II (1307—1327). cf. Reliquiae antiquae. Wright
and Halliwell I 152.

dat hij aan de woorden van Reinaert: *Coninc, eist waer dat ic seide?* met veel nadruk en vol eigenwaarde gesproken, geloof slaat en dat zijn antwoord geheel uitvalt als de slimme vos het maar had kunnen wenschen.

De lezing van R. V. vs. 1311 is hieruit ongelukkig niet te verklaren [1]), doch dit is evenmin met de lezing Reinout de Vries het geval.

H. L.

VANT ANDER LANT.

Het volgende merkwaardige lied is, voor zoover ik weet, tot dusver niet uitgegeven. Prof. Land schreef het over uit een Hs. der 15e eeuw, berustende op de Bodleiaansche bibliotheek te Oxford [2]), en had de goedheid het mij af te staan. Voordat men zich tot de lezing van het gedicht begeeft, zal het misschien goed zijn het een en ander omtrent den inhoud er van te vernemen.

Welke voorstellingen onze voorouders zich maakten van hetgeen na den dood met hen zou geschieden, is niet met zekerheid te zeggen. Het ligt echter, zooals Moll in zijne kerkgeschiedenis (I, 38) opmerkt, in den aard van een krachtig, jong volk aan een voortbestaan te gelooven. »De mensch", lezen wij, »die alles wat hem omringt met weemoed der vergankelijkheid prijs gegeven ziet, siddert terug voor de gedachte aan zijne vernietiging, zoolang de frischheid zijner natuur door valsche beschaving niet vergaan is, en naarmate de polsslag zijner fysieke

1) Zie hiervan Knorr, praef. VIII (Adde quod etc.). Tevergeefs tracht ik eenig ander dan een graphisch verschil tusschen Boccardus en Botsaert te ontdekken, zoodat ik dit niet als een analogon durf aan te voeren.

2) Cod. Jun. 78. pp. 272.

krachten te voller klopt, is hem de vrees voor een eeuwigen
dood des te onverdragelijker. Dan staart hij met zoekenden
blik naar »het ander land", en waar zijn geest de gestalten
zijner goden ontmoet, durft hij verlenging zijns bestaans van
hen verwachten, zoo niet in de heerlijkheid hunner eigene ver-
blijven, dan toch in de vallei der in nevelen omwarende schim-
men". Wij lezen daar verder, dat het eene gewone gedachte
was, zich de gestorvenen voor te stellen als voortlevend onder
den grond, »maar nog meer gangbaar was ongetwijfeld de
voorstelling van zekere oorden, waar de afgescheiden geesten
bijeenverzameld werden, om in vreugde of leed gemeenschappelijk te leven". Die »zekere oorden" nu zijn bedoeld met het
»ander lant", waarvan ook in dit lied sprake is,

> . . . . something after death,
> The undiscover 'd country, from whose bourn
> No traveller returns.
>
> (HAMLET).

Bepaalde voorstellingen daaromtrent had men niet. Na den
dood begaf men zich op de »langhe vaert", zooals men zich
toen uitdrukte, om ten laatste in het »ander lant" te komen.
Eene andere voorstelling ontleent Moll aan een verhaal van
Procopius. »Gemelde schrijver zegt uit den mond der bewoners
van de landen der Noordzeekusten vernomen te hebben, dat de
zielen der afgestorvenen naar het eiland Brittia (d. i. bij Procopius Groot-brittanje) worden overgevoerd". Op welk stand-
punt de dichter van ons lied staat, is niet geheel duidelijk. Uit
str. 3, vs. 3.

> Soe bleven wy ghaerne *an dessen kant*

zou men opmaken, dat de laatste voorstelling bij hem levendig
is. Daarentegen herinneren regels als:

> Ic moet ooc mede onder dat sant   (7, 8.)

en str. 11 aan de eerste voorstelling.

Er bestaat ook een Duitsch lied getiteld: »Dies ist das ander

Land" [1]), dat vrij wel met het onze overeenkomt en, naar ik meen, eene bewerking is van het Mnl. lied. De meeste strofen komen geheel met elkander overeen, andere vindt men slechts in een der twee liederen. Dat het Duitsche lied eene bewerking is van het Nederlandsche en niet omgekeerd, maak ik o. a. op uit rijmen als: str. 6 Kreide // Leute (Mnl. crude // lude); str. 17 Wir werden alle nackend geboren // Kein eigen Gut haben wir zware (Mnl. str. 15 Wy werden al nakent gheboren // Wat hebben wy dan verloren); str. 20 Leckerzahn // Land (Mnl. Leckertant // lant; dit kan ten minste in eene andere redactie van het lied gestaan hebben, deze heeft: hant // lant). Zoo leest men in str. 22:

> Nach dem als man beschrieben findt,
> So ist unser Leben als der Wind
> Der da flieget über den Sand,
> So schnell fahren wir in das ander Land.

In het Mnl. lied lezen wij (str. 26):

> Nae dien dat men bescreven fynt,
> Ons leven is als eene harde wynt,
> Dit seyt ons Job die heilighe sant,
> Hy is oeck foer int ander lant.

De bedoelde bijbelplaats is naar alle waarschijnlijkheid deze (Job VII, vs. 7): »Gedenk dat mijn leven een wind is, enz." De Nederlandsche strofe houdt zich dichter aan den bijbeltekst dan de Duitsche, en de overbodige 3e regel der Duitsche strofe is misschien bij de mondelinge voordracht voor den »heilighen sant" in het lied gebracht.

Ik meen dus te mogen aannemen, dat ons lied oorspronkelijk Nederlandsch is geweest. Waarschijnlijk is het in den bloeitijd der liederpoëzie — de 15e eeuw — gedicht, het kan echter ook ouder zijn; de taal schijnt mij toe op het Oosten

---

1) Ik trof dit lied alleen aan in: „Die Volkslieder der Deutschen heransgeg. durch F. K. von Erlach. Mannheim 1834", eene zeer oncritische verzameling; het is daar overgenomen uit een Ms. van 1477.

van ons land te wijzen. Wie de dichter was, blijkt noch uit de slotstrofe, noch elders. Naar str. 8 (Hector ende Alexander enz.) en str. 26 (de aanhaling uit Job) te oordeelen, was hij echter geen man uit het volk.

Merkwaardig is de 12ᵉ strofe, waarin hij over zijne begrafenis spreekt:

> Als wy doet synt, wat is die bate?
> Men ghift my een slaeplaken myt die gate,
> Ende een wilghen kiste ende een stroen bant,
> Hiermede ward ic sent int ander lant.

Doodkisten waren in den oudsten tijd dikwijls niet meer dan uitgeholde boomstammen (de zoogenaamde »Todtenbäume"). En Moll zegt nog: »arme dooden werden dikwerf eenvoudig in een mat gewikkeld" [1]). De mat wisselde af met een laken, zooals ons blijkt uit een ander geestelijk lied der 15ᵉ eeuw:

> Ic moet van hier, tsi lief of leet.
> Myn teerghelt is een lynne cleet,
> Ic salt hier haest begheven
>   enz. [2]).

Onze dichter rekent op beide zaken: een lijkkleed, al is het gescheurd, en eene kist, al is die van eenvoudig hout vervaardigd. Wat de beteekenis was van »een stroen bant", heb ik niet kunnen ontdekken. Simrock vermeldt echter, dat het een Nederrijnsch gebruik was: »den Todten auf ein Schaub stroh zu legen; auf dem »Schoof" (Schaub) liegen, heisst so viel als kürzlich verstorben sein" [3]). Hangt dit gebruik misschien samen met het medegeven van »een stroen bant"?

In het laatst der 16ᵉ eeuw wordt het refrein van ons lied nog gebruikt om de wijs van een ander lied aan te geven. Zoo lees ik b. v. in het geestelijk liedeboek van Lenart Klock (1593) fol. 223 een lied »tracteerende vant eeuwich leven / op die wyse:

1) Moll t. a. p. IIᵉ Deel, 4ᵉ Stuk, bl. 61.
2) Johannes Brugman.... door W. Moll, Amsterdam 1854 II, 196.
3) Zie: Handbuch der Deutschen Myth. bl. 392.

O Mensche hoe meucht ghy zyn verblydt oft wy moeten al in een ander lant". En ook in het »Hoorns Liedt-Boeck" (1630) komt volgens eene aanteekening van Prof. Land diezelfde wijs nog eens voor. De uitdrukking »int ander lant comen" komt in de 17ᵉ eeuw nog meer dan eens voor. Zoo leest men in een geestelijk lied, dat waarschijnlijk tot dien tijd behoort en waar de mensch als pelgrim wordt voorgesteld:

> Ach, als ick come in 't ander lant,
> Waer sal ick gaen logeren? ¹).

En in een wereldlijk liedeboek van 1649 (De Haerlemsche Mey-Bloemkens, bl. 101) vindt men:

> Och mochten wy in 't ander Landt
> By haer (de Vaderen) met vreught vergad'ren.

en iets verder:

> Soo souden wy met blyden gheest
> Wel nae 't ander Landt varen.

Ik laat nu het lied zelf volgen:

VANT ANDER LANT.

1. Het is altoes gheen vastelavent,
   Die doet comt morghen of taven(t);
   Als god wil ofte altoe hant,
   Soe moeten wy int ander lant.

2. Wy moghen hier niet bliven,
   Die doet wil ons van hene driven,
   Wanneer god wil ofte altoe hant,
   Wy moeten emmer int ander lant.

3. Wanneer wy hier langhe tyt bleven
   Ende het ons wel gaet ende even,
   Soe bleven wy ghaerne an dessen kant,
   Wy moeten hene int ander lant.

---

1) Willems, Oude Vlaemsche Liederen CCXVIII.

4. Hoe schone wy ons wasken,
   Al synt wy ghemaect van asken,
   Dat eerste paer volck dat men fant,
   Si synt al in dat ander lant.

5. Och dat leuent is alsoe soete!
   Dat wy emmer steruen moete!
   Als dye doet comt snel ende onbecant,
   Soe moeten wy in dat ander lant.

6. Ic waec, ic braec, ic hef, ic crude,
   Dat guet hoert al in den lude, (l. ander lude?)
   Het was ander lude dat ic hier fant,
   Hier laet icket ende faer int ander lant.

7. Al waer ic vierwerf alsoe ghirych, (l. ghyer)
   Wat ic gryp, het blyft al hyer,
   Ic moet oeck mede onder dat sant,
   Dus faer ic al in dat ander lant.

8. Waer ic (l. is) Hector ende Alexander,
   Julius, Arter ende menich ander,
   Baronen, ridders ende vromen wigant?
   Sie synt al in dat ander lant.

9. Keyseren, conynghen, heertoghen, greven,
   Wapenknapen, nyften ende neven,
   Deser isser menich voer ghesant
   Sonder keren, int ander lant.

10. Wy gaen ouer hem, die lude waren,
    Sterck, schoen ende ionck van iaren,
    Abel, notabel, wys ende becant,
    Nu synt sie voer int ander lant.

11. Och wat selscap vynen wy daer!
    ·Padden, slanghen, wormen seer waer,
    Een doncker camer ende een leelike want,
    Dus sentmen ons int ander lant.

12. Als wy doet synt, wat is die bate?
    Men ghift my een slaeplaken myt die gate,
    Ende een wilghen kiste ende een stroen bant,
    Hier mede ward ik sent int ander lant.

13. Al aynt wy jonghelic van iaren,
    Misselic ist, wie voer sal varen,
    Een oud stock ofte een jonc wigant,
    Wy moeten doch int ander lant.

14. Och lieue mensche, verstaet wel dat!
    Wy hebben hier gheen bliuende stat,
    Al ghauen wy ses dusent bysant,
    Wy moten ymmer int ander lant.

15. Wy werden al nakent gheboren;
    Wat hebben wy dan verloren?
    Die ziele mach syn onse onderpant,
    Sie moet oec mede int ander lant.

16. O ziele, o ziele, o gheestelike nature,
    Die god seluen maket na synre figure,
    Inden lichaem heet gheplant,
    Daer moet se ut ende int ander lant.

17. O ziel, o ziel, wy en kennen ju niet;
    Mytten lichaeme int verdriet
    Soe comt ghy in den ewighen brant
    Int veghefuer ofte in dat ander lant.

18. En helpet driakel noch medicyn,
    Wy moten smaken des doets venyn,
    Daer Lucifer die wech of fant,
    Daer om moten wy int ander lant.

19. Teghen die doet en is gheen raet —
    Dan wel te doen ende laten dat quaet;
    Die doet wil borghen noch pant,
    Dus moeten wy int ander lant.

20. Dat beste dat ic kan bysinnen,
    Is gode te dienen ende te mynnen,
    Sekerlick nae myn verstant,
    Wy moeten al int ander lant.

21. Al waer ic graue van Osterlant,
    Ja een conynck van Bremerlant,
    Ick waer dan leuer een bonifant ¹,
    Als ic come int ander lant.

---

1) D. i. *koorknaap*; fr. *bon enfant*. Hier misschien = *vondeling*. Men vergel. het
Mnl. Woordenboek van Verwijs en Verdam i. v.

22. Als wy synt oud, coud ende crom,
Soe ist tyt dat wy sien om
Ende ons beghyft foet ende hant,
Soe moten wy emmer int ander lant.

23. Verduldicheit waer ons dan guet,
Als wy emmer sternen moten,
Ende die doct brect des leuens bant,
So moten wy int ander lant.

24. Och, wie sal daer onse leytsman syn?
Ic weet des niet, des doet my pyn,
Die wech is scherp ende onbecant,
Daer wy moten int ander lant.

25. Och vriende, het is een hard bedwanck,
Die doet comt ons hier snel int lant,
Ic wetet wel, ic byns becant,
Wy moten in dat ander lant.

26. Nae dien dat men bescreven fynt,
Ons leuen is als eenre harde wynt,
Dit seyt ons Job die heilighe sant,
Hy is oeck foer int ander lant.

27. Och dat ic ye worde gheboren,
Ende ic myn tyt dus hebbe verloren!
Here, myn ziele seet ic in ju hand,
Als wy comen int ander lant.

28. Wy willen emmer ten besten hopen,
Want gods ghenade staet altoes open;
Verlene ons, here, dyn rechter hant,
Als wy comen int ander lant.

29. O Maria vol van ghenaden,
Leydsterre! voer god staet ons in staden,
Bescherm ons voer den helschen viant,
Als wy comen int ander lant... Amen.

G. KALFF.

FRAGMENTEN VAN DEN KARLMEINET.

De volgende fragmenten van de compilatie, die bekend is onder den naam *Karlmeinet* [1]), vond ik in eene portefeuille met varia ter Koninklijke Bibliotheek; door de goedheid van den bibliothecaris Dr. Campbell werd ik in staat gesteld ze hier te publiceeren. De vondst bestaat uit 2 strookjes perkament, het schrift is vrij netjes en duidelijk en schijnt tot het laatst der 14e of den aanvang der 15e eeuw te behooren; de aanvangsletters eener nieuwe afdeeling zijn met rooden en blauwen inkt versierd. Daar het eene strookje in de lengte, het andere in de breedte afgesneden is, kan men niet zien, hoe groot het geheele blad was, noch op welke wijze het in kolommen was verdeeld. De fragmenten hebben deel uitgemaakt van het eerste deel der compilatie, dat Karels jeugd, zijn verblijf in Spanje en zijne kennismaking met Galiene behandelt. Boven de verschillende fragmenten heb ik cijfers geplaatst, welke de overeenkomstige plaatsen van het door Keller uitgegeven volledige hs. A. aanwijzen.   G. KALFF.

I• Strook a. r.°
(Karlm. 30, vs. 24—32).
Wat ich uch sagen wille.
Du daden ime ene stille
Die riddere al gemeine,
Beide groiz ende cleine

1) Karl Meinet zum ersten Mal herausgeg. durch A. von Keller (Bibliothek des Litter. Vereins in Stuttgart XLV.), Stuttgart 1858.
Vgl. verder: Ueber Karlmeinet von Dr. K. Bartsch. Nürnberg, 1861.
Beatrijs en Carel ende Elegast door W. J. A. Jonckbloet, 172—177.
Fragmenten eener Oudfransche redactie: Mainet (Chanson de Geste du XII Siècle) n: Romania, 1875, p. 305—337.

Swigen ende hoirden du
Wat in der schenke spreg...
He sprac: ir heren zware
Ich hain offenbare
Virnomen ene mere.

a. v.°

(Karlm. 32, vs. 17—26).

gemach bit leide
dir gevirret beide
hore coninc wat ic dude:
er sint virdrevene lude
comen van Vrancriche
r sint alle geliche
hondert riddere kůnre helede
ie uzirwelede
oren mochten werden
godis erden

I° Strook b. r.°

1.

(Karlm. 42 b. vs. 45—53.)

Onder die affriche heren.
Bit eime krische ende bit schalle
Volgeden ime die franszose alle,
Die waren bi deme vanen vaste.
Bremondis lud die leide gaste
Begonden sie vaste wieder slain.
Alse Galafers sonder wain
Du hadde irsien ende irkant
Dat Dederich der schenke in siner hant.

2.

(Karlm. 43, vs. 23—30.)

Bit vele groze
Alse du dir con
Virnam dat
So begonde he

Ende vliede in w
Alse du die
Vernamen dat
So balde hene beg
vlien

Ie Strook. b. v.°

1.

(Karlm. 43 b. vs. 58—44, vs. 2.)

lazen
t guden mazen
richen here
er eren
nt gedain
bit ou bestain
. n selue lonen
er coninc bit
iner cronen

2.

(Karlm. 44 b. vs. 35—42.)

Bi stonden giengen si uppen hof
Zu irmeren si iren lof.
Etzelichen worpen den stein
Dat dat mail da wale schein,
Etzelichen schuzzen den schacht,
Etzelige liefen bit der macht,
Sulge schirmden, sulge wrongen,
Etzeliche da die verre sprongen.

II. Strook.

r.°

(Karlm. 45, vs. 20—45 b. vs. 56.)

Des wil ich hie vir zic
Dir reden van Galie
Ich sagen uch voirwe
Wat Bremont dede d
Du he wieder heim wa
Gewont ende růwich

Des was ime harde le
Bremont dů niet m
He dede ime winnen t
Der bester arznter (sic)
Die man ircrigen k
Durch ze heilne sin
Die ime Eynart¹ hadd
Vore Tollet als ir m
Dus sacten die arzet
Bremonde deme coni
Bit allen iren listen
Dadens ime dat si w
Nu was Bremondes
So wit so groiz ende
Dat die arzetere zw
Cůme binnen eime
Bremonde die wond
Ende alse ime du ge
Dat he dir wonden g
Du vůr he enir he
Zu Spangen in Gal
Dus heit Bremont
Al sin conincriche
Zu den heren al ge
Ende irwarf dat kr
Dat ie here bit g
Ircrigen kůnste o
Bremont svůr h
Hene wrege sine a
Zu Spangen in m
Dat ime vůr Toll

II. v.°

(Karlm. 45 b. vs. 60—46 b. vs. 1.)

iongelinge ein
ne ie beschein
iz ende lanc

---

1) De door Keller uitgegeven tekst heeft: *Boerhart*.

ren breit ende niet ze swanc
bestanden alleine
ke man alleine
in wiges noit
alle geslagen doit
was he zwaren
an vufzien iaren
sande du Bremont
enen comen ander stont
den palarz sin
sprach: du neve min
lief ende wert
ich uch gurden swert
der machen
gonde lachen
re des ben ich vro
biet so si also
remont id můz sin
air ombe neve min
t mir in Spangen lant
neve so starc irkant
guder mazen
uch virlazin (sic)
neve ich sal uch clagen
noit dat ich is gewagen
in sime lande
llich duvel al dare sande
van Vrancriche
vreisliche
n imme stride
e sint so bit nide
gen bit iren swerden
sůver (?) zu der erden.

DIETSCHE VERSCHEIDENHEDEN.

XLIX.

CYPAU.

In eene noot, *Taal- en Letterb*. 5, 267, moest ik van dit woord zeggen: »Het woord *cypau* is mij tot heden een raadsel, al is de bedoeling ook wel te gissen. Het moet beteekenen *grootspraak, vertooning*." Gelukkig behoeft thans het eerste gedeelte van de noot niet herhaald te worden; ik meen den oorsprong van het woord gevonden te hebben; en is dit zoo, dan zal tevens blijken, dat mijne toenmalige meening aangaande de eigenlijke beteekenis van het woord eene niet geheel juiste gissing was.

Op de beide plaatsen uit Velthem, welke ik toen kende, staat de uitdr. *cypau maken* of *doen*, en wel in dezen samenhang.

Van een gedeelte der Vlaamsche troepen, dat zich in den Sporenslag bij Kortrijk aan den strijd wilde onttrekken, wordt (IV, 37, 13) gezegd:

> Daer wasser een deel ute Henau:
> Al maken si daer haer *cypau*,
> Te vechten hadden si cleinen wille,
> Ende hilden hem op hoet (*l*. hoer) al stille.

Op de andere plaats (V, 49, 64) zijn de dames van Florence verontwaardigd op de 100 Florentijnsche ridders, die tegen een strijd met 80 vijandelijke ridders opzien. Zij zeggen hun aan, dat zij dan maar de door haar geschonken sieraden moeten teruggeven, die onnut blijken:

> Doen seiden sciere
> Die vrouwen: »Gi hebt nu recht,
> Hets quaet comen in gevecht!
> Geeft ons onse sconeide saen,
> Ghi hebt *tsippaus* genoech gedaen;
> Souder yet baten af sijn comen,
> Men had hier an wel vernomen.

Op beide plaatsen moet de beteekenis zijn *uiterlijke vertooning*, *pronkerij*, *pralerij*; minder juist zeide ik vroeger ook *grootspraak*. En dit kan het woord ook beteekenen, als wij nagaan,
van waar het afkomstig is. Het West-Vlaamsche dialect en de
Romaansche vorm van het woord zelf wijzen ons den weg om
den oorsprong te vinden. Bij De Bo 1020 vinden wij een woord
sepauw, wel is waar in eene geheel andere beteekenis, maar diezelfde bet. heeft ook het fr. *chapeau*, waarvan ook het bovengenoemde *cypau* of *tsippau* eene verbastering is. *Chapeau* beteekent o. a. *krans* (Littré 1, 555); vgl. fr. *chapelet*; mnl. *rosenhoet*,
d. i. *rozekrans*. Ook het mhd. *schapël* nam dezelfde beteekenis
aan (Lexer 2, 659). Daar nu de krans als versiersel gedragen werd, kan *sippau* in 't mnl. zeer goed de bet. van *tooi*
hebben aangenomen; de uitdr. *sippau maken* beteekent dan *tooi
maken*, *zich optooien*, *zich oppronken*, *vertooning maken*, *pralen*
(uit ijdeltuiterij, en zonder iets degelijks uit te voeren). De bevestiging van het hier gezegde vindt men in eene plaats van
Praet's *Speghel der Wijsheit*, waar vs. 2907 van de Hoovaardij
gezegd wordt:

> Al es soe moye van *sypauwe*,
> Hare bliscap wort int ende rouwe.

M o y had in 't mnl., evenals **f r a y** (**f r o y**), eene min of meer
ongunstige beteekenis, die nl. van *fattigheid*, *ijdeltuiterij*; een
m o y a e r t was een *fat*, *ijdeltuit*; dit woord strookt dus volkomen met het begrip, dat door *sypau* uitgedrukt wordt. Zie
over **m o y** ook beneden de noot bij **f r a y** (LXI).

L.

DORMENEN.

Een tot heden onverklaard woord uit den *Sp. Hist.* (IV^1,
56, 60), waarbij de uitgevers in de noot alleen konden
aanteekenen: »Zoo staat er duidelijk in het hs. De vergelijking
der *Brab. Y.* geeft geen licht." Men leest het in de volgende
regels:

> Die Normannen entie Deenen,
> .. si dorreden ende *dormeenen*
> Met orloghen tlant upten Rijn,
> Dat nu groot wonder soude sijn.

Het spreekt vanzelf, dat *dormenen* een woord moet zijn van soortgelijke beteekenis als *dorriden*, dat o. a. de bet. heeft van (een land) *plat trappen*, door *paardehoeven verwoesten*, en vervolgens *plunderen*, *plat branden*, *verwoesten* in het alg. Men vindt het b. v. *Sp.* III⁵, 11, 6: Dat die Wandelen.. Affrike swaarlike *dorreden* ende wonnen borch, lant ende steden; IV¹, 11, 79: Der Alanen,.. die wilen.. *dorreden*.. Almaengen ende Gallen; IV², 9, 77: Keyser Otte hevet *dorreden* in Behem lant ende steden ende verheriede met sinen here Beheem alduere; *Lanc.* III, 21350: *Dorriden* al sijn lant ende daerin stichten roef ende brant: Velth. IV, 14, 18: Dat hi soude al Vlaendrenlant.. *dorriden* ende dorbreken. — Men zou door het feit, dat het woord met het **praet.** *dorreden* verbonden is, al licht komen tot het besluit, dat *dormeenen* ook een praeteritum moet zijn. Ware dit zoo, dan zou het niets anders kunnen zijn dan een praet. van een st. ww. *dorminen*, van *mijn* afgeleid, en dus *doorgraven* beteekenende; hetzelfde dus als *doremineren* dat werkelijk in het mnl. voorkomt met de bet. *ondergraven*, nl. *Rijmb.* 28041: Dat si.. den muer *dorminieren* begonden entie poort onsteken; vgl. 27662 *var.*: Die den muer *dore* hadden *minerd*. Doch een ww. *minen* heeft naast *mineren* nooit bestaan, en het door Franck, *Mnl. Gramm.* § 139 schoorvoetend opgegeven en met een vraagteeken voorziene *dorminen* evenmin. En de bet., die dit woord hebben zou, nl. *doorgraven*, *ondergraven* (Franck: *durchwühlen*) zou al heel weinig passen bij het verwoesten van een land, waarbij men steeds boven de oppervlakte van den grond blijft. — Doch het is ook niet strikt noodig, dat *dormenen* een praeteritum is. Het kan ook een praesens zijn; al is het ook met onze begrippen van woordvoeging in lijnrechten strijd, in één regel of in één zin een praesens historicum met een praeteritum te verbinden, in het mnl. had men (althans de dichters, die het een en ander moesten doen, om het rijm te vinden) daartegen geen overwegend bezwaar. Eenige voorbeelden van dit voor ons vreemde verschijnsel volgen hier. *Sp.* IV¹, 59, 70: (Doe) *ruumden* die Normanne Lovene, ende overeen si *draghen*, dat si die stat Parijs belaghen (weder praet.); IV¹, 62, 1: Alse ic darewaert henen *ga* ende *volgde* minen drade *na*; IV², 12, 80: Dat hi *begeve* (:) die werelt ende *lietem* moenc maken; IV¹, 14, 28: Want hem alle die lieden quaet *jonnen* ende *jageden* woch; *Torec* 1918: Torec *kert* omme ende *trac* sijn swaert; 1960: Dat si tfonnesse *wiesden* alsoe ende dat oec bliven *sal;* 1965: Torec Waleweine wel *besiet* (:) ende *vrachde*; 2005: Nü *sijn* die heren *comen* ..., ende *hebben* in hant die speren, ende *quamen* te samen gerant; 2061: hi *gaf* hem in thooft enen slach, dat hi nember gevechten *can*; 2067: Si *baden* Torec, dat men des camps nu *ontbere; Sp.* IV², 6, 9: Ene dochter *haddi*, een scone kint, dien God desen droem *anesint*; III⁵, 26, 40: *versaemden* hem ende *hopen* (: dropen); enz. — Ook impf. en perf. komen herhaaldelijk verbonden voor in denzelfden zin, b. v. *Sp.* IV¹, 58, 6: Si *quamen* met ongetelden scaren ende *hebben* Utrecht *ghevelt*; 11: Aken *wonnen* si .. ende in des keysers pallayse *hebben* si *ghestallet* hare paerde; 20: Hare reliquien si *brochten* mettem ende *hebbense ghevlucht*; 44: hi *slouch* an Vrankerike die hant ende *hevet* Bourgoengen *beraden* vele pinen; 48: So *quam* hi.., ende *wilds* (d. i. *wilde des*) den Normannen danken, ende *heefse* also *beseten*, dat si nieweren *mogen* liden, sine *moeten* mettem striden; enz. Al deze voorbeelden zijn uit één hoofdstuk van den *Spiegel Historiael*: men ziet dus, hoe gewoon het verschijnsel moet zijn, en hoeveel de mnl. begrippen van »consecutio temporum" van de onze verschillen. De regels daarvoor moeten nog worden onder woorden gebracht, gelijk de geheele mnl. syntaxis eigenlijk nog moet worden geschreven, doch ik houd mij overtuigd, dat rijmdwang in deze van de onze geheel afwijkende constructies ᵉen gewichtige rol speelt.

Indien dus *dormenen* een praesens kan zijn, kunnen wij in eene andere richting gaan zoeken. Aan ons ww. *meenen*, denken, kan natuurlijk niet worden gedacht; doch er is een ander woord *meenen*, dat hier volkomen past, en dat nog heden in het West.-Vlaamsch bestaat, nl. een andere vorm voor m e n n e n, waarvoor ook m e i n e n gezegd wordt Zie De Bo 684. *Mennen*, van fr. *mener*, mlat. *minare*, bet. *paarden*, *die voor een wagen loopen, besturen*; het meest bekend is in 't mnl. de uitdr. m e t v a l e n m e n n e n, *Der Kerk. Cl.* 222; *Taalg.* 4, 121 vlg.; *Bloeml.*, dl. 4, bl. 164 vlgg., d. i. *van den goeden weg afbrengen*, of intr. *afdwalen. Een land doorriden ende doormennen* (of *doorme-nen*) beteekent dus »*te paard* of *met paarden en wagens* door een land heenrijden zonder iets te ontzien, met paardehoeven en wagenwielen alles verpletteren, vernielen." Mocht iemand het bewijs kunnen leveren, dat het lat. *minare* rechtstreeks bij ons een ww. (d o r) m i n e n geleverd heeft (hetgeen ik voor mij niet geloof), dan zou *dormenen* van dat ww. het praet. kunnen zijn, doch de beteekenis zou geheel dezelfde blijven. Ter beves-tiging van mijn betoog wijs ik nog op het feit, dat ook *dore-mennen* in 't mnl. voorkomt, en wel in eene beteekenis die met de hier vereischte vrij wel overeenstemt, nl. *enen wech doremen-nen*, den weg met zwaar geladen wagens stuk rijden; zie Mertens en Torffs, *Gesch. v. Antw.* 2, 622: Van den weghe buyten der roeder poert te Merxem ... die te vele steden met groten langen diepen putten (*kuilen*) al *doerment* was, ... soe dat de ghetoghe, waghene ende perde daer inne verlagen ende den wech aldaer niet ghehouden noch ghemennen (*met wagens berijden*) en consten.

LI.

DRUÜGH (DRUIGH).

In de nieuwe uitgave van den *Warenar*, door Verwijs be-gonnen en door mij voortgezet en voltooid, welke eerstdaags verschijnen zal, komen de volgende regels voor, met het boven-

genoemde woord, dat tot heden niet juist verklaard is. Warenar,
die weldra berouw heeft, aan Rijkert, toen deze om de hand zijner
dochter Klaartje kwam, zijne toestemming te hebben gegeven,
en in zijn angst voor zijn pot met gouden dubbeloenen allen
wantrouwt en alles ten kwade uitlegt, heeft den door Rijkert
gezonden kok en koksknecht zijn huis uitgejaagd, omdat hij
meende, dat zij door Rijkert gezonden waren, om hem (vs. 643)

> de pot behendigh t' ontmorssen.
> Ik wed, hy dit volk, 't welk hem verstaet op lorssen,
> Expres ehuert had, en opgespeurt met vlijt
> Om dat ze me de buit zouden maken quijt.

»Twas", vervolgt hij dan,

Twas quansuis om mijn zwaeger te worden: ay lieve, hoe *druigh*, maet,
Maer War'nar is zoo slecht niet, as hem 't hoofd wel ruigh staet!

Alle uitgevers en verklaarders, het *Uitlegk. Wdb.* (1, 242);
Oudemans (*Bijdr.* 2, 162); De Vries (*Warenar*, bl. 157); Leendertz (*Hooft's Ged.* 2, 299); Van Vloten (uitg. Pantheon, bl. 30),
en Velderman (*War.*, bl. 53), zijn eenstemmig in hunne verklaring van het woord *druigh*, dat zij weergeven door *listig*, *slim*,
bedrieglijk, *valsch*, *loos*, en beschouwen als eene afleiding van
driegen in *bedriegen*, nl. als een wisselvorm van *driegh*. Doch,
hoewel het niet te ontkennen is, dat, als *driegh* bestaat, *druigh*
daarvan een wisselvorm k a n zijn (vgl. *rieken* en *ruiken*, *kie-
ken* en *kuiken*, *vier* en hd. *feuer*, *kiesch* en *kuisch*, *bedieden* en
beduiden, *dier* en hd. *teuer*, *mieren* naast ndl. *muieren*; en Van
Helten *Klinkers* en *Medek.* bl. 68), het bestaan van een bnw.
driegh wordt door niemand van de uitleggers bewezen, en daarmede had, dunkt mij, de verklaring, om overtuigend te zijn,
moeten worden gesteund. De reden is, dat een bnw. *driech* nergens voorkomt, en door deze opmerking vervalt de tot heden gegeven verklaring. Kil. geeft wel d r u g h, als Sicamb. (d. i. naar het
hoogduitsch trekkende) naast d r o g h, en d r u g h l i c h t naast
d r o g h l i c h t (vgl. hd. *trug*), doch dit is een andere *u* dan de *û* (*ui*)
van *druigh*, en bovendien is *drogh* een znw., en niet een bnw. Wij

moeten dus naar eene andere verklaring omzien, en toevallig heb
ik dezer dagen — nadat reeds de tekst t. a. p. was afgedrukt —
de ware gevonden. In de aant. onder den tekst heb ik twijfel
geopperd aangaande de tot heden gegeven verklaringen op den
boven medegedeelden grond, maar daaraan een andere niet
zeer waarschijnlijke gissing toegevoegd, welke ik nog juist
bijtijds in eene noot der Inleiding door de ware verklaring
kon vervangen. *Druich* is nl. een wisselvorm van *droog*, welke
ook in het mnl. voorkomt, b. v. *MLoep* II, 222:

> So come ic lieflic, alte hant
> Bereyt mit *drueghen* blancken laken,
> Dijn zuete leden *druuch* te maken.

In den laatsten regel heeft de var. *droghe*.

en I, 338: Twater liep daer over doghen *drueghe*.

Zoo komt naast d r o o c h s c e e r e, d. i. *lakenbereider*, *voller*,
ook de vorm d r u u c h s c e e r e voor, b. v. *Overijs. R.* I¹, 216:
Schomakers, schroders, *druuchsceres*, barbeeres (*zij die met
n a t scheren*); *Rek. d. Buurk. v. Utrecht* 162: Dirc die *drwch-
sceere*. Ook in het mnd. vindt men naast *droge* den vorm *druge*
(Lübben 1, 579); vgl. vooral ald. de aanhaling uit Lacomblet:
»mit *druygen* mit nassen." Zoo bestaat ook naast *drogen* aldaar
drugen. Het *Brem. Wtb.* geeft (1, 252) de vormen *dreuge*,
treuge; het oeng. heeft ook *drue*, *druge*, *druye* (E. Müller 1,
363); het ags. *dryge*; het eng. *dry* (uit *drui*, oeng. *druye*). Het
ohd. heeft het ww. *truchan* (Schade 2, 962); het mhd. het
bnw. *truge* (Lexer 2, 1534 op t r u c k e), *truchen*, *trucken* (ald.),
en *truckenscherer* (ald. 1535); enz. Het bestaan van den vorm
is dus voldoende bewezen, en de beteekenis komt op de plaats
uit *Warenar* goed uit. Men moet nl. *druigh* opvatten in de bet.
van *leuk*; *zooals iemand is*, *die een uitgestreken gezicht heeft*. De
beteekenis nadert dus wel tot die van *listig*, *slim*, maar is daarmede toch niet geheel identisch, en de bet. *valsch*, *bedrieglijk*
is voor het woord *druig* veel te ongunstig. Óok wij spreken van
een droog mensch, d. i. *saai*, *stil*, en zeggen van iemand, »da

hij wat *droog* uitgevallen is"; dat hij is »*droog* komiek", d. i. grappig met een leuk of uitgestreken gezicht, m. a. w. komiek met voorbedachten rade. Het is een der vele woorden, die hun beteekenis danken aan de begrippen, welke men in de middel-eeuwen koesterde aangaande de vochtsmenging in den mensch.

Het mnl. kende eene dergelijke opvatting, althans wordt d r o o c h ook toen reeds van een mensch gezegd, b.v. *M. en Vr. Heim.* 203: »Die gene, die dogen groet heeft ende ber-nende rayen uut geeft, dats een *droge* mensche.. ende al vol van idelheden". De bet. blijkt niet duidelijk uit de woorden, doch er is niets tegen, aan te nemen, dat de bet. hier òf de-zelfde zal zijn als van ons *droog*, òf van het 17de-eeuwsche *droog* of *druig*, nl. *leuk, voor het oog onverschillig* of *zonder aandoening; zijne plannen achter een uitgestreken gezicht verber-gende.*

LII.

DUSK (DUSKEN, DUSSCHEN).

Ook dit woord is tot heden onvoldoende verklaard. Men vindt het *Warenar*, vs. 538:

Dusschen zootjen aeltjens as klinksnoertjens om zeven duits.

vs. 1167:

Doen hij *dusken* jongen was, droegh hy al kammelotte aeprokken.

en vs. 1346:

.Ik heb ze op mijn arm edraegen en an me hangt eliet,
Dat (*toen*) het *dusschen* kleuter was.

Zie meer voorbeelden bij Oudemans, *Wdb. op* Hooft 84; *Wdb. op* Bredero 97.

In de uitgave van De Vries, waarin, indien zij nu, na meer dan 40 jaren, nogmaals verscheen, ook deze verklaring wel zou worden gewijzigd en aangevuld, vindt men bl. 140: *Dusschen*, dus *een*, *zoo'n*. Dezelfde verklaring in het *Uitlegk. Wdb.*, en elders. Het valt in het oog, dat daarmede de vorm niet verklaard is; immers ware zij juist, het woord zou *dussen* luiden, en niet *dusschen*. Er is dan ook één bestanddeel van het woord voorbijgezien. Het is niet *dus een*, maar *duslijk een*, dat tot *dus een* (Oudem., *Wdb.* op Hooft 83) staat, als *zulk* (d. i. *zoolijk*) *een* tot *zoo'n* (d. i. *zoo een*). *Duslijk* werd samengetrokken tot *dusk*, dat ook in 't mnl. een enkele maal voorkomt, nl. *Warfsconstititiën* 52: De huusman sal *dusker* last, als een riitpeert to holden, onbelast bliven. *Duslik* komt ook voor in 't ags. *þyslic* = *þyllic*, en in 't mnd. (Lübben 1, 603), waar men ook *alduslik*, *aldussik* vindt en daarnaast *aldusk* (t. a. p. 52). Dit *dusk* werd in de 17de eeuw op twee wijzen geschreven, òf *dusk*, waarin de Friesche uitspraak bewaard bleef, òf *dusch*, de naar het Frankische dialect gewijzigde vorm. In het mnl. vindt men ook het woord *dusschedaen* naast *dusgedaen*, doch alleen in aan Duitschland grenzende streken, nl. *Limb. Serm.* 231 *b*: Der tittel van desen selme (*psalm*) es alleluya,.. ende es der tittel wale sculdich *dusschedaen* te wesen; *D. Orde* 215: Tiende ende *duschedane* dinc; 216: *Duschedane* bescerme der ecclesien. — Het is eigenlijk eene tautologische samenstelling, immers *lijk* en *gedaen* hebben dezelfde beteekenis, doch naast *sodunich* vindt men in 't mnl ook *sulcdaen* (d. i. *solijcdaen* en *sulcdanich*, in tongvallen ook *sulctenich*), dat volkomen met *duschedaen* (d. i. *duslijkgedaen*) te vergelijken is. — Nog op andere wijzen werd *duslijk* in 't mnl. samengetrokken. Het kon nl. ook tot *dulc* en *duc* worden, welke vormen vooral in geschriften uit Friesland worden aangetroffen. Zie vier voorbeelden van deze vormen in het *Mnl. Wdb.* (1, 331) op aldulc. Onderling staan deze vormen tot elkaar als ons *zulk*, *welk* tot eng. *such* (in ndl. dialecten *zuk*), *which* (ndl. dialecten *hoek* en *houk*). Ons woord *zulk* zou dus ook uit *zuslijk* (vgl. *zus of zoo*) kunnen zijn samengetrokken, doch er is geen overwegende reden om dit aan te nemen.

LIII.

JOUW.

Nog ééne plaats uit den *Warenar*, waaraan ik meen eene andere verklaring te moeten geven, dan tot heden is geschied. Het is de plaats, waar Lekker en Ritsert spelen met het woord *jouw*. Als Lekker, die den pot met goud gevonden heeft, tot laatstgenoemde zegt (vs. 1249):

'K heb ien avontuertjen ehat, dat te bijster nae mijn zin is,

antwoordt Ritsert:

Je hebt ien doosjen evonden, denk ik, daer ien juweeltjen, 'k
[mien ien *jouwetjen* in is.

waarop Lekker voortgaat:

Ik zegh' er een *jouwetjen* teugen, 't is niet qualijc *ejout*.

Volgens de tot heden gegeven verklaring is *jouw* het bij Kil. voorkomende znw. *jouw*, geschreeuw, *jubilatus*, *clamor rusticorum* (Plant., Hoogstraten 224; Weiland 2, 415; *Uitlegk. Wdb.* 2, 138), afgeleid van het tusschenwerpsel *jouw*; bij Kil. *io*, interjectio jubilantis et irridentis; mhd. *jû* (Lexer 1, 1483), *jô* (1481), *jûch* (1484); hd. *ju* (Grimm, *Wtb.* 4², 2338); *juch* (2344) en *juchhe*, *juchhei*, overeenkomende met lat. *io* (doch niet daaruit overgenomen). Van dit woord komt aan den eenen kant het ndl. *jouwen*, d. i. *hoonend lachen* (*Uitlegk. Wdb.* 2, 138), mhd. *juwen* en *juwezen* (ook *juwezunge*, Lexer 1, 1492); vanwaar ndl. *uitjouwen*, d. i. *hoonend uitlachen*; aan den anderen kant nhd. *juchen* (Grimm, *Wtb.* 4², 2345); ndl. *juichen*; mhd. met afleidingsuitgang *jûchezen* (Lexer 1, 1484; vgl. ags. ww. op *ettan*); hd. *jauchzen* (Grimm, 2269) en *juchzen* (t. a. p. 2346).

Het schijnt mij toe, dat dit woord in den eersten regel door Hooft niet kan bedoeld zijn; al behoeven wij in eene woordspeling niet altijd eene fijne geestigheid te vinden, deze komt mij al te gezocht en zouteloos voor. Bovendien heeft men geen vrijheid, om het woord *jouw*, als znw. gebruikt, op te vatten in den zin van *niemendalletje*. Er is eene andere verklaring, die mij aannemelijker voorkomt. In het fri. was in de middeleeuwen een woord *jouw*, dat de bet. had van *lijfgift*, en dat verscheidene malen voorkomt in de *Friesche Stadrechten*, uitgeg. door A. Telting, b.v. bl. 42, art. 115: Vanden lyffghiftinghe, waar het woord driemalen genoemd wordt; bl. 93, art. 96: van *iouwen* ende van liefgheften tot alrehoechste; art. 97: »van mynre *iouwen* ende liefgiften", waar het woord tweemalen voorkomt; en bl. 177, art. 134. Het woord is één in oorsprong met ons *geven*. Zie Richthoven op *iova*, *ieva*; Epkema 230 op j o u w (*ik geef*) en j u w n e (*gegeven*). Kan niet dit woord bedoeld zijn door Ritsert? Het is het eenige Friesche woord niet, dat in het Amsterdamsche dialect van de 17de eeuw zou zijn blijven bestaan. Het straks behandelde *dusk* is vermoedelijk ook uit het Friesch in het Nederlandsch ingedrongen; van *benard* is nog onlangs hetzelfde vermoeden uitgesproken door Dr. Kluyver, in een der stellingen achter zijn academisch proefschrift; de mnl. rechtsterm *aft* in *aftedach* en *aftenstoel* is uit het fri. afkomstig, enz. Bij een nader onderzoek, dat hoogst gewenscht en nuttig is, zouden waarschijnlijk meer woorden op deze wijze in onze taal blijken te zijn gekomen. Is deze verklaring juist, dan zegt Ritsert, nadat Lekker hem van zijn geheim deelgenoot heeft gemaakt, schamper: Gij hebt zeker een doosje gevonden met een *juweeltje*, of misschien met een *kapitaaltje*, *een aardig sommetje geld* Lekker antwoordt dan daarop: ik kan, als gij mij niet gelooft, u met een *jouw* (hier *hoongelach*) beantwoorden, en dan zijn wij, dunkt mij, niet kwaad aan het *jouwen* of *jouw zeggen*. Het komt mij voor, dat het noodzakelijk is, dat de beide woorden *jouw* twee verschillende beteekenissen hebben, en dat de zin bij mijne verklaring wint. Het blijft evenwel nog de vraag, of men het recht heeft, het znw. *jouw*, dat in 't fri. eene bepaalde beteekenis heeft, nl. die van *donatie*, in een algemeener zin op te vatten, en of met mijne verklaring de woorden '*k mien*, in vs. 1250, wel tot hun recht

komen, immers deze sluiten eene h e r r o e p i n g van het voorafgaande in.

LIV

DRECHT.

Zooals bekend is, komt dit woord tweemalen voor in den
Wap. Mart., en wel op de volgende plaatsen:
I, 82:

> Alse dat swerc daer ieghen vecht
> Entie nevel met sire *drecht*,
> Sone can soe (*de zon*) tier uren
> Niet ghetoghen haar scone lecht.

en *Verk. Mart.* 82, in den terugslag op deze verzen:

> Noch swerc, noch oec des nevels *drecht.*

In eene Aant. op zijn *Wap. Mart.*, heeft Verwijs, bl 96,
van het woord eene afleiding bedacht, die oppervlakkig beschouwd, zeer waarschijnlijk is, doch desniettemin onjuist.
Toen de *Stroph. Gedichten* van Verwijs door mij met het Gloss.
voor de pers werden in gereedheid gebracht, kwam er bij mij in dezen
nog geen twijfel op, en heb ik de verklaring van Verwijs zonder aarzelen overgenomen. Thans ben ik echter beter ingelicht,
en deel ik de ware afleiding hier mede. De verwantschap met
draaien is onhoudbaar, evenals met het ohd. znw. *dráti*; mnd.
dræte. De vocaal van *drecht* is onmogelijk met die van *draaien*
overeen te brengen en ook de keelletter is een bezwaar. Doch
indien V. de bet. *impetus*, d. i. *snelheid*, *vaart*, aan deze woorden toegekend, voor het mnl. *drecht* had overgenomen, dan zou
hij toevallig de waarheid geraden hebben. Want *drecht* is een
wisselvorm van *dreft*, en dit van *drift*, dat niet beter dan door
impetus kan worden weergegeven. Het duidelijkst blijkt de
waarheid van deze afleiding uit eene andere plaats, waar *drecht*
voorkomt, en waar het ook blijkbaar van *driven* afgeleid is.
In de *Overijs. Gedenkst.* van Racer (6, 78) lezen wij: »Dat nye-

mant hannep noch vlas roeten en sal bynnen onser drecht van daer die mole plach *te* staen hent an die uterste palen." Racer verklaart *drecht* als lat. *trajectus*, doch dit is onjuist, vooreerst om de beteekenis en ook om het geslacht, daar dit *drecht* ml. is. Men vatte *dricht* of *drecht* op in de beteekenis van het mnl. *bedrijf* of *bedrift*, dat nog nader in vorm staat aan het hier behandelde woord d. i. *district*. Ook *drift* zelf komt in de bet. *district* voor, nl. Mieris 2, 312 a: So waer ons ... enich recht verscijnt ende die dijcgrave ende die gheswoerne niet en weten ane wien ment houden mach *(wien er voor aan te spreken)*, daer sal comen die dijcgrave van der *drift* ende wisen bi namen ende toenamen. Zie *Mnl. Wdb.* op b e d r ij f en b e d r i f t.

Evenals *drecht* naast *dricht*, zoo komt ook *dreft* voor naast *drift*, nl. Hadew. 1, 47, 16 (op eene niet zeer duidelijke plaats, doch dat zijn wij bij zuster Hadewijch wel gewend):

> Dat emmer deen moet sijn
> Suetecheit ochte smerte ochte beide te male
> In *dreft* voer minnen aenscijn.

De bet. zal hier wel zijn: *aandrang, onstuimigheid*, hd. *schwung*, en de zin deze: dat altijd een van beide, vreugde of smart, of beide te gelijk, voor (ten opzichte van) de liefde (als men verliefd is) in werking moet zijn, zich levendig moet doen gevoelen.

Eindelijk vindt men eene bevestiging mijner afleiding in het feit, dat in 't Mnl., gelijk nog heden in het West-Vlaamsch (De Bo 266), het znw. *dricht* voorkomt in de bet. van *bewerking van bouwland*, vooral bestaande in ploegen, zaaien of planten. Vgl. mhd *trift*, weide. Beide woorden komen van *drijven*, in de bet. *jagen, voortdrijven*, gelijk ook *dreef*, eig. een weg waarlangs vee *gedreven* worden kan, een weg voor veevervoer. In 't Mnl. vindt men het, *Cron. van Vlaend.* (uitg. Bibliophilen) 1, 13: Vele lieden in Vlaenderen, dewelke vele lands wonnen ende bedeghen zeere rijke, ende waren vry in Vlaenderen, besittende vry al tlandt, dat zy *te drichte gewonnen* hadden, d. i. *bebouwd, bewerkt.*

Een nader onderzoek zou moeten leeren of niet ook de vele Ndl. plaatsnamen op *drecht* (Barendrecht, Beerendrecht, Duivendrecht, Dordrecht, Katendrecht, Loosdrecht, Moordrecht, Mijdrecht, Ossendrecht, Sliedrecht, Woensdrecht, Haastrecht (?), alsmede Drechterland) d i t woord *drecht* (d. i. *drift*, misschien in de bet. *weide* of *bouwland*) bevatten, en niet, zooals men tot heden algemeen gelooft, een anderen vorm van *trecht* of *tricht* (Utrecht, Maastricht), in welk laatste geval ook de *d* van het woord onverklaard blijft.

DWARS, DWERS.

Evenals thans *dwars*, was *dwers* in 't mnl. de gewone vorm voor het bnw., dat in het got. *þvairhs* luidt, d. i. *toornig, boos* (vgl. ons *dwars*, van een persoon gezegd); ohd. *dwĕrach, twĕrh*; ags. *þveorh*; mhd. *twĕrch, dwĕrch*, en *quĕrch*; hd. *zwerch-* in samenstellingen; als *zwerchfell*, lat. *praecordia*, e. a., en in *überzwerch*, overdwars. Zie Kluge 391. Doch de vorm van deze woorden komt niet volkomen met dien van *dwars* overeen, want dit woord heeft zijn keelletter op het einde afgeworpen, en staat daarin gelijk met ohd. mhd. *twĕr*; onr. *þvĕrr*; mhd. en hd. *quer*, eng. *queer*. Dezelfde afwerping van de keelletter vindt men ook in ndl. *door*, hd. *durch*, eng. *through*, got. *pairh*, ags. *þurh*; in mnl. *no* voor *noch*; *ho* voor *hooch* in *hoovaardij*, mnl. *homoet* (doch vgl. Franck, *Gramm.* § 114, 3 Aanm.).

Ook het mnd. kent eene reeks samenstellingen met *dwer-*, als *dwerholt, dwerlant, dwernât, dwertûn, dwerwint* (Lübben 1, 614 vlgg.). Met het oog op deze vormen is de vraag natuurlijk, hoe het komt, dat ons woord *dwars* luidt, en niet *dwar*, mnl. *dwers* en niet *dwer*, en of dit bij ons de oudste vorm is geweest. Vooreerst doe ik opmerken, dat ook in andere talen de vorm met *s* voorkomt; nl. mnd. *dwers*, *dwars*, *dwass* naast *dwer* (Lübben 1, 613); de. zw. *tværs*; mnd. *dwersnacht* naast *dwernacht*; zoo ook *dwerhûs* (in *dwerstrate* is het niet uit te maken); en dat men in andere talen weder een anderen afwijkenden vorm vindt, nl. de. *tvært*, zw. *tvärt*, onr. *þvert*; eng. *thwart* (E. Müller 2, 548). In beide gevallen is het woord van adverbium bnw. geworden; de *t* is de uitgang van het onz. adj. in den 4^{den}, de *s* die van het onz. adj. in den 2^{den} nv., vgl. ags. *þwyres*, mhd. *twërhes* en *twëres*, die bijw. zijn. Wat den vorm zonder *s* betreft, die is in het mnl. slechts in ééne samenstelling, eene zeer kostbare dus, bewaard. Bij Mieris 2, 247*a* lezen wij in eene oorkonde van 1370 tweemalen het woord *dwerree*, *dwarree*, in den volgenden samenhang: »Voert moghen si die *dwarree* ende waterkeringhe ghebruken ende besighen tot horen wille ende meesten oerbaer;" en »Die van Scoenouwen moghen mit eenre dwersweteringhe daer in comen tusschen der *dwerree* ende den husen."

Dwerree beteekent *dwarssloot*, in het mnl. ook *dwersgreppe* genaamd. *Ree* is in de bet. *sloot*, *greppel* nog heden in het West-Vlaamsch in gebruik. Zie De Bo 920. Het woord komt van fr. *raie*, ofr. *roie*, mlat. *riga* (Scheler 379), en is beter bekend in den vorm *reie*, *rei*, nog heden te Brugge de algemeene benaming voor de stadsgrachten. Kil. heeft r e y e , r u y e , aquaeductus, rivus, profluens, et fossa publica; z. ald. en vgl. De Bo 926 op r e i e.

Ten slotte wijs ik op eene afleiding van *dwar*, die in onze taal voortleeft, nl. het ww. *dwarren*, thans verouderd (De Jager, *Freq.* 1, 105; 2, 1173); mhd. *twërhen*, *twërgen*, *twirhen*; hd. *queren*, eng. to *thwart*; oeng. *thwerten* (E. Müller 2, 541); mnl. *queren* (naast *dwersen*), doch nog heden overbekend uit het freq. *dwarrelen*, *dwerrelen*. De Jager (*Freq.* 1, 104; vgl. 106) zegt: »*Dwarrelen*, *dwerrelen*, zijn voor *warrelen*, *werrelen*, met de *d* voorop, van *warren*, *werren*." Het zal raadzaam zijn aan deze afleiding »met de *d* voorop" niet te gelooven; de door mij gegevene is volstrekt niet in strijd met de tegenwoordige beteekenis, verklaart beter den vorm, en vindt een steun in het mnd. *dwerwind*, d. i. *zijwind* en *wervelwind*, turbo, ons *dwarrelwind*; zie Lübben 1, 615, waar men ook in eene aanhaling de uitdr. *en dwere wint* opgeteekend vindt.

<hr>

LVI.

HALVERWEGEN.

Eene der wijzigingen, welke door de Nieuwe Spelling zijn ingevoerd, waarmede ik steeds het minst vrede gehad heb, is de verandering van *halverwege* in *halverwegen*. Het meervoudsbegrip, dat door deze spelling in het woord gelegd wordt, scheen mij met den aard van het woord onvereenigbaar, en ik kon mij niet begrijpen, dat, terwijl men zoo angstvallig de *n*, het meervoudsbegrip, uit het woord *behalven* verwijderde, hoewel het daar van de oudste tijden af in gelegen had, men omgekeerd dat begrip, voor het uiterlijk althans, verbond met een woord, dat het meervoudsbegrip naar mijne meening buitensloot. De »Grondbeginselen der Ned. Spelling" geven geen reden op van deze verandering, doch dit was zeker naar de meening der redactie ook onnoodig, daar er alleen eene graphische verandering werd ingevoerd. Zoo meende men althans, te oordeelen naar de woorden van § 155, 5: »Aaneengeschreven worden uitdrukkingen, bestaande uit een adj. in den sterken genitief op -*er*, gevolgd van een subst. in oneigenlijken zin genomen, als *allerwegen*, *halverwegen* (verschillend van *halfweg*), *gewapenderhand* enz." Hieruit blijkt, dat men in de vroegere spelling *halverwege* ook een 2den nv. mv. zag, en de juistheid daarvan meen ik te moeten betwijfelen. Voorbeelden van de spelling van het woord in de middeleeuwen kan ik niet bijbrengen, ook is het niet zeker dat het in dezen vorm in 't mnl. voorkwam; wel vindt men den juisten vorm *ten halven weghe* (*MLoep* III, 2579; mhd. *ze halbem wege*), doch ik houd mij overtuigd, dat men in 't mnl., als de vorm voorkwam, ook de spelling *halverwegen* gekend heeft, maar daarom behoeft men er nog geen 2^{den} nv. mv. in te hebben gezien. In de 17de eeuw spelde men *halverwege*; zoo b.v. *Cluyswerck* 285: »Noch gaet die danck maer *halver weghe*," doch men weet, dat onze verbuiging van de middeleeuwen af bezig is geweest in de war te raken en de spelling alleen bewijst dus niets.

Doch indien nu *halverwegen* niet is een 2de nv. mv., wat is het dan? Het is de 2de of 3de nv. enkv., adverbiaal gebruikt, van een vr. znv. *wege*, dat naast *weg* heeft bestaan, en de uitdr. verschilt dus slechts in vorm van *halfweg*, hd. *halbweg*, dat een adverbiale 4de nv. is. De uitdrukking had ook (en heeft misschien oorspronkelijk zoo geluid) *te halver weghen* (zie boven) kunnen luiden, gelijk men b.v. ook vindt *te halven woorde*, *te halver spraken* (*Parth* 8221; *Troyen* 3129). Daarnaast bestaat in het hd. ook een adverbiale acc. *halbwege* uit *halbe wege*, dat in het Woordenb. van Grimm (4², 219) als mv. verklaard wordt: »nur dasz das pluralische *halbwege* aus dem gesichtspuncte zweier personen, (gefaszt ist), die sich in der mitte begegnen, von denen also jede einen weg macht." Deze verklaring komt mij te gekunsteld voor, en ik zie er liever in een acc. vrouw, adverbiaal gebruikt, te eer daar ook in het mhd. het vr. znw. *wĕge* bestaan heeft. Zie Lexer 3, 720: *ûz der wĕge faren*, waarbij hij aanteekent: »ein scheinbares stf. *wĕge* (in deze uitdr.) ist wol aus *ûzer wege* zu erklären." Dat dit niet noodig is, blijkt uit de vergelijking met het mnl. Hoe dit vr. znw ontstaan is, doet in dezen niets ter zake: het is ongetwijfeld ontstaan door verkeerde analogie, d. i. bij vergissing, doch het feit staat vast, dat het bestaat, in 't mhd. zoowel als in het mnl. In dit licht beschouwd, wordt de tegenwoordige spelling *halverwegen*, welke verkeerd zou zijn als men aan een 2^{den} nv. mv. dacht, in eer hersteld.

Voorbeelden van het vrouwelijke znw. *wege* (st. of zw. verbogen; daarom zijn *halverwege* en *halverwegen* beide te verdedigen) vindt men:

Limb. II, 590:

> Segtmi,
> Es die stad al omme beleghen,
> Ende oec in welker *weghen*
> Wiere selen comen inne?

d. i. *langs welken weg, op welke wijze.*

Rose 1605 var.:

> Dat ickene (*den knop*) gerne hadde gecregen,
> Haddic gedorren in eeniger *wegen*;

1135:

> Menegen riddre . . . .
> Die hi met fortsen vorde *sire wegen*,

d. i. *zijns weegs*; mnl. *siere straten, siere verde*. Of heeft men hier een mv. aan te nemen? *R. v. Utr.* 2, 18: Dirc B. nochte nyemant van *sire weghe*.

Zonder twijfel is het gebruik van dit vr. woord toe te schrijven aan het voorbeeld van vr. woorden, welke in verschillende uitdrukkingen met *wech* gelijke beteekenis hebben, b. v. *strate, verde, wise*, en van uitdrukkingen, waarin een 2de nv. vr. van *wegen* afhing, b. v. *van der heerlicheit weyen* (*R. v. Utr.* 2, 19), gelijk b. v. door dezelfde oorzaak bij ons de uitdr. *om der wille van* ontstaan is uit *om den wille van*; maar het feit staat vast, dat er een vr. znw. *wege* geweest is, en de gevolgtrekking ligt voor de hand, dat in onze uitdr. *halverwege* of *halverwegen* een spoor van dit woord is bewaard gebleven. In 't mnl. bestond het nog in eene andere uitdrukking (tenzij men hier aan een meervoud moet denken), nl. in *onderwegen*, ons *onderweg*; vgl. hd. *unterwegs*; mnd. *underwege* en *underwegen* (Lübben 5, 39). Het mhd. had als wij *unter wegen* (Lexer 3, 720 op wĕc).

Zie b.v. *Merl.* 16600:

> *Onderwegen* . . . .
> Vondensi den coninc Gwinebante.

Sp. III*, 16, 149:

> *Onder weghen* an hare quam
> Een vos.

Lorr. I, 1125:

> Dus voeren Garijn ende Ritsart
> tAken waert sere beswaert.
> *Onderwegen* vernamen si enz.

Lanc. II, 37444:

> *Onderwegen* vragede hi daer naer
> Wat si ende haer suster hadden gaens.

Op het punt van het grammatisch geslacht kunnen nog vele ontdekkingen worden gedaan: men is daarop betrekkelijk slechts korten tijd opmerkzaam geweest en toch is het eene zaak van groot belang, die bij de vraag omtrent de identiteit van twee woorden niet uit het oog moet worden verloren. Zou men b.v. niet in verzoeking komen, het got. *libains* voor identiek te verklaren met ons znw. *leven*, wanneer men over het hoofd zag, dat het got. *libains* vr., ons znw. *leven* daarentegen onzijdig is? Wat wij straks bij *wege* opmerkten, vinden wij ook bij andere woorden, nl. een vrouwelijken bijvorm van een mannelijk woord; daaruit kunnen allerlei schijnbare afwijkingen worden verklaard. Zoo moet b. v. naast het mnl. *mond* een vr. vorm bestaan hebben, waaruit verklaard worden kan het mnl. *uut ere mont* (*Ferg.* 1063 en 2941) en het 17de-eeuwsche *wel ter mond* (*War.* 674). Werkelijk vinden wij b. v. in 't mnl. een vr. znw. *gloede* naast *gloet* (*Wap. Mart.* I, 168); *spoede* naast *spoet* (*Bloeml.* 3, 11. 108); *bode*, d. i. *tijding, bericht*, naast *bot* (zie *Mnl. Wdb.* 1, 1327); *bouwe* naast *bouw*: *boute* naast *bout* (*Mnl. Wdb.* 1, 1400 vlg.) en ik houd mij overtuigd, dat men, indien men in deze richting gaat onderzoeken, de oplossing vinden zal van allerlei raadsels, misschien ook van de uitdr. *vlug ter been, terloops, ter oore, uiter oogen*, enz.

Nog op één punt, het gramm. geslacht betreffende, vestig ik bij deze gelegenheid de aandacht, nl. op het bestaan van *epicoena*, d. z. woorden, die één grammatisch geslacht hebben voor personen van verschillend natuurlijk geslacht, en dus dezulke, die het ml. geslacht gebruiken voor een vr. persoon. Bij diernamen is ons dit verschijnsel uit het Latijn genoeg bekend, doch het mnl. strekt dit ook uit tot bezielde wezens.

Voorbeelden vindt men *Theoph.* 1525: Dat hi *den alrewertste bode* ende den besten vele voer Gode van den hemele ontfinc, ende (d. i. *die*, nl. *Maria*) hem boedscapte dese dinc; *MLoep* I, 767: Ic heb *minen boel* gesien; *OVl. Lied. e. G.* 55, 8: Ic weinsche hem heyl op elcken dach, die *sinen boele* hout stede ende trouwe; *Sp.* III⁰, 38, 65: Datter doot ware der suster ene...; soe bat datmen hare brochte *den doden*; *Rijmb.* 23214: Doe begreep hi (*Simon*) sinen gast (*Maria Magdalena*); *Lorr.* II, 1978: Daer si (*Helene*) harer joncferen vant, die so sliep herde vaste ende luttel wiste van *desen gaste.*

LVII.

FNUIKEN.

Dit woord, waarvan mij tot voor korten tijd de afleiding onbekend was, wordt door ons slechts in fig. opvatting gebruikt, nl. in die van *iemands macht knotten*, *hem aan zich onderwerpen*; of met de obj. *trots*, *macht* en dgl. verbonden, *een einde maken aan.* De eigenlijke, thans verouderde, opvatting was *een vogel de slagpennen uittrekken*, te vergelijken met *kortwieken*, welk woord dezelfde fig. opvatting heeft als *fnuiken*; als derde kan daarnaast gesteld worden *iemand vleugelen*, d. i. *hem de handen binden*, *hem knevelen*; vgl. hd. *flügeln*, d. i. *een vogel vleugellam maken* (Grimm. *Wtb.* 3, 1844, en De Jager *Schijnb. Freq.* 136 vlg.). Van de eigenlijke beteekenis heeft het mnl. (zoover mij bekend is) één voorbeeld, en wel *Van Vrouwen e. v. Minne* VII, 23:

Die pluumgrave wil sijn swaenkuken
Gaen corten, merken ende *fnuken.*

De letterverbinding *fn* is zeldzaam in het germaansch, althans in sommige talen, doch in de vroegere niet zoo zeldzaam als tegenwoordig. Grimm heeft in zijn Woordenboek
(4, 1863) uit de verschillende germ. talen de voorbeelden
bijeengebracht van deze letterverbinding, die in 't Gr. door de
verbinding πν rijk vertegenwoordigd is, doch in 't Lat. in het
geheel niet voorkomt. Zie het merkwaardige artikel t. a p. In de
algemeene ndl taal bestaan nog slechts twee woorden met *fn-*, nl.
fniezen (Kluge op *niesen*) en *fnuiken*. Doch er zijn er meer geweest.
In 't mnl. kent men nog *fnase* of *vnase* of *fnazel* (De Jager, *Freq.*
1, 118) d. i. *rafel*, *vezel*, ags. *fnäd*, vezel of zoom, zw. *fnas*, huls
(in het mnl. ook (en gewoonlijk) *vase* of *vese*; hd. *fase* en mhd.
vase; ags. *fäs*, ohd. *fasa* en *faso*, verwant met *vezel*, hd.
faser, waaruit dus de *n* uitgestooten is; vgl. *purren* voor *pfnur-*
ren, *pfoser* voor *pfnoser*; *pfui* voor *pfnui* (Grimm t. a p.)). In
dialecten leven zeker nog meer woorden met *fn-*, gelijk Grimm
te recht veronderstelt: uit het Zwitsersch en het Beiersch noemt
hij er verscheidene Uit onze dialecten zijn mij bekend *fnasen*,
fnezen, *affnezen*; ook *fazelen* en *vezelen* (De Jager, *Freq.* 1, 118),
d. i. *rafelen*; het Urksche *fnadderig*, week, geleiachtig (*T. en*
Lettb. 6, 33), het Noord-Hollandsche *fnuisteren*, fluisteren
(Bouman 29), en het woord *fneek* in het platte dialect van Amsterdam en omstreken, d. i. *knuist*, *klauw*, *klavier* (b. v.: hou je
fneken thuis, (in Noord-Holland *fleek* (Bouman 27) van de
klauwen van eene kat), altemaal, evenals *vlerk*, platte benamingen voor *hand*. Vgl. nog fri. *fnuwckjen* (Epkema 122), d. i. *fnui-*
ken, *kortwieken*; fr. *fnoskjen*, knauwen, knabbelen [1]); oostfri.
fnûken en *fnûke*, *fnûk* (slag, stoot; Koolman 1, 527, die het
Gr. πνίγειν vergelijkt); *fnuggen* (*fnukken*), hakken, snijden
(t. a. p. 526, waar men ook andere germ. woorden met *fn-*
vermeld vindt); onr. *fjuka* (st. ww.; praet. *fauk*, het germ.
stamww., waarvan het znw. komt, dat het zw. ww. *fnuiken*
heeft opgeleverd), door den wind voortgedreven worden, b. v.

---

[1] Volgens schriftelijke mededeeling van den Heer L. Leopold.

van sneeuw, asch enz. (Möbius 104); en noordfri. bij Outzen: *»fniese*, niezen (in Noord-Holland *fniesten* (Bouman 28); oeng. *fneosen* (Strattman 176; vgl. oeng. *fnasten*, 175; Halliw. 366; Koolman 1, 527); *fniestre*, wenn man in ein leichtsinniges und muthwilliges lachen ausbrechen, und es doch gerne verhalten will; zuiddeensch *flünstre*, *fnisterig*, leichtsinnig, muthwillig; *fnuwkje*, ausduften, verstieben, oder vom winde getrieben werden, wie staub, spreu etc., s. Ihre *fnyka*, — daher *fnyge*, *fnog*, *fnug* an der gränze bei Jütland; z. b. von schnee". Dit laatste woord *fnuwkje*, het onr. *fjuka*, en een der genoemde dialectische woorden uit onze eigene taal brengen ons op den weg, om den oorsprong van *fnuiken* te vinden. Uit de bet. *de slagpennen uitrukken* of wel *kortwieken* kunnen wij met eenige zekerheid besluiten, dat *fnui ken* moet zijn een denominatief, en wel afgeleid van een znw., dat de bet. *vlerk*, *vleugel*, *slagpen* heeft. De bet. van het ww. kan zich op twee wijzen uit een naamwoord ontwikkelen: zij kan òf eene privatieve worden, en dan bet. het ww. *ontdoen* of *berooren* van datgene, wat de stam uitdrukt; vgl. *wieden*, *ragen*, *schillen*, *pellen*, *bolsteren*, *stoffen*, *doppen*, *gallen*, *spenen*, *schuimen*, *schubben*, enz. Deze bet. heeft o n s *fnuiken*, evenals *vleugelen*. Of de bet. kan zijn *gebruiken datgene wat de stam uitdrukt*, en dan moet *fnuiken* de bet. aannemen van *vliegen*, *fladderen*, juist de beteekenis, die wij zagen dat het onr. st. ww. *fjuka* en het Noordfriesche *fnuiken* bij Outzen heeft, en juist de beteekenis, die het mnl. ww. heeft, dat éénmaal in den *Alex.* voorkomt, en dat met *fnuiken* identisch is, nl. *vlieken*. Zie I, 1100. Evenals bij Outzen en in 't onr. van asch, sneeuw, stof, stroo enz., zoo wordt daar het woord van rook gebruikt, in de bet. van *door den wind her en derwaarts bewogen worden*, *op de vleugelen van den wind worden voortgedreven*. De door Franck (bl. 403, waar ook o. a. *vlok* in *sneeuwvlok* genoemd wordt) te recht aangenomen vorm en beteekenis ontvangen door het boven gezegde eene verrassende bevestiging.

Wat nu de vormen *vlieken* en *fnuiken* betreft, men merke op, dat de liquida na de *f* zeer licht verandering ondergaat en dat *fn* gemakkelijk *fl* worden kan, daar het minder moeite vergt van de spraakwerktuigen. Welke van de beide vormen *fn* of *fl* in een bepaald geval ouder is, doet hier niet ter zake en is niet vooruit te bepalen; in het N.-Holl. vinden wij *fnuisteren* naast Holl. *fluisteren*, en omgekeerd *fleek* naast Holl. *fneek*; vgl. zuiddeensch *flünstre* naast *fnisterig*; het is voor ons doel voldoende, dat zij naast elkander voorkomen. Thans hebben wij het recht gekregen het mnl. *vleke* of *vlieke*, mhd. *fleke*, *flike*, d. i. *pijl* (zie voorb. bij Franck, t. a. p.) voor identisch te verklaren met het in het holl. dialect bewaarde woord *fneek*, Noord-Hollandsch *fleek* (vanwaar weder een nieuw ww. *fleken*, d. i. *zijn fleken* of *nagels gebruiken*, *krabben*, Bouman 27). De beteekenis van *pijl* ontwikkelt zich uit die van *veder*, *vlerk*, *vleugel* even geleidelijk, als aan den anderen kant, een woord, dat *vlerk* beteekent, de beteekenis *hand* kan aannemen. Het woord *vlerk* zelf wordt evenzoo in platte taal voor *hand* gebruikt. Ook Kil. kent het woord *vleke*, en wel in de bet. *vlinder*, ook al weer dus genoemd naar de fladderende beweging. Van dit znw. *fneke* of *vleke*, uit mnl. *vlieke* of *fnieke*, waarvan een holl. bijvorm *fnuike* kan bestaan hebben (vgl. in verschill. dialecten *huiden*, *hieden*, *heden*; *duister* (*diester*) en *deester* (*D. Lucid.* 3314, rijmende op *preester*, waaruit men tot een vorm *diester*: *priester* besluiten mag), komt het ww. *fnuiken*, waarvan vorm en beteekenis beide door mijn betoog volkomen worden verklaard.

Zou niet, zoo vraag ik ten slotte, het fr. *flèche* uit het germ. (mnl.) *fleke* ontleend zijn, en wij dit in den vorm *flits* hebben teruggekregen? Deze gang van zaken komt mij ook om de *ts*, die in vele woorden een bewijs is van Franschen oorsprong (vgl. *rots*, *koets*, *fatsoen*, *rantsoen*, *kaatsen*, e. a.) aannemelijker voor dan de tegenovergestelde, die tot heden de algemeen aangenomene is.

LVIII.

EEN als bijwoord.

De dichter van den *Moriaen* verdedigt vs. 2261 Walewein, die voor eene overmacht heeft moeten bukken, doordat men hem zijne wapenen ontstolen had, met de volgende woorden:

> Dus moeste Walewein gaen onder,
> Ende dat en donct mi geen wonder:
> En es oec so starc man geen
> Onder gode nember een,
> Men mochten dicwile met scampe
> Verwinnen wel, ende bi campe.

De vierde regel, die op het eerste gezicht niet duidelijk is, wordt door Franck in zijne beoordeeling van den *Moriaen* (in *Anz. für Deutsches Alterthum VII*) gebrandmerkt als »sehr nichtssagend": hij vermoedt eene fout, en zou willen lezen: »hondert gaden ember een," indien hij voorbeelden van mnl. *gaden* in den zin van *evenaren, opwegen tegen* kende. Doch nog daargelaten, dat *gaden* deze bet. niet heeft (wèl als intr. die van *paren met*, of *komen bij*, eene bet. die dus (dit moet erkend worden) zeer na grenst aan de door F. verlangde), zoo is bovendien elke verandering overbodig, want de tekst is in orde. Het telwoord *een* komt nl. in het mnl. ook als bijwoord voor, in den zin van *eens*. Zoo in de eerste plaats in de uitdr. *een voor al*, vgl. hd. *ein für allemal* en *eins für allemal*. *Eins* in deze uitdr. kan de gewone vorm van het onz. van *ein* zijn, en behoeft dus niet met ons bijwoord *eens* identisch te wezen. Zoo b. v. *Etst. v. Drenthe* 29: Dat Roeloff mach dat gelt nemen *een voer al*, well dat he will; *Brab. Y.* VII, 3029: Denwelken die coninc *een voor al* ... met sijns selfs monde beval. Zoo ook in de uitdr. e m m e r e e n, d. i. *altijd* (eig. *altijd eens*) en n e m m e r e e n, die *nooit* (eig. *nooit eens*; vgl. ndl. uitdr. als: »hij zal *nooit eens* iets goedkeuren"). De regel uit *Mor.* beteekent dus: »er is nooit in der eeuwigheid (eene versterking van *nemmer* dus) onder den hemel (op aarde) iemand, die n o o i t zou kunnen overwonnen worden" Voorbeelden van de uitdr. *emmer een* vindt men *Limb.* III, 90: Ic bestane in stride of in campe *emmer een* (d. i. *vast en zeker, in elk geval*) soe dat deen van ons tween emmer sal loves lyen; en (in *tmesi*, d. i. van elkaar gescheiden door andere woorden) *Amand* II, 1485: So datter somighe tote hem quamen ende argumente ieghen hem namen, maer *emmer* bleef hi *een* te boven, d. i. *steeds, zonder uitzondering, altijd door bleef hij de baas.*

LIX.

WAN, WAEN, WANE.

Een mnl. bijwoord, waarop het eerst door D^r. J. W. Muller in de stellingen achter zijn academisch proefschrift [1]) de aandacht gevestigd is. Het heeft de beteekenis van *welaan, waarom niet, komaan,* lat. *quidni,* en komt voor *Aiol-fr.* 483:

> Wie is it u vergaen te nacht?
> Hebdi iet goeder visce bracht?
> Wan, laetti helpen u dar af?

d. i. waarom laat gij u niet helpen, om u van uwe vracht te ontdoen? Uit de Aant. t. a. p. blijkt, dat ik bij de uitgave der fragmenten de plaats nog niet goed verstond. Het fr. heeft »car le nous delivres," een soortgelijk woord, van lat. *quare.*

Rein. II, 1216:

> *Wane,* Tibeert, ghi en waert nie blode!
> Wane (*van waar*) mach u comen desen wanc?

6410:

> *Waen,* Reinaert, fel quaet cockijn;
> Niemen en can hem hoeden voor di.

Rose 2497:

> Ay sonne, *wane* (var. *twine*) haesti uwen opganc
> Ende jaget en wech dien nacht lanc!

---

1) De oudere en de jongere bewerking van den Reinaert, 1884.

15

Brugman 1, 224: Sy waren ondancbaer ende spraeken: *Wan*, hoe suet is dit broet! ons walget van deser sueter lacker spisen! *Proza-Rein.* 13 *v.*: *Wane*, vuyle druyt Lantfert!; 22 *v.*: *Waen* oem, onsalich man, wat wildi doen! 53 *v.*: *Waen* u, Reinaert, waertoe bistu goet, dattu niet lesen of scriven en conste; vgl. *Rein.* II, 4048. Men ziet uit deze proza-voorbeelden, dat de bet. nadert tot die van *o wee!*, *ach!*, mnl. *o wi!*

Het woord is synoniem met mnl. *wattan*, en zal dus wel een soortgelijken oorsprong hebben, en eene samentrekking zijn van *wat* en het ontkennende *en*. *Wat* in de bet. *waarom* is nog heden bekend.

LX.

VELTH. IV, 48, 31.

In hetzelfde hoofdstuk van Velthem, waarin ik vroeger het woord *persmere* verbeterd heb in *presentere* (*T. en Letterb.* 6, 302), is nog een andere fout. Vs. 10 ald. lezen wij:

> Dat Rinisse ende sine liede
> Die Fransoyse daden *fisieren*
> Ende gingen daer selve logieren.

Le Long teekent bij *fisieren* aan: »verhuysen, vertrecken," en wat den zin betreft, is dit niet geheel onjuist, doch door deze Aant. zou tevens het woord *fisieren* worden gewaarmerkt. Oudemans, wien niet licht eene verklaring, ook van Le Long, al is zij ook nog zoo verkeerd, onwaarschijnlijk of ongerijmd voorkomt, neemt deze aanteekening »met huid en haar" over, en zoo prijkt dan ook *fisieren* in zijne Bijdrage. Doch het woord heeft nooit bestaan, en heeft zijne geboorte slechts te danken aan de blindheid of onkunde van een afschrijver. Er moet staan *sisieren* of *sissieren*, meer gewoon *cessieren* van lat. *cessare*, intens. van *cedere*, dus *wijken*, *de wijk nemen*. Het woord is daarom eene aanwinst, omdat het het eenige voorbeeld is van d e z e beteekenis: de bet. *ophouden*, fr. *cesser*, is daarentegen in 't mnl. zeer gewoon.

LXI.

FRAAI.

Van dit zoo gewone woord is de ware oorsprong nog niet zoo heel lang bekend. Men meende nl. vroeger, dat het woord identisch was met fr. *vrai* [1]), daartoe verleid èn door de schrijf-wijze *vray*, èn door den versregel van Boileau, *Art. Poét.* 1: »Rien n'est beau que le vrai, le vrai seul est aimable." Doch de etymologie laat zich niet in met schoone versregels, en de beteeke-nissen van *fray* zijn met die van fr. *vrai* niet te rijmen. Het fr. woord *vrai* komt in 't mnl. wel voor, zelfs zeer dikwijls, en wordt ook wel als *fray* geschreven, doch deze feiten manen zooveel te meer tot omzichtigheid aan, omdat men duidelijk bemerkt, dat de beide woorden reeds in 't mnl. met elkaar werden ver-ward. Het bnw. *vray (fray)* = fr. *vrai*, d. i. *waar, oprecht, waarheidlievend, betrouwbaar*, vindt men o. a. *Eleg.* 1: *Vraye ystorie ende al waer maghic u tellen*; *Lsp.* II, 36, 1447: So sal op aertrike comen .. die hoghe *vraye* Gods zone; IV *Prol.* 36: Also wijt bescreven vinden in *vraeyen* boeken; IV, 7, 44: Die orconde sullen gheven van den wondren die hi doet, datti sijn *vraye* ende goet; *Troyen* 5472: Die spiegel was niet loes, mer al den lieden *vrai* altoos (*var.* scoen!); *Sp.* II[1], 36, 36: Met *fraeyer* herten (lat. *ex puro* corde); *Nat. Bl.* VI, 658: Kere dijn herte in Orient, daer die *fraie* sonne riset (d. i. *de echte, de ware zon*, nl. Christus); III, 3658: In Dietsce also ghedicht van mi, so ict *frayste* vant int Latijn (zoo vindt men ook *dwaerste*, lat. *verissima*, gebruikt); III, 2976: Dit (*Christus*) was die *fraye (de ware, de echte)* pellicaen; II, 1447: Also als die glose seghet, die in de *fraye* bible leghet; I, 147: Die *fraye* woert, diemen van Jheronimus hoert; XIII, 73: Dat nes dat *fraye* (electrum) niet; zoo ook 74 en 80; XII, 164: Dus proeft men of hi *vrai* (*echt*) es. Zie nog VI, 760 (*t.* fraie; *var.* vray); IX, 150, enz.; *Sp.* I[7], 56, 118: Ay! hoe vray

---

1) Ik zelf heb nog *Troyen*, vs. 5473 Aant deze meening voorgestaan.

die kerstine sijn (*var.* fray)! Zoo ook het bijw. f r a i l i k e , b.v. *Limb.*
Serm. 205 *b*: So behort u in Gode so *frailic* (*oprecht*) te levene,
dat mi (*men*) ure ouder seden nit meer in u gewar en werde.

Eene andere etymologie van *fraai* was deze, dat het woord
identisch zou zijn met eng. *fair*; ags. *fægr, fæger*; got. *fagrs*;
onr. *fagr*; ohd. *fagar*; osa. *fager*; zw. de. *fager*; de. *faver, feier*
(E. Müller 1, 408), doch vooreerst stemmen de vocalen niet
overeen, en in de tweede plaats zou *fraai* dan eene metathesis
moeten zijn van een vorm, die nergens is aan te wijzen.

De oorsprong van *fraai* is ergens anders te zoeken, en terloops is de ware afleiding reeds medegedeeld door Kern in een
opstel in den *T. en Letterb.* 6, 205, waar hij uit eene oude
Nederduitsche geloofsbelijdenis het woord *frâ*, vroolijk, aanhaalt,
en dan aldus voortgaat: »Om onbekende redenen, is de *â* in
dit woord doorgedrongen tot dialecten, die anders in den regel *oo* hebben, zooals 't Saksisch van den Heliant in *frâh*, en
't Nederlandsch in *fraai*." *Fraai* is nl. een door dialectischen [1]
invloed ontstane vorm voor *vroo* in *vroo-lijk*; mnl. *vro*; hd. *froh*;
mhd. *vrô* (*vrowes, vrouwes*); onr. *frâr*; ohd. *frô* (*frâwer*). De
â staat gelijk met de *â*, die wij zoo vaak in Geldersche oor-
konden voor *ô* aantreffen, en waarvan ik eene reeks voorbeelden uit het Hs. van Maerlant's *Troyen* heb bijeengebracht op
bl. 38 vlg. mijner uitgave. Dat dit werkelijk zoo is, bewijst de
mnl. bijvorm *froy*, dien wij in het Hollandsche dialect van
Hildegaersberch aantreffen, nl. 243, 53: Die Paesschen quam,
tfolc wert moy; een yghelyc die maecte hem *froy*, d. i.
trok zijn paaschbeste pak aan; en 98, 73: In hem selven soe
wert hi soe *froy* (d. i. *pedant, met zich zelven ingenomen*), dat
hem nyemant en dunct so moy van gherechter behaghelheden.
De *i* of *j* van *fraai* of *froy* dient om de oorspronkelijke slot-
consonant van den stam weer te geven, nl. *w*, waarvoor in

---

1) Voor den invloed van dialekten op de algemeene taal vgl. men b. v. *dusk* naast
dusch; *verdedigen* voor *verdadigen*; *ongeveer* naast *gevaar*; *waard, woord* en *woerd*;
zwaard, swoord en *swoerd* (*T. en Lettb.* 5, 203 vlgg.), *moot* uit *maat*; *schaats* (voor
schoots van *schieten*?), enz.

andere germ. dialecten de *h* dient. Over dit verschijnsel, nl. het voorkomen van *j*, *h* en *w* als slotconsonanten van één oorspronkelijken stam, heeft reeds Grimm in zijne Grammatica gehandeld. Vgl. ook hd. *früh*, ndl. *vroeg*, met ohd. *fruoji*; mhd. *vrueje*; eng. *cow*, met ndl. *koeien*; de vormen *oog*, *ey* en *auwe*, die *door water omspoeld land*, *eiland* beteekenen; *knauwen* en *knagen*; enz. Ook *vroilijc* (*vroylijc*) komt voor ons *vroolijk* voor, b. v. *Sp.* III², 16, 9; e. e.

Grimm heeft in zijn Woordenboek (4¹, 222) dezen samenhang reeds vermoed. »Warum", zoo vraagt hij op *froh*, »solle *froh* nicht auch an *fraai* (formosus) reichen?" En dat hij juist giste, kan bewezen worden uit de beteekenissen van *fraai* zelf, alsmede uit afleidingen van het woord, waarin de bet. *vroolijk* duidelijk op den voorgrond treedt. Indien deze bewijzen als deugdelijk worden erkend, dan zal het artikel van Kluge, die op *froh* zegt »dem Ndl. und Engl. fehlt ein entsprechendes wort (ook *vroolijk* en mnl. *vro* vergeet hij!)," gewijzigd dienen te worden. De eerste bet. van *fraai* in 't mnl. is het gevoel van iemand, die *levendig*, *levenslustig*, *flink*, *opgewekt* is ten gevolge van het besef van lichamelijke kracht; het wordt ook gezegd van iemand, die in het volle bezit is zijner lichamelijke en geestelijke vermogens, en kan daardoor ook den zin aannemen van *uitgelaten*, *dartel*, *min of meer overmoedig*, lat. *petulans*, hd. *keck* (één met ons *kwik*, d. i. *levendig*). Daaruit ontwikkelt zich weder de bet. van *zelfbehagen hebbende*, *met zich zelven ingenomen*, *pedant*, *fatterig*, *pronkerig*, *zich opschikkende*. Langzamerhand heeft zich deze min of meer ongunstige opvatting weder veredeld tot *schoon*, *prachtig*, *netjes*, gezegd ook (en dit was boven niet het geval) van z a k e n, nl. van al wat het oog aangenaam aandoet; Kil. vertaalt het door *bellus*, *scitus*, *comptus*, *lepidus*, *venustus*, *pulcher*, *elegans*, *lautus*.

Woorden kunnen, als menschen, een goeden of slechten weg opgaan, zij kunnen zich veredelen als b. v. *aarzelen* (*Ndl. Wdb.*), *houden van* (*Segh. Gloss.*), *mooi* (dat in 't mnl. eene soortgelijke ongunstige bet. had als *fraai*; *moyaert* en *fraeyaert* beide beteekenen bij Kil. *fat* (ostentator, homo lautus, bullatus), en *moy* en *fray* komen ook verbonden voor; b.v. *N. Doct.* 1001: Die jonghe knechte.. maken hem *moy ende fray*.., ende legghen hen (*den vrouwen*) laghen in kerken, in weghen ')). Een slechten weg zijn opgegaan b. v. *slecht* zelf, *boos*, *snood*, enz. Dat één woord zich ook naar beide richtingen bewegen kan, bewijst een sterk voorbeeld als eng. *queen*, koningin, en *quean*, meretrix, beide identisch met got. *qens*. Uit een met talrijke voorbeelden gestaafd hoofdstuk uit de *Geschiedenis der woordbeteekenis*, of *functionslehre*, welke nog geschreven moet worden, zouden wij in dit opzicht nog allerlei nieuws leeren en verrassende uitkomsten zien.

Thans volgen eenige voorbeelden van de verschillende beteekenissen van het mnl. *fraai*.

1. *Levenslustig, opgewekt, levendig, frisch, jeugdig*, nu en dan met een afkeurend tintje, waardoor de bet. nadert tot die van *dartel, wellustig*. Vgl. onr. *frár*, snel, vlug, flink; en voor den overgang der beteekenis hd. *lustig*; eng. *frolick*, ndl. *geil.* Vooreerst merken wij op de uitdr. **fraey ende gesont** (*Exc. Cron.* 245 *d*; *ZVl. Bijdr.* 5, 229; Kil.), d. i. *frisch en gezond.* Zie verder *Vergi* 291: Hoe mochti sijn soe *fray* van sinne, ghine droeghet int herte minne?; *Boerden* III, 145: Al sidi out ende tay, ghi selt noch wesen herde *fray*; *Ned. Kluchtsp.*² 109, 22: Hy en wil niet sterven, hy es van ghesonthede noch veel te *fray*; 94, 60: Ghy zouter u toe voughen met leden *fray* om te vulcommene Venus' labuer; *Limb.* XI, 310: Den coninc van Moriane, die van hude was al say, nochtan was hi int herte *fray*. — Van planten, *frisch*, synon. van *groen*, b. v. *Lorr.* II, 582: Elc spere... scoet gelijct in enen woude *vray* ende groene hadde gestaen. — Met eene bep. met

---

1) Door deze opmerking wordt ook de afleiding van *mooi* nog duidelijker. Het komt van den stam van *mogen*, doch bet. niet „wat men gaarne *mag*," maar werd allereerst gebruikt van personen en beteekent eig. „hij die gevoelt dat hij *mag*, d. i. *kan*, *kracht bezit*", dus *vol zelfgevoel*, *dartel*, en vervolgens, evenals *fraai*, ook *pronkerig*, *fatterig*, *van tooi en opschik houdende.* Later op zaken overgebracht.

van bet. het *flink in iets*, *ervaren in*, b. v. *Mar. v. N.* 10, 220: Nigromancie... is een conste,.. mijn oom is daer af *fraey* ende cloeck.

2. Van de bet. *pronkerig, zelfbehagen hebbende, zich opschikkende* vindt men behalve de beide straks genoemde voorbeelden uit Hild. nog deze: *Rose* 715: Men mochte *fraiere* twee (*sierlijker getooide meisjes*) viseren. — Ook van een pauw gezegd, *Lorr.* II, 693: Dat scone ors Fyau, dat *vrayere* was dan enech pau. Deze bet. nadert aan onze tegenwoordige, niet ongunstige bet., waarvan men wellicht een voorbeeld vindt in de uitdr. *fraye rime*, *Claus.* 20, en *Vierde Mart.* 20, doch het is mogelijk, dat hier het bnw. *vrai* (fr. *vrai*) bedoeld is, in den zin van *goed, gepast, passend.* Ongetwijfeld heeft het fr. *vrai* invloed gehad op de beteekenissen van *fraai*; men weet dat juist in geen geval de eigenlijke ontwikkelingsgang der beteekenissen van een woord moeielijker is na te gaan, dan wanneer twee gelijkluidende of op elkaar gelijkende woorden, als een paar planeten, elkander hebben aangetrokken. Zij verstoren elkanders banen, en bij beide of althans bij een van beide woorden is duidelijk de invloed der storing te bemerken. Als voorbeelden van dit verschijnsel wijs ik op het door mij in den *T. en Lettb.* 3, 52, behandelde mnl. woord *dangier* (uit *damniarium* en uit *dominiarium* ontstaan), op het mnl. *aert* (*Mnl. Wdb.* 1, 197); op *glimp*, waarvan men de geschiedenis vindt *T. en Lettb.* 2, 198; op ons bnw. *aardig* (van *aard* afgeleid, doch door invloed van het fr. *art*, mnl. *aert* gewijzigd; *Ndl. Wdb.* 1, 554). En nu is er nog een derde woord, dat invloed k a n hebben uitgeoefend, nl. het fr. *frais* (zelf van het germ. *frisch* of *versch* afgeleid). Vandaar die menigte beteekenissen, die het woord *fraai* in de 17ᵈᵉ eeuw had. Bij Oudem. (*Bijdr.* 2, 323) vind ik opgeteekend: 1) *vroolijk, welgemoed*; 2) *moedig, dapper, flink*; 3) *bedreven, knap, flink, deftig, fatsoenlijk* (vgl. fr. *beau monde*); 5) *gereed, bij de hand, op zijn qui vive.* En voor den wisselvorm *frey* (vgl. *meid* uit *maid*), alleen uit Bredero: 1) *fraai, netjes, opgeschikt*; 2) *mooi, schoon, van waarde*; 3) *juist*

van pas; 4) *lekker*, *smakelijk*. Het zou mij te ver voeren, indien ik al de hier genoemde beteekenissen met voorbeelden wilde ophelderen of toelichten; ook zonder dat is duidelijk gebleken, dat *fraai* onder den invloed van gelijkluidende en zinverwante woorden heeft gestaan, en dat dit de oorzaak is van die veelvuldige schakeeringen der beteekenis, welke wij bij *fraai* met voorbeelden hebben gestaafd of aangeduid.

Even als *froy* naast *fray*, zoo komen ook de ww. *verfroyen* en *verfrayen* naast elkander voor; van beide is de grondtoon *verlevendigen*, *vervroolijken*, *opvroolijken*; het wederk. ww. *hem verfroyen* of *verfrayen* bet. dus *zich opvroolijken*, *voor zijn pleizier leven*. Men vindt het Hild. 70, 212: Hoe schoen si singhen ende *hem verfrayen*, die tijt die gaet al onghelet; *Blisc. v. M.* 1695: Mijn man .. sal nu des drux sijn *verfraeyt*; 2002: Die haer gecrigen sal, mach wel *verfrayt* (*in zijn schik*) sijn; *Sacr.* 599: Nu begin ic te *verfraeyen* (*vroolijk te worden*); *ZVl. Bijdr.* 6, 337, 346: Den heleghen gheest, wiens edele rayen zoet de drie Santinnen alsnu *verfrayen* moet; *Ned. Kluchtsp.*[2] 109, 9: Ic zoude my laeten van hem *verfrayen*. Men ziet, dat het een woord is uit de latere Middeleeuwen; het oudste voorbeeld is uit Hildegaertsberch, dus uit het begin der 15de eeuw. — *Verfroyen* vindt men Hild. 62, 75; 119, 10; *Troyen* (*Volksb.*) 9 *d*: Haer gracelic wezen ... soude eender herten meest doen *verfroyen* dan alle vrouwen, die sijn in Troyen; *Con. Somm.* 150 *a*: Recht als hem dat herte *verfroyt* in den soeten roke; Zoo ook *Belg. Mus.* 9, 152 en *Versl. en Ber.* 4, 66. Een duidelijk bewijs voor de identiteit van *verfrayen* en *verfroyen* vindt men *V. d. Houte* 128, waar de tekst heeft »hem *verblide* herte ende sin," terwijl *Hs. S.* heeft »hem *verfroyde*" en *A.* »hem *verfrayde*." Zie talrijke voorbeelden van de ww. in de 17de eeuw bij Oudemans, *Bijdr.* 7, 309 vlg.

LXII.

FIOLEN LATEN ZORGEN.

Ook van deze uitdrukking, die al vaak besproken is, maar
waarvan de oorsprong nog niet vaststaat, levert ons de door
Verwijs uitgegeven bundel, welke door hem genoemd is *Van
Vrouwen ende van Minne*, een enkel, het eenige uit het mnl.
bekende, voorbeeld. In het gedicht *Van den verloren kinderen*
(*enfants perdus*) lezen wij, vs. 22:

> (Die) haer schult laten hopen
> Ende die *fyolen laten sorgen.*

In een uitvoerig artikel in het Wdb. van Van Dale, bl. 1593,
vindt men het gevoelen van Tuinman [1]), Harrebomee [2]) en
Leendertz [3]) uiteengezet en besproken. Van Dale zegt daar o.a.:
»De taalgeleerden zijn het nog altijd niet eens, of men bij *vio-
len* aan planten, dan wel aan muziekinstrumenten moet denken.
Tuinman meent nl., dat men de v i o l e n gesteld heeft in de
plaats van de »leliën des velds," welke door Christus als het
voorbeeld van onbezorgdheid aan de schare worden voorgehou-
den (*Matth.* 6, 28). Deze opvatting is door Leendertz nader
uiteengezet en verdedigd. Harrebomee daarentegen denkt, dat
het spreekwoord aan boerenkermissen ontleend is, en dat dus
met v i o l e n de bekende strijkinstrumenten zijn bedoeld. Van Dale
eindigt zijn artikel met de woorden: Hoe veel deze verklaring
van L. ook voor zich moge hebben, wij durven nu toch nog
niet de quaestie voor opgelost houden; het kan heel wel zijn,
dat er nog iets anders onder schuilt, dan tot nog toe vermoed
is." Inderdaad moet men erkennen, dat de verandering der
lelie in een *viooltje* niet heel waarschijnlijk is. Ook de rol, die de
viool, het muziekwerktuig, in de zedeles dezer spreekwijze speelt,
is niet boven bedenking verheven, doch het grootste bezwaar

1) Ned. Spreekw. 1, 9; Fakkel 504.
2) Spreekwoordenboek 2, 383, en 3, 351.
3) Navorscher 23, 155.

tegen de tot heden gegeven afleidingen is de ouderdom van de spreekwijze, die uit de aangehaalde plaats blijkt, en ik houd mij overtuigd, dat de uitleggers zelf, indien zij deze plaats hadden gekend, in hun geloof aan hunne verklaring zeer zouden zijn geschokt. Ook moet men letten op de omstandigheid, dat het woord in de spreekwijze geschreven wordt fyolen, met *f*. De bloem wordt wel is waar ook met *f* geschreven (althans meermalen, zie b. v. *Vrouw en M.* V, 71; *Rein.* II, 6009; *Stemmen* 150; *OVl. Ged.* 3, 124, 53), doch de spelling maakt toch, dat de vraag bij ons opkomt, of misschien ook het derde woord *fiool* bedoeld is, dat nog heden met *f* gespeld wordt, en dat *flesch* beteekent, en bepaaldelijk *flesch met langen hals*, doch ook *bokaal*; Kil. viole, phioole, phiala, poculum planum et repandum. Het is het lat. gr. *phiala*; mlat. *fiala* (Duc. 3, 277); ofr. *phiole*; fr. *viole*; eng. *vial*, en is bij ons het meest bekend uit den bijbel; zie b. v. *Openb. Joh.* 16, *passim*, en de daaraan ontleende uitdr. »de fiolen van zijn toorn (*phialas irae*) over iemand uitgieten." Ook vergelijke men fr. *fioler*, dat hetzelfde beteekent als ons *pimpelen* (Littré 2, 1685).

Dat dit een tamelijk gewoon woord in 't mnl. moet geweest zijn, blijkt daaruit, dat men *Ned. Proza* 229 ook het verkleinwoord *fioolkijn*, d. i. *fleschje*, vindt. Let men nu op het verband, waarin de spreekwijze in 't mnl. voorkomt, nl. in een gedicht over »verloren kinderen," en dat de voorafgaande regel luidt: »Die haer schult laten hopen," dan blijkt duidelijk, dat met *fiolen* noch bloemen noch toonwerktuigen zijn bedoeld, maar *flesschen* of *bokalen*, waarmede dorstige middeleeuwsche harten in de herberg hun dorst leschten, en die zij ledigden, zonder zich om de oploopende schuld te bekommeren, terwijl zij de flesschen of bokalen voor de betaling lieten zorgen, d. i. de gemaakte verteringen maar lieten opschrijven, in het geloof, ook der middeleeuwen, dat alles te recht komt. Deze verklaring voldoet beter dan de tot heden gegevene, en ik houd mij overtuigd dat zij de ware is.

LXIII.

HOVET, in het meervoud.

Cosijn heeft in een Artikel in het *Tijdschr. v. Ned. T. en Lett.* 2, 288 op de ags. uitdr. *æt heafdum*, voor *aan het hoofdeneind* gewezen, en mij schriftelijk de plaatsen medegedeeld, waar zij voorkomt; zij zijn *Cura Past.* bl. 101[16]: *at his heafdum*; Blickling, *Homelies* 145[36]: *æt hire heafdun*; Müller, *Collectanea* 14: *æt þan heafdon*; en Kreuz 63 (Grein 2, 145): gestodon him *æt* his lices *heafdum*. Of hij evenwel te recht daarin een instrumentalis sing. ziet, meen ik te mogen betwijfelen. Ook in het mnl. wordt dezelfde uitdr. gevonden, nl. *ten hoveden* voor *aan het hoofdeneind.* Men vindt haar o. a. op de volgende plaatsen:

Lanc. II, 13999:

> Hi dede staen sijn swaert thant
> *Ten hoefden* van den bedde.

V. d. Houte 305 *var.*:

> Smergens . . . .
> Sach Moyses, die Goeds cnecht,
> Staen dat éen gherdekijn
> *Ten hoveden* van den bedde sijn.

in den tekst staat *hoefde. Greg. Hom.* 85 v: Si sach twee enghelen in witten clederen sittende, die een *ten hoefden*, ende den anderen sat ten voeten; en *ald.*: die enghel sitten als *ten hoefden. Gesch. d. Jacobikerk* 282: die grafstede de *ten hoefden* naest gheleghen is ... ende des die grafstede ten voeten waert naest geleghen is. Zoo beteekent *ten voeten* op dezelfde wijze *het voeteneinde,* doch daar is het meerv. gepast; zie b. v. *Bloeml.* 3, 19, 69:

> *Ten voeten* van den bedde wine leggen
> Diepe int stroe;

vgl. vs. 89:

> Ghi brochten (*het varken*) ghister navont
> *Tonsen voeten* hier int stroe.

Het komt mij, vooral om plaatsen als de prozavoorbeelden, waarschijnlijk voor, dat het mv. *ten hoveden* in deze uitdr. naar analogie van de uitdr. *ten voeten* is ontstaan. Cosijn zelf acht t. a. p. een mv. hier niet ondenkbaar, t. w. in collectieven zin: *de hoofden* = *het hoofdeneind.* Onze uitdr. *hoofdeneinde* zal wel eene herinnering bewaren aan dit eigenaardig gebruik. De *n* kan althans niet uit de zwakke verbuiging zijn overgebleven: *hooft* is altijd sterk geweest.

LXIV.

VERMENNESSE.

Een woord, waarop ik hier de aandacht vestig als een nieuwe aanwinst. Alleen op eene verminkte plaats in *Denkm.* 3, bl. 118 vlgg., in de door Kausler uitgegeven en door Verwijs herdrukte sproke »Hoe een keyser twee princhen dede versoenen," is dit woord in 't mnl. gevonden, en zelf ook in min of meer verminkten vorm; het *T. en Lettb.* 2, 35 vlgg. behandelde v e r- m e n i s s e, medeplichtigheid aan moord, schijnt een anderen oorsprong te hebben. De samenhang, voorzoover men daar ter plaatse van samenhang spreken kan, is de volgende:

> Elc andren ontseide, ghelovets mye,
> Deen was hertoghe, dander grave ....

Dan zijn er twee regels (of meer) verdwenen, en gaat de tekst door met:

> Leiden *vermennesse*, ende teenen daghe
> Woude elc striden up den velde.

Kausler brengt het woord met *mennen*, ducere, fr. *mener* in verband, doch men ziet niet goed, waartoe of waarom. Verwijs in *Bloeml.* Gloss. geeft eene verstandiger verklaring, doch zij is niet juist: »V e r m e n n e s s e," zegt hij, »denkelijk = v e r m a- n e n e s s e, vermaning, oproeping ten strijde; v e r m e n n e s s e l e g g e n, uitdagen."

Het **ww.** *leggen* past volstrekt niet bij het woord *uitdaging* of *vermaning*, doch het is het gewone woord bij rechtelijke of formeele handelingen. Er zal dus het eene of andere woord moeten staan, dat eene plechtige verklaring betreft. Vgl. *den ban leggen* (*Mnl. Wdb.* 1, 546, 550); *sine wedde leggen*, e. a. Nu is in 't mnl. overbekend het **ww.** *vermeensamen*, *vermeesamen*, d. i. *uitbannen, uitstooten*, synon. van mnl. *verwaten*; zie het Art., dat in Verwijs *Bloeml.* op v e r m e n - n e s s e volgt; *Lsp.* Gloss. op v e r m e e n s a m e n; Oudem. 7, 407 op v e r m e e n s a m e n; 408 op v e r m e e s a m e n, en 412 op v e r m e s a m e n (!!). Een znw. *vermeensamenesse* wordt niet gevonden, doch in plaats daarvan bestaat *vermeensaemheit* (Oudem. 7, 407 en 412 (*vermesamheit ende ban*). *Vermeensamen*, ohd. *farmeinsamôn*, mhd. *vermeinsamen*, komt af van het bnw. *meensaem*, d. i *gemeenschappelijk*; mhd. *gemeinsam*, en bet. dus met *ver* als ontkennende partikel (vgl. *verbieden, vergeten, verachten*, hd. *verkennen*, e. a.) *uit de gemeenschap bannen*. *Meensaem* moet naast *gemeensaem* hebben bestaan, blijkens het znw. *meensaemheit* (*Lsp.* II, 43, 20; 41, 55; III, 3, 458; *Doct.* II, 700 *var*.). *Meensaem* of *gemeensaem* bet. hetzelfde als *meen* (of *gemeen*). Nog heden spreekt het volk van »*een gemeen mensch*" voor »*een gemeenzaam, vriendelijk* mensch," het tegenovergestelde van *trotsch*. Voor *meen* zie men Hild Gloss. en de samenstellingen *meenboedel, meenwerc* enz. Vooral in de Stadsr. v. Zwolle komt *meen* vaak voor. Van dit *meen* nu kan een ww. *vermeenen* komen met de bet. van *vermeensamen*, en daarvan is *vermeennesse* (want zoo moet men lezen) het znw., dat dus dezelfde bet. heeft als *vermeensaemheit*, d. i. *banvloek, verbanning*. Werkelijk bestaat *vermeinen* in het mhd.; zie Lexer 3, 176. De bedoeling van den regel (zie Bloeml. 3², 205) is dus: *zij leiden op elkander den banvloek, deden elkander in den ban*, of, gelijk wij zouden zeggen, *verklaarden elkaar dood*. Vóór *leiden vermeennesse* is waarschijnlijk uitgevallen *dat si elc op andren*.

LXV.

GEBBEN.

Het woord *gabben* is in 't Mnl. op ééne plaats bewaard, en wel in het door Keller uitgegeven gedicht *O. H. Passie*, waar het gebruikt wordt in den zin van *hoonend lachen*, *spotten*, gezegd van de ongeloovige toeschouwers van Christus' kruisdood. Ook bij latere schrijvers, als R. Visscher en Anna Bijns, komt het voor; uit verschillende verwante talen is het woord bekend; in onze hedendaagsche taal leeft het voort in het ww. *ginnegabben*, d. i. *kinderachtig* (niet *onbeschaamd* (Van Dale)) *lachen*, en in het znw. *gabbeldeguigje;* en het freq. *gabberen* (De Jager, *Freq.* 2, 134 vlgg.) was tot in de 18de eeuw zeer gewoon en is thans in verschillende tongvallen nog bekend. Dit alles is in het *Ndl. Wdb.* nauwkeurig uiteengezet. Er is slechts één feit, dat tot bevestiging van al het aangevoerde had kunnen dienen, onvermeld gelaten, nl. het nog heden in dialecten bestaande woord *een gebbetje*, d. i. *een grapje*, *een lolletje*, *een pretje*, vooral een *luidruchtige grap*. Dat het woord op *gebbe* zelf niet vermeld wordt, is alleszins begrijpelijk, daar het woord geen deel meer uitmaakt van de algemeene taalmiddelen, doch bij *gabben* zou het vermeld zijn, indien het aan de bewerkers bekend ware geweest. Dit woord *gebbetje* wijst op een ww. *gebben*, dat in beteekenis niet van *gabben* verschilde en in vorm volkomen overeenstemt met ags. *gabbjan* naast *gabban*, en met ofri. *gabbia* naast onr. *gabba* (*Ndl. Wdb.* 115). Tot heden is dit ww. uit geen enkel mnl. dialect (zoover mij bekend is) voor den dag gekomen, doch, indien ik mij niet bedrieg, heeft het woord gestaan op eene bedorven plaats van den *Sp. Hist.* In de *Bloemen* uit Seneca (1ᵉ, 36, vs. 91), vertaalt Maerlant o. a. ook deze woorden uit Vincentius: »Non erit tibi *scurrilitas*, sed grata urbanitas; sales tui sine dente, ioci sine vilitate, risus sine cachinno, vox sine clamore, incessus sine tumultu, quies tibi non desidia erit." Hij doet dit op de volgende wijze:

Dijn hebben sal niet tonbandelic wesen,

Maar van hovescheit uutghelesen;
Dijn wise wort si sonder fel,
Ende sonder tijtverlies dijn spel;
Dijn lachen sonder scachgen al,
Ende dijn luut sonder gescal;
Dijn wandelen si sonder fierhede,
Dijn rusten sonder ledichede.

Hierin is het een en ander niet zeer juist vertaald: *sales* en *wise wort*, *vilitas* en *tijtverlies*, *incessus sine tumultu* en *dijn wandelen si sonder fierhede* dekken elkander volstrekt niet. Doch het meest van alles steekt *hebben* af bij *scurrilitas*, een woord met eene zoo sterk sprekende beteekenis, nl. *grappenmakerij*, *snakerij*, dat ik niet geloof, dat Maerlant dit kan hebben weergegeven door het kleurlooze *hebben*, dat, indien het als znw. gebruikt werd (hetgeen mij niet met zekerheid bekend is), niets anders kan beteekend hebben dan *houding* (eig. het znw. van *zich houden*, mnl. *hem hebben*), lat. *habitus*; want de bet. *bezit*, in welken zin ook mnl. *hebbinge* voorkomt (vgl. onze uitdr. *iemand met zijn hebben en houden*) ligt te ver af. Het komt mij alleszins gerechtvaardigd voor, *hebben* bij Maerlant te vervangen door *gebben*, hetwelk juist het woord is, dat in beteekenis met *scurrilitas* overeenstemt, en indien er geen gewichtige bezwaren tegen mijne verbetering worden in het midden gebracht, zal ik aan het woord eene plaats geven in het *Mnl. Wdb.*

LXVI.

HEM SCEPPEN.

Eenige jaren geleden heb ik (in *Taal- en Lettb.* 5, 43 vlg.) eene plaats uit Heelu, zoo het heette, verbeterd, doch op eene averechtsche wijze, en daar nog niemand in dezen het vonnis over mij gestreken heeft, acht ik mij verplicht, zelf tegen mijne vroegere verklaring op te komen. Het verwondert mij daarom te meer, dat nog nooit iemand zijne stem in deze zaak tegen

mij heeft verheven, daar men met eene bloote verwijzing naar
het Glossarium op den *Lsp.* mij den genadeslag had kunnen toe-
brengen, en ik zelf ook dit wapen wel eens gehanteerd heb, om
een ander van dwaling te overtuigen. Ik zal het stilzwijgen dan
ook maar aan edelmoedigheid toeschrijven, en acht mij daardoor nog te meer verplicht, zelf de fout aan te wijzen. In de
beschrijving van den slag van Woeronc, tusschen Brabant en
Limburg in 1288, wordt ons verhaald, hoe de Brabanders
zich met de overwinning vleien en de »bastaert van Wesemale"
verheugd uitroept (vs. 4910):

> Ghi heeren, nu sie ic wale,
> Dat si des strijts niet en connen!
> Slawi te hen, si sijn verwonnen,
> Want hare scaren sijn tebroken.
> Doen dit die bastaert hadde gesproken
> Ent hem vaste ten stride wert sciep,
> Doen riep tangerlike ende riep
> Her Rase ens.

Willems' verklaring »en het geschapen stond om den strijd
te beginnen," voldoet niet; ik kan dit ook heden herhalen,
doch een der gronden, waarop ik deze verklaring afkeurde,
dat nl. het wederk. ww. *hem sceppen* in het Mnl. niet bestaat,
is mij onder de voeten ontzonken: het ww. is reeds in het
Gloss. op *der Leeken Spiegel* nauwkeurig verklaard, en wel in
een samenhang, die met dien uit Heelu vrij wel overeenstemt.
Wij lezen aldaar III, 12, 139:

> Als een here comt te stride
> Met sinen volke, soe sal hi blide
> Ghelaet toenen ende onvervaert,
> Ende hem sceppen te wighe waert
> Soe coenlec, dat tfolc al
> Mids sijn ghelaet vercoenen sal.

In het Gloss. wordt de plaats op deze wijze toegelicht: »H e m
t e w i g h e w a e r t s c e p p e n, *zich ten strijde toestellen* of
uitrusten, hetgeen Velthem (III, c. 5, vs. 57) h e m t e s t r i d e

werd sceppen, en Stoke (VI, 53) hem ter weren sceppen noemt."

Kan het bestaan en de beteekenis beide van het door mij zonder grond verloochende ww. helderder en meer afdoende worden bewezen? De uit Velthem aangehaalde plaats is nog wel uit Heelu overgenomen, gelijk de geheele beschrijving van den slag van Woeringen; zij komt voor in de 40 hoofdstukken, die door Velth. in zijn geschiedwerk uit Heelu zijn ingelascht (zie *Sp. Hist.*, Inl. bl. LXXXIII; Jonckbloet, *Spec. de Velth.* bl. 119), en er is dus geen twijfel meer mogelijk, of de tekst wel in orde is; alleen zou men liever voor *Ent hem* lezen:

> *Ende* (*hi*) hem vaste ten stride wert sciep.

Ook in het mhd. bestaat dezelfde uitdr., nl. *sich schaffen*, bij Lexer 2, 631: *sich bereit machen, einrichten.* Het wederk. ww. *hem sceppen* is mij behalve op deze plaatsen nog slechts op ééne plaats in 't mnl. bekend, nl. Mieris 2, 233*b*: »Omme dat wi verstaen hebben, dat *hem* die persoenre voorszeit niet wel en *scept* jeghens sinen prochghianen ende hi hem swaer es." Hier heeft het de algemeener bet. van *zich houden, zich gedragen*, eene bet. die men het best door het ndl. *zijn fatsoen houden* kan weergeven; ik herinner slechts eng. *shape*, fatsoen, en ndl. *onbeschoft*, onfatsoenlijk.

Ten slotte spreek ik het vermoeden uit, doch niet dan met schroom, want men wordt hoe langer hoe voorzichtiger ook door feiten als het boven herinnerde, dat het wederk. ww. *hem sceppen* gelezen moet worden, *Limb.* I, 1314:

> Mi dunct, na dat hier *scept*,
> Dat over mi nu moet gaan.

De bedoeling is: »zooals de stand van zaken nu is, vrees ik, dat ik het kind van de rekening worden zal." Er moet, meen ik, staan: »nadat *hem* hier *scept*"; van een intr. *sceppen*, d. i. *gescapen sijn* of *staen*, is ook in de verwante talen geen spoor aan te wijzen; het metrum wordt beter door de invoeging van

16

hem, en ook het mhd. *sich schaffen* heeft de na verwante beteekenis van *sich gestalten*, *entstehen*.

LXV.

FLERECIJN, FLEDERCIJN.

Ten slotte de afleiding van dit tot heden onverklaarde woord.
Het is de thans in de algemeene spreektaal verouderde benaming
voor *jicht*, doch in verschillende dialecten nog gebruikelijk. Zie Van
Dale, *Wdb.* 397; Hoeufft, *Breda. Taal.* 150; Kil. »flederc ij n,
vledercijn, flercijn, morbus articularis, arthritis (mnl. *ar-
tritike*); fledercijn in de handen, chiragra; fledercijn in
de voeten, podagra". Van waar deze benaming, die sedert
Kiliaen in verband is gebracht met *flederen* of *vlederen*, d. i. *fladderen* (waarvan *vledermuis*, en *vlederik*, d. i. *vlerk*), »quod", zegt
deze goede woordenboekschrijver maar slechte etymoloog, »quod
per omnes artus volitet?" Gesteld. dat deze afleiding juist is, wat
dan aan te vangen met *cijn*? Er moet een andere weg worden ingeslagen. In het Germaansch is niets dat licht kan geven: Diefen-
bach, *Gloss.* op architica, vermeldt niets, dat op fledercijn
lijkt, en ook in 't Romaansch is geen vorm, die er mede overeenkomt. Het moet dus een verminkte vorm zijn, en bij de wellicht uit een vreemde taal overgenomen benaming eener ziekte
is dit zeer gemakkelijk te verklaren. In hoeveel verschillende
vormen komt niet gr. *arthritis* voor! En hoe juist vreemde
namen van ziekten en geneesmiddelen aan den invloed der
volksetymologie blootstaan, daarvan vertelt ons Andresen in
zijne *Volksetymologie* merkwaardige staaltjes. Het is dus niet
eens zeker, dat de oorspronkelijke benaming *jicht* beteekende
of dat de oorspronkelijke vorm *fledercijn* is geweest: het is mogelijk, dat de mnl. vorm *fledercijn* reeds door volksetymologie
is ontstaan. Wij merken op, dat naast de genoemde vormen
Kil. ook heeft *flercijn*, dat Van Dale ook geeft *fleurecijn*, en
het is dus ook mogelijk, dat d e z e dichter bij den oorsprong

staat. En zoo is het werkelijk. De Vlaamsche tongvallen geven
ons het licht dat wij zoeken. Bij De Bo vinden wij **fleurecijn**, **fleresijn**, **flesijn**, **flessijn**, fr. *rhumatisme, goutte*;
doch daarnaast **fleures**, **fleurus**, **pleuris**, fr. *pleurésie*;
ook **fleursel**, met dezelfde bet., en **pleures**. Bij Schuermans, *Suppl.*: **fleursel**, **fleuris**, **fleurus**, fr. *pleurésie*.
Oorspronkelijk is dus het woord eene benaming geweest van
het *zijdewee*, eene *ontsteking der pleura*, mnl. *lancevel*, doch
door het volk werd de naam overgebracht op de *ziekte der ge-
wrichten* [1]). Welke aanleiding daartoe bestond, is niet met zekerheid te zeggen, doch eene benaming voor eene ziekte drukt wel
meer verschillende ziekten uit in verschillende tijden; dit hangt
af van de voorstelling, die het volk zich van de ziekte maakt,
en hoe ongerijmd zijn vaak deze begrippen! Enkele voorbeelden. De *pokken* beduidden in de 17de eeuw *siphylis*, thans de
kinderziekte bij uitnemendheid. *Cholera* komt waarschijnlijk van
gr. χολή en bet. dus eig. *galziekte*. *Rachitis*, van gr. ῥάχις,
ruggegraat (eng. *rickets*), is de benaming der engelsche ziekte.
Kanker (lat. *cancer*, hd. *krebs*) wordt gebruikt van allerlei kwalen,
die in de verste verte niet meer aan de gedaante van een kreeft
herinneren, enz. Al bestaat er dus geen verband tusschen de
beide ziekten, die oorspronkelijk door *pleurésie* en later door
flerecijn worden uitgedrukt, zoo kan toch in den mond van het
volk het woord die beteekenis hebben aangenomen, en dat dit
werkelijk het geval is, wordt onomstootelijk bewezen door het
feit, dat nog heden in het West-Vlaamsch door het volk **fleu-
recijnwater** of **flercijnwater** genoemd wordt, wat de
Franschen noemen *épanchement pleurétique*, d. i. *uitstorting van
water in de pleuraholte*. De uitgang *cijn* is nu eig. nog wel niet
verklaard, doch er kan een Noordfransche bijvorm op *-cin* geweest zijn, dien wij niet meer kennen; en wat de beginletters
fl- betreft, wij vinden in meer Vlaamsche woorden *fl-* naast
pl-; zoo b. v. in *vluis* naast *pluis*, en in *fluwijne*, kussensloop

---

1) Ik mag hier niet onvermeld laten het niet van belang ontbloote feit, dat twee
mijner ambtgenooten werkelijk meenden, dat *flerecijn* eene benaming voor *pleuritis* was.

(Kil.; Hoeufft, *Breda. Taal.* 154; nog heden W.-Vlaamsch *flouwijne* en *fluwijne*, De Bo 326), van lat. *pulvinus.*

Amsterdam, Nov. 1884. J. VERDAM.

TWEE PLAATSEN UIT DEN

ESOPET.

(CLIGNETT, bl. 81 en 222, TE WINKEL, bl. 37 en 87).

In de 13ᵉ fabel wordt verhaald van een' vos, wien een arend de jongen ontneemt. De vos loopt naar den boom, waarop de arend met zijn gezin neerzit, en smeekt hem genadig te willen zijn en de jongen terug te geven.

> Si bat hem doer omoede,
> Dat hi haer kinder weder gave;

daarop volgt:

> Sine bat hem ander have,
> Hine wils niet doen, hi hadt onmare,
> Want hi sat hoghe boven hare.

Dit tweede »bat" is mij onbegrijpelijk; ik kan er niets anders uit maken dan »zij verzocht hem om geene andere zaak;" als men echter in plaats van *bat* leest »boet", dan wordt de voorstelling duidelijk; de vos bood hem niets anders aan, en daarom wil hij het niet doen.

Bij de tweede plaats is het niet de tekst, maar de woordverklaring, welke mij niet helder is. Een leeuw ziet op het open veld een paard en zou dat gaarne verslinden. Het paard doorziet zijne bedoeling, en als de leeuw voorgeeft, een uitstekend geneesheer te zijn, zegt het, dat het een doorn in den voet heeft. De leeuw zal nu den doorn er uit trekken,

> Maer hadde sine *hure* te voren.
> Tpaert gaf den liebart I slach,
> Dat hi daer in onmacht lach.

»Hure" wordt door Clignett verklaard als *kop.* Hij haalt daarbij Kiliaen aan, die opgeeft *hure*, *caput apri aut cervi*, en Roquefort, *Hure*, *Nos aieux employoient ce mot pour désigner également les têtes*

d'hommes et d'animaux. Ook citeert hij nog Romuli *Fab. Aeso-
piae*, Fab. XXVI. »Tunc Leo humiliter fraude dissimulan s pe-
dem Equi conspicere accessit. Cujus velociter Equus calces tur-
bulentos in *caput* hostiliter dedit," waarin inderdaad het woord
kop of *caput* voorkomt, doch in verschillend zinsverband. Dr.
Te Winkel sluit zich in zijne »Verklarende Woordenlijst" bij
Clignett aan. Doch hoe onbeduidend is dat *hure* als het »kop"
moet beteekenen.

> Doe begonste die liebart hopen,
> Ende quam van achter toe ghelopen,
> Ende soude trecken uut den doren,
> Maer hadde sine hure te voren.

Dus de leeuw komt van achteren toeloopen en zou den doorn
er uit trekken, maar had zijn kop van voren! *Hure* evenwel
beteekent ook *loon*. Kil. *locarium, pensio, merces.* Blijkbaar is
het hier in deze beteekenis gebruikt: de leeuw kreeg reeds van
te voren zijn loon. Dit alleen geeft een gezonden zin.

Aan de welwillendheid van Prof. De Vries ben ik de aanwijzing verschuldigd, dat reeds Clarisse in zijne Aanteekeningen
op de *Heimelijkheid der Heimelijkheden* (bl. 490) terloops gewezen heeft op de beteekenis van het woord *hure* als *loon* op de
besproken plaats. Clarisse meende evenwel dat de beteekenis
van *kop* zoo wel bewezen was door Clignett, dat hij liever in
diens verklaring berustte en derhalve liet hij zijne bedenking
los. Te eerder ging hij daartoe over, omdat »het *te voren* (vs.
14) een weerslag schijnt te zijn op het *achter* (vs. 12)." Wij
zagen echter reeds, dat *te voren* hier eene betrekking van tijd
en *achter* eene betrekking van plaats aanduidt. En dat »huur"
in den zin van *loon* of *salaris*, toegekend aan een geneesheer
of heelmeester, geen ongewoon woord was, wordt bewezen uit
het *Leven van Sinte Christina de Wonderbare*, waar wij vs.
556 sqq. lezen, nadat verhaald is, dat haar been stukgeslagen was:

> Doen droechmense tehueswert ter selver uren;
> Haer sustre ginghen enen meester huren
> Die haer scene soude achterwaren.

Zij gingen derhalve een' meester *ersetere*" of arts huren, in dienst nemen, wien zijn huur of loon voor bewezen dienst wel niet ontgaan zal zijn. Ook *miede* vereenigt beide beteekenissen, die van ons *huur* en die van *loon voor bewezen dienst*, ook wel bepaaldelijk voor *heelkundigen bijstand*, gelijk o. a. blijkt uit fab. 8 van den *Esopet*.

Utrecht. P. H. VAN MOERKERKEN.

Mr. ABRAHAM ALEWIJN.

Abraham Alewijn behoorde tot een patricisch Amsterdamsch geslacht. Zijn vader Martijn Alewijn was in 1659 in het huwelijk getreden met Anna Eyckelenberg, gen. Hooffman [1]), en Abraham was het vierde van de acht kinderen, die uit dat huwelijk voortsproten; hij werd 16 November 1664 geboren [2]) en den 21sten van die maand in de Nieuwe Kerk ten doop gehouden [3]). Misschien was hij het, die nog in de wieg door Jan Vos werd bezongen; deze heeft nl. het volgende gedichtje gericht »Aan den E. Martinus Alewyn [4])":

»Uw kindt, o Alewyn! heeft geen Adoon te wijken;
    Ja hadt het boog en schicht,
En vleugels schoon van pluim, dan zou Kupid' bezwijken:
    Want Venus zou uw wicht
Meer dan haar vlugge zoon, het Minnegoodtjen achten.
Een kindt vol geest en glans heeft overgroote krachten."

1) Vgl. *Annuaire généalogique des Pays-Bas, publié sous la direction de* A. A. Vorsterman van Oyen, *et* G. D. Franquinet. *Année* 1874. *Maastricht, Henri Bogaerts.* 1874, blz. 27, waar eene geslachtslijst der familie wordt gevonden.

2) T. a. p.

3) In het doopboek dier kerk op dien datum: *Abraham zoon van Martinus Alewijn en Anna Hooftmans Getuigen de Hr Adriaan Lampsius Here van Iselmonde en Geertruy Alewyn.*

4) Vgl. *Alle de Gedichten*, 1662—1671, II, blz. 178.

Alewijn heeft in de rechten gestudeerd, waarschijnlijk te
Amsterdam en te Leiden [1]), en is den 19den October 1685 te
Utrecht gepromoveerd op *Juris illustres quaestiones* [2]). Zijn vader
stierf 26 November 1684, zijne moeder in October 1689 [3]);
waarschijnlijk erfde Alewijn een niet onbelangrijk vermogen.
Of hij zich als advokaat of als koopman heeft gevestigd, of van
zijn geld is gaan leven, is niet zeker; het laatste komt mij
echter het waarschijnlijkst voor.

De mengeldichten [4]), die Alewijn heeft nagelaten, geven ons
gelegenheid om na te gaan in welke kringen hij verkeerde.
Hij kende den oud-burgemeester Joan de Vries, aan wien hij
in 1694 zijn eersten dichtbundel opdroeg, Jacob de Wilde,
»Penningmeester der hoofdelyke betaalingen ter Admiraliteit in
Amsterdam", Pieter Buiskens, burgemeester van Enkhuizen en
bewindhebber der O. Indische Compagnie, Mr. David Barrha
van Ceulen, enz. Hij was bevriend met Hendrik en Lucas van
Beek, van welke de eerste een groot beminnaar van muziek
en dichtkunst was, waarom Alewijn hem dan ook in 1699 een
bundel gedichten »met zangkunst verrykt" opdroeg, en met
Frederik Wilhelm Mandt, een koopman, die dikwijls in Spanje
was geweest. Ook was hij zeer bevriend met de familie Pruimer.
Toen Anna Pruimer in 1699 op 17 jarigen leeftijd stierf, richtte
Alewijn een gedicht tot hare moeder, Vroutje van Duivenvoorde,
en toen Cornelia Pruimer in 1702 zestien jaar werd, maakte
hij een herdersspel ter eere van deze jonge dame, die zeer

---

1) 4 April 1682 werd een »Abrahamus Alewyn Amstelodama-Batavus," 20 jaar
oud, als jurist te Leiden ingeschreven.

2) In 1685 was hij te Utrecht ingeschreven (Vgl. *Utrechtsche Studenten-almanak
van 1874, Bijlage*, blz. 139), en volgens eene welwillende mededeeling van Prof. H.
E. Moltzer uit het album promotionum, promoveerde hij daar op bovengenoemden
datum. Zijne disputatie bevindt zich op de Utrechtsche bibliotheek.

3) Vgl. *Annuaire généalogique*, t. a. p.

4) Vgl Mr. A. Alewijns *Zede en Harpgezangen. Den derden druk. Waar achter
zyn Ed. verdere en nooit gedrukte Maatgeschriften zyn bygevoegt. Met Privilegie van
Haare Ed. Groot Mog. de Heeren Staaten van Holland en West-Vriesland aan 't
Konstgenootschap In magnis voluisse sat est verleend. T' Amsterdam, By J. Lindenberg*, enz., 1718. (De titelprent draagt te recht het jaartal 1715).

mooi zong. Eene andere Cornelia Pruimer werd door hem bezongen, toen zij in 1696 veertien jaar was geworden, en in
1703, toen zij den leeftijd van 66nentwintig had bereikt. Nog
een paar gedichten zijn er tot ééne dezer Cornelia's — waarschijnlijk waren het nichtjes — gericht en een der beide meisjes
maakte een lofdicht voor Alewijn's verzen.

Onze dichter was een groot muziekliefhebber; hij heeft eene
menigte verzen geschreven om op muziek te worden gezet en
kende verscheidene toonkunstenaars. Met de dichters van zijn
tijd schijnt hij minder omgang te hebben gehad; zijn naam
wordt slechts door enkelen genoemd. Katharina Lescailje schreef
drie lofverzen voor dichtbundels van Alewijn en D. Buysero
een vers op zijn herdersspel *Amarillis*. Maar met Cornelis
Sweerts schijnt Alewijn zeer bevriend te zijn geweest. Hij schreef
de *Harderskout, Tusschen Melibeus en Philemon, Opgedraagen aan*
de Heer Cornelis Sweerts. Onder de naam van Coridon, treedende
in 't 34 jaar zyns ouderdoms, in Amsterdam den 20 February
1703, bezong in hetzelfde jaar Sweert's *Tafereel der Deugden*
en Ondeugden, in 1704 zijne *Leerzame Fabelen*, en in 1707
zijne *Zede- en Zinnebeelden over Davids Harpzangen* [1]).

Alewijn hield veel van het landleven en had een landhuis te
's Graveland [2]), waar hij dikwijls vertoefde. In menig gedicht
heeft hij dat leven bezongen. Hoe hij zijn tijd doorbracht leert
ons een gedicht »Aan den Heer Hendrik van Beek Hendriksz.,
Groot beminnaar van Musyk en Dichtkunde :"

> »Terwyl ik buiten op het Land
> De tyd verdryf met bezigheden,
> Die niet ontzenuwen de leden,
>   Maar scherpen 't oeffenend verstand;
> Dat, yvrig, in geleerde boeken
> De fyne snee gaat daaglyks zoeken,

---

1) De jaartallen van deze thans zeldzaam geworden bundels zijn genomen naar
de titels opgegeven in de respectieve jaargangen van de *Boekzaal der Geleerde Wereld.*
2) Vgl. de *Zede en Harpgezangen*, t. a. p., blz. 62. In *Tegenwoordige staat van*
Holland, V, blz. 123, wordt van een buitenverblijf der familie Alewijn te 's Graveland melding gemaakt.

Dan denk ik, loffelyke Lust,
Daar zelfs Ryksvorsten naêr verlangen,
Om, buiten Ryksbestier, t'ontfangen,
 Voor 't slaafsch gemoed, een zachte rust;
En, door vermaaklyk buiten leven,
De Ziel wat ademtocht te geven.

 O zalig leven, vry van haat,
Bedriegen, lasteren en hoonen.
De vroomheid kan hier veilig woonen,
 En weet, hoe nederig van staat,
De Stads Orcaanen af te schutten
Op 't riete dak van boere hutten.

 Wat reedlyk mensch zouw niet, met vreugd,
Zyn groot gezag en hooge staaten
Om zulk een vryheid achter laaten,
 Een vryheid, die de Ziel verheugt,
Alleen aan d'Eenzaamheid gegeeven,
Daar elk kan onbekommert leeven.

 't Zy dat de Dichtkunst my bekoort,
Om, op het spoor van wakk're mannen,
Op 't Land, myn krachten in te spannen,
 Daar my geen Stedeling verstoort,
En met myn veder af te maalen,
Wat heilstar Landliên komt bestraalen.

 Of zo my 't schryven weêr verdriet,
'k Verpoos de zinnen door het speelen,
En kan myn tyd naêr wensch verdeelen
 Met boek, of vaars, of geestig Lied,
Dat boereknaapen kan bekooren,
Als ik myn Harders fluit laat hooren.

 Nu lust my 's Harders vryery,
En hun verscheide minnetochten,
En klagten onder een gevlochten,
 Door Maatgezang en Poëzy,
Aan kunstekenners meê te deelen,
Om oor en ziel te zaam te streelen."

Zie hier het levensideaal van den toen 35 jarigen man. Geen
wonder, dat wij zijn naam niet aantreffen onder hen, die in

staat, stad en kerk hooge ambten en waardigheden bekleedden. Groote politieke en krijgsgebeurtenissen heeft hij evenmin bezongen als hooge personages. Wij vinden slechts een gedicht op den dood van koningin Maria van Engeland, op de beeltenis van Karel III van Spanje, de nog al geroemde *Zeegezang weegens het ontzetten van de Hertoglyke Hoofdstad Turyn, en de verdere roemruchte Zeegenpraal van den doorluchtigsten Prins Eugenius van Savoyen* en *Lofgedachten* bij den *Ereboog ter Eeuwige Gedachtenisse der Roemruchtige Oorlogsdaden van J. Churchil, Hertoog van Marleborough* [1]). Alewijn woonde meestal op het land, las en studeerde, musiceerde en schreef gedichten. Wat hij als letterkundige heeft gedaan, zal uit het volgende blijken.

In 1693 gaf Alewijn uit *Amarillis, Bly-Eindend Treurspel* [2]). Volgens eene latere bekentenis van den schrijver was het herdersspel voor een deel aan Guarini ontleend. Immers in een gedicht, dat hij aan zijne *Zede en Harpgezangen* vooraf deed gaan, vinden wij de volgende regels:

> »Ik zelf beken myn schuld; wyl ik myn *Amaril*
> Ten deel outleend heb van *Guarini*. Doch 'k zweeg stil,
> Tot ik het werkstuk zag van veele meêr waardeeren,
> Als het verdiende; want haar kostelyke kleêren
> En dierbaar hulzel, waar zy mede moedig praald,
> Zyn uit Horatius en Juvenaal gehaald
> En andre Dichteren, te veel, om hier te noemen.
> 'k Zal ook op *O* of *Ach!* of *Lafheid* niet veel roemen,
> Waar meê myn *Amaril*, die haar gebrek niet weet,
> Is als een voddewyf, met lap op lap, gekleed.
> Wie oordeel heeft, kan my volmaakter lessen geeven.
> 'k Wil niet, als and'ren, op geleende vleugels, zweeven,
> Of z'elders rooven, en 't verzwygen."

---

1) Vgl. F. Muller, *Beredeneerde beschrijving van Nederlandsche historieplaten*, n°. 3856.
2) *Door* A. Alewijn. *t'Amsterdam, Voor den Dichter, by de Erfgen: van J. Lescailje*, enz., 1693.

Er bestonden eenige Nederlandsche vertalingen van de *Pastor fido* òf naar het oorspronkelijke òf naar Fransche bewerkingen; misschien heeft ook Alewijn gebruik gemaakt van eene Fransche vertaling voor zijn aardig herdersspel. Hij droeg het stuk, dat prijkt met een lofdicht van D. Buysero, op »Aan de Heer David Petersen, Grootmeester in de Musykkunde en Snaarenspel," »niet twijfelende, of UE. zal haar (Amarillis) nu met uw Snarenspel tempelwaart en voor 't altaar geleiden. Volbreng dan uw beloften, en stelt haar in die staat, dat zy verplicht is te zeggen, dat haar luister van u alleen afhangt." Petersen [1]) heeft aan dat verzoek voldaan; er bestaat ten minste een uittreksel uit het stuk met den titel: *Opera of Sangspel van Amarillis, Daar in over de 70 Arien. Verçiert met seer schoone en uitneemende Machines, Vliegwerken, aardige Muzijk, en verandering van Tooneel* [2]). Enkele tooneeltjes en brokstukken zijn weggelaten en ook het voorspel ontbreekt. Daar de muziek er niet is bijgevoegd, is dit stukje niet anders dan een opera-tekstboekje.

In 1694 verschenen A. Alewijns *Zede en Harpgezangen. Met Zangkunst Verrykt door David Petersen* [3]). In dit werkje, waarop Katharina Lescailje twee lofdichten schreef [4]), is de muziek aan de verzen toegevoegd. Het boek is opgedragen aan den oud-burgemeester van Amsterdam, Joan de Vries. In een gedicht, »Aan den leezer," waaruit ik boven reeds een paar regels aanhaalde, ontvouwt Alewijn zijne poëtische geloofsbelijdenis:

>»'k Beken myn onmagt; 'k ben in 't minst geen heldendichter.
Dat werk valt moogelyk aan zulke geesten lichter,
    Die, om het minste woord, de boeken openslaan,
    Van Vondels gelauwrierde en Godgewyde blaên,
Of Hooft, of Huigens, of Antonides ontrooven,
De schoonste bloemen uit hun dierb're letterhoven:

---

1) Vgl. over dezen musicus: *Bouwsteenen. Tweede jaarboek der vereeniging voor Nederlandsche Muziekgeschiedenis.* 1872—1874, blz. 49.
2) *Tot Leiden Op de Hoogewoerd, in witte en swarte Hond. z. j.*
3) *Te Amsteldam, Voor den Dichter, by de Erfgen: van J. Lescailje*, enz., 1694.
4) Vgl. hare *Mengelpoësy*, I, blz. 108 en 109.

En, schoon ze kenlyk zyn, uitventen zonder eer

En schaamte, als eigenaars, aan de een of de andren heer,

Wie 't Nederduitsch gedicht, of nimmer heeft geleezen,

Of niet verstaat; Want elk kan juist geen Dichter weezen.

Dus gaan ze stryken met een onverdiende roem,

Die Vondel, Huigens, Hooft, die 'k ook met eerbied noem,

Of wel Antonides, in 't edelst van zyn jaaren

Gesneuveld, toekomt: want hun eigen winkkelwaaren,

Die niet verrykt zyn met dat Goddelyk sieraad,

Zyn prullen, waardig te verstrooijen langs de straat.

Maar 'k weid hier veel te breed. 't Is noodloos 't hoofd te breeken

Met Dichters, die in rym, hun eigen vonnis spreeken."

Hierop volgt de boven aangehaalde bekentenis aangaande de *Amarillis* en dan de klacht, dat in Nederland

»By na geen Dichter word gevonden, die kan dryven

Op zyne wieken, en zyn eigen vinding schryven.

Al wat 'er, in myn tyd, gebragt werd in het licht,

Het zyn vertaalingen uit Grieks in Neêrduitsch dicht,

Of uit Latynsche, Spaansche, of laffe Fransche schriften,

Die, zo men yder boek van blad tot blad zouw ziften,

Licht zouden zyn ontbloot van al heur achtbaarheid,

En worden afgekeurd, daar kunst voor wysheid pleit."

Thans komen verschillende dichtgenres aan de beurt. Bij-schriften, graf- en schimpdichten zijn »grollen," niet hooger te achten dan »kladpapier;" herderskout en minneklacht is

»Een taal die gekken, maar geen wyzen, kan vermaaken."

Huwelijks- en »Feestgedichten" zijn ten strengste af te keu-ren, want

»Het voegt geen eerlyk man, dat hy, die alles weet

En ziet, zyn dierb're tyd in leugentaal besteed."

Waanwijs is het verder zich op »spel of woordenkunst" toe te leggen en dan Vondel te berispen, en het is onzinnig zoo-veel mythologie in de verzen te pas te brengen. Alewijn wil niet doen als anderen en

»spreeken van Apol, of Orpheus, of zyn Lier,

Of Hengstebron, als of die voddery meêr zwier

> En schooner luister zyn gedichten by kost zetten,
> Daar zy 't doorstraalen van het helder licht beletten,
>   Dat in de Poëzy, die groote Godd'lykheid,
>   Verborgen is."

Ook moet men niet altijd schermen met de helden der
oudheid:

> »'k Bespot ook 't valsch verhaal van Roomsche dapperheeden
> Der heid'nen; want wie zal op zulk een spoor ooit treeden,
>   Zich zelf vermoorden, en op 't wreedst zyn eigen zaak
>   Handhav'nen, in dien drift, om 't missen van de wraak?
> En zo 't al waarheid is, wat hoeft 't gemeen te weeten,
> Wat d'oudheid eer bedreef, zo spoorloos en bezeten.
>   't Waar beter dat gedrocht in zyne wieg gesmoord".

Maar hij wil bijbelsche onderwerpen behandelen en Mr. Laurens Bake, Heer van Wulverhorst, die in 1685 zijne *Bijbelsche
Gezangen* het licht had doen zien, navolgen, hoewel hij dezen
niet »op zyd' koomen" kan; immers

> »In hem leefd Vondel, 't hoofd van Neêrlands Poëzy".

Hij heeft die onderwerpen gekozen,

> »Want Bybelstoffe strykt, voor alle stoffen, heen,
> Den hoogen Hemel in, op uitgespreide pennen.
> Dus is den Adelaar aan 't vliegen licht te kennen,
>   Die d'and're vogels, als een snel geschooten schicht,
>   Die in de lucht verdwynd, voorby snord uit 't gezigt".

De inhoud van den bundel is van stichtelijken aard. Behalve vele »Uitbreidingen" van psalmen vinden wij er gedichten
in met den titel: »Ernstige Zielsgedachten over de Waereld",
»Opwekking voor een verdrukte Ziel", »Klagten van een be-
droefde Ziel, nevens haar vertroosting", »Eerste Nachtgedachten
over de Onrust van 't Gemoed", »Gedachten van een zondig
mensch, die door Gods genade weder bestraald word", enz.
Sommige uitdrukkingen zouden doen vermoeden, dat het geweten van den dichter niet buitengewoon zuiver was, als men
niet wist, tot welke zonderlinge beschouwingen van het eigen
ik godsdienstige dweepzucht kan leiden. De muziek is in het
werkje aan de verzen toegevoegd.

Alewijn heeft niet streng vastgehouden aan al de artikelen zijner dichterlijke geloofsbelijdenis, want hij heeft verscheidene bruilofts- en verjaarverzen, herderszangen en zelfs blijspelen geschreven. In 1699 gaf hij zijne *Harderszangen* uit [1]). De opdracht aan Hendrik van Beek, Hendriksz., »groot liefhebber van Muzyk en Dichtkunde", begint aldus: »Myn afzondering van 't groot gewoel der Waereld, buiten op 't land, heeft my aanleiding en gelegenheid gegeven, om myn zucht, die ik altoos voor de Dichtkunde hebbe gehad, te voldoen, en in zodanige oeffening, welke my in myn eenzaamheid het grootste genoegen veroorzaakt, myn tyd te verdryven". Alewijn geeft dezen bundel uit op verzoek van een musicus. »Maar, op het verzoek en aanhouden van Nicolas Ferdinand Le Grand, groot Zangkunstenaar, die deeze Gedichten, door zoetluidende gedachten, bekoorlykheid en luister toegevoegt heeft, heb ik niet kunnen weigeren zyn verzoek toe te stemmen, en de gemelde *Harderszangen*, voor zo veel de vaerzen betreft, eenigermaaten naar de Zangkunst geschikt hebbende, den Drukker over te leveren".

De muziek van Le Grand [2]) is in het werkje opgenomen. Onder de twaalf stukjes — twee duetten, de overige zijn solo's — zijn wel aardige verzen. Ook op dezen bundel vervaardigde Katharina Lescailje een lofdicht.

Het *Harders Spel. Ter Bruiloft van den Ed. Heere, de Heer Frederik Wilhelm Mandt, En de Ed. Juffrouwe, Mejuffrouw Maria van Blyswyk* [3]), ook in 1699 verschenen, is in denzelfden trant als de liederen in den zoo even genoemden bundel.

1) Volgens het jaartal onder Katharina Lescailje's lofdicht in hare *Mengelpoëzy*, I, blz. 110. De eerste uitgave heb ik niet kunnen inzien. De titel van den tweeden druk is: A. Alewijn's *Harderszangen. Met Zangkunst verrykt door N. F. le Grand. Opera Seconda. Tot gemak der Speelers op de G. sleutel gesteld. De tweede Druk. Te Haarlem, Gedrukt by de Wed: Hermanus van Hulkenroy*, enz., 1716, 4°.

2) Vgl over hem *Bouwsteenen. Tweede jaarboek der vereeniging voor Nederl. Muziekgeschiedenis.* 1872—1874, blz. 20. en *Derde jaarboek*, 1874—1881, blz. 18.

3) *In den Echt ge. reden den* 14. *van Wintermaand* 1699, *Gerymd door* Abraham Alewijn, *Met Zang, Speel-kunst en Danssen verrykt door S. de Koning, Zang-kunstenaar te Amsterdam. Gedrukt te Amsterdam, voor den Autheur*, 1699.

Het kleine zangspel, waarvoor Servaas de Koning [1]) de muziek had gecomponeerd, werd zonder deze uitgegeven. Wij treffen hier dus reeds den derden Amsterdamschen musicus aan, die aan onzen dichter de behulpzame hand bood. Een ander zangspel, waarvan de tijd van ontstaan niet bekend is, wil ik hier bijvoegen, nl. *Orpheus Hellevaart om Euridice* [2]), dat ook zonder muziek uitkwam. En een derde stukje is het *Harders Spel Ter Eere van de bevallige en uitmuntend zingende Juffr. Mejuffr. Cornelia Pruimer, Onder de naam van Lidia, Arcadische Harderinne. Op haar Ed: 17de Verjaardag den 20. Februari 1702* [3]). Alewijns vriendschap voor de familie Pruimer is reeds met een enkel woord vermeld.

In 1702 trad Alewijn voor het eerst als blijspeldichter op met *De bedrooge woekeraar* [4]), waarvan de inhoud aldus is. Anzelmus, oom en voogd van Izabel, eene rijke erfdochter, wil het meisje niet uithuwelijken aan haar minnaar, Karel, doch geeft zijn makelaar last een vrijer op te zoeken, die hem, den voogd, 5000 gulden wil uitbetalen, als het huwelijk tot stand komt. Karel koopt echter den makelaar om en Karels knecht, Flip, wordt als de gevonden vrijer voorgesteld, die zich zeer ruw gedraagt, maar door een goocheltoertje met het huwelijkscontract den naam van Karel daarin weet te krijgen. Als nu Anzelmus met nicht en meid op eene boerenbruiloft verschijnt, waar ook Karel en Flip, als boeren verkleed, aanwezig zijn, gaat het verliefde paar samen door, doch komt later terug en de zaak wordt geschikt.

Het blijspel is zeer plat, maar toch nog niet zoo erg als

---

1) Vgl. over hem *Bouwsteenen. Eerste jaarboek*, blz. 110—112, *Tweede jaarboek*, blz. 35, en *Derde jaarboek*, blz. 19.

2) *Muziek-Spel door* Abraham Alewijn. (Vignet der firma Lescailje). *Te Amsterdam Gedrukt voor de liefhebbers. Z. j.*

3) *Gemaakt door* Abraham Alewijn, *Gedrukt te Amsterdam, voor den Autheur*, 1702.

4) *Blyspel. Door* A. Alewijn. *Te Amsteldam, By de Erfg: van J. Lescailje,* enz., 1702.

Latona, of de verandering der boeren in kikvorschen [1]), een stukje, dat in 1703 volgde en tegen de rederijkerskamers ten platten lande is gericht, om welke reden alle vertooners op bespottelijke wijze toegetakeld moesten zijn. Welke toon er in dit werkje heerscht, blijkt bijv. uit dezen aanhef eener verzuchting van Latona:

> »Och! Suipitaer, wat doe ik hier,
> Zo lank te loopen aen de zwier?
> Ik zwiet van angst aen alle kant.
> Wat henker maek ik in ien land,
> Daer ik noch mensk noch koekkoek ken,
> En deur jou wyf ebannen ben,
> Die zo jaeploers, versteurt en beus,
> Op my is, om ien treuseneus", enz.

Het overige gedeelte der alleenspraak luidt nog heel anders.

In Juli 1704 trad onze dichter in den echt met Sophia Beukers [2]), een Amsterdamsch meisje. Alewijn was toen 39 jaar, zijne vrouw bereikte nog even vóór haar trouwen den leeftijd van 18 [3]). Zij was één der vijf kinderen van Barend Beukers en Susanna Dirks [4]) en haar vader was nog jong genoeg om een vriend van haar man te zijn [5]). Als een goed schoonzoon heeft Alewijn natuurlijk geboortedagen zijner schoonouders be-

---

1) *Kluchtig treurspel. Met Kunst en Vliegwerken. Door* A. Alewijn. *Te Amsteldam, By de Erfg: van J. Lescailje*, enz., 1703.

2) In het kerkinteekenregister werd den 11den Juli 1704 ingeteekend:
Mr. Abraham Alewyn van A. Advocaat oud 39 Jaren in de Calverstraat ouders doodt geass. met Cornelis Sweris (Swerts?) *en Sophia Beukers van A. oud 18 Jaren op de Kysersgraft geass. met haar Vader Barend Beukers.*
Ten onrechte wordt dus in de *Annuaire généalogique*, blz. 27, medegedeeld, dat Alewijn in 1705 in Indië met Sophia Beukers in het huwelijk trad.

3) 29 Juli 1704 werd akte verleend „om tot Abcouw te trouwen". Dit was haar verjaardag (Vgl. *Zede en Harpgezangen*, 1713, blz. 176). Zij was dus 29 Juli 1686 geboren en werd 31 Juli in de Nieuwe Kerk gedoopt:
Sovia dochter van Barent Gerritz Buekers en Susanna Dircz Getuigen Jan Jansz Jan Gerritz Buekers en Annetje Hendricx.

4) Vgl. *Zede en Harpgezangen*, 1713, blz. 180.

5) Beukers was in 1704 47 jaar oud (t. a p., blz. 179).

zongen ¹). Toen hij trouwde, woonde hij in de Kalverstraat.
Uit hun huwelijk schijnen geene kinderen geboren te zijn ²).
Waarschijnlijk wist de jonge vrouw Alewijn's zwaarmoedigheid
niet te verdrijven; wij vinden althans een vers »Ter verjaardag van myn zeer waarde Huisvrouwe Sophia Beukers,
Treedende in d'ouderdom van 20 jaaren, den 29 July" ³),
waarvan ik eenige coupletten zal aanhalen, uit welke zijne som-
bere wereldopvatting blijkt.

»Terwyl ik treurig leg in Lykcipres gedooken,
  Een leeger, dat my best in al myn rampen dient,
  Ontbloot van 't aards geluk, en bloed en boezemvriend,
Als was myn leevens draad voor 't sterfuur afgebrooken,
  Ryst met de dageraad, vol gloeds en gloors en glans,
  Myn Heilzon meed' in 't Oost aan 's Heemels heldre trans.

o Schoone dageraad! 'k zal altoos op u roemen,
  Uw bloozend aangezicht afschilderen, zo lang
  Myn geest belust zal zyn op keurig Maatgezang,
En u, myn heil, myn heul, myn troost en zielsvreugd noemen;
  Dewyl gy van alom, waar gy uw straalen spreit,
  Myn Ziel bekoort en streelt door uw bevalligheid.

Gy lang gewenschte stond, beminnelyke morgen,
  Verkwikster van myn Ziel, die al myn leed verzacht,
  Waar door ik slaapeloos slyt meenig naare nacht,
Te wreed geknaagt, geplaagt, en afgemat door zorgen,
  Lieflachchend lonkend licht, dat my belooft een dag,
  Zo schoon, zo heugelyk, als ik ter waereld zag.

Een dag, waar in geen vreugd myn vreugd kan evenaaren,
  Nu ik myn Bedgenoot, die lieve Lenteroos,
  Sophia, die myn oog uit 's Amstels Bloemhof koos,
Myn Hart en Zielsvriendin mag op dees tyd verjaaren,
  'k Voel reeds een heilig vuur, dat nieuwe vlammen sticht,
  Terwyl myn hart zo dier is aan haar hart verplicht.

1) T. a. p., blz. 179 en 174.
2) Van 1704—1712 werden te Amsterdam geene kinderen van hen gedoopt.
3) Vgl. *Zede en Harpgezangen*, 1713, blz. 176.

17

Myn hart, dat kwynend treurt, en nauwlyks aêm kan haalen,
    Als 't om haar rampen denkt, ontelbaar in 't getal,
    Omringt en overstroomt van 't wreev'lig ongeval,
Maar weêr ontluikt door 't vuur van haar schoon' oogenstraalen,
    Waar van een lieve lonk myn droeve wonden heelt,
    Wanneer zy door haar oog my 't harte raakt en streelt.

. . . .

Wat al bekoorlyk zoet heb ik van u te wachten,
    Terwyl een ed'le Ziel in uw schoon lichchaam woont,
    Die myn getrouwe min met trouwe weêrmin kroont,
Op het roemruchtig spoor van heilige gedachten;
    Wier denkbeeld in myn ziel zo diepe wortels schiet,
    Dat zy de waereld haat en met de nek aanziet.

Laat vry dat ondier my met haar rampzaaligheeden
    Vervolgen dag en nacht, en slaan, nooit lastrens moe,
    Myn lichchaam wond op wond met haare lasterroe,
Myn Ziel zal, ongekrenkt, haar onder d'oogen treeden,
    Want schoon my yder haat, verdrukt, veracht, bespot,
    'k Lag met al d'ydelheid, en 's waerelds wissellot."

In dezen tijd was Alewijn druk bezig met de vertaling van een groot godsdienstig werk, geschreven door den Rotterdamschen predikant Jacobus Basnage. Het kwam uit bij den boekverkooper J. Lindenberg te Amsterdam en was versierd met platen van Romein de Hooghe; bij al deze platen maakte onze dichter bovendien bijschriften in verzen. Het werk schijnt het eerst in 1705 te zijn uitgekomen; het privilege van den 3den druk, dien ik heb kunnen inzien, is van 19 November van dat jaar. Die 3de druk is in elk geval niet vóór 1707 verschenen, want er is een portret van Basnage aan toegevoegd, met dat jaartal onderteekend. 't Groot Waerelds Tafereel [1]) is een pracht-

1) *Waar in de Heilige en Waereldsche Geschiedenissen en Veranderingen zedert de Schepping des Waerelds, Tot het uiteinde van de Openbaring van Joannes, worden afgemaalt, en ieder Konst-prent door Godsgeleerde Wysgeerige en Waereldlyke Uitleggingen, benevens de Tydreckeningen of Jaarboeken der Gevallen des Waerelds,*

werk in folio, met 140 platen versierd; het eerste deel behandelt het oude testament, het tweede de apocryphe boeken en het nieuwe testament, en het laatste deel, dat zonder platen is, loopt »zedert de Schepping des Waerelds tot aan den dood der Apostelen". De uitgever is er trotsch op, dat in minder dan dertien maanden over de 1500 exemplaren waren verkocht en het werk in dien tijd twee malen gedrukt en uitverkocht was.

Alewijn had, dit blijkt uit de voorrede, het werk vertaald uit het nog ongedrukte handschrift van Basnage. Bij de vertaling had hij nog een paar tafereelen door »braave Meesters, waar onder Cornelis Huibertsz en Casper Luiken, twee wakkere Konstenaars, uitmunten, in 't kooper laaten brengen." Daar Kasper Luiken, de zoon van Jan Luiken, in 1708 stierf[1]), is deze derde druk, volgens het zoo even gezegde, in 1707 of 1708 te stellen.

Het is mij niet gelukt de geschiedenis van dit prachtwerk volkomen tot klaarheid te brengen. De titel van het Fransche boek luidt: *Le grand tableau de l'univers, dans lequel sont peints les événemens depuis la création jusqu'à la fin de l'Apocalypse, représentés en fig. par Rom. de Hooge, accompagnés de discours*[2]). Maar of dit nu misschien hetzelfde werk is, met veranderden titel, als Basnage's *Histoire du V. et du N. Testament, représentée en taille douce par Rom. de Hooge, avec une explication,* dat in 1704 te Amsterdam is uitgegeven, en waarvan bericht wordt, dat er eene Hollandsche vertaling in folio van bestaat met het jaartal 1704 door Abr. Alewye (sic)[3]), weet k niet. Zeker is het, dat het eerstgenoemde werk verschei-

---

:aaukeurig in 't Frans beschreeven, door de Hr. Jacobus Basnage, Rotterd. Past. Wyders vertaalt, en met Vaarzen verrykt door den Hr. en Mr. Abraham Alewijn. Met Privilegie van de Ed. Gr. M. Heeren Staaten van Holl. ende West-Vriesland voor 15. jaaren. Tot Amsterdam, Op kosten van J. Lindenberg, enz., z. j.

1) Vgl. J. C. Kramm, *Geschiedenis van de beeldende kunsten in de Nederlanden,* — *Hollandsche en Belgische school — van den vroegsten tot op onzen tijd*, blz. 1017.

2) Vgl. Brunet, *Manuel du libraire*, 1, blz. 691.

3) Vgl. Grässe, *Trésor de livres rares et précieux*, I, blz. 307.

dene keeren én in het Fransch én in het Nederlandsch het licht zag [1]).

In het najaar van 1707 gaf Alewijn weder een blijspel uit: *Philippyn*, *Mr. Koppelaar* [2]). De inhoud is aldus. Constantia, de dochter van Eelhart, »een Adelyk Heer," heeft op aanraden van hare meid, Margriet, er toe besloten om met François, den zoon van haar buurman, er van door te gaan. Vroeg in den morgen treden zij het huis uit en vinden daar François en zijn knecht, Philippijn.

Franç. Ik heb dan eindelyk 't geluk, myn schoone, u hier te ontfangen.
Ô Gadelooze vreugd! wist gy met welk een groot verlangen...

Phil. Sinjeur, wist gy met welk een groot verlangen ik graag zag,
Dat gy 't wat kort maakte, want het is al schoon licht dag.
Wat drommel legje hier te kiskassen. Brui je moêr, en
[pak je biezen.

Franç. Een oogenblik vertoefs, Philippyn. Myn waarde Constantia,
[ik wil u alleen verzekeren van myn getrouwe min,
Die u in alle deelen poogt te believen met ziel en zin:
Dies heb ik, op dat wy in de minste ongelegentheid niet
[zouden koomen,
Myn vaêrs comptoir verkracht, en voor twaalef duizend gul-
[dens aan Juweelen meê genoomen,
Die door uw heer vader onder hem beleent zyn, benevens
[dit geld.

Phil. Je wilt zeggen, 't blyft toch onder de vrienden dat is
even veel,
En je hebt het slegts voor de greep. Maar, ik zweerje, by
[myn keel,
Dat, zo wy ons niet van hier pakken, wy zullen zyn verraaden:
Ik heb al meêr voor dat vuur gezeeten: eu daarom ben ik
[met reeden beangst en belaaden."

De vader van François, Jeroen, heeft eenig gerucht gehoord en op zijn geroep snelt het minnende paar weg. Het rumoer

1) Brunet, t. a. p., noemt eene Hollandsche vertaling van 1705, Grässe, t. a. p., van 1709 en 1715.

2) *Blyspel. Door* A. Alewijn. *Te Amsteldam, By de Erfg: van J. Lescailje,* enz, 1707.
Het privilege is van 8 October.

heeft nog een ander opgeschrikt, nl. den minnaar van Hillegond,
de zuster van François, Ferdinand, die zijn liefje een bezoek
heeft gebracht en zich nu half ontkleed uit de voeten maakt. De
buren komen aanzetten, en de mannen gaan gezamenlijk zien,
of er gestolen is, terwijl Dibberig, de moeder van François en
Hillegond, klaagt, dat hare dochter zoo ziek is. De diefstal wordt
bemerkt en tevens een brief gevonden van Constantia, waarin
zij meedeelt, dat zij gevlucht is. Aan Philippijn, die teruggge-
komen is, nadat hij het verdwenen paartje in veiligheid heeft
gebracht, wordt door den ouden Jeroen de opdracht gegeven
om naar de dieven onderzoek te doen.

Daar Hillegond zeer ongesteld is geworden, moet hare meid,
Antonet, een dokter gaan halen; de meid is bang, dat nu de
minnarij van hare meesteres aan het licht zal komen, maar
Philippijn stelt haar gerust en ontmoet juist van pas een neef,
die apothekersbediende is, en dien hij voor dokter wil doen
spelen.

> »Je moet zeggen, dat ze waterzuchtig is, en dat
> [men haar 't water zal moeten aftappen.
> Maar, wil voor al niet vergeeten, daar vry wat doctors
> [Latyn onder te lappen;
> Want de vader verstaat geen een woord van die taal.

Christiaan. Goed, goed.
Phil. En zegt, dat men in deze deerlyken staat,
> Zo men haar leeven liefheeft, haar aanstonds trouwen laat.
Christ. Met wie?
Phil. Met Heer Ferdinand; want daar zullen de ouders
> [geweldig tegen hakketeeren,
> Doch je moet daar by blyven, als de dief by de bast, om
> [hen daar toe te persuadeeren.'

In het 2de bedrijf geeft Ferdinand aan zijne moeder, Leonora,
den wensch te kennen om Hillegond te huwen. Leonora, eene
adellijke dame, wil eerst van zulk een huwelijk met een burger-
meisje niets hooren, hoewel Ferdinand haar herinnert, dat zijn
vader niets dan schulden heeft nagelaten en zij armoedig moeten
leven. Doch daar zij plannen heeft op Eelhart, besluiten beiden

hun eigen weg te gaan. En als Eelhart Ferdinand van den diefstal
beschuldigt en zij aan het vechten raken, komt Leonora tusschen
beiden, terwijl ook Philippijn verschijnt:

«Wat is hier te verhakstukken? wel hoe de degens uit?
                                            selleweeken!
Ik zou je raden van dat moordgeweer vliegend op zy te steeken.
Wat zullen goede vrinden leggen te vechten? wat, wat,
                                            dat is slegt.

Ferd. Moet ik dan lyden dat men my voor een dief uitscheld?
                        [o neen! 't is beeter dat ik daarom vecht.
Eelh. Heeft onze Margriet u van ochtent vroeg, niet uit het huis
                        [van Sinjeur Vetlafoesje zien loopen,
Met de paruik en deegen in de hand? of kwam jy daar
                        [om voor dag en douw laakens te koopen?
Phil. Is dat het gantsche point van uw onderling zo bloedig geschil?
Ik bid, heeren, geef een weinig audientie; en zwyg beide stil.
Heer Eelhart, gy hebt ongelyk, want heer Ferdinand is
                        [onbesprooken.
Hy heeft het comptoir van Sinjeur Vetlafoesje niet opge-
                        brooken;
Want ik heb den dief al gevonden; en de Juweelen zyn
                        [wel bewaart.
Wel hoe, op zo een losse voet iemand te beschuldigen, dat
                        [is uw adelyk gemoed onwaard.
Eelh. Maar, myn meid heeft hem van deze morgen daar uit zien
                        [sluipen,
En, als een hoenderdief, met gedooken hoofde heen druipen.
Phil. Dat zyn zaaken die buiten u zyn. En dat is genoeg gezeid."

Aan zijn meester, Jeroen Vetlafoesje, deelt Philippijn nu mede,
dat hij de dieven op het spoor is en somt al de onkosten op,
die hij heeft moeten maken, want hij zou hem »niet een schraapsel
van een naagel te kort doen willen", en hij wedt om tien dukaten,
dat hij de dieven binnen een uur zal vangen. Dan maakt hij
zijn hof aan Antonet, met wie hij, als beiden genoeg verdiend.
hebben, een gaarkeuken wil opzetten.

In het 3de bedrijf wordt de zieke Hillegond in nachtgewaad
naar beneden gebracht:

Jeroen. »Daar komt onze Hillegondje, och! wat is zy bleekjes en
[zwak.

Dibberig. Kom hier, myn lieve lam, laat ik je helpen.
Jeroen.   Al met gemak, al met gemak.
Dibb. Zet haar zachjes neer, en haal een kussen, om achter 't
[hoofd te leggen.

Hillegond. (*met eene flaauwe stem*) Dat behoeft niet.
Jer.   Nu, nu, myn kind, laat je al gezeggen.
Jou moeder doet het om beste wil. Je ziet er puur uit, als
[de geschilderde dood."

Terwijl men op den dokter wacht, verschijnen Leonora en
haar zoon Ferdinand. Ook Eelhart komt en daarna Philippijn
met het bericht, dat de juweelen en het geld terstond overgegeven zullen worden, als Jeroen, zijne vrouw en Eelhart een
contract willen teekenen, dat zij de tegenwoordige bezitters hun
voorgenomen huwelijk niet zullen beletten. Terwijl notaris Rab-
belaar het contract opmaakt, komt Christiaan, als dokter gekleed.

Christ.   »Primo, salvete amplissimi, spectatissimi
[et Reverendissimi domini.

Jeroen.   Ik bid, wil toch zo veel complimenten
[den hals niet breeken.
Want ik verklaar je inderdaad, dat ik geen woord van is-
[simi versta of kan spreeken.

Christ. Het is zo myn gewoonte. Nu zal ik de vrouwen en 't ge-
[zelschap aanspreeken, en dan heb ik gedaan.
Secundo, salvete honorandissimae, antiquissimae matronae.
[Nobilissima et amabilissima aegrota hillegonda, denique
[salve illustrissima familia et vos omnes hic adstantes
[presentes et futuri. Dixi. Nu zal ik zitten gaan
En tot de zaak koomen. Hoe lang is 't wel geleeden,
Dat deze zoete patient voor de eerstemaal de ziekte ge-
[voelt heeft?

Dibberig.   Ruim drie maanden.
Christ.   Ei lieve! zo zullen wy ordentlyk gradatim
[van point tot point overtreeden.
Maar, kwam haar de ziekte op 't lyf, by den morgen,
[middag, avond, of by de nacht?"

Zoo gaat het een poos door. Dan volgt deze uitspraak:

> Het scheelt haar tusschen 't pericranium
> [en de planta pedis, zonder liegen.
Terwyl de propageerende humores altemaal naer het cen-
> [trum van haar lichchaam vliegen,
En daar per opstructionem een soort van koek maaken,
> [die haar onverdraaglyk incommodeert.
Jou dochter, myn Heer, heeft zekere venineuse vapores
> [geincorporeert,
Dat is zonne klaar. Ik wil daar myn doctoraale hals wel
> [onder verzetten."

Het meisje moet trouwen, zegt de gewaande dokter.

Jeroen.   » Maar, myn Heer, zy is immers niet gezond.
Christ.   Spreek je daar een woord teegen, zo is uw dochter binnen
         [driemaal vierentwintig uuren op een hond."

De vader klaagt, dat niemand zulk eene zieke bruid zal willen hebben; Christiaan zegt, dat hij een goed woord bij Ferdinand moet doen, en Jeroen, die aan dezen vroeger zijne dochter heeft geweigerd, verzoekt hem nu zijn schoonzoon te worden. Ferdinand en zijne moeder slaan toe en Jeroen belooft, na eene flauwte van Hillegond, eene groote huwelijksgift te zullen schenken. Thans verschijnt Philippijn met François, Constantia en de juweelen. Het paartje wordt door de wederzijdsche ouders met verbeterhuis en spinhuis gedreigd, maar zij wijzen op het contract, dat intusschen geteekend is. De zaak wordt bijgelegd, Eelhart en Leonora worden ook een paar, Antonet en Philippijn volgen dat voorbeeld en de laatste eindigt het blijspel met de woorden:

> » Al wie nu geneegen is, om in 't groote gild te geraaken,
Vraag maar naer Philippyn, die alle soorten van huuwly-
> [ken klaar kan maaken.
Hy bedient de ryke om geld, en de armen kost het niet
> [een duit.
Kom, myn Antonetje, volgen wy de staatcy als Bruigom
> [en Bruid."

Na 1707 had er met Alewijn eene groote lotsverandering plaats; hij vertrok nl. naar Oost-Indië. Daar hij er als ambte-

loos burger heenging, is het tijdstip van die reis niet vast te
stellen; mij schijnt het aannemelijk, dat hij kort na 1707 vertrok, omdat er onder zijne gedichten geene zijn, die men later
dan dat jaar kan stellen. Om welke redenen hij het vaderland
verliet is evenmin zeker. Zijn naam treffen wij eerst weder
aan in eene resolutie van 3 Maart 1713 van den volgenden
inhoud [1]):

»Den Malaks burger Abraham Alewijns verzoekt om met
zijn overleden huisvrouws Susters dogter te mogen trouwen;
gedeclineert als strijdig met het Hollands placcaat van 24 Mei
1664".

Er is reden om te gelooven, dat met dezen Abraham Alewijns
onze dichter bedoeld is, hoewel ongeveer in denzelfden tijd
in onze Oost-Indische bezittingen, met name te Negapatnam,
dezelfde familienaam wordt aangetroffen [2]). Heeft het stuk op
hem betrekking, dan blijkt er uit, dat hij in 1713 te Malacca
woonde en zijne vrouw had verloren. Zeker is het, dat hij in
Februari 1714 te Batavia [3]) als koopman was gevestigd [4]).

In dat jaar vinden wij hem voor het eerst weer met letterkundigen arbeid bezig. In het begin van 1714 legde hij de
laatste hand aan een nieuw blijspel: *Beslikte Swaantje, en
drooge Fobert; of de boere rechtbank* [5]), dat hij aan de regenten
van het wees- en oude-mannenhuis opdroeg, en dat nog in
hetzelfde jaar te Amsterdam werd gedrukt [6]). Uit die opdracht
vernemen wij, dat *De bedrooge woekeraar, Latona, Philippyn*

---

1) Vgl. *Realia. Register op de generale resolutiën van het kasteel Batavia.* 1632—
1805. *Uitgegeven door het Bataviaasch Genootschap van Kunsten en Wetenschappen.*
dl. I. Leiden. Gualth. Kolff. 1882, blz. 500.

2) Volgens Valentijn, *Oost-Indien*, V, 1, blz. 16, was in 1691 een Hector Alewynszoon daar onderkoopman en in 1709 een Laurens Alewynszoon secretaris van
den stadsraad.

3) Zie de opdracht van *Beslikte Swaantje.*

4) Zie beneden.

5) *Blyspel. Door* A. Alewijn. *Te Amsteldam, By de Erfg. van J: Lescailje en
Dirk Rank,* enz, 1715.

6) Het privilege is van 26 November 1714.

en twee zijner muzikale samenspraken op den Amsterdamschen
Schouwburg waren vertoond, en dat dit hem den moed heeft
gegeven om, terwijl hij »in Asia zynde, onderwylen in slaape-
loose uuren, by nacht, (zijne) poëtiecque drift niet (heeft)
kunnen weerhouden", nogmaals een blijspel te schrijven. Hij
meent, dat het stuk »om de vreemdigheid van 't onderwerp",
en omdat hij niet weet, »dat iemand voor (hem) ooit een for-
meel pleidooy in eenig bly- of kluchtspel ten Tooneel gevoerd
heeft", »d'aanschouwers niet onsmaaklyk zal voorkoomen".

De verwikkeling der klucht is zeer eenvoudig. Swaantje,
eene boerendochter, is al te intiem geweest met een jonker,
en wordt nu bij vonnis eener rechtbank, die uit schout en
schepenen van een dorp bestaat, na dwaze pleidooien van twee
geïmproviseerde advokaten aan een boerenlummel, die van den
prins geen kwaad weet, als vrouw toegewezen. Het stuk is
nog al ruw van taal.

In 1715 werd Alewijn tot lid van het college van schepenen
gekozen, eene betrekking, waaraan jaarlijks emolumenten tot
een bedrag van minstens 400 rijksdaalders waren verbonden [1]).
En nog in hetzelfde jaar werd hij volgens eene resolutie van
27 September door het opperbestuur der Compagnie hier te
lande (de vergadering van zeventienen) tot raad van Justitie
aangesteld; in dat stuk wordt hij »Coopman tot Batavia" genoemd [2]). Voordat echter deze benoeming was geschied, hadden de gouverneur-generaal en raden van Indië hem bij resolutie van 27 Augustus aangesteld tot advokaat-fiskaal [3]), daar
Mr. Arnout Bitter, die dit ambt het laatst had bekleed, naar
het vaderland was vertrokken. Deze benoeming door den landvoogd van Indië was waarschijnlijk slechts provisioneel. Zeker
moest hij thans zijne zaken aan kant doen.

---

1) Vgl. Valentijn, t. a. p., IV, 1, blz. 354.

2) Deze en de volgende mededeelingen over Alewijns rechterlijke loopbaan dank ik
aan de welwillendheid van den heer J. H. Hingman, Commies-chartermeester aan
het Rijksarchief. Zij zijn geput uit het archief der O. Indische Compagnie, dat
daar berust.

3) In dit stuk heet hij koopman en lid van het college van schepenen.

Aan de rechterlijke betrekking, die Alewijn nu bekleedde, waren allerlei beslommeringen verbonden. Zoo lezen wij bijv. [1]): »Dien Officier zal gecombineerd met den Water Fiscaal enquette na een morserije in Zuijker moeten doen". Misschien was het aan de gestrengheid van den nieuwen advokaat-fiskaal te danken, dat in 1716 een paar ontrouwe ambtenaren werden verbannen [2]). Maar ten gevolge van het waarnemen van dit ambt door Alewijn was er eene plaats in den raad van justitie onbezet, en bij missive van ·30 November 1716 drongen gouverneur-generaal en raden er dan ook op aan, dat de nieuw benoemde fiskaal, Mr. Pieter Vuist, spoedig zou overkomen, daar het onvoltallig zijn van het college ten nadeele strekte van de afdoening van zaken [3]). In 1717 kwam Mr. Vuist te Batavia [4]) en nam Alewijn dus zitting in den raad van justitie.

Een enkel woord over dit college. De raad van justitie was na den raad van Indië het hoogste college in onze O. Indische bezittingen. Hij bestond uit negen leden en een voorzitter, die tevens lid van den raad van Indië was. Bij den raad van justitie was appel van alle andere rechtbanken. De leden vergaderden Dinsdags en Zaterdags des morgens om 7 uur. Zij mochten geen geld of geschenken aannemen, maar hadden daarentegen een goed inkomen. Want behalve 150 gulden in de maand trokken zij sedert 1709 [5]) dezelfde emolumenten als de predikanten te Batavia. Welke die emolumenten waren, leert ons Valentijn [6]), en het is te karakteristiek om ze hier niet in zijne woorden mee te deelen. Zij bestonden nl. »in tien ryxdaalders en agttien stuivers kostgeld, twaalf ryxdaalders voor huishuur, vier en twintig ponden Hollandsche boter (die

---

1) Zie *Realia*, blz. 14. Het besluit is van 28 April 1716.
2) T. a. p., blz. 348.
3) Mededeeling van den heer Hingman.
4) Vgl. Valentijn, t. a. p , blz. 379.
5) Vgl. *Realia*, blz. 379.
6) T. a. p., blz. 247.

zes ryxdaalders kosten zouden), twaalf kannen wyn (die zes ryxdaalders waardig zyn), veertien pond waskaarssen, twee kannen olyven-olie, drie kannen calappus-olie, drie kannen Hollandsche azyn (dat te zamen ruim zes ryxdaalders waardig is), en vier vadem brandhout, waar voor men tien ryxdaalders betaalen moet; al 't welke ter maand te zamen een en vyftig ryxdaalders en agttien stuivers uit maakt". Dit is dus jaarlijks, volgens de berekening, die Valentijn er aan toevoegt, ongeveer 1450 gulden. Bovendien hebben zij nog andere inkomsten, zoo gaat Valentijn verder, »wanneer zy als gecommitteerden [1], of gelastigden van den Raad zitten, die niet wel na te rekenen zyn; dog na gissing in 't jaar nog wel drie honderd ryxdaalders voor ieder opbrengen".

In weerwil van de drukke bezigheden aan zijn ambt verbonden, was Alewijn weder met letterkundig werk bezig, hoewel van anderen aard dan vroeger. Hij was Portugeesch gaan leeren, omdat dit door de inlanders en de bewoners van Batavia werd gesproken, maar ergerde zich nu, dat die taal, behalve door de predikanten, door ieder gebroken werd gesproken en vermengd met Maleische en Nederlandsche woorden. Een »inboorling van Batavia, burger koopman, Lieutenant van een Compagnie der Inlandse Borgerye", Joan Collé genaamd, die Portugeesch kende, stelde hem een woordenboek Latijn—Portugeesch-Spaansch ter hand, door een Portugeeschen Jezuïet, Benedictus Pereyra, in 1674 te Lissabon in het licht gegeven. Collé had een gedeelte van dat woordenboek vertaald en dit ter beschikking van Alewijn gesteld, die besloot de vertaling te vervolgen, hoewel hij zoo weinig tijd overhad voor dezen arbeid, dat hij er die uren voor moest gebruiken, »als wanneer men zich van 's *E: Compagnies* dienst verpoosende, hier gewoon is te rusten". Daar hij Engelsch kende, maakte hij

---

1) Hiermee staat misschien in verband wat wij lezen op blz. 14 der *Realia*: .Na 't exempel van 1717 zal aan den Advocaat Fiscaal Alewijn een Commissie werden gegeven. 9 Sept. 1721."

ook gebruik van een Portugeesch-Engelsch woordenboek, naar denzelfden Pereyra gevolgd, terwijl bovendien Collé hem ter zijde stond. Hoewel hij de overtuiging koestert, zegt hij in de opdracht, dat zijne krachten zwak zijn, wil hij toch er toe medewerken, dat het Portugeesch zuiverder wordt gesproken. Iets groots heeft hij niet geleverd, daartoe schiet zijne kennis van de taal zelve en zijne taalkennis in het algemeen te kort. Hij draagt het boek op aan de bewindhebbers der compagnie »ter kamer Amsterdam", »in 't verwachten, dat het *Uw: Edᴸᵉ: Groot Achtbaarheden* niet mishaagen zal, den moejelyken arbeid van *Haar Edˢ*: geringsten dienaar met *Haar Edˢ*: goedgunstige bescherming te overschaduwen."

De *Tesóuro dos Vocábulos das dúas Línguas Portuguéza, e Belgica. Woordenschat der twee Taalen Portugeesch, en Nederduitsch* [1]) zag in 1718 te Amsterdam het licht. Het werk telt 933 blazijden. Niet alleen wordt de beteekenis van alle Portugeesche woorden in het Nederlandsch opgegeven, maar ook vele uitdrukkingen worden vertaald.

Den 1ˢᵗᵉⁿ Januari 1719 droeg Alewijn een nieuw blijspel op aan de regenten der beide liefdadige instellingen te Amsterdam; het had tot titel: *De Puiterveense Helleveeg, of beslikte Swaantje aan den tap* [2]). Die opdracht leert ons, dat *Beslikte Swaantje*

---

1) *Door* Mr. A. Alewijn, *en* Jan Collé. *T'Amsterdam, By Pieter van den Berge.* Een tweede titel is in het Portugeesch en heeft het jaartal 1718. Een derde titel luidt aldus:

Woordenschat der twee Taalen, Portugeesch, en Nederduitsch; Waar in de beteekenissen der Portugeesche Woorden, volgens de Rykheid van de Nederduitsche Taalkunde, omstandig aangeweesen worden; Een werkstuk, dat in 't algemeen voor alle liefhebbers der beide Taalen, en bysonderlyk de leeraars en leerlingen derzelve ten hoogsten dienstig is. Door Mr. Abraham Alewijn, *en* Joannes Collé. *Tot Amsterdam, By Pieter van den Berge,* enz., 1714.

Dit jaartal moet echter fout zijn, want in 1714 was Alewijn nog niet in dienst der Compagnie.

2) *Blyspel. Door* A. Alewijn. *Op de Zinspreuk, 't Gaat nooit wel, daar de doek Is meester van de broek. Te Amsterdam, By de Erfg. van J. Lescailje en Dirk Rank,* enz., 1720.

Het privilege is van 20 April.

en drooge Fobert, »'t welk d'Eer gehad hebbende van ten Tooneele gevoerd te moogen werden, van een zo goeden uitslag geweest is, door de groote toevloejing der Liefhebbers van vermaaklyke Tooneelstoffen, zo my in deze Oostersche Gewesten onderrecht werd, dat het Wees- en Oude Mannenhuis zich, over de kosten aan deszelfs toestel en uitvoering gedaan, niet hebben te beklaagen." Daarom heeft hij nogmaals een blijspel geschreven. Iets verder heet het: »En aangemerkt dit geheele Werk een Boersche harssendroom is, zo weet ik niet, of ik de rechte kern dezer akelige stoffe, of wel de waare inwendige gesteltenis van zodaanig een megeer, als *Swaantje* verbeelden moet, naer den rechten aert heb getroffen, veel min, of ik de vereischte houding, en verdere Tooneel-orders hier behoorlyk aangemerkt hebbe, want, ik my gantsch niet vermeet een Tooneel-dichter te zyn, of de Tooneel wetten grondig te kennen."

Zooals reeds uit den titel blijkt, is dit blijspel een vervolg van het vorige. Swaantje houdt met haren man, die jammerlijk onder de plak zit en telkens door haar wordt afgeranseld, eene herberg. En zij viert haar kwade luim niet enkel tegen hem bot, maar tegen ieder, die in hare nabijheid komt, en is steeds gereed om met behulp van vuisten of keukengereedschap het van woorden tot daden te laten komen. In de herberg logeert een jongmensch, die er met het geld van zijn stiefvader en met een juffertje van door is gegaan; deze beiden worden hier betrapt, maar eerst nadat een paar gauwdieven het geld en tevens de bezittingen van Swaantje machtig zijn geworden. De schout bemoeit zich met de zaak en weet Swaantje door dreigementen tot haar plicht te brengen.

In 1721 verscheen het laatste blijspel van Alewijn: *Jan Los, of den bedroogen Oostindies vaêr*[1]). Jan Los heeft vroeger iemand gewond en is de vervolging ontkomen door op de vloot te gaan. Na negen jaren komt hij terug. Zijne vrouw heeft het intus-

---

1) *Blyspel*, door Abraham Alewijn. *Te Amsterdam, By de Erven van J. Lescailje en Dirk Rank*, enz., 1721.
Het privilege is van 1 September.

schen met een ander gehouden en bij dezen eenige kinderen gekregen. De teruggekeerde matroos belandt bij een paar snollen en haar broer, die zijne vrouw kennen; hij wordt van alles beroofd en dan door den pol zijner vrouw, als schout verkleed, en een paar andere kerels opgepakt wegens zijne vroegere misdaad en weer losgelaten. Het edele gezelschap deelt den buit.

In October 1720 was intusschen de advokaat-fiskaal der compagnie, Mr. Pieter Vuist, benoemd tot raad extraordinaris van Indië volgens een besluit van het bestuur hier te lande, en den 4den van die maand werd Alewijn benoemd tot advokaat-fiskaal. In 1721 trad hij dus in die betrekking op [1]). Volgens Valentijn [2]) was dit ambt zeer aanzienlijk en voordeelig. Zoo mocht bijv. de advokaat-fiskaal eene koets houden, zonder er belasting voor te betalen, die anders jaarlijks 40 rijksdaalders bedroeg [3]). Misschien was hij reeds 18 Juli 1721 in zijne betrekking, en dan slaat op hem de volgende resolutie [4]), dat de advokaat-fiskaal »Werd g'indemneert door de Compie van zeekere proces kosten, waarin hij door den Raad verweesen was, als gevaar loopende in zijne goederen geexecuteerd te werden."

Alewijn heeft zijn nieuw ambt maar zeer kort bekleed, want den 4den October 1721 is hij op bijna 57 jarigen leeftijd te Batavia overleden [5]). Er wordt bericht, dat hij nog een werk in handschrift heeft nagelaten, onder den titel: *A. Alewijns Sinnebeelden, bestaande in 22 prenten, door den schrijver uitgevonden, wijders door denselven met vaarzen en zedekundige redeneeringen op yder prent toepasselijk verrijkt, en verders gestoffeerd met veele aanmerkelijke en gedenkwaardige aloude geschiedenissen*

---

1) Volgens mededeeling van den heer Hingman gaven gouverneur-generaal en ra. den eerst 19 Sept. 1721 van de verandering kennis. Maar hij was toen reeds een tijd adv.-fisk., want 9 Sept. 1721 werd den „Advokaat-Fiskaal" Alewijn eene commissie gegeven (zie boven).

2) T. a. p., IV, 1, blz. 858.

8) T. a. p. blz. 855.

4) Vgl. *Realia*, blz. 14.

5) Mededeeling van den heer Hingman.

*en zinspreuken, uit aanzienlijke geloofwaardige schrijvers en zede-
leeraars getrokken, zijnde de prenten in koper gesneden door Pieter van Bergen.* Het handschrift, dat tot de bibliotheek van
Mr. C. P. E. Robidé van der Aa († 1851) behoorde, heb ik
niet kunnen inzien. Het moet de kenmerken dragen van des
schrijvers »groote belezenheid, luim en vernuft;" onder de
teekeningen, »waarop steeds Apen de eerste rollen vervullen,"
zijn verzen geplaatst [1]).

Alewijn heeft zich bijna voortdureud met letterkundigen arbeid van zeer uiteenloopenden aard bezig gehouden. Hij heeft
gedichten geschreven en blijspelen, een herdersspel en zangspelen, heeft eene vertaling gegeven van een populair godsdienstig werk en een woordenboek samengesteld. Als blijspeldichter heeft hij den meesten naam verworven. Toch staan zijne
blijspelen beneden die zijner voorgangers, Bernagie en Asselijn,
omdat zij oneindig veel ruwer zijn van taal en veel meer de
17de eeuwsche klucht naderen.

Nog een enkel woord over de uitgaven zijner werken. De
Zede en Harpgezangen, in 1694 voor het eerst verschenen,
werden in 1715 te Haarlem herdrukt [2]); de »Zangstukken" zijn
nu »tot gemak der Speelers, op de gewoonlyke G sleutel gesteld", en de bundel is voorzien van lofdichten van de Haar-
lemmers Govert van Mater en den schoolmeester Jan van Belle,
den bekenden berijmer der declinaties [3]). De *Harderszangen,*
in 1699 gedrukt, werden in 1716 op nieuw uitgegeven, eveneens te Haarlem [4]). Ook dit werkje werd voorzien van een lofdicht door Van Mater. Beide bundels werden, vermeerderd met

---

1) Vgl. Van der Aa, *Biographisch Woordenboek,* I, blz. 178.
2) *Den tweeden Druk. Te Haarlem, Gedrukt by de Wed: Hermannus van Hulken-
roi,* enz., 1715.
8) Nom. *Het Fransche Pad* is te Amsterdam befaamd.
Gen. *Des Franschen Pads* uitroeijing is beraamd.
Dat. *Den Franschen Pade* is hoog bevel gezonden.
Acc. *Het Fransche Pad* heeft de onderschout verbonden; enz.
4) Zie boven.

eene menigte gelegenheids- en andere gedichten, weer opgenomen in de *Zede en Harpgezangen* van 1715 [1]). Hierin vonden
ook enkele zangspelen, die afzonderlijk waren uitgekomen, nl.
ter gelegenheid van het huwelijk van Mandt, den verjaardag
van Cornelia Pruimer en *Orpheus Hellevaart* wederom eene
plaats. In 1733 verschenen nog eens: Mr. A. Alewijns *Zede en
Harpgezangen, Den derden druk. Waar achter zyn Ed. verdere
en nooit gedrukte Maatgeschriften zyn bygevoegt* [2]). Ik geloof
echter, dat dit dezelfde oplage is als van 1715, maar nu is de
muziek van de kleinere gedichten er op afzonderlijke bladen
tusschengevoegd, doch die der grootere zangspelen niet.

'*t Groot Waereld Tafereel* beleefde, zooals wij boven zagen,
verscheidene uitgaven. Van de blijspelen werd *De bedrooge woekeraar* in 1739 [3]), *Beslikte Swaantje en drooge Fobert* in 1742 [4])
en *De Puiterveense Helleveeg* in 1782 [5]) herdrukt. In onze
eeuw werden de pleidooien der advokaten in *Beslikte Swaantje*
nog eens afgedrukt in eene bloemlezing [6]).

Bij eenige der werken van Alewijn had Pieter van den Berge [7])
teekeningen gemaakt. En de bekende Cornelis Troost deed later hetzelfde; in ééne der uitgaven van *Beslikte Swaantje* vond
ik eene gravure naar eene teekening van hem, die het 3de bedrijf van dat blijspel voorstelt. Links staat Swaantje met een

---

1) Zie boven.

2) *T'Amsterdam, By Albert Klumper*, enz.

3) *Te Amsteldam, By Izaak Duim*, enz.

4) *Te Amsteldam, By Izaak Duim*, enz.

5) *Te Amsterdam, by Jan Helders*, enz.

6) Vgl. *Comische Pleidooyen, gevoerd voor de respective regtbanken van Puiter-
veen, Cyprus en in de regentenkamer van den Amsterdamschen Schouwburg. Met de
noodige stukken en munimenten, mitsgaders de vonnissen, in dezen geslagen. Door A.
Alewijn, R. Hennebo, J. de Marre en J. J. Hartsinck. Alsmede proces crimineel
van A. van Overbeke, tegen zijne holle kies, Risum teneatis? Te Amsterdam, bij
J. C. van Kesteren.* 1823, blz. 1.

7) Vgl over hem: Mr. C. H. Immerzeel, *De levens en werken der Hollandsche en
Vlaamsche kunstschilders, beeldhouwers, graveurs en bouwmeesters*, I, 46, en Kramm,
t. a. p., I, 80. Was hij ook boekverkooper? Alewijn's *Tesóuro* werd bij een Pieter
van den Berge uitgegeven.

18

rok aan, die van voren zeer kort is, naast haar jonker Jan. Rechts staat één der geïmproviseerde advokaten in eene toga, met eene groote pruik, een grooten hoed en een verbazend groot papier in de hand. Meer op den achtergrond de grienende Fobert en zijn vader. Aan de tafel in het midden van het vertrek zit de andere advokaat, ook met een hoogen, spitsen hoed op en eene groote mand met papieren naast zich; achter de tafel zijn vijf personen zichtbaar, de schout en schepenen, van welke er twee slapen. Aan den linker kant zijn nog twee mannen en eene vrouw [1]). Lucas Pater maakte voor deze teekening van Troost en voor nog een paar andere voorstellingen uit de blijspelen van Alewijn bijschriften [2]).

Sommige blijspelen van Alewijn bleven een tijd lang op het tooneel. Zoo wordt bericht, dat Punt en Duim uitstekend voor de advokaten in *Beslikte Swaantje* speelden [3]), en dat ook Brinkman zeer goed de rol van één dier personages vervulde [4]). Wel kwam de *Hollandsche Tooneelbeschouwer* (1762—1763) tegen de beide Swaantjes van Alewijn op met de volgende kritiek [5]): »zij zijn tot walgens toe met ongerijmtheden overstelpt; het is onbegrijpelijk dat een fatzoenlijk man diergelijke schandelijke taal uit zijn pen heeft kunnen laten vloeyen, of de Dichter moet het alleen gemaakt hebben om een partij Oostindischvaarders te doen lagchen. Want een kind in de luyren met het hoofd in een Emmer met water te steeken, en een onnozelen Boer door een kwaad wijf gedurig te zien afrossen, zijn zaaken, daar iemand, die slechts een weinig smaaks heeft, niet veel behaagen in zal scheppen." Toch werden nog ten tijde van het directeurschap van

---

1) Immerzeel en Kramm vermelden deze teekening niet.

2) Vgl. zijne *Nagelaaten Poëzy. Te Amsterdam, By de Erven P. Meyer en G. Warnars.* 1784, blz. 45, en op blz. 44 bijschriften op eene afbeelding genomen naar *De Puiterveense Helleveeg.*

3) Vgl. Corver, *Tooneel-aantekeningen*, blz. 127.

4) T. a. p., blz. 46.

5) Aangehaald bij P. Haverkorn van Rijsewijk, *De oude Rotterdamsche Schouwburg*, blz. 128.

Punt aan den Rotterdamschen Schouwburg (1773—1776) elf
maal blijspelen van onzen dichter opgevoerd [1]).

Witsen Geysbeek zeide van Alewijn [2]): „Zijn stijl, vooral die
zijner blijspelen, is natuurlijk, los en vloeijend," en »de natuurlijke en levendige schildering der volkszeden van dien tijd
maakte dezelven behagelijk." Hij haalt zelfs eenige bladzijden
aan uit de *Latona* en meent, dat »men zijn *Bedrogen woekeraar* en *Philippyn Mr. Koppelaar* nog tegenwoordig onder
de goede oorspronglijke blijspelen zou kunnen rekenen." Verder heeft hij, evenals Jeronimo de Vries [3]), lof over voor
Alewijn's *Zeegezang* ter eere van prins Eugenius. In onzen tijd
velde Dr. Jonckbloet een ongunstig oordeel over Alewijn's
blijspelen [4]).

Groningen, Dec. 1883. J. A. WORP.

HET BRUGSCH FRAGMENT DER BERIJMDE FRANSCHE VERTALING VAN MAERLANT'S WAPENE MARTIJN.

Tijdens het laatst Nederlandsch Congres kocht ik te Brugge
het merkwaardig werkje van den heer James Weale, hande-
lende over de aloude stad en hare omstreken [5]). Onlangs door-

1) T. a. p., blz. 355—381. *Beslikte Swaantje* werd 5 keeren gespeeld, *de Pui-
terveensse Helleveeg* 3 keeren (deze twee meest na elkander), *De bedroogen woekeraar* 2 malen en *Philippyn, Mr. Koppelaar* 1 maal.

2) Vgl. *Biographisch Anthologisch en Critisch Woordenboek* in voce.

3) Vgl. *Proeve eener geschiedenis der Nederduitsche Dichtkunde*, 1810, II, blz. 72.

4) Vgl. de *Geschiedenis der Nederlandsche letterkunde in de twee laatste eeuwen.
Groningen*, 1888, I, blz. 9 en 10. In een paar eigennamen zijn op die bladzijden
drukfouten ingeslopen, waarop ik even wil wijzen; men vindt er nl. Mondt voor
Mandt en Bruinier voor Pruimer.

5) *Collection des guides belges. — Bruges et ses environs* par W. H. James
Weale. 4e édition. Desclée, De Brouwer en Cie., Bruges 1884.

bladerde ik het boekje en mijne oogen vielen op bladzijde 240, waar de schrijver, ter gelegenheid der beschrijving van Damme, over Maerlant en zijne werken spreekt. »J'ai découvert, il y a quinze[1]) ans, — zegt hij, — quelques pages imprimées d'une bonne traduction en vers français du *Wapene Martin*; je les ai communiquées à feu M. Bossaert, archiviste de la ville de Bruges, qui ensuite en trouva d'autres. Elles sont probablement sorties de la presse de Jean Bortoen, imprimeur à Bruges, vers 1480. Ces pages sont conservées aux Archives communales de Bruges".

Deze regels gaven mij nader bericht aangaande de lakonische aanteekening door Prof. Verdam in Verwijs' nagelaten papieren gevonden, welke aanteekening met meer andere dienen moest voor eene helaas! ongeschreven verhandeling over Maerlant's Strophische gedichten. Ziehier die korte aanteekening: »Bukelare's vertaling, ald. XXVIII—XXIX. Ook is eene fransche vertaling te Brugge gevonden. (Serrure, t. a. p. 131)"[2]).

Inderdaad heeft de heer C. A. Serrure reeds in 1867 in zijne verhandeling over Maerlant[3]) het volgende daarover geschreven: »Niet alleen werd de *Wapene Martijn* in het latijn, maar ook in het fransch vertaald. Over eenige jaren ontdekte de heer archivaris Bossaert, tusschen de schutbladeren (sic) van oude registers uit het brugsch stedelijk archief, verscheidene bladzijden van eenen druk der XVᵉ eeuw, die later door den heer advokaat Gilliodts en door den heer Weale erkend werden als toebehoorende tot Maerlant's beroemd wijsgeerig gedicht. Ziehier de zes eerste regels van die berijming, de eenige[4]) waarvan het ons toegelaten werd een afschrift te nemen:

1) Dit cijfer is blijkbaar onveranderd uit de 1e uitgave overgenomen.

2) *Jacob van Maerlant's Strophische Gedichten* uitgegeven en toegelicht door Dr. Eelco Verwijs (bezorgd door Prof. Verdam), Voorbericht blz. XV. 1879.

3) *Jacob van Maerlant en zijne werken*, 2e uitgave, Gent 1867, blz. 131.

4) De heer Gilliodts, thans archivaris der stad Brugge, verzekerde mij integendeel, dat men den heer Serrure aanbood een volledig afschrift voor hem te nemen en hij toonde mij zelfs een blaadje papier, waarop dat afschrift reeds begonnen was; doch de heer Serrure zou er voor bedankt hebben, zeggende dat het Fransch fragment niet lang genoeg was om die moeite waard te zijn.

> Arau! Martin! pour Dieu, dis moy,
> se ce monde en tel desroy
> pourra longuement durer?
> Vérité, raison, justice et foy
> partent dolant, et je croy
> si tost ne doivent restourner, enz.

De heer Bossaert belooft in het kort den franschen *Wapene Martijn* uit te geven. Moge dit plan verwezenlijkt worden."

Lange jaren zijn intusschen verloopen en van eene uitgave dier Fransche vertaling is niets gekomen. Dat ze verdiende bekend te worden, scheen mij buiten kijf. Daarom wendde ik mij tot den heer Gilliodts, den tegenwoordigen archivaris der stad Brugge, die mij met de meeste bereidwilligheid het eerbiedwaardig fragment ter hand stelde.

Het bestaat uit acht blaadjes of zestien bladzijden druks van het einde der 15e eeuw. Iedere bladzijde bevat twee strofen der Fransche vertaling van den *Wapene Martijn*. Tusschen bladzijde 8 en 9 is er eene leemte van vier bladzijden. Zoo komt het, dat dit fragment ons de zestien eerste strofen en daarna stroof 25 tot 40 geeft. De wormen hebben er dapper aan geknaagd; toch kon ik bijna alles te recht brengen, zoo-als hierna volgt:

(Stroof 1.)
h Arau martin pour dieu di moy
Se ce monde en tel desroy
Pourra longuement durer *
Verite * Raison * Iustice * et foy
Se partent dolant * et Ie croy
Si tost ne doiuent Retourner *
Il nest conte * duc * ne Roy
Qui ne honneure cõme le voy
Les faulx * qui les seuent flater *
On fait aux bons [t]out annoy
On les Repute au banes hors loy
On les voit batre et fouler
Leurs biens tolir dhonneur priuer *

(2.)
d Ieux qui tout oit * voit * et ent[en]t
Pour quoy seuffre il si lõguemēt

Si tresgrant erreur durer *
A tout et a quoy que preudomme tent
Tout si est compte pour vent
On ne luy veult Riens acorder *
Tout mondain gouuernement
Si vont le trot au tourment
Dinfer sans Riens [a]rester *
En quelque maniere ou comment
Que si acquitent loyale gent
Riens ne vault leur parler
Il me desplaist dainssy aler *

(3.)   m artin entre nous deux parlons
           De ceste matiere disputons
En dyaloge ycy mis
Dont viennent ces tribulations
Qui Iadis comme nous sauons
Estoient si tresfort hays *
Et a present comme cler veons
Samblent aux seigneurs si bons
Ce sont choses de petit pris *
Comment ce vient * arg[u]ons
Pour bien faire traueillons
Dy moy martin doulx amys
Sur tout ce ton bon aduys *

(4.)   i [aqu]es mon chier compaignon
           Tu me demandes trop parfon
Respondre ne saroye *
De dieu nay pas si grant don
Davoir telle discretion
De scauoir la voye *
Car selonc mentencion
Scrupeleus est ta question
Aduenir ny porroye
Mais ata contemplac[i]on
Te diray a correction
Dieux sa grace menvoye
Que en ce ne fouruoye *

(5.)   q uant le monde premier leua
           Que lun lautre sourmonta
Raison lors se departy *

Et a son aler commanda
Le vilain en qui foy trouua
Et qui avoit Raison en luy *
Que sur les aultres domina
Et loyaulment les gouuerna
Lors egal estat failly *
Seignourie lors commenca
Qui sa Instruction oublie a
Pour ce est Iustice bany
Sans Rapel et sans mercy *

(6.)   i aques Il est notoire et cler
   Que les seigneurs plus labourer
Ne veullent * pour bien faire *
On ne puet en leur conseil parler
Pour les bien faire gouuerner
Il sen fault de tout taire *
Et par ce vsent dappeller
A leur conseil qui seuent flater
Et les seigneurs complaire *
Qui en leur grace veult demourer
Fault la verite celer
Ou auoir la guerre
Cest vng faulx exemplaire *

(7.)   i aques par le solail prenes
   Par qui tout est enlumines
Par sa noble nature *
Quant couuert est des nuees
Et de la bruine comme saues
Si ne peut a ycelle heure *
Remonstrer ses clartes
Ainsi coeuure en tous lees
Le faulce creature *
Nobles euures bien mentendes
Qui est hides et pites
Et chose moult dure
Et maise auenture *

(8.)   q uant soutieulx premier trouuerēt
   Et entre eulx pourparlerent
Les seigneurs ainsi tenir *
Le bien pour mal conuerterent

Pour le proffit quilz en leuerent
Et le seigneur y print plaisir *
Et a ce le aduerterent
Par fixion quilz coulourerent
Que bien en deuroit ensuyr *
Lors en felonnie entrerent
Et loyal conseil debouterent
Qui ainsi les veulent trahir
En Infer puissent ilz boulir *

(9.)   e N seel de prince ne ty fye
            Et leur paroles ne croy mie
Dauid le dist en son psaultier *
Leur promesse est tromperie
Il ne leur chault quequon en die
Preudomme ne sen peut aidier *
Quelquo seruice ou courtoisie
Tu leur faces toute ta vie
Il ne te vauldra vng denier *
Oncques ne fu seignourie
Sil prist conseil a faulse mainie
Qui parseura sans dangier
Et aucuns sont fait encachier *

(10.)   m artin Ie tay oy conter
          Vray et loyaulment parler
Dont Ie te scay tresbon gre *
Car Ie ne sauoye ymaginer
Ne aussi en moy trouuer
Ce que tu mas Remonstre *
Ore say bien et voy tout cler
Qui les princes font errer
Tout fait Importunite *
Ceulx qui les ont a gouuerner
Les font tout deshonnorer
Et font de malice decre
Au feu dinfer soient liure *

(11.)   m artin encore plus me dy
          Se dieu qui est plain de mercy
Aime toute creature *
Egalement tant ty que my
Dy moy pour quoy Ie te pry

Que fortune est si sure
Aux bons qui de coeur lont servi
Et qui ne font conte Rien de lui
Ont bonne auenture *
Pourquoy lordonne dieux ainsi
Mais on ne sen sceit plaindre a qui
Cest chose moult dure
Et bien contraire parture.

(12.)   · i aques veulx tu decliner
De nostre foy et errer
Estu fol ou Radottes *
Comment oses tu ainsi parler
Tu men fais tout espanter
Tu es bien mal aduises *
Veulx tu ton dieu accuser
Et de faulte luy Imposer
Tu seroye ars et brules *
Il te fault mieulx adviser
Et de ton erreur confesser
Ou tu seras deboutes
De ton dieu et condampnes

(13.)   i aques ne soies plus esbahi
Dieux qui est plain de merchi
De Iustice et de bontes *
Grace et bien si vient de luy
Et maluaiste de lannemy
Dieux hait tout maluaistes *
Combien que dieux le seuffre ainsy
Que les mauluais ont leur plaisy
Et sont pour saige Reputes *
Certes Iaques pour vray te dy
Ilz en seront en dur part[y]
Car plus hault en eur [m]ontes
Tant plus bas en Inf[e]r gettes *

(14.)   i aques soyes a certainnez
Que ceulx qui sont fortunez
Dauoir eur par pechier *
Sont adroit chemin entrez
De briefment estre menez
Au tourment du feu dinfer *

Quant ilz ont plus q[ue] asses
Et Riens nen chaut qui en soit greuez
Ne qui en vient en dangier *
Seront en soursaut happez
De la mort et estranglez
Qui souuent vient desgaigier
Sans aucun espargnier *

(15.)   m artin tu mas bien advertis
            Et bien et sagement aprins
Par ta grant courtoisie *
Ie ten dy moult grant mercys
Tu as mon coeur tout Resioys
Et mis hors merancolie *
Se Ie voy mais hault assis
Les malicieux * et auoir pris
Ien seray sans enuye *
Car ailleurs seront punis
De dieu deboutes * [e]t hays
Leurs enfans ne fauldront mie
Daler a nient Ie my cŏffie *

(16.)   m artin son pooit a toy parler
            Sans toy couroucier ou eschaufer
[O]u sans moy plus tenchier *
Ie te vouldroye bien demander
[Po]ur quoy dieu seuffre a tourmēter
Les pecheu[r]s en Infer *
Perpet[u]element san[s c]esser
Qui [a] luy porroit arguer
Trop ai dure son courouchier *
Il se porroit bien passer
De autant de temps illec durer
Que len use de pecher
[Et pa]r Rate de temps punier * 1)

. . . .

(25.)   m artin on dist cōmunaulment
            Et pluseurs soustiennēt fermemēt

1) Hierachter ontbreken 4 bladzijden, waarop 8 strofen gedrukt waren; zoodat men uithoofde dezer leemte van de 16e tot de 25e stroof komt. Dat er eene leemte is, bewijzen de woorden *Jaques tieng*, waarmede de volgende stroof niet aanvangt.

Que amour goute ne voit *
Et est sans entendement
Cest vng prouerbe que on dist souuēt
Certes se ainssy estoit *
Il fait folie qui lentreprēt
Ne quil le poursieut legieremēt
Chescun eschiuer le deuroit *
Ore disent vng aultre le saige gēt
Que pour amour dieux omnipotēt
Char humain auoir voloit
Saige seroit quil le Ioingeroit *

(26.)   i aques cōpaing Ie tieng tout cler
          que trois amours len puet trouuer
Dont l[a] premiere et la grignour *
Est carite qui le veul[t] hanter
Doibt aultres am[our]s sourmonter
Richesse et mondain honnour *
Est la seconde qui fait greuer
Larme ¹) et dieu separer
Cest amour est en fin dolour *
La tierce veult gouuerner
Ionesse qui quiert son per
Les iosnes y font labour
M[a]is pau en loyal amour *

(27.)   (l) a premiere amour dont Ie vous dis
          Est en dieu tout comprins
Et dieux en elle point ne doubtes *
Dieu descendi de paradis
En la vierge de biens Remplie
Et pour amour fu delle nes *
Il frequenta auecq les Iuifs
Et fu deulx vendu et trahis
Sans cause ala mort menes *
Ala croys fu tendu et mis
Claoes * naures * et hault assis
Entre larrons * de tous costes
Cest ame plus que asses *

(28.)   c harite dessus nomme

---

1) Drukfout voor *Lasme.*

Qui ycelle a en luy plante
On le doit saige Reputer *
Qui de tel [amour] est......
Et fust en tourment mene
On ne le porroit tourmenter *
Le corps porroit estre gaste
Mais en larme¹) ne seroit greue
Tel amant sceit bien amer *
De dieu ne sera la tel don donne
Aux pecheurs ne administre
Aux bons le voul[dr]a acorder
De tel amour Remunerer *

(29.)   l autre amour ont pluseurs......
        A estre riches et haut assis
Honneur aime la cheualerie *
Tel pert corps et biens pour toudis
Auoir mondain * honneur et pris
Richesse aime le vaurie
Et pluseurs aultres auaris
Qui mettent ponoir et aduis
Pour or masser toute leur vie *
Tel ne sont compte ne compris
Aucucq les premiers dessus dis
Silz eu[sse]nt tout lor darabie
Il [ne leu]r souffiroit mie *

(30.)   d [e c]este amour a difference asses
        Destre Riche ou hounoures
Car a lun ne puet Riens souffrir *
Et lautre veult estre Renommes
Que on parle de lui de tous costes
Se honneur tu veulx deseruir *
Il fault que dieu soit de toy ames
Sur tout Regracies * et loues
Aussy te fault il dieux cremir *
Soyez hardis et vous armez
Pour bien faire Riens ne doubtez
Vaine gloire te fault hair
Et pris de Ribaulx escheuir *

---

1) Blijkbaar eene drukfout voor *larme* (als hooger).

(31.)   o [Jaqu]es homme honneur nauoit
                  Se lamour ne procedoit
De bon franc et net coeur *
Qni vray honneur amer vouldroyt
Viel ou losne qui que ce soit
Soit dorguel net et pur *
Qui veult viure en hōneur a droyt
De Rien glorifier ne se doit
Quil soit prisie dun trompeur *
Le tel cuide et cuidoit
Quant de Ribaulx prisies estoit
Estre dignes de grant honneur
Soyez sourt a tel parleur *

(32.)   r ichesse nest pas resproube
                Mais quelle scit bien possesse
Bien distribue et bieu acquis *
A droyt despendu dieu loue
Vne partie a droyt garde
Vne partie pour dieu partis *
Mais damer Richesse dōt Iay parle
Et damer dieu et felicite
Ne peut estre ensamble mis *
Damer Richesse sans charite
Cest vng amour desordonne
Et qui est de dieu hays
Enteng bien que Ie te dis *

(33.)   l a tierche amour est procedant
                De Ionesse de cuer florissant
Comme chose de verdour floris *
De Iouene cuer Ioyeulx plaisant
Qui ainssy aime fait Rime et chant
Et est de Ioye tout Remplis *
Quant il voit vng bel semblant
Au cuer ly samble [q]uil soit plus grand
Que Roy conte du[c o]u m[arc]his
Quant en villonnie on ne [est]......
Et en loyaulte len va auant
Cest vng amour de grant pris
Et croy de dieu pau hais *

(34.)   c est amour viēt de trop Regarder

Et sur ce trop ymaginer
Et nature qui y fait consent *
De deux cuers ioindre et assamble[r]
Et quicõques amour veult acuser
Destre aueulles pau sentent *
Cest a desir trop encliner
Sans sauoir a ce Resister
Telz sont Inconstãt comme vẽt *
Et ne sceuent que cest damer
On en voit au tãt en soy finer
Et parseurer loya[ul]ment
Comme blãs leux on voit souuẽt *

(35.)
    m artin tu mas bien apris
       Car Iay pluseurs foys oys
Hommes et femmes parler asses *
En parler en chant et en dis
Que damour estoient pris
Sil fu vray ou controuuez *
[N]e fu oncques aduertis
Il me samble grans et [petis?]
Sont.... d....... [a]mour naurez
.... ne......c est digne de pris
....cun amour est Interdis
Car amour est demenez
En mainte maniere et hantez *

(36.)
    Aques tu mas fort assailly
   i Tu mas Requis Ie tay oy
    Pluseurs choses demander
Tu ma..... [pu]is la puis cy
Sans auoir Repos ou mercy
Il le ma fallu supporter *
Cuides tu Jacques Ie ten pry
Que bien me plaist dauoir ainsy
Moy tant fait endurer *
Nenny Jacques pour vray te dy
Se Ie men sauoye plaindre aquy
Et pour ce Ie te fray parler
Aussy Ie te veul examiner *

(37.)
    o Re dy moy Iaques se tu le sees
    Se toute gent sont succedes

De adam nostre premier parent *
Et pour quoy donc est lun Renommez
Gent[il]homme et tresbien nez
Et la[utr]e vilain de serue gent *
Le gentil est bel saluez
Le vilain est de chescun foulez
On dist fy vilain vatent *
Il est de chescun diffamez
Ien suy courouchies considerez
Que ainssy va a present
Et fu pareil premierement *

(38.)   m artin tu me demandes trop aua[nt]
       De chose qui mest trop pesant
Et plus que neant obscure *
Se Rich[e]s deuenoit vng truant
Vng vsurier * vng faulx merchant
Et eust bonne auenture *
Il seroit honnoures autant
Comme gens de lignage grant
Richesse oste lordure *
Et por ce sont pluseurs tendant
A Richesse et moult desirant
Et lors nont de dieu cure
Ne que leur arme ¹) endure *

(39.)   (m) artin pluseurs sont dopinion
        Que vilaine et serue nation
Sont de caym succede *
Qui abel comme faulx felon
Mourdry sans occasion
[Il] nest biēs cest tout erre *
Car toute sa generation
Fu par la diuine punicion
Par le delouue toute gaste *
Ou bible tout cler le treuuon
[M]ais telle faulce condition
De caym seront trouue
Tant que le monde soit fine *

(40.)   p luseurs aultres sont dauis

_____
1) Nogmaals voor *arme*.

Et soustiennent fort toudis
Que telx gens sont de caym venus
Le fil noe qui fut mauldis
De son pere et de dieu punis
[C]es[t] tout erreur côme dessus *
[V]ne bonne et sainne brebis
[P]orte bien aignel malsain pourris
[C]ar pareil est souuent veus *
[A]v noble abraham de dieu amys
[S]ont succede serfs et chetis
[A] aussi [n]obles de grant vertus
[L]e consequent est tout abus *

Door de heeren Holtrop en Campbell werd dit curiosum besproken in hunne standaard-werken over onze eerste Nederlandsche drukken [1]); doch zulks schijnt aan Verwijs en aan al
Maerlant's uitgevers. ontsnapt te zijn.

In zijne *Monuments typographiques des Pays-Bas au quinzième
siècle* (1868) wijdt de heer Holtrop een lang artikel aan den
drukker van ons fragment, Johannes Brito (of Britoen of Bortoen) en aan zijne werken, die reeds in de vorige eeuw door
den Bollandist Ghesquière en anderen werden besproken (bl.
61—69.) Hij zegt er: »Le savant archiviste de Bruges, M.
Bossaert, a découvert des fragments très précieux, collés dans
les couvertures de vieux livres et de registres où ils étaient en-
sevelis depuis bientôt quatre siècles. Ils font partie, le premier
d'une traduction en vers français du poème: Wapene Martyn,
de Maerlant; — le second etc. ...... M. Bossaert a eu l'ex-
trême obligeance de me communiquer deux de ces fragments,
dont j'ai donné les facsimile à la Planche 61 (129) b et c."

Op de aangewezene plaat geeft de heer Holtrop inderdaad
twee strofen der berijmde Fransche vertaling van Maerlant's
Wapene Martijn, welke strofen juist ontbreken aan het frag-

---

1) Deze inlichting werd mij door den heer Ferd. Vander Haeghen, den even geleerden als hulpvaardigen bibliothecaris der Gentsche hoogeschool, verstrekt, toen ik
hem sprak over Weale's en Serrure's vermelding der Fransche berijming van den
Wapene Martijn.

ment, dat mij onlangs door den heer Gilliodts werd onderworpen. Daarom schrijf ik ze hier uit Holtrop's werk woordelijk af:

> q uil soyt vray et que Ie dy voir
> Te fay par medea scauoir
> Qui de Iason fu ravis *
> Son pere voloit bien decepvoir
> Et embla tout son tresor
> Tua son frere qui fu pis *
> Et laissa Royaulme et manoir
> Et tous ses parens sans plus veoir
> Pour Iason son doulx amis *
> Amours fist tout te fay scauoir
> Raison ny ent aucun pouoir
> Celle que Iaime Ie te dis
> Ne seroyt Ia par moy occis *

> p our vray martin tu es hardis
> De parler de mal en pis
> Et de soustenir grand erreur *
> Petit ne grant ne vault ton advis
> Tu as erre tu as fallis
> Et veulx mal faire par faveur *
> De moy serastu mieulx apris
> Se Ie puis estre de toy oys
> Et tu en aras pau dhonneur *
> Car ta science sera mis
> Avecques les Iosnes enfans petis
> Tu es ung merueilleux docteur
> Desoubz lombre dun faulx couleur *

Blijkbaar heeft men hier de vertaling van stroof 10 en stroof
12 van *Dander Martijn.*

Van zijnen kant geeft de heer Campbell [1]) (*Annales de la
typographie néerlandaise au XVᵉ siècle*, 1874, blz. 285) de vol-

---

1) Op blz. 284 en 285 van zijne *Annales* geeft de heer Campbell ook de beschrijving van Maerlant's *'t Boeck van den houte* (te Antwerpen omstreeks 1496
bij *Henrijc van Rotterdamme Lettersnijder* (sic)) en *Wapene Martijn* (ook aldaar
gedrukt bij *Henrick die lettersnider*, 1496, 28 d. in *Augusto*).

gende beschrijving van het geheele fragment van het Brugsch archief:

»Jacob van Maerlant. Harau Martin (*en vers*). Sans indication de lieu, de typographe ni de date (Bruges, Joh. Britoen, entre 1477 et 1481). 36 feuillets, caract. de goth. *H. M. T.* (Holtrop) 61(129)ᶜ, 26 lignes longues avec signatures et réclames sans chiffres in-4º.

»*F.* 1 *recto:* h Arau martin pour dieu di moy || Se ce monde en tel desroy || Pourra longuement durer || Verite * Raison * Iustice * et foy || Se partent dolant * et Ie croy || *etc. F.* 28 *verso, dernière ligne:* Auecq le nouvel testament * || *dans la marge inférieure et intérieure de cette page:* combien que je c ||

»Découvert aux archives de Bruges en 1851 par M. Bossaert, l'Archiviste. M. Bradshaw m'a communiqué cette description en Octobre 1866."

Hieruit volgt, dat de Fransche vertaling van den *Wapene Martijn*, toen zij door den heer Bradshaw werd gezien, bestudeerd en nauwkeurig beschreven, niet *acht* blaadjes (*feuillets*) telde, gelijk tegenwoordig, maar *zes en dertig.* Bedenkt men nu dat iedere bladzijde druks twee strofen heeft bevat en dat iedere stroof van den Vlaamschen dichter ook in de Fransche berijming ééne stroof beslaat, dan kan men de volgende berekening maken. De *Wapene Martijn* of eerste *Martijn* telt 75 strofen, de tweede (*Dander Martijn*) telt er 26 en de derde (*Vander Drievoudichede*) telt er 39, te zamen 140 strofen, die in het drukje der 15ᵉ eeuw 70 bladzijden of 35 blaadjes zouden beslaan hebben, hetgeen zelfs min is dan de »36 feuillets" van Bradshaw en Campbell. Wellicht heeft de heer Bradshaw de gansche berijmde vertaling der drie *Martijns* van Maerlant onder de oogen gehad.

Hoe jammer toch dat men er alsdan geen volledig afschrift van genomen heeft. Nu heb ik slechts 32 strofen van den *Wapene Martijn* kunnen terugvinden, mitsgaders de twee strofen van *Dander Martijn*, die een gelukkig toeval ons in Holtrop's plaat heeft bewaard.

Door het herbouwen van het lokaal van het stadsarchief te Brugge, zijn de twee derden der charters, registers en verdere stukken gedurende geruimen tijd over vijf verschillige en daartoe niet bestemde lokalen verspreid gebleven. Wellicht zijn tijdens die verhuizing de 28 gemiste blaadjes zoekgeraakt of voor altoos vernietigd. Alle opzoekingen van den tegenwoordigen archivaris hebben tot niets mogen baten.

Hoe onvolledig ook, kwam mij dit fragment toch belangrijk genoeg voor om in zijn geheel gedrukt te worden. Al wie weet welke diensten de Latijnsche vertaling van Bukelare reeds aan de tekstkritiek van den *Wapene Martijn* heeft bewezen, zal de waarde der Fransche berijming niet geringschatten.

Gent, Dec. 1884.   PAUL FREDERICQ.

EEN NIEUW FRAGMENT DER LORREINEN
AANGEWEZEN DOOR J. TE WINKEL.

Indertijd bezat de Heer Lammens, bibliothecaris te Gent, een fragment van 310 verzen, dat zich nu op de Koninklijke bibliotheek te Brussel moet bevinden en waarvan het eerst verslag gegeven werd door F. J. Mone in zijn *Uebersicht der Niederl. Volksliteratur*, Tübingen 1838 p. 59 vlg. Hij gaf het den titel van *Laidoen*, naar den hoofdpersoon, van wien daarin een avontuur wordt verteld. In 1843 liet J. F. Willems het drukken in het VIIde deel van het *Belgisch Museum* bl. 441—450, onder den titel *Gaidoen*, omdat hij meende, dat Laidoen, zooals de naam werkelijk in het Hs., niet eens maar wel twaalfmaal, geschreven is, »niet wel voor een Franschen naem kon doorgaen''. Hij achtte het zeker, dat het »fragment deel maekte van eene vertaling des Franschen romans van Gaidon'', die toen nog niet uitgegeven was, maar waarvan Francisque Michel een paar stukken in zijne uitgave van *La chanson de Roland* had meêgedeeld. Te recht echter merkte Dr. Jonckbloet, *Roman van Karel den Grooten*, Leiden 1844 Inl. XIII vlg., op, dat het fragment niet kon behooren tot den roman van Gaidon, daar de hoofdpersoon van dien roman »annemis mortex" was van Gelloen en diens geslacht, waartoe ook Pinabeel behoorde (dien hij op 't eind van het Rolandslied zelfs bestreed, al had hij toen ook den naam Thierry nog niet met dien van Gaidon verwisseld), terwijl de Laidoen van ons fragment als vriend en gezel van Pinabeel voorkomt.

Dat Dr. Jonckbloet juist gezien heeft, bevestigt de roman van Gaidon zelf, die in 1862 door F. Guessard en S. Luce in de verzameling der »Anciens Poètes de la France" werd uitgegeven en waarin ons fragment niet is terug te vinden. De gedachte, dat het fragment misschien zou kunnen behooren tot den roman der *Lorreinen*, kwam wel voor een oogenblik bij Dr. Jonckbloet op, maar hij »vond geene genoegzame zekerheid om het op te nemen" in zijne uitgave der eerste vijf fragmenten, welke van dien roman bekend geworden waren (fragm. A 1—V); en sinds dien tijd is er geene poging meer gedaan, om meer zekerheid te verkrijgen, zoodat Dr. Jonckbloet in den derden druk zijner *Geschiedenis der Nederl. Letterkunde* I (Gron. 1884) bl. 386 alleen opmerkt: »Wij bezitten een fragment, waarin zekere verrader Laidoen de hoofdrol speelt, en dat men niet weet tot welk gedicht te brengen".

Toch had het vinden van verscheidene andere fragmenten der *Lorreinen* tot eene andere opvatting kunnen leiden, niet alleen van die, welke in 1876 door Dr. J. C. Matthes werden uitgegeven (fragm. B I—III), maar vooral ook van die, welke het eerst in 1877 werden bekendgemaakt door Dr. H. Fischer, en daarop met nog twee andere door Dr. M. de Vries in dit *Tijdschrift* III (1883) bl. 1—50 werden meêgedeeld (fragm. C I—IV).

Men vergunne mij op grond van die nieuwe fragmenten te

betoogen, dat het avontuur van Laidoen zonder eenigen twijfel
behoort tot den roman der *Lorreinen*, en dat slechts het Fransche
origineel van het 2de ën 3de boek behoeft teruggevonden te
worden, om dat ook met mathematische zekerheid te kunnen
bewijzen. Daartoe ga een kort overzicht van het avontuur
vooraf.

De graven Pinabeel en Laidoen zullen eenige met goud beladen »someren" begeleiden; maar de aanvoerder der Siten,
die zich met hen in dezelfde stad of dezelfde legerplaats bevindt, slaat zijnen mannen voor, zich te wapenen, in alle
stilte weg te trekken zonder dat de anderen er iets van weten,
en dan, van eene hinderlaag uit, het escorte te overvallen,
om zich van den rijken buit meester te maken; want, zegt hij,

> »Want die hoeneren sal men honen
> Ende quaet altoes met quaden lonen".

Het plan wordt uitgevoerd. In eene bergstreek worden de graven overvallen. De Siten wenden voor, dat zij verspieders in
hen zien, en of Laidoen al antwoordt, dat zij uit het leger
komen, waar zij de koningen spraken, het baat niets. »Slaetse
doet!" roepen de Siten, en daarop nemen de graven verschrikt
de vlucht naar het woud. »Someren ende gout" lieten zij achter; en de Siten, wien het niet om het leven der graven,
maar alleen om het goud te doen is, laten hen ontvluchten,
terwijl zij het goud prijs verklaren en de voerlieden der last-
paarden dooden. Met hunnen buit keeren zij daarop weder
naar het leger terug.

> »Nu hort, gi heren, ende verstaet,
> Hoe desen heren haer verraet
> Heeft geloent ende hare pine",

zegt de dichter nu bij den aanvang van zijn verhaal der lotgevallen van Pinabeel en Laidoen, die elkaar bij de vlucht
kwijt raakten in het uitgestrekte woud, »vol van eiselike dieren". Pinabeel vindt spoedig gelegenheid om naar het leger
terug te keeren, want in een hoogen eik geklommen, heeft

hij het landschap overzien en in de verte »ene port" ontdekt, die hij opzoekt en vanwaar men hem den weg naar het leger wijst, dat hij na een langen tocht bereikt.

Laidoen echter dwaalt den verkeerden weg op. Hij vindt boven op eenen berg een nest van »jonge vogelgripen" en wordt door den ouden grijpvogel aangevallen. In den strijd, die daarop volgt, verliest hij zijnen linkerarm, en in zijne benauwdheid richt hij zich tot God en »Sente Jacop". Hij gevoelt, dat zijn ongeluk eene zware straf is omdat hij »geport was om traisoen", maar de grijpvogel, tevreden met Laidoen's arm, waarmeê hij zijne jongen voert, spaart zijn leven, en nadat hij zijne wonden zoo goed mogelijk verbonden heeft, dwaalt hij verder »altenen roepende op Gode ende op siere moeder";

> »Sente Jacob gelofde hi
> Sinen wech, geloves mi,
> Oec gelofde hi dat hi nemmermere
> En sochte geerehande kere,
> Daer hi Karle ochte Vone (lees: *Yone*)
> Mede pijnde te mesdone
> Ochte iemene van haren magen;
> Gode so ginc hi opdragen
> Sine veede altemale."

Hij beloofde, dat hij »altoes die soene geren" zoude, als hij in leven mocht blijven;

> »Al hadde hi oic (lees *oit*) geweest quaet,
> Hi set ane Gode nu sinen raet
> Ende geeft ewelike vrede
> Sinen vianden alse Gell' (d. i. Gelloen) dede;
> Maer mochte uutcomen Laidoen,
> Hi sout bat houden ende doen,
> Dan Gell(oen) dede sijn gelof."

Den geheelen nacht kon hij niet in slaap komen, maar als de dag aanbreekt, hoort hij eenen haan kraaien en besluit daaruit tot de nabijheid van menschen. Inderdaad vindt hij ook weldra eene kluizenaarswoning, door eene gracht omgeven.

Daar woonde reeds langer dan veertig jaar Serpio, »ene helege heremite", die maar zelden door iemand bezocht werd, omdat het woud door de wilde dieren, die er leefden, te onveilig was. De hulp van dezen kluizenaar roept Laidoen nu in; doch lang duurt het vóór zijne stem gehoord wordt. Eindelijk is de kluizenaar »tot vor sijn dorken gegaen" en ziet hij daar den graaf, die hem »ontfermelike" toeroept: »Laet mi in, lieve here". Daarmeê breekt het fragment af.

Beschouwen wij nu dit verhaal in verband tot de ons bekende fragmenten van den roman der *Lorreinen*.

Van het land der Siten, waaronder, zooals Dr. De Vries (*Tijdschrift* III bl. 5) te recht heeft opgemerkt, Scythië aan de Zwarte Zee bij de Palus Maeotis moet verstaan worden, is reeds sprake geweest in de door Dr. Jonckbloet uitgegeven fragmenten, namelijk A I vs. 2105, II vs. 2186, 2259, 2282, 2305, 2316 en 2327. Uit die plaatsen blijkt, dat Yoen daar koning was en er ter bescherming van zijn land tegen Gelloen's dochter Yrene de stad Gardeterre stichtte, maar later met Helene heimelijk het land der Siten verliet, om geruimen tijd met haar »in hogen Goten bi den berge Caucasus" te wonen. Zijn zoon Ritsaert, die niet wist, waar zijn vader gebleven was, trok daarop het land der Siten rond om hem op te zoeken, maar te vergeefs. Hij wilde er zelf nog geen koning worden, maar vertrok weder, na er tot »drossate ende montbore" aangesteld te hebben, A II vs. 2356

> »Enen grave, hiet Elijn",

zooals in de uitgave van Dr. Jonckbloet staat, maar waar men veilig voor *hiet elijn* mag lezen *hugelijn*, met het oog op fragm. C III vs. 95 vlgg., waar wij graaf Hugelijn als bestuurder van het land der Siten aantreffen. Als nu Yoen en Ritsaert beiden het Sitenland verlaten hebben, is het niet vreemd Gelloen, den verraderlijken doodvijand van Yoen, aan zijne dochter Yrene, de keizerin van Constantinopel, den raad te hooren geven, B II vs. 72 vlgg.:

> »Dat si op Siten orloge,
> Want Yoen noch Ritsaert
> En comen nemmermeer derwaert."

Dat Yrene haars vaders raad opvolgde, blijkt uit fragm. C III vs. 95—234, waar verhaald wordt, hoe Yoen, nadat Helene hem ontvlucht was, naar het land der Siten terugkeert en daar voor Gardeterre een »heer van Grieken" vindt, zoodat zijne komst met een groot leger graaf Hugelijn, die de stad verdedigde, hoogst welkom is. Sinds dien tijd behandelen de fragmenten der Lorreinen, die nog volgen, namelijk C III vs. 234—360, C IV en zelfs het eenig fragment, B III, van het derde boek, alleen den strijd in het land der Siten, waarbij Gelloen den verrader speelt, omdat hij verklaart, C IV vs. 277 vlgg.:

> »Maer ic wille ter keyserinnen sinden
> Ende ten andren minen kinden,
> Dat si haer orlogen laten staen,
> Want wi hebben soene gedaen,
> Die nemmermeer na desen dach,
> Ocht God wilt, versceden mach,"

en ter zelfder tijd »wrachte na sine sede", d. w. z. in 't geheim zijne dochter tegen Yoen opstookte en haar liet aanzeggen, dat zij den oorlog tegen Yoen moest voortzetten, omdat hij zelf de heidenen in Frankrijk zou lokken en daardoor Karel en zijne genooten zou beletten Yoen te helpen; C IV vs. 328 vlgg.:

> »Dus so hout Gelloen, die here,
> Die soene, die hi selve sprac
> Entie hi haestelike brac."

Men kan er nu niet licht meer aan twijfelen, of het verhaal van Laidoen is eene episode uit dien oorlog van Yrene tegen de Siten, waarin Laidoen en Pinabeel tegen Yoen en Karel de rol van verraders spelen, evenals Gelloen dat gedaan had, die ook overal in den roman der Lorreinen voorkomt als verbreker van eed en gelofte. Zoo wordt Gelloen, A II vs. 1119 vlg., iemand genoemd,

> »Die geloeft heeft menege soene
> Ende gehouden en heeft engene,"

en wordt, A II vs. 1486 (vgl. ook vs 1571 vlgg.), van hem
gezegd: »noyt en hilthi soen no vrede", geheel in overeenstemming met *Laidoen* vs. 207 vlgg.:

> »Hi geeft ewelike vrede
> Sinen vianden, alse Gelloen dede,
> Maer mochte uutcomen Laïdoen,
> Hi sout bat houden ende doen
> Dan Gelloen dede sijn gelof."

Heet het van Laidoen, vs. 205: »al hadde hi oit geweest
quaet", van Gelloen vindt men gezegd, A II 1750, dat hij
»oit hadde geweest een quaet", en C II 275 vlg., dat hij »oit
verradere quaet geweest heeft".

Dat de naam Laidoen in 't geheel niet voorkomt in de ons
bekende fragmenten der Lorreinen, kan geene reden zijn om
zijn avontuur niet tot dien roman te brengen, want al hebben
wij ook omstreeks 10,000 verzen van de Lorreinen over, deze
maken blijkbaar van den geheelen roman nog slechts een gering gedeelte uit. Zoo komen ook Jan van Mes alleen in A I,
Paridaen en Pyroet van Tolose alleen in A II, Pyroen alleen
in B II, Vrederijc alleen in B III voor. Pinabeel daarentegen
wordt een paar maal in de fragmenten der Lorreinen teruggevonden, namelijk A II 2939 en A IV 47, waaruit tevens
blijkt, dat hij tot de maagschap van Gelloen behoorde.

Dat de dichter Laidoen tweemaal (vs. 137 en 185) Sint Jacob
laat aanroepen, is niet vreemd, want ook de dichter der Lorreinen spreekt meer dan eens van St. Jacob van Compostella,
blijkens het verslag, dat aangaande het eerste boek der Lorreinen gegeven is door Mone, *Untersuchungen zur Gesch. der
teutschen Heldensage*, p. 219 en 237.

Ook wat den stijl aangaat, komt ons fragment met den
roman der Lorreinen in menig opzicht overeen. De dichter
spreekt zoowel hier als daar zijne toehoorders aan als »gi heren",
hetgeen in de romanlitteratuur juist niet zoo algemeen is. Vgl.

Laidoen vs. 55; »Nu hort, gi heren, ende verstaet", met *Lorr.* A. II 60: „Daerom dor God, gi heren, hort", *Lorr.* C IV 21*: »ghi hebt, gi heren, dor God verstaen", en *Lorr.* C III 95 vlg.: »ghi hebt, gi heren, ane mine wort hier te voren wel gehort". Vooral in zijne gebreken blijft de dichter zich gelijk. Hij is in ons fragment even breedsprakig als in de Lorreinen en herhaalt dikwijls hetzelfde in andere, gedeeltelijk zelfs in dezelfde, bewoordingen. Hij bedient zich gaarne van tegenwoordige deelwoorden: men vgl. bv. *Laid.* 112 vlg.: »dus ginc hi in dat foreest sere dolende", *Laid.* 180: »int wout ginc hi dolende doe", *Laid.* 199: »Laidoen die dus dolende geet", *Laid.* 278: »ende heeftene roepende vernomen", met *Lorr.* A II 3755: »dat trensoen bleef hem daerin stekende", *Lorr.* B II 31: »daer bleef dagende here Yoen", *Lorr.* B III 87: »wat dat hare nakende es", *Lorr.* C II 174: »dat houdende was haer oem Alquijn", *Lorr.* C IV 144 vlg.: »die coninc wartse doe verhatende soe".

De roman der Lorreinen wordt ontsierd door een groot aantal stoplappen om 't rijm. De meest gewone zijn zeker *geloves mi* (*Lorr.* A II 1712, 4641, IV 100, B II 51, C III 212, 278, IV 40 enz.), dat men ook vindt *Laid.* vs. 186, 216 en *geloft mi das* (*Lorr.* B. II 196, III 166, C IV 144, 185), ook te vinden *Laid.* 232.

Eindelijk is ook de taal van ons fragment geheel dezelfde als die der Lorreinen. Men lette slechts op het gewone *ochte* voor *oft* en op *si* voor *is*, waarbij nog verschillende woorden (ook bastaardwoorden) en uitdrukkingen kunnen gevoegd worden, die wel niet uitsluitend aan de Lorreinen eigen zijn, maar toch ook weêr niet zóó gewoon, dat men ze in ieder Dietsch werk zou kunnen aantreffen, en die met elkaar eene hooge mate van bewijskracht bezitten. Men vgl. *Laid.* 12 en 41, *someren* met *Lorr.* B I 514, waar ook sprake is van *someren*, met goud en zilver beladen. *Montainge* vindt men *Laid.* 24 en *Lorr.* B III 130; *geslegen comen* (= komen aanrijden), *Laid.* 26 en *Lorr.* A II 697; *ontfaren* (met den datief) *Laid.* 39

en *Lorr.* C IV 60. *Gewen* met 'e voor *gewin*, *Laid.* 47 past bij *gewennen*, *Lorr.* C III 170 en *wennen Lorr.* B III 124, C III 312, IV 321 voor *winnen*. *Houden* (= blijven staan) leest men *Laid.* 50 en *Lorr.* B I 335, C III 336. *Geraken bi gelucke* (voor het meer gewone *bi geval* of *bi aventure*), *Laid.* 83, stemt overeen met *comen bi gelucke*, *Lorr.* A II 4425, waar het op beide plaatsen op *stucke* rijmt. *Lange wile* (adverbialiter voor langen tijd) vindt men *Laid.* 87 en *Lorr.* A I 1024; *hem getroesten* (moed houden en vertrouwen) *Laid.* 94, 111 en *Lorr.* A II 3627. *Laid.* 104 vlg.: »hi vernam ende versach" is te vergelijken met *Lorr.* C III 142: »So versachi ende vernam". Het zeldzame woord *onthoegen* voor bedroefd maken, teleurstellen, staat te lezen *Laid.* 124 en *Lorr.* A II 4453. *Avetien* vindt men *Laid.* 132 en *Lorr.* A I 1513; *geport sijn* (uitgegaan zijn), *Laid.* 144 en *Lorr.* A I 995, 1479; *geprinden*, *Laid.* 153 en *Lorr.* A II 2144, V 232. De ongewone uitdrukking »geerehande kere soeken, daermede", *Laid.* 198, komt overeen met »en soeken keer, daerbi", *Lorr.* C II 238. *Arm ende kaitijf*, *Laid.* 201 is te vergelijken met *arem keytief*, *Lorr.* A II 987. *Of sijn* met den genitief (= iets niet meer hebben, iets kwijt zijn) leest men *Laid.* 212 en *Lorr.* A I 909; *nutten* (= eten), *Laid.* 239 en *Lorr.* B I 10, terwijl een zin als *Laid.* 236 vlg.: »hi hadde gelegen daer (d. i. in die cluse) vele meer dan XL jaer", terstond doet denken aan *Lorr.* C III 69 vlg.: »daer lach die vrouwe in die cluse tien jaer". Bovendien wordt ook de ingenomenheid van den dichter der *Lorreinen* met het kluizenaarsleven in den *Laidoen* teruggevonden.

Na al die punten van overeenkomst zal men er wel niet meer aan twijfelen, of het tot nog toe zoo raadselachtige Laidoenfragment behoort voortaan fragm. XV van den roman der *Lorreinen* te heeten en als zoodanig eene plaats in het tweede boek van dien roman, vermoedelijk na fragm. C IV, te erlangen.

Groningen, 22 Dec. 1884.

LOYHIER ENDE MALART.

Op het eind van de 11de eeuw reeds maakt Hariulf in zijne Kroniek van St. Requier melding van een gedicht (»patriensium memoria quotidie recolitur et cantatur" zegt hij), waariu de overwinning bezongen wordt, behaald door koning Lodewijk op Guaramund, die, op aanstoken van den Frank Esimbard, aan het hoofd van barbaren, eenen inval in Frankrijk had gedaan. In dat gedicht nu mag men eenen Franschen tegenhanger zien van het Duitsche *Lodewijkslied*, want koning Lodewijk is Lodewijk III en de door hem behaalde zegepraal is de overwinning, die hij in 881 bij Saucourt op de Noormannen bevocht.

Dat het door Hariulf vermelde gedicht verloren is, kan geene bevreemding wekken; wèl mag het een gelukkig toeval heeten, dat van een gedicht uit de 12de eeuw, waarin hetzelfde onderwerp behandeld wordt, waarin namelijk Gormond en Isembart aan het hoofd van Perzen en Arabieren eenen inval doen in Frankrijk, maar door koning Lodewijk verslagen worden, een fragment van ruim 600 verzen bewaard is gebleven, het eerst door den baron De Reiffenberg in zijne *Chronique rimée de Philippes Mouskes* in 1838 bekendgemaakt en later door Heilighrodt in het derde deel der *Romanische Studien* en door A. Scheler te Brussel in 1876 uitgegeven onder den titel *La mort du roi Gormond*.

Dat het gedicht, waarvan wij dat belangrijke fragment bezitten, of liever eene jongere bewerking er van, in zijn geheel is opgenomen in den *Roman de Lohier et Malart*, is de reden geworden, waarom men op dat compilatiewerk der 14de eeuw in den laatsten tijd meer de aandacht heeft gevestigd [1]). Dat

1) Zie o. a. Gaston Paris in de *Histoire Littéraire de la France* XXVIII, Paris 1881, p. 239—253.

werk echter bestaat, voor zoover men weet, in het Fransch niet meer. Wij kennen het alleen uit een Nederrijnsch, uit Blankenberg afkomstig, handschrift, dat ons aan het einde mededeelt: »Die wolgeborne fraw die da genannt war Margret grevin zu Widmunt und fraw zu Genweile, Hertzog Friedrichs von Lothringen haussfraw, die hat diss buch erstmals uss latin in welsche sprach thun schreiben in dem jar der geburt Chr. 1405 und ist danach fürbass von welscher sprache zu teutsch gemacht durch die wolgeboren fraw Elisabeth, von Lothringen grevin, witwe zu Nassow und Sarbrücken, des vorgenannten hertzog Friedrich und Fraw Margret tochter ..... in dem jar der geburt Chr. 1437". Bovendien bestaat de roman ook nog in een Duitsch volksboek, waarvan het eenig bekende exemplaar in 1514 te Straatsburg gedrukt is. Naar dat, bijna geheel met het HS. gelijkluidende volksboek nu heeft Karl Simrock den roman in Nieuwhoogduitsch overgebracht en in 1868 te Stuttgart uitgegeven onder den titel *Loher und Maller*, *Ritterroman erneuert von Karl Simrock*, nadat de vrouw van Friedrich von Schlegel reeds in 1805 den roman naar het HS. zeer onvolledig in Nieuwhoogduitsch had bewerkt, onder welken vorm hij te vinden is in het zevende deel (bl. 140 vlgg.) van Fr. von Schlegel's werken.

Dat de opgave van het Latijn als oorspronkelijke bron op eene vergissing moet berusten en de Fransche roman niet van 1405, maar reeds van de 14de eeuw moet dagteekenen, is door Gaston Paris betoogd, maar wordt nog bevestigd door de ontdekking, die ik voor eenigen tijd maakte en die ik belangrijk genoeg acht voor de geschiedenis zoowel der Nederlandsche als der Fransche letterkunde, om haar hier meê te deelen.

De Duitsche prozabewerking, tot nog toe gehouden voor de oudste, die er van den Franschen roman bestaat, is de oudste niet. Zij is jonger dan eene Middelnederlandsche vertaling in verzen, waarvan fragmenten zijn bewaard gebleven, die men tot heden nog niet tot eenigen bekenden roman heeft kunnen

terugbrengen '), maar die, volgens Mr. L. Ph. C. van den
Bergh, »in schrift uit het laatst der 14ᵈᵉ eeuw" geschreven,
en, volgens C. P. Serrure, »uit een handschrift van de laatste
helft der veertiende eeuw versneden" zijn. Ik bedoel vooreerst
het fragment van 23 verminkte en 23 halve versregels, dat
door Mone ²), die er acht regels van mededeelde, *Pinnaert* gedoopt, en door C. P. Serrure uitgegeven is in het *Vaderlandsch
Museum* I (Gent 1855) bl. 431—433. De uitgever besluit met
de opmerking: »Thands dat al wat er van overblijft het licht
ziet zal misschien de een of ander kunnen aanwijzen tot welk
dichtstuk het behoord heeft"; doch eerst dertig jaar later zijn
wij in staat dat *misschien* weg te laten. De andere fragmenten,
»een reep pergament midden doorgesneden, bevattende het bovenste gedeelte van twee bladen", maken met elkaar acht brokken uit, samen 158 gedeeltelijk verminkte versregels. Zij werden op de bibliotheek van Thysius ontdekt en het eerst uitgegeven door Mr. L. Ph. C. van den Bergh in de *Werken van
de Maatsch. der Ned. Letterkunde*, Nieuwe Reeks VII, 1 (Leiden
1852), bl. 142—148.

De uitgever dacht, dat zij misschien tot den roman van
Galien restorés konden behooren, maar kon dat niet bewijzen; en
dat vermoeden blijkt dan nu ook onjuist te zijn, ofschoon er
wel eenig verband tusschen onzen roman en den *Galien restorés*
bestaat. Wij lezen namelijk in het Fransche volksboek van
Guerin de Montglave (edit. Lenoir, Paris 1519) fol. LV rᵒ »Galien regna puissamment.... et porta la couronne de Constantinoble, puis emmena sa mère à Montfuzain avec sa femme,
Guimardes. En celle Guimardes engendra Galien restoré, qui
moult exauça nostre loy. Celluy fut père Mallart, le compai-

---

1) Dr. Jonckbloet heeft in den derden druk zijner *Gesch. der Nederl. letterkunde*
I (Gron. 1884) bl. 389 nog maar alleen meê te deelen: »Sedert de *Aiol* is uitgegeven bleek, dat de fragmenten, afgedrukt in de *Nieuwe reeks van werken der Maatschappij van Letterkunde* VII, 1 bl. 143 vlgg., en die in Serrure's *Vaderlandsch
Museum* V bl. 431, daartoe niet behooren, zooals vroeger gegist werd".

2) F. J. Mone, *Uebersicht der Niederländ. Volksliteratur*, Tübingen 1838 p. 60.

gnon Lohier, qui endura moult de mal" [1]). De vader van Malart had dus den bijnaam *restorés*, d. i. *de nieuwe*, omdat zijn vader ook Galien heette, evenals Brun de la Montagne, aan wien hetzelfde lot als aan Tristan wordt voorspeld, *li restorés Tristrans* genoemd wordt, en de verrader Milo in den roman *Florence de Rome* zich zelf den naam van *Judas le restore* geeft [2]). Zoo heet ook de nieuwe Ogier van Ardennen, namelijk Ogier, de broeder van Malart, in onze fragmenten (vs. 138) *de restoreit*, welk epitheton Van den Bergh aan den *Galien restorés* had doen denken. Overigens is de held van het volksboek *Galien restorés*, welks oudste druk van 1500 dagteekent, niet de tweede Galien, maar diens vader, die dus te onrechte zijns zoons bijnaam ontving.

Aan de hand van het Duitsche volksboek *Loher und Maller*, zooals Simrock dat in ruimer kring verspreidde, valt het ons niet moeielijk aan onze fragmenten de plaats aan te wijzen, die zij in den roman hebben ingenomen, al is dan ook het volksboek veel verkort en al schijnt het ook, dat het Fransch waarnaar het volksboek bewerkt is, in kleinigheden afweek van het Fransch, dat de vertaler van onze fragmenten vóór zich had. Daardoor missen wij tevens voldoende hulpmiddelen om de verminkte versregels der fragmenten geheel en met behoorlijke zekerheid te kunnen herstellen. Op het voetspoor der vroegere uitgevers heb ik toch in dit opzicht gedaan wat ik kon en de aanvullingen door cursiveering aangeduid, waarbij men bedenke dat mijn doel was de fragmenten leesbaarder te maken, zonder dat ik in den waan verkeerde den oorspronkelijken tekst hersteld te hebben.

Het fragment *Pinnaert* verplaatst ons in het begin van het tweede der drie deelen, waarin het Duitsche volksboek verdeeld is (bij Simrock p. 41). Loyhier, door keizer Karel, zijnen va-

---

1). Aangehaald door Gaston Paris, *Histoire Litt. de la France*, XXVIII p. 227.
2) Vgl. daarover Emile Gachet, *Glossaire Roman des Chroniques Rimées de God. de Bouillon*, etc. Bruxelles 1859 p. 414.

der, voor zeven jaar uit Frankrijk gebannen, is met zijnen wapenbroeder Malart over Lombardije naar Constantinopel gereisd, waar hij wonderen van dapperheid verricht heeft in den strijd tegen den Saraceenschen koning Pinnaert, die de stad belegert. Loyhier en Malart als gevangenen voor zich gebracht te zien, is Pinnaert's hoogste wensch, want eerst dan acht hij zich meester van de stad. Hij hoopt dan Loyhier tot het heidendom te kunnen bekeeren, en hem vervolgens zijne dochter Sinoglar (of Sumaglore, zooals zij in ons fragment heet) ten huwelijk te geven; maar koning Heldinc, die alleen uit liefde tot Sinoglar Pinnaert in den oorlog gevolgd is, verneemt dat plan met schrik, en, zich tot Pinnaert wendende, zeide hij: »Edele heer, ik heb u honderdduizend man aangebracht en heb dat op eigen kosten gedaan, en ik zal u ook niet verlaten vóór wij Constantinopel veroverd hebben; maar dat doe ik alles ter wille van uwe dochter, en geeft gij haar nu aan een ander tot vrouw,

> Dat wet*ic* herde wel *te voren*,
> Soe vele te meer es *theer verloren*.
> Waendic niet de vrouwe *winnen*,
> In souder niet vele mer*ren binnen*,
> 5 Nemaer morgen metten *dage*
> Soudic met vrienden ende *mage*
> Wederkeren in mijn lant.
> Bi onsen God Tervogant,
> Te hulpen en quam ic *niemere*
> 10 No om vrouwe, no om here,
> Al hadden si u altemale *leit*,
> Die nu sijn in Kerstenh*eit*.
> Doen seide Pinnaert, die *coninc:*
> »*Here Heldinc* [1]), in ware dinc,
> 15 Ic was qualike bedoc*ht*,
> Dat ict voert hebbe br*ocht*;
> Dies was ic qualike be*raden*.
> Nu hoert mi spreken alle*gader*:
> Bi Mamette, minen here!

---

1) In 't HS. volgens Serrure: »Hen aldien, in ware dinc."

20 Moegdi mi Loyere, den *jonchere*,
Gevaen bringen of*te Malaert*[1]),
Ic geve u bi namen *ter vaert*
Vrouwe Sumaglore *te wive*".

In het volksboek leest men daarvoor (p. 41): »Das thu ich
Alles um eurer Tochter willen, und wüste ich dasz ihr sie
mir nicht geben wolltet, so wollt ich morgen des Tags mit
all meiner Mannschaft aufbrechen, wieder heim in mein Land
zu reiten. Helding, sprach König Pinar, so mir Machmet
helfe, ich habe das nicht wohl bedacht. Könnt ihr mir Loher
und Maller in meine Hand liefern, so will ich euch meine
Tochter geben". Daarop volgt dan in het Duitsch: »Diess Ge-
lübde nahm König Helding von König Pinar an: aber ihm
wäre besser gewesen, er hätte der Dinge nie gedacht. König
Helding war sehr froh, dasz ihm der König seine Tochter zum
Weibe verheissen hatte. Er sprach: So mir Machmet helfe,
ich will nimmer Ruhe gewinnen, ich habe denn *Loher* und
Maller zu euern Händen geantwortet. Ich hab einen guten
Fund erdacht, sprach Sinoglar, *des Königs Tochter*, dasz *euch
ihrer einer soll werden, eh die Sonne zu Gnaden geht*". In deze
woorden meen ik flauwe sporen van overeenkomst te ontdekken met vs. 24—46, de halve en daardoor onverstaanbare versregels, die aan de keerzijde van de vorige bladzijde te lezen
waren. Men vindt er o. a. vs. 33 *Malaert*, vs. 34 *meester le . er*
(lees *Loyer*), die inderdaad Malart's meester was, vs. 37 *scone
maget faliant*, vs. 43 *rade doen*, vs. 44 *tavont wel gecrigen*;
doch bij den jammerlijk verminkten toestand van het handschrift valt er niets met zekerheid te herkennen.

De andere fragmenten verplaatsen ons een heel eind verder
in den roman. De Saracenen zijn verdreven, Loyhier heeft
Sormerine, de dochter van den keizer van Constantinopel, Ourscart (Hoogd. Orscher), gehuwd en is met haar naar Frankrijk
vertrokken, maar onderweg, in Lombardije, heeft zijn neef
Ottoen, de koning van dat land, hem wegens een ouden wrok

---

1) In 't Hs. volgens Serrure: „Gaen bringen, bringen of".

20

gevangen genomen. Sormerine daarentegen is aan Ottoen ontsnapt en in Constantinopel teruggekomen; maar Ottoen begeeft
zich ook daarheen, strooit uit dat Loyhier overleden is en
tracht Sormerine's hand te winnen. Dat is nochtans te vergeefs. Op allerlei wijzen weet zij hem te misleiden en zelfs
Loyhier uit zijne gevangenis in Pavia te verlossen en naar
Constantinopel te doen overkomen. Dáár echter heeft Ottoen
den grootsten invloed verkregen op den zwakken keizer, zoodat noch Loyhier noch zelfs Sormerine iets vermag. Op eens
komt nu Scheidichin, die vroeger kamerjuffer van Sormerine
geweest, maar later met Malart getrouwd was, de tijding brengen, dat Malart, die intusschen zijne bloedverwanten teruggevonden heeft, met een groot leger op marsch is naar Constantinopel, om Ottoen te straffen en Loyhier weêr in eere te brengen. Zoodra Loyhier dat verneemt, verlaat hij Constantinopel
om zijnen vriend te gemoet te gaan; maar dicht bij Malart's
legerkamp ziet hij, hoe een ridder (Diederic, bastaard van
koning Ansays) eene jonkvrouw tracht te onteeren; hij komt
haar te hulp, en nu heeft er een hevige strijd tusschen Loyhier
en den bastaard plaats, die eindigt bij de komst van Malart en
andere ridders; want nauwelijks heeft Loyhier zijnen vriend
Malart herkend, of hij sloeg den helm op, en riep uit:

47 »Gheselle, edel *ende* vrome ¹),
　　Gode ende mi zijt welcome!"
　　Malart die woerden wel verstoet,
50 Blide was hi in den moet,
　　Want hi kende wel Loyhiere,
　　Ende beette neder vele schiere
　　Ende namene in sinen arem
　　Ende custene menich waerf.
.55 Malard zeide: »te gheere tide
　　Ne was ic noyt also blide
　　Als ic nu bem, deghen fier.
　　Vor gheen conincrike en gavic hier
　　Uwen staet ende u wesen;

---

1) In 't HS.: »gheselle eydel vrome vrome".

60 Ic bem alre smerten ghenesen
   Na dat ghi zijt ghesont;
   Mi dinct ghi te ghere stont
   Zo wel en waert op u lijf.
   Segt mi, here, wat doet mijn wijf
65 Ende *Sormerine* [1]), die vrouwe?" —
   »Wel zij zijn zonder rouwe",

sprak Loyhier tot hem: en nu stelde Malart zijnen vriend voor
aan zijne bloedverwanten. Ik breng u hier, zeide hij,

   Minen vader ende mi*nen broeder*
   Ende Ansäyse, des *sijt vroeder*,
   Hem derden van kind . . . . .
70 Nu so willewi *die stede*
   Constantinoble *beleggen.*
   Den keyser en zulwi *ontseggen*
   Gheenen *vrede no gheene soen*,
   Mochtewi den *valschen Ottoen*
75 Ghecrigen *ende slaen te doot.*"
   Doe was daer bliscap groot.
   Selve die heren . . . .
   , ... naer . . . . . .
   Ansays ende Ogier
80 Welcomden den ridder fier
   Wtermaten herde zere.
   Die bastaert was uten *kere*;
   Maer die pays was gemaec*t*
   Harde zaen ende ghestaec*t*
85 Biden toedoene van den *here*,
   Al waersi beede buten ke*re*.

In het Duitsch is het bovenstaande over het algemeen minder uitvoerig, ofschoon men er toch ook een paar zinnen vindt,
die hier niet voorkomen. Het luidt bij Simrock p. 108: »Maller, rief er (Loher), du lieber Geselle, komm her und küsse
mich. Da erkannte ihn auch Maller und rief: Lieber Herr,
ich bin froh, dasz ihr gesund aus dem Kerker gekommen sind;

---

1) Van den Bergh leest *Formandyne* (P), doch zegt: »het woord was bijna onleesbaar".

wenn mir ein Königreich geschenkt würde, ich wäre nicht so
erfreut. Lieber Herr, ich bringe euch meinen Vater und meinen
Bruder und König Ansi und alle meine guten Freunde. Ich
wollte gen Constantinopel, König Orschern zu belagern, der
euch in euern Nöthen nicht zu Hülfe kommen wollte. Ich
weisz, er hat Ott bei sich, den falschen Schalk. Darum will
ich nimmer ruhen bis ich sie beide gefangen habe [Ich hab
euch zu Pavia gesucht, und habe die Stadt mit Sturm genom-
men. Als ich euch da nicht fand, bin ich hierher gekommen,
euch in des Kaisers Land zu suchen] [1]). König Galien und sein
Sohn Otger redeten auch freundlich zu Lohern. Sie freuten
sich alle, dasz sie Lohern gefunden hatten und schickten alsbald nach dem Bastard, der mit Lohern versöhnt ward".

Nu trekt het leger naar Constantinopel op, terwijl men in
de stad zelf op tegenweer bedacht is; en het fragment begint
met de volgende verzen, die ik niet bevredigend kon aanvullen:

      . . . . ren den keyser fijn
      . . . . palays marberijn,
      . . . . menegen baroen
90 . . . . die dese Ottoen
      . . . . . zach groot ghetelde
      . . . . upten velde
      . . . . . menigerande saet
      . . . . dat verstaet.
95 Vor den keyser dat si quamen.
      Die keyser zeide: »om onse vramen
      Geve ons yemen goeden raet.
      Na dien dat ghescepen staet
      Waert goet dat wi uut voeren
100 Die wile dat si zijn in roeren
      Om te slane haer ghetelde,
      Want wi hebben in onser gewelde
      Omtrent dertich dusent man,
      Helm up thooft, halsberch an.
105 Ende ghi, here coninc Ottoen,

1) Dit zal wel in onze vertaling weggelaten zijn, omdat het toch reeds te voren
vermeld was.

maak, dat wij u niet te vergeefs in den strijd behoeven te
zoeken ¹),

> Mer dat u volc mede vaerd!"
> Dies scaemden die Lombaert
> Ende ghinc hem in den wapijn doen.
> Die coninc ontboot zine baroen,
> 110 Datter niemen make geluut,
> Maer dat men stillekine trake uut.
> *Hi* waende *de* Spaenyarden becrupen
> Ende al heimeliken beslupen:
> Sulc waent sinen viant bedriegen,
> 115 Die hem zelven moet lieghen.
> Also was den keyser ghesciet
> Min no mee, in lieghe u niet.
> Uut Constantinoble der stede
> Trac *Ourscart* ²), dats waerhede,
> 120 Wel met dertich dusent man,
> Die alle vruchten zinen ban.
> Het waren alle goede lieden
> Ende tanesiene scone mesnieden.
> Drie batailgen de keyser maect.
> 125 *Deerste batailge* wel gheraect

gaf hij aan.... doch hoe er verder moet aangevuld worden,
is niet na te gaan, daar in het Duitsch al het voorafgaande
in de weinige woorden wordt afgedaan, die onmiddellijk op de
reeds aangehaalde volgen: »Maller und das Heer ritten fürbasz
vor Constantinopel. König Orscher war auf seinem Palast und
rief seine Räthe zusammen. Was rathet ihr mir? fragte er:
ihr seht, meine Feinde sind gekommen. Sie sind fernher ge-
wandert und werden jetzt müde sein: darum wollen wir hinaus,
alsbald mit ihnen zu streiten. Die Räthe antworteten: Der
Rath ist gut. Da liesz König Orscher die Trompeten blasen

---

1) Deze woorden zijn gerechtvaardigd door Ottoen's gedrag in den vroegeren strijd
tegen de Saracenen.

1) V. d. B. leest: *Ourzarc*, doch zegt: „onzekere lezing". Met het oog op de
verduitsching van *Malart* in *Maller*, meende ik voor *Orscher* hier *Ourscart* te moeten aannemen.

und zog aus der Stadt mit ganzer Macht. Er hatte wohl sech-
zigtausend Gewappneter".

Ook Malart van zijnen kant maakt zich tot den strijd gereed. Hij was vrij in de keus van het terrein,

>   Dat was hem een groot voordeel.
>   Malart besette dat cembeel.
>   Sinen here, den vromen Loyhiere,
>   Gaf hi deerste batailge sciere
> 130 Ende hi zeide zonder bide:
>   »Ic sal zijn bi uwer zide,
>   Want het gaet ons beeden an;
>   Entie vader, die mi ghewan,
>   Die sal dander batailge hebben". —
> 135 »Sone, in wilse niet ontseggen",
>   Seide die vrome Galyen.
>   Die derde so gaf hi mettien
>   Sinen broeder den Restoreit (d. i. Ogier);
>   Aerde node haddise ontseit.
> 140 Die vierde gaf hi, des sijt wijs,
>   Den oudsten sone Ansays,
>   Die bi namen hiet Gwyoen;
>   Die vijfte zinen broeder, den baroen ¹),
>   Die bi namen hiet Geraerd,
> 145 De zeste voerde die bastaert.

Koning Ourscart deed nu met zijn leger den uitval, en onder
de eerste strijders behoorde Diederic, de bastaard. Hij zag een
vijandelijken ridder naderen en dadelijk vlogen

>   Die goede zwaerden uten scoe.
>   Elc die ghinc andren toe.
>   Die bastaert verhief zijn zwaert
>   Ende slouch den ridder ter vaert
> 150 Upten helm die goet was,
>   Dat hi craecte als een glas,
>   Ende tswaert zanc ten tanden dure.
>   Dat was den ridder zwaer aventure.
>   Hi sturte neder up die heide.

---

1) Versta daaronder niet den broeder van Malart, maar dien van Gwyoen.

155 Elc dede andren cleine vrede
  Harentare up dat velt.
  Gheen scamel man stille en helt,
  Alsoot es te wetene goet.
  Menich drouch daer hogen moet
160 Weder ende voort up dat plain.
  Daer moeste menich eidel (l. *edel*) grain
  Neder vallen in den velde,
  Die ligghende bleef in ongewelde,
  Dat jamer was al te groot.
165 Ghinder was . . . .

In het Duitsch wijkt de indeeling van Malart's leger eenigszins af en wordt van Diederic's strijd geene melding gemaakt.
Men leest er: »Maller bestellte seinen Kampf auch und gab
den ersten Streit seinem Bruder Otger, den andern König
Ansi, den dritten zweien Königen, Ansis Söhnen, den vierten
gab er dem Bastard, den fünften führte Maller, den sechsten
Loher. König Orscher und seine Gesellen schlugen frisch
zu, Maller und seine Gesellen liessen es auch an nichts fehlen". Wat daarop in het Duitsch volgt, maakt den verkorten inhoud van het laatste gedeelte onzer fragmenten uit:
»Otger, Mallers Bruder, erwischte Salomon den Wirth: er
zog ihm den Helm aus und wollte ihm das Haupt abschla-
gen; das ersah Maller und sprach: Lieber Bruder, schone mir
diesen: er ist mein guter Freund. Ergieb dich, sprach Maller.
Da gab ihm Salomon sein Schwert. Maller schickte seinen
Wirth Salomon ins Gezelt. Man mochte da wohl grossen Streit
sehen und manchen Mann sein Leben verlieren: sie schlugen
wacker auf beiden Seiten". Daarvoor vindt men in onze fragmenten:

  Al nu zijn zy ghesconfiert.
  Doe wasser zere gepongiert.
  Men ghincker vechten zeere.
  Malard maecte daer den heere,
170 Ende dede hem zere ontsien.
  Ende velletse bi tween, bi drien,
  Des keysers lieden harentare.

Hi maecte menige dode bare.
Niemen dorste zijns ontbiden,
175 Want hine wilde niemens miden.
In eene batailge quam hi gereden,
Daer vant hi, dat sijn waerheden,
Salemoene, zinen waerd,
Daer Loyhier hadde vertaerd
180 So vele goeds daer te voren.
Ogier, zijn broeder utevercoren,
Hadden tonder, es mijn verstaen;
Den helm addi hem ofgedaen
Ende zouden thooft of ebben yslagen,

indien Malart niet juist van pas gekomen ware en gezegd had:
Lieve broeder, spaar mij dezen, hij is een goed vriend van
mij, want hij heeft Loyhier en mij, toen wij het eerst in Constantinopel kwamen, gastvrij geherbergd en ons veel geborgd,
toen wij in armoede verkeerden. (Zie Simrock p. 8—24). Geef
u aan mij over, sprak Malart tot Salomoen, en deze reikte
hem zijn zwaard over, waarop Malart hem naar het legerkamp
deed brengen. Toen werd de strijd heviger, en ook koning
Ourscart onderscheidde zich daarin zeer,

185 Galyene dat hi verzach.
Daerwaert reet hi wat hi mach;
Cort quam hi in zijn gemoet,
Die haex hief hi metter spoet
Ende slouch den coninc Galyen,
190 Daer men toe mochte zien,
Recht upten helm boven,
Dat hine te male heift ycloven;
Maer tbeckineel was zo goet,
Datter tswaert daer up onstoet;
195 Maer die slach was zo groot,
Dat rijc (misschien: hijs) was in groten noot,
Ende Galyen bleef in dole.
So was hi ghesent ter scole
Van den keyser van Grieken.
200 Hi maecter herde vele zieken
Van Spaenyarden in dien daghe.
Galyen was van dien slaghe

So an dole, in gheere manieren
Ne consti zijn paert bestieren.

Toch bleef Malart overwinnaar, want hij snelde op koning Ourscart toe en drong met zooveel geweld op hem in, dat hij van .'t paard viel en Malart's gevangene bleef. De episode eindigt met de inneming van Constantinopel, waar Loyhier tot keizer wordt uitgeroepen en Ottoen, die gevlucht, maar ontdekt was, aan de galg zijn verdiende loon ontving voor ontrouw en lafhartigheid.

Zooals men ziet, geeft het Duitsche volksboek het middel aan de hand, om de tot nog toe onverstaanbare fragmenten in hunnen samenhang te begrijpen. Ik meen alzoo voldingend bewezen te hebben, dat de nu verloren roman *Lohier et Malart* nog in de 14de eeuw in het Vlaamsch is vertaald, en dat onze fragmenten alzoo ouder zijn dan het volksboek en mitsdien de oudste vorm, waarin de Fransche roman bewaard gebleven is.

Groningen, 3 Januari 1885.   J. TE WINKEL.

LIJDEN.

Het is bekend dat het Got. (*ga*)*leîþan*, Ags. *lîðan*, Os. *lîthan*, *lîdhan*, On. *lîða*, Ohd. *galîdan*, Mnl. *lijden*, in 't algemeen een gaan, varen, en meer in 't bijzonder het begrip van voorbijgaan, doorgaan, overgaan uitdrukt. Zoo lezen wij bijv. in de Nederfrankische Psalmen (LXV, 12): *wi lithon thuro fuir in thuro watir*, »transivimus per ignem et aquam", en in den Heliand (Schmeller's uitg. 68) *êna meri lîthan*, dat door den uitgever juist vertaald wordt met »transnavigare fretum". Duidelijk komt de beteekenis van »passeeren" — om dit gemakkelijke vreemde woord eens te gebruiken — uit in ons *geleden* (*lang*, *kort geleden*), Os. *gilîden*, gepasseerd, voorbij (Heliand 5, 7). Daarentegen vertoont zich in het causatief *leiden*, enz. de meer algemeene beteekenis van iemand ergens brengen.

Buiten het Germaansch gebied heeft men, voor zoover mij
bekend is, den tegenhanger van dit *lijden* in de verwante talen
nog niet opgespoord, al heeft men niet over 't hoofd gezien
dat er verband bestaat tusschen *lijden* en Skr. *ri, rî,* waarvan
rîyate, vloeien, *rîṇa,* vloeiend, *retas,* iets vloeibaars [1], sperma;
riṇâti, doen vloeien; enz. Eene andere uitspraak van *rî* is *li,*
waarvoor ik naar de woordenboeken verwijs. Van *li* kan *leta,*
traan, afgeleid wezen, want een stam *lit,* op zich zelve niet
ondenkbaar, komt niet voor.

Nauwer dan bij 't Oudindische *ri, rî, li* sluit *lijden* zich aan
bij een welbekend werkwoord in de Zend-Avesta, namelijk
irith, praes. *irithyèiti,* p. p. p. *iriçta* [2]. Het is een vaste regel
in onze teksten van de Zend-Avesta, dat eene door *i* of *u* gevolgde *r* als voorslag een dier klinkers moet aannemen. Dus
schrijft men bijv. niet *rinakhti,* Skr. *riṇakti,* maar *irinakhti;*
niet *ruth,* maar *uruth.* Volgt er echter een andere klinker dan
i of *u,* zoo blijft de voorslag achterwege; dus schrijft men wel
iric, maar *raecaya,* hoewel dit laatste niets anders is dan *iric*
naar de 10de klasse vervoegd. Zoo ook *raodhayèiti* (Skr. stam
rudh), maar *urûraodha,* Skr. *rurodha.*

Verder is op te merken dat in de taal der Zend-Avesta geen
l bestaat, althans niet in schrift, zoodat aan *irith* evengoed
een Germaansch *lid* als *rid* kan beantwoorden.

De meest gewone beteekenis van *irithyèiti* is »komen te overlijden"; de telkens voorkomende vaste term voor »overleden"
is *iriçta,* Pehlewi *riçt.* In plaats van 't eenvoudige werkwoord
komt niet zelden in gelijke beteekenis het samengestelde *para-
irith* voor. Een enkele maal is *irithyèiti* genomen in den zin

---

1) Hiermede nauw verwant is Got. *leipus,* Ohd. *lîdu,* Os. *lîth,* enz.
2) Het is tegenwoordig meer in de mode *irista* te spellen. Het is lood om oud
ijzer. De redacteuren van de Zend-Avesta bezigen verkeerdelijk één en dezelfde sisletter
vóór palatalen en dentalen. Eene spelling *çt* is ongerijmd, want geen mensch vermag
onmiddellijk vóór een dentaal eene palatalen sisklank uit te spreken. Maar even ongerijmd is eene spelling *kas ca;* om dezelfde reden dat niemand vóór een palataal de
dentale *s* kan uitspreken. De fout ligt niet aan het stelsel van transcriptie, maar in
de dwaze spelling der Zend-Avesta.

van (zich) bezoedelen; en ook in dien van smelten, in welk laatste geval men in 't Skr. zou zeggen *līyate*. In samenstelling met de partikel *awa*, »naar beneden", komt het in het part. praes. voor in den zin van »liggen", of liever van »neêrvallen".

Het is hier niet de plaats nadere bijzonderheden van het gebruik van *irith* in de Zend-Avesta aan te halen. Het medegedeelde zal voldoende wezen om de gelijkstelling van *irith* en *liđan*, wat de beteekenis aangaat, te wettigen. In vorm evenwel zou niet *irith*, maar *irit* aan het Germaansche *lith*, *lidh*, beantwoorden. Er is reden om ons de vraag te stellen of *irith* wel juist is. In verreweg de meeste gevallen toch volgt op de *th* een *y*, in *irithyèiti*, *irithyâţ*, en aangezien het eene vaste wet der taal is dat elke *t* onmiddellijk vóór eene *y* in *th* overgaat, zou uit de opgegeven vormen evengoed een stam *irit* als *irith* af te leiden zijn. Verder komt voor *irithinti*. Ook dit bewijst niets, dewijl *irithinti* uit *irithyěnti* ontstaan is. Het perfectum *iríritharě* daarentegen pleit voor eenen stam *irith*, en te recht wordt dit ook zoo opgegeven in de handboeken, o. a. in Justi's Handbuch der Zendsprache. Eene geheel andere vraag echter is het of die *th* oorspronkelijk is. Dat nu geloof ik niet, en wel op grond van het Germaansch, dat in een geval als dit meer gezag heeft dan de taal der Zend-Avesta en het Sanskrit. Zoowel in 't Oudindisch als in de Iraansche talen bewerkt eene *r* meermalen den overgang van eene volgende *t* in *th*. In 't Skr. is *pratama* geworden *prathama*. In dit woord gaat het Iraansch niet met het Indisch meê, want het zegt *fratěma*, maar wèl gaan de zusters samen in *pṛthú*, breed, Zendav. *pěrěthu*, terwijl het Grieksch de oorspronkelijke *t* bewaard heeft in πλατύς; Skr. *práthas*, Zendav. *frathah*, Grieksch πλάτος. Ook het hierbij behoorende werkwoord, *prathate*, zich uitbreiden, *prathati*, uitbreiden, vertoont dezelfde klankverandering; evenzoo in de Zendav. *pathana*, wijd, ruim, hoewel het de *r* verloren heeft of ten minste niet bezit. Met dit *path*, feitelijk = *prath*, komt volkomen overeen Latijn *pat-ere*, *pat-ulus*, behoudens dit verschil dat de *t* als de oorspronkelijke letter te beschouwen is. Een zeer opmerkelijk voorbeeld hoe in bepaalde gevallen *t* en *th* met elkaar wisselen levert het woord *path* (sterke vorm *pant*); voor 't Skr. *panthânam* vindt men namelijk in de Z. A. *pantânĕm*; voor den nom. pl. *panthânas*: *pantâno*, doch de accus pl. *pathas* luidt ook in de Z. A. *patho*.

Hiermede is aangetoond dat *irith* zeer wel uit *rit* ontstaan zou kunnen wezen, en indien dit werkelijk het geval geweest is, dan is de stam identisch met het Germaansche *lith*, *lidh*. Doch zelfs aangenomen dat de *th* in 't Iraansche woord oorspronkelijk is, dan mag toch, geloof ik, beweerd worden dat het de naaste verwante van het Germaansche is.

BEEK.

Dr. J. Franck heeft in zijn Etymologisch Woordenboek der Nederlandsche taal bij de behandeling van het woord *beek* niet verzuimd het Engelsche *brook* te vergelijken. Ik zou een stap verder willen gaan en de woorden gelijkstellen, in dien zin dat beide zich ontwikkeld hebben uit twee varieteiten van één en denzelfden wortel.

Het is misschien niet overbodig er aan te herinneren dat èn *beek* èn *brook* oudtijds niet alleen »rivus", maar ook »torrens" beteekenden: Ohd. *bach* »rivus, torrens"; ook Ags. *bec* wordt opgegeven als »torrens, rivulus;" *brôc* »torrens." Een *beek* is dus niet altijd zoo zacht en idyllisch geweest als zij thans is. Daar nu *brôc* vormelijk aan een Latijnsch *frang* beantwoordt, evenals bijv. *gôs* aan *ans-er*, ons *vloeken* aan *plango*, enz. mag men besluiten dat *brôc* eigenlijk beteekent doorbraak, of iets wat uit de bergen of den bodem »hervorbricht."

Brôc zou in 't Skr. luiden *bhraṅga*. Dit nu bestaat niet, dewijl deze taal, behoudens één enkele uitzondering, »breken" uitdrukt door *bhañj* (zwak *bhaj*), hetwelk in ouder Arisch *bhaṅg* (*bhag*) zou luiden. Van dit *bhañj* komt o. a. *bhaṅga*, breuk; *bhaṅgi*, breking; *bhanakti*, breekt; welk laatste tot het Lat. *frangit* ongeveer in dezelfde verhouding staat als Lat.

fungitur, Skr. *bhunkte*, tot *fruitur*; als Skr. *bhukta* tot Lat. *fructus*, en Germ. *gebruikt*. Kortom *bhang* en *bhrang* zijn twee variëteiten van één en denzelfden wortel, waarin het begrip van doorbreken, in tweeën buigen ligt. Ons *beek* (uit *bakia* of *bakiá*) komt in hoofdzaak overeen met Skr. *bhanga*, dat behalve breuk nog andere beteekenissen heeft, o. a. die van goot, kanaal.

Zooeven heb ik gezegd dat op ééne uitzondering na *bhrang*, zwak *bhrag*, uit het Sanskrit verdwenen is. Die uitzondering is het agens *bhraj*, in het samengestelde woord *giribhraj*, te recht door Roth in 't Petersb. Wdb. vertaald met »uns Bergen hervorbrechend". De woorden *giribhrajo na ûrmayah* »als stroomen die uit de bergen »hervorbrechen" in Rgweda 10, 81, 1, laten zich letterlijk vertalen met de *saxifragae undae* van den Latijnschen dichter bij Cicero, de Oratore Zulk een *giribhraj* is de *brook*. Daarvan verschilt de *beek* niet meer dan een denkbaar Skr. *giribhaj* van *giribhraj*, dan *frangit* van *bhanakti*.

IUSIZA.

In Galaten 4, 1 heeft de Gotische bijbelvertaling *iusiza ist* voor 't Grieksche διαφέρει. Onze Statenoverzetting heeft daar »verschilt", klaarblijkelijk omdat men de kracht van 't Grieksche woord niet gevoeld heeft. Wulfila begreep de bedoeling beter en te recht wordt dan ook algemeen erkend dat *iusiza* eigenlijk »beter" beteekent. Het is een comparatief naar het model van *batiza*, beter, e. dgl. In zulke comparatieven en superlatieven is het regel dat de wortelklinker in sterken vorm optreedt, onverschillig of de klinker in den positief al dan niet sterk of geguneerd is. In 't Sanskrit vertoont de positief bij dergelijke comparatieven op *íyas* (*ias*) zelfs gewoonlijk eenen zwakken of althans niet-geguneerden klinker. Derhalve *kshipra*, *kshepîyas*; *çrî*, *çrêyas*; *mrdú*, *mrádîyas*; *dûra*, *dawîyas*; *bhûri*, *bhawîyas*; *urú*, *wdrîyas*; *gurú*, (voor *gĕru*, *gru*), *gárîyas*; *dîrghá* (uit *dĕrĕgha*), *drâghîyas* = *daraghîyas*; enz.

De regel dat de comparatief eenen gunaklinker of wat daarmee gelijkwaardig is (bijv. *ra = ar*) heeft, gaat door, maar van den positief laat zich niet hetzelfde zeggen. Bijv. *wásiyas*, beter, heeft denzelfden klinker in den positief *wásu*, goed; zoo ook *lághîyas*, positief *laghú*, licht; hoewel de *a* hier niet het accent heeft en dus zwakker moet uitgesproken zijn. In 't Grieksch zijn de gevallen dat de positief een sterken klinker of tweeklank vertoont nog veelvuldiger; bijv. εὐρύς, in tegenstelling tot Skr. *urú*. Van daar dat men niet met zekerheid kan zeggen hoe de positief van *iusiza* geklonken heeft, hetzij *uzu* (of *uzra*) of *iusu* (of *wisu*). Dat het Germaansch soms met het Sanskrit medegaat, blijkt m. i. uit Got. *kaúrs* = Skr. *guru*, waarin de wortelklinker niet aan dien van βαρύς beantwoordt; analoog hiermede is *maurgu*, Ohd. *murg*, waarvan Got. *gamaurgjan*, afkorten, terwijl het Grieksch βραχύς, Lat. *brevis* hebben.

Gelijk de sterke vorm van *r* zoowel *ar* als *ra* kan wezen, zoo wisselen in 't Skr. als versterking van *u* de tweeklanken *o* (*a + u*) en *wa* (d. i. *u + a*). In afleidingen die eenen nog sterkeren vorm vereischen, waartoe de comparatieven echter niet behooren, vindt men dan steeds *wâ* (d. i. *u + â*). *Mut. mut.* is dit op al de verwante talen van toepassing. Bijv. van den zoogen. wortel Skr. *wah* is de zwakke vorm *uh*, in *uhyate*, *ûḍha* (uit *uh + ta*), enz; de sterkere is zoowel *wah* als *ogh*, in *wahâ* en *ogha*, stroom; de sterkste is *wâh*, in *wâhâ*, strooming, enz.; vgl. Got. *wegos*, Os. *wâg*, Ohd. *wâg*, Nhd. *wogen*. In dezelfde verhouding staan tot elkaar, wat de graden van klinkersterkte betreft: Skr. *ugrá*, machtig, groot, streng, enz. tot zijn comparatief en superlatief *ojîyas*, *ojishṭha*, en *wajra*, diamant, enz.; OPerz. *wazraka*, groot; On. *vakrs*, ons *wakker*, alsook *waken*; Skr. *ojas*, kracht, heerlijkheid, glans; Lat. *augustus*, Gr. αὐγή; Got. *aukan*, Lat. *augere*, Gr. αὐξειν, doch Got. *wahsjan*, Skr. *waksh*; in den sterksten vorm Skr. *wâja*, versterking, kracht, enz.; *wâjayati*, opwekken, enz.; Got. *wokains*, 't nachtwaken, *wokrs*, woeker, dat hoewel één graad sterker dan *aukan*, in beteekenis weinig hiervan verschilt.

Deze weinige voorbeelden, die zonder moeite met een tal van andere te vermeerderen zijn, vooral indien men de gelijk loopende *i*-rij mede opneemt, zullen voldoende zijn om de gelijkwaardigheid van *u + a* en *a + u* aan te toonen. Daar nu Skr. *o*, Got. *iu* gelijkwaardig is met Skr. *wa*, Got. *wi*, volgt dat *iusiza* hetzelfde woord is als Skr. *wâsîyas*. Daar in dit geval in 't Skr. ook de positief een sterken vorm vertoont, *wâsu*, zoo luidde de positief eenmaal in 't Gotisch vermoedelijk ook *wisu*.

Het woord *iusila*, beterschap, is natuurlijk even als beteren, verbeteren, enz. afgeleid van den comparatief.

H. KERN.

TIJDSCHRIFT

VOOR

NEDERLANDSCHE

TAAL- EN LETTERKUNDE,

UITGEGEVEN VANWEGE DE

MAATSCHAPPIJ DER NEDERLANDSCHE LETTERKUNDE
TE LEIDEN.

DERDE JAARGANG.

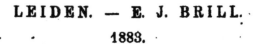

LEIDEN. — E. J. BRILL.
1883.

TIJDSCHRIFT

VOOR

NEDERLANDSCHE

TAAL- EN LETTERKUNDE,

UITGEGEVEN VANWEGE DE

MAATSCHAPPIJ DER NEDERLANDSCHE LETTERKUNDE
TE LEIDEN.

4de JAARGANG.

3de en 4de AFLEVERING.

LEIDEN. — E. J. BRILL.
1884.

REDACTIE

INHOUD.

Het Tijdschrift voor Nederlandsche Taal- en Letterkunde verschijnt in vier driemaandelijksche afleveringen, elke ongeveer 5 vel druks.

Bij den Uitgever dezes is mede verschenen:

Andriesse, J. C. ten Brummeler, Mr. W. Bilderdijks eerste huwelijk, naar zijne briefwisseling met vrouw en dochter (1784—1807), medegedeeld door zijn aangehuwden kleinzoon. 1873. (VII. 440 en chromolithogr. portret). 8°. *In linnen band.* *f* **4.90.**

Âryabhatîya (The), A manual of astronomy, with the commentary Bhaṭadîpikâ of Paramâdîçvara, edited by H. KERN. 1874. (XII. 116 *Sanskrit. tekst*). 4°. . . *f* **4.40.**

Borchgravinne van Vergi (de), Middelnederlandsch gedicht uit het begin der 14e eeuw, op nieuw naar het handschrift uitgegeven door S. MULLER Hzn. 1873. (VI. 34). 8°. *f* **0.60.**

Brill, W. G., Nederlandsche spraakleer ten gebruike bij inrichtingen van hooger onderwijs, 1ste deel: Klankleer, woordvorming, aard en verbuiging der woorden. *Vierde druk.* 1871. (XII. 412). 8°. . . . . *f* **3.60.**

—— Hetzelfde werk. 2de deel: Leer van den volzin (Syntaxis), ten vervolge van de nederl. spraakl. ten gebruike bij inricht. van hooger onderwijs. **Derde druk.** 8°. *f* **3.60.**

—— Hetzelfde werk. 3de deel: Stijlleer, rhetorica, letterkundige encyclopedie en kritiek, ten vervolge van de Nederlandsche Spraakleer, ten gebruike bij inrichtingen van hooger onderwijs. *Tweede druk.* 1880. (VIII. 284). 8°. . . . . *f* **2.75.**

Droste, Coenraet, Overblijfsels van geheugchenis der bisonderste voorvallen in zijn leeven. Terwijl hij gedient heeft in veld- en zee-slaagen, belegeringen en ondernemingen. 3e *druk. Met aanteekeningen.* Uitgeg. op last der Maatsch. van Nederl. Letterk. (door R. FRUIN). 1879. 2 dln. 4°. (Dl. I. VIII. '263, Dl. II. 264—548). *f* **7.50.**

Enqueste ende informatie opt stuck van der reductie ende reformatie van den schiltaelen, voertijts getaxeert ende gestelt geweest over de landen van Hollant ende Vrieslant gedaen in de jaere 1493. Uitgeg. vanwege de Maatsch. d. Nederl. Letterk. 1876. (XXII, 336). Met bijvoegsel. (door R. FRUIN). 1877. (16). gr. 8°. . . . . . . *f* **5.—.**

Glandorpius, J., Distichorum !proverbialium sententiarum elegantissimus liber, collatis germanicis Agricolae proverbiis ed. W. H. D. Suringar. (Joannes Glandorpius in zijn: Latijnsche disticha als vertaler van Agricola's Sprichwörter aangewezen. Verhandeling van W. H. D. SURINGAR). 1874, 76. 2 dln. (XXIV. 152. 132). 8°. . *f* **3.50.**

Kalff, G., Het lied in de Middeleeuwen. ¹1883. 8°. . . . . . . *f* **6.—.**

Maerlants, Jacob van, Roman van Torec. Opnieuw naar het handschrift uitgegeven en van eene inleiding en woordenlijst voorzien; door J. TE WINKEL. 1875. (XLIV. 148). 8°. . . . . *f* **2.—.**

—— Merlijn. Naar het eenig bekende Steinforter handschrift. Uitgegeven door J. VAN VLOTEN. (XIX. 408). roy. 8°. . . . . *f* **6.25.**

Seghelijn van Jherusalem, naar het Berlijnsche handschrift en den ouden druk vanwege de Maatsch. der Nederl. Letterkunde uitgeg. door J. VERDAM. 1878. (XII. 184). gr. 8°. . . . . *f* **3.50.**

Sicherer, C. A. X. G. F., Hoogduitsche spraakkunst voor gymnasia (en hoogere burgerscholen. 4e druk. 1874. (VIII. 499). 8°. . . . . . *f* **3.75.**

Tiel, C. van, English Grammar for schools and for self-teaching; with!(numerous examples and sets of exercises for translation. 3d edit. 1880. (VIII. 306). 8°. *f* **1.90.**

—— Course of translation from Dutch into English. Part I. With a vocabulary,!notes on grammar, idioms, etc. 2d edit. 1882. 8°. . . . . *f* **0.90.**

—— Hetzelfde werk. Part II. 2d edit. 1882. 8°. . . . . *f* **1.50.**

—— Course of English literature. Part III. English poetry 1800—1837. 1880. (XVI. 584). 8°. . . . . *f* **2.90.**

—— Hetz. werk. Part IV. Victorian poetry 1837—75. 1879. (XVI. 460). 8°. *f* **2.50.**

—— Hetz. werk. Prose specimens' of the 19th century. 1881. 8°. . . . . *f* **2.50.**

Verdam, J., De wetenschappelijke beoefening der Nederlandsche 'taal in verband (met het nieuwe doctoraat. 1878. (24). 8°. . . . . *f* **0.40.**

Wap, J. J., Bilderdijk. Eene bijdrage tot zijn leven en werken. (VIII. 160. 3 platen). 8°. *f* **2.90.**

LEIDEN, BOEKDRUKKERIJ VAN S. J. BRILL.

CPSIA information can be obtained
at www.ICGtesting.com
Printed in the USA
BVOW07s1154110218
507748BV00008B/11/P